Anita Hattenhorst
Klaus Walter
Bernd Weidtmann

Prüfungswissen
Groß- und Außenhandel

3. Auflage

Bestellnummer 0138

Bildungsverlag EINS – Kieser

Buch*plus*!

SERVICE

E-mail-Beratung!

Sehr geehrte Auszubildende,

für Ihre Prüfungsvorbereitung bieten wir Ihnen einen ganz besonderen Service: Sollten Sie mit einer Frage dieser Ausgabe nicht
zurecht kommen und Ihre Lehrer können Ihnen nicht weiterhelfen,
so antworten die Autoren Ihnen vier Wochen vor Ihrer jeweiligen
Abschlussprüfung (Sommer/Winter) per E-Mail. Nennen Sie neben
Ihrer Frage den Titel, die betreffende Seite und Aufgabe, Ihren
Namen und Ihre Adresse sowie den Prüfungstermin und mailen
an
pruefungswissen@bv-1.de

Viel Erfolg beim Lernen,

Ihre Autoren und das Redaktionsteam.

www.bildungsverlag1.de

Gehlen, Kieser und Stam sind unter dem Dach des Bildungsverlages EINS zusammengeführt.

Bildungsverlag EINS
Sieglarer Straße 2, 53842 Troisdorf

ISBN 3-8242-**0138**-0

Prüfungswissen: Die Idee	
Das Problem	Auszubildende in dem Ausbildungsberuf **Kauffrau/Kaufmann für Groß- und Außenhandel** müssen sich für Klassenarbeiten, innerbetriebliche Leistungsüberprüfungen und natürlich die Zwischen- und Abschlussprüfung eine Fülle von Lerninhalten aneignen und einprägen, um erfolgreich zu bestehen. Zwar sind oft eigene Aufzeichnungen aus der Berufsschule, aus Lehrbüchern sowie Aufgabensammlungen in teilweise großem Umfang vorhanden. Diese verfügen aber in aller Regel nicht über den zur Vorbereitung auf eine Prüfung überzeugenden, lernwirksamen Aufbau.
Die Problem-lösung	Prüfungswissen ist ein neuartiges Arbeitsbuch im Doppelseitenprinzip. Parallel zu programmierten Aufgaben und offenen Fragen gibt es einen systematischen Überblick über das für die Prüfungen wichtige Wissen. Abgestimmt mit den Lehrplänen und den Prüfungsverfahren der Länder, ermöglicht Prüfungswissen eine kompakte und zielgerichtete Wiederholung – vom einzelnen Thema bzw. Lerngebiet bis zum gesamten Prüfungsstoff. Auf Grund der Markierungen im Inhaltsverzeichnis ist es für den/die Auszubildende/n schnell und übersichtlich möglich, zu erkennen, welche Prüfungsinhalte bereits für die Zwischenprüfung relevant sind. **Prüfungswissen kann also sowohl prüfungsvorbereitend als auch ausbildungsbegleitend genutzt werden.**

Prüfungswissen: Möglichkeiten und Grenzen	
Was Prüfungswissen leisten kann ...	**... und was es nicht leisten will**
▷ bereitet auf die schriftliche Zwischenprüfung vor ▷ bereitet auf die schriftliche (und mündliche) Abschlussprüfung vor ▷ dient der Vorbereitung auf Klassenarbeiten und zur regelmäßigen Wiederholung der Lerninhalte ▷ frischt vorhandenes Wissen auf ▷ deckt eventuelle Wissenslücken auf ▷ regt zur Auseinandersetzung mit den Lerninhalten an ▷ verringert Unsicherheiten über die Inhalte der Prüfung	▷ ersetzt nicht die gründliche Auseinandersetzung mit komplexen Lerninhalten ▷ ist kein Lehrbuch-Ersatz ▷ ermöglicht keine „last minute"-Prüfungsvorbereitung ▷ will keinen unrealistischen, schnellen Prüfungserfolg vortäuschen

Prüfungswissen: Aufbau, Merkmale und Elemente			
Grundlagen	Auswahl, Aufbau und Aufbereitung der Lerninhalte berücksichtigen den Stoffkatalog der Aufgabenstelle für kaufmännische Abschluss- und Zwischenprüfungen (**AkA**) ebenso wie den entsprechenden **Rahmenlehrplan** und die **Lehrpläne der einzelnen Bundesländer.**		
Die Doppelseite	**Der Inhalt**	**Kernwissen** (linke Seite)	**Aufgaben** (rechte Seite)
		▷ enthält über 700 offene Fragen und deren Beantwortung ▷ gibt eine Übersicht über die Inhalte eines einzelnen Themas ▷ enthält Übersichten, Tabellen, Definitionen und Beispiele – lerngerecht und kompakt aufbereitet ▷ hebt wichtige Begriffe und Aussagen besonders hervor	▷ bestehen aus mehr als 1000 geschlossenen (programmierten) Fragen: – Einfachauswahl-, – Mehrfachauswahl-, – Reihenfolge- und – Zuordnungsaufgaben ▷ beziehen sich jeweils auf das Kernwissen, das auf der linken Seite abgebildet ist
	Das Prinzip	▷ Die Aufgabenseite bezieht sich inhaltlich auf die gegenüberliegende Kernwissenseite. ▷ Die Kernwissenseite bezieht sich inhaltlich auf die gegenüberliegende Aufgabenseite.	
Handlungs-orientierte Situations-aufgaben	Anhand von drei komplexen, praktischen Problemstellungen aus prüfungsrelevanten Stoffgebieten können die Schüler/innen ihre Fachkompetenz und Methoden- bzw. Formalkompetenz überprüfen und ihr Arbeitsergebnis auf Grund der vorgeschlagenen Lösungen kontrollieren.		
Lösungen	Der Lösungsteil enthält in übersichtlicher Darstellung alle Ergebnisse der programmierten Aufgaben und der handlungsorientierten Situationsaufgaben.		

Für die Arbeit mit diesem Prüfungswissen wünschen Ihnen viel Erfolg:	
Autoren und ...	... Verlag.

Alle Inhalte des Buches sind für die Abschlussprüfung wichtig. Die mit einem ❷ markierten Seitenzahlen geben an, welche Inhalte bereits in der Zwischenprüfung verlangt werden.

Wirtschafts- und Sozialkunde

Grundlagen des Wirtschaftens

Rechtliche Rahmenbedingungen

Menschliche Arbeit im Betrieb

Steuern

Markt und Preis/Wirtschaftsordnung

Grundzüge der Wirtschaftspolitik

Großhandelsgeschäfte

Das Ausbildungsunternehmen

Warenwirtschaft und Warendistribution

Beschaffung

Absatzwirtschaft

Kaufmännische Steuerung und Kontrolle, Organisation

Informations- und Kommunikationssysteme

Rechnungswesen

Kosten- und Leistungsrechnung, Controlling

Zahlungsverkehr/Finanzierung

Handlungsorientierte Situationsaufgaben

Lösungen

Stichwortverzeichnis

Warum müssen Haushalte und Unternehmen wirtschaften?

Die Wirtschaft verdankt ihre Entstehung einer mengenmäßigen Beziehung: Der Unbegrenztheit menschlicher Bedürfnisse einerseits und der Knappheit der Güter andererseits. Dieses Spannungsverhältnis zwingt sowohl Haushalte als auch Unternehmen dazu, zu wirtschaften. Menschen müssen Entscheidungen treffen zu Gunsten einer weit gehenden Bedürfnisbefriedigung.

Unternehmen hingegen müssen die knappen Mittel möglichst optimal einsetzen, sei es, um einen möglichst hohen Gewinn oder aber um einen möglichst hohen Grad der Bedarfsdeckung zu erzielen. Haushalte und Unternehmen verhalten sich deshalb weit gehend nach dem **wirtschaftlichen Prinzip (ökonomisches Prinzip).**

Erläutern Sie das ökonomische Prinzip als Minimal- und als Maximalprinzip und geben Sie jeweils Beispiele.

Maximalprinzip	Minimalprinzip
Hier wird versucht, mit gegebenen Mitteln einen möglichst großen (maximalen) Erfolg zu erzielen. **Haushalte** versuchen, mit gegebenen Einkommen die Güter zu kaufen, die einen möglichst hohen Nutzen versprechen **(Nutzenmaximierung).** **Unternehmen** setzen vorhandene Produktionsfaktoren (Einrichtungen, Personal, Werkstoffe) so ein, dass der erzielbare Gewinn möglichst hoch ist **(Gewinnmaximierung).**	Hier versuchen die Beteiligten, einen vorgegebenen (geplanten) Erfolg mit möglichst geringen (minimalen) Mitteln zu erreichen. **Haushalte** kaufen die Güter, von deren Leistung sie eine genaue Vorstellung haben, nach Preisvergleichen bei den preisgünstigsten Anbietern ein **(Ausgabenminimierung).** **Unternehmen** versuchen, einen geplanten Gewinn mit möglichst geringen Kosten zu erzielen **(Kostenminimierung).**

Erläutern Sie den Unterschied zwischen erwerbswirtschaftlichen und gemeinwirtschaftlichen Betrieben.

Erwerbswirtschaftliche Betriebe	Gemeinwirtschaftliche Betriebe
Sie werden von privaten Inhabern betrieben. Sie wirtschaften vorwiegend mit dem Ziel, aus den am Markt erzielten Erlösen abzüglich der dafür aufgewendeten Kosten einen möglichst hohen Gewinn zu erzielen **(Gewinnmaximierung),** aus dem sie ihren Lebensunterhalt bestreiten und den Betrieb durch zusätzliche Investitionen erweitern. Gesamtwirtschaftlich gesehen erfüllt der Gewinn drei Hauptaufgaben: ▷ Die **Motivationsfunktion** des Gewinns liegt darin, dass ein Anreiz zur Leistung gegeben werden soll. ▷ Die **Signalfunktion** soll den privaten Investoren aufzeigen, in welchen Bereichen sich aktuell der Einsatz von Kapital lohnt. ▷ Die **Lenkungsfunktion** des Gewinns soll Produktionsfaktoren in die Bereiche lenken, in denen der Einsatz am lohnendsten erscheint.	Sie orientieren sich an den Bedürfnissen der Gemeinschaft. Sie müssen zu angemessenen Preisen einen Bedarf an Gütern oder Dienstleistungen decken. Dementsprechend lassen sich drei mögliche Zielsetzungen von gemeinwirtschaftlichen Betrieben unterscheiden: ▷ **Bedarfsdeckung** als Zielsetzung beinhaltet die Bereitstellung von Leistungen, unabhängig davon, ob deren Kosten nicht oder nur zu einem Teil von den Abnehmern bezahlt werden können (soziale Einrichtungen, Museen, Theater, Schwimmbäder). ▷ **Kostendeckung** streben gemeinwirtschaftliche Betriebe an, die als gemeinnützig anerkannt sind. ▷ **Kosten- bzw. Verlustminimierung** streben Betriebe an, deren Leistungen im öffentlichen Interesse sind, die aber zu kostendeckenden Preisen nicht anbieten können (Deutsche Bundesbahn, Verkehrsbetriebe).

Erklären Sie anhand von Beispielen wirtschaftliche Zielsetzungen.

Ziel:	Erklärung:	Beispiel:
Rentabilität	Rentabilität ist das Verhältnis zwischen dem erzielten Gewinn und dem jeweils eingesetzten Kapital, ausgedrückt in Prozent. $= \dfrac{\text{Gewinn} \cdot 100}{\text{eingesetztes Kapital}}$	*Ein Unternehmer hat ein Eigenkapital von 500 000 € in seinem Großhandelsunternehmen. Er erzielt in einem Jahr einen Gewinn von 75 000 €. Das entspricht einer Eigenkapitalrentabilität von 15 %.*
Wirtschaftlichkeit	Wirtschaftlichkeit ist das Verhältnis zwischen dem Ertrag einer Leistung und dem dafür verwendeten Aufwand. $= \dfrac{\text{Wert der Leistung in €}}{\text{Kosten des Einsatzes in €}}$	*Ein Großhandelsbetrieb erzielt in einem Monat einen Umsatz von 598 500 €. Die Kosten betragen 570 000 €. Die Wirtschaftlichkeitskennziffer beträgt 1,05.*
Produktivität	Produktivität ist das Verhältnis von betrieblicher Ausbringungsmenge *(Output)* zur betrieblichen Einsatzmenge *(Input)*. $= \dfrac{\text{mengenmäßige Ausbringung}}{\text{mengenmäßiger Einsatz}}$	*5 Buchhalter eines Großhandelsgeschäftes erbringen eine Leistung von 1 250 Kassenabrechnungen pro Tag. Ihre durchschnittliche Produktivität liegt damit bei 250 Abrechnungen je Buchhalter.*

1 Das ökonomische Prinzip kann in zwei Ausprägungen beschrieben werden:

(1) Minimalprinzip
(2) Maximalprinzip

Ordnen Sie diese Arten des ökonomischen Prinzips den folgenden Aussagen zu.

Tragen Sie eine (9) ein, wenn eine Zuordnung nicht sinnvoll erscheint.

a. Ein Unternehmen will mit geringsten Mitteln einen hohen Ertrag erzielen. _____

b. Ein Unternehmen will mit möglichst kleinem Einsatz an Produktionsfaktoren einen vorgegebenen Ertrag erzielen. _____

c. Ein Haushalt will einen gegebenen Nutzen mit möglichst niedrigen Ausgaben erreichen. _____

d. Ein Unternehmen will mit den gegebenen Mitteln einen hohen Erfolg erzielen. _____

2 Welche der folgenden Aussagen ist falsch? _____

(1) Erwerbswirtschaftliche Betriebe werden zumeist von privaten Inhabern betrieben.

(2) Kostendeckung bedeutet, dass alle Kosten, die in einem Betrieb entstehen, durch die Preise gedeckt sein müssen.

(3) Gemeinwirtschaftliche Betriebe orientieren sich vorwiegend an den Bedürfnissen der Gemeinschaft.

(4) Bedarfsdeckung als Zielsetzung ist für alle Betriebe vorrangig, unabhängig davon, ob es sich um gemeinnützige oder erwerbswirtschaftliche Betriebe handelt.

(5) Verlustminderung streben die Betriebe an, deren Leistungen im öffentlichen Interesse stehen, die aber zu kostendeckenden Preisen nicht anbieten können.

3 Um welche Unternehmen handelt es sich in den unten stehenden Beispielen?

Ordnen Sie eine
(1) zu, wenn es sich um erwerbswirtschaftliche Unternehmen handelt,
(2) zu, wenn es sich um gemeinwirtschaftliche Unternehmen handelt.

a. Museum für Völkerkunde, Bremen _____

b. Reimer Helms OHG, Gartenbaubetrieb _____

c. Hotel Stadt Bremen, Herford_____

d. Volksbank Bielefeld e.G. _____

e. Nahverkehrsbetriebe Cottbus _____

f. Deutsches Rotes Kreuz _____

g. Deutsche Lufthansa _____

h. Deutsche Oper, Berlin_____

4 Welche der folgenden Begriffsbestimmungen zur Rentabilität ist richtig? _____

(1) Rentabilität ist das Verhältnis zwischen dem eingesetzten Kapital und den erzielten Umsatzerlösen, ausgedrückt in Prozent.

(2) Rentabilität ist das Verhältnis zwischen dem erzielten Gewinn und dem dafür eingesetzten Kapital, ausgedrückt in Prozent.

(3) Rentabilität ist das Verhältnis zwischen den Umsatzerlösen und den dafür eingesetzten Kosten, ausgedrückt in Prozent.

(4) Rentabilität ist das Verhältnis zwischen dem eingesetzten Kapital und dem Aufwand eines Jahres, ausgedrückt in Prozent.

5 Für ein Großhandelsunternehmen liegen aus dem vergangenen Geschäftsjahr folgende Zahlen vor:

Eigenkapital: 450 000,00 €
Erträge: 6 300 000,00 € (= Umsatz)
Aufwendungen: 6 210 000,00 €
Anzahl Mitarbeiter: 70

Berechnen Sie

a. die Rentabilität des Eigenkapitals in % %.

b. die Wirtschaftlichkeit des Unternehmens (auf zwei Stellen nach dem Komma runden). _____

c. die Produktivität der Mitarbeiter, ausgedrückt in Umsatz je Mitarbeiter in €. _____

6 Kennzeichnen Sie nachstehende Fälle mit einer

(1), wenn es sich um ein Vorgehen nach dem Minimalprinzip handelt,
(2), wenn es sich um ein Vorgehen nach dem Maximalprinzip handelt,
(9), wenn es sich weder um ein Vorgehen nach dem Minimal- noch nach dem Maximalprinzip handelt.

a. Es soll der preisgünstigste Anbieter für eine bestimmte Ware gesucht werden. _____

b. Der vorgesehene Werbeetat von 400 000,00 € soll so eingesetzt werden, dass möglichst viele potenzielle Kunden erreicht werden. _____

c. Es soll mit möglichst wenig Mitarbeitern ein möglichst hoher Umsatz erzielt werden. _____

d. Beim Kauf eines Auslieferungsfahrzeuges wählt man aus mehreren gleichwertigen Fabrikaten das Fahrzeug mit dem geringsten Benzinverbrauch aus. _____

e. Das neue Bürogebäude soll möglichst repräsentativ sein, aus diesem Grunde wählt man den Bauunternehmer mit dem teuersten Angebot aus. _____

f. Die Zielsetzung für die neue Lagerhalle ist, mit möglichst geringer Fläche ein Höchstmaß an Umsatz zu erzielen. _____

Stellen Sie ökonomische und ökologische Zielsetzungen gegenüber. Welche Zielkonflikte können sich daraus ergeben?

Ökonomie	Ökologie
ist die Gesamtheit aller Wechselbeziehungen, die sich aus dem Zusammenwirken der Wirtschaftssubjekte ergeben.	ist die Gesamtheit aller Wechselbeziehungen zwischen den Lebewesen der Erde und ihrer Umgebung.
Angestrebte Ziele: ▷ hoher Wohlstand für die gesamte Gesellschaft ▷ Handeln nach dem ökonomischen Prinzip ▷ Anwendung des Gesetzes der Massenproduktion zur Senkung von Kosten ▷ Wettbewerb zwischen den Wirtschaftssubjekten	Angestrebte Ziele: ▷ ausgeglichener Haushalt der Natur und stabile gesellschaftliche Verhältnisse ▷ kleine Produktionseinheiten und dezentrale Entscheidungen statt Großproduktion und Zentralismus ▷ Leben im Einklang mit der Natur

Zielkonflikte
zwischen ökonomischen Notwendigkeiten und ökologischen Anforderungen

▷ Bei der Produktion werden Rohstoffe und Energie benötigt. ▷ Der Transport von Gütern ist eine Voraussetzung des nationalen und internationalen Handels. Die Herstellung von Produkten sowie der Gütertransport setzen den Verbrauch von Energie voraus. Bei der Herstellung von Energie (z. B. Verbrennung von Öl oder Kohle) und bei dem direkten Verbrauch von Energieträgern (z. B. in Kraftfahrzeugen) werden Schadstoffe erzeugt, die in die Umwelt gelangen. ▷ Die arbeitsteilige Herstellung von Gütern und deren Transport zum Endverbraucher verlangt eine entsprechende Verpackung. Für die meisten Hersteller von Waren ist es zu aufwendig, Mehrwegverpackungen einzusetzen. ▷ Neue landwirtschaftliche Anbauflächen können durch die Rodung von Regenwäldern gewonnen werden, alte Anbauflächen durch Großplantagen extensiver genutzt werden.	▷ Die Vorräte an Rohstoffen und Energieträgern sind begrenzt. ▷ Weltweit werden mehr als 20 Mrd. t CO_2 an die Luft abgegeben. Solche Emissionen führen weltweit zur Aufheizung der Erdatmosphäre (Treibhauseffekt). Das hat langfristig folgende Konsequenzen: Abschmelzung der Polareiskappen, Flutkatastrophen, Vernichtung von Anbauflächen, klimatisch bedingte Katastrophen wie Dürre etc. ▷ Der Verpackungsmüll sowie diejenigen Güter, die die Haushaltungen nicht mehr benötigen, müssen kommunal auf Müllhalden entsorgt werden. Von solchen Müllhalden gehen zukünftige Gefahren für die Umwelt aus. ▷ Die Regenwälder sind ein Stabilisierungsfaktor des globalen Klimas. Sie sammeln Feuchtigkeit, reinigen die Luft von Schadstoffen und sorgen mit für das klimatische Gleichgewicht.

Welche Vorschläge zur Lösung des Konflikts werden zwischen Ökonomie und Ökologie diskutiert?

Mögliche Lösungen:	politische Entscheidungen und menschliche Verhaltensweisen
▷ **Einsparung von Rohstoffen:** Durch den Einsatz von Analysetechniken bereits während der Entwicklungs- und Konstruktionsphase (z. B. Wertanalyse) können Rohstoffe einerseits in der absoluten Menge eingespart werden und andererseits so eingesetzt werden, dass diese später, wenn das Produkt nicht mehr genutzt wird, ausgebaut und wiederverwendbar gemacht werden **(Recycling)**.	▷ Einführung des Verursacherprinzips: Die abgenutzten Produkte müssen vom Hersteller zurückgenommen werden.
▷ **Beseitigung der Müllberge:** Einwegflaschen wie Getränkedosen, Getränketüten oder Plastikflaschen können durch Pfandflaschen aus Glas ersetzt werden. Auf überflüssige Verpackungen kann vollständig verzichtet werden, wie z. B. Verpackungen mit doppelten Wandungen, Hohlböden oder übergroßen Verschlüssen, Mehrfachverpackungen von Produkten. Wegwerferzeugnisse wie Zellstofftücher, Einwegfeuerzeuge können durch langlebige Produkte, die die gleiche Funktion erfüllen, ersetzt werden.	▷ Rückgabe der Verpackung an den Handel oder Verursacher ▷ Begünstigung der Mehrwegverpackung ▷ Kauf von Gegenständen, die nicht oder nur sehr gering verpackt sind
▷ **Energieeinsparung:** Der Verbrauch der Energie kann durch bessere Isolierung der Gebäude erreicht werden. Aus Abwärme lässt sich Energie durch Wärmetauscher zurückgewinnen. Betriebe können energiesparende Herstellungstechnologien verwenden.	▷ höhere Besteuerung (Je höher der Energiepreis, desto sparsamer wird der Verbraucher.)
▷ **Andere Energiequellen:** Durch das Umsteigen auf so genannte „sanfte Energiequellen" (z. B. Sonne, Wind, Wasser) kann ein Doppeleffekt erzielt werden. Diese Energien sind nahezu unbegrenzt vorhanden und bei ihrer Nutzung werden keine Schadstoffe frei.	▷ direkte finanzielle Anreize durch Sonderabschreibung/Subventionen
▷ **Umweltschutzinvestitionen:** Der Einbau von Anlagen und Einrichtungen in den Betrieben (z. B. Filter, Entstaubungsanlagen, Dämmmaterial) hilft, die Schadstoffe aus Abwasser und Abluft zu absorbieren sowie die Lärmemission zu reduzieren.	▷ Subventionen für besondere Umweltinvestitionen ▷ Emissionssteuer ▷ genauere Kontrollen
▷ **Qualitatives Wachstum:** Die Gesellschaft muss langfristig von einer „Wegwerfgesellschaft" zu einer Gesellschaft umgebaut werden, in der der Mensch und seine Lebensgrundlagen stärker im Vordergrund stehen.	▷ Ausbildung eines kritischen Bewusstseins/Information der Verbraucher

1 Beurteilen Sie die folgenden Aussagen in einem Gespräch über ökonomische Fragen. In welchem Gesprächsbeitrag kommen zugleich ökologische Gesichtspunkte zum Tragen? _____ ☐

(1) „Das Bevölkerungswachstum der Erde verlangt den Anbau von Nahrungsmitteln in großräumigen Anbaugebieten."

(2) „Wenn vergleichbare Waren zu unterschiedlichen Preisen in verschiedenen Ländern produziert werden können, so verursacht dies zwangsläufig internationale Transporte."

(3) „Die Erkenntnis, dass durch den Einsatz von Spezialmaschinen und die Herstellung in hohen Losgrößen die Herstellkosten gesenkt werden können, verlangt den Einsatz der Großserien- oder Massenproduktion."

(4) „Die Verringerung der Lagerkosten kann durch Just-in-time-Anlieferung erreicht werden."

(5) „Durch den Einsatz von Wärmetauschern können in unserem Betrieb die Kosten für Energie gesenkt werden."

2 Welcher der folgenden Stoffe ist hauptsächlich für die Aufheizung der Erdatmosphäre verantwortlich? ☐

(1) Kohlenmonoxid

(2) Stickstoff

(3) Sauerstoff

(4) Kohlendioxid

(5) Ozon

3 Was ist unter dem Begriff „Duales System" zu verstehen? _____ ☐

(1) Entsorgung des Mülls auf zwei Wegen: Lagerung und Verbrennung

(2) Entsorgung des Mülls durch zwei Einrichtungen: die kommunale Müllabfuhr und eine privatwirtschaftlich betriebene Entsorgungs- und Recyclinggesellschaft

(3) Trennung des Mülls in zwei Arten: organischer Müll und anorganischer Müll

(4) zweifache Belastung des Verbrauchers mit Verpackungskosten: Bezahlung der Verpackung beim Kauf und Bezahlung der Entsorgung

4 Welche der folgenden Maßnahmen ist vermutlich am ehesten geeignet, den Verbrauch von fossilen Energieträgern im privaten Bereich mittel- bis langfristig zu reduzieren? _____ ☐

(1) regelmäßige Kontrollen der Energie verbrauchenden Aggregate (z. B. Abgasuntersuchung bei PKW)

(2) Subventionen für Energie sparende Investitionen

(3) Steuervergünstigungen

(4) Erhöhung der Energiepreise

(5) schärfere Zulassungsbedingungen

5 Die Handlungen der Wirtschaftssubjekte können sich an verschiedenen Zielsetzungen orientieren. Prüfen Sie unten stehende Handlungsweisen und bewerten Sie, welche Zielsetzung dabei überwiegt.

Tragen Sie eine

(1) ein, wenn ökonomische Ziele überwiegen,
(2) ein, wenn ökologische Ziele überwiegen,
(3) ein, wenn versucht wird, ökonomische und ökologische Ziele in Übereinstimmung zu bringen.

a. Auf einem Containerfrachter werden Container mit Giftstoffen in den oberen Reihen oberhalb des Schiffsrumpfes anstatt im Schiffsbauch untergebracht. _____ ☐

b. Auf dem Nürnberger Weihnachtsmarkt ist es den Verkäufern von Glühwein untersagt, Einwegtrinkbehälter auszugeben. Stattdessen werden Keramiktassen gegen ein Pfand von 2,00 € ausgegeben. _____ ☐

c. Einer Wurstfabrik gelingt es, die aus dem Schornstein entweichende Restwärme aus dem Räuchervorgang mit Hilfe eines Wäremtauschers umzuwandeln. Die Fabrik spart damit 25 % ihrer extern bezogenen Energiemenge. ☐

d. Eine neuartige Glühlampe hat die vierfache Lebensdauer einer normalen Glühlampe. Ihr Einsatz spart 45 % Energie ein. Allerdings kostet diese technische Neuerung das Zehnfache einer normalen Glühlampe. _____ ☐

e. Ein Geschäftsmann steigt bei Fernreisen vom Auto auf die Bahn um. Seine Fahrtkosten können hierdurch nicht gesenkt werden, da er erster Klasse reist, allerdings kann er im Zugabteil vor- und nachbereitende Arbeiten für die durchzuführenden Besprechungen erledigen. _____ ☐

f. Frau Stratmann hat errechnet, dass ihr Haushaltsbudget durch den Kauf von Milch in Pfandflaschen anstatt in mit Kunststoff beschichteten Pappbehältern jährlich mit 90,00 € zusätzlich belastet wird. Dennoch bleibt sie bei der Flaschenmilch. _____ ☐

6 Welches der folgenden Verpackungssysteme verursacht für 10 l Getränke den höchsten Gesamtenergieverbrauch? _____ ☐

(1) Pfandflaschen

(2) Flaschen aus Altglas

(3) Weißblechdosen

7 Welcher der folgenden Stoffe ist vorwiegend für die Zerstörung der lebensnotwendigen Ozonschicht der Erde verantwortlich? _____ ☐

(1) Helium

(2) Fluorchlorkohlenwasserstoff

(3) Kohlenmonoxid

(4) Kohlendioxid

(5) Stickstoff

Unterscheiden Sie die betrieblichen Produktionsfaktoren

Begriff	Die betrieblichen Produktionsfaktoren sind die produktiven Kräfte und Stoffe, die ihrerseits zur Herstellung von Gütern oder Dienstleistungen eingesetzt und wirksam kombiniert werden müssen. Alle Betriebe benötigen zur Erstellung von Leistungen den Einsatz von menschlicher Arbeitskraft, Maschinen und Einrichtungen sowie Werkstoffen bzw. Waren. Dabei ist es gleich, welche Art von Leistung erstellt wird.			

Arten	Originäre (ursprüngliche) Faktoren	Ausführende Arbeit	Betriebsmittel	Werkstoffe/Waren
		▷ körperliche oder geistige Arbeit ▷ gelernte, ungelernte oder angelernte Arbeit ▷ kreative oder sich wiederholende Arbeit	▷ Grundstücke/Gebäude ▷ Anlagen ▷ Computersysteme ▷ Transportfahrzeuge ▷ Lagereinrichtungen	▷ Handelswaren ▷ Rohstoffe ▷ Energie ▷ Büromaterial
	Dispositiver Faktor (Leitung)	Das Zusammenwirken der ursprünglichen Produktionsfaktoren vollzieht sich jedoch nicht von selbst, sondern muss geplant, koordiniert und kontrolliert werden. Diese Tätigkeiten sind zwar auch Teil der menschlichen Arbeit, jedoch unterscheiden sie sich von der überwiegend ausführenden Tätigkeit. Diesen vierten Produktionsfaktor bezeichnet man als die Leitung (Betriebsführung). Diese hat folgende Aufgaben: ▷ Zielsetzung, z. B. „6 Prozent Umsatzwachstum im nächsten Jahr"; ▷ Planung, z. B. „durch Niedrigpreise oder durch höhere Werbeausgaben"; ▷ Entscheidung, z. B. „Sortimentserweiterung um 150 weitere Artikel"; ▷ Organisation, z. B. „Zusammenlegung von zwei Einkaufsabteilungen"; ▷ Kontrolle, z. B. „Soll-Ist-Vergleich zwischen erreichter und geplanter Umsatzsteigerung".		
Kombination der Produktionsfaktoren	Die Leitung hat die Aufgabe, die originären Produktionsfaktoren unter Beachtung des ökonomischen Prinzips zu kombinieren. Das bedeutet, dass immer diejenige Kombination zu wählen ist, die den größtmöglichen Erfolg verspricht, oder diejenige, die die geringsten Kosten verursacht. Da sich die Kosten von Produktionsfaktoren im Verhältnis zueinander stets verändern, führt dies zwangsläufig dazu, dass im Zeitablauf die Anteile der Produktionsfaktoren verändert werden müssen.		

Was verstehen Sie unter Arbeitsteilung?

Arbeitsteilung ist die Auflösung von Arbeit in Teilverrichtungen, die von verschiedenen Personen oder Wirtschaftseinheiten ausgeführt werden. Das Gegenteil der Arbeitsteilung ist die vollständige Selbstversorgung einer einzelnen Person.	*Beispiel: Ein Bauer baut Weizen an, der Müller mahlt aus dem Weizen Mehl, aus dem der Bäcker wiederum Brot backt. In der Selbstversorgung müsste ein Mensch alle diese Tätigkeiten ausführen, um das Brot zu erhalten.*

Beschreiben Sie die verschiedenen Formen der Arbeitsteilung.

familiäre Arbeitsteilung	Die familiäre Arbeitsteilung ist die ursprünglichste Form der Arbeitsteilung. Sie fand zwischen Mann und Frau statt, als es noch keinen Austausch von Gütern gab und die Familien sich noch selbst versorgten.	
berufliche Arbeitsteilung	Berufs-bildung	Berufsbildung ist die Spezialisierung von Personen auf bestimmte Tätigkeitsfelder nach Neigung und Fähigkeit. *Beispiel: Entwicklung von Berufen wie Landwirt, Tischler, Müller, Bäcker, Händler, Elektriker*
	Berufs-spaltung	Berufsspaltung beinhaltet die durch die Technisierung erforderliche Spezialisierung innerhalb der ursprünglichen Grundberufe. *Beispiel: Der Grundberuf Mechaniker lässt sich aufspalten in Industriemechaniker, Werkzeugmechaniker, Automobilmechaniker usw.*
betriebliche Arbeitsteilung	Arbeits-zerlegung	Die Arbeitszerlegung beinhaltet die Zerlegung eines gesamten Arbeitsvorgangs in mehrere Teilleistungsprozesse. *Beispiel: Die Gesamtaufgabe eines Tischlers wird aufgeteilt in Sägen, Hobeln, Verzinken, Furnieren, Leimen, Beschläge anbringen usw.*
	Abteilungs-bildung	Die Abteilungsbildung ist das Ergebnis der Arbeitszerlegung. Einzelne Arbeitsprozesse werden auf Stellen/Personen verteilt und diese zu organisatorischen Einheiten (Abteilungen) zusammengefasst. *Beispiel: Eine Möbelfabrik enthält im Fertigungsbereich die Abteilungen Zuschnitt, Furnieren, Oberflächenbearbeitung, Bankraum usw.*
gesellschaftliche Arbeitsteilung (überbetriebliche Arbeitsteilung)	Die gesellschaftliche Arbeitsteilung erstreckt sich nicht mehr nur auf Menschen und Betriebe, sondern auf die gesamte Volkswirtschaft. Die Volkswirtschaft zerfällt in verschiedene Wirtschaftsbereiche, von denen jeder ganz bestimmte Aufgaben übernimmt. ▷ **Urerzeugung:** Gewinnung von Rohstoffen und Energie (z. B. Landwirtschaft, Bergbau) ▷ **Weiterverarbeitung:** Verarbeitung der Stoffe durch Industrie und Handwerk ▷ **Handel und Dienstleistungen:** Verteilung der Waren und Erstellung von Dienstleistungen	
internationale Arbeitsteilung	Jedes Land spezialisiert sich auf den Anbau oder die Produktion von Waren oder Dienstleistungen, die sich in diesem Land besonders lohnt (Kaffee aus Südamerika, Kupfer aus Chile, Textilien aus Marokko, Schuhe aus Italien).	

1 Welche der folgenden Aussagen über Arbeitsteilung sind falsch? _____

(1) Das Gegenteil von Arbeitsteilung ist die Automation.

(2) Gäbe es keine Arbeitsteilung, müsste sich jeder Mensch selbst versorgen.

(3) Durch Arbeitsteilung wird bei gleicher Leistung ein höherer Ertrag erzielt.

(4) Arbeitsteilung ist die Auflösung von Arbeit in Teilverrichtungen.

(5) Arbeitsteilung kann nur in der Produktion, nicht aber im Büro erfolgen.

2 Prüfen Sie folgende Gruppen von Tätigkeiten. Welche der genannten Auswahlantworten beinhalten keine Arbeitszerlegung als betriebliche Arbeitsteilung und sind somit unlogisch?__

(1) Hobeln, Leimen, Furnieren

(2) Bohren, Entgraten, Schleifen

(3) Anfragen, Bestellen, Kontrollieren

(4) Schwimmen, Putzen, Verzinken

(5) Drehen, Bohren, Essen

3 Welche der folgenden Auswahlantworten stellt keine Form der Arbeitsteilung dar? _____

(1) Abteilungsbildung

(2) Berufsspaltung

(3) Arbeitszerlegung

(4) Berufsbildung

(5) Beförderung

4 Arbeitsteilung findet auf verschiedenen Ebenen statt. Prüfen Sie bei den folgenden Auswahlantworten, welche Reihe von Begriffen kein logisches Ergebnis von Arbeitsteilung ist. _____

(1) Programmieren, Reparieren, Bergbau

(2) Beschaffung, Produktion, Absatz

(3) Tischler, Elektriker, Landwirt

(4) Urerzeugung, Weiterverarbeitung, Handel

(5) Fräsen, Bohren, Sägen

5 Welcher der folgenden Gegenstände zählt nicht zu dem Produktionsfaktor Betriebsmittel? _____

(1) Gabelstapler für das Lage

(2) Computer in der Verkaufsabteilun

(3) Auslieferungsfahrzeu

(4) Farbpatrone für Tintenstrahldrucke

(5) Verwaltungsgebäude

6 Ordnen Sie den unten stehenden Tätigkeiten in einem Großhandelsbetrieb zu, ob es sich dabei um

(1) gelernte Arbeit
(2) angelernte Arbeit
(3) ungelernte Arbeit
(4) leitende Tätigkeit

handelt.

a. Frau Steffen in der Buchhaltung erstellt monatlich eine Zwischenbilanz für die Geschäftsleitung. _____

b. Herr Schmitt führt jeden Montagmorgen mit den Gebietsverkaufsleitern eine Telefonkonferenz und lässt sich Bericht erstatten. _____

c. Herr Baumann ist Handelsfachpacker und für die ordnungsgemäße Abfertigung der Transporte zuständig. ____

d. Karl Sonntag wird für unterschiedliche Tätigkeiten eingesetzt, z. B. Hof fegen, Lager aufräumen, LKW reinigen. _____

e. Fritz Press hat als Auslieferungsfahrer täglich eine andere Tour zu erledigen. _____

7 Leistungsprozesse werden durch die Kombination von Produktionsfaktoren erst möglich. Entscheiden Sie in den unten dargestellten Fällen, ob bei der Erledigung dieser Aufgaben

(1) vorwiegend ein originärer Produktionsfaktor
(2) vorwiegend der dispositive Produktionsfaktor

zum Zuge kommt.

a. Es müssen Waren auf Grund von Platzproblemen umgelagert werden. _____

b. Für den bevorstehenden Kauf eines neuen LKW sind Angebote verschiedener Händler eingeholt worden. ____

c. Auf Grund der Angebotsvergleiche aus Fall b. muss nun entschieden werden, welcher Typ LKW gekauft werden soll. _____

d. Ein wichtiger Kunde besucht unseren Stand auf der Messe. Er soll vom Flughafen abgeholt werden. _____

e. Mit dem wichtigen Kunden wird ein längeres Verkaufsgespräch geführt, das sehr erfolgreich verläuft. _____

f. Anhand der Auswertung einer Kundenbefragung wird überprüft, ob die Schulung der Verkäufer zum Thema „Kundenorientierung" erfolgreich war. _____

8 Welche der folgenden Aussagen kennzeichnet einen Nachteil der Arbeitsteilung? _____

(1) höherer Lebensstandard

(2) Entfremdung von der Arbeit

(3) geringere Anlernzeit

(4) Aneignung von Spezialkenntnissen

(5) geringere Lohnkosten

Welche Arten von Kaufleuten werden nach dem HGB unterschieden?

Istkaufmann *Kaufmann kraft freiwilliger Eintragung*	Handels-gewerbe	Handelsgewerbe ist dabei jeder Gewerbebetrieb (d. h. eine auf Dauer angelegte selbstständige Tätigkeit mit der Absicht der Gewinnerzielung), es sei denn, dass das Unternehmen nach Art oder Umfang einen in kaufmännischer Weise eingerichteten Geschäftsbetrieb nicht erfordert.
	Kaufmännische Organisation	Zu den Kriterien, die einen in kaufmännischer Weise eingerichteten Geschäftsbetrieb kennzeichnen, zählen u. a. die Mitarbeiterzahl, Größe der gewerblichen Räume, Zahl der Zweigniederlassungen, die Höhe des Umsatzes, die Höhe der Forderungen und des Vermögens.
Kannkaufmann Kleingewerbetreibende *Kaufmann kraft freiwilliger Eintragung*	Eintragungs-wahlrecht	Ein gewerbliches Unternehmen, dessen Gewerbebetrieb keinen in kaufmännischer Weise eingerichteten Geschäftsbetrieb benötigt (Kleingewerbe) hat die Möglichkeit, durch Handelsregistereintragung zu einem vollwertigen Kaufmann zu werden. Wird das Recht auf Eintragung nicht wahrgenommen, wird der Gewerbetreibende einer Privatperson gleichgestellt und es gilt für diesen Nichtkaufmann das BGB („Alles-oder-Nichts-Prinzip").
	Löschungs-antragsrecht	Ein eingetragener Kleingewerbetreibender hat die Möglichkeit, sich durch Löschung wieder aus der Kaufmannseigenschaft zurückzuziehen („Kaufmann auf Rückfahrkarte"). Dies bedeutet im Falle einer OHG bzw. KG nicht nur Verlust der Kaufmannseigenschaft, sondern auch (Rück-)Umwandlung kraft Gesetzes in die Rechtsform einer BGB-Gesellschaft. Dem Löschungsantrag wird nur zugestimmt, sofern nicht die Voraussetzung eines Istkaufmanns in der Zwischenzeit eingetreten ist.
Kannkaufmann Land- und Forstwirtschaft *Kaufmann kraft freiwilliger Eintragung*	Eintragungs-wahlrecht	Auf den Betrieb der Land- und Forstwirte finden die Vorschriften des Istkaufmanns keine Anwendung, d. h. ein solches land- oder forstwirtschaftliches Unternehmen kann, sofern das Unternehmen nach Art und Umfang einen in kaufmännischer Weise eingerichteten Geschäftsbetrieb erfordert, erst durch Eintragung in das Handelsregister die Kaufmannseigenschaft erlangen. Land- und forstwirtschaftliche Unternehmen besitzen die Kaufmannseigenschaft für 1. land- und forstwirtschaftliche Hauptbetriebe und/oder 2. land- und forstwirtschaftliche Nebenbetriebe, wenn Erzeugnisse des Hauptbetriebes und evtl. anderer Betriebe verwertet werden (branchenüblicher Zukauf).
Formkaufmann *Kaufmann kraft besonderer Rechtsform*		Aktiengesellschaften, Kommanditgesellschaften auf Aktien sowie die Gesellschaft mit beschränkter Haftung und die eingetragene Genossenschaft besitzen allein wegen ihrer Rechtsform die Kaufmannseigenschaft ohne Rücksicht auf den Gegenstand des Unternehmens.

Welche Unterschiede bestehen für Gewerbetreibende mit bzw. ohne Handelsregistereintragung, deren Unternehmen einen in kaufmännischer Weise eingerichteten Geschäftsbetrieb nicht erfordern (Kleingewerbetreibende)?

Merkmal	mit Handelsregistereintragung	ohne Handelsregistereintragung
Kaufmannseigenschaft	Kannkaufmann	kein Kaufmann
Gesetz	HGB gilt	BGB gilt
Firma	Eintragung der Firma mit den damit verbundenen Rechten und Pflichten	keine Firma
Buchführung	volle Buchführungspflicht	vereinfachte Aufzeichnungspflichten
Bürgschaft	mündliche Absprache möglich	nur mit Schriftform möglich
Prokura	Erteilung der Vollmacht möglich	Erteilung nicht möglich
Untersuchungs- und Rügepflicht	unverzüglich	innerhalb von 6 Monaten nach der Lieferung muss der Verkäufer beweisen, dass die Ware mangelfrei war. Danach trägt der Käufer die Beweislast.
Rechtsform	alle Unternehmensformen möglich	nur BGB-Gesellschaft möglich

Nennen Sie Personen, die nicht zu den Kaufleuten des HGB zählen.

Beispiele	▷ Freiberufler, wie beispielsweise Anwälte oder Ärzte ▷ Personen, die wissenschaftlich tätig sind ▷ Personen, die künstlerisch tätig sind ▷ Kleingewerbetreibende, die den Kaufmannsstatus (Kannkaufmann) nicht gewählt haben ▷ Land- und Forstwirte, die den Kaufmannsstatus (Kannkaufmann) nicht gewählt haben ▷ Gesellschaften des bürgerlichen Rechts

1   Ordnen Sie den folgenden Geschäftsbeschreibungen die jeweiligen Kaufmannseigenschaften zu.

Tragen Sie eine (9) ein, wenn kein Kaufmann nach dem HGB vorliegt:

(1) Istkaufmann
(2) Kannkaufmann
(3) Formkaufmann

a. „Gehrlicher, Hallen- & Industriebau GmbH" _____

b. „PINGUIN Frische Logistik AG"_____

c. „EDV-Beratung Dieter e. K."
Das Unternehmen hat keine Mitarbeiter und konnte nur geringe Umsätze erzielen. _____

d. „Industriekauffrau Mäggy Kleibrink" _____

e. „Sitec, Sicherheitstechnik mbH"
Das Unternehmen beschäftigt mehrere Mitarbeiter, konnte jedoch aufgrund der Neugründung und der damit verbundenen Vorlaufkosten keinen Gewinn erzielen._____

f. „Dirk Rüter, Sanitärinstallationen"
Der Klempner annonciert regelmäßig in der lokalen Zeitung und ist in einer privaten Krankenkasse versichert._____

2   Nehmen Sie zu folgenden Aussagen Stellung.
Tragen Sie eine

(1) ein, wenn es sich um eine richtige Aussage handelt,
(9) ein, wenn es sich um eine falsche Aussage handelt.

a. Kleingewerbetreibende können eine OHG gründen. Sie sind dann Kannkaufleute. _____

b. Land- und Forstwirte können, sofern ihr Unternehmen nach Art und Umfang einen in kaufmännischer Weise eingerichteten Geschäftsbetrieb erfordert, den Kaufmannsstatus wählen. Sie sind dann Kannkaufleute._____

c. Ein im Handelsregister stehender Kleingewerbetreibender hat ein Löschungsantragsrecht. _____

d. Freiberufler haben die Möglichkeit, nach dem HGB zu optieren und durch die Handelsregistereintragung vollwertiger Kaufmann zu werden. _____

e. Kaufmann ist jeder, der ein Handelsgewerbe betreibt. Handelsgewerbe ist dabei jeder Gewerbebetrieb, es sei denn, dass das Unternehmen nach Art oder Umfang einen in kaufmännischer Weise eingerichteten Geschäftsbetrieb nicht erfordert. _____

3   Bei welcher der folgenden genannten Personen handelt es sich um einen Formkaufmann? _____

Tragen Sie eine (9) ein, wenn kein Formkaufmann genannt wurde.

(1) Handelsvertreter Michael Krieft
(2) Handelsmakler Gerd Hodina
(3) Privatbankier Dietrich Bothe
(4) Günter Löhbrink GmbH, Herstellung von feinen Salaten

4   Die Geschäftsfrauen Andrea Hageböke und Sabine Schumacher betreiben beide ein Handelsgewerbe, das jedoch keinen nach Art oder Umfang eingerichteten Gewerbebetrieb benötigt.
Andrea Hageböke hat sich entschieden, ihr Unternehmen in das Handelsregister eintragen zu lassen. Sabine Schumacher verzichtet auf dieses Wahlrecht.

Ordnen Sie zu:

(1) Richtige Aussage von Andrea Hageböke
(2) Richtige Aussage von Sabine Schumacher
(3) Falsche Aussage

a. „Mit der Eintragung in das Handelsregister bin ich ein Istkaufmann." _____

b. „Ohne Eintragung in das Handelsregister bin ich trotz alledem ein Kaufmann, für den das HGB Gültigkeit hat."_____

c. „Mein Nachbar ist Landwirt und führt als Nebenbetrieb noch einen Bioladen. Er ist Kannkaufmann und im Handelsregister eingetragen. Obwohl ich nur ein Kleingewerbe betreibe, bin ich auch Kannkaufmann." _____

d. „Meine Firma lautet: Wein- und Sektkellerei e. Kfr." _____

e. „Meinem Mitarbeiter habe ich Prokura erteilt." _____

f. „Beim Verbrauchsgüterkauf kann ich noch innerhalb von 6 Monaten nach der Lieferung mangelhafte Lieferung rügen und der Verkäufer ist beweispflichtig, dass die Ware bei Übergabe mangelfrei war." _____

g. „Meinem Löschungsantragsrecht muss man auf jeden Fall zustimmen, auch wenn in der Zwischenzeit ein nach Art oder Umfang eingerichteter Geschäftsbetrieb entstanden ist."_____

h. „Ich bin ein Kaufmann kraft freiwilliger Eintragung." _____

i. „Bürgschaftsverträge müssen zur Gültigkeit schriftlich von mir unterzeichnet werden. Mündliche Absprachen sind ungültig." _____

j. „Bei Eintritt eines neuen Gesellschafters könnte ich meine Firma auch ‚Sekt- und Weinkellerei OHG' nennen. Dies ist auch als Kleingewerbetreibender mit Eintragung in das Handelsregister möglich."_____

5   Das Handelsrecht des HGB regelt Besonderheiten für Kaufleute.

Tragen Sie eine

(1) ein, wenn die Person unter dieses Sonderrecht fällt,
(9) ein, wenn die Person nicht unter dieses Sonderrecht fällt.

a. Rechtsanwalt_____

b. juristische Person in Form einer GmbH _____

c. Arzt _____

d. Heilpraktiker _____

e. Wirtschaftsprüfer_____

f. Vorstandsvorsitzender der Turbus AG _____

g. Richter am Landgericht_____

Was versteht man unter einer Firma?

Die Firma eines Kaufmanns ist der Name, unter dem er im Handel seine Geschäfte betreibt und seine Unterschrift abgibt.
Ein Kaufmann kann unter seiner Firma klagen und verklagt werden.

Erläutern Sie „Firmenkern" und „Firmenzusatz" als Bestandteile der Firma.

Firmenkern		Firmenzusatz
▷ Personen-, Sach- oder Fantasiename oder gemischte Firma Einzelunternehmen, Personen- und Kapitalgesellschaften können unter Berücksichtigung der Firmengrundsätze jede beliebige Firma wählen.	▷ Rechtsformzusatz Rechtsformzusätze sind für alle Kaufleute zwingend vorgeschrieben (z. B. e. K., OHG, GmbH)	▷ Gesetzlich vorgeschrieben ist der Firmenzusatz, wenn er zur Unterscheidung notwendig ist (siehe Firmenausschließlichkeit). ▷ Freiwillige Zusätze dienen Werbezwecken.
PINGUIN FRISCHE	*GmbH*	*Kühltransporte*

Nennen und beschreiben Sie die verschiedenen Firmengrundsätze.

Firmeneignung	Die Gestaltungsfreiheiten bei der Firmenbildung werden durch Folgendes begrenzt: Die Firma muss zur Kennzeichnung des Kaufmanns geeignet sein und Unterscheidungskraft besitzen.
Firmenklarheit	Es dürfen keine irreführenden Angaben über geschäftliche Verhältnisse gemacht werden.
Firmenbeständigkeit	Die bisherige Firma kann fortgeführt werden, auch wenn ▷ eine Namensänderung erfolgte (z. B. Heirat, Adoption), ▷ eine Übertragung der Firma erfolgte (z. B. Kauf, Erbschaft, Schenkung), wenn der bisherige Inhaber die Einwilligung zur Fortführung der Firma gab, ▷ eine Änderung im Gesellschafterbestand erfolgte.
Firmenöffentlichkeit	Jeder Kaufmann muss seine Firma beim Handelsregister eintragen lassen. Ferner sind alle kaufmännischen Unternehmen verpflichtet, handelsrechtliche Angaben auf Geschäftsbriefen anzugeben: Firma (einschließlich Rechtsformzusatz), Ort der Handelsniederlassung, Registergericht, Handelsregisternummer.
Firmenausschließlichkeit (Firmenmonopol)	Soll eine neue Firma eingetragen werden, so muss sie sich von den an demselben Ort oder in derselben Gemeinde bereits bestehenden Firmen und im Handelsregister bzw. Genossenschaftsregister eingetragenen Firmen deutlich unterscheiden.

Erklären Sie den Begriff und die Besonderheiten des Handelsregisters.

▷ Das Handelsregister ist ein amtliches Verzeichnis der **Kaufleute.** Es wird von den Amtsgerichten geführt.
▷ Die Einsicht in das Handelsregister ist jeder Person gestattet.
▷ Es ist möglich, von den Eintragungen Abschriften in beglaubigter Form zu erhalten.
▷ Das Gericht hat die Eintragungen durch den Bundesanzeiger und mindestens ein anderes Blatt bekannt zu machen.
▷ Eintragungen, die rot unterstrichen sind, gelten als gelöscht.

Wie ist das Handelsregister gegliedert, und welche Inhalte werden eingetragen?

Gliederung	▷ Abteilung A (HRA): Einzelunternehmen und Personengesellschaften ▷ Abteilung B (HRB): Kapitalgesellschaften	
Inhalte	**Abteilung B:**	▷ Spalte 1: Nummer der Eintragung ▷ Spalte 2: a) Firma, b) Ort der Niederlassung, c) Gegenstand des Unternehmens ▷ Spalte 3: Grundkapital oder Stammkapital ▷ Spalte 4: Geschäftsinhaber, Gesellschafter, Geschäftsführer, Abwickler ▷ Spalte 5: Prokura ▷ Spalte 6: Rechtsverhältnisse ▷ Spalte 7: a) Tag der Eintragung und Unterschrift, b) Bemerkungen
	Abteilung A:	▷ wie Abteilung B, es fehlt die Angabe zu 2 c und die Spalte 3

Welche rechtlichen Wirkungen haben Handelsregistereintragungen?

konstitutiv (rechtserzeugend, rechtsbegründend)	Die Rechtswirkung tritt erst mit der Registereintragung ein. *Beispiele: Kaufmannseigenschaft des kleinunternehmerischen Gewerbebetriebs, Rechtsform der Formkaufleute, Firmenmonopol*
deklaratorisch (rechtsbezeugend, rechtserklärend)	Die Rechtswirkung ist schon vor der Eintragung eingetreten und wird nur noch bestätigt. Die Eigenschaft als Handelsgewerbe wird für jeden Gewerbebetrieb vermutet. *Beispiele: Kaufmannseigenschaft der Istkaufleute, Prokura*

1 Die Firma besteht aus

(1) dem Firmenkern,
(2) dem Firmenzusatz.

Ordnen Sie diese Begriffe der folgenden Firmierung zu:
„Kunststoff-Kissel OHG, Präzisions- und Kunststoffteile."

a. Kunststoff-Kissel _____ ☐

b. OHG _____ ☐

c. Präzisions- und Kunststoffteile _____ ☐

2 Überprüfen Sie nachstehende Angaben über eine Unternehmung.

Welche dieser Angaben wird nicht im Handelsregister A eingetragen? _____ ☐

(1) Ort der Niederlassung

(2) Prokura

(3) Gesellschafter

(4) Gegenstand des Unternehmens

(5) Firma

(6) Kapitaleinlage des Kommanditisten

(7) Eröffnung des Insolvenzverfahrens

3 Ordnen Sie die folgenden Firmengrundsätze den jeweiligen unten stehenden Aussagen zu:

(1) Firmeneignung
(2) Firmenklarheit
(3) Firmenbeständigkeit
(4) Firmenöffentlichkeit

Wenn es sich um eine falsche Aussage handelt, tragen Sie eine (9) ein.

a. Es ist möglich, bei Heirat den Mädchennamen weiterhin in der Firmierung zu führen. _____ ☐

b. Das örtliche Einzelhandelsunternehmen „Marlisa Moda e. K., Damenoberbekleidung" ist mit der Firmierung im hiesigen Handelsregister beim Gericht eingetragen. _____ ☐

c. Die Firma muss zur Kennzeichnung des Kaufmanns geeignet sein und unterscheidungskräftig sein. _____ ☐

d. Bei der Gründung einer Personenfirma muss der Firmenkern den Gegenstand des Unternehmens erkennen lassen. _____ ☐

4 Im Handelsregister werden einige Tatbestände rot unterstrichen. Welche der Aussagen dazu ist richtig? ☐

(1) Es handelt sich um Löschungen.

(2) Es handelt sich um besonders wichtige Eintragungen.

(3) Es handelt sich um ein internes Ordnungskriterium, das individuell von jedem Rechtspfleger benutzt werden kann.

5 Tragen Sie in das Kästchen hinter den unten stehenden Aussagen eine

(1) ein, wenn die Ergänzung richtig ist,
(9) ein, wenn die Ergänzung falsch ist.

Das Handelsregister ...

a. ... ist das Verzeichnis aller Kaufleute. Hierzu zählen nur Kaufleute, die einen nach Art und Umfang eingerichteten Geschäftsbetrieb besitzen. _____ ☐

b. ... wird zentral von einem Gericht (zz. Flensburg) für alle Kaufleute geführt. _____ ☐

c. ... ist das amtliche Verzeichnis der Kaufleute. _____ ☐

d. ... wird von der IHK bzw. der Handwerkskammer geführt. ☐

e. ... hat verschiedene Abteilungen. _____ ☐

f. ... ist ausschließlich ein Verzeichnis der Unternehmen eines Gerichtsbezirks, die ein Handelsgewerbe führen. __ ☐

6 Überprüfen Sie die unten stehenden Aussagen. Kennzeichnen Sie

richtige Aussagen mit einer (1),
falsche Aussagen mit einer (9).

a. Die Firma eines Kaufmanns ist der Name, unter dem er u. a. verklagt werden kann. _____ ☐

b. Der Firmenkern besteht z. B. aus dem Fantasienamen und dem Zusatz, der ein Gesellschaftsverhältnis andeutet. _____ ☐

c. Firmenzusätze können gesetzlich vorgeschrieben sein und dienen zur Unterscheidung der Personen oder des Geschäfts oder sie sind freiwillig zum Zwecke der Werbung mit in der Firmierung angegeben. _____ ☐

d. Bei einer gemischten Firma handelt es sich um ein Einzelhandelsunternehmen, das ein breites Sortiment aufweist. _____ ☐

7 Welche der folgenden Eintragungen in das Handelsregister hat

(1) deklaratorische Wirkung,
(2) konstitutive Wirkung?

Tragen Sie eine (9) ein, wenn die Tatsache nicht in das Handelsregister einzutragen ist.

a. Bauunternehmung Kurt Ribbert e. Kfm., kein in kaufmännischer Weise eingerichteter Geschäftsbetrieb_____ ☐

b. Osnabrücker Lederwaren GmbH _____ ☐

c. Autolackiererei Bernd Hülsmeier, buchführungspflichtig nach der Abgabenordnung _____ ☐

d. Allgemeine Handlungsvollmacht des Angestellten _____ ☐

e. Gesamtprokura _____ ☐

f. Brinkmann OHG, 250 Mitarbeiter _____ ☐

g. Eigenkapital des Komplementärs _____ ☐

Was ist die Rechtsordnung eines Staates? Welche Rechtsnormen kennen Sie?

Rechtsord-nung	Die Gesamtheit aller geltenden Rechtsnormen bildet die Rechtsordnung eines Staates. Sie ist die Grundlage der Gesellschafts- und Wirtschaftsordnung und regelt das Zusammenleben als Gemeinschaft.
Rechtsnormen	Dazu zählen **Gesetze** (z. B. BGB, HGB), **Verordnungen** (z. B. Arbeitszeitordnung), **Satzungen** (z. B. Satzung der Universität Köln) und **Gewohnheitsrechte** (z. B. regelmäßige freiwillige Leistungen des Arbeitgebers).

Unterscheiden Sie das öffentliche vom privaten Recht.

öffentliches Recht	Kennzeichen des öffentlichen Rechts ist das Prinzip der Über- bzw. Unterordnung, wenn ein Träger hoheitlicher Gewalt beteiligt ist. Es ist meist zwingendes Recht (Bescheide, Anordnungen, Strafen, Gebote, Verbote), für das Verwaltungsgerichte zuständig sind. *Rechtsgebiete: Verfassungsrecht, Verwaltungsrecht, Steuerrecht, Strafrecht, Prozessrecht, z. T. Arbeitsrecht*
privates Recht	Kennzeichen des privaten Rechts ist das Prinzip der Gleichordnung. Es ist meist nachgiebiges Recht und wird bestimmt durch den Grundsatz der Vertragsfreiheit. Für das private Recht zuständig sind ordentliche Gerichte. *Rechtsgebiete: Bürgerliches Recht, Handelsrecht, Wechselrecht, z. T. Arbeitsrecht*

Unterscheiden Sie Rechtssubjekte und nennen Sie den Beginn der Rechtsfähigkeit.

natürliche Personen	Natürliche Personen sind alle Menschen ohne Rücksicht auf Stand, Geschlecht oder Staatsangehörigkeit. Beginn der Rechtsfähigkeit: Vollendung der Geburt
juristische Personen	Juristische Personen sind Zweckschöpfungen des Gesetzgebers. Sie werden gebildet durch eine Summe von Personen und/oder Sachen zu einer Organisation. Beginn der Rechtsfähigkeit: Hoheitsakt oder privatrechtlicher Gründungsakt *Beispiele: Land Sachsen, Aktiengesellschaft*

Unterscheiden Sie Rechtsfähigkeit und Geschäftsfähigkeit.

Rechts-fähigkeit	Rechtsfähigkeit ist die Fähigkeit einer Person, Träger von Rechten und Pflichten zu sein. *Beispiele: Grundrechte, Recht auf Eigentum, Schulpflicht, Steuerpflicht*
Geschäfts-fähigkeit	Geschäftsfähigkeit ist die Fähigkeit, Rechtsgeschäfte selbstständig und voll wirksam abzuschließen. *Beispiele: Ausspruch einer Kündigung, Abschluss eines Mietvertrages*

Kennzeichnen Sie Möglichkeiten und Grenzen der Geschäftsfähigkeit.

volle Geschäfts-fähigkeit	Liegt vor bei natürlichen Personen, die das 18. Lebensjahr vollendet haben und sich im Vollbesitz ihrer geistigen Kräfte befinden. Soweit ein Volljähriger seine Angelegenheiten ganz oder teilweise nicht mehr besorgen kann, wird ihm auf Antrag oder von Amts wegen vom Vormundschaftsgericht ein Betreuer zur Seite gestellt.	Folge: Rechtsgeschäfte sind voll wirksam.
beschränkte Geschäftsfä-higkeit	Liegt vor bei natürlichen Personen zwischen dem vollendeten 7. und 18. Lebensjahr. *Ausnahmen:* Rechtsgeschäfte, ▷ die der Person einen rechtlichen Vorteil bringen (z. B. Annahme einer Schenkung); ▷ die die Person mit Mitteln erfüllt, die ihr im Rahmen des Taschengeldes zur Verfügung gestellt wurden („Taschengeldparagraf"); ▷ bei denen es sich um eine Handlung im Rahmen eines Arbeitsvertrages der gestatteten Art handelt (z. B. Eröffnung eines Lohnkontos); ▷ für die der beschränkt Geschäftsfähige für „handelsmündig" erklärt wurde; ▷ in die der gesetzliche Vertreter im Voraus einwilligte.	Folge: Rechtsgeschäfte sind schwebend unwirksam. Zur Gültigkeit bedarf es der Genehmigung des gesetzlichen Vertreters. Folge: Rechtsgeschäfte sind voll rechtswirksam.
Geschäfts-unfähigkeit	▷ Kinder bis zum vollendeten 7. Lebensjahr ▷ Personen mit dauerhaft gestörter Geistestätigkeit	Folge: Rechtsgeschäfte sind nichtig.
Geschäfts-fähigkeit von juristischen Personen	Die Geschäftsfähigkeit einer juristischen Person wird durch die handelnden Organe ausgeübt. Sie vertreten das Unternehmen nach außen, können Willenserklärungen entgegennehmen und abgeben. Hat die juristische Person die Rechtsfähigkeit erlangt, ist sie zugleich auch handlungs- und damit geschäftsfähig.	Folge: Rechtsgeschäfte sind voll rechtswirksam.

1   Ordnen Sie den unten stehenden Gesetzen die folgenden Gesetzesbereiche zu:

(1) Gesetz des öffentlichen Rechts
(2) Gesetz des Privatrechts

a. Handelsgesetzbuch _____ ☐

b. Wechselgesetz _____ ☐

c. Bürgerliches Gesetzbuch _____ ☐

d. Einkommensteuergesetz_____ ☐

e. Grundgesetz _____ ☐

f. Aktiengesetz _____ ☐

g. Verwaltungsverfahrensgesetz des Bundes und der Länder_____ ☐

2   Stellen Sie fest, welches der nachstehenden Gerichte für unten stehende Streitigkeiten bzw. Anträge zuständig ist.

(1) Amtsgericht
(2) Landgericht
(3) Arbeitsgericht
(4) Finanzgericht
(5) Sozialgericht
(6) Verwaltungsgericht

a. Ein Rentner bestreitet die Rechtmäßigkeit eines kommunalen Gebührenbescheids. _____ ☐

b. Ein Kaufmann beantragt den Erlass eines Mahnbescheids; der Antragsteller fordert 12 340,00 €. _____ ☐

c. Ein Gläubiger beantragt die Eröffnung eines Insolvenzverfahrens über ein Unternehmen. _____ ☐

d. Eine Rechnung in Höhe von 4 750,00 € wurde nicht bezahlt. Der Gläubiger erhebt Klage. _____ ☐

e. Ein Handlungsreisender klagt, weil er für von ihm getätigte Kaufverträge nicht die vereinbarte Provision erhielt._____ ☐

f. Ein Rentner klagt gegen einen Rentenbescheid. _____ ☐

g. Ein Eigentümer bestreitet die Änderung eines Bebauungsplanes._____ ☐

3   Überprüfen Sie folgende Aussagen zur Geschäftsfähigkeit und Rechtsfähigkeit. Tragen Sie eine

(1) ein, wenn die Aussage richtig ist,
(9) ein, wenn die Aussage falsch ist.

a. Ein 3 Tage altes Kind kann nicht steuerpflichtig sein._____ ☐

b. Ein Hund kann erbfähig sein. _____ ☐

c. Ein 14-jähriges Kind kann Eigentümer einer Unternehmung sein._____ ☐

d. Die Rechtsfähigkeit bei natürlichen Personen beginnt mit Vollendung der Geburt._____ ☐

e. Juristische Personen sind nicht rechtsfähig, sie sind nur voll geschäftsfähig. _____ ☐

4   Entscheiden Sie bei unten stehenden Sachverhalten, ob ein

(1) nichtiges,
(2) schwebend unwirksames,
(3) gültiges

Rechtsgeschäft vorliegt.

a. Ein 6-jähriges Kind kauft sich von seinem Taschengeld einen Zauberkasten für 9,00 €. _____ ☐

b. Der 17-jährige Auszubildende benutzt seine Ausbildungsvergütung zum Kauf eines Mofas._____ ☐

c. Der 16-jährige Dirk kündigt ohne Absprache mit seinen Eltern sein Arbeitsverhältnis zum nächstmöglichen Termin. _____ ☐

d. Die Eltern genehmigen innerhalb von 14 Tagen den Kauf eines Abendkleides ihrer 17-jährigen Tochter. _____ ☐

e. Ein 13-Jähriger kauft sich von seinem Taschengeld eine Filmkamera. _____ ☐

f. Eine 10-Jährige erhält von ihrer Tante zum Geburtstag 100,00 € geschenkt, obwohl die Eltern dieser Schenkung nicht zustimmen. _____ ☐

g. An ihrem 18. Geburtstag unterschreibt die Auszubildende einen Kaufvertrag über ein Auto im Wert von 8 800,00 €. _____ ☐

h. Der 6-jährige Bernd hat für seine Mutter vom Bäcker bestellte Brötchen abgeholt und kauft sich für 1,00 € ein Eis. _____ ☐

5   Ordnen Sie den unten stehenden Rechtssubjekten zu:

(1) natürliche Person
(2) juristische Person

a. Land Sachsen _____ ☐

b. Lohnsteuerhilfe-Verein Lübbecke, eingetragen im Vereinsregister _____ ☐

c. Gesangverein „Akkord", eingetragen im Vereinsregister ☐

d. Gerichtsvollzieher Walter Kraus _____ ☐

e. Moritz Lübke, Sporttaucher_____ ☐

f. Anke Rüter, Bauchtänzerin_____ ☐

g. Wilhelm Katenbrink, Zweigstellenleiter einer Großbank __ ☐

6   Ordnen Sie die folgenden Rechtsgebiete den unten stehenden Merkmalen zu:

(1) Öffentliches Recht
(2) Privates Recht

a. Es gilt das Prinzip der Über- bzw. Unterordnung. _____ ☐

b. Bei Streitigkeiten sind die Verwaltungsgerichte zuständig. _____ ☐

c. Es handelt sich meist um nachgiebiges Recht._____ ☐

d. Es handelt sich meist um zwingendes Recht. Eine Steuerschuld z. B. ist mit dem Finanzamt aufgrund der Vertragsfreiheit in ihrer Höhe nicht frei vereinbar. _____ ☐

Was sind Rechtsobjekte? Geben Sie einen Überblick.

Zu den Gegenständen des Rechtsverkehrs gehören **Rechtsobjekte**, die unterschieden werden können in Sachen (= körperliche Gegenstände) und Rechte (= unkörperliche Gegenstände).

Sachen	**unbewegliche Sachen** (Immobilien) *Beispiele: Grundstücke, Gebäude*	**bewegliche Sachen** (Mobilien) *Beispiele: Konsumgüter, Investitionsgüter*
	vertretbare Sachen Vertretbare Sachen im Sinne des BGB sind bewegliche Sachen, die im Verkehr nach Maß, Zahl oder Gewicht bestimmt werden können. *Beispiele: Bonbons, Papiertaschentücher*	**nicht vertretbare Sachen** Nicht vertretbar sind einzelne Gegenstände, die sich subjektiv nach dem Willen des Vertragspartners bestimmen. *Beispiele: Originalgemälde, gebrauchtes Auto*
Rechte	**Persönlichkeitsrechte** *Beispiele: Firmenrecht, Namensrecht*	**Vermögensrechte** *Beispiele: Forderung, Patent*

Unterscheiden Sie Besitz und Eigentum.

Besitz	Eigentum
Besitz ist die tatsächliche Herrschaft/Verfügbarkeit über eine Sache oder ein Recht. Der Besitzer kann mit der Sache nur im Rahmen von Vereinbarungen mit dem Eigentümer verfahren.	Eigentum ist die rechtliche Herrschaft/Verfügbarkeit über eine Sache oder ein Recht. Der Eigentümer kann mit der Sache beliebig verfahren, sofern dadurch nicht die Rechte Dritter verletzt werden.

> **Eigentümer und Besitzer sind zumeist eine Person, weil derjenige, dem etwas „gehört", die Sache auch besitzt. In zahlreichen Fällen sind Besitzer und Eigentümer jedoch zwei Personen (z. B. bei Leihe, Pacht, Miete).**

Die Vertragsfreiheit ist Kennzeichen des privaten Rechts (Zivilrecht). Nennen Sie die Merkmale der Vertragsfreiheit.

Abschluss-freiheit	Diese Vertragseingehungsfreiheit bedeutet, dass Vertragspartner nicht gezwungen werden, Verträge abzuschließen, sondern das Recht haben, ihre Vertragspartner frei zu wählen. *Ausnahme:* Kontrahierungszwang = Betriebe mit Monopolcharakter müssen Verträge abschließen.	*Beispiel: Niemand kann gezwungen werden, einen Kaufvertrag über einen Pullover einzugehen, bzw. kann daran gehindert werden, dieses zu tun.* *Beispiel: Elektrizitätsgesellschaften müssen mit den Einwohnern ihres Bezirks Verträge über die Stromlieferung abschließen.*
Gestaltungs-freiheit	Diese Inhaltsfreiheit bedeutet, dass die Verträge inhaltlich frei gestaltet werden können. *Ausnahme:* Die Inhalte verstoßen gegen andere gesetzliche Vorschriften, die zwingendes Recht und nicht abänderbar sind.	*Beispiel: Es ist die freie Entscheidung des Verkäufers und Käufers den Inhalt eines Kaufvertrages zu gestalten.* *Beispiel: Mit einem Arbeitnehmer wird im Arbeitsvertrag der Verzicht auf Urlaub geregelt.*
Formfreiheit	Sie besagt, dass alle Rechtsgeschäfte in jeder beliebigen Form abgeschlossen werden können.	*Beispiel: Ein Kaufvertrag über ein Fahrrad kann mündlich abgeschlossen werden.*
	Ausnahme: Formzwang = Der Gesetzgeber hat für die Gültigkeit des Rechtsgeschäftes eine bestimmte Form vorgeschrieben. ▷ **Schriftform:** Eigenhändige Unterschrift ist unter dem Schriftstück erforderlich. *Beispiele: Schuldversprechen, Schuldanerkenntnis, Bürgschaftserklärung unter Privatleuten, Testament, nachvertragliches Wettbewerbsverbot, Kreditvertrag, Tarifvertrag, Pacht- oder Mietvertrag länger als ein Jahr* ▷ **Öffentliche Beglaubigung:** Die Echtheit der Unterschrift wird durch eine dazu ermächtigte Person bestätigt. *Beispiele: Anträge auf Eintragung in das Handels-, Genossenschafts-, Vereins-, Güterrechtsregister, Grundbuch* ▷ **Notarielle (Öffentliche) Beurkundung:** Das ganze Schriftstück wird vom Notar als Urkunde abgefasst. Es wird die Echtheit der Unterschrift und der Inhalt bestätigt. *Beispiele: Kaufvertrag über ein Grundstück, Schenkungsversprechen, Gesellschaftsverträge der Kapitalgesellschaften.*	
Auflösungs-recht	Dieses Kündigungsrecht besagt, dass Rechtsgeschäfte unter bestimmten Bedingungen aufgelöst werden können.	*Beispiel: Der Mieter kann unter Wahrung bestimmter gesetzlicher oder auch vertraglich vereinbarter Bedingungen den Mietvertrag kündigen.*

1   Stellen Sie in den unten stehenden Fällen fest, ob es sich dabei um

(1) bewegliche Sachen – vertretbar,
(2) bewegliche Sachen – nicht vertretbar,
(3) unbewegliche Sachen – nicht vertretbar,
(4) Rechte

handelt.

a. das aus Fertigblöcken errichtete Zweifamilienhaus _____ ☐

b. die auf Sterilität und Pyrogenfreiheit geprüften Einmalspritzen beim Hautarzt _____ ☐

c. der Eigentumsanteil an einem Rennstall_____ ☐

d. ein gelber wasserlöslicher Textmarker _____ ☐

e. Forderungen an alle Inlandskunden unter 2 000,00 € ___ ☐

f. das selbst gezimmerte Weinregal aus verschiedenen Versandholzkisten französischer Weingüter_____ ☐

g. ein Briefumschlag mit Fenster_____ ☐

---

2   Unterscheiden Sie in den nachstehenden Fällen jeweils getrennt für die Person 1 (P1) und Person 2 (P2), ob diese

(1) Eigentümer und gleichzeitig Besitzer,
(2) Eigentümer, aber nicht Besitzer,
(3) Besitzer, aber nicht Eigentümer,
(4) weder Besitzer noch Eigentümer

sind.

                P1   P2

a. Der Unternehmer (P1) verleiht an einen Angestellten (P2) zwei Stanzen. _____ ☐   ☐

b. Der Privatmann (P1) mietet sich für ein Wochenende einen Kleinlasttransporter von einem „Autoverleihhaus" (P2). _____ ☐   ☐

c. Der Unternehmer (P1) lieferte gestohlene Ware an den Kunden (P2), der sofort bei Übergabe bezahlt._____ ☐   ☐

d. Ein Unternehmer (P1) lieferte aufgrund eines Vertrages vereinbarungsgemäß die Ware an den Kunden (P2). Die Zahlung muss noch erfolgen. _____ ☐   ☐

---

3   Die Vertragsfreiheit ist ein wesentliches Grundprinzip unserer Wirtschaftsordnung.

Ordnen Sie den folgenden Aussagen eine

(1) zu, wenn die Aussage richtig ist,
(9) zu, wenn die Aussage falsch ist.

a. Die Vertragsfreiheit ist gekennzeichnet durch die Abschlussfreiheit, Inhaltsfreiheit, Formfreiheit und das Kündigungsrecht._____ ☐

b. Die Vertragsfreiheit ist Grundprinzip des öffentlichen Rechts. _____ ☐

c. Gesetzliche Vorschriften über den Inhalt von Rechtsgeschäften werden erst dann angewendet, wenn die Vertragspartner darüber keine Vereinbarung getroffen haben._____ ☐

---

4   Überprüfen Sie folgende Äußerungen zum Eigentum. Tragen Sie eine

(1) ein, wenn die Aussage richtig ist,
(9) ein, wenn die Aussage falsch ist.

a. Eigentum ist die rechtliche Herrschaft über eine Sache oder ein Recht. _____ ☐

b. Das Eigentum an einer beweglichen Sache kann z. B. nur durch Einigung erworben werden. Der Veräußerer bleibt in diesem Falle Besitzer. _____ ☐

c. Das Eigentum an einer beweglichen Sache kann durch Einigung und Übergabe erworben werden._____ ☐

d. Das Eigentum an einer unbeweglichen Sache kann nur durch die Auflassung und Eintragung in das Grundbuch erworben werden. Eine notarielle Beurkundung reicht nicht aus._____ ☐

e. Gutgläubiger Erwerb ist nicht möglich bei verloren gegangenen oder gestohlenen Sachen. _____ ☐

---

5   Ordnen Sie folgende Begriffe den unten stehenden Aussagen zu:

(1) Formfreiheit
(2) Inhaltsfreiheit
(3) Auflösungsrecht
(4) Abschlussfreiheit

Tragen Sie eine (9) ein, wenn die vertragliche Vereinbarung nicht möglich ist und somit die Grenze der Vertragsfreiheit überschritten ist.

a. Die Vertragspartner einigen sich über eine bestimmte Sonderausstattung der Kühlmaschine. _____ ☐

b. Der 6-jährige Sohn schließt mit dem Fachgeschäft für Musikinstrumente einen Vertrag über eine Trompete ab. Die Einwilligung der Eltern liegt nicht vor. _____ ☐

c. Der Unternehmer bestellt telefonisch eine Stanzmaschine, die vom Hersteller schriftlich angeboten wurde. _____ ☐

d. Der Käufer entschließt sich, den im Schaufenster ausgestellten Staubsauger zu kaufen. Der Einzelhändler stimmt zu. _____ ☐

e. Der Verkäufer bietet dem Käufer eine Kühltruhe im Wert von 890,00 € an. Der Käufer lehnt dieses Angebot ab. ___ ☐

f. Der Verlobte verbürgt sich gegenüber dem Darlehensgeber mündlich für seine Verlobte. _____ ☐

g. Die Vertragspartner einigen sich schriftlich über den Kauf eines Grundstücks._____ ☐

---

6   Welche der folgenden Gleichsetzungen ist falsch? _ ☐

Tragen Sie eine (1) ein, wenn alle Gleichsetzungen richtig sind.

(2) Inhaltsfreiheit = Gestaltungsfreiheit

(3) Kündigungsrecht = Auflösungsfreiheit

(4) Abschlusszwang = Kontrahierungszwang

(5) Abschlussfreiheit = Vertragseingehungsfreiheit

Was versteht man unter einem Rechtsgeschäft? Was ist eine Willenserklärung?

Rechts-geschäft	Rechtsgeschäfte gestalten die rechtlichen Beziehungen zwischen den in einer Wirtschaft handelnden Personen sowie dem Staat. Rechtsgeschäfte bestehen aus Willenserklärungen der handelnden Personen.
Willens-erklärung	Eine Willenserklärung ist eine rechtlich wirksame Äußerung, durch die die abgebende Person bewusst eine Rechtsfolge herbeiführen will.

Unterscheiden Sie einseitige und zwei- oder mehrseitige Rechtsgeschäfte. Nennen Sie Beispiele.

einseitige Rechts-geschäfte	Sie gestalten eine Rechtsfolge durch die Willenserklärung einer einzelnen Person. ▷ **nicht empfangsbedürftige Rechtsgeschäfte** *Beispiele: Testament, Auslobung* Bei Abgabe der Willenserklärung ist das Rechtsgeschäft gültig. ▷ **empfangsbedürftige Rechtsgeschäfte** *Beispiele: Kündigung, Anfechtung* Bei Abgabe und Zugang der Willenserklärung ist das Rechtsgeschäft gültig.
zwei- oder mehrseitige Rechts-geschäfte	Sie werden nur durch inhaltlich übereinstimmende Willenserklärungen aller Beteiligten rechtswirksam. Die Willens-erklärungen werden Antrag und Annahme genannt. Bei Übereinstimmung kommt ein **Vertrag** zustande. *Beispiele: Kaufvertrag, Gesellschaftsvertrag*

Wann werden Willenserklärungen gegenüber Abwesenden, Anwesenden, Geschäftsunfähigen und beschränkt Geschäftsfähigen wirksam?

Abwesende	Willenserklärungen gegenüber Abwesenden werden mit Zugang in den Herrschaftsbereich des Erklärungsemp-fängers wirksam.
Anwesende	Willenserklärungen gegenüber Anwesenden werden mit Vernehmung der Erklärung wirksam.
Geschäfts-unfähige	Willenserklärungen gegenüber Geschäftsunfähigen werden mit Zugang der Erklärung an den gesetzlichen Vertre-ter wirksam.
beschränkt Geschäftsfähige	Willenserklärungen gegenüber beschränkt Geschäftsfähigen werden mit Zugang der Erklärung an den gesetzli-chen Vertreter wirksam. Ausnahmen: Die Erklärung bringt nur rechtliche Vorteile oder die Einwilligung des gesetzlichen Vertreters lag vor.

Welche Vertragsarten werden unterschieden?
Nennen Sie wesentliche Inhalte, Vertragspartner und Besonderheiten.

Vertragsart	Vertragspartner	Inhalt des Vertrages	entgeltlich/ unentgeltlich	Besondere Hinweise
Schenkungs-vertrag	Schenker/ Beschenkter	Zuwendung von Sachen oder Rechten – Eigentumswechsel	unentgeltlich	Handschenkung = formfrei; Schenkungsversprechen = notarielle Beurkundung nötig
Mietvertrag	Vermieter/ Mieter	Überlassung von Sachen zum Gebrauch	entgeltlich	bei Kündigung von Wohnraum = Schriftform
Pachtvertrag	Verpächter/ Pächter	Überlassung von Sachen oder Rechten zum Gebrauch und zum Fruchtgenuss	entgeltlich	Unterschied zum Mietvertrag = Fruchtziehungsrecht
Leihvertrag	Verleiher/ Entleiher	Überlassung von Sachen zum Gebrauch	unentgeltlich	Rückgabe derselben Sache
Darlehens-vertrag	Darlehens-geber/ Darlehens-nehmer	Überlassung von vertretbaren Sa-chen oder Geld zum Gebrauch/ Verbrauch – Eigentumswechsel	entgeltlich oder unentgeltlich	Rückgabe gleicher Sachen bzw. Geld in gleicher Höhe mit oder ohne Zins
Werkvertrag	Unternehmer/ Besteller	Herstellung eines versprochenen Werkes	entgeltlich	der gewünschte Erfolg (das Ergeb-nis) muss eintreten
Lieferung her-zustellender beweglicher Sachen	Unternehmer/ Besteller	Herstellung eines versprochenen Werkes aus einem vom Unterneh-mer zu beschaffenden Material – Eigentumswechsel	entgeltlich	Kombination aus a) Werkvertrag und b) Kaufvertrag; es wird „gewerkt" und „geliefert"

1 Welche der folgenden Reihen enthält nur einseitige Rechtsgeschäfte? _____ ☐

(1) Kündigung – Pacht – Testament

(2) Mahnung – Testament – Kündigung

(3) Leihe – Mahnung – Erbvertrag

(4) Schuldanerkenntnis – Miete – Pacht

2 Überprüfen Sie folgende Aussagen über Rechtsgeschäfte. Ordnen Sie eine

(1) zu, wenn die Aussage richtig ist,
(9) zu, wenn die Aussage falsch ist.

a. Alle einseitigen Rechtsgeschäfte sind empfangsbedürftige Willenserklärungen. _____ ☐

b. Verträge entstehen durch Antrag und Annahme. _____ ☐

c. Rechtsgeschäfte können grundsätzlich in jeder beliebigen Form abgeschlossen werden. _____ ☐

d. Ein Vertrag kommt durch mindestens zwei übereinstimmende Willenserklärungen zustande. _____ ☐

3 Kennzeichnen Sie unten stehende Aussagen mit

(1), wenn diese richtig sind,
(9), wenn diese falsch sind.

a. Ein Vertrag kommt immer durch zwei übereinstimmende Rechtsgeschäfte zustande. _____ ☐

b. Ein Vertrag kann auch durch Schweigen zustande kommen. _____ ☐

c. Nur durch Handschlag oder durch Kopfnicken kann kein Vertrag zustande kommen, da dadurch zu viele Irrtümer entstehen. _____ ☐

4 Überprüfen Sie in den folgenden Fällen das Wirksamwerden der Willenserklärungen.

Tragen Sie eine

(1) ein, wenn die Willenserklärung wirksam wurde,
(9) ein, wenn die Willenserklärung nicht oder noch nicht wirksam wurde.

a. Der Arbeitgeber lässt ein Kündigungsschreiben durch einen Boten zustellen. Dieser wirft den Brief in den Postkasten des Empfängers, der jedoch für 2 Tage verreist ist. _____ ☐

b. Der Landwirt schreibt am 13. November sein Testament handschriftlich und versieht es mit seiner Unterschrift. Das Schriftstück legt er in einen Holzkasten, in dem sich noch weitere wichtige Dokumente befinden. _____ ☐

c. Der Autohändler überreicht dem noch nicht 18-jährigen Kunden das schriftliche Angebot über einen schwarzen Volvo 440 für 16 000,00 €. Der Sohn übergibt das Schreiben seinem Vater. _____ ☐

5 Ergänzen Sie unten stehende Sätze mit den folgenden Worten:

(1) gegen Entgelt
(2) unentgeltlich
(3) gegen Entgelt oder unentgeltlich
(4) eine Eigentumsübertragung
(5) keine Eigentumsübertragung
(6) der gleichen
(7) derselben

a. Beim Darlehensvertrag erfolgt die Überlassung von vertretbaren Sachen oder Geld ... _____ ☐

b. Beim Pachtvertrag findet ... statt. _____ ☐

c. Beim Leihvertrag erfolgt die Rückgabe ... Sache. _____ ☐

d. Leihverträge sind stets ... _____ ☐

6 Stellen Sie bei den unten stehenden Sachverhalten fest, um welche Vertragsart es sich handelt und ordnen Sie zu.

(1) Werkvertrag
(2) Kaufvertrag
(3) Dienstleistungsvertrag
(4) Pachtvertrag
(5) Mietvertrag
(6) Leihvertrag
(7) Gelddarlehensvertrag
(8) Sachdarlehensvertrag
(9) Sonstiges

a. Die Gymnasiastin Jana lässt sich gegen Entgelt von Studienrat Meißner 5 Monate lang auf das Abitur vorbereiten. _____ ☐

b. Ein Schüler besorgt sich aus der Schülerbücherei kostenlos zwei Mathematikbücher. _____ ☐

c. Für Unterrichtszwecke besorgt sich die Deutschlehrerin eine Videokassette gegen 4,00 € Gebühr. _____ ☐

d. In einem Parkhaus wird ein Parkplatz für 4 Stunden von Herrn Flömer belegt. Die Parkgebühren betragen 3,50 €. _____ ☐

e. Frau Brandmeier besorgt sich von ihrer Nachbarin zum Backen 1 Pfund Mehl. Am nächsten Tag bringt sie Mehl gleicher Art, Güte und Menge zurück. _____ ☐

f. Eine Maschinenfabrik lässt eine Werkzeugmaschine nach eigenen Entwürfen bei einem süddeutschen Unternehmen herstellen. Die Materialien werden in der Rechnung gesondert aufgeführt. _____ ☐

g. Ein Schüler wirft 50 Cent in einen Kaugummiautomaten und entnimmt ein Kaugummi. _____ ☐

h. Ein Student übernimmt für 2 Jahre ein bekanntes Altstadtlokal mit Einrichtung gegen Zahlung eines monatlichen Entgelts. _____ ☐

i. Eine Wandergruppe vereinbart mit einem Autohaus die Überlassung eines Kleinbusses für ein Wochenende gegen Entgelt. _____ ☐

j. Der Inhaber eines Schnellimbissstandes holt sich von dem Koch des gegenüberliegenden Fischstandes 5 l Öl. Am nächsten Tag bringt er 5 l Öl gleicher Güte wieder zurück und als Dank für das „Aushelfen" einen Gutschein für ein Tagesgericht. _____ ☐

Erläutern Sie den Zweck und die rechtliche Bedeutung einer Anfrage.
Unterscheiden Sie zwischen allgemeiner und spezieller Anfrage.

Zweck	Eine Anfrage dient der Informationsbeschaffung auf den Beschaffungsmärkten. Es soll festgestellt werden, zu welchen Bedingungen die Lieferer Güter (oder Dienstleistungen) anbieten können.	
Rechtliche Bedeutung	Durch eine Anfrage ist der Käufer rechtlich nicht gebunden. Da Anfragen keine rechtswirksamen Willenserklärungen sind, kann der Käufer bei mehreren Lieferern gleichzeitig Informationen einholen.	
Formen der Anfrage	**Allgemeine Anfrage**	Bei einer unbestimmten Anfrage wird der Lieferer um Zusendung von Katalogen, Preislisten, Mustern gebeten oder um einen Vertreterbesuch.
	Spezielle Anfrage	Eine bestimmte Anfrage enthält die Bitte um ein Angebot. Die Anfrage sollte präzise Angaben über die Art, Qualität und Ausführung der benötigten Güter (oder Dienstleistungen) beinhalten sowie die benötigte Menge und möglicherweise gewünschte Liefertermine, zwingend vorgeschriebene Transportmittel, Lieferungs- und Zahlungsbedingungen etc. enthalten.

Was verstehen Sie unter einem Angebot?
Erläutern Sie die rechtliche Bedeutung und nennen Sie verschiedene Arten.

Rechtliche Bedeutung	Das Angebot ist eine an eine bestimmte Person gerichtete verbindliche empfangsbedürftige Willenserklärung. Anpreisungen, die sich an die Allgemeinheit richten, stellen keine verbindlichen Willenserklärungen dar und gelten nicht als Angebot im rechtlichen Sinn. Sie sind Aufforderungen zur Abgabe einer Willenserklärung. *Beispiele: Anzeigen in Zeitungen, Schaufensterauslagen, Hauswurfsendungen, Kataloge, Plakate*	
Arten	**Unverlangte Angebote**	Unverlangte Angebote vom Lieferer versuchen das Interesse des Kunden an der Ware zu wecken. Dies geschieht insbesondere zu besonderen Anlässen wie z. B.: Jubiläen, Festtagen, Umbauten.
	Verlangte Angebote	Verlangte Angebote erfolgen aufgrund einer Anfrage.

Das Angebot ist eine verbindliche Willenserklärung. Unter welchen Bedingungen erlischt die Bindung an das Angebot?

Die Bindung an das Angebot erlischt bei	▷ Abwesenden	nach dem Zeitpunkt, bis zu dem unter regelmäßigen Umständen eine Bestellung erwartet werden durfte (Beförderungsdauer – Überlegungsfrist – Beförderungsdauer).
	▷ Anwesenden	nach Beendigung der Unterredung. Zu den Anwesenden werden auch Telefonpartner gezählt.
	▷ Fristsetzung	mit Überschreitung der vereinbarten Frist. Die verspätet zugegangene Bestellung gilt als neuer Antrag.
	▷ Freizeichnungsklauseln	durch deren Angabe, z. B. freibleibend, ohne Obligo, unverbindlich.
	▷ Widerruf	des Angebotes, wenn der Widerruf spätestens mit dem Eintreffen des Angebotes eingeht.
	▷ Ablehnung	des Angebotes.
	▷ Änderung	des Angebotes durch Erweiterung oder Einschränkung. Die Bestellung gilt als neuer Antrag.

Wie wird ein Angebotsvergleich durchgeführt? Nennen Sie in einer übersichtlichen Darstellung die Reihenfolge der Berechnung bis zum Einstandspreis.

| Reihenfolge der Berechnung | **Listeneinkaufspreis**
./. Rabatt
―――――――
= Zieleinkaufspreis
./. Skonto
―――――――
= Bareinkaufspreis
+ Bezugskosten
―――――――
= Bezugspreis (Einstandspreis) | Neben der Berücksichtigung von Qualität der Ware, Lieferbereitschaft oder Mindestmengenabnahmen bestimmt der Preis der Ware die Entscheidung im Angebotsvergleich. Für jeden Lieferanten bzw. dessen angebotene Ware wird der Bezugspreis der Ware unter Berücksichtigung aller Bedingungen vom Listeneinkaufspreis bis zum Bezugspreis nach nebenstehendem Schema berechnet: |

1   Welche der folgenden Aussagen ist falsch? _____

Tragen Sie die entsprechende Ziffer in das Kästchen ein.

(1) Die spezielle Anfrage ist eine Willenserklärung des Käufers an den Verkäufer, angefragte Produkte zu den benannten Bedingungen zu kaufen.

(2) Die allgemeine Anfrage dient der Informationsbeschaffung.

(3) Durch eine Anfrage ist der Käufer rechtlich nicht gebunden.

2   Beurteilen Sie unten stehende Fälle in Bezug auf die Bindung an ein Angebot.

Tragen Sie eine

(1) ein, wenn der Verkäufer an das Angebot rechtlich gebunden ist,
(9) ein, wenn der Verkäufer an das Angebot nicht oder nicht mehr rechtlich gebunden ist.

a. Der Großhändler sendet dem Schuhfachgeschäft einen gültigen Katalog zu._____

b. Der Verkäufer unterbreitet dem Käufer telefonisch ein interessantes Angebot über 150 Dosen Speziallack. Der Käufer beendet das Telefongespräch mit dem Hinweis, dass er eine verbindliche Bestellung erst in der kommenden Woche tätigen könne. _____

c. Ein Sportartikelgeschäft bietet in einem Prospekt, das der Tageszeitung beiliegt, seine Sommerartikel an. _____

d. Der Einzelhändler erhält ein ausführliches Angebot per Telefax über die neue Sommerkollektion. Die für ihn wichtigsten und interessantesten Posten markiert er. Wenige Stunden später erhält er vom Verkäufer einen telefonischen Widerruf. _____

e. Im Fahrradfachgeschäft wird für eine besondere Werbeaktion ein Damenfahrrad mit einem breiten Band versehen, das den Aufdruck hat: Angebot der Woche 730,00 €. _____

f. In einem Selbstbedienungsgeschäft stehen die Waren geordnet in den Regalen. _____

g. Das an den Käufer direkt gerichtete schriftliche Angebot enthält in den Lieferungs- und Zahlungsbedingungen u.a. folgende Hinweise: frei Haus, 3 % Skonto innerhalb von 14 Tagen, 30 Tage netto Kasse, ohne Obligo. _____

3   Ordnen Sie drei der unten genannten Begriffe den markierten Stellen im Text zu. Tragen Sie die jeweilige Ziffer ein.

(1) natürliche
(2) unverlangte
(3) juristische
(4) bestimmte
(5) empfangsbedürftige

Das Angebot ist eine an eine
a. ... Person gerichtete verbindliche _____

b. ... Willenserklärung _____

c. ... Angebote versuchen das Interesse des Kunden an der Ware zu wecken. _____

4   Überprüfen Sie in den folgenden Fällen, ob die Bindung an das Angebot noch besteht.

Tragen Sie eine

(1) ein, wenn eine Bindung besteht,
(9) ein, wenn eine Bindung nicht mehr besteht oder nie bestand.

a. Der Kunde bestellt 10 kg der angebotenen Ware zu dem vereinbarten Preis, verändert die Lieferungsbedingung „ab Werk" jedoch in „frei Haus", da er bisher noch nie Frachtkosten zahlen musste. _____

b. Der Verkäufer schickt dem Käufer schriftlich ein verbindliches Angebot. Am nächsten Tag telefonieren die Geschäftspartner miteinander, und während des Gespräches lehnt der Kunde eine Bestellung ab. Noch am gleichen Tag kommt der Kunde zu einem anderen Ergebnis und bestellt sofort schriftlich beim Verkäufer die Ware. __

c. Der Weingroßhandel bietet 120 Flaschen Spätlese, Mosel, Riesling, Jahrgang 2001, einem Feinschmeckerrestaurant zum Preis von 17,20 € pro Flasche an. Aufgrund unsachgemäßer Lagerung geht dieser Wein zu Bruch. Der Weingroßhandel informiert wenige Tage später den Kunden telefonisch und verweist auf ein konkurrierendes Weingeschäft, das den Wein jedoch für 19,20 € pro Flasche anbietet. __

d. Der Elektrohändler Mathias Möllmann bietet einer Kundin eine exklusive Lampe an, obwohl er weder Eigentümer noch Besitzer dieser Lampe ist. _____

5   Nehmen Sie folgenden Angebotsvergleich vor:

Der Käufer benötigt für die Herstellung von Fruchtmarmelade 320 Pfund frisches Obst. Von seinen Lieferanten erhält er folgende Angebote:

Der Landwirt Otto Obermeiner-Brand bietet ihm 100 kg Obst zu 220,00 € an, frachtfrei. Hinzu kommt bei Abnahme von mehr als 50 kg ein Rabatt in Höhe von 15 %, bei einer Abnahme von mehr als 100 kg ein Rabatt in Höhe von 20 %. Skonto ist bei vorzeitiger Zahlung mit 3 % in Abzug zu bringen.

Die Obst-Genossenschaft Frisch bietet folgendermaßen an: je 10 kg 20,00 €. Der Rabatt ist wie folgt gestaffelt: bei einer Abnahme von mehr als 50 kg 10 %, mehr als 100 kg 12 %, mehr als 150 kg 15 %, mehr als 250 kg 18 %, mehr als 300 kg 20 %.
Skonto kann mit 2 % in Abzug gebracht werden. Die Lieferungsvereinbarung lautet: frei Bahnhof dort.

Die Landhandel Genossenschaft unterbreitet folgendes Angebot: 105,00 € je 100 Pfund, 2 % Skonto, 25 % Rabatt, unfrei.

Für alle 3 Angebote gilt für die zu bestellende Gesamtmenge, die benötigt wird:

Rollgeld I	45,00 €
Rollgeld II	30,00 €
Fracht	130,00 €

Ermitteln Sie den Bezugspreis für die benötigte Menge aufgrund des Angebotes

a. vom Landwirt Otto Obermeiner-Brand. __

b. von der Obst-Genossenschaft Frisch. ___

c. von der Landhandel Genossenschaft. __

Beschreiben Sie das Verpflichtungsgeschäft und das Erfüllungsgeschäft im Rahmen des Kaufvertrages.

Verpflichtungs-geschäft	Der Kaufvertrag kommt zustande durch die Übereinstimmung der Willenserklärungen von mindestens zwei Personen: 1. Willenserklärung = Antrag $\longleftrightarrow$ 2. Willenserklärung = Annahme Der Vertragsabschluss lässt ein Schuldverhältnis entstehen, das Käufer und Verkäufer zu Leistungen verpflichtet.

Pflichten des Verkäufers:	Pflichten des Käufers:

▷ Übergabe des Kaufgegenstandes
  – an den Käufer
  – beim Versendungskauf an den Beförderer
▷ Eigentumsübertragung
▷ Annahme der Zahlung
	▷ Annahme des Kaufgegenstandes
	▷ Zahlung des Kaufpreises

Erfüllungs-geschäft	Die tatsächliche Erfüllung der im Verpflichtungsgeschäft eingegangenen Pflichten erfolgt im Erfüllungsgeschäft. *Beispiel: Der Verkäufer liefert die Ware, der Käufer nimmt die Ware an.* Sehr häufig fallen Verpflichtungs- und Erfüllungsgeschäft zeitlich zusammen.

Erläutern Sie die wesentlichen Inhalte eines Kaufvertrages.

Art, Güte und Beschaffenheit der Ware	Nach BGB und HGB ist eine der Gattung nach bestimmte Ware in mittlerer Art und Güte zu liefern. Sinnvoll ist jedoch die genaue Beschreibung des Kaufgegenstandes durch: Herkunft, Muster, Warenzeichen, Gütezeichen, Handelsklassen, Jahrgänge, Güteklassen.	
Menge	Sie kann angegeben werden z. B. in km, t, hl, m^2 oder in handelsüblichen Benennungen wie z. B. Stück, Dutzend, Sack.	
Preis der Ware	**Verpackungs-kosten**	▷ **Versandverpackung:** Die Kosten trägt der Käufer. Vertragliche Vereinbarungen sind möglich: z. B. Verpackung leihweise, brutto für netto. ▷ **Verkaufsverpackung:** Die Kosten trägt der Verkäufer. Vertragliche Vereinbarungen sind nicht üblich.
	Preisabzüge	▷ **Rabatt** kann gewährt werden als Mengenrabatt bei Abnahme einer größeren Menge, als Personalrabatt an die Mitarbeiter des eigenen Unternehmens, als Weiterverarbeitungsrabatt für Personen, die die Ware in ihrem Gewerbe oder als Letztverbraucher verwerten und als Sonderrabatt bei besonderen Anlässen. ▷ **Bonus** ist ein Nachlass, der nachträglich eingeräumt wird. ▷ **Skonto** ist ein Barzahlungsrabatt, der dem Käufer gewährt werden kann, wenn er vor Ablauf des Zahlungsziels zahlt.

Lieferungs-bedingungen	▷ **Kosten:** Der Käufer trägt die Frachtkosten. Vertragliche Vereinbarungen sind möglich:
	  – Ab Werk, ab Lager, ab Rampe: Der Käufer trägt alle Kosten des Transportes.
	  – Ab Bahnhof hier, ab hier, unfrei: Der Verkäufer trägt die Kosten der Zufuhr (Rollgeld I) zum Versandbahnhof, der Käufer die Verladekosten, Frachtkosten und die Kosten der Anfuhr vom Bestimmungsbahnhof zum Firmensitz (Rollgeld II).
	  – Ab Waggon: Der Verkäufer übernimmt das Rollgeld I und die Verladekosten.
	  – Frachtfrei, Bahnhof dort: Der Käufer trägt das Rollgeld II.
	  – Frei Haus, frei Lager: Der Verkäufer trägt alle Transportkosten.
	▷ **Lieferzeit:** Der Käufer kann die sofortige Lieferung verlangen.
	Vertragliche Vereinbarungen sind möglich: Lieferung innerhalb von 10 Tagen, Lieferung am 11.11.06, fix, Lieferung bis spätestens 02.05.06, Lieferung frühestens Ende April, Lieferung auf Abruf	

Zahlungs-bedingungen	Der Verkäufer kann die sofortige Zahlung verlangen. Vertragliche Vereinbarungen sind möglich: z. B. Zahlung im Voraus, Zahlung bei Lieferung, Zahlung innerhalb von 10 Tagen nach der Lieferung, 1/3 im Voraus, bar, halbbar, bargeldlos.	
Leistungsort	Am Erfüllungsort muss die Leistung rechtzeitig erbracht werden. ▷ Der gesetzliche Erfüllungsort für Ware ist der Ort des Verkäufers; für Geld ist es der Ort des Käufers. ▷ Der vertragliche Erfüllungsort ist eine Vereinbarung zwischen den Vertragspartnern über einen anderen Erfüllungsort (Warenschulden oder Geldschulden = Bringschulden). ▷ Der natürliche Erfüllungsort ist der Ort, an dem die Leistung ihrer Natur nach oder den Umständen nach zu erbringen ist.	
Gefahrübergang	Der Erfüllungsort bestimmt bei der Ware neben der Übernahme der Transportkosten auch den Gefahrenübergang. Bei zufälligem Untergang oder zufälliger Verschlechterung der Ware geht die Gefahr auf den Käufer über ▷ mit Übergabe der Ware an den Käufer, ▷ mit Übergabe an den Spediteur oder an die sonst mit der Versendung beauftragte Person. Geld muss auf Gefahr und Kosten des Käufers übermittelt werden.	
	<div align="center">**Warenschulden = Holschulden** **Geldschulden = Schickschulden**</div>	
Gerichtsstand	▷ Der allgemeine Gerichtsstand ist der Sitz des Gerichts, in dessen Bezirk der Schuldner seinen Wohnsitz hat. ▷ Der besondere Gerichtsstand ist u. a. der Sitz des Gerichts, in dessen Bezirk der Schuldner seinen Leistungsort hat, d. h. der gesetzliche Erfüllungsort zieht den Gerichtsstand nach sich. Eine abweichende vertragliche Vereinbarung ist nur unter Kaufleuten möglich.	

1   Beim Kaufvertrag wird unterschieden zwischen dem

(1)   Verpflichtungsgeschäft und dem
(2)   Erfüllungsgeschäft.

Ordnen Sie den folgenden Sachverhalten diese Begriffe zu. Ist dies nicht möglich, tragen Sie eine (9) ein.

a. Der Verkäufer schickt ein Angebot, der Käufer bestellt. ☐

b. Der Käufer bestellt, der Verkäufer schickt eine Auftragsbestätigung. ☐

c. Der Verkäufer liefert die Ware. ☐

d. Der Käufer bezahlt eine Rechnung von 4 500,00 €, die
   aufgrund einer Warenlieferung ausgestellt wurde. ☐

2   Kennzeichnen Sie unten stehende Aussagen mit

(1), wenn diese richtig sind,
(9), wenn diese falsch sind.

a. Wurde keine Vereinbarung über die Leistungszeit vereinbart, so kann der Käufer die Lieferung sofort verlangen,
   der Verkäufer die Zahlung sofort verlangen. ☐

b. Bei einer Barzahlung hat der Käufer immer das Recht,
   3 % Skonto vom Rechnungsbetrag abzuziehen. ☐

c. Vereinbarungen über einen vertraglichen Gerichtsstand
   sind beim zweiseitigen Handelskauf möglich, nicht jedoch beim einseitigen Handelskauf und bürgerlichen
   Kauf. ☐

3   Prüfen Sie unten stehende Aussagen.

Tragen Sie eine
(1)   ein, wenn die Aussage richtig ist,
(9)   ein, wenn die Aussage falsch ist.

a. Beim Kaufvertrag gibt es grundsätzlich zwei Erfüllungs-
   orte. ☐

b. Der Gerichtsstand kann für Nichtkaufleute aufgrund der
   Vertragsfreiheit geändert werden. ☐

c. Der Käufer trägt grundsätzlich die Frachtkosten. ☐

d. Geld wird auf Gefahr und Kosten des Käufers transportiert. ☐

e. Ware wird auf Gefahr des Verkäufers transportiert. ☐

f. Der gesetzliche Erfüllungsort für Geld ist der Ort des
   Verkäufers, weil Geldschulden Schickschulden sind. ☐

4   Welche der folgenden Aussagen ist falsch? ☐

Tragen sie eine (4) ein, wenn alle Aussagen richtig
sind.

(1)   Die Kosten der Versandverpackung trägt grundsätzlich der
      Käufer.

(2)   Die Kosten der Verkaufsverpackung trägt grundsätzlich der
      Verkäufer.

(3)   Wurde keine Vereinbarung über die Lieferzeit getroffen, so
      kann der Käufer sofortige Lieferung verlangen.

5   Die Baustoff GmbH, Bitterfeld, hat bei ihrem Händler in
Braunschweig 110 t Zement bestellt. Als Zahlungstermin
wurde der 9.12.06 vereinbart und als Liefertermin der
8.11.06. Im Kaufvertrag einigte man sich auf den Preis
von 24,00 € je Zentner. Die Lieferungsbedingung lautet:
frachtfrei. Über Erfüllungsort und Gerichtsstand wurden
keine vertraglichen Vereinbarungen getroffen.

Prüfen Sie unten stehende Aussagen zu diesem Fall.

Tragen Sie eine

(1)   ein, wenn die Aussage richtig ist,
(9)   ein, wenn die Aussage falsch ist.

a. Die Ware muss am 8.11.06 in Braunschweig bereitgestellt bzw. im Falle eines Versendungskaufs abgeschickt
   sein. ☐

b. Die Ware muss am angegebenen Liefertermin in Bitterfeld sein. ☐

c. Das Geld muss am 9.12.06 in Braunschweig sein. ☐

d. Das Geld muss am 9.12.06 abgeschickt werden. ☐

e. Die Gefahr des zufälligen Untergangs der Ware: ☐

(1)   trägt der Käufer,
(2)   trägt der Verkäufer.

f. Die Gefahr des Geldtransportes: ☐

(1)   trägt der Käufer,
(2)   trägt der Verkäufer.

6   Ordnen Sie folgende Begriffe den unten stehenden Aussagen zu:

(1)   Schickschulden
(2)   Bringschulden
(3)   Holschulden

a. Der Erfüllungsort ist der Ort des Schuldners, jedoch
   muss die zu erbringende Leistung auf Gefahr und Kosten
   an den Ort des Gläubigers transportiert werden. ☐

b. Der Erfüllungsort und auch der Ablieferungs- bzw. Be-
   reitstellungsort ist der Ort des Schuldners. ☐

c. Der Erfüllungsort und der Ablieferungsort ist in beiden
   Fällen der Ort des Gläubigers. ☐

7   Über den Erfüllungsort und den Gerichtsstand wurden keine vertraglichen Vereinbarungen getroffen,
hinsichtlich der Frachtkosten gilt: „frei Haus".

Wann geht die Gefahr des zufälligen Untergangs
bzw. der zufälligen Verschlechterung der Ware auf
den Käufer über? ☐

(1)   mit Übergabe an den Frachtführer, wenn die Ware nicht mit
      eigenen Transportmitteln befördert wird

(2)   mit Übergabe an den Käufer

(3)   mit Abschluss des Kaufvertrages

(4)   mit Bezahlung der Ware

Welche Mängel lassen sich nach dem Merkmal „Erkennbarkeit" unterscheiden?

Mangel nach der Erkennbarkeit	▷ **Offene Mängel** sind sofort erkennbar. ▷ **Versteckte Mängel** sind nicht sofort erkennbar. ▷ **Arglistig verschwiegene Mängel** sind dem Verkäufer bekannt, wurden jedoch verschwiegen.

Welche Mängel lassen sich bei einer gelieferten Ware unterscheiden?

Sachmangel	Qualitätsmangel (Mangel in der Beschaffenheit)	Die Kaufsache ist fehlerhaft, wenn ▷ sie bei Gefahrübergang die vereinbarte Beschaffenheit nicht hat ▷ sie einen gewöhnlichen Gebrauch nicht zulässt, der bei gleichen Sachen der Art üblich ist ▷ sie einen von den Vertragspartnern bei Kaufvertragsabschluss vereinbarten Gebrauch nicht zulässt.
	Mangel in der Werbeaussage/ Kennzeichnung	Fehlen dem Produkt bestimmte Eigenschaften, die öffentlich, insbesondere in Werbung oder bei Kennzeichnung des Produkts versprochen wurden, so liegt ein Sachmangel vor. Dabei ist es unerheblich, ob diese Aussagen vom Verkäufer selbst, vom Hersteller oder von einem Gehilfen veranlasst wurden.
	Mangel in der Montage oder -anleitung	Ein Mangel liegt vor bei unsachgemäßer vereinbarter Montage. Ebenso stellt eine fehlerhafte Anleitung einen Sachmangel dar (Ikea-Klausel).
	Falschlieferung (Mangel in der Art)	Ein Gattungsmangel liegt vor, wenn eine andere als die geschuldete Sache geliefert wurde. Auch hierbei handelt es sich um einen Sachmangel.
	Qualitätsmangel (Mangel in der Menge)	Wird nicht die vereinbarte Menge geliefert, so handelt es sich um eine Zuweniglieferung bzw. Minderlieferung, die zu einer Leistungsstörung führt.
Rechtsmangel	Mangel im Recht	Die Kaufsache ist frei von Rechtsmängeln, wenn Dritte in Bezug auf die Sache keine oder nur die im Kaufvertrag übernommenen Rechte gegen den Käufer geltend machen können.

Beschreiben Sie die Käuferrechte bei der Schlechtleistung.

Vorrangig	Nacherfüllung	Der Käufer kann nach seiner Wahl Nachbesserung oder Ersatzlieferung verlangen. **Nachbesserung:** Der Verkäufer kann jedoch die gewählte Form der Nacherfüllung verweigern, wenn sie nur mit unverhältnismäßig hohen Kosten möglich ist. **Ersatzlieferung:** Nach zwei erfolglosen Nachbesserungsversuchen steht dem Käufer das Recht auf Neulieferung zu.	
Nachrangig	**Minderung**	Reduzierung des Kaufpreises	Eine **angemessene Nachfrist** ist entbehrlich, wenn ▷ der Verkäufer die Leistung verweigert ▷ zwei Nacherfüllungsversuche fehlschlugen ▷ die Nacherfüllung unzumutbar ist ▷ es sich um ein Fixgeschäft, Zweckkauf handelt ▷ besondere Umstände vorliegen
	Rücktritt und/oder	Der Rücktritt vom ganzen Vertrag ist nicht möglich bei erheblichem Mangel (Minimal-Klausel).	
	Schadensersatz (statt Leistung) oder	Der Schadenersatz kann nur in Anspruch genommen werden, wenn der Schuldner die Pflichtverletzung zu vertreten hat (Verschulden).	
	Ersatz vergeblicher Aufwendungen		

Erläutern Sie die Verjährung der Mängelansprüche.

Zeiten	**2 Jahre**	Die kauf- und werkvertraglichen Gewährleistungsansprüche verjähren nach 2 Jahren. Nur bei arglistigem Verschweigen des Mangels und bei nicht körperlichen Werken gilt die Regelverjährungszeit von 3 Jahren.
	5 Jahre	Die kauf- und werkvertragliche Gewährleistung für Mängel bei **Bauwerken** unterliegt der 5-jährigen Verjährung.
	30 Jahre	Dazu zählen Herausgabeansprüche aus Eigentum und anderen dinglichen Rechten.

Nennen Sie Besonderheiten beim Verbrauchsgüterkauf.

Beweislastumkehr	In den ersten 6 Monaten: Beweislast = Verkäufer	Bei Mängeln, die innerhalb von 6 Monaten nach Gefahrübergang gerügt werden, wird vermutet, dass der Mangel bei Gefahrübergang bestand. Der Gegenbeweis muss vom Verkäufer erbracht werden.
	Beweislast = Käufer	Nach Ablauf der 6 Monate muss der Käufer beweisen, dass der Sachmangel bereits bei Gefahrübergang bestand.
Ausnahme für gebrauchte Sachen	1 Jahr	Für gebrauchte Sachen kann eine Verkürzung der Verjährungsfrist für Mängel vereinbart werden. (Bei Verträgen von Privatpersonen untereinander kann eine Gewährleistung ausgeschlossen werden.)

1 Tragen Sie in die Spalte A eine

(1) ein, wenn es sich um einen Sachmangel handelt;
(2) ein, wenn es sich um einen Rechtsmangel handelt.

Tragen Sie in Spalte B eine

(1) ein bei Qualitätsmangel,
(2) ein bei Mangel in der Werbeaussage,
(3) ein bei Mangel in der Montage/-anleitung,
(4) ein bei Gattungsmangel,
(5) ein bei Qualitätsmangel,
(6) ein bei Mangel im Recht.

Tragen Sie eine (9) ein, wenn es sich um keinen Mangel handelt, der gerügt werden kann.

	A	B
a. Bestellung: 10 Maschinen – Lieferung: 9.		
b. Statt bestellter Rotweinkaraffen wurden Rotweingläser geliefert.		
c. Lieferung einer Maschine, die sicherungsübereignet ist.		
d. Haussauna, die durch unsachgemäße Montage des Käufers nach dem Aufbau Mängel aufweist.		
e. Auf der gelieferten Projektionswand befinden sich Risse.		
f. Kauf eines Rasierwassers, das nicht alle Frauen dazu veranlasst, den Benutzer wie in der Fernsehwerbung zu umarmen.		

2 Die Auszubildende erwirbt am Tag ihres 18. Geburtstags am 07.05. vom Händler ein gebrauchtes Kabriolett. Vertraglich wurde eine Gewährleistungsfrist von einem Jahr vereinbart. Im September des folgenden Jahres stellt die Auszubildende einen erheblichen Mangel fest.

Tragen Sie eine

(1) ein, wenn die Aussage richtig ist,
(9) ein, wenn die Aussage falsch ist.

a. Die Gewährleistungsansprüche sind verjährt.

b. Bei gebrauchten Gütern kann die Gewährleistungsfrist auf 1 Jahr verkürzt werden.

c. Die Gewährleistungsansprüche sind noch nicht verjährt, da die Regelverjährung von 3 Jahren Gültigkeit hat.

3 Der Privatmann Dietmar Vogel kauft sich einen neuen Computer und Zubehör im Fachgeschäft. Nach drei Monaten stellt er fest, dass die Soundkarte nicht mehr funktioniert.

Überprüfen Sie die Aussagen des Händlers und des Privatmanns Dietmar Vogel und tragen Sie eine

(1) ein, wenn die Aussage richtig ist,
(9) ein, wenn die Aussage falsch ist.

a. Händler: „Sie müssen mir schon beweisen, dass die Soundkarte nicht durch falschen Einbau kaputtging!"

b. Dietmar Vogel: „Vom Grundsatz her müssen Sie beweisen, dass die Soundkarte bei Übergabe fehlerfrei war."

c. Händler: „Da es sich um einen Mangel in der Herstellung handelt, müssen Sie sich direkt an den Hersteller wenden."

d. Dietmar Vogel: „Aufgrund der defekten Soundkarte kann ich den Computer nicht wie vorgestellt nutzen. Aus diesem Grund kann ich vom Vertrag zurücktreten."

4 Überprüfen Sie, ob in den folgenden Fällen die Gewährleistungsansprüche verjährt sind und tragen Sie eine

(1) ein, wenn die Gewährleistungsansprüche nicht verjährt sind,
(9) ein, wenn die Gewährleistungsansprüche verjährt sind.

a. Am 10.10.02 lässt sich die Hauseigentümerin H. Lübke eine Dach-Solaranlage von der L. Hoppe GmbH einbauen. Am 10.12.02 werden erhebliche Mängel festgestellt, die durch den falschen Einbau entstanden sind.

b. Die Mutter A. Janert erwirbt für ihre Tochter Charlotta zur Osterzeit eine Jacke, die in den Werbebroschüren mit „wasserundurchlässig und atmungsaktiv" angepriesen wird. Während des Sommers stellt die Mutter bei Dauerregen fest, dass die Jacke dem Regen nicht standhält. Diesen Mangel rügt sie erst Anfang Januar des nächsten Jahres.

c. Der Hausmeister Duvendack kauft sich für den Privatgebrauch einen Fitnesstrainer, der nach der ersten Inbetriebnahme jedoch funktionsunfähig wird, da die Montage falsch erfolgte. Bei Überprüfung wird festgestellt, dass exakt nach der Anleitung montiert wurde.

5 Überprüfen Sie folgende Aussagen zum Letztverkäufer.

Tragen Sie eine

(1) ein, wenn die Aussage richtig ist,
(9) ein, wenn die Aussage falsch ist.

a. Der Letztverkäufer muss sich bei einem Fabrikationsfehler direkt an den Hersteller wenden.

b. Der Letztverkäufer hat als Käufer gegenüber seinen Vorlieferanten (z. B. Großhändler, Hersteller) sämtliche kaufrechtlichen Ansprüche.

c. Bei Mängelrüge eines Endverbrauchers kann ein Einzelhändler ohne angemessene Nachfrist an seinen Vorlieferanten herantreten.

d. Der Letztverkäufer haftet nur für Mängel, die er zu vertreten hat. Für Mängel, die z. B. ein Hersteller zu verantworten hat, muss der Hersteller auch haften; der Kunde muss sich direkt an ihn wenden.

6 Die Französischlehrerin A. Meichsner erwirbt einen CD-Player. Beim Erstgebrauch nach 4 Wochen stellt sie fest, dass sich die CD-Ausgabe nicht ordnungsgemäß öffnet.

Überprüfen Sie die folgenden Feststellungen und tragen Sie eine

(1) ein, wenn die Feststellung richtig ist,
(9) ein, wenn die Feststellung falsch ist.

a. Die Käuferin kann Neulieferung verlangen, auch wenn der Mangel unerheblich ist.

b. Nach dem ersten gescheiterten Nachbesserungsversuch kann A. Meichsner Schadenersatz statt Leistung fordern.

c. Die Französischlehrerin kann keine Rechte mehr wahrnehmen, da sie den Mangel zu spät gerügt hat.

d. Nach mehreren Reparaturversuchen schließt die CD-Ausgabe immer noch nicht einwandfrei. Frau Meichsner kann nunmehr Rücktritt und/oder Schadenersatz verlangen.

Beschreiben Sie die Voraussetzungen für die Nicht-Rechtzeitig-Lieferung.

Fälligkeit	Der Schuldner kommt **ohne Mahnung** in Verzug	▷ wenn der Liefertermin kalendermäßig bestimmbar ist. *Beispiele: Lieferung am 18.09.06, Lieferung Mitte des Monats, Lieferung 4 Wochen nach Ostermontag* ▷ wenn der Verkäufer die Leistung verweigert. *Beispiel: Die Lieferung kann nicht erfolgen, da wir Produktionsausfall haben.* ▷ wenn der Leistung ein Ereignis vorauszugehen hat und eine angemessene Zeit für die Leistung in der Weise bestimmt ist, dass sie sich von dem Ereignis an nach dem Kalender berechnen lässt. *Beispiel: vertragliche Vereinbarung, dass die Lieferung drei Wochen nach Ausbau des Dachbodens erfolgen soll.* ▷ wenn besondere Gründe vorliegen. *Beispiele: Wasserrohrbruch, Kabelbrand* Der Mahnung stehen die Erhebung der Klage sowie die Zustellung eines Mahnbescheides gleich.
	Der Schuldner kommt **mit Mahnung** in Verzug	▷ wenn der Liefertermin kalendermäßig nicht bestimmt ist *Beispiele: Lieferung so bald wie möglich, Lieferung sofort*
Verschulden		Der Schuldner kommt nicht in Verzug, solange die Leistung infolge eines Umstandes unterbleibt, den er nicht zu vertreten hat. Das Rücktrittsrecht ist jedoch verschuldensunabhängig.

Welche Rechte hat ein Käufer, wenn der Lieferer nicht rechtzeitig liefert?

Ohne Fristsetzung	Erfüllung des Vertrages	*Beispiel: Der Käufer wünscht trotz der zeitlichen Verzögerung die Lieferung der Ware, da diese von keinem anderen Lieferanten in der gewünschten Zeit und/oder Qualität geliefert werden kann.*	
	Erfüllung des Vertrages und die Berechnung eines Verzugsschadens	*Beispiel: Durch die nicht fristgemäße Lieferung konnte die Produktion erst verspätet beginnen. Der dadurch entstandene Schaden muss dann vom Lieferer ersetzt werden (konkreter Schaden).*	
Mit Fristsetzung	Rücktritt und/oder	*Beispiel: Der Käufer kann die Ware inzwischen preiswerter und/oder in einer besseren Qualität/Ausführung bei einem anderen Lieferanten erwerben.*	Eine angemessene Nachfrist ist entbehrlich, wenn ▷ der Verkäufer die Leistung verweigert
	Schadenersatz (statt Leistung) oder	*Beispiele: Der Käufer musste die Ware bei einem anderen Lieferer zu einem höheren Preis einkaufen (Deckungskauf = konkreter Schaden).* *Der Käufer konnte ein lohnendes Geschäft nicht durchführen (abstrakter Schaden).*	▷ der Liefertermin kalendermäßig bestimmt war (Fixgeschäft, Zweckkauf) ▷ besondere Umstände vorliegen
	Ersatz vergeblicher Leistungen	*Beispiel: Der Gläubiger hat für die Anlieferung der Ware eine Halle angemietet.*	

Unterscheiden Sie den konkreten Schaden, den abstrakten Schaden und die Vertragsstrafe.

Konkreter Schaden	Konkreter Schaden ist ein Schaden, der dem Käufer tatsächlich entstanden ist und den er mithin aufgrund von Belegen nachweisen kann. *Beispiel: Der Käufer nimmt für die nicht gelieferte Ware einen Deckungskauf vor. Ein eventueller Mehrpreis und angefallene Kosten müssen ersetzt werden.*
Abstrakter Schaden	Ein abstrakter Schaden lässt sich nicht so leicht nachweisen wie ein konkreter Schaden. Er besteht aus entgangenem Gewinn sowie aus einem möglichen Imageverlust bei den eigenen Kunden. *Beispiel: Der Schadenersatz besteht aus dem Gewinn, der möglicherweise bei rechtzeitiger Lieferung hätte erzielt werden können. Dies ist in der Regel die Differenz zwischen dem vertraglichen Einkaufspreis und dem üblichen Verkaufspreis.*
Vertragsstrafe	Die Vertragsstrafe ist eine Konventionalstrafe, die im Kaufvertrag unabhängig von dem tatsächlich entstandenen Schaden vereinbart werden kann. *Beispiel: Ein Käufer vereinbart mit einem Maschinenhersteller für jeden Tag, der über den vereinbarten Liefertermin hinausgeht, eine Vertragsstrafe von 1500,00 €.*

1 Kennzeichnen Sie die unten aufgeführten Sachverhalte mit einer
   (1), wenn der Käufer Schadenersatz statt Leistung verlangt;
   (2), wenn der Käufer die Lieferung ablehnen wird und Rücktritt vom Kaufvertrag verlangt;
   (3), wenn der Käufer keine der aufgeführten Rechte wahrnehmen kann;
   (4), wenn der Käufer auf Lieferung besteht und einen Verzögerungsschaden geltend macht;
   (5), wenn der Käufer auf Lieferung besteht.

a. Der Käufer kann eine Kühlmaschine nur von dem bereits angemahnten Alleinimporteur beziehen. Ein Schaden ist ihm nicht entstanden. _____ ☐

b. Andere Lieferer bieten die bestellte, aber trotz Mahnung und Nachfristsetzung noch nicht gelieferte Ware aufgrund des Dollarverfalls bereits günstiger an. _____ ☐

c. Der Käufer konnte wegen der Nichtlieferung bis zum 08.11. d. J. fest ein Gewinn bringendes Geschäft 2 Tage danach nicht ausführen. _____ ☐

d. Die vom Alleinhersteller gelieferte Ware ist leicht beschädigt, wird jedoch dringend benötigt. Eine Verwendung ist denkbar. _____ ☐

2 Entscheiden Sie bei den folgenden Angaben der Leistungszeit, ob eine Mahnung des Käufers notwendig ist, um den Lieferer in Leistungsverzug zu setzen.

Tragen Sie eine

   (1) ein, wenn eine Mahnung notwendig ist,
   (9) ein, wenn keine Mahnung notwendig ist.

a. Lieferung sofort _____ ☐

b. Lieferung am 18.07. d. J. _____ ☐

c. Lieferung 3 Tage nach Ostermontag d. J. _____ ☐

d. Lieferung im Laufe des Monats Mai _____ ☐

3 Die TINA GmbH & Co. KG konnte aufgrund einer falschen Disposition eine Ware an das Schreibbüro Anne Langenscheid nicht pünktlich liefern. Es erfolgte eine Mahnung nach der Fälligkeit der Lieferung.

Ordnen Sie zu, welche der folgenden Rechte das Schreibbüro

   (1) wahrnehmen,
   (9) nicht wahrnehmen
   kann.

a. Erfüllung des Vertrages _____ ☐

b. Rücktritt vom Kaufvertrag mit angemessener Nachfristsetzung _____ ☐

c. Minderung _____ ☐

d. Schadensersatz statt Leistung mit angemessener Nachfristsetzung _____ ☐

e. Umtausch _____ ☐

4 Erika Händeler, Inhaberin eines Feinkostgeschäftes in Prien, bestellt am 15. Juni für ihre Vollwertabteilung bei der Großbäckerei Roseneck GmbH 120 Pakete Gewürzkuchen zum 30. Juni. Die Lieferung erfolgt nicht. Da Frau Händeler die Ware dringend benötigt, setzt sie eine Nachfrist von 14 Tagen mit dem Hinweis, dass sie danach auf Rücktritt oder auf Schadenersatz statt Leistung besteht. Da keine Lieferung erfolgt, bestellt sie am 21. Juli die Gewürzkuchen bei einem Bäcker, der jedoch 3,00 € pro Paket mehr verlangt. Den Betrag in Höhe von 360,00 € stellt Frau Händeler der Großbäckerei Roseneck GmbH als Schadensersatz für die Nichtlieferung in Rechnung.

Tragen Sie eine

   (1) ein, wenn die Aussage richtig ist,
   (9) ein, wenn die Aussage falsch ist.

a. Schadenersatz statt Leistung kann nicht verlangt werden, da die Nachfristsetzung zu kurz war. _____ ☐

b. Frau Händeler kann nur die Hälfte des ihr entstandenen Schadens von der Roseneck GmbH verlangen. _____ ☐

c. Frau Händeler muss einen Konkurrenzbäcker finden, der zu den gleichen Bedingungen liefert wie die Roseneck GmbH. _____ ☐

d. Die Großbäckerei Roseneck GmbH muss für den konkreten Schaden in Höhe von 360,00 € aufkommen. Es handelt sich um einen Deckungskauf, der aufgrund der Nichtlieferung vorgenommen werden kann. _____ ☐

5 Ordnen Sie den unten stehenden Sachverhalten die folgenden Begriffe richtig zu.

   (1) konkreter Schaden
   (2) abstrakter Schaden

a. Der Käufer kann beweisen, dass er durch die zu spät eingetroffene Lieferung 6 Skianzüge nicht verkaufen konnte. An jedem Anzug hätte er einen Gewinn in Höhe von 110,00 € machen können. _____ ☐

b. Der Käufer musste einen Deckungskauf bei einem anderen Verkäufer zu einem höheren Preis vornehmen. _____ ☐

c. Der Käufer fordert die ihm aufgrund der Nicht-Rechtzeitig-Lieferung entstandenen Büro- und Rechtsberatungskosten. _____ ☐

6 Der Einzelhändler Otto Ottens bestellt 120 wasserdichte Fahrradmützen mit Spezialverschluss. Als Liefertermin wird der 12.03. vereinbart. Da die Lieferung am 15.04. noch nicht erfolgt war, gibt Otto Ottens die Anweisung, einen Deckungskauf bei der Konkurrenzfirma des Lieferers vorzunehmen.

Ordnen Sie den unten stehenden Aussagen eine

   (1) zu, wenn die Aussage richtig ist,
   (9) zu, wenn die Aussage falsch ist.

a. Die Lieferfirma kam ohne Mahnung in Verzug. _____ ☐

b. Der Einzelhändler handelt richtig, denn nach über einem Monat hätte der Fahrradmützenlieferant liefern müssen. _____ ☐

c. Es handelt sich hierbei um einen Fixkauf. _____ ☐

Unter welchen Voraussetzungen gerät ein Käufer in Annahmeverzug?

Voraussetzungen	▷ Fälligkeit der Leistung ▷ tatsächliches Angebot der geschuldeten Leistung Ein wörtliches Angebot reicht, wenn der Gläubiger erklärt, dass er die Leistung nicht annehmen werde, oder wenn der Gläubiger die Leistung abzuholen hat.

Welche Folgen hat ein Annahmeverzug für den Gläubiger?

Gefahrübergang	Die Gefahr des zufälligen Untergangs der Ware geht mit dem Eintritt des Verzugszeitpunktes auf den Gläubiger über.
Haftungsminderung	Der Schuldner hat nur noch Vorsatz und grobe Fahrlässigkeit zu vertreten, d. h. für leichte Fahrlässigkeit haftet er nicht mehr.
Wegfall der Verzinsung	Vom Zeitpunkt des Annahmeverzugs an sind für Geldschulden keine Zinsen mehr zu zahlen.

Beschreiben Sie die Rechte des Lieferers beim Annahmeverzug des Käufers.

Rücktritt vom Kaufvertrag	Der Lieferer kann die Ware ohne Schwierigkeiten an andere Kunden verkaufen, und/oder er möchte mit dem in Annahmeverzug geratenen Kunden weiterhin konfliktfrei in Geschäftsverbindung bleiben und vereinbart diese vertragliche Möglichkeit.	
Hinterlegung der Ware	Der Verkäufer kann die Ware im eigenen Lager oder in einem öffentlichen Lagerhaus auf Gefahr und Kosten des Käufers einlagern.	
	Klage auf Abnahme	Dieser Ablauf dauert meist länger als der Selbsthilfeverkauf und bietet sich bei schwer verkäuflicher Ware an.
	Vornahme eines Selbsthilfeverkaufs	Dieses ist nur möglich, wenn der Selbsthilfeverkauf dem Käufer angedroht wurde. Die Androhung entfällt, wenn die Ware dem Verderb ausgesetzt ist. Der Verkäufer kann dann einen **Notverkauf** vornehmen lassen.

Welche Möglichkeiten des Selbsthilfeverkaufs kennen Sie? Beschreiben Sie die Abwicklung.

Verkauf zum laufenden Preis		Öffentliche Versteigerung
Dies ist nur möglich, wenn die Ware an der Börse gehandelt wird. Durchführung: Der Verkauf zum laufenden Preis kann von einem Handelsmakler oder einer sonst zur öffentlichen Versteigerung ermächtigten Person vorgenommen werden.		Sofern die Ware nicht an der Börse gehandelt wird, kann der Verkäufer die Ware öffentlich versteigern lassen. Durchführung: Sie erfolgt durch einen Notar oder öffentlich bestellten Versteigerer oder Gerichtsvollzieher an jedem geeigneten Ort unter Berücksichtigung der Wahrung der Interessen des Käufers.
Besonderheiten	▷ Beim Verkauf zum laufenden Preis und der öffentlichen Versteigerung muss der Verkäufer dem Käufer den Ort und den Zeitpunkt der Versteigerung mitteilen. ▷ An der Versteigerung können sich neben den anderen Mitbewerbern auch der Verkäufer und der Käufer beteiligen. ▷ Das Ergebnis des Selbsthilfeverkaufs muss dem Käufer mitgeteilt werden. Der Verkauf wird auf Rechnung des Käufers durchgeführt.	
	Ergebnis des Selbsthilfeverkaufs	▷ **Mehrerlös:** Ist die Summe aus dem Versteigerungserlös höher als der Kaufpreis zuzüglich Auslagen und sonstiger Forderungen des Lieferers, erhält der Kunde den Mehrerlös.
		▷ **Mindererlös:** Ist die Summe aus dem Versteigerungserlös niedriger als der Kaufpreis zuzüglich Auslagen und sonstiger Forderungen des Lieferers, hat der Lieferer in Höhe des Mindesterlöses eine Forderung gegenüber dem Kunden.

1   In welchem der folgenden Fälle liegt ein Annahmeverzug vor?

Ordnen Sie eine

(1)   zu, wenn es sich um einen Annahmeverzug handelt,
(9)   zu, wenn es sich nicht um einen Annahmeverzug handelt.

a. Ein Kunde hat die telefonisch bestellte Ware drei Tage danach noch nicht abgeholt. _____

b. Ein Käufer hat eine Bodenvase gekauft und 1/3 angezahlt. Nach einer Woche holt der Käufer die Ware nicht wie vereinbart ab. Der Verkäufer schickt daraufhin nach weiteren 14 Tagen eine Erinnerung und, nachdem keine Reaktion erfolgt, eine Mahnung. _____

c. Eine zum 15.04. d. J. bestellte Wohnzimmerschrankwand wird 4 Tage später angeliefert. Der Käufer verweigert die Annahme. _____

d. Der Lieferer hat statt 1 000 verkupferter Spitzteile 1 100 vernickelte Spitzteile angeliefert. Der Käufer verweigert die Annahme der Lieferung. _____

e. Der Lieferer verzichtet auf die Anlieferung der Ware, weil der Käufer ihm am Telefon auf sein wörtliches Angebot der Lieferung mitteilte, er würde den mit ihm abgeschlossenen Vertrag für nichtig halten, da die Ware bei ihm 20 % teurer sei als bei der Konkurrenz. _____

2   Eine Gemüsegroßhandlung liefert laut Vertrag 100 kg Spargel und 70 Körbchen Erdbeeren an den Einzelhandel. Da aufgrund eines Rohrbruchs und der damit verbundenen Reparaturarbeiten das Einzelhandelsgeschäft für 7 Tage geschlossen bleibt, lehnt der Einzelhändler die Abnahme der Ware ab mit dem Hinweis, er habe sofort nach Eintritt des Rohrbruchs die Bestellung per Fax storniert.

Ordnen Sie den folgenden Aussagen eine

(1)   zu, wenn es sich um eine richtige Aussage zu diesem Fall handelt,
(9)   zu, wenn es sich um eine falsche Aussage zu diesem Fall handelt.

a. Der Einzelhändler befindet sich nicht in Annahmeverzug, da er den Schaden nicht selbst verschuldet hat. _____

b. Die Gemüsegroßhandlung kann nach Androhung einen Selbsthilfeverkauf durchführen lassen. _____

c. Es handelt sich um einen Annahmeverzug und die Gemüsegroßhandlung haftet nur noch für Vorsatz und grobe Fahrlässigkeit. _____

d. Die Gemüsegroßhandlung kann die Ware in einem öffentlichen Lagerhaus auf Gefahr und Kosten des Käufers hinterlegen und einen Notverkauf vornehmen. _____

e. Da der Einzelhändler die Annahme verweigert hat, kann die Gemüsegroßhandlung die Erdbeeren und den Spargel eigenständig verkaufen und die Differenz dem Einzelhändler in Rechnung stellen. _____

3   Ordnen Sie den unten stehenden Fällen zu:

(1)   grobe Fahrlässigkeit,
(2)   leichte Fahrlässigkeit,
(3)   Vorsatz.

a. Beim Transport der Ware vom Lager I in das Lager II gerät der Erfüllungsgehilfe aufgrund seiner nicht rutschfesten Schuhsohlen ins Schwanken und beschädigt die Ware durch den Aufprall auf den Boden. _____

b. Der Arbeitnehmer benutzt für den Versand der Ware aus Kostengründen die einfache einwellige Verpackung, obwohl eine stabile dreiwellige Verpackung vereinbart war. Der Arbeitnehmer hofft, dass kein Transportschaden eintritt. _____

c. Der Lagerarbeiter legt im Einkaufswarenlager einen Brand, um den Diebstahl von Waren zu verheimlichen. ___

4   Aufgrund eines Annahmeverzuges wurde ein Selbsthilfeverkauf durchgeführt. Das Ergebnis der öffentlichen Versteigerung beträgt 5 700,00 €, die Auslagen und sonstigen Forderungen des Lieferers 330,00 €.

Beurteilen Sie die folgenden Aussagen und tragen Sie eine

(1)   ein, wenn es sich um eine richtige Aussage handelt,
(9)   ein, wenn die Aussage falsch ist.

a. Bei einem vereinbarten Kaufpreis von 5 500,00 € erhält der Lieferer noch 130,00 € vom Käufer. _____

b. Bei einem vereinbarten Kaufpreis von 5 900,00 € erhält der Lieferer keinen weiteren Ersatz vom Käufer, dem Käufer stehen jedoch 130,00 € Mehrerlös zu. _____

c. Liegt der Versteigerungserlös über dem Kaufpreis und den aufgelaufenen Auslagen, so erhält der Käufer den Mehrerlös. _____

5   Im Falle eines Annahmeverzuges stehen dem Lieferer unterschiedliche Rechte zu.

Bestätigen Sie

richtige Aussage mit einer (1),
falsche Aussage mit einer (9).

a. Der Lieferer kann die Ware auf Kosten des Käufers in einem fremden öffentlichen Lager unterbringen, obwohl er über Platz im eigenen Lager verfügt. _____

b. Der Verkäufer kann die angelieferte Ware an jedem geeigneten Ort unter Berücksichtigung der Wahrung der Interessen des Käufers versteigern lassen. _____

c. Handelt es sich um Ware, die an der Börse gehandelt wird, kann der Verkäufer die Ware von einem Makler zum laufenden Preis verkaufen lassen. _____

d. Handelt es sich um verderbliche Ware, so kann der Verkäufer die Versteigerung selbst durchführen. Der Käufer darf auch mitbieten. _____

Nennen Sie die Voraussetzungen für den Schuldnerverzug/die Nicht-Rechtzeitig-Zahlung. Welche Rechte stehen dem Gläubiger zu?

Fälligkeit Verzug Verschulden	▷ Ist die Fälligkeit der Zahlung kalendermäßig bestimmt, kommt der Schuldner ohne Mahnung in Verzug. *Beispiele: „zahlbar am 06.03.01"; „fällig Ende März"* ▷ Ist die Fälligkeit nicht kalendermäßig bestimmt, so kommt der Schuldner nur durch eine Mahnung in Verzug. *Beispiele: „Zahlung sofort"; „zahlbar 10 Tage nach Rechnungsdatum"* ▷ Abweichend davon kommt der Schuldner 30 Tage nach Fälligkeit und Zugang einer Rechnung oder einer gleichwertigen Zahlungsaufforderung in Verzug. Beim Verbrauchsgüterkauf muss der Verbraucher darauf hingewiesen werden.	
Rechte	ohne Nachfristsetzung	▷ Erfüllung des Vertrages ▷ Erfüllung des Vertrages und Berechnung des Verzugsschadens (Ist ein Verbraucher **nicht** beteiligt, so betragen die Verzugszinsen 8 % über dem Basiszinssatz, sonst 5 % über dem Basiszinssatz. Ein höherer Schaden ist vom Gläubiger nachzuweisen.)
	nach einer angemessenen Nachfrist	▷ Rücktritt vom Vertrag ▷ Schadensersatz statt Leistung

---

Was ist unter dem kaufmännischen Mahnverfahren zu verstehen?

Kaufmännisches Mahnverfahren	Der Ablauf des außergerichtlichen (kaufmännischen) Mahnverfahrens ist gesetzlich nicht vorgeschrieben und liegt im Ermessen des Lieferers. Art und Weise der Durchführung werden bestimmt durch die Zielsetzung, einen pünktlichen Zahlungseingang zu erreichen, ohne den Kunden zu verletzen. Möglicher Ablauf: ▷ Erinnerung an die Fälligkeit der Forderung durch Zusendung einer Rechnungsabschrift eines Kontoauszuges ▷ 1. Mahnung mit Fristsetzung und Erinnerung an die Zahlung, Bitte um Überweisung ▷ 2. Mahnung mit erneuter Fristsetzung und Hinweis auf die entstehenden Kreditkosten ▷ 3. Mahnung mit erneuter Fristsetzung und Mitteilung der Enttäuschung über die Nichtzahlung ▷ letzte Mahnung und Androhung, die Zahlung gerichtlich einziehen zu lassen

---

Beschreiben Sie den Ablauf des gerichtlichen Mahn- und Zwangsvollstreckungsverfahrens.

Ablauf	Der Mahnbescheid ist eine durch das Gericht ausgesprochene Zahlungsaufforderung an einen säumigen Schuldner. Der Antrag auf Erlass des Mahnbescheids ist bei dem Amtsgericht des Antragstellers zu stellen. Die Höhe des Streitwertes spielt keine Rolle für die sachliche Zuständigkeit. In einigen Bundesländern besteht davon abweichend die Regelung, den Mahnbescheid zentral bei einem dafür bestimmten Gericht zu beantragen (z. B. in NRW: Amtsgericht Hagen). Der Erlass und die Zustellung erfolgt von Amts wegen.

Reaktionsmöglichkeiten des Antragsgegners auf den Mahnbescheid:

Streitverfahren
Das Gericht gibt den Rechtsstreit an das zuständige Gericht des Schuldners weiter. Dieses bestimmt den Termin zur mündlichen Verhandlung. Das Verfahren kann z. B. beendet werden durch Vergleich, Urteil, Zurücknahme der Klage.

Widerspruch
Die Frist beträgt 14 Tage. Ist der Mahnbescheid noch nicht für vollstreckbar erklärt worden, kann der Widerspruch auch innerhalb der nächsten 6 Monate nach Ablauf der Widerspruchsfrist erhoben werden. Nach dem Widerspruch kann jede Partei die Durchführung des streitigen Verfahrens beantragen.

Schweigen
Der Antragsteller kann 6 Monate nach Ablauf der Widerspruchsfrist den Antrag stellen, dass ein Vollstreckungsbescheid erlassen wird.

Zahlung
Damit ist das Verfahren beendet.

Reaktionsmöglichkeiten des Antragsgegners auf den Vollstreckungsbescheid:

Einspruch
Die Frist beträgt 14 Tage. Der Rechtsstreit wird an das zuständige Gericht weitergeleitet.

Schweigen
Pfändung durch den Gerichtsvollzieher

Zahlung
Damit ist das Verfahren beendet.

1. **Erfolgreiche Pfändung:**
Verwertung und Abrechnung

2. **Fruchtlose und unbefriedigende Pfändung:**
Antrag des Gläubigers auf Abgabe einer eidesstattlichen Versicherung durch den Schuldner

nach Abgabe der **eidesstattlichen Versicherung:**
erneute Pfändung (wenn neue Vermögensteile vorhanden sind), Verwertung und Abrechnung.

bei Weigerung oder Nichterscheinen vor Gericht:
Möglich ist ein **Haftantrag** durch den Gläubiger. Die Haftstrafe beträgt höchstens 6 Monate.

Widerspruch wird gegen einen Mahnbescheid eingelegt, Einspruch jedoch gegen einen Vollstreckungsbescheid.

1   Ordnen Sie den unten stehenden Aussagen eine

    (1)   zu, wenn es sich um eine richtige Aussage handelt,
    (9)   zu, wenn es sich um eine falsche Aussage handelt.

a. Für die Nicht-Rechtzeitig-Zahlung gelten z. T. die gleichen Bestimmungen des BGB wie für die Nicht-Rechtzeitig-Lieferung. ☐

b. Bei der Nicht-Rechtzeitig-Zahlung hat der Gläubiger das Recht, auf Erfüllung des Vertrages zu bestehen. ☐

c. Die Verzugszinsen, die im Falle der Nicht-Rechtzeitig-Zahlung berechnet werden können, betragen für Kaufleute 8 % über dem Basiszinssatz. ☐

d. Das außergerichtliche Mahnverfahren ist auf jeden Fall notwendig, damit die Rechte aus der Nicht-Rechtzeitig-Zahlung in Anspruch genommen werden können. ☐

e. Auf eine Mahnung kann verzichtet werden, wenn der Zahlungstermin kalendermäßig bestimmt war. ☐

f. Eine dritte Mahnung ist notwendig, um den Schuldner ordnungsgemäß in Verzug zu setzen. ☐

g. Im Falle der Nicht-Rechtzeitig-Zahlung kann der Gläubiger sofort vom Vertrag zurücktreten. ☐

h. Das kaufmännische Mahnverfahren ist gesetzlich geregelt. ☐

i. Unter bestimmten Voraussetzungen ist es möglich, sofort Klage wegen Nichtzahlung zu erheben, ohne ein kaufmännisches oder gerichtliches Mahnverfahren durchgeführt zu haben. ☐

j. Der Mahnbescheid stellt eine Mahnung durch das Gericht dar. ☐

k. Der Vollstreckungsbescheid ist ein vollstreckbarer Titel, der es dem Gläubiger gestattet, beim Schuldner pfänden zu lassen. ☐

2   Die Ruber GmbH, Osnabrück, schuldet der Renate Richter OHG, Bremen, 18 960,00 €. Diese Verbindlichkeit entstand aufgrund eines Kaufvertrages, in dem über Erfüllungsort und Gerichtsstand nichts Besonderes vereinbart wurde. Welches Gericht ist für

a. den Antrag auf Erlass des Mahnbescheides zuständig? ☐

    (1) Amtsgericht Osnabrück

    (2) Amtsgericht Bremen

    (3) Landgericht Osnabrück

    (4) Landgericht Bremen

    (5) Amtsgericht Hagen

b. die Klagedurchführung zuständig? ☐

    (1) Amtsgericht Osnabrück

    (2) Amtsgericht Bremen

    (3) Landgericht Osnabrück

    (4) Landgericht Bremen

3   Überprüfen Sie folgende Aussagen zum Schuldnerverzug und zum Verzugszinssatz, den ein Gläubiger von seinem Geldschuldner verlangen kann. Berücksichtigen Sie bei den Antworten, dass der Basiszinssatz, der für ein halbes Jahr von der Europäischen Zentralbank festgelegt wird, 3,62 % beträgt.

Tragen Sie eine

    (1) ein, wenn die Aussage richtig ist,
    (9) ein, wenn die Aussage falsch ist.

a. Bei Kaufleuten untereinander können in diesem Fall 11,62 % berechnet werden. ☐

b. Nach dem BGB beträgt der Zinssatz für Verzugszinsen grundsätzlich 5 %. ☐

c. Laut BGB sind Verzugszinsen 5 % über dem Basiszinssatz möglich, wenn Verbraucher beteiligt sind; in diesem Fall also 8,62 %. ☐

d. Beim bürgerlichen Kauf und beim einseitigen Handelskauf kann ein Verzugszins berechnet werden, der 5 Prozentpunkte über dem jeweiligen Basiszinssatz liegt. ☐

e. Nach 30 Tagen kommt der Schuldner bei Rechnungsstellung „spätestens" in Verzug. Dann ist auch keine Mahnung mehr notwendig. ☐

f. Der Gläubiger kann durch Mahnung den Zahlungsschuldner schon vor Ablauf der 30 Tage nach Fälligkeit und Rechnungsstellung in Verzug setzen. Der Schuldner muss den Verzugsschaden (Verzögerungsschaden) zahlen. ☐

4   Bringen Sie folgende Aussagen in eine richtige Reihenfolge. Tragen Sie die Ziffern 1 bis 5 in die Kästchen hinter der jeweiligen Aussage ein.

a. Das zuständige Gericht bestimmt einen Termin zur mündlichen Verhandlung. ☐

b. Der Antragsgegner unternimmt nichts. ☐

c. Der Antragsteller erhebt innerhalb von 6 Monaten nach Ablauf der Widerspruchsfrist einen Vollstreckungsbescheid. ☐

d. Der Antragsteller stellt den Antrag auf Erlass eines Mahnbescheides. ☐

e. Der Antragsgegner erhebt innerhalb von 2 Wochen Einspruch. ☐

5   Um im Falle einer Nichtzahlung durch den Schuldner die Rechte aus der Nicht-Rechtzeitig-Zahlung wahrnehmen zu können, muss der Gläubiger einige Voraussetzungen berücksichtigen.

Tragen Sie eine

    (1) ein, wenn eine Mahnung notwendig ist,
    (9) ein, wenn keine Mahnung notwendig ist.

a. Zahlbar innerhalb von 10 Tagen ☐

b. Zahlbar am 09.09.06 ☐

c. Zahlbar Ende März 06 ☐

d. Zahlung Mitte April 06 ☐

Nehmen Sie eine mögliche Einteilung der Unternehmen hinsichtlich der Rechtsform vor.

Einzelunternehmung   Gesellschaften

unvollständige Gesellschaften   vollständige Gesellschaften
▷ Stille Gesellschaft
▷ BGB-Gesellschaft

Kapitalgesellschaften	**Personengesellschaften**	**Andere Gesellschaftsformen**
▷ Gesellschaft mit beschränkter Haftung (GmbH)	▷ Offene Handelsgesellschaft (OHG)	▷ Genossenschaft (eG)
▷ Aktiengesellschaft (AG)	▷ Kommanditgesellschaft (KG)	▷ Versicherungsverein auf Gegenseitigkeit (VVaG)
▷ Kommanditgesellschaft auf Aktien (KGaA)	▷ GmbH & Co. KG	▷ Partnerschaftsgesellschaft (PartGG)
	▷ GmbH & Co. OHG	

Nennen Sie die Firmierungsvorschrift der Einzelunternehmung. Welche Vor- und Nachteile weist diese Rechtsform auf?

Firmierung	▷ Die Firma muss die Bezeichnung „eingetragener Kaufmann", „eingetragene Kauffrau" oder eine allgemein verständliche Abkürzung dieser Bezeichnung, wie „e. K.", „e. Kfm.", „e. Kfr.", enthalten. Personen-, Sach-, Fantasie- und gemischte Firma sind unter Beachtung des Irreführungsverbotes erlaubt.
Vorteile	▷ Entscheidungen können allein und dadurch bedingt schnell getroffen werden. ▷ Der Unternehmer hat einen alleinigen Gewinnanspruch.
Nachteile	▷ Die Haftung für Verbindlichkeiten bezieht sich nicht nur auf das Geschäftsvermögen, sondern auch auf das Privatvermögen. ▷ Die Kapitalaufbringung ist begrenzt.

Erklären Sie die „Stille Gesellschaft" im Rahmen eines Handelsgewerbes anhand wesentlicher Merkmale.

Vermögenseinlage	Ein stiller Gesellschafter beteiligt sich an einem Handelsgewerbe eines anderen mit einer Vermögenseinlage, die in das Vermögen des Kaufmanns übergeht.
Firmierung	Der Name des stillen Gesellschafters erscheint nicht in der Firma.
Rechte und Pflichten des stillen Gesellschafters	▷ Der stille Gesellschafter hat – obwohl es sich um ein Gläubigerverhältnis handelt – ein Recht auf Gewinnbeteiligung (**typische Gesellschaft**). Es kann auch im Gesellschaftsvertrag vereinbart werden, dass der stille Gesellschafter am Geschäftswert und den stillen Reserven der Unternehmung beteiligt ist (**atypische stille Gesellschaft**). ▷ Der stille Gesellschafter ist berechtigt, die Bilanz zu kontrollieren. ▷ Die Kündigung kann für den Schluss eines Geschäftsjahres erfolgen und muss mindestens sechs Monate vor diesem Zeitpunkt stattfinden. ▷ Die Verlustbeteiligung ist bis zur Einlagenhöhe vorgesehen oder kann vertraglich ausgeschlossen werden.

Nennen Sie die wichtigsten Merkmale der „Gesellschaft des bürgerlichen Rechts". Geben Sie Beispiele.

Gründung	Zwei oder mehr Personen schließen sich vorübergehend oder für längere Dauer formlos zusammen, um ein bestimmtes Geschäft gemeinsam abzuwickeln. Diese vertragliche Vereinigung wird auch BGB-Gesellschaft oder Gelegenheitsgesellschaft genannt.
Beiträge	Die geleisteten Beiträge der Gesellschafter stellen das Gesellschaftsvermögen dar und sind Gesamthandvermögen. Die Beiträge können Bar-, Sach- und Rechtswerte sein oder als Dienstleistungen erbracht werden.
Geschäftsführung und Vertretung	Die gemeinschaftliche Geschäftsführung bedingt die Zustimmung aller Gesellschafter – es sei denn, die Geschäftsführung wurde einem Gesellschafter übertragen. Die Vertretung gegenüber Dritten ist bei Einzelgeschäftsführungsbefugnis im Zweifel auch allein möglich, in anderen Fällen nur mit Vollmacht der Gesellschafter.
Gewinn/Verlust	Die Anteile am Gewinn und Verlust sind für alle Gesellschafter gleich.

Beispiele für BGB-Gesellschaften	▷ BGB-Gesellschaft von Kaufleuten
	  – Bankenkonsortium: Mehrere Banken organisieren z. B. bei Neugründung einer AG die Ausgabe der Aktien.
	  – Mehrere Handwerker gründen vorübergehend eine BGB-Gesellschaft zur gemeinsamen Erfüllung eines Bauvorhabens.
	▷ BGB-Gesellschaft von Privatleuten
	  – Mehrere Personen spielen gemeinsam Lotto.
	  – Mehrere Personen bilden eine Fahrgemeinschaft.
	▷ BGB-Gesellschaft von Freiberuflern:
	  – Rechtsanwälte üben eine Praxis gemeinsam aus (Anwaltssozietät).
	  – Ärzte üben ihre Tätigkeit in einer Gemeinschaftspraxis aus.

1 Ordnen Sie den folgenden Gesellschaftsformen zu:

(1) Personengesellschaft
(2) Kapitalgesellschaft
(3) wenn eine solche Zuordnung nicht sinnvoll ist

a. KG _____ ☐

b. offene Handelsgesellschaft _____ ☐

c. GmbH _____ ☐

d. Einzelunternehmung _____ ☐

2 Welche der folgenden Aussagen zur Einzelunternehmung ist falsch? _____ ☐

(1) Die Firma bei Einzelkaufleuten muss die Bezeichnung „ein-
getragener Kaufmann", „eingetragene Kauffrau" oder die
allgemein verständliche Abkürzung dieser Begriffe beinhalten.

(2) Einzelunternehmer können nur eine Personenfirma wählen.

(3) Die Haftung für Verbindlichkeiten bezieht sich auf das Ge-
schäfts- und Privatvermögen.

3 Ordnen Sie den folgenden Aussagen zum „stillen Gesellschafter" eine

(1) zu, wenn es sich um eine richtige Aussage handelt,
(9) zu, wenn es sich um eine falsche Aussage handelt.

a. Die Vermögenseinlage des stillen Gesellschafters wird in ☐
der Bilanz als Fremdkapital ausgewiesen. _____

b. Die Vermögenseinlage des stillen Gesellschafters geht in ☐
das Vermögen des Kaufmanns über. _____

c. Die Vermögenseinlage des stillen Gesellschafters wird ☐
buchhalterisch überhaupt nicht berücksichtigt. _____

d. Ein stiller Gesellschafter kann sich z. B. an einem Einzel- ☐
unternehmen, einer GmbH oder KG beteiligen. _____

e. Der stille Gesellschafter hat ein Recht auf Gewinnbeteili-
gung – die Verlustbeteiligung kann jedoch vertraglich ☐
ausgeschlossen werden. _____

4 Sybille Queißer-Giese möchte sich als Kannkaufmann
in das Handelsregister eintragen lassen. Sie stellt spa-
nische Tanzkleider her.

Überprüfen Sie die folgenden Firmierungen. Tragen Sie
eine

(1) ein, wenn die Firmierung möglich ist,
(9) ein, wenn die Firmierung nicht möglich ist.

a. Sybille Queißer-Giese, Herstellung spanischer Tanzklei- ☐
der _____

b. Queißer-flamenco e. K. _____ ☐

c. Andalusische Bekleidung e. Kfr. _____ ☐

d. Queißer-Giese, e. Kauffrau _____ ☐

e. Bekleidungs-Bille – eingetr. Kauffrau _____ ☐

5 Beurteilen Sie folgenden Rechtsfall, und ordnen Sie eine

(1) zu, wenn die Aussage richtig ist,
(9) zu, wenn die Aussage falsch ist.

An einer Lottogesellschaft sind fünf Personen beteiligt,
die vereinbaren, ihre Beiträge in bar wöchentlich zu leisten. Weiterhin wurde vereinbart, dass im Falle der Nichtzahlung die Nachzahlung in den nächsten Wochen erfolgen kann.
Da die Zahlung der Beiträge recht schleppend erfolgt,
beschließen drei Gesellschafter, dass eine nicht erbrachte Leistung nicht mehr nachträglich geleistet werden
kann und damit auch im Falle eines Lottogewinns der
Anspruch entfällt. Zwei Wochen nach dieser Beschlussfassung gewinnt die Gemeinschaft eine höhere Summe
in der Lotterie. Eingezahlt hatten nur vier Gesellschafter.

a. Es handelt sich um eine BGB-Gesellschaft von Nicht- ☐
kaufleuten. _____

b. Der Gewinn ist ordnungsgemäß verteilt, wenn die Ge-
winnsumme auf die vier Gesellschafter ausgezahlt wird, ☐
die ihren Beitrag erbracht haben. _____

c. Der fünfte Lottospieler, der seinen Beitrag nicht erbracht
hat, kann seinen Anspruch trotzdem geltend machen, da
er noch die Möglichkeit der Nachzahlung hat. Der Beschluss der drei Lottospieler, dass eine nicht pünktlich
erbrachte Leistung nicht mehr nachträglich erbracht werden kann, war nicht nötig, weil eine Beschlussfassung ☐
nur gemeinschaftlich erfolgen kann. _____

d. Die Geschäftsführung der Gesellschaft des bürgerlichen
Rechts wird gemeinschaftlich durchgeführt, d. h., für jedes Geschäft ist die Zustimmung aller Gesellschafter ☐
erforderlich. _____

6 Nehmen Sie zu den wichtigsten Merkmalen der BGB-
Gesellschaft Stellung, und ordnen Sie eine

(1) zu, wenn die Aussage richtig ist,
(9) zu, wenn die Aussage falsch ist.

a. Eine Gesellschaft des bürgerlichen Rechts kann vorüber- ☐
gehend oder auch für längere Dauer gegründet werden. _

b. Eine Gesellschaft des bürgerlichen Rechts kann immer ☐
nur für längere Zeit gegründet werden. _____

c. Die BGB-Gesellschaft wird in das Handelsregister A ein- ☐
getragen. _____

d. Die Gesellschaft des bürgerlichen Rechts kann nur von
Kaufleuten gegründet werden, z. B. von mehreren Industrieunternehmen zur Durchführung eines Forschungspro- ☐
jektes. Nichtkaufleute können keine BGB-Gesellschaft
gründen. _____

e. Über das Vermögen einer BGB-Gesellschaft kann das ☐
Insolvenzverfahren eröffnet werden. _____

f. Alle Gesellschafter der BGB-Gesellschaft haben – wenn
vertraglich nichts anderes vereinbart wurde – einen An- ☐
spruch auf Anteil am Gewinn der Gesellschaft. _____

g. Die von den Gesellschaften geleisteten Beiträge stellen
das Gesellschaftsvermögen dar. Dieses Gesellschafts- ☐
vermögen ist Gesamthandvermögen. _____

Erläutern Sie anhand der wichtigsten Merkmale die Offene Handelsgesellschaft, OHG.

Firmierung		Die Firma muss die Bezeichnung „offene Handelsgesellschaft" oder eine allgemein verständliche Abkürzung dieser Bezeichnung beinhalten. Personen-, Sach-, Fantasie- und gemischte Firma sind unter Beachtung des Irreführungsverbotes erlaubt.
Gründung	Anzahl Gründer	Für die Gründung sind mindestens zwei Gesellschafter erforderlich.
	Form des Gesellschaftsvertrages	Für den Gesellschaftsvertrag ist keine Form vorgeschrieben, jedoch ist die Schriftform üblich. Werden Grundstücke in die Gesellschaft eingebracht, so ist eine notarielle Beurkundung des Gesellschaftsvertrages notwendig.
	Beginn der Gesellschaft	▷ Im **Innenverhältnis** entsteht die Gesellschaft mit dem im Vertrag vereinbarten Termin. ▷ Im **Außenverhältnis** entsteht die Gesellschaft mit dem Tätigwerden im Namen für das Geschäft, spätestens jedoch mit Eintragung in das Handelsregister Abteilung A. Gewerbetreibende ohne kaufmännische Organisation werden erst durch die freiwillige Eintragung in das Handelsregister zum Kannkaufmann.
Rechte der Gesellschafter	Geschäftsführung	▷ Jeder Gesellschafter ist grundsätzlich allein zur Geschäftsführung berechtigt. Diese Einzelgeschäftsführungsbefugnis bezieht sich auf alle Handlungen, die der gewöhnliche Betrieb des Handelsgewerbes mit sich bringt, z. B. Einkauf, Verkauf, Entlassungen, Einstellungen, Wechselausstellung, Wechselakzeptierung. ▷ Für außergewöhnliche Rechtsgeschäfte bedarf es der Zustimmung aller Gesellschafter, z. B. Aufnahme eines stillen Gesellschafters, Kauf/Verkauf von Grundstücken. ▷ Prokuristen können nur mit Zustimmung der geschäftsführenden Gesellschafter bestellt werden, der Widerruf der Prokura kann von jedem geschäftsführenden Gesellschafter erfolgen.
	Vertretung	Grundsätzlich hat jeder Gesellschafter Einzelvertretungsmacht für alle Rechtsgeschäfte. Der Umfang der Vertretungsmacht ist nicht beschränkbar, möglich ist jedoch z. B. das Abweichen von der Einzelvertretung durch vertraglich vereinbarte Gesamtvertretung.
	Kontrolle	Jeder Gesellschafter kann sich jederzeit persönlich über die Angelegenheiten der Gesellschaft unterrichten, Einsicht in die Handelsbücher und Papiere der Gesellschaft nehmen und sich daraus eine Bilanz anfertigen.
	Ersatz von Aufwendungen	Werden aus Privatmitteln Aufwendungen für das Geschäft getätigt, so haben die Gesellschafter Anspruch auf Ersatz.
	Kapitalentnahme	Jeder Gesellschafter ist berechtigt, 4 % seines Kapitalanteils zu entnehmen, auch wenn die Gesellschaft Verluste hatte.
	Gewinnanteil	Jeder Gesellschafter erhält, wenn vertraglich keine andere Regelung besteht, 4 % des Kapitalanteils, der Mehrgewinn wird nach Köpfen verteilt. Entnahmen und Einlagen der Gesellschafter sind bei der Verteilung zu berücksichtigen.
	Kündigung	Ein Gesellschafter kann auf den Schluss eines Geschäftsjahres kündigen. Dabei muss eine Frist von 6 Monaten eingehalten werden.
	Liquidationsanteil	Bei Auflösung des Unternehmens wird der Liquidationserlös nach Abzug der Schulden im Verhältnis der Kapitalanteile verteilt.
Pflichten der Gesellschafter	Leistung der Kapitaleinlage	Eine Mindesthöhe ist nicht vorgeschrieben. Die Einlagen können in bar, in Sach- oder auch Rechtswerten eingebracht werden.
	Wettbewerbsverbot	Verboten sind Geschäfte im gleichen Handelszweig und die Teilnahme mit persönlicher Haftung an einer gleichartigen Gesellschaft.
	Verlustanteil	Der Verlust wird nach Köpfen verteilt.
	Haftung	▷ **Unbeschränkt:** Der Gesellschafter haftet mit dem Gesellschaftsvermögen und seinem Privatvermögen. (Keine Einrede der Haftungsbeschränkung!) ▷ **Unmittelbar:** Jeder Gläubiger kann sich direkt an jeden Gesellschafter mit seiner Forderung wenden. (Keine Einrede der Vorausklage!) ▷ **Solidarisch:** Jeder Gesellschafter haftet für die gesamten Schulden der Gesellschaft. (Keine Einrede der Haftungsteilung!)
Auflösungsgründe		Zeitablauf, Beschluss der Gesellschafter, gerichtliche Entscheidung, Eröffnung des Insolvenzverfahrens, Tod oder Kündigung eines Gesellschafters sowie die Eröffnung des Insolvenzverfahrens über das Vermögen des Gesellschafters führen zum Ausscheiden des Gesellschafters unter Fortbestand der Gesellschaft.

1 Die V. Voß OHG ist aufgrund falscher Einschätzung der zukünftigen Marktlage hoch verschuldet. Ihr Rohstofflieferant hat kein Vertrauen mehr in die Zahlungsfähigkeit der V. Voß OHG und will die OHG auf Zahlung der längst fälligen Beträge verklagen.

Nehmen Sie aufgrund des geschilderten Sachverhaltes zu folgenden Aussagen Stellung.

Tragen Sie eine

(1) ein, wenn die Aussage richtig ist,
(9) ein, wenn die Aussage falsch ist.

a. Der Lieferer kann nur die V. Voß OHG als Gesellschaft verklagen, da es sich um Forderungen aus Warenlieferungen für das Unternehmen handelt. ____

b. Der Lieferer kann neben der V. Voß OHG auch jeden einzelnen Gesellschafter verklagen. ____

c. Der Lieferer kann entweder die V. Voß OHG als Gesellschaft oder einen einzelnen Gesellschafter auf Zahlung verklagen. Alle auf einmal zu verklagen ist nicht möglich. ____

d. Der Lieferer muss erst die V. Voß OHG als Gesellschaft verklagen und erst bei Nichtzahlung des Forderungsbetrages die einzelnen Gesellschafter, die dann mit ihrem Privatvermögen haften. ____

e. Da die Haftung der Gesellschafter bei der Offenen Handelsgesellschaft unbeschränkt ist, reicht es aus, wenn der Lieferer nur die V. Voß OHG verklagt, um in das Vermögen der Gesellschafter pfänden zu können. ____

2 An einer OHG sind als Gesellschafter beteiligt:

A mit 400 000,00 €
B mit 800 000,00 €
C mit 200 000,00 €

a. Der Gewinn im ersten Geschäftsjahr in Höhe von 146 000,00 € wird nach den gesetzlichen Vorschriften verteilt.

Wie viel € erhält der Gesellschafter B seinem Kapitalkonto gutgeschrieben? ____

(1) 48 666,67 €
(2) 83 428,57 €
(3) 62 000,00 €
(4) anderes Ergebnis

b. Der erzielte Verlust in Höhe von 123 400,00 € im zweiten Geschäftsjahr wird ebenfalls nach den gesetzlichen Vorschriften verteilt. Die Höhe des Eigenkapitals hat sich nur bei B um 20 000,00 € aufgrund einer Entnahme verringert.

Wie viel € Verlust werden auf den Gesellschafter B verteilt? ____

(1) 41 133,33 €
(2) 53 933,33 €
(3) anderes Ergebnis

3 An einer OHG beteiligen sich die Gesellschafter Hans Peter Schubert und Karl-Heinz Bolz. Gegenstand des Unternehmens sind Datenverarbeitungsanlagen.

Überprüfen Sie folgende Firmierungen.

Tragen Sie eine

(1) ein, wenn die Firmierung möglich ist,
(9) ein, wenn die Firmierung nicht möglich ist.

a. Compu.doc oHG, Hardware, Software, individuelle Netzwerklösungen ____

b. H P Schubert & Co. ____

c. Multimedia Bolz OHG ____

d. Informationssysteme Bolz & Schubert ____

e. BOS-Computerecke offene Handelsgesellschaft ____

f. Info-Schub OHG ____

g. Karl-Heinz Bolz und Hans Peter Schubert, Computersysteme ____

4 Annette Weiffenbach und Horst Klausing gründen eine OHG. Die Gesellschafterin Annette Weiffenbach leistet ihre Einlage, indem sie ihr Einzelunternehmen, ein Schmuckwarengeschäft, einbringt. Das Grundstück wird mit 210 000,00 € bewertet und das sonstige Anlage- und Umlaufvermögen mit 300 000,00 €. Der Gesellschafter Horst Klausing leistet seine Einlage in Höhe von 200 000,00 € in bar.

Im Gesellschaftsvertrag wird vereinbart, dass Annette Weiffenbach nur mit ihrem Geschäftsvermögen haftet.

Nehmen Sie aufgrund des geschilderten Sachverhaltes zu folgenden Aussagen Stellung.

Tragen Sie eine

(1) ein, wenn die Aussage richtig ist,
(9) ein, wenn die Aussage falsch ist.

a. Der Gesellschaftsvertrag bedarf der notariellen Beurkundung, weil ein Grundstück als Einlage erbracht wird. ____

b. Der Gesellschaftsvertrag kann formfrei abgeschlossen werden, sinnvoll ist jedoch die Schriftform. ____

c. Nach der Erbringung in die OHG gehören die Sachmittel und die Barmittel den beiden Gesellschaftern gemeinsam (Gesamthandvermögen). ____

d. Obwohl unterschiedliche Werte in das gemeinsame Unternehmen eingebracht wurden, ist jeder Gesellschafter zur Geschäftsführung berechtigt. ____

e. Horst Klausing ist aufgrund der gesetzlich geregelten Einzelgeschäftsführungsbefugnis berechtigt, Mitarbeiter einzustellen und zu entlassen, ohne seine Geschäftspartnerin Annette Weiffenbach zu informieren. ____

f. Die Vertretungsmacht erstreckt sich auf alle Rechtsgeschäfte, d. h., es wäre möglich, dass Annette Weiffenbach ohne Wissen ihres Geschäftspartners ein weiteres Grundstück rechtsgültig erwirbt. ____

g. Die im Vertrag vereinbarte Klausel bezüglich der Haftungsbeschränkung auf das Gesellschaftsvermögen von Annette Weiffenbach hat nur Gültigkeit im Innenverhältnis, nicht jedoch im Außenverhältnis. ____

Erläutern Sie anhand der wichtigsten Merkmale die Kommanditgesellschaft KG.		
Firmierung		Die Firma muss die Bezeichnung „Kommanditgesellschaft" oder eine allgemein verständliche Abkürzung dieser Bezeichnung beinhalten. Personen-, Sach-, Fantasie- und gemischte Firma sind unter Beachtung des Irreführungsverbotes erlaubt.
Gründung	Anzahl Gründer	Zur Gründung sind mindestens zwei Gesellschafter notwendig: Vollhafter = **Komplementär**, Teilhafter = **Kommanditist**.
	Beginn der Gesellschaft	▷ Im **Innenverhältnis** entsteht die Gesellschaft mit dem im Vertrag vereinbarten Termin. ▷ Im **Außenverhältnis** entsteht die Gesellschaft mit dem Tätigwerden im Namen für das Geschäft, spätestens jedoch mit Eintragung in das Handelsregister Abt. A. Gewerbetreibende ohne kaufmännische Organisation werden erst durch die freiwillige Eintragung in das Handelsregister zum Kannkaufmann.
	Form des Gesellschaftsvertrages	Für den Gesellschaftsvertrag ist keine Form vorgeschrieben, jedoch ist die Schriftform üblich. Bei Einbringen von Grundstücken ist eine notarielle Beurkundung des Gesellschaftsvertrages notwendig.
Rechte und Pflichten der Vollhafter		Für die Komplementäre gelten die gleichen Vorschriften wie für die Gesellschafter der OHG. Die Gewinn- und Verlustbeteiligung erfolgt jedoch für die Komplementäre wie für die Kommanditisten.
Rechte der Teilhafter	Widerspruch	Die Kommanditisten sind von der Geschäftsführung ausgeschlossen. Für Handlungen, die über den gewöhnlichen Betrieb des Handelsgewerbes hinausgehen, haben sie jedoch ein Widerspruchsrecht gegenüber den persönlich haftenden Gesellschaftern.
	Kontrolle	Der Kommanditist hat das Recht, dass ihm die jährlich erstellten Bilanzen mitgeteilt werden. Die Richtigkeit des Jahresabschlusses kann er durch Einsicht in die Bücher und Papiere der Gesellschaft überprüfen.
	Gewinnanteil	▷ Jeder Gesellschafter erhält, wenn vertraglich keine andere Regelung besteht, 4 % des Kapitalanteils, der Mehrgewinn wird im angemessenen Verhältnis verteilt. Die Gesellschafter einer KG sollten deshalb die Gewinnverteilung im Gesellschaftsvertrag festlegen, um Streitigkeiten über den Begriff „angemessen" zu vermeiden. ▷ Der Gewinnanteil wird so lange dem Kapitalkonto zugeschrieben, bis der Kapitalanteil die fest im Handelsregister einzutragende Einlage erreicht hat. Weitere Gewinne werden außerhalb des Kapitalkontos gutgeschrieben oder ausgezahlt. Sie stellen Verbindlichkeiten der KG gegenüber dem Kommanditisten dar.
	Kündigung	Ein Kommanditist kann auf den Schluss eines Geschäftsjahres kündigen. Dabei muss eine Frist von 6 Monaten eingehalten werden.
Pflichten der Teilhafter	Leistung der Kapitaleinlage	Die Pflichteinlage kann von der Haftsumme abweichen. Die Haftsumme ist der im Handelsregister eingetragene Betrag.
	Haftung vor Eintragung	Ist die Eintragung in das Handelsregister noch nicht erfolgt, so haftet der Kommanditist für die Gesellschaftsschulden zwischen Geschäftsbeginn und Eintragung wie ein Komplementär.
	Haftung bei Eintritt in eine Gesellschaft	Der Kommanditist haftet unbeschränkt für die zwischen seinem Eintritt und dessen Eintragung in das Handelsregister entstandenen Gesellschaftsschulden. Für alle anderen bestehenden Verbindlichkeiten haftet der Kommanditist nur mit der im Handelsregister eingetragenen Einlage.
	Verlustanteil	Der Verlust wird im angemessenen Verhältnis verteilt.
Auflösungsgründe		Zeitablauf, Beschluss der Gesellschafter, gerichtliche Entscheidung, Eröffnung des Insolvenzverfahrens. Die KG wird bei Tod eines Kommanditisten – mangels abweichender vertraglicher Bestimmung – mit dem Erben fortgesetzt.
Besonderheit GmbH & Co. KG		Die GmbH & Co. KG ist eine Personengesellschaft, bei der der Vollhafter eine GmbH ist, die in ihrer Haftung beschränkt ist. *Beispiele:* ▷ *KG als personengleiche GmbH & Co. KG:* *Es handelt sich um eine KG, bei der der Vollhafter eine GmbH ist. Die Gesellschafter der GmbH sind identisch mit den Kommanditisten. Somit ist die Haftung insgesamt beschränkt. Auch möglich ist eine Einmann GmbH & Co. KG.* ▷ *KG als nicht personengleiche GmbH & Co. KG:* *Die Gesellschafter der GmbH und die Kommanditisten sind verschiedene Personen.*

1   An einer KG sind der Vollhafter Wolfgang Clauß und die Teilhafterin Brigitte Schauffert beteiligt. Sie betreiben eine Druckerei.

Welche der folgenden Firmierungen ist nicht möglich? _____

(1) W. Clauß KG

(2) Wolfgang Clauß und Brigitte, Formulardruck

(3) Clauß KG

(4) Wolfgang Clauß KG, Geschäftsdrucksachen

(5) COLOR FORM DRUCK KG

2   Überprüfen Sie folgende Aussagen.

Ordnen Sie eine

(1) zu, wenn die Aussage richtig ist,
(9) zu, wenn die Aussage falsch ist.

a. Die GmbH & Co. KG ist eine Kapitalgesellschaft. _____

b. Die GmbH & Co. KG kann eine Kommanditgesellschaft sein, bei der der Vollhafter eine GmbH ist. _____

c. Eine GmbH & OHG ist eine OHG, bei der ein Gesellschafter eine GmbH ist. _____

3   Beurteilen Sie folgende Aussagen zu den Rechten der Teil- und Vollhafter:

Ordnen Sie eine

(1) zu, wenn die Antwort richtig ist,
(9) zu, wenn die Antwort falsch ist.

a. Der Kommanditist ist grundsätzlich von der Geschäftsführung ausgeschlossen, hat jedoch bei außergewöhnlichen Rechtsgeschäften ein Widerspruchsrecht gegenüber den persönlich haftenden Gesellschaftern. _____

b. Hat der Kommanditist seine Kapitaleinlage voll eingezahlt, so hat er Anspruch auf Auszahlung des Gewinns. _____

c. Der Kommanditist hat bei gewöhnlichen Rechtsgeschäften ein Alleinvertretungsrecht. _____

d. Die Gewinnverteilung nach dem HGB lautet: „4 % des Gewinns, Rest im angemessenen Verhältnis". _____

e. Der Vollhafter haftet unbeschränkt, unmittelbar und solidarisch. _____

f. Ein möglicher Verlust der Gesellschaft wird im angemessenen Verhältnis verteilt. _____

g. Wenn im Gesellschaftsvertrag keine andere Regelung getroffen wurde, so führt der Tod eines Vollhafters zum Ausscheiden aus der Gesellschaft. _____

h. Beim Tod eines Kommanditisten wird die Gesellschaft mangels abweichender vertraglicher Bestimmungen mit dem Erben fortgesetzt. _____

4   Beantworten Sie folgende Fragen zum Gesellschaftsvertrag der KG:

Ordnen Sie eine

(1) zu, wenn die Antwort richtig ist,
(9) zu, wenn die Antwort falsch ist.

a. Der Gesellschaftsvertrag bedarf nicht der Schriftform, wenn die Einlagen der drei Gesellschafter in bar erbracht wurden. _____

b. Der Gesellschaftsvertrag bedarf nur dann der notariellen Beurkundung, wenn ein Grundstück mit in die Gesellschaft eingebracht wird. _____

5   Der Kommanditist einer KG hat Rechte und Pflichten.

Ordnen Sie eine

(1) zu, wenn es sich um Pflichten des Kommanditisten handelt,
(2) zu, wenn es sich um Rechte des Kommanditisten handelt,
(9) zu, wenn diese Aussage auf den Kommanditisten nicht zutrifft.

a. Der Kommanditist zahlt vereinbarungsgemäß die Kapitaleinlage. _____

b. Der Verlust wird im angemessenen Verhältnis verteilt. _____

c. Der Gesellschafter verlangt die Auszahlung des Gewinns mit der Begründung, dass die in das Handelsregister eingetragene Einlage erreicht wurde. _____

d. Der Gesellschafter haftet unbeschränkt, unmittelbar und solidarisch. _____

e. Der Gesellschafter hat ein Widerspruchsrecht für alle gewöhnlichen und außergewöhnlichen Handlungen des Handelsgewerbes. _____

6   Nehmen Sie aufgrund der folgenden Bedingungen eine Gewinnverteilung vor:

Vollhafter A: Einlage   230 000,00 €
Vollhafter B: Einlage   600 000,00 €
Teilhafter C: Einlage   150 000,00 €
Teilhafter D: Einlage   700 000,00 €

Die Einlagen sind alle voll erbracht. Entnahmen wurden nicht vorgenommen. Der Gewinn beträgt 300 000,00 € und wird laut Gesellschaftsvertrag wie folgt verteilt: Jeder Gesellschafter erhält zunächst eine Verzinsung seines Kapitals in Höhe von 8 %. Bei einem Mehrgewinn erhalten die Komplementäre je 5 Anteile und die Kommanditisten je einen Anteil.

a. Ermitteln Sie den Gewinn für den Gesellschafter B. _____

b. Ermitteln Sie den Gewinn für den Gesellschafter D. _____

c. Ermitteln Sie das neue Eigenkapital des Gesellschafters B. _____

d. Ermitteln Sie das neue Eigenkapital der Gesellschaft. _____

Erläutern Sie anhand der wichtigsten Merkmale die Gesellschaft mit beschränkter Haftung GmbH.		
Firmierung		Die Firma der GmbH muss die Bezeichnung „Gesellschaft mit beschränkter Haftung" oder eine allgemein verständliche Abkürzung dieser Bezeichnung beinhalten. Sie kann eine Personen-, Fantasie-, Sachfirma oder gemischte Firma sein.
Gründung	Mindestanzahl Gründer	Eine Person reicht zur Gründung.
	Form des Gesellschaftsvertrages	Der Gesellschaftsvertrag (Satzung) bedarf der notariellen Beurkundung.
	Beginn der Gesellschaft	Durch die Eintragung in das Handelsregister Abteilung B entsteht die GmbH als juristische Person. Vor der Gründung haften die Gesellschafter persönlich und solidarisch.
Rechte der Gesellschafter	Gewinnanteil	Die Verwendung des im Jahresabschluss ausgewiesenen Geschäftsergebnisses wird von den Gesellschaftern entschieden. Eine Ausschüttung erfolgt im Verhältnis ihrer Geschäftsanteile. Möglich ist jedoch eine Reservebildung, d. h., Gewinn kann auch zur Eigenkapitalbildung verwendet werden.
	Mitverwaltung	Die Gesellschafter haben ein Mitverwaltungsrecht. Die Geschäftsführungsbefugnis und Vertretungsmacht kann von einem oder mehreren Gesellschaftern selbst wahrgenommen werden oder von beauftragten Fremdgeschäftsführern.
	Auskunfts- und Einsichtsrecht	Auf Wunsch eines Gesellschafters hat der Geschäftsführer Auskunft über die Angelegenheiten der Gesellschaft zu geben und Einsicht in die Bücher und Schriften zu gestatten.
Pflichten der Gesellschafter	Leistung der Stammeinlage	Der Gesellschafter muss die vereinbarte Stammeinlage erbringen. Auf jede Stammeinlage muss ein Viertel eingezahlt werden. Insgesamt muss bei einer Bargründung die Hälfte des Mindeststammkapitals vorhanden sein.
	Nachschusspflicht	Der Gesellschaftsvertrag kann eine beschränkte oder unbeschränkte Nachschusspflicht vorsehen.
Besonderheiten	**Stammkapital**	Das Stammkapital muss mindestens 25 000,00 € betragen. Es ist der in der Satzung festgelegte Betrag aller Stammeinlagen und wird in der Bilanz als „gezeichnetes Kapital" ausgewiesen.
	Stammeinlagen	Der vom Gesellschafter übernommene Anteil am Stammkapital ist die Stammeinlage. (Mindestbetrag: 100,00 €; teilbar durch 50; bei Errichtung der Gesellschaft nur Übernahme einer Stammeinlage möglich.) Die einzelnen Stammeinlagen, die das Stammkapital ergeben, können für die einzelnen Gesellschafter verschieden hoch sein.
	Geschäftsanteil	Die Mitgliedschaft in der GmbH wird als Geschäftsanteil bezeichnet. Darüber kann eine Beweisurkunde (nicht Wertpapier) ausgestellt werden. Der Geschäftsanteil ist Maßstab für Rechte und Pflichten. Der Wert des Geschäftsanteils ist nicht mit dem Nennbetrag (abgeleitet aus der Höhe des gezeichneten Kapitals der Stammeinlage) identisch, sondern kann größer oder geringer sein (wahrer Wert).
Organe	Geschäftsführer	Sie haben die Geschäftsführungsbefugnis und die Vertretungsmacht. Nach dem Mitbestimmungsgesetz von 1976, das für Gesellschaften mit mehr als 2 000 Arbeitnehmern Gültigkeit hat, muss ein Arbeitsdirektor bestellt werden. Die Amtszeit der Geschäftsführer ist zeitlich nicht begrenzt.
	Aufsichtsrat	Ein Aufsichtsrat ist aufgrund der gesetzlich bestimmten überbetrieblichen Mitbestimmung notwendig bei Gesellschaften mit mehr als 500 Arbeitnehmern. (Zur Zusammensetzung nach dem Betriebsverfassungsgesetz, dem Mitbestimmungsgesetz von 1976 und dem Montan-Mitbestimmungsgesetz s. S. 66.)
	Gesellschafterversammlung	Sie ist das beschlussfassende Organ. Die Einberufung erfolgt durch eingeschriebenen Brief durch die Geschäftsführer. Über wesentliche Punkte beschließen die Gesellschafter (z. B. Bestellung, Entlastung und Abberufung von Geschäftsführern, Gewinnverwendung, Prokuraerteilung). Je 50,00 € Geschäftsanteil wird eine Stimme gewährt.
Auflösungsgründe		Zeitablauf, Beschluss der Gesellschafter, Insolvenzverfahren. Ein GmbH-Gesellschafter hat die Möglichkeit des Ausstiegs aus der Gesellschaft durch den Verkauf seines GmbH-Anteils mit notarieller Beurkundung.

1   Welche der folgenden Aussagen ist falsch? _____ ☐

(1) Die GmbH ist eine Gesellschaft mit eigener Rechtspersönlichkeit, deren Gesellschafter nicht persönlich für die Verbindlichkeiten der Gesellschaft haften.

(2) Eine GmbH kann von einem oder mehreren Gesellschaften gegründet werden.

(3) Die GmbH wird durch einen notariell beurkundeten Gesellschaftsvertrag gegründet; die Eintragung in das Handelsregister hat deklaratorische (rechtserklärende) Wirkung.

2   Der Unternehmer Horst Kettler möchte eine GmbH gründen. Gegenstand des Unternehmens ist der Handel mit Damenbekleidung. Entscheiden Sie, ob folgende Firmierungen möglich sind. Tragen Sie eine

(1) ein, wenn die Firmierung den gesetzlichen Vorschriften entspricht,
(9) ein, wenn die Firmierung nicht den gesetzlichen Vorschriften entspricht.

a. Kettler GmbH _____ ☐

b. Horst Kettler GmbH_____ ☐

c. H. Kettler, Damenbekleidung _____ ☐

d. Damenbekleidung Kettler GmbH _____ ☐

e. Damenbekleidung Kettler mbH_____ ☐

3   Ergänzen Sie unten stehende Definitionen um folgende Begriffe:

(1) das/des Stammkapital/s
(2) die/der Stammeinlage
(3) der/des Geschäftsanteil/s
Sollte eine Zuordnung nicht möglich sein, tragen Sie eine
(9) ein.

a. Die Mindesthöhe ... beträgt 25 000,00 €. _____ ☐

b. Der vom Gesellschafter übernommene Anteil am Stammkapital ist ... _____ ☐

c. Die Mindesthöhe ... beträgt 100,00 € und muss durch 50 teilbar sein. _____ ☐

d. Die Mitgliedschaft an der GmbH wird als ... bezeichnet.__ ☐

4   Welche der folgenden Aussagen ist falsch? _____ ☐

Tragen Sie die Ziffer in das Kästchen ein.

(1) Die GmbH ist eine Kapitalgesellschaft.
(2) Die GmbH ist im Handelsregister B eingetragen.
(3) Die GmbH kann auch mit der Bezeichnung „mbH" firmieren – es muss nicht „GmbH" in der Firmierung genannt sein.
(4) Die GmbH wird von mindestens zwei Gesellschaftern gegründet. Möglich ist das Ausscheiden eines Gesellschafters.

5   An einer GmbH sind drei Gesellschafter beteiligt. Sie unterhalten sich über die Rechte und Pflichten der Gesellschafter einer GmbH.

Ordnen Sie eine

(1) zu, wenn die Aussage richtig ist,
(9) zu, wenn die Aussage falsch ist.

a. Gesellschafter A: „Die Geschäftsführung und Vertretung ist nur durch alle drei Gesellschafter möglich."_____ ☐

b. Gesellschafter B: „Als Geschäftsführer kann auch eine fremde Person benannt werden." _____ ☐

c. Gesellschafter A: „Die Gesellschafter müssen die vereinbarten Stammeinlagen erbringen. Die Höhe der Stammeinlagen kann unterschiedlich sein."_____ ☐

d. Gesellschafter B: „Die Stammeinlagen einer GmbH sind alle gleich hoch. Jedoch ist es möglich, mehrere Stammeinlagen zu erwerben." _____ ☐

e. Gesellschafter C: „Über wesentliche Punkte der Gesellschaft beschließen die Gesellschafter. Je Kopf wird eine Stimme gewährt."_____ ☐

6   Ordnen Sie eine

(1) zu, wenn die Aussage zur GmbH richtig ist,
(9) zu, wenn die Aussage zur GmbH nicht richtig ist.

a. Die GmbH ist eine Personengesellschaft._____ ☐

b. Die GmbH ist aufgrund der verschärften Haftungsbedingungen eine nicht häufig gewählte Unternehmensrechtsform. _____ ☐

c. Die Eintragung einer GmbH erfolgt in das Handelsregister Abteilung B. _____ ☐

d. Über wesentliche Punkte der Gesellschaft beschließen die Gesellschafter, z. B. über die Bestellung der Prokuristen. _____ ☐

e. Der Gesellschaftsvertrag kann eine beschränkte oder unbeschränkte Nachschusspflicht vorsehen. _____ ☐

f. Die Gründung einer GmbH ist durch eine Person möglich. _____ ☐

g. Das Stammkapital der GmbH wird in das Handelsregister eingetragen. _____ ☐

7   Benita Skroblin und Claus Rohlshausen wollen eine GmbH gründen. Der Gesellschaftsvertrag enthält u. a. folgende Bestimmungen: „Die Stammeinlage von Benita Skroblin beträgt 40 000,00 € und die Stammeinlage von Claus Rohlshausen 4 000,00 €. Alle Einlagen sind in bar zu erbringen."

a. Wie viel € müsste der Gesellschafter Claus Rohlshausen mindestens einzahlen, wenn die Gesellschafterin Benita Skroblin ihre Stammeinlage voll erbringt?_____ ☐

b. Wie viel € der Stammeinlage muss der Gesellschafter Claus Rohlshausen mindestens einzahlen, wenn die Gesellschafterin Benita Skroblin nur 11 000,00 € einzahlen kann? _____ ☐

Welche Arten von Mitarbeitern hat ein Kaufmann?

Angestellte sind gewöhnlich mit verwaltenden, technischen und kaufmännischen Tätigkeiten befasst.	**Arbeiter**, auch gewerbliche Arbeitnehmer genannt, üben vorwiegend Tätigkeiten in der Produktion oder im Lager aus.	**Auszubildende** sind Personen, die zum Zweck des Erlernens eines Ausbildungsberufes beschäftigt werden.

Erläutern Sie die Prokura, und nennen Sie wesentliche Punkte.

Begriff	▷ Die Prokura ermächtigt zu allen Arten von gerichtlichen und außergerichtlichen Geschäften und Rechtshandlungen, die der Betrieb eines Handelsgewerbes mit sich bringt. ▷ Zur Veräußerung und Belastung von Grundstücken ist der Prokurist nur ermächtigt, wenn ihm diese Befugnis besonders erteilt ist.
Arten der Prokura	▷ **Einzelprokura:** Eine Person allein ist vertretungsberechtigt. Die Zeichnung erfolgt mit „pp." oder „ppa.". ▷ **Gesamtprokura:** Mehrere Personen sind nur gemeinschaftlich vertretungsberechtigt. Die Zeichnung erfolgt auch hier mit „pp." oder „ppa." für jeden Vertretungsbevollmächtigten.
Erteilung	Nur ein Kaufmann oder der gesetzliche Vertreter kann die Prokura erteilen. Dies muss ausdrücklich erfolgen.
Einschränkung	▷ Im **Außenverhältnis** (Dritten gegenüber) ist eine Beschränkung des Umfangs der Prokura unwirksam. Im **Innenverhältnis** (zwischen Kaufmann und Prokurist) ist diese durch vertragliche Absprachen möglich. ▷ Bei Filialbetrieben ist eine Beschränkung der Prokura auf eine oder mehrere Niederlassungen möglich, wenn sie unterschiedlich firmieren.
Beginn	▷ Im **Innenverhältnis** wird die Prokura mit der ausdrücklichen Erteilung wirksam. Im **Außenverhältnis** beginnt die Prokura, wenn Dritte davon Kenntnis haben oder wenn die Prokura durch das Handelsregister verlautbart wurde. ▷ Die Eintragung hat deklaratorische (rechtsbezeugende) Wirkung.
Beendigung	Die Prokura erlischt ▷ durch Widerruf, ▷ mit Beendigung des Rechtsverhältnisses, ▷ durch Betriebsübergang, ▷ durch Einstellung des Handelsgeschäfts, ▷ durch den Tod des Bevollmächtigten, nicht jedoch Tod des Geschäftsinhabers.

Zwischen Innenverhältnis und Außenverhältnis der Prokura bestehen wichtige Unterschiede.

Erläutern Sie die Handlungsvollmacht und beschreiben Sie wesentliche Punkte.

Arten	**Allgemeine Handlungsvollmacht**	**Artvollmacht**	**Einzelvollmacht**
	Sie berechtigt zur Vornahme aller Geschäfte und Rechtshandlungen, die der Betrieb eines derartigen Handelsgewerbes gewöhnlich mit sich bringt (einkaufen, verkaufen, Personal einstellen etc.).	Sie berechtigt zur Vornahme einer bestimmten immer wiederkehrenden Art von Rechtsgeschäften (verkaufen oder einkaufen).	Sie ermächtigt zur Vornahme eines einzelnen Rechtsgeschäftes (500 Blatt Kopierpapier im Bürofachgeschäft einkaufen).
	▷ Eine besondere Befugnis muss erteilt werden zur Veräußerung und Belastung von Grundstücken, Eingehung von Wechselverbindlichkeiten, Aufnahme von Darlehen, Prozessführung. ▷ Die Zeichnung der Handlungsbevollmächtigten erfolgt in der Praxis mit dem Zusatz „i. V." oder „i. A.". ▷ Die **Vollmacht für einen Ladenangestellten** ermächtigt zu Verkäufen und Empfangnahmen, die in einem derartigen Laden oder Warenlager gewöhnlich geschehen. Ein Verkäufer hat jedoch nur dann Inkassovollmacht, wenn keine besonderen Ladenkassen aufgestellt sind.		
Erteilung	Die Handlungsvollmacht muss nicht ausdrücklich erteilt werden, sie kann auch stillschweigend erfolgen. Im Gegensatz zur Prokura kann sie auch von Nichtkaufleuten erteilt werden. Eine Eintragung ins Handelsregister erfolgt nicht.		
Beendigung	Die Handlungsvollmacht erlischt ▷ durch Widerruf, ▷ mit Beendigung des Rechtsverhältnisses, ▷ durch Einstellung des Handelsgeschäftes, ▷ durch den Tod des Bevollmächtigten, nicht jedoch Tod des Geschäftsinhabers.		

Nennen Sie Geschäfte, für die die Vertretungsvollmachten gesetzlich verboten sind.

Untersagte Rechtsgeschäfte	▷ Prokura erteilen ▷ Steuererklärungen unterschreiben ▷ Bilanzen unterschreiben ▷ Eintragungen ins Handelsregister anmelden ▷ Eid leisten ▷ Insolvenzverfahren anmelden ▷ Gesellschafter aufnehmen ▷ Geschäft verkaufen

1 Überprüfen Sie folgende Fälle zur Prokura.
Tragen Sie eine

(1) ein, wenn die Prokura Gültigkeit hat,
(9) ein, wenn die Prokura keine Gültigkeit hat.

a. Ein Kannkaufmann ermächtigt seinen Angestellten zur
Zeichnung „ppa.". _____

b. Der Geschäftsführer einer GmbH erteilt einem Angestellten Prokura, ohne die Gesellschafter informiert zu haben.

c. Ein Formkaufmann erteilt einem Angestellten mündlich
die Prokura. _____

d. Der Unternehmer stellt einen Buchhaltungsleiter ein.
Aufgrund der Stellenbeschreibung ist der Unternehmer
der Meinung, die Prokura sei dadurch stillschweigend
erteilt. _____

e. Ein Kleingewerbetreibender ohne Eintragung im Handelsregister erteilt seinem Angestellten schriftlich die
Prokura. _____

f. Der Mitarbeiterin wurde die Prokura ordnungsgemäß
erteilt. Die Handelsregistereintragung ist jedoch noch
nicht erfolgt. _____

2 Überprüfen Sie die folgenden Aussagen zur Prokura
und Handlungsvollmacht. Tragen Sie eine

(1) ein, wenn die Aussage richtig ist,
(9) ein, wenn die Aussage falsch ist.

a. Die Eintragung der Prokura in das Handelsregister hat
konstitutive (rechtserzeugende) Wirkung. _____

b. Nichtkaufleute und Kaufleute können Handlungsvoll-
machten erteilen. _____

c. Die Handlungsvollmacht kann auch stillschweigend erteilt werden. _____

d. Die Handlungsvollmacht wird wie die Prokura in das
Handelsregister eingetragen. _____

e. Die Prokura ist im Innenverhältnis beschränkbar. _____

f. Gesamtprokura bedeutet, dass der Prokurist die Rechtshandlungen eines gesamten Betriebes stellvertretend für
den Inhaber durchführen darf. _____

3 Entscheiden Sie, in welchen der folgenden Fälle
eine rechtsgültige Handlung zwischen A und B zustande gekommen ist. _____

Tragen Sie eine (3) ein, wenn dies für beide Fälle
zutrifft.

(1) Der Prokurist von A akzeptiert am 19.03. einen Wechsel von
B. Die Prokura wurde ihm erst am 18.03. erteilt, die Eintragung in das Handelsregister ist noch nicht erfolgt.

(2) Der Prokurist von A akzeptiert am 29.03. einen Wechsel von
B. Die Prokura wurde ihm am 18.03. erteilt, die Eintragung
in das Handelsregister ist erfolgt.

4 Welche der folgenden Rechtshandlungen sind dem Inhaber der Prokura bzw. dem Inhaber der allgemeinen
Handlungsvollmacht

(1) nicht erlaubt,
(2) nur mit einer besonderen Vollmacht erlaubt,
(3) aufgrund der erteilten handelsrechtlichen Vollmacht
erlaubt?

Ordnen Sie die Ziffern 1 bis 3 für den Prokuristen in
Spalte A und für den Handlungsbevollmächtigten in
Spalte B den folgenden Fällen zu.

Spalte	A	B
a. Akzeptierung eines Wechsels _____		
b. Verkauf eines Grundstücks _____		
c. Kauf eines Grundstücks _____		
d. Aufnahme von neuen Gesellschaften _____		
e. Entlassung von Mitarbeitern _____		
f. Erteilung einer Einzelvollmacht _____		

5 Entscheiden Sie in den folgenden Fällen, ob eine

(1) allgemeine Handlungsvollmacht,
(2) Artvollmacht,
(3) Einzelvollmacht
vorliegt.

a. Der Leiter der Rechtsabteilung führt Prozesse für die
Gesellschaft. _____

b. Die Ladenangestellte verkauft Ware. _____

c. Der Reisende nimmt Mängelrügen entgegen. _____

d. Der Sachbearbeiter in der Buchhaltung soll einen Wechsel in Höhe von 100 000,00 € akzeptieren. Zu seinen
allgemeinen Aufgaben gehört diese Tätigkeit nicht. _____

6 Ordnen Sie den folgenden Aussagen zur Handlungsvollmacht und Prokura eine

(1) zu, wenn die Aussage sich nur auf die Prokura bezieht,
(2) zu, wenn die Aussage sich nur auf die Handlungsvollmacht bezieht,
(3) zu, wenn die Aussage sich auf beide handelsrechtlichen Vollmachten bezieht.

Tragen Sie eine (9) ein, wenn die Aussage falsch ist.

a. Die Vollmacht wird in das Handelsregister eingetragen. _____

b. Die Vollmacht kann von Nichtkaufleuten erteilt werden. _____

c. Die Vollmacht kann von Kaufleuten erteilt werden. _____

d. Die Vollmacht erlischt durch Widerruf. _____

e. Eine besondere Befugnis muss erteilt werden zur Veräußerung von Grundstücken. _____

f. Eine besondere Befugnis muss erteilt werden zur Einge-
hung von Wechselverbindlichkeiten. _____

Unterscheiden Sie individuelles und kollektives Arbeitsrecht.

Das Arbeitsrecht ist diejenige rechtliche Ordnung, die die Leistung abhängiger Arbeit festlegt. Abhängige Beschäftigung bedeutet, dass Arbeitnehmer (Arbeiter und Angestellte) in ihrer Arbeit unselbstständig sind. Sie stehen im Dienste eines anderen (Arbeitgeber oder Unternehmer) und sind diesem zur Arbeit nach bestimmten Weisungen verpflichtet. Das Arbeitsrecht ist in vielen verschiedenen Einzelgesetzen niedergelegt.

Individuelles Arbeitsrecht	Hierbei handelt es sich um Gesetze/Verordnungen, die Regelungen für einen einzelnen Arbeitnehmer beinhalten.
Kollektives Arbeitsrecht	In den Gesetzen des kollektiven Arbeitsrechts werden Regelungen getroffen, die sich auf eine Gruppe von Arbeitnehmern (z. B. Belegschaft eines Betriebes – Betriebsvereinbarung) beziehen.

Nennen Sie Rechtsquellen des Arbeitsrechts.

Individuelles Arbeitsrecht		**Kollektives Arbeitsrecht**
▷ Bürgerliches Gesetzbuch BGB ▷ Handelsgesetzbuch HGB ▷ Berufsbildungsgesetz BBiG ▷ Handwerksordnung HO ▷ Seemannsgesetz SeemG ▷ Gewerbeordnung GO	▷ Kündigungsschutzgesetz KSchG ▷ Bundesurlaubsgesetz BUrlG ▷ Arbeitszeitordnung AZO ▷ Mutterschutzgesetz MuSchG ▷ Jugendarbeitsschutzgesetz JArbSchG ▷ Arbeitsplatzschutzgesetz ArbPlSchG ▷ Arbeitnehmerüberlassungsgesetz AÜG	▷ Betriebsverfassungsgesetz BetrVerfG ▷ Gesetz über die Mitbestimmung der Arbeitnehmer MitbestG ▷ Montan-Mitbestimmungsgesetz MoMitbestG ▷ Tarifvertragsgesetz TVG

Beschreiben Sie das Günstigkeitsprinzip im Arbeitsrecht.

Wenn ein Arbeitsverhältnis geschlossen wird, müssen die Regelungen zu diesem Arbeitsverhältnis unter Berücksichtigung von Gesetzen, von evtl. geltenden Tarifverträgen oder Betriebsvereinbarungen getroffen werden.

Das Günstigkeitsprinzip besagt, dass die einzelvertraglichen Regelungen immer zugunsten des Arbeitnehmers erfolgen.

Beispiel: Laut Bundesurlaubsgesetz (BUrlG) beträgt der Urlaubsanspruch eines Arbeitnehmers mindestens 24 Werktage pro Jahr. Im Tarifvertrag für die Branche einer bestimmten Region darf dieser Mindesturlaub nicht unterschritten werden. Sieht dieser Tarifvertrag vor, dass ein Urlaubsanspruch von z. B. 30 Tagen besteht, darf diese Regelung einzelvertraglich ebenfalls nicht unterschritten werden.

Rechtsquelle	**Gesetz**	**Tarifvertrag**	**Betriebsvereinbarung**	**Arbeitsvertrag**
Geltungsbereich: Rechtsquelle gilt für	die Bundesrepublik Deutschland	die Branche einer Region	einen einzelnen Betrieb	ein einzelnes Arbeitsverhältnis
Verhandlungspartner	Fraktionen der Parlamente (Bund und Länder)	Arbeitgeberverband bzw. Arbeitgeber und Gewerkschaften	Arbeitgeber und Betriebsrat	Arbeitgeber und Arbeitnehmer
Beispiele für Inhalte:	▷ *Entgeltfortzahlung im Krankheitsfall* ▷ *Arbeitsplatzschutz*	▷ *Höhe des Entgelts* ▷ *max. wöchentliche Arbeitszeit* ▷ *Urlaubsanspruch*	▷ *Beginn und Ende der täglichen Arbeitszeit* ▷ *Pausenregelung* ▷ *Lage des Urlaubs*	▷ *auszuführende Tätigkeit* ▷ *Höhe des Entgelts*

(Günstigkeitsprinzip →)

Erklären Sie die Zuständigkeit und den Instanzenweg der Arbeitsgerichte.

Um die Durchsetzbarkeit des Arbeitsrechts zu gewährleisten, hat der Staat eine eigene Rechtspflege für das Arbeitsrecht geschaffen:

Arbeitsgericht 1. Instanz	**Landesarbeitsgericht** 2. Instanz	**Bundesarbeitsgericht** 3. Instanz
ist in allen arbeitsrechtlichen Streitigkeiten ohne Rücksicht auf den Stellenwert zuständig.	ist zuständig für Berufungen oder Beschwerden gegen Urteile und Beschlüsse des Arbeitsgerichts.	Hier werden Revisionen oder Rechtsbeschwerden gegen Urteile und Beschlüsse des Landesarbeitsgerichts bzw. Arbeitsgerichts eingereicht.

1 Überprüfen Sie, ob die unten aufgeführten arbeitsrechtlichen Regelungen

(1) in einem Gesetz,
(2) in einem Tarifvertrag,
(3) in einer Betriebsvereinbarung,
(4) in einem Dienst-/Arbeitsvertrag,
(9) in keiner der aufgeführten Rechtsquellen enthalten sind.

a. Der Vertragspartner übernimmt allein verantwortlich den Posten eines Abteilungsleiters. _____ ☐

b. Der Mindesturlaubsanspruch pro Kalenderjahr beträgt 24 Werktage. _____ ☐

c. Arbeitsbeginn: 08:00 Uhr, Arbeitsende: 18:30 Uhr (für alle Arbeitnehmer) _____ ☐

d. Gesetzlicher Mindestlohn: Sozialhilfesatz + 30 % _____ ☐

e. Gehaltsgruppe 1: Tätigkeit, für die keine Ausbildung notwendig ist. _____ ☐

2 Stellen Sie fest, welche Verhandlungspartner unten stehende Regelungen aushandeln.

(1) Arbeitgeberverband
(2) Gewerkschaft
(3) einzelner Arbeitgeber
(4) Betriebsrat
(5) einzelner Arbeitnehmer
(9) keine der vorgenannten Personen/Institutionen

a. Firmen-(Haus-)tarifvertrag _____ ☐ ☐

b. Regelung über Verbesserung der sanitären Anlagen _____ ☐ ☐

c. Vertrag über Mitgliedschaft im Bundesverband des Deutschen Groß- und Außenhandels _____ ☐ ☐

d. gesetzliche Regelung über Ladenschlusszeiten ____ ☐ ☐

e. übertarifliches Gehalt _____ ☐ ☐

f. Manteltarifvertrag für die Beschäftigten in Großhandelsunternehmen einer Region _____ ☐ ☐

3 Kennzeichnen Sie unten stehende Aussagen mit

(1), wenn diese richtig sind,
(9), wenn diese falsch sind.

a. Ein Arbeitgeber, der keinem Arbeitgeberverband angehört, ist auch nicht an Tarifverträge gebunden. _____ ☐

b. Beamte und Richter gelten, bezogen auf das Arbeitsrecht, ebenso als Arbeitnehmer. _____ ☐

c. Arbeiter sind gegenüber Angestellten grundsätzlich gleichgestellt. _____ ☐

d. Bei entsprechender Größe des Unternehmens kann ein einzelner Arbeitgeber mit der zuständigen Gewerkschaft einen Tarifvertrag aushandeln. _____ ☐

e. Ein tarifvertraglich festgelegter Urlaubsanspruch darf nicht überschritten werden. _____ ☐

4 Prüfen Sie, ob folgende Gesetze/Verordnungen

(1) dem Individualarbeitsrecht,
(2) dem Kollektivarbeitsrecht,
(9) keinem der beiden Rechtsgebiete zuzuordnen sind.

a. Mitbestimmungsgesetz von 1976 _____ ☐

b. Zivilprozessordnung _____ ☐

c. Schwerbehindertengesetz _____ ☐

d. Montan-Mitbestimmungsgesetz _____ ☐

e. Tarifvertragsgesetz _____ ☐

f. Abgabenordnung _____ ☐

g. Bundesurlaubsgesetz _____ ☐

5 Für die unten stehenden Rechtsfälle sind bestimmte Gerichte zuständig.

Kennzeichnen Sie die Rechtsfälle mit einer
(1), wenn das Arbeitsgericht zuständig ist,
(2), wenn das Sozialgericht zuständig ist,
(9), wenn ein anderes Gericht zuständig ist.

a. Ein Arbeitgeber meldet einen Arbeitnehmer nicht bei der Sozialversicherung an, obwohl er sozialversicherungspflichtig ist. Der Arbeitnehmer möchte das gerichtlich durchsetzen. _____ ☐

b. Aufgrund einer Kündigung, die vom Arbeitnehmer ausging, erhält der Arbeitnehmer für eine Sperrfrist von sechs Wochen kein Arbeitslosengeld. Er ist der Auffassung, dass die Tatsache nicht den gesetzlichen Vorschriften entspricht. _____ ☐

c. Auf dem Weg von der Arbeit nach Hause wird ein Arbeitnehmer bei einem Unfall verletzt. Die Berufsgenossenschaft will keine Leistungen erbringen, weil der Arbeitnehmer nicht auf dem direkten Weg nach Hause fuhr, sondern private Dinge erledigte. _____ ☐

d. Die Zahlung von Leistungen aus einer privaten Lebensversicherung wird absichtlich verzögert. _____ ☐

e. Ein Arbeitnehmer ist mit der betrieblichen „Kleiderordnung" nicht einverstanden und beruft sich auf das Recht der freien Entfaltung der Persönlichkeit. _____ ☐

6 Das Arbeitsgericht ist zuständig für alle Streitigkeiten, die sich aus dem Arbeitsrecht ergeben können. Welche der Aussagen über das Arbeitsgericht ist falsch? _____ ☐

(1) Das Bundesarbeitsgericht hat seinen Sitz in Erfurt.

(2) In erster Instanz besteht kein Anwaltszwang.

(3) In sämtlichen Instanzen gibt es neben Berufsrichtern ehrenamtliche Richter.

(4) Der Berufsrichter kann in den ersten beiden Instanzen von den ehrenamtlichen Richtern überstimmt werden.

(5) Streitigkeiten über Tarifverträge werden nur vor dem Bundesarbeitsgericht verhandelt.

Erklären Sie das duale System der Berufsausbildung.

Das gesamte Ausbildungssystem (nicht nur die kaufmännische, sondern auch die gewerbliche Ausbildung) in der Bundesrepublik Deutschland basiert darauf, dass für das Erlernen eines Ausbildungsberufes zwei Lernorte zuständig sind:

Lernort	**Betrieb**	**Schule**
	Ausbildungsbetriebe der Industrie, des Handwerks sowie Betriebe aus dem Bereich Handel und Dienstleistungen *Beispiel: „GH-Großhandelsmarkt GmbH", Herford*	alle berufsbildenden Schulen, die entsprechend ihrer Größe eine unterschiedliche Zahl von Berufen ausbilden *Beispiel: Berufskolleg Herford*
Aufgabe	Vermittlung von fachpraktischen Kenntnissen und Fertigkeiten entsprechend der Ausbildungsordnung und dem Ausbildungsberufsbild in den verschiedenen Abteilungen des Betriebes *Beispiel: Warenpflege im Lager*	Vermittlung von fachtheoretischen, berufsbezogenen (Fächer: Handelsbetriebslehre, Rechnungswesen) und berufsübergreifenden Lerninhalten (Fächer: Deutsch, Gesellschaftslehre mit Geschichte, Religion, Sport) *Beispiel: Lagerkennziffern*

Beschreiben Sie die Inhalte des Berufsbildungsgesetzes.

Aufgabe	Das Berufsbildungsgesetz ist die rechtliche Grundlage für alle anerkannten Ausbildungsberufe. Es enthält allgemeine Vorschriften, die für alle Ausbildungsberufe einheitlich gelten.
wesentliche Inhalte	Allgemeine Regelungen über ▷ Berufsausbildungsvertrag ▷ Beginn und Beendigung des Berufsausbildungsverhältnisses ▷ Pflichten des Ausbildenden ▷ Berechtigung zum Einstellen und Ausbilden ▷ Pflichten des Auszubildenden ▷ Änderung der Ausbildungszeit ▷ Vergütung

Wie kommt ein Berufsausbildungsvertrag zustande?

▷ Formvorschrift: keine, jedoch müssen wesentliche Inhalte schriftlich festgehalten werden (§ 4 BBiG)
▷ Vertragspartner: Ausbildender und Auszubildender (bei Minderjährigen: gesetzlicher Vertreter)
▷ Eintragung: in das Verzeichnis der Ausbildungsverhältnisse bei der zuständigen Kammer (z. B. IHK)

Nennen Sie die Mindestinhalte eines Berufsausbildungsvertrages nach § 4 BBiG.

▷ Art, Gliederung und Ziel der Ausbildung (Ausbildungsberuf, Ausbildungsplan)
▷ Beginn und Dauer der Ausbildung (i. d. R. Beginn am 01.08., Dauer 3 Jahre)
▷ Ausbildungsmaßnahmen außerhalb der Ausbildungsstätte (z. B. Seminar über Verkaufstraining)
▷ Dauer der tägl. Arbeitszeit
▷ Probezeit (zwischen ein und drei Monaten)
▷ Zahlung und Höhe der Vergütung (gestaffelt nach jährlicher Steigerung)
▷ Dauer des Urlaubs
▷ Kündigungsmöglichkeiten

Stellen Sie die Rechte und Pflichten des Berufsausbildungsvertrages gegenüber.

Pflichten des Auszubildenden (= Rechte des Ausbildenden)	**Pflichten des Ausbildenden** (= Rechte des Auszubildenden)

▷ Lern-/Dienstleistungspflicht
  – Weisungen befolgen
  – sorgfältige Ausführung der Weisungen
  – Berufsschulpflicht
  Berichtsheft führen
▷ Einhaltung der betrieblichen Ordnung
  – Einrichtungen pfleglich behandeln
  – „Kleiderordnung" einhalten
▷ Wahrung von Geschäftsgeheimnissen
  (z. B. Bezugsquellen, Preiskalkulationen)
	▷ korrekte Durchführung der Ausbildung
	  – keine „ausbildungsfremden" Tätigkeiten
	  – geeignete Ausbilder
	  – kostenlose Ausbildungsmittel
	  – Besuch der Berufsschule ermöglichen
	▷ Sorgepflicht
	  – Arbeitsschutz
	  – Zahlung der Vergütung
	  – Gewähren von Urlaub
	▷ Zeugniserteilung nach Beendigung der Ausbildung

Wie wird ein Ausbildungsverhältnis beendet?

mit bestandener Abschlussprüfung	▷ entscheidend ist der Tag der Abschlussprüfung, nicht das Datum lt. Ausbildungsvertrag (bei Nichtbestehen: Verlängerung bis zur nächsten Prüfung, höchstens um ein Jahr)

durch Kündigung (Formvorschrift: schriftlich)	▷ während der Probezeit: von beiden Seiten ohne Angabe von Gründen möglich
	▷ nach der Probezeit:
	  – vom Auszubildenden: mit Kündigungsfrist von 4 Wochen, wenn ein anderer Beruf angestrebt wird oder die Ausbildung aufgegeben wird
	  – von beiden Seiten: ohne Einhalten einer Frist bei einem „wichtigen Grund", z. B. einer Tätlichkeit

1 Kennzeichnen Sie unten stehende Inhalte des Berufsausbildungsvertrages mit einer

(1), wenn sie gesetzlich vorgeschrieben sind,
(9), wenn sie nicht gesetzlich vorgeschrieben sind.

a. Beruf, in dem der Auszubildende ausgebildet wird

b. Beginn und Dauer der Ausbildung

c. Regelmäßige wöchentliche Arbeitszeit

d. Dauer der Probezeit

e. Anspruch auf Urlaubsgeld

f. Voraussetzung für eine eventuelle Kündigung

2 Entscheiden Sie, ob in den folgenden Fällen

(1) hauptsächlich der Lernort Betrieb zuständig ist,
(2) hauptsächlich der Lernort Schule zuständig ist,
(3) beide Lernorte zuständig sind,
(9) keiner der beiden Lernorte zuständig ist.

a. Die Ausbildung erfolgt nach dem schriftlich vorliegenden Ausbildungsplan.

b. Die Ausbildung soll u. a. auch so gestaltet sein, dass der Auszubildende optimal auf die Abschlussprüfung der Industrie- und Handelskammer vorbereitet wird.

c. Grundlage für die Ausbildungsinhalte sind die geltenden Lehrpläne des entsprechenden Bundeslandes.

d. Vermittlung theoretischen Wissens und Könnens

e. Die Kriterien der Berufsschulpflicht sollen geändert werden.

f. Eine Eintragung des Ausbildungsvertrages in das Verzeichnis der Berufsausbildungsverhältnisse bei der Industrie- und Handelskammer ist zu beantragen.

3 Welche der unten stehenden Aussagen sind nicht im Berufsbildungsgesetz enthalten?

(1) Der Ausbildende hat den Auszubildenden für die Teilnahme am Berufsschulunterricht und an Prüfungen freizustellen.

(2) Ein Auszubildender darf nicht im Betrieb seiner Eltern seine Ausbildung absolvieren.

(3) Der Ausbildende hat dem Auszubildenden bei Beendigung des Berufsausbildungsverhältnisses ein Zeugnis auszustellen.

(4) Der Ausbildende hat dem Auszubildenden kostenlos die Ausbildungsmittel zur Verfügung zu stellen.

(5) Das Berufsbildungsgesetz verbietet Berufsausbildungsverträge mit Auszubildenden, die das 50. Lebensjahr vollendet haben.

4 Kennzeichnen Sie unten stehende Fälle mit einer

(1), wenn es sich um eine wirksame Kündigung handelt,
(9), wenn es sich um eine unwirksame Kündigung handelt.

a. Jost Abele stellt nach einem halben Jahr fest, dass er aus gesundheitlichen Gründen die Ausbildung zum Bäcker nicht fortsetzen kann. Er kündigt mit einer Kündigungsfrist von 4 Wochen schriftlich mit Angabe des Grundes.

b. Lisa Stickling hat während der ersten zwei Monate in der Ausbildung zur Kauffrau im Einzelhandel nur ausbildungsfremde Tätigkeiten zugewiesen bekommen. Sie kündigt in der Probezeit schriftlich ohne Angabe von Gründen.

c. Bei einer Unterredung zwischen Eugen Zimmerer, Auszubildender im Fleischerhandwerk, und seinem Meister über die bisherigen Leistungen nach einem Jahr Ausbildung beleidigt ihn der Meister mit den Worten: „Du fauler Sack!" Daraufhin gibt Eugen dem Meister eine saftige Ohrfeige und bekommt von ihm zu hören: „Pack deine Sachen, du bist gekündigt!"

5 Bei welcher der unten genannten Pflichten handelt es sich weder um eine Pflicht des Auszubildenden noch um eine Pflicht des Ausbildenden aus einem Berufsausbildungsvertrag?

(1) Lernpflicht

(2) Wahrung von Betriebs- und Geschäftsgeheimnissen

(3) Pflicht zur Ausstellung eines Zeugnisses bei Beendigung der Ausbildung

(4) Zahlung der Ausbildungsvergütung

(5) Pflicht zum Abschluss einer Ausbildungsversicherung

6 Innerhalb welcher Frist kann ein Auszubildender bzw. ein Ausbildender den Berufsausbildungsvertrag ohne Angaben von Gründen kündigen?

(1) überhaupt nicht

(2) innerhalb der Probezeit

(3) innerhalb von 4 Monaten nach Beginn der Ausbildung

(4) innerhalb von 5 Monaten nach Beginn der Ausbildung

(5) innerhalb von 6 Monaten nach Beginn der Ausbildung

7 Welche der unten stehenden Satzergänzungen trifft nicht zu?

Der Ausbildende hat im Rahmen der Berufsausbildung dafür zu sorgen, dass ...

(1) ... die Sicherheitsvorschriften zur Vermeidung von Unfällen eingehalten werden.

(2) ... die Geschäftsgeheimnisse gewahrt werden.

(3) ... dem Auszubildenden Fertigkeiten und Kenntnisse vermittelt werden, die zum Erreichen des Ausbildungszieles erforderlich sind.

(4) ... ein geeigneter Ausbilder gestellt wird.

(5) ... dem Auszubildenden kostenlos Ausbildungsmittel zur Verfügung gestellt werden.

Wie kommt ein Arbeitsvertrag zustande? Welche Inhalte sollten geregelt sein?

Der Arbeitsvertrag ist nach § 611 BGB ein **Dienstvertrag**, durch den sich ein **Arbeitnehmer** gegenüber seinem **Arbeitgeber** zur entgeltlichen Arbeitsleistung verpflichtet. Durch das „Gesetz über den Nachweis der für ein Arbeitsverhältnis geltenden wesentlichen Bedingungen" ist die **Schriftform** zwingend **vorgeschrieben**. Der Arbeitgeber hat **wesentliche Vertragsbedingungen** spätestens einen Monat nach Beginn des Arbeitsverhältnisses schriftlich niederzulegen. Außerdem müssen befristete Arbeitsverhältnisse schriftlich vereinbart werden. Das Nachweisgesetz gilt nicht für Aushilfen, die höchstens einen Monat beschäftigt sind.

Wesentliche Inhalte sind:
- Name und Anschrift der Vertragsparteien
- Beginn und evtl. Dauer des Arbeitsverhältnisses
- Arbeitsort
- Bezeichnung der Tätigkeit
- Höhe des Arbeitsentgeltes

- Arbeitszeit
- Dauer des Urlaubs
- Kündigungsfristen
- Hinweise auf Tarifverträge bzw. Betriebsvereinbarungen

Welche Regeln schränken die Vertragsfreiheit beim Arbeitsvertrag ein?

Der Arbeitsvertrag ist eine besondere Form des Dienstvertrages. In ihm werden unter Berücksichtigung des **Günstigkeitsprinzips** die für das individuelle Arbeitsverhältnis wichtigsten Einzelheiten festgehalten.
Der Arbeitsvertrag darf den Arbeitnehmer jedoch nicht schlechter stellen als
▷ im Betrieb geltende Betriebsvereinbarungen,
▷ in der Branche geltende Tarifverträge (sofern der Arbeitgeber dem zuständigen Arbeitgeberverband angehört),
▷ in der Bundesrepublik Deutschland geltende Gesetze.

Nennen Sie die Rechte und Pflichten aus dem Arbeitsvertrag.

Pflichten des Arbeitnehmers	Pflichten des Arbeitgebers

▷ **Dienstleistungspflicht:** Erfüllung der Leistungen aus dem Arbeitsvertrag
▷ **Treuepflicht:** Wahrung von Geschäftsgeheimnissen, Unterstützung der Unternehmensziele
▷ **Handels- und Wettbewerbsverbot**
  – gesetzlich: Während des Arbeitsverhältnisses darf kein eigenes Handelsgewerbe im Geschäftszweig (Wettbewerbsverbot) und außerhalb des Geschäftszweiges des Arbeitgebers (Handelsverbot) ausgeübt werden.
  – vertraglich (**Konkurrenzklausel**): Nach Beendigung des Arbeitsverhältnisses ist das Verbot aufgehoben; soll es nach Beendigung weiter gelten, muss es vor Beendigung des Arbeitsverhältnisses vertraglich vereinbart worden sein. Voraussetzungen: Schriftform, für höchstens 2 Jahre, gegen Entgelt
	▷ **Fürsorgepflicht**
	  – Sorge für die Erhaltung der Gesundheit der Arbeitnehmer
	  – Arbeitnehmer zur Sozialversicherung anmelden
	▷ **Entgeltzahlung**
	  – spätestens am Ende eines jeden Monats
	  – Entgeltfortzahlung im Krankheitsfalle (6 Wochen)
	▷ **Gewährung von Urlaub**
	  – Mindesturlaub lt. BUrlG: 24 Werktage
	  – tarifvertraglich zumeist mehr
	▷ **Pflicht zur Ausstellung eines Zeugnisses**
	  – einfaches Zeugnis: nur über Art und Dauer der Beschäftigung
	  – qualifiziertes Zeugnis: zusätzlich über Führung und Leistung

Bei Verstößen gegen diese Pflichten: – Abmahnungen durch Arbeitnehmer: sollten schriftlich erfolgen – Abmahnungen durch Arbeitgeber: schriftlich (Personalakte)	– bei mehreren Abmahnungen oder groben Verstößen: Kündigungsgrund

Wie ist ein qualifiziertes Zeugnis aufgebaut?

Allgemeine Angaben	Führung	Leistung	Schlussbemerkung

▷ Persönliche Daten
▷ Dauer des Arbeitsverhältnisses
▷ Beschreibung der Stelle
▷ Aufgaben
	▷ Sozialverhalten gegenüber
	  – Mitarbeitern
	  – Vorgesetzten
	  – Geschäftspartnern
		▷ Arbeitsmenge
		▷ Arbeitsqualität
		▷ Arbeitsstil
		▷ Fachwissen
		▷ Arbeitsbefähigung
			▷ Bedauern über Weggang
			▷ Wünsche für die Zukunft

Das Zeugnis muss wahr sein und lt. Bundesarbeitsgericht „von verständigem Wohlwollen" getragen sein. Deshalb gelten bestimmte Formulierungen, die umgangssprachlich positiv erscheinen, als verschlüsselte Hinweise für negative Beurteilungen (siehe Beispiele).

Positive Beurteilungen:	Negative Beurteilungen:
„Ihr Verhalten gegenüber den Mitarbeitern war in jeder Hinsicht einwandfrei." „Herr X erzielte stets herausragende Ergebnisse."	„Ihr Verhalten gegenüber den Mitarbeitern war im Wesentlichen einwandfrei." „Herr X war um eine zuverlässige und genaue Arbeitsweise bemüht."

1 Kennzeichnen Sie unten stehende Aussagen mit

(1), wenn diese richtig sind,
(9), wenn diese falsch sind.

a. Die Krankenkasse übernimmt bei Krankheit eines Arbeitnehmers die Fortzahlung des Entgelts ab dem 1. Tag der
Arbeitsunfähigkeit.

b. Ein qualifiziertes Zeugnis enthält außer den Angaben
über Art und Dauer der Beschäftigung Angaben über
Führung und Leistung.

c. Ein qualifiziertes Zeugnis muss von verständigem Wohlwollen des Arbeitgebers getragen sein und das weitere
Fortkommen des Arbeitnehmers nicht unnötig erschwe-
ren.

d. Der Arbeitnehmer kann nicht die Ausstellung eines neuen
Zeugnisses verlangen, wenn es falsche Tatsachen oder
unrichtige Beurteilungen enthält.

e. Das Entgelt für einen Angestellten muss spätestens am
10. des laufenden Monats überwiesen sein.

2 Das Wettbewerbsverbot besagt, dass ein Arbeitnehmer nicht in Wettbewerb zu seinem Arbeitgeber
treten darf. Überprüfen Sie, welche der Aussagen
über das Wettbewerbsverbot falsch ist.

Tragen Sie eine (9) ein, wenn alle Aussagen richtig
sind.

(1) Das Wettbewerbsverbot gilt für die Dauer des Arbeitsverhältnisses, ohne dass der Arbeitgeber ausdrücklich darauf
hinweist.

(2) Das Wettbewerbsverbot kann auch nach Beendigung des
Arbeitsverhältnisses vertraglich vereinbart werden.

(3) Das Wettbewerbsverbot kann bis zu maximal 2 Jahren nach
Beendigung des Arbeitsverhältnisses ausgedehnt werden.

(4) Das Wettbewerbsverbot nach Beendigung des Arbeitsverhältnisses muss schriftlich festgelegt sein.

(5) Für die Dauer des Wettbewerbsverbots muss dem Arbeitnehmer ein Entgelt gezahlt werden.

3 Welche der unten stehenden Aussagen über
den Arbeitsvertrag sind richtig?

(1) Die einseitige Änderung eines Vertragsinhalts durch
den Arbeitgeber oder Arbeitnehmer ist nicht möglich.

(2) Einzelvertragliche Regelungen dürfen im Vergleich zu
bestehenden Betriebsvereinbarungen zum Vorteil des
Arbeitnehmers getroffen werden.

(3) Tarifvertragliche Regelungen dürfen im Arbeitsvertrag
in keinem Fall abgeändert werden.

(4) Derzeit geltende gesetzliche Regelungen zur Arbeitszeit
haben nur empfehlenden Charakter.

(5) Verstöße gegen die Pflichten aus dem Arbeitsvertrag
werden ausschließlich von der Berufsgenossenschaft
geahndet.

4 Kennzeichnen Sie unten stehende Formulierungen aus
Arbeitszeugnissen mit einer

(1), wenn es sich eher um eine positive Beurteilung
handelt,
(2), wenn es sich eher um eine negative Beurteilung
handelt.

a. „Sie hat sich bemüht, die ihr übertragenen Arbeiten zu
unserer Zufriedenheit zu erledigen.“

b. „Herr ... wird als Vorgesetzter von den Mitarbeitern
geschätzt. Er versteht es hervorragend, diese entsprechend ihren Fähigkeiten einzusetzen und zu guten
Leistungen zu führen.“

c. „Die Arbeitsweise von Herrn ... war im Allgemeinen zu-
frieden stellend.“

d. „Herr ... erledigte die wesentlichen Aufgaben in der Regel zuverlässig.“

e. „Die Arbeitsergebnisse von Frau ... waren stets über-
durchschnittlich.“

5 In welchem Fall verstößt der Arbeitgeber nicht
gegen die Fürsorgepflicht gegenüber dem Arbeitnehmer?

(1) Der Arbeitgeber erklärt dem Arbeitnehmer, dass er
nicht die Kosten für die Schutzkleidung übernimmt.

(2) Von einem nicht rauchenden Arbeitnehmer wird verlangt,
dass er rauchende Kollegen am Arbeitsplatz toleriert.

(3) Der Arbeitgeber unternimmt nichts gegen ständiges
Mobbing.

(4) Der Arbeitgeber verweigert nach 6 Wochen die Entgelt-
fortzahlung für einen erkrankten Mitarbeiter.

(5) Die Unfallschutzvorschriften werden nicht öffentlich
ausgehängt.

6 Welche Aussagen über den Abschluss eines
Arbeitsvertrages sind richtig?

(1) Der Abschluss eines Arbeitsvertrages ist grundsätzlich
formlos.

(2) Ein Arbeitsvertrag muss nur dann schriftlich abgeschlossen
werden, wenn das Arbeitsverhältnis über mehr als ein Jahr
dauern soll.

(3) Ein Arbeitsvertrag muss nur dann schriftlich abgeschlossen
werden, wenn das Arbeitsverhältnis über mehr als einen
Monat dauern soll.

(4) Der Arbeitsvertrag ist im Bürgerlichen Gesetzbuch (BGB)
geregelt.

(5) Nur wenn man einen schriftlichen Arbeitsvertrag abgeschlossen hat, beginnt ein Arbeitsverhältnis.

7 Bei welchen der genannten Pflichten handelt es sich
nicht um Pflichten des Arbeitnehmers aus
dem Arbeitsvertrag?

(1) Wahrung von Geschäftsgeheimnissen

(2) Fürsorgepflicht

(3) Unterlassung des Betreibens gefährlicher Sportarten, z. B.
Drachenfliegen

(4) Wettbewerbsverbot

(5) Dienstleistungspflicht

Was versteht man unter den Begriffen Tarifrecht und Tarifautonomie?

Tarifrecht	Art. 9 (3) des Grundgesetzes garantiert Arbeitgebern und Arbeitnehmern, sich in Interessenverbänden zusammen-zuschließen **(Koalitionsfreiheit).** Das Tarifrecht als Teil des kollektiven Arbeitsrechts regelt die Auseinanderset-zungen zwischen den Arbeitnehmerverbänden (Gewerkschaften) und den Arbeitgeberverbänden. Die zwischen diesen Tarifpartnern ausgehandelten Rahmenbedingungen **(Tarifverträge)** gelten jeweils für eine Vielzahl von ein-zelnen Arbeitsverhältnissen.
Tarif-autonomie	Die Tarifpartner sind in ihren Entscheidungen hinsichtlich des Abschlusses von Tarifbedingungen völlig unabhän-gig (autonom).
	Eine Einflussnahme auf die Ergebnisse der Verhandlungen ist dem Staat durch die Tarifautonomie untersagt.

Nennen Sie die Tarifparteien und deren Hauptaufgabe.

Gewerkschaften	Arbeitgeberverbände
Die Gewerkschaften sind freiwillige Zusammenschlüsse von Arbeitnehmern zum Zwecke der Wahrung und Förderung ihrer Arbeitsbedingungen. Der Deutsche Gewerkschaftsbund (DGB) ist die Dachorganisa-tion für 8 Einzelgewerkschaften: IG Bauern-Agrar-Umwelt, IG Bergbau, Chemie, Energie, Gewerk-schaft Erziehung und Wissenschaft, IG Metall, Gewerkschaft Nah-rung-Genuss-Gaststätten, Gewerkschaft der Polizei, Transnet Ge-werkschaft GdED, Vereinte Dienstleistungsgewerkschaft e. V. (ver.di)	Die Arbeitgeberverbände sind freiwillige Zusammenschlüsse von Arbeitgebern gleicher Wirtschaftszweige einer bestimmten Regi-on (z. B. Bauindustrie, Steinkohlebergbau), deren Zweck die Wahrung und Förderung der Interessen ihrer Mitglieder ist. Dach-verband ist der Bundesverband deutscher Arbeitgeberverbände BDA. Diesem Dachverband gehören die Landesverbände (z. B. Landesvereinigung der Arbeitgeber- und Wirtschaftsverbände Sachsen-Anhalt) und Fachspitzenverbände (z. B. Gesamtverband der metallindustriellen Arbeitgeberverbände e. V.) an.

Beschreiben Sie die Aufgaben der Gewerkschaften.

Abschluss von Tarifverträgen	Hauptaufgabe der Gewerkschaften ist die Führung von Tarifverhandlungen und der Abschluss von Tarifverträgen. Dabei geht es nicht nur darum, hohe Lohnabschlüsse zu tätigen, sondern auch die übrigen Arbeitsbedingungen (z. B. Arbeitszeiten und Arbeitsbedingungen) im Sinne der Arbeitnehmer zu verbessern.
Einflussnahme auf der betriebli-chen Ebene	Die gewerkschaftlichen Vertrauensleute sind in Abstimmung mit dem Betriebsrat zuständig für die Wahrnehmung der Interessen ihrer Gewerkschaftsmitglieder in den Betrieben. Diese Einflussnahme ist in vielen Bestimmungen des Betriebsverfassungsgesetzes bzw. der Mitbestimmungsgesetze verankert.
Sozialpolitik	Die Gewerkschaften geben Stellungnahmen zu Problemen der Sozialpolitik und im Vorfeld von gesetzgeberischen Maßnahmen ab, die die Arbeitnehmer direkt betreffen (z. B. Einführung der Pflegeversicherung).

Was ist ein Tarifvertrag? Nennen Sie Arten von Tarifverträgen und deren Inhalte.

Begriff		Der Tarifvertrag regelt die Rechte und Pflichten der Tarifvertragsparteien und enthält Rechtsnormen, die den Inhalt, den Abschluss und die Beendigung von Arbeitsverhältnissen sowie betriebliche und betriebsverfassungsrechtliche Fragen ordnen können. Rechtliche Grundlage für Tarifverträge ist das Tarifvertragsgesetz TVG.
Formvorschrift		Tarifverträge bedürfen der Schriftform und werden im Tarifregister eingetragen, das beim Bundesminister für Arbeit und Sozialordnung geführt wird.
Arten von Tarif-verträgen	Unterscheidung nach Vertrags-partnern	▷ **Verbandstarifverträge:** Vertragspartner: Arbeitgeberverbände (Zusammenschluss mehrerer Arbeitgeber einer Branche in einer Region) und Gewerkschaften ▷ **Haus-, Firmen- oder Werktarifverträge:** Vertragspartner: ein einzelner Arbeitgeber und die für den Betrieb zuständige Gewerkschaft
	Unterscheidung nach dem Inhalt	▷ **Lohn-/Gehaltstarifverträge** – regeln vorwiegend die geldlichen Arbeitsbedingungen, z. B. Arbeitsentgelt pro Stunde bzw. pro Monat (gestaffelt nach Entgeltgruppen); Ausbildungsvergütungen für Auszubil-dende, gestaffelt nach Ausbildungsjahren; – haben kurze Laufzeiten. ▷ **Rahmentarifverträge** – regeln die Entgeltgruppen unter Berücksichtigung von Ausbildung, Alter, Schwierigkeits-grad der auszuführenden Arbeit; – haben i. d. R. eine Laufzeit von mehreren Jahren. ▷ **Manteltarifverträge** – regeln allgemeine Arbeitsbedingungen, z. B. Anzahl der wöchentlichen Arbeitsstunden, Anzahl der Urlaubstage pro Kalenderjahr, Regelungen zum 13. Monatsgehalt, Weih-nachtsgeld bzw. Urlaubsgeld, Höhe des Arbeitgeberanteils zu den vermögenswirksamen Leistungen, Zuschläge für Mehr-, Nacht-, Sonntags-, Feiertags-, Akkordarbeit, Rationali-sierungsschutz; – haben i. d. R. eine Laufzeit von mehreren Jahren.

1 Welche Verhandlungspartner können Tarifverträge abschließen? _____

(1) einzelner Arbeitgeber und Betriebsrat

(2) einzelner Arbeitgeber und Gewerkschaft

(3) Arbeitgeberverband und Betriebsrat

(4) Arbeitgeberverband und Gewerkschaft

(5) Bundeswirtschaftsminister und Gewerkschaft

2 Vor welchem Gericht müssen Streitigkeiten zwischen den Sozialpartnern auf Grund eines Tarifvertrages ausgetragen werden? _____

(1) Sozialgericht

(2) Verwaltungsgericht

(3) Arbeitsgericht

(4) Landgericht

(5) Verfassungsgericht

3 Prüfen Sie folgende Satzergänzungen und tragen Sie die Ziffer vor der zutreffenden Aussage in das Kästchen ein. _____

Der Begriff „Tarifautonomie" bedeutet, dass ...

(1) ... der ausgehandelte Tarifvertrag ausschließlich für ein bestimmtes Tarifgebiet gilt.

(2) ... die Tarifpartner ohne Eingriffe von außen die Verhandlungen führen und eine Einigung erzielen.

(3) ... der Staat in die Tarifverhandlungen eingreifen darf, wenn die Tarifpartner zu keiner Einigung kommen.

(4) ... bei Differenzen zwischen den Tarifpartnern ein Vertreter des Bundeswirtschaftsministeriums als „neutraler Schlichter" versucht, eine Kompromisslösung zu finden.

(5) ... der ausgehandelte Tarifvertrag ausschließlich für eine bestimmte Branche gilt.

4 Kennzeichnen Sie die unten stehenden arbeitsrechtlichen Bedingungen mit einer

(1), wenn sie Inhalt eines Lohn- bzw. Gehaltstarifvertrages sind,
(2), wenn sie Inhalt eines Rahmentarifvertrages sind,
(3), wenn sie Inhalt eines Manteltarifvertrages sind,
(9), wenn sie weder in einem Lohn- bzw. Gehaltstarifvertrag noch in einem Rahmen- bzw. Manteltarifvertrag aufgeführt sind.

a. Höhe des Ecklohns _____

b. Urlaubsanspruch _____

c. Tantiemen der Aufsichtsratsmitglieder _____

d. Höhe der Ausbildungsvergütung im 3. Ausbildungsjahr _____

e. Kündigungsfristen _____

f. Betriebliche Altersversorgung _____

g. Gehaltsgruppen _____

h. Voraussetzungen für einen Streik _____

5 Welche Aussage zum Tarifvertrag ist falsch? _____

(1) Der Tarifvertrag ist ein schriftlicher Vertrag zwischen einem Arbeitgeberverband bzw. einem einzelnen Arbeitgeber und den Gewerkschaften.

(2) Der Tarifvertrag enthält einheitliche Mindestarbeitsbedingungen für die Beschäftigten einer Branche in einer Region.

(3) Diese Mindestarbeitsbedingungen gelten zunächst nur für die Tarifpartner und ihre Mitglieder.

(4) Erst wenn der Tarifvertrag als „allgemein verbindlich" anerkannt worden ist, gelten die Bedingungen für alle Arbeitgeber und Arbeitnehmer in der Branche der entsprechenden Region.

(5) Da die Laufzeit eines Tarifvertrages immer ein Jahr beträgt, finden jährlich neue Tarifverhandlungen statt.

6 Welche der folgenden Erläuterungen bzw. Begriffspaare ergeben keine sinnvolle Zuordnung? _____

(1) Koalitionsfreiheit – Zusammenschluss von Mitgliedern zu Interessenverbänden

(2) Arbeitnehmerverbände – Gewerkschaften

(3) Tarifverträge – arbeitsrechtliche Rahmenbedingungen

(4) kollektives Arbeitsrecht – Regelungen gelten für eine Vielzahl von Arbeitnehmern

(5) Arbeitgeberverbände – Haustarifvertrag

7 Prüfen Sie unten stehende Satzergänzungen.

Tragen Sie in das Kästchen eine

(1) ein, wenn die Aussage zutrifft,
(9) ein, wenn die Aussage falsch ist.

Zu den Aufgaben der Gewerkschaften gehört u. a. die (der) ...

a. ... Interessenvertretung in sozialpolitischen Fragen. _____

b. ... Entscheidung über die Allgemeinverbindlichkeit von Tarifverträgen. _____

c. ... Durchführung der Wahl der Betriebsratsmitglieder in einem Betrieb. _____

d. ... Abschluss von Tarifverträgen. _____

e. ... Wahrnehmung der Interessen der Gewerkschaftsmitglieder eines Betriebes. _____

8 Ergänzen Sie folgenden Satzanfang, indem Sie die Ziffer vor der zutreffenden Satzergänzung in das Kästchen eintragen. _____

Kein Inhalt eines Manteltarifvertrages ist eine Regelung über ...

(1) ... das Weihnachtsgeld.

(2) ... die Höhe des Arbeitgeberanteils an den vermögenswirksamen Leistungen.

(3) ... die Zuschläge für Nachtarbeit.

(4) ... die Anzahl der Urlaubstage pro Kalenderjahr.

(5) ... das Arbeitsentgelt pro Stunde.

Was versteht man unter der „Allgemeinverbindlichkeit" von Tarifverträgen?

▷ Tarifverträge gelten zunächst nur für Mitglieder der für den Betrieb zuständigen Gewerkschaft und für einen Arbeitgeber, der einem Arbeitgeberverband angehört (Tarifgebundenheit). Ein Mitarbeiter eines Betriebes, der nicht einer Gewerkschaft angehört, kann demnach die Regelungen eines Tarifvertrages nicht beanspruchen.

▷ Durch die Allgemeinverbindlichkeitserklärung (§ 5 TVG) kann ein Tarifvertrag auch auf Arbeitsverhältnisse angewendet wer-

den, bei denen der Arbeitgeber nicht tarifgebunden ist bzw. der Arbeitnehmer keiner Gewerkschaft angehört.

▷ Auf Antrag einer Tarifvertragspartei (Arbeitgeberverband bzw. Gewerkschaft) kann der Bundesminister für Arbeit und Sozialordnung im Einvernehmen mit einem Tarifausschuss (je 3 Vertreter der Spitzenorganisationen der Arbeitgeber und der Arbeitnehmer) diese Allgemeinverbindlichkeitserklärung abgeben.

Beschreiben Sie den Ablauf von Tarifverhandlungen.

Die Tarifverträge kommen in Verhandlungen zwischen den Tarifparteien zustande. Können sich die Vertragspartner nicht einigen, wird entweder ein Schlichter eingeschaltet oder es kommt zu **Arbeitskampfmaßnahmen**.

Schlichtung	Die Schlichtung ist ein Verfahren zur Verhinderung bzw. Beilegung von Streitigkeiten zwischen den Tarifvertragsparteien. Ein Schlichter ist eine neutrale Person, die bei beiden Parteien ein hohes Ansehen genießen sollte. Der Schlichter versucht zwischen den Parteien zu vermitteln und bietet einen Schiedsspruch an. Dieser kann, muss aber nicht akzeptiert werden. **Schlichtung geht vor Streik.**	
Streik	Ein Streik ist eine planmäßig durchgeführte, vorübergehende Arbeitsniederlegung einer größeren Zahl von Arbeitnehmern zur Erlangung der in den Tarifverhandlungen vertretenen Ziele. Die Arbeitsverhältnisse ruhen und die Arbeitnehmer erhalten keinen Lohn, lediglich eine Unterstützung aus der Gewerkschaftskasse.	
Aussperrung	Die Aussperrung ist eine Arbeitskampfmaßnahme der Arbeitgeber, mit der die Arbeitsverhältnisse einer größeren Zahl von Arbeitnehmern aufgehoben werden. Die Arbeits- und Lohnzahlungspflicht entfällt für diese Zeit.	

Erläutern Sie die Begriffe tarifliche Friedenspflicht und Urabstimmung.

tarifliche Friedenspflicht	Während der Laufzeit eines Tarifvertrages dürfen die Tarifvertragsparteien keine Arbeitskampfmaßnahmen (Streik bzw. Aussperrung) zur Durchsetzung neuer Forderungen durchführen. Andernfalls sind sie zu Schadenersatz verpflichtet.
Urabstimmung	Nachdem ein Schlichtungsversuch eines neutralen Schlichters gescheitert ist, kommt es zu einer 1. Urabstimmung der Gewerkschaftsmitglieder über den Einsatz von Arbeitskampfmaßnahmen. Dabei müssen mindestens 75 % der abstimmungsberechtigten Gewerkschaftsmitglieder einem Streik zustimmen. Kommt es danach zu Gegenmaßnahmen der Arbeitgeber und zu neuen Verhandlungen, wird über den erneuten Vorschlag in einer 2. Urabstimmung abgestimmt, in der nur 25 % Zustimmung erforderlich ist.

Nennen Sie Arten von Streiks.

Gewerkschaftlicher Streik	Streiks sind generell nur erlaubt, wenn sie von der zuständigen Gewerkschaft durchgeführt werden.
Wilder Streik	▷ Wilde Streiks sind spontane Arbeitsniederlegungen, die von der zuständigen Gewerkschaft auch im Nachhinein nicht gebilligt werden. ▷ Wilde Streiks sind rechtswidrig.
Vollstreik	▷ Alle Arbeitnehmer eines Tarifgebietes bzw. eines Betriebes legen die Arbeit nieder. ▷ Vollstreiks sind rechtlich zulässig.
Schwerpunkt- oder Teilstreik	▷ Bestimmte Schlüsselbetriebe einer Branche werden bestreikt. ▷ Ziel: mit geringerem Aufwand der Gewerkschaften soll die Leistungsfähigkeit der gesamten Branche geschwächt werden. ▷ Schwerpunktstreiks sind rechtlich zulässig.
Warnstreik	▷ Warnstreiks sind zeitlich befristete Arbeitsniederlegungen während der Tarifverhandlungen. ▷ Sie sind rechtlich nicht zulässig.
Sympathie- oder Solidaritätsstreik	▷ Andere Gewerkschaften, die nicht als Tarifpartner bei den Tarifverhandlungen anzusehen sind, unterstützen den Streik der tarifführenden Gewerkschaft. ▷ Sie sind rechtlich zulässig.

1 Welche Form des Streiks ist grundsätzlich nicht zulässig? _____

(1) Sympathiestreik

(2) Warnstreik

(3) Schwerpunktstreik

(4) Teilstreik

(5) Vollstreik

2 Welche der folgenden Erläuterungen passt zu dem Begriff „Aussperrung"? _____

(1) Gewerkschaftlich organisierte Arbeitnehmer schließen die nicht organisierten vom Streik aus.

(2) Die Aussperrung ist eine Arbeitskampfmaßnahme der Arbeitgeber. Die Arbeitnehmer werden nicht zur Arbeit zugelassen und erhalten daher auch kein Arbeitsentgelt.

(3) Die Streikposten der Gewerkschaft verbieten den arbeitswilligen Arbeitnehmern den Zutritt zum Betriebsgelände.

(4) Der Arbeitgeber kündigt während eines Streiks den gewerkschaftlich organisierten Arbeitnehmern.

(5) Der Arbeitgeber kündigt während eines Streiks den nicht gewerkschaftlich organisierten Arbeitnehmern.

3 Welche der folgenden Reihenfolgen im Ablauf von Tarifauseinandersetzungen ist gesetzlich nicht möglich? _____

(1) Kündigung des alten Tarifvertrages – Tarifverhandlungen – neuer Tarifvertrag

(2) Tarifverhandlungen – Schlichtungsverfahren – Urabstimmung über Streik

(3) 51 % der Gewerkschaftsmitglieder stimmen bei der 1. Urabstimmung einem Streik zu – Streik – Aussperrung

(4) Streik – Aussperrung – erneute Verhandlungen

(5) erneute Verhandlungen nach Arbeitskampfmaßnahmen – erneute Urabstimmung über Ergebnisse der Verhandlungen – 25 % der Gewerkschaftsmitglieder stimmen dem neuen Vorschlag zu – Streik-Ende – neuer Tarifvertrag

4 Welche der unten genannten Personengruppen gibt den vollständigen Personenkreis wieder, der bei einer Urabstimmung über einen Streik stimmberechtigt ist? _____

(1) alle gewerkschaftlich organisierten Arbeiter

(2) alle gewerkschaftlich organisierten Arbeitnehmer (Arbeiter und Angestellte)

(3) alle Arbeiter ohne Rücksicht auf eine Mitgliedschaft in der Gewerkschaft

(4) alle Angestellten ohne Rücksicht auf eine Mitgliedschaft in der Gewerkschaft

(5) alle Arbeitnehmer (Arbeiter und Angestellte) ohne Rücksicht auf eine Mitgliedschaft in der Gewerkschaft

5 Wer kann einen Tarifvertrag für allgemein verbindlich erklären? _____

(1) der Bundesminister für Arbeit und Sozialordnung

(2) die zuständige Gewerkschaft

(3) der zuständige Arbeitgeberverband

(4) der Tarifausschuss

(5) der Bundeskanzler

6 Welche Aussagen zur Schlichtung von Tarifauseinandersetzungen sind falsch? ___

(1) Die Schlichtung ist ein Verfahren zur Verhinderung oder Beilegung von Streitigkeiten zwischen Arbeitgeber- und Arbeitnehmerseite.

(2) Erst bei einem nicht erfolgreichen Streik wird eine Schlichtung herbeigerufen.

(3) Der Schlichter ist eine neutrale Person.

(4) Der Schlichter ist immer eine von der Bundesregierung ausgesuchte Person.

(5) Der Schiedsspruch eines Schlichters kann, muss aber nicht akzeptiert werden.

7 Gewerkschaften können in bestimmten Situationen Arbeitskampfmaßnahmen nur dann ergreifen, wenn sie das Votum der Mitglieder haben.

Ordnen Sie den unten stehenden Fragen die richtigen Prozentsätze zu.

(1) 25 %
(2) 50 %
(3) 75 %
(4) 80 %
(5) 90 %

a. Wie viel Prozent der abstimmungsberechtigten Gewerkschaftsmitglieder müssen mindestens bei einer 1. Urabstimmung zustimmen, damit es zu einem Streik kommt? _

b. Wie viel Prozent der abstimmungsberechtigten Gewerkschaftsmitglieder müssen mindestens bei der 2. Urabstimmung zustimmen, damit es zu einem neuen Tarifvertrag kommt? _____

8 In welchem Fall handelt es sich um einen „wilden Streik"? _____

(1) Alle Arbeitnehmer des gesamten Bundesgebietes gehen nach Aufruf der Gewerkschaften in Streik.

(2) Zeitlich befristete Streiks, die von der Gewerkschaft ausgerufen werden.

(3) Spontane Arbeitsniederlegungen, die nicht von der Gewerkschaft genehmigt sind.

(4) Nur besonders wichtige Unternehmen in einer Branche werden – in Abstimmung mit der Gewerkschaft – bestreikt.

(5) Ein Streik, bei dem es zu körperlichen Auseinandersetzungen kommt.

Nennen Sie Ziel, Rechtsgrundlage und Inhalte des Mutterschutzes.

Ziel und Rechtsgrundlage	▷ Das Mutterschutzgesetz trägt der besonderen Schutzwürdigkeit von Schwangeren sowie Müttern nach der Entbindung Rechnung. ▷ **Mutterschutzgesetz (MuSchG)** und **Bundeserziehungsgeldgesetz (BErzGG)**
wesentliche Inhalte	▷ Keine Kündigung während der Schwangerschaft und bis zu 4 Monate nach der Entbindung sowie während des Erziehungsurlaubs. ▷ Beschäftigungsverbot: für werdende Mütter grundsätzlich, wenn Gefahren für die Schwangere oder das Kind bestehen sowie für Mehrarbeit, Nacht- und Sonntagsarbeit ▷ Eine Beschäftigung während der letzten 6 Wochen der Schwangerschaft und 8 Wochen nach der Entbindung ist untersagt. ▷ Nach der Entbindung kann ein Erziehungsurlaub von 36 Monaten genommen werden, der wahlweise der Mutter oder dem Vater zusteht. In dieser Zeit wird für einen begrenzten Zeitraum ein Erziehungsgeld gezahlt.

Nennen Sie Ziel, Rechtsgrundlage und Inhalte des Schutzes Schwerbehinderter.

Ziel und Rechtsgrundlage	▷ Schwerbehindert ist eine Person, die körperlich, seelisch oder geistig behindert und dadurch in ihrer Erwerbsfähigkeit um mindestens 50 % gemindert ist. Sie soll im Arbeitsleben besonders geschützt werden. ▷ **Schwerbehindertengesetz (SchwbG)**
wesentliche Inhalte	▷ Betriebe, die über mindestens 20 Arbeitsplätze verfügen, müssen auf wenigstens 5 % der Arbeitsplätze Schwerbehinderte beschäftigen. ▷ Jeder unbesetzte Pflichtplatz wird mit einer monatlichen Ausgleichsabgabe belegt. ▷ Schwerbehinderte genießen einen erweiterten Kündigungsschutz (Mindestkündigungsfrist: 4 Wochen) und haben einen Anspruch auf zusätzlichen Urlaub von einer Kalenderwoche.

Nennen Sie Ziel, Rechtsgrundlage und Inhalte des Arbeitszeitschutzes.

Ziel und Rechtsgrundlage	▷ Der Arbeitszeitschutz setzt Rahmenbedingungen für alle Fragen, die mit der Arbeitszeit im Betrieb zusammenhängen. Die gesetzten Grenzen dürfen nicht überschritten werden. ▷ **Gesetz zur Vereinheitlichung und Flexibilisierung des Arbeitsrechts (Arbeitszeitgesetz)**
wesentliche Inhalte	▷ Arbeitszeit ist die Zeit vom Beginn bis zum Ende der Arbeit ohne Ruhepausen. ▷ regelmäßige Arbeitszeit an Werktagen: 8 Stunden ▷ Die Arbeitszeit des einzelnen Arbeitnehmers kann auf 10 Stunden ausgedehnt werden, wenn innerhalb von 6 Monaten ein Ausgleich auf eine Gesamtarbeitszeit von 8 Stunden im Durchschnitt geschaffen wird. ▷ Die tägliche Ruhezeit nach Beendigung der Arbeit beträgt mindestens 11 Stunden. ▷ Arbeitsruhe an Sonn- und Feiertagen (Sonntagsgewerbe ausgenommen); im Einzelhandel Ausnahmen bei Milcherzeugnissen, Bäcker- und Konditorwaren, Blumen und Zeitungen ▷ Nach 6 Stunden ist jedem Arbeitnehmer eine Ruhepause von 30 Minuten, ab 9 Stunden von 45 Minuten zu gewähren.

Nennen Sie wichtige Vorschriften des Jugendarbeitsschutzgesetzes.

Grundlegendes	▷ geschützter Personenkreis: Kinder (Personen, die noch nicht 15 Jahre alt sind); Jugendliche (Personen, die 15 Jahre, aber noch nicht 18 Jahre alt sind) ▷ überwachende Behörde ist das Gewerbeaufsichtsamt ▷ Kinderarbeit ist bis auf Ausnahmen verboten ▷ Akkordarbeit ist verboten
Arbeitszeit	▷ täglich maximal 8 Stunden (bzw. 8½ Stunden, wenn an einem Wochentag die Mehrstunden abgegolten werden); wöchentlich maximal 40 Stunden ▷ an Samstagen, Sonn- und Feiertagen keine Beschäftigung; Ausnahmen sind zulässig ▷ Schichtzeit ist die Arbeitszeit incl. Ruhepausen: maximal 10 Stunden ▷ tägliche Freizeit: mindestens 12 Stunden zwischen Arbeitsende und Arbeitsbeginn am nächsten Tag
Ruhepausen	▷ bei einer tägl. Arbeitszeit von 4½–6 Std. mind. 30 Minuten ▷ bei einer tägl. Arbeitszeit von über 6 Std. mind. 60 Minuten
Nachtruhe	Beschäftigung nur zwischen 6 und 20 Uhr, Ausnahmen: z. B. im Gaststättengewerbe bis 22 Uhr, in Bäckereien ab 5 Uhr, in mehrschichtigen Betrieben bis 23 Uhr
Urlaub	▷ 30 Werktage für 15-Jährige ▷ 27 Werktage für 16-Jährige ▷ 25 Werktage für 17-Jährige
Berufsschule	▷ Freistellung für den Berufsschulunterricht ▷ Arbeitsentgelt für die Zeit, die in der Berufsschule verbracht wird ▷ keine Beschäftigung an *einem* Berufsschultag in der Woche bei mindestens 6 Unterrichtsstunden
Einstellungs- untersuchung	▷ Erstuntersuchung: innerhalb der letzten 14 Monate vor Beginn der Ausbildung/Beschäftigung ▷ Nachuntersuchung: 1 Jahr bis spätestens 14 Monate nach Beginn der Ausbildung/Beschäftigung

1 In welchem der folgenden Gesetze finden sich Vorschriften über den Gesundheits- und Unfallschutz? ☐

(1) Aktiengesetz

(2) Bürgerliches Gesetzbuch

(3) Gewerbeordnung

(4) Gesetz gegen den unlauteren Wettbewerb

(5) Handelsgesetzbuch

2 Ordnen Sie die folgenden Arbeitsschutzgesetze den unten stehenden Schutzvorschriften zu:

(1) Schwerbehindertengesetz
(2) Mutterschutzgesetz
(3) Bundesurlaubsgesetz
(4) Arbeitszeitgesetz

a. Die tägliche Ruhezeit nach Beendigung der Arbeit beträgt mindestens 11 Stunden. _____ ☐

b. Diese Personen genießen einen besonderen Kündigungsschutz und haben einen Anspruch auf einen zusätzlichen Urlaub von einer Kalenderwoche pro Jahr. __ ☐

c. Der Kündigungsschutz dieser Personengruppe kann u. U. mehr als 36 Monate betragen. _____ ☐

d. Diese Personengruppe hat Anspruch auf einen bezahlten Erholungsurlaub von mindestens 24 Tagen pro Jahr. ☐

e. Dem Arbeitnehmer steht nach 6 Stunden Arbeit eine Pause von 30 Minuten zu. _____ ☐

3 Kennzeichnen Sie unten stehende Aussagen mit

(1), wenn diese richtig sind,
(9), wenn diese falsch sind.

a. Schwerbehindert ist eine Person, die körperlich, seelisch oder geistig behindert und dadurch in ihrer Erwerbsfähigkeit um mindestens 40 % gemindert ist. Sie soll im Arbeitsleben besonders geschützt werden. _____ ☐

b. Betriebe, die über mindestens 20 Arbeitsplätze verfügen, müssen auf wenigstens 5 % der Arbeitsplätze Schwerbehinderte beschäftigen. _____ ☐

c. Der Arbeitszeitschutz setzt Rahmenbedingungen für alle Fragen, die mit der Arbeitszeit im Betrieb zusammenhängen. Die gesetzten Grenzen stellen eine Empfehlung für Arbeitgeber und Arbeitnehmer dar. _____ ☐

d. Unfallverhütungsvorschriften, die von den Berufsgenossenschaften erlassen werden, müssen an jeden Arbeitnehmer ausgehändigt werden. Der Arbeitnehmer hat durch seine Unterschrift den Empfang zu bestätigen. _____ ☐

e. Der Jahresurlaub ist grundsätzlich zusammenhängend zu gewähren und im laufenden Kalenderjahr zu nehmen. In Ausnahmefällen kann der Arbeitnehmer mit Zustimmung des Arbeitgebers geringe Teile des Urlaubs auf das folgende Kalenderjahr übertragen. _____ ☐

f. Jeder Arbeitnehmer (einschließlich Aushilfen und Teilzeitbeschäftigte) hat Anspruch auf einen bezahlten Erholungsurlaub von mindestens 30 Werktagen pro Jahr unter Weiterzahlung des Arbeitsentgelts. _____ ☐

4 Welche der folgenden Regelungen steht nicht im Schwerbehindertengesetz? _____ ☐

(1) Betriebe, die über mindestens 20 Arbeitsplätze verfügen, müssen auf wenigstens 5 % der Arbeitsplätze Schwerbehinderte beschäftigen.

(2) Jeder unbesetzte Pflichtplatz wird mit einer monatlichen Ausgleichsabgabe belegt.

(3) Schwerbehinderte erhalten, gestaffelt nach dem Grad ihrer Behinderung, eine Zulage zwischen 10 und 20 % zum Grundgehalt oder Grundlohn.

(4) Schwerbehinderte genießen einen erweiterten Kündigungsschutz und haben einen Anspruch auf zusätzlichen Urlaub von 6 Tagen.

5 Stellen Sie fest, ob die unten stehenden Tatbestände gegen die Bestimmungen des

(1) Berufsbildungsgesetzes verstoßen,
(2) Jugendarbeitsschutzgesetzes verstoßen.

Tragen Sie eine (9) ein, wenn der Tatbestand keinen Verstoß gegen eines der vorgenannten Gesetze darstellt.

a. Die Schnell GmbH vereinbart mit ihren künftigen Auszubildenden grundsätzlich eine Probezeit von 2 Monaten. __ ☐

b. Die F. Schrupp KG gibt ihren noch nicht 18 Jahre alten Auszubildenden an keinem Berufsschultag in der Woche nachmittags frei, obwohl an beiden Tagen 5 Unterrichtsstunden stattfinden. _____ ☐

c. Die Auszubildenden der W. Krause OHG, die in ein Angestelltenverhältnis übernommen werden, erhalten trotz vorzeitig bestandener Abschlussprüfung noch bis zum Ende der im Ausbildungsvertrag festgelegten Ausbildungszeit die Ausbildungsvergütung. _____ ☐

d. Der Auszubildende Friedhelm Flink (17 Jahre alt) arbeitet von 7 bis 16 Uhr (15 Min. Frühstücks- und 45 Min. Mittagspause) im Akkord. _____ ☐

e. Der Auszubildende Strehes erhält von seinem Ausbildenden nach Abschluss der Ausbildung kein Zeugnis. __ ☐

6 Das Jugendarbeitsschutzgesetz soll den Jugendlichen vor körperlichen Überbelastungen im Arbeitsleben schützen. Tragen Sie die in den nachfolgenden Aussagen zu ergänzenden Ziffern ein.

a. Die Dauer der täglichen Arbeitszeit darf ... Stunden nicht überschreiten, wenn die Arbeitszeit an allen Tagen in der Woche gleich ist. _____ ☐

b. Die Wochenarbeitszeit darf ... Stunden nicht überschreiten. _____ ☐

c. Jugendliche dürfen (von einzelnen Ausnahmen abgesehen) grundsätzlich nur in der Zeit von ... Uhr bis ... Uhr beschäftigt werden. _____ ☐ ☐

d. Der Jahresurlaub beträgt je nach Alter bis zu ... Werktagen. _____ ☐

e. Die tägliche Freizeit (Zeit zwischen Arbeitsende und Arbeitsanfang des nächsten Tages) muss mindestens ... Stunden betragen. _____ ☐

Welche grundlegende Aufgabe hat die Sozialversicherung?

Aufgaben	Die Sozialversicherung sichert die Arbeitnehmer und deren Angehörigen gegen Risiken ab, die durch Krankheit, Arbeitslosigkeit, Alter oder betriebliche Unfälle entstehen können. Durch die Mitwirkung des Staates und die Versicherungspflicht ist sie ein Teil der staatlichen Sozialpolitik.
gesetzliche Festlegungen	Für jeden Sozialversicherungszweig sind im Gesetz festgelegt ▷ die versicherungspflichtigen Personen; ▷ die Personen, die Leistungen in Anspruch nehmen können; ▷ die Leistungen, die in Anspruch genommen werden können; ▷ die Versicherungsträger, die für den jeweiligen Versicherungszweig zuständig sind.

Auf welchen Grundprinzipien basiert das System der Sozialversicherung in der Bundesrepublik Deutschland?

Solidaritäts-prinzip	Das Solidaritätsprinzip besagt, dass die Versichertengemeinschaft jedem Mitglied gemeinschaftlich (solidarisch) nach dem Grundsatz hilft: *„Einer für alle, alle für einen."*
Subsidiaritäts-prinzip	Das Subsidiaritätsprinzip besagt, dass die einzelne Person zunächst einmal sich selbst helfen soll. Erst wenn dies nicht mehr möglich ist, greift die Hilfe der jeweils stärkeren Gemeinschaft ein (Familie, Staat).

Die Sozialversicherung ist eine Pflichtversicherung. Was bedeutet das im Einzelnen?

Pflichtversicherung	Die Sozialversicherung ist eine Pflichtversicherung. Das bedeutet, dass jeder Arbeitgeber verpflichtet ist, die Arbeitnehmer bei der entsprechenden Krankenkasse anzumelden.
Beiträge	Der Arbeitgeber hat die Beiträge ordnungsgemäß zu ermitteln und an die Versicherung abzuführen. Unterlässt er dies, gilt das als eine grobe Verletzung seiner Fürsorgepflicht, für die er haftet. Die Beiträge richten sich nicht nach der Inanspruchnahme durch den einzelnen Versicherten, sondern im Wesentlichen nach der Lohnhöhe.

Beschreiben Sie das Prinzip der Selbstverwaltung der Sozialversicherung. Nennen Sie die Organe und deren Aufgaben.

Begriff		Die Selbstverwaltung ist das Organisationsprinzip der Versicherungsträger der Sozialversicherung. Diese sind Körperschaften des öffentlichen Rechts und müssen sich selbst verwalten. Die Wahlen zu diesen Organen finden alle 6 Jahre statt.
Organe	**Vertreter-versamm-lung**	Die Vertreterversammlung ist das beschlussfassende Organ (Legislative). Ihre Vertreter sind ehrenamtlich tätig. ▷ Wahl und Zusammensetzung: In der Krankenversicherung, Rentenversicherung und Unfallversicherung werden die Mitglieder der Vertreterversammlung je zur Hälfte von Arbeitnehmern (= Versicherte) und Arbeitgebern gewählt. Ausnahmen in der Zusammensetzung sind möglich. ▷ Aufgaben: Aufstellung und Änderung der Satzung; Beschluss über die Höhe des Beitragssatzes; Feststellung des Haushaltsplanes; Kontrolle des Jahresabschlusses
	Vorstand	Der Vorstand ist das vollziehende Organ (Exekutive). Seine Mitglieder sind ehrenamtlich tätig. Ihm zur Seite stehen hauptamtliche Geschäftsführer, die die laufenden Verwaltungsgeschäfte führen. ▷ Wahl: Vorstand und Geschäftsführer werden von der Vertreterversammlung gewählt. ▷ Aufgaben: Aufstellung des Haushaltsplanes; Aufbereitung von Vorlagen (Anträgen) für die Vertreterversammlung; Überwachung und Prüfung der laufenden Geschäftsführung

Erläutern Sie die wesentlichen Informationen zur gesetzlichen Unfallversicherung.

Versicherungsträger	Träger sind die jeweils für die entsprechende Branche bzw. Berufsgruppe zuständigen Berufsgenossenschaften. *Beispiel: Bau-Berufsgenossenschaft, Hannover*
Versicherungspflicht	▷ Alle Arbeitnehmer (Angestellte, Arbeiter, Auszubildende), unabhängig von der Art und Dauer der Beschäftigung und der Höhe des Einkommens ▷ Der Arbeitgeber ▷ Kinder während des Besuches von Kindergärten ▷ Schüler und Studierende
Beitragsaufbringung	Die Beitragshöhe ist unterschiedlich. Sie richtet sich nach dem Arbeitsverdienst der Arbeitnehmer des Unternehmens und dem Grad der Unfallgefahr (besonders unfallgefährdete Betriebe werden mit höheren Beiträgen belegt). Beitragszuschläge bzw. -nachlässe werden erhoben bei über- bzw. unterdurchschnittlicher Unfallhäufigkeit. Die Beiträge trägt der Arbeitgeber allein. Sie werden von ihm direkt an die zuständige Berufsgenossenschaft abgeführt.

Leistungen	▷ Maßnahmen zur Unfallverhütung, wie der Erlass von Unfallverhütungsvorschriften und die Überwachung der Einhaltung dieser Vorschriften durch Aufsichtsbeamte
	▷ Leistungen im Zusammenhang mit Arbeitsunfällen und Unfällen auf dem Weg zur Arbeit bzw. nach Hause sowie bei beruflich bedingten Erkrankungen:
	  – Heilbehandlung (ärztliche, zahnärztliche Behandlung, Arzneimittel)
	  – Verletztengeld (entsprechend dem Krankengeld in der Krankenversicherung)
	  – Berufshilfe (Zahlung von Übergangsgeld, Kosten für eine Umschulung)
	  – Verletztenrente, Sterbegeld und Hinterbliebenenrente

1 Welche der folgenden Aussagen zur Sozialversicherung sind richtig? _____ ☐ ☐

(1) Die Sozialversicherung ist ein Teil der staatlichen Sozialpolitik.

(2) Die Sozialversicherung sichert Unternehmer gegen unternehmerische Risiken ab.

(3) Die Sozialversicherung ist weitgehend eine freiwillige Versicherung.

(4) Die Sozialversicherung sichert Arbeitnehmer gegen alle Risiken des Lebens ab.

(5) Die Sozialversicherung ist eine Pflichtversicherung.

2 Welcher der folgenden Punkte ist nicht in den gesetzlichen Vorschriften zur Sozialversicherung geregelt? _____ ☐

(1) der versicherungspflichtige Personenkreis

(2) der Kreis der möglichen Leistungsempfänger

(3) die Art der Leistungen, die in Anspruch genommen werden können

(4) das Gesetzgebungsverfahren zur Änderung von Gesetzen zur Sozialversicherung

(5) die Versicherungsträger, die für den jeweiligen Versicherungszweig zuständig sind

3 Welche der folgenden Leistungen werden von der gesetzlichen Unfallversicherung getragen? _____ ☐ ☐

(1) Verletztengeld nach einem berufsbedingten Unfall

(2) Heilbehandlung bei einer Berufskrankheit

(3) Berufsunfähigkeitsrente nach einem Unfall in der Freizeit

(4) Ersatz des materiellen Schadens bei einem Unfall im eigenen Haushalt

(5) Krankengeld

4 Prüfen Sie die folgenden Aussagen.

Kennzeichnen Sie

richtige Aussagen mit einer (1),
falsche Aussagen mit einer (9).

a. Das Solidaritätsprinzip besagt, dass der Staat sich im Rahmen seiner Sozialpolitik zu seinen Bürgern solidarisch verhalten muss. _____ ☐

b. Das Subsidiaritätsprinzip besagt, dass die Hilfe der Gemeinschaft immer erst dann einsetzt, wenn der Einzelne sich nicht mehr selbst helfen kann. _____ ☐

c. Das Organisationsprinzip der Sozialversicherung ist im Wesentlichen durch den Begriff „Selbstverwaltung" gekennzeichnet. _____ ☐

d. Das Pflichtversicherungsprinzip in der Sozialversicherung besagt, dass jeder Arbeitnehmer verpflichtet ist, sich bei der zuständigen Sozialversicherung anzumelden, sobald er eine Arbeit aufgenommen hat. _____ ☐

5 Welche der folgenden Aussagen zur Sozialversicherung sind falsch? _____ ☐ ☐

(1) Jeder Arbeitgeber ist verpflichtet, den Arbeitnehmer bei den entsprechenden Versicherungen anzumelden.

(2) Personen, die keine Versicherungsleistungen in Anspruch genommen haben, erhalten am Ende des Jahres eine Rückvergütung.

(3) Der Arbeitgeber hat die Beiträge zur Sozialversicherung abzuführen.

(4) Die Höhe der Beiträge zur Sozialversicherung ist abhängig von der Einkommenshöhe des Versicherten.

(5) Der Umfang der Leistungen der Sozialversicherung ist abhängig von der konjunkturellen Situation.

6 In welchen der folgenden Antworten sind Organe der Sozialversicherungen genannt? ☐ ☐

(1) Gesellschafterversammlung

(2) Vertreterversammlung

(3) Aufsichtsrat

(4) Vorstand

(5) Beirat

7 Welches der folgenden Kriterien spielt keine Rolle bei der Berechnung der Höhe der Beiträge für die Unfallversicherung eines Betriebes? _____ ☐

Tragen Sie eine (6) ein, wenn alle Kriterien zu berücksichtigen sind.

(1) Jahreslohnsumme

(2) Anzahl der Mitarbeiter

(3) durchschnittliche Unfallhäufigkeit im Betrieb

(4) Jahresarbeitszeit

(5) Gefahrenklasse des Betriebes

8 Welche der folgenden Aussagen zu den Organen der Sozialversicherungsträger ist falsch? _____ ☐

(1) Die Vertreterversammlung ist das beschlussfassende Organ.

(2) Die Mitglieder der Vertreterversammlung und des Vorstandes sind ehrenamtlich tätig.

(3) Der Vorstand ist das vollziehende Organ.

(4) Die Wahlen zu den Organen der Sozialversicherungsträger finden alle 6 Jahre statt.

(5) Die Kontrolle wird durch Aufsichtsräte ausgeübt.

Beschreiben Sie Träger, Versicherungspflicht, Beitragsaufkommen und Leistungen der gesetzlichen Krankenversicherung und Pflegeversicherung.

Versicherungs-zweig	Krankenversicherung	Pflegeversicherung
Versicherungs-träger	▷ Allgemeine Ortskrankenkassen (AOK) ▷ Betriebskrankenkassen (BKK) ▷ Innungskrankenkassen (IKK) ▷ Techniker Krankenkasse, Deutsche Angestellten Krankenkasse, Barmer Ersatzkasse ...	Träger der Pflegeversicherung sind die Krankenkassen.
Versicherungs-pflicht	▷ alle Arbeitnehmer (Angestellte und Arbeiter) bis zur Versicherungspflichtgrenze von 3 900,00 € Monatsverdienst (2005) für die alten Bundesländer (West) und für die neuen Bundesländer (Ost) ▷ Auszubildende ▷ Rentner, Studierende, Arbeitslose ▷ selbstständige Landwirte und deren Familienangehörige	Die Versicherungspflicht ist genauso geregelt wie bei der Krankenversicherung. **Begriff der Pflegebedürftigkeit:** Pflegebedürftig sind Personen, die wegen einer körperlichen, geistigen oder seelischen Krankheit oder Behinderung auf Dauer, voraussichtlich für mindestens sechs Monate, in erheblichem oder höherem Maße der Hilfe bedürfen.
Beitragssatz	Der Beitragssatz ist nach Krankenkassen unterschiedlich. ▷ Er beträgt ca. 12 bis 15 % des sozialversicherungspflichtigen Bruttoverdienstes, ▷ maximal jedoch bis zu der Beitragsbemessungsgrenze: 3 525,00 € (2005/West und Ost). ▷ Arbeitnehmer, die über die Beitragsbemessungsgrenze hinaus verdienen, zahlen den Beitrag nur bis zu dieser Grenze.	Der Beitragssatz beträgt: ▷ 1,7 % (jeweils vom sozialversicherungspflichtigen Bruttoverdienst) + Kinderlosenzuschlag 0,25 %, ▷ maximal jedoch bis zu der Beitragsbemessungsgrenze: 3 487,50 € (2004/West und Ost). ▷ Arbeitnehmer, die über die Beitragsbemessungsgrenze hinaus verdienen, zahlen den Beitrag nur bis zu dieser Grenze.
Beitragsauf-bringung	▷ Arbeitgeber und Arbeitnehmer zahlen den allgemeinen Beitragssatz je zur Hälfte. Ab dem 01.07.2005 trägt der Arbeitnehmer einen zusätzlichen Beitragssatz von 0,9% allein. ▷ Der Beitrag des Arbeitnehmers wird vom Lohn bzw. Gehalt einbehalten, der Arbeitgeber legt seinen Anteil dazu. ▷ Der Gesamtbetrag wird zusammen mit den Beiträgen für die Rentenversicherung und die Arbeitslosenversicherung an die zuständige Krankenkasse überwiesen. ▷ Für den Arbeitnehmer sind Monatsverdienste bis zu 400,00 € (2005/West und Ost) versicherungsfrei → Minijobs. ▷ Der Arbeitgeber zahlt in diesem Fall einen Pauschbetrag von 25 % (12 % Renten-, 11 % Krankenversicherung, 2 % Steuer).	▷ Arbeitgeber und Arbeitnehmer zahlen je die Hälfte = 0,85 % (2005). Versicherte ohne Kinder zahlen den Kinderlosenzuschlag allein, also insgesamt 1,1 %. ▷ Ausnahme: Im Bundesland Sachsen zahlen die Arbeitnehmer 1,35 % und die Arbeitgeber 0,35 % des Beitrages. ▷ Für den Arbeitnehmer sind Monatsverdienste bis zu 400,00 € (2005/West und Ost) versicherungsfrei → Minijobs.
Leistungen	▷ Leistungen im Zusammenhang mit Krankheiten: – ärztliche und zahnärztliche Behandlung – Medikamente (Der Versicherte hat eine anteilige Rezeptgebühr zu zahlen.) – Zuschuss zum Zahnersatz – Krankenhauspflege – häusliche Krankenpflege – Haushaltshilfe – Krankengeld (nach Beendigung der Lohnfortzahlung durch den Arbeitgeber) – Vorsorgeuntersuchungen zur Früherkennung von Krankheiten ▷ Leistungen im Rahmen der Mutterschaft: – ärztliche Betreuung – Entbindungskosten – Mutterschaftsgeld (6 Wochen vor bis 8 Wochen nach der Geburt) ▷ Familienhilfe (nicht selbst verdienende Familienangehörige sind mitversichert)	▷ Häusliche Pflege – Sachleistungen für Pflegeeinsätze durch ambulante Dienste je nach Schwere der Pflegebedürftigkeit – Anstelle der Sachleistungen kann ein Pflegegeld beansprucht werden, wenn der Pflegebedürftige die Grundpflege selbst sicherstellt. – Eine Kombination aus Sachleistungen und Pflegegeld ist möglich. – Sonstige Leistungen: Dazu gehören Pflegehilfsmittel (z. B. Pflegebetten) oder Zuschüsse für pflegebedingte Umbaumaßnahmen in der Wohnung. ▷ Stationäre Pflege Übernahme der pflegebedingten Aufwendungen

1 Angenommen, Sie sind Sachbearbeiter in der Lohnbuchhaltung eines Unternehmens in Köln. Prüfen Sie unten stehende Aussage zur Beitragsaufbringung in der gesetzlichen Krankenversicherung für das Unternehmen und die Mitarbeiter.

Kennzeichnen Sie die Aussagen mit

(1), wenn diese richtig sind,
(9), wenn diese falsch sind.

a. Arbeitgeber und Arbeitnehmer tragen in allen Fällen von Lohn- und Gehaltszahlungen den Beitrag je zur Hälfte. __

b. Für Arbeitnehmer sind Monatsverdienste bis zu 400,00 € (2005/West und Ost) versicherungsfrei. _____

c. Hat ein Arbeitnehmer im Laufe eines Kalenderjahres Leistungen der Krankenkasse von mehr als 3 525,50 € (2005) in Anspruch genommen, trägt er den Beitrag für die Krankenversicherung allein. _____

d. Der Arbeitgeber kann vom Arbeitnehmer verlangen, dass er sich privat krankenversichert, wenn er im Laufe eines Kalenderjahres Leistungen von mehr als 3 900,00 € (2005) in Anspruch genommen hat. _____

2 Welche Aussagen zum Beitragssatz in der gesetzlichen Krankenversicherung sind richtig? _____

(1) Der Beitragssatz wird jedes Jahr vom Bundesminister für Arbeit und Sozialordnung neu festgelegt.

(2) Der Beitragssatz ist je nach Krankenkasse unterschiedlich hoch.

(3) Der Beitragssatz ist einheitlich und wird nach Abstimmung unter den Krankenkassen festgelegt.

(4) Der Beitragssatz wird vom Bundesamt für Versicherungswesen festgelegt.

(5) Der Beitragssatz wird von jeder Krankenkasse selbst festgelegt.

3 Welche der genannten Leistungen wird nicht von der Krankenversicherung übernommen? _____

Tragen Sie eine (6) ein, wenn alle aufgeführten Leistungen übernommen werden.

(1) Mutterschaftsgeld

(2) Krankengeld

(3) Früherkennung von Krankheiten

(4) Zahnärztliche Behandlung (eingeschränkt)

(5) Krankentransporte

4 Welche der folgenden Aussagen zur Pflegeversicherung sind richtig? _____

(1) Pflegebedürftig im Sinne der Pflegeversicherung sind Personen, die aufgrund einer Krankheit oder Behinderung voraussichtlich für mindestens drei Monate der Hilfe bedürfen.

(2) Die Pflegebedürftigkeit wird in drei Stufen eingeteilt. Je nach Zuordnung können unterschiedliche Leistungen in Anspruch genommen werden.

(3) Der Beitragssatz beträgt 1,7 % vom zu ermittelnden Nettoverdienst.

(4) In der Pflegeversicherung gibt es im Gegensatz zur Krankenversicherung keine Beitragsbemessungsgrenze.

(5) Es werden sowohl Leistungen für die häusliche als auch für die stationäre Pflege übernommen.

5 Ein Mitarbeiter in einem Versicherungsbüro in Hannover hat ein sozialversicherungspflichtiges Bruttogehalt von 2 200,00 €. Die Krankenkasse, in der er versichert ist, erhebt einen Beitragssatz von 13 %. Er ist kinderlos.

a. Ermitteln Sie den Arbeitnehmer-Beitrag zur Krankenversicherung. _____   [_____] €

b. Ermitteln Sie den Arbeitgeber-Beitrag zur Krankenversicherung. _____   [_____] €

c. Ermitteln Sie den Arbeitnehmer-Beitrag zur Pflegeversicherung (2005). _____   [_____] €

d. Ermitteln Sie den Arbeitgeber-Beitrag zur Pflegeversicherung (2005). _____   [_____] €

6 Ordnen Sie den Zweigen der Sozialversicherung

(1) Krankenversicherung,
(2) Rentenversicherung,
(3) Arbeitslosenversicherung,
(4) Unfallversicherung

nachfolgende Aussagen zu.

a. Liegt der Verdienst eines Mitarbeiters oberhalb der Versicherungspflichtgrenze, kann er aus der gesetzlichen Versicherung austreten. _____

b. Die Beiträge für die Versicherung werden vom Arbeitgeber allein getragen. _____

c. Für diese Versicherung muss der Arbeitnehmer den höchsten Beitrag bezahlen. _____

d. Die Beitragshöhe richtet sich u. a. nach dem gesamten Verdienst aller Arbeitnehmer eines Betriebes. _____

e. Der Arbeitnehmer hat die Pflicht, die jährlichen Entgeltbescheinigungen aufzubewahren, da diese die Grundlage für einen späteren Leistungsantrag sind. _____

7 Welche Mindestvoraussetzung muss gegeben sein, damit eine Person der Stufe I der Pflegebedürftigkeit zugeordnet wird? _____

Personen, die bei der Körperpflege, der Ernährung oder der Mobilität ...

(1) ... täglich rund um die Uhr – auch nachts – der Hilfe bedürfen und zusätzlich mehrfach in der Woche Hilfe bei der hauswirtschaftlichen Versorgung benötigen.

(2) ... mindestens dreimal täglich zu verschiedenen Tageszeiten der Hilfe bedürfen und zusätzlich mehrfach in der Woche Hilfen bei der hauswirtschaftlichen Versorgung benötigen.

(3) ... mindestens einmal täglich der Hilfe bedürfen und zusätzlich mehrfach in der Woche Hilfen bei der hauswirtschaftlichen Versorgung benötigen.

(4) ... mindestens einmal täglich der Hilfe bedürfen und zusätzlich einmal in der Woche Hilfen bei der hauswirtschaftlichen Versorgung benötigen.

Beschreiben Sie Träger, Versicherungspflicht, Beitragsaufkommen und Leistungen der gesetzlichen Rentenversicherung und Arbeitslosenversicherung.

Versicherungs-zweig	Rentenversicherung	Arbeitslosenversicherung
Versicherungs-träger	▷ für Angestellte: Bundesversicherung für Angestellte (Berlin) ▷ für Arbeiter: Landesversicherungsanstalten, z. B. LVA Münster	Bundesagentur für Arbeit (Nürnberg) mit den regionalen Jobcentern vor Ort
Versicherungs-pflicht	▷ alle Arbeitnehmer (Angestellte und Arbeiter) ▷ Auszubildende ▷ Wehr- und Zivildienstleistende ▷ Personen, die ein freiwilliges soziales Jahr ableisten	▷ alle Arbeitnehmer (Angestellte und Arbeiter) ▷ Auszubildende
Beitragssatz	▷ 19,5 % (2005) des sozialversicherungspflichtigen Bruttoverdienstes, maximal jedoch von der Beitrags-bemessungsgrenze: 5 200,00 € (2005) für die alten Bundesländer (West), 4 400,00 € (2005) für die neuen Bundesländer (Ost). ▷ Arbeitnehmer, die über die Beitragsbemessungs-grenze hinaus verdienen, zahlen den Beitrag nur bis zu dieser Grenze.	▷ 6,5 % (2005) des sozialversicherungspflichtigen Bruttoverdienstes, maximal jedoch von der Beitrags-bemessungsgrenze: 5 200,00 € (2005) für die alten Bundesländer (West), 4 400,00 € (2005) für die neuen Bundesländer (Ost). ▷ Arbeitnehmer, die über die Beitragsbemessungs-grenze hinaus verdienen, zahlen den Beitrag nur bis zu dieser Grenze.
Beitragsauf-bringung	▷ Arbeitgeber und Arbeitnehmer zahlen je die Hälfte = 9,75 % (2005). ▷ Der Beitrag des Arbeitnehmers wird vom Lohn bzw. Gehalt einbehalten, der Arbeitgeber legt seinen An-teil dazu. ▷ Der Gesamtbeitrag wird zusammen mit den Beiträ-gen für die Kranken-, Pflege- und Arbeitslosenversi-cherung an die zuständige Krankenkasse überwiesen. Diese leitet die Beiträge an die entspre-chenden Träger weiter. ▷ Für den Arbeitnehmer sind Monatsverdienste bis zu 400,00 € (2005/West und Ost) versicherungsfrei → Minijobs. ▷ Der Arbeitgeber zahlt in diesem Fall einen Pauschal-betrag von 25 % (12 % Renten-, 11 % Krankenversi-cherung, 2 % Steuer). ▷ Der Arbeitnehmer erhält am Jahresende einen Bei-tragsnachweis vom Arbeitgeber.	▷ Arbeitgeber und Arbeitnehmer zahlen je die Hälfte = 3,25 % (2005). ▷ Der Beitrag des Arbeitnehmers wird vom Lohn bzw. Gehalt einbehalten, der Arbeitgeber legt seinen Anteil dazu. Der Gesamtbeitrag wird zusammen mit den Beiträgen für die Kranken-, Pflege- und Renten-versicherung an die zuständige Krankenkasse über-wiesen. Diese leitet die Beiträge an die Bundes-anstalt für Arbeit weiter. ▷ Für den Arbeitnehmer sind Monatsverdienste bis zu 400,00 € (2005/West und Ost) versicherungsfrei → Minijobs.

Leistungen	▷ Rente nach Erreichen der Altersgrenze
	  – Frauen und Arbeitslose ab dem 60. Lebensjahr, Männer ab dem 63. Lebensjahr (flexibles Alters-ruhegeld)
	  – ab 65. Lebensjahr jede berechtigte Person
	▷ Rente wegen Erwerbsminderung (41 % des früheren Bruttogehalts)
	▷ Rente an Hinterbliebene
	  – Witwenrente (ohne Rücksicht auf Alter, Erwerbs-fähigkeit bzw. Bedürftigkeit; die Rente fällt weg, wenn die Witwe wieder heiratet)
	  – Witwerrente (gleiche Voraussetzungen wie die Witwenrente)
	  – Waisenrente (bis zur Vollendung des 18. Lebens-jahres, bei Schul- oder Berufsausbildung bis zur Vollendung des 25. Lebensjahres)
	▷ Maßnahmen zur Erhaltung, Besserung bzw. Wieder-herstellung der Erwerbsfähigkeit (Rehabilitation)
	  – medizinische Leistungen
	  – berufsfördernde Leistungen (z. B. Ausbildung, Umschulung)
	  – Übergangsgeld (Einkommen während der Zeit der Rehabilitation)
		▷ Arbeitslosengeld I
		  Voraussetzungen:
		  – Antragsteller ist vorübergehend nicht beschäftigt und sucht eine mindestens 15 Std. wöchentlich umfassende Beschäftigung (Nachweis der Eigen-bemühungen und Bereitschaft zur Annahme jeder zumutbaren Beschäftigung)
		  – persönliche Arbeitslosenmeldung
		  – Erfüllung der Anwartschaft (innerhalb der letzten 3 Jahre mindestens 12 Monate beitragspflichtig beschäftigt)
		  – Dauer des Anspruchs: 6 bis maximal 18 Monate
		  – Höhe des Arbeitslosengeldes I:
		    67 % des pauschalierten Nettoentgelts (mit Kind) bzw. 60 % (ohne Kind)
		▷ Arbeitslosengeld II
		  – sofern die Anwartschaft für Arbeitslosengeld I nicht erfüllt ist
		  – Höhe des Arbeitslosengeldes II: wie Sozialhilfe
		▷ Maßnahmen zur Fortbildung und Umschulung
		▷ Berufsberatung, Arbeitsberatung, Arbeitsvermittlung
		▷ Insolvenzgeld
		▷ Kurzarbeitergeld
		▷ Winterausfallgeld
		▷ Arbeitsbeschaffungsmaßnahmen

1 Welche der unten stehenden Leistungen wird von der gesetzlichen Rentenversicherung getragen? __ ☐

(1) Vorsorgeuntersuchung zur Früherkennung von Krankheiten

(2) flexibles Altersruhegeld

(3) Insolvenzgeld

(4) ärztliche Behandlung nach einem Unfall auf dem Weg zur Arbeitsstelle

(5) Krankenhauspflege

2 Prüfen Sie, ob unten stehende Leistungen von

(1) den entsprechenden Krankenkassen,
(2) der Bundesversicherungsanstalt für Angestellte,
(3) der zuständigen Landesversicherungsanstalt,
(4) der Bundesagentur für Arbeit,
(5) den Berufsgenossenschaften

getragen werden.

Tragen Sie eine (9) ein, wenn keiner der vorgenannten Träger zuständig ist.

a. Für Krampfadern eines Verkäufers, die nicht als Berufskrankheit anerkannt werden, wird eine Heilbehandlung übernommen._____ ☐

a. Ein Auszubildender muss nach einem Unfall auf dem Weg zur Berufsschule in ärztliche Behandlung. _____ ☐

b. Eine Näherin möchte sich beruflich umorientieren und strebt eine Umschulung an. _____ ☐

c. Eine Angestellte in einem Steuerberaterbüro erhält nach einem nicht arbeitsbedingten Unfall Rente wegen Erwerbsunfähigkeit._____ ☐

d. Nach Erreichen des 60. Lebensjahres wird der Abteilungsleiterin Rechnungswesen das bisher angesparte Kapital aus einer Lebensversicherung ausgezahlt._____ ☐

3 Vervollständigen Sie folgenden Satz, indem Sie die zwei möglichen richtigen Satzergänzungen in die Kästchen eintragen. __ ☐ ☐

Versicherungsträger für Maßnahmen zur Erhaltung, Besserung bzw. Wiederherstellung der Erwerbsfähigkeit (Rehabilitation) ...

(1) ... ist die Bundesagentur für Arbeit.

(2) ... sind die Allgemeinen Ortskrankenkassen.

(3) ... ist die Bundesversicherungsanstalt für Angestellte.

(4) ... sind die Landesversicherungsanstalten.

(5) ... sind die Ersatzkrankenkassen.

4 Für welche der folgenden Sozialversicherungsarten muss der Arbeitnehmer den höchsten Beitragssatz bezahlen? _____ ☐

(1) Rentenversicherung

(2) Krankenversicherung

(3) Arbeitslosenversicherung

(4) Gesetzliche Unfallversicherung

5 Welche Aussage zum Arbeitslosengeld I und II ist richtig? _____ ☐

(1) Das Arbeitslosengeld II wird bis zu maximal einem Jahr gewährt.

(2) Ein beschäftigungsloser Berufsfußballer, der hohe Einnahmen aus der Vermietung seiner Wohnhäuser erzielt, erhält kein Arbeitslosengeld.

(3) Um Arbeitslosengeld zu erhalten, muss man zuvor über einen bestimmten Zeitraum einer beitragspflichtigen Beschäftigung nachgegangen sein.

(4) Die Höhe des Arbeitslosengeldes I und des Arbeitslosengeldes II ist identisch.

(5) Erst wenn jemand keinen Anspruch auf Arbeitslosengeld II nachweist, kann er Arbeitslosengeld I beantragen.

6 Welche der unten aufgeführten Personengruppen sind nicht arbeitslosenversicherungspflichtig? _____ ☐ ☐

(1) Auszubildende, deren Ausbildungsvergütung über der Geringfügigkeitsgrenze liegt

(2) Arbeiter, deren Verdienst oberhalb der Beitragsbemessungsgrenze liegt

(3) Angestellte, deren Verdienst oberhalb der Beitragsbemessungsgrenze liegt

(4) Beamte

(5) Selbstständige

7 Welche der folgenden Versicherungen ist kein Träger der gesetzlichen Krankenversicherung? __ ☐

(1) Betriebskrankenkasse

(2) Innungskrankenkasse

(3) Barmer Ersatzkasse

(4) Techniker Krankenkasse

(5) Landesversicherungsanstalt

8 Auf welche der unten aufgeführten Auswahlantworten trifft die folgende Aussage zu?_____ ☐

„Der Arbeitgeber zahlt die Beiträge zu der Versicherung bei einem Verdienst bis zur Geringverdienergrenze allein."

(1) Gilt nur für die Krankenversicherung

(2) Gilt nur für die Rentenversicherung

(3) Gilt nur für die Arbeitslosenversicherung

(4) Gilt für alle vorgenannten Versicherungen

9 Welche der genannten Leistungen wird nicht von der Arbeitslosenversicherung übernommen? _____ ☐

Tragen sie eine (6) ein, wenn alle Leistungen von der Arbeitslosenversicherung getragen werden.

(1) Berufsberatung

(2) Kurzarbeitergeld

(3) Arbeitslosengeld II

(4) Arbeitsbeschaffungsmaßnahmen

(5) Umschulungsmaßnahmen

Beschreiben Sie die besondere Stellung und die allgemeinen Aufgaben eines Betriebsrates.

▷ Der Betriebsrat ist die gewählte Vertretung der Arbeitnehmer eines Betriebes.

▷ Die Zusammenarbeit zwischen Arbeitgeber und der Belegschaft in einem Betrieb ist im **Betriebsverfassungsgesetz (BetrVerfG)** geregelt.

▷ Der Grundgedanke des BetrVG ist es, die Belegschaft an betrieblichen Entscheidungen des Arbeitgebers zu beteiligen. Die Belegschaft wird dabei in erster Linie durch den Betriebsrat vertreten.

Allgemeine Aufgaben:

▷ Der Betriebsrat hat mit dem Arbeitgeber in vertrauensvoller Zusammenarbeit zum Wohle der Belegschaft und zum Wohle des Betriebes zusammenzuarbeiten.

▷ Der Betriebsrat hat die Einhaltung der im Betrieb geltenden Betriebsvereinbarungen, Tarifverträge und Gesetze zu überwachen sowie bei arbeitsrechtlichen Auseinandersetzungen zwischen Arbeitgeber und Belegschaft zu vermitteln.

Erläutern Sie wichtige Begriffe im Zusammenhang mit der Wahl eines Betriebsrates.

Voraussetzung	Die Wahl des Betriebsrates ist nur möglich in Betrieben mit mindestens 5 ständigen wahlberechtigten Arbeitnehmern.
Aktives Wahlrecht	Wahlberechtigt sind alle Arbeiter und Angestellte bzw. Auszubildende, die am Wahltag das 18. Lebensjahr vollendet haben, unabhängig von der Dauer der Betriebszugehörigkeit und der Staatsangehörigkeit. Wahlberechtigt sind auch Leiharbeiter, wenn sie länger als 3 Monate im Entleiherbetrieb eingesetzt werden.
Passives Wahlrecht	Wählbar sind alle wahlberechtigten Personen (d. h. Vollendung des 18. Lebensjahres), die dem Betrieb mindestens 6 Monate angehören.
Amtszeit	Die Amtszeit beträgt 4 Jahre.
Wahlvorstand	Die Wahl wird organisiert und durchgeführt vom Wahlvorstand. Er besteht in der Regel aus 3 wahlberechtigten Arbeitnehmern. In größeren Betrieben kann die Anzahl erhöht werden.
Wahlverfahren	▷ unmittelbare Wahl: Jede wahlberechtigte Person gibt persönlich ihre Stimme ab. ▷ geheime Wahl: schriftlich, ohne Zuordnungsmöglichkeit der abgegebenen Stimmen, z. B. nicht durch Handzeichen
Größe	Die Mitgliederzahl richtet sich nach der Anzahl der wahlberechtigten Arbeitnehmer: ▷ 5–20 Arbeitnehmer: 1 Person (= Betriebsobmann) ▷ 21–50 Arbeitnehmer: 3 Mitglieder ▷ 51–100 Arbeitnehmer: 5 Mitglieder Größere Betriebe haben mehr Betriebsratsmitglieder.

Welche Besonderheiten sind für einen Betriebsrat zu beachten?

Kündigungsschutz	Eine ordentliche (fristgemäße) Kündigung gegenüber Mitgliedern des Betriebsrates ist ab Beginn der Amtszeit bis ein Jahr nach Ende der Amtszeit nicht zulässig. Eine außerordentliche (fristlose) Kündigung ist hingegen bei Vorliegen eines wichtigen Grundes erlaubt, bedarf aber der Zustimmung des Betriebsrates.
Freistellung	Betriebsratsmitglieder müssen für ihre Tätigkeit von der Arbeit freigestellt werden. Sie dürfen wegen ihrer Tätigkeit im BR nicht benachteiligt oder begünstigt werden und in ihrer Betriebsrattätigkeit nicht behindert oder gestört werden.
Gesamtbetriebsrat	In größeren Unternehmen mit mehreren Betrieben (und damit auch mehreren Betriebsräten) wird ein Gesamtbetriebsrat gebildet. Jeder Betriebsrat entsendet einen bzw. zwei Vertreter. Der Gesamtbetriebsrat ist für Fragen zuständig, die das gesamte Unternehmen betreffen (z. B. Sozialplan).
Konzernbetriebsrat	In Konzernen (Zusammenschluss rechtlich selbstständiger Unternehmen unter einheitlicher Leitung) kann ein Konzernbetriebsrat errichtet werden. Jeder Gesamtbetriebsrat entsendet einen bzw. zwei Vertreter. Der Konzernbetriebsrat ist dem Gesamtbetriebsrat nicht übergeordnet.

Was ist eine Jugend- und Auszubildendenvertretung? Wofür ist die Jugend- und Auszubildendenvertretung zuständig? Wie wird sie gewählt?

Begriff	Die Jugend- und Auszubildendenvertretung ist die gewählte Vertretung der Jugendlichen und Auszubildenden in einem Betrieb. Sie vertritt die Interessen dieses Personenkreises.
Zuständigkeit	Fragen der Berufsbildung/Überwachung der Einhaltung der Schutzbestimmungen für Jugendliche
Wahl	▷ Voraussetzung: In Betrieben mit mindestens 5 wahlberechtigten Arbeitnehmern (Arbeitnehmer, die das 18. Lebensjahr noch nicht vollendet haben) werden Betriebsräte gebildet. ▷ **Aktives Wahlrecht:** Wahlberechtigt sind alle Arbeiter und Angestellte, die am Wahltag das 18. Lebensjahr noch nicht vollendet haben sowie alle Auszubildenden, die am Wahltag das 25. Lebensjahr noch nicht vollendet haben. ▷ **Passives Wahlrecht:** Wählbar sind alle Arbeitnehmer des Betriebes, die das 25. Lebensjahr noch nicht vollendet haben. ▷ Wahltermin: alle 2 Jahre

1 In welchem Gesetz findet man die Regelungen zur Wahl eines Betriebsrates in einem Betrieb? _____ ☐

(1) Bürgerliches Gesetzbuch BGB

(2) Mitbestimmungsgesetz MitbestG

(3) Betriebsverfassungsgesetz BetrVerfG

(4) Handelsgesetzbuch HGB

(5) Tarifvertragsgesetz TVG

2 Welche Aussage zum Betriebsrat ist falsch? _____ ☐

Tragen Sie eine (9) ein, wenn alle Aussagen richtig sind.

(1) Der Betriebsrat vertritt die Interessen der Arbeitnehmer eines Betriebes.

(2) Der Betriebsrat wählt den Sicherheitsbeauftragten für die Einhaltung der Arbeitsschutzvorschriften.

(3) Der Betriebsrat vermittelt bei Streitigkeiten zwischen Arbeitgeber und Arbeitnehmer.

(4) Der Betriebsrat kann bei einigen unternehmerischen Entscheidungen, wie z. B. der betrieblichen Lohngestaltung, mitbestimmen.

(5) Der Betriebsrat hat ein Mitbestimmungsrecht bei der Prokuraerteilung.

3 Aus wie vielen Mitgliedern besteht ein Betriebsrat, der in einem Betrieb mit 100 wahlberechtigten Arbeitnehmern gebildet wird? _____ ☐

(1) 1 Person

(2) 3 Mitglieder

(3) 5 Mitglieder

(4) 7 Mitglieder

(5) 9 Mitglieder

4 Welche der unten genannten Mitarbeiter eines Betriebes haben bei der Betriebsratswahl

(1) nur ein aktives Wahlrecht,
(2) nur ein passives Wahlrecht,
(3) sowohl ein aktives als auch passives Wahlrecht,
(4) kein Wahlrecht?

Tragen Sie die Ziffer vor der zutreffenden Aussage in das jeweilige Kästchen ein.

a. Person A: Arbeiter, 24 Jahre alt, 3 Monate Betriebszugehörigkeit_____ ☐

b. Person B: Angestellte, 30 Jahre alt, 8 Jahre Betriebszugehörigkeit_____ ☐

c. Person C: Leiharbeitnehmerin von einem externen Personalleasingunternehmen, 8 Monate im Betrieb beschäftigt _____ ☐

d. Person D: Auszubildender, 20 Jahre alt, 1 Jahr Betriebszugehörigkeit_____ ☐

e. Person E: Auszubildende, 17 Jahre alt, 1 Jahr Betriebszugehörigkeit_____ ☐

5 Welche der unten stehenden Kennzeichnungen gibt den vollständigen Personenkreis wieder, der ein passives Wahlrecht zur Jugend- und Auszubildendenvertretung besitzt? _____ ☐

(1) alle Mitarbeiter, die das 18. Lebensjahr vollendet haben

(2) alle Mitarbeiter, die das 18. Lebensjahr noch nicht vollendet haben

(3) alle Mitarbeiter, die das 21. Lebensjahr noch nicht vollendet haben

(4) alle Mitarbeiter, die das 25. Lebensjahr noch nicht vollendet haben

(5) alle Auszubildenden, die das 25. Lebensjahr noch nicht vollendet haben

6 Welche Aussage zur Wahl des Betriebsrates ist falsch? _____ ☐

Tragen Sie eine (9) ein, wenn alle Aussagen richtig sind.

(1) Es dürfen nur Arbeitnehmer gewählt werden, die einer Gewerkschaft angehören.

(2) Wählbar ist jeder wahlberechtigte Arbeitnehmer, der mindestens 6 Monate im Betrieb beschäftigt ist.

(3) Die Wahl findet nur alle 4 Jahre statt.

(4) In einem Betrieb mit 28 wahlberechtigten Arbeitnehmern hat der Betriebsrat 3 Mitglieder.

(5) In einem Betrieb mit 4 wahlberechtigten Arbeitnehmern kann kein Betriebsrat gewählt werden.

7 Für ein Mitglied des Betriebsrates endet die Amtszeit am 31.05.01.
Bis zu welchem der folgenden Termine genießt dieser Mitarbeiter einen besonderen Kündigungsschutz?_____ ☐

(1) 15.06.01

(2) 30.06.01

(3) 31.07.01

(4) 31.12.01

(5) 31.05.02

8 Welche Aussage über den Konzernbetriebsrat ist richtig? _____ ☐

Tragen Sie eine (9) ein, wenn alle Aussagen falsch sind.

(1) Der Konzernbetriebsrat ist für Belange, die einen einzelnen Betrieb betreffen, zuständig.

(2) Der Konzernbetriebsrat gibt Weisungen an den Gesamtbetriebsrat.

(3) Die Mitglieder des Konzernbetriebsrates werden von den Gesamtbetriebsräten entsendet.

(4) Der Konzernbetriebsrat wird alle 4 Jahre in der Zeit vom 01.03. bis zum 31.05. gewählt.

(5) Der Konzernbetriebsrat ist bei wirtschaftlichen Entscheidungen, die den Konzern betreffen, gegenüber der Arbeitgeberseite gleichberechtigt.

Welche Beteiligungsrechte hat ein Betriebsrat?

Mitbestimmung	Arbeitgeber und Betriebsrat können Entscheidungen nur gemeinsam treffen; bei Konflikten entscheidet die Einigungsstelle. Beispiele: Beginn und Ende der täglichen Arbeitszeit einschließlich der Lage der Pausen, Betriebsordnung, Urlaubsgrundsätze und Urlaubsplan, betriebliche Lohngestaltung, betriebliche Berufsbildung, Sozialplan bei Betriebsänderung, Gestaltung des Personalfragebogens, Festlegung von Beurteilungsgrundsätzen
Mitwirkung	Arbeitgeber muss dem Betriebsrat anhören. Dieser hat ein Widerspruchsrecht. In diesem Fall kann der Arbeitgeber dann versuchen, die verweigerte Zustimmung durch das Arbeitsgericht zu ersetzen. *Beispiele: Einstellungen, Versetzungen, Umgruppierungen, Kündigungen, Bekämpfung von Unfall- und Gesundheitsgefahren, Betriebsänderungen*
Vorschlag und Beratung	Arbeitgeber ist verpflichtet, von sich aus die Meinung des Betriebsrats einzuholen und die Angelegenheit sowie die Vorschläge des Betriebsrats dazu zu erörtern. *Beispiele: Personalplanung, Gestaltung von Arbeitsplätzen, Betriebsänderungen (Stilllegung oder Zusammenschluss von Betrieben), Investitionen*
Information	Der Betriebsrat hat das Recht, über betriebliche Vorgänge unterrichtet zu werden. Arbeitgeber muss den Betriebsrat jedoch erst nach Entscheidung informieren. *Beispiele: Maßnahmen des Arbeitsschutzes, Unterrichtung des Wirtschaftsausschusses über wirtschaftliche Angelegenheiten des Betriebes, Lohn- und Gehaltslisten, Einstellung leitender Angestellter*

Erklären Sie die Begriffe: Betriebsvereinbarung, Einigungsstelle, Betriebsversammlung, Wirtschaftsausschuss.

Betriebsvereinbarung	▷ Vereinbarung über Regelungen des betrieblichen Geschehens oder einzelner betrieblicher Angelegenheiten, in denen der Betriebsrat ein Mitbestimmungsrecht hat, z. B. über Betriebsurlaub ▷ Schriftform mit Unterschrift beider Seiten ist erforderlich ▷ Ansprüche können grundsätzlich alle Arbeitnehmer geltend machen ▷ endet mit Fristablauf oder Kündigung einer Vertragspartei
Einigungsstelle	▷ Die Einigungsstelle dient zur Beilegung von Streitigkeiten zwischen Arbeitgeber und Betriebsrat im Rahmen der erzwingbaren Mitbestimmung. ▷ Die Zusammensetzung erfolgt paritätisch (je zur Hälfte) aus Mitgliedern, die Betriebsrat und Arbeitgeber benennen. Der Vorsitzende wird von beiden Seiten gewählt und ist eine unparteiische Person (zumeist ein Arbeitsrichter). ▷ Einigungsstellen sind hauptsächlich vorgesehen für Entscheidungen über – Mitbestimmung in sozialen Angelegenheiten, – Aufstellung eines Sozialplans bei Betriebsänderungen, – Durchführung der Berufsbildungsmaßnahmen.
Betriebsversammlung	▷ Die Betriebsversammlung ist eine Zusammenkunft aller Arbeitnehmer eines Betriebes. ▷ Termin: mindestens einmal in jedem Kalendervierteljahr (ordentliche Betriebsversammlung), auf Wunsch des Betriebsrates bzw. auf Antrag des Arbeitgebers können weitere außerordentliche Betriebsversammlungen stattfinden. ▷ Betriebsversammlungen finden während der Arbeitszeit statt. Den Arbeitnehmern ist das Arbeitsentgelt zu zahlen. ▷ Leitung der Betriebsversammlung: Betriebsratsvorsitzende(r) ▷ Inhalte: Tätigkeitsbericht des Betriebsrats und Information über Ergebnisse der Zusammenarbeit zwischen Arbeitgeber und Betriebsrat; Bericht des Arbeitgebers; Aussprache
Wirtschaftsausschuss	▷ Beratungs- und Informationsgremium über wirtschaftliche Angelegenheiten *Beispiele: Produktions-, Absatz- und Finanzlage, Produktions- und Investitionsprogramm, Rationalisierungsvorhaben, Fabrikations- und Arbeitsmethoden, Einschränkung oder Stilllegung des Betriebes oder von Betriebsteilen, Verlegung von Betrieben oder Betriebsteilen, Zusammenschluss von Betrieben, Änderung der Betriebsorganisation oder des Betriebszwecks* ▷ nur in Betrieben mit mehr als 100 Arbeitnehmern ▷ mindestens 3, höchstens 7 Mitglieder, die vom Betriebsrat bzw. Gesamtbetriebsrat bestimmt werden ▷ Der Wirtschaftsausschuss soll monatlich einmal zusammentreten, der Unternehmer bzw. sein Vertreter hat daran teilzunehmen.

Erläutern Sie wichtige Mitbestimmungsrechte des Betriebsrates.

Einsicht in die Personalakte	Der Arbeitnehmer hat das Recht, Einsicht in die von der Personalabteilung des Betriebes geführte Personalakte zu nehmen. Hierzu kann er ein Mitglied des Betriebsrates hinzuziehen. Das Mitglied des Betriebsrates hat über den Inhalt Stillschweigen zu bewahren.
Anhörungsrecht bei Kündigung	Der Betriebsrat ist vor jeder Kündigung zu hören, ansonsten ist die ausgesprochene Kündigung unwirksam. Der Betriebsrat kann unter bestimmten Voraussetzungen innerhalb einer Frist von einer Woche einer ordentlichen Kündigung widersprechen.
Aufstellung eines Sozialplans	Betriebsrat und Arbeitgeber sollen eine Einigung über den Ausgleich oder die Milderung der Nachteile bei einer Betriebsänderung (Stilllegung des Betriebes, Verlegung des Betriebes, Zusammenschluss mit anderen Betrieben, Einführung grundlegend neuer Arbeitsmethoden und Fertigungsverfahren) erzielen. Der Sozialplan beinhaltet z. B. Abfindungen, Umschulungsmaßnahmen, Umzugskosten bei Versetzungen, vorzeitige Ruhestandsregelungen.

1 Der Betriebsrat kann sich laut Gesetz in bestimmten Angelegenheiten des Betriebes am Entscheidungsprozess beteiligen. Diese Rechte sind in ihrer Bedeutung in

(1) Mitbestimmungsrechte,
(2) Zustimmungsrechte,
(3) Beratungs- und Informationsrechte
abgestuft.

Ordnen Sie diese Beteiligungsrechte den folgenden Angelegenheiten zu, indem Sie die Ziffer vor dem zutreffenden Recht des Betriebsrates in das jeweilige Kästchen eintragen.

Tragen Sie eine (9) ein, wenn der Betriebsrat keine Einflussmöglichkeiten hat.

a. Kündigung eines Mitarbeiters _____

b. Festlegung von Beginn und Ende der täglichen Arbeitszeit _____

c. Planung von Investitionen _____

d. Gewinnverteilung an die Gesellschafter des Unternehmens _____

e. Urlaubsplan _____

f. Entscheidung zwischen zwei Angeboten beim Kauf eines neuen DV-Systems _____

g. Gestaltung des Kantinenraums _____

2 Welches Organ bzw. welche Einrichtung gehört nicht zur betrieblichen Mitbestimmung nach dem Betriebsverfassungsgesetz? _____

(1) Jugend- und Auszubildendenvertretung

(2) Einigungsstelle

(3) Wirtschaftsausschuss

(4) Tarifkommission

(5) Betriebsversammlung

3 In welchem Zeitraum muss nach dem Gesetz eine ordentliche Betriebsversammlung einberufen werden? _____

(1) mindestens einmal im Jahr

(2) mindestens einmal im Kalendervierteljahr

(3) mindestens einmal im Monat

(4) Je nach Bedarf wird eine ordentliche Betriebsversammlung einberufen.

(5) Es gibt keine gesetzlichen Vorschriften.

4 In welcher der folgenden Situationen kann der Arbeitgeber auch ohne Zustimmung des Betriebsrates Entscheidungen treffen? _____

(1) Kauf eines neuen EDV-Systems

(2) Erstellen eines Urlaubsplanes

(3) Aufstellung von Grundsätzen zur betrieblichen Lohngestaltung

(4) Erstellen eines Sozialplanes

(5) Festlegung von Beginn und Ende der täglichen Arbeitszeit

5 Ordnen Sie den unten stehenden Erläuterungen folgende Begriffe zu:

(1) Betriebsversammlung,
(2) Einigungsstelle,
(3) Wirtschaftsausschuss.

Tragen Sie eine (9) ein, wenn sich eine sinnvolle Zuordnung nicht ergibt.

a. Dieses Organ ist paritätisch mit Mitgliedern des Betriebsrates und Vertretern des Arbeitgebers besetzt. _____

b. Dieses Organ ist in seiner Zusammensetzung gesetzlich festgelegt: Es besteht zu 25 % aus Vertretern der Arbeitnehmer und zu 75 % aus Vertretern der Arbeitgeber. ___

c. In diesem Gremium werden Vertretern der Arbeitnehmer Informationen (z. B. über die finanzielle Lage des Unternehmens) gegeben. _____

d. Dieses Organ dient der Information der Arbeitnehmer über die Tätigkeit des Betriebsrates und der Zusammenarbeit mit dem Arbeitgeber. _____

6 Welche der folgenden Personenkreise dürfen an einer Betriebsversammlung teilnehmen? _____

(1) Auszubildende des Betriebes

(2) Pressevertreter

(3) zuständige Bundestagsabgeordnete

(4) Vertreter der im Betrieb vertretenen Gewerkschaften

(5) Betriebsräte anderer Betriebe der gleichen Branche

7 Wie setzt sich die Einigungsstelle eines Betriebes zusammen? _____

(1) 50 % Vertreter der Arbeitnehmer, 50 % Vertreter des Arbeitgebers, 1 neutraler Vorsitzender

(2) $\frac{1}{3}$ Mitglieder des Betriebsrates, $\frac{1}{3}$ Vertreter des Arbeitgebers, $\frac{1}{3}$ Vertreter der zuständigen Gewerkschaft, 1 neutraler Vorsitzender

(3) jeweils 25 % Mitglieder des Betriebsrates, Vertreter des Arbeitgebers, Vertreter der Gewerkschaft und Vertreter der Arbeitgeberverbände, 1 neutraler Vorsitzender

(4) Der Arbeitgeber bestimmt die Mitglieder der Einigungsstelle.

(5) Die Einigungsstelle ist eine Institution der Industrie- und Handelskammer bzw. der Handwerkskammern.

8 Welche Aussage zur Bildung eines Wirtschaftsausschusses ist richtig? _____

Ein Wirtschaftsausschuss wird gebildet ...

(1) ... in jedem Betrieb.

(2) ... nur in Betrieben mit mindestens 10 Arbeitnehmern.

(3) ... nur in Betrieben mit mindestens 50 Arbeitnehmern.

(4) ... nur in Betrieben mit mindestens 100 Arbeitnehmern.

(5) ... nur in Betrieben mit mindestens 1000 Arbeitnehmern.

Unterscheiden Sie die betriebliche Mitbestimmung und die Unternehmensmitbestimmung.

Betriebliche Mitbestimmung	Die betriebliche Mitbestimmung ist im BetrVG verankert, regelt jedoch auch die Mitbestimmung des Betriebsrates bei wichtigen unternehmerischen Entscheidungen. Aus diesem Grund ist die Einteilung in betriebliche Mitbestimmung und Unternehmensmitbestimmung ungenau, aber gebräuchlich.
Unternehmens-mitbestimmung	Die Mitbestimmung in den Unternehmensorganen Aufsichtsrat, Vorstand oder Geschäftsführung ist nur bei juristischen Personen vorgesehen. Dazu zählen AG, GmbH, KGaA und Genossenschaft, die durch gesetzlich vorgeschriebene Organe handeln. Bei Personengesellschaften sind keine Organe vorgeschrieben, da die Unternehmer selbst die Geschäfte führen und selbst haften.

Erläutern Sie die Gesetze der Unternehmensmitbestimmung. Berücksichtigen Sie dabei insbesondere die Regelungen für die GmbH.

Betriebs-verfassungsgesetz BetrVG 1952	**Drittelbeteiligung**	
	Gültigkeit	Die Arbeitnehmermitbestimmung hat Gültigkeit für die Rechtsform der GmbH, wenn weniger als 2000 Arbeitnehmer beschäftigt sind. Mitbestimmungsfrei bleiben diese Unternehmen jedoch, wenn nur bis zu 500 Arbeitnehmer beschäftigt werden. Diese Regelung trifft auch zu für die Genossenschaften und für die Aktiengesellschaften, die nach dem 9. August 1994 in das Handelsregister eingetragen wurden.
	Zusammenset-zung und Wahl des Aufsichts-rates	Der Aufsichtsrat setzt sich zusammen aus zwei Dritteln Anteilseigner (Wahl durch die Kapitalgeber) und einem Drittel Arbeitnehmervertreter (Wahl durch den Arbeitnehmer). Die Anzahl der Aufsichtsratsmitglieder ist abhängig von der Höhe des gezeichneten Kapitals: Bis 1,5 Millionen = 9 Aufsichtsratsmitglieder > 1,5 Millionen = 15 Aufsichtsratsmitglieder > 10 Millionen = 21 Aufsichtsratsmitglieder
Mitbestimmungs-gesetz MitbestG 1976	**Gleichberechtigte Mitbestimmung**	
	Gültigkeit	Eine speziellere Regelung für Unternehmen mit mindestens 2000 Arbeitnehmern in der Rechtsform der GmbH, AG, KGaA und Genossenschaft enthält das MitbestG von 1976.
	Zusammenset-zung und Wahl des Aufsichts-rates	Der Aufsichtsrat setzt sich paritätisch aus den Vertretern der Anteilseigner und der Arbeitnehmer zusammen. Die Vertreter der Anteilseigner werden von der Hauptversammlung (AG), der Gesellschafterversammlung (GmbH) oder der Vertreterversammlung (Genossenschaft) direkt gewählt. Die Arbeitnehmervertreter setzen sich wie folgt zusammen: ▷ Vertreter aus der Gruppe der Arbeiter und Angestellten (Wahl durch Arbeiter und Angestellte) ▷ Vertreter aus der Gruppe der leitenden Angestellten (Wahl durch alle Angestellten) ▷ Vertreter der Gewerkschaften (Vorschlag durch die Gewerkschaften, Wahl durch die Belegschaft) Die Anzahl der Aufsichtsratsmitglieder ist abhängig von den beschäftigten Arbeitnehmern: Von 2 000 bis 10 000 Arbeitnehmer= 12 Aufsichtsratsmitglieder > 10 000 Arbeitnehmer = 16 Aufsichtsratsmitglieder > 20 000 Arbeitnehmer = 20 Aufsichtsratsmitglieder
	Besondere Pattsituation	Ergibt die Abstimmung im Aufsichtsrat keine Mehrheit, so hat der Aufsichtsratsvorsitzende doppeltes Stimmrecht. Der Aufsichtsrat wählt mit Zwei-Drittel-Mehrheit aus seiner Mitte einen Aufsichtsratsvorsitzenden und einen Stellvertreter. Wird diese Mehrheit nicht erreicht, dann wählen – jeweils mit einfacher Stimmenmehrheit – die Aufsichtsratsmitglieder der Kapitalgeber den Aufsichtsratsvorsitzenden und die Aufsichtsratsmitglieder der Arbeitnehmer den Stellvertreter.
	Arbeitsdirektor	Der zu wählende Arbeitsdirektor ist gleichberechtigtes Mitglied in dem zur gesetzlichen Vertretung bestimmten Unternehmensorgan. Die Bestellung kann auch gegen den Willen der Arbeitnehmervertreter erfolgen.
Montanmitbestim-mung Montan-MitbestG 1951	**Paritätische Mitbestimmung**	
	Gültigkeit	Für Unternehmen des Kohle- und Eisenerzbergbaus sowie für die Eisen und Stahl erzeugende Industrie in der Rechtsform einer GmbH oder AG mit mehr als 1000 Arbeitnehmern findet das Montan-MitbestG Anwendung.
	Zusammenset-zung und Wahl des Aufsichts-rates	Es handelt sich um eine paritätische Besetzung des Aufsichtsrats mit Vertretern der Anteilseigner (Wahl durch die Anteilseigner) und der Arbeitnehmer (Wahl durch die Anteilseigner, die jedoch an die eingereichten Vorschläge des Betriebsrates und der Gewerkschaften gebunden sind). Die gewählten Anteilseigner und Arbeitnehmervertreter im Aufsichtsrat müssen sich dann auf ein neutrales Mitglied einigen.
	Arbeitsdirektor	Der zu wählende Arbeitsdirektor des zur gesetzlichen Vertretung berufenen Organs kann nicht gegen die Mehrheit der Stimmen der Arbeitnehmervertreter im Aufsichtsrat bestellt oder abberufen werden.

1   Überprüfen Sie, ob die genannten Unternehmen unter die überbetriebliche Mitbestimmung fallen.

Tragen Sie eine

(1) ein, wenn das Betriebsverfassungsgesetz von 1952 zutrifft,
(2) ein, wenn das Montanmitbestimmungsgesetz von 1951 zutrifft,
(3) ein, wenn das Mitbestimmungsgesetz von 1976 zutrifft.

Tragen Sie eine (9) ein, wenn eine überbetriebliche Mitbestimmung nicht zutrifft.

a. Gesellschaft mit beschränkter Haftung, 700 Arbeitnehmer ☐

b. OHG, 3 000 Arbeitnehmer ☐

c. Braunkohle AG, 2 600 Arbeitnehmer ☐

d. Viermann Farben und Lacke AG, 14 000 Arbeitnehmer ☐

e. Stahlux AG, Walzerzeugnisse, 1 400 Arbeitnehmer ☐

f. Anke Rüter, eingetragene Kauffrau, Feinkost, 50 Arbeitnehmer ☐

g. Gerd Wessel, Baustoffgroßhandel AG, 700 Arbeitnehmer ☐

h. Transport Schnell GmbH, 200 Arbeitnehmer ☐

i. Nils Bökenhagen, Blumenmarkt, nicht eingetragen im Handelsregister ☐

2   Die Ferdi Lamberts GmbH ist Hersteller, Importeur und Exporteur von Delikatessen und Spirituosen. Das Unternehmen ist vor drei Jahren in Düsseldorf gegründet worden und beschäftigt 660 Mitarbeiter. Eine Tochtergesellschaft befindet sich in Italien. Dort sind 200 Arbeitnehmer angestellt.

Überprüfen Sie folgende Aussagen zur betrieblichen und überbetrieblichen Mitbestimmung.

Tragen Sie eine

(1) ein, wenn die Aussage richtig ist,
(9) ein, wenn die Aussage falsch ist.

a. Für das Unternehmen in Düsseldorf muss kein Aufsichtsrat gebildet werden. Insgesamt sind 860 Mitarbeiter in zwei rechtlich selbstständigen Unternehmen tätig. Damit bleibt das Unternehmen mitbestimmungsfrei. ☐

b. Da in Düsseldorf ein Betriebsrat besteht, ist dieses Organ auch zwingend notwendig für das Unternehmen in Italien. ☐

c. Der Aufsichtsrat setzt sich paritätisch zusammen, d. h. die Hälfte der Aufsichtsratsmitglieder wird von der Kapitalseite gewählt, die andere Hälfte von den Arbeitnehmern. ☐

d. Das Unternehmen in Düsseldorf fällt unter die Vorschriften des Betriebsverfassungsgesetzes. Somit ist ein Aufsichtsrat zu wählen. ☐

e. Die Anzahl der Aufsichtsratsmitglieder ist abhängig von der Anzahl der Angestellten und Arbeiter in Düsseldorf. ☐

f. Die Anzahl der Aufsichtsratsmitglieder ist abhängig von der Höhe des gezeichneten Kapitals. ☐

g. Ein Aufsichtsrat muss nur gewählt werden, wenn der Betriebsrat einen Antrag gestellt hat. ☐

3   Die Zusammensetzung des Aufsichtsrates einer GmbH kann unter das

(1) Mitbestimmungsgesetz von 1976,
(2) Betriebsverfassungsgesetz von 1952,
(3) Montanmitbestimmungsgesetz von 1951
fallen.

Ordnen Sie diese Gesetze den folgenden Sachverhalten zu. Falls keine überbetriebliche Mitbestimmung zutrifft, tragen Sie eine (9) ein.

a. Pax-de-vex GmbH, internationaler Vertrieb medizinischer Geräte, 3 Geschäftsführer, 130 Mitarbeiter ☐

b. Computer FEST Gesellschaft mbH, 2 300 Mitarbeiter ☐

c. Stahlwerke Osnaberg GmbH, 2 100 Mitarbeiter ☐

4   Überprüfen Sie folgende Aussagen zum Mitbestimmungsgesetz von 1976.

Tragen Sie eine

(1) ein, wenn die Aussage richtig ist,
(9) ein, wenn die Aussage falsch ist.

a. Für Unternehmen, die mindestens 2000 Arbeitnehmer beschäftigen und eine bestimmte Rechtsform aufweisen, hat das Mitbestimmungsgesetz Gültigkeit. ☐

b. Der Aufsichtsrat setzt sich paritätisch aus den Anteilseignern und den Arbeitnehmern zusammen. ☐

c. Auf der Seite der Arbeitnehmervertreter befinden sich auch Gewerkschaftsvertreter, die auf Vorschlag durch die Gewerkschaften von der Belegschaft gewählt werden. ☐

d. Die Zahl der Aufsichtsratsmitglieder ist ungerade, damit es nicht bei Abstimmung zu Pattsituationen kommen kann. ☐

5   Auf welches der drei Mitbestimmungsgesetze trifft die folgende Feststellung zu? ☐

Feststellung: „Der Aufsichtsratsvorsitzende hat bei Pattsituationen das doppelte Stimmrecht. Dabei handelt es sich bei dem Aufsichtsratsvorsitzenden i. d. R. um einen Vertreter der Kapitalseite."

(1) Mitbestimmungsgesetz von 1976

(2) Betriebsverfassungsgesetz von 1952

(3) Montanmitbestimmungsgesetz von 1951

6   Welche der folgenden Aussagen zum Aufsichtsrat ist falsch? ☐

(1) Der Aufsichtsrat wird alle 4 Jahre neu gewählt.

(2) Die Aufsichtsratsmitglieder erhalten für ihre Tätigkeit eine Tantieme, die laut Satzung oder auch durch Beschluss der Hauptversammlung bestimmt wird.

(3) Zu den Aufgaben des Aufsichtsrates gehört die Überwachung des Vorstandes.

(4) Der Aufsichtsrat hat Bericht zu erstatten über den vom Vorstand aufgestellten Jahresabschluss.

(5) Die Aufsichtsratsmitglieder müssen ein juristisches Studium nachweisen, um ihre Tätigkeit durchführen zu können.

Beschreiben Sie Begriff, Ziele und Aufgaben in der Personalplanung.

Begriff und Ziele	Die Personalplanung bildet die Grundlage der Personalwirtschaft. Ihr Ziel ist es, dem Betrieb die für die Erfüllung betrieblicher Aufgaben erforderlichen Mitarbeiter in der richtigen Menge mit der richtigen Qualifikation rechtzeitig zur Verfügung zu stellen.
Aufgaben	Aufgabe der Personalplanung ist vor allem die Ermittlung des Personalbedarfs: ▷ **Quantitativer Personalbedarf:** Menge des zu beschaffenden Personals ▷ **Qualitativer Personalbedarf:** Qualifikationen, die die zu beschaffenden Mitarbeiter vorweisen müssen

Unterscheiden Sie Personalpläne nach der Fristigkeit.
Stellen Sie die Vorgehensweise bei der Personalplanung dar.

Fristigkeit der Personalpläne	▷ **Kurzfristige Personalpläne** beziehen sich auf einen Zeitraum von bis zu 6 Monaten. Dazu gehört z. B. die monatliche und wöchentliche Personaleinsatzplanung. ▷ **Mittelfristige Personalpläne** werden für einen Zeitraum von 6 Monaten bis zu drei Jahren erstellt. Sie beinhalten z. B. die Ausbildungsplanung oder die Einsatzplanung von Führungskräften in der Einarbeitungsphase. ▷ **Langfristige Personalpläne** gehen über einen Planungshorizont von bis zu 5 oder 10 Jahren. Sie werden allerdings zumeist nur in Großunternehmen eingesetzt. Der Schwerpunkt in kleinen und mittleren Betrieben sowie einzelnen Abteilungen liegt auf der kurzfristigen Personalplanung, insbesondere der Personaleinsatzplanung (PEP).		
Vorgehensweise der Personalplanung	▷ Die Personalabteilung benötigt Mengenangaben der zu erstellenden Leistungen und Einsatzzeiten sowie die Anforderungsprofile der zu bewältigenden Aufgaben. ▷ Unter Berücksichtigung der betriebsindividuellen Krankheitsquote, der Urlaubsplanung und der bekannten Anzahl und Lage von Feiertagen ist man sodann in der Lage, die Anzahl von Mitarbeitern mit den nötigen Qualifikationen für bestimmte Bereiche und Tätigkeitsfelder zu berechnen.		
	▷ benötigte Daten	**Innerbetriebliche Daten:**	**Externe Daten:**
		▷ Absatzplanung ▷ Fehlzeitenstatistik ▷ Urlaubsplanung ▷ Fluktuationsquote (Personalwechsel) ▷ Altersstruktur	▷ Arbeitsmarktentwicklung ▷ Tarifverträge ▷ Arbeitszeitordnung ▷ konjunkturelle Daten ▷ neue Entwicklungen in der Sozialgesetzgebung

In welche Teilbereiche lassen sich die Aktivitäten der Personalplanung untergliedern?

Arbeitsmarktforschung	▷ Liefert Grundlagen für die Entscheidungsprozesse in der Personalplanung. ▷ Ermittelt das regionale bzw. überregionale Arbeitskräfteangebot. ▷ Liefert Ergebnisse über die quantitative (mengenmäßige) bzw. qualitative Entwicklung (Fachkräftebedarf) des Arbeitskräfteangebots.	
Personalbedarfsplanung	Arten des Personalbedarfs	Nach der Art des Personalbedarfs wird unterschieden in: ▷ **Ersatzbedarf** für ausscheidende Mitarbeiter; ▷ **Zusatzbedarf** für die Verwirklichung von Kapazitätserweiterungen durch neue Ladenflächen oder durch die Entstehung neuer Berufe; ▷ **Personaleinschränkungen** als Reaktion auf konjunkturelle Schwankungen, branchenspezifische oder unternehmensspezifische Marktprobleme; ▷ **Nachholbedarf** für Stellen, die bis zum Zeitpunkt der Beschaffung zwar vorgesehen, aber noch nicht besetzt sind.
	Abgangs-Zugangs-Tabelle	Die Personalbedarfplanung erfolgt in der Regel nach folgendem Schema: zukünftiger Belegschaftsstand (geplanter Bestand) – gegenwärtige Ist-Belegschaft + voraussichtliche Abhänge (z. B. durch Altersruhestand, Bundeswehr) – voraussichtliche Zugänge (z. B. durch Rückkehr aus dem Mutterschaftsurlaub)
		= zukünftiger Personalbedarf
Personaleinsatzplanung	Die Personaleinsatzplanung hat die Optimierung des innerbetrieblichen Einsatzes der Mitarbeiter zum Ziel. Dazu gehören die ▷ Einführung und Einarbeitung neuer Mitarbeiter; ▷ Neuorganisation des Personaleinsatzes bei Änderung des Arbeitsablaufes; ▷ optimale Gestaltung der Arbeitsplätze.	
Personalentwicklungsplanung	Ziel der Personalentwicklungsplanung ist die Anpassung der Qualifikation der Mitarbeiter an die ständig steigenden Anforderungen des Betriebes. Zu ihren Aufgaben gehört die Planung der ▷ Berufsausbildung, ▷ Weiterbildung durch Seminare und Fortbildungsmaßnahmen, ▷ Führungskräfteentwicklung.	

1 Ordnen Sie unten stehenden Aussagen zu, ob diese verwendet werden können zur Ermittlung des

(1) quantitativen Personalbedarfs,
(2) qualitativen Personalbedarfs.

Tragen Sie eine (9) ein, wenn dem Sachverhalt keine Angaben zum Personalbedarf zu entnehmen sind.

a. Für neu zu besetzende Stellen von Junior-Controller wird künftig eine abgeschlossene Fachhochschulausbildung mit Schwerpunkt Rechnungswesen verlangt. _____

b. In der Abteilung Qualitätskontrolle ist die Menge der zu prüfenden Produkte um 20 % gestiegen. _____

c. Der Krankenstand im Werk III ist in den letzten vier Wochen um 8 Prozentpunkte angestiegen. _____

d. Der neue Tarifvertrag sieht eine regelmäßige wöchentliche Arbeitszeit von 36 Stunden vor. _____

e. Der Bundestag beschließt aufgrund einer Vorlage des Bundesarbeitsministers eine Erhöhung der Rentenversicherungsbeiträge um 0,5 %. _____

f. Die Industrie- und Handelskammer erteilt nur noch Betrieben eine Ausbildungserlaubnis, die im auszubildenden Berufsfeld über mindestens einen Ausbilder verfügen, der die Ausbildereignungsprüfung abgelegt hat. _____

2 Prüfen Sie nachstehende Aussagen. Ordnen Sie zu, ob diese Sachverhalte Maßnahmen der

(1) kurzfristigen Personalplanung
(2) mittelfristigen Personalplanung
(3) langfristigen Personalplanung

auslösen werden.

(1) Ein Unternehmen der Maschinenbauindustrie aus Schwäbisch-Hall will in den folgenden drei Jahren ein neues Zweigwerk in Zwickau errichten. _____

(2) Ein Textileinzelhandelsunternehmen bereitet sich auf den bevorstehenden Sommerschlussverkauf vor. _____

(3) Ein EDV-Hersteller aus München will den Führungskräftenachwuchs forcieren. Absolventen von Fachhochschulen sollen in einem zweijährigen Trainee-Programm auf zukünftige Aufgaben vorbereitet werden. _____

(4) Der Leiter des Rechnungswesens eines Baustoffgroßhandels in Wismar bereitet die Inventur vor. _____

3 Für einen Bürofachgroßhandel liegen folgende Daten vor:
– derzeitige Ist-Belegschaft: 50 Mitarbeiter;
– durchschnittlicher derzeitiger Umsatz je Mitarbeiter: 30 000,00 €;
– erwartete Abgänge: 2 Mitarbeiter wegen Ruhestand, 1 Mitarbeiter wegen Wehrdienst, 4 Mitarbeiter wegen Kündigung;
– erwartete Zugänge: 2 Mitarbeiter wegen Übernahme aus dem Ausbildungsverhältnis, 2 Mitarbeiter wegen Rückkehr vom Wehrdienst.
– Der Gesamtumsatz soll auf 2,1 Mio. € erhöht werden. Der durchschnittliche Umsatz je Mitarbeiter bleibt konstant.

Berechnen Sie aus den genannten Angaben den Ersatz- bzw. Sollbedarf an Personal für die zukünftige Periode. _____

4 Welche Aufgaben hat die Arbeitsmarktforschung im Zusammenhang mit der Personalplanung? _____

Tragen Sie eine (4) ein, wenn alle Aussagen zutreffen.

(1) Die Arbeitsmarktforschung hat die Aufgabe, Zahlenmaterial über den Arbeitsmarkt für Entscheidungsprozesse in der Personalplanung bereitzustellen.

(2) Die Arbeitsmarktforschung hat nicht nur das regionale Arbeitskräfteangebot, sondern auch das überregionale Arbeitskräfteangebot zu ermitteln.

(3) Die Arbeitsmarktforschung hat die Aufgabe, Ergebnisse über die qualitative Entwicklung des Arbeitskräfteangebots zu liefern.

5 Ordnen Sie die folgenden Teilbereiche der Personalplanung den unten stehenden Einzelaufgaben der Personalplanung zu:

Teilbereiche der Personalplanung:

(1) Arbeitsmarktforschung
(2) Personalbedarfsplanung
(3) Personaleinsatzplanung
(4) Personalentwicklungsplanung

a. Ermittlung der einzustellenden Mitarbeiter anhand des Stellenbesetzungsplanes _____

b. Beschaffung von Informationen über die Erwerbsquote (Anteil der Erwerbspersonen in der Bevölkerungszahl) in der Bundesrepublik Deutschland _____

c. Planung der Kosten für Fortbildungsseminare über Kostenkontrolle _____

d. Anlernen am Arbeitsplatz durch andere Mitarbeiter _____

e. Ermittlung der Eignungsmerkmale (Qualifikationen) für neu einzustellende Mitarbeiter _____

f. Überlegungen zur Deckung eines kurzfristigen Personalengpasses _____

6 Welche der folgenden Unterlagen liefert keine Daten für die betriebliche Personalplanung? _____

a. Tarifvertrag

b. Altersstatistik

c. Arbeitszeitordnung

d. Einkommensteuerdurchführungsverordnung

e. aktueller Monatsbericht der Deutschen Bundesbank

7 Für die Debitorenabteilung einer Großhandlung liegen der Personalplanung folgende Daten vor:
– Es sind monatlich durchschnittlich 10 000 Rechnungen und Zahlungseingänge zu bearbeiten. Jeder Vorgang benötigt durchschnittlich 5 Minuten.
– Das folgende Jahr hat 245 reguläre Arbeitstage. Der Tarifvertrag sieht einen Urlaub von 30 Tagen vor sowie eine regelmäßige Arbeitszeit von 7,5 Stunden täglich.
– Im Unternehmen rechnet man mit einer durchschnittlichen Krankheitsquote im Angestelltenbereich von 8 %.

Wie viele Mitarbeiter müssen in der Abteilung Debitorenbuchhaltung vorgehalten werden, um das Arbeitspensum zu schaffen?

(Auf volle Stellenzahl aufrunden.) _____

Welcher Grundsatz sollte bei der Einstellung von Mitarbeitern stets beachtet werden?

Grundsatz	Die Qualifikationen eines neu einzustellenden Mitarbeiters richten sich nach den Anforderungen der zu besetzenden Stelle. Diese Anforderungen lassen sich aus der Stellenbeschreibung oder aus einem Anforderungsprofil der Stelle entnehmen.

Begründung	▷ Die Orientierung an den Anforderungen soll eine optimale Stellenbesetzung gewährleisten.
	▷ Fehlbesetzungen von Stellen führen
	   – zu erhöhten Personalkosten aufgrund eines vermehrten Personalwechsels;
	   – unter Umständen zu Unzufriedenheit in der Belegschaft, einem gestörtem Betriebsklima und zu geringen Leistungen des Personals.

Welche Qualifikationsgruppen sind bei der Beschaffung von Mitarbeitern zu unterscheiden?

ungelernte Mitarbeiter	Sie haben keinerlei Ausbildung und können lediglich einfache Arbeiten erledigen, z. B. Transport- und Reinigungsarbeiten, Einräumen von Regalen.
angelernte Mitarbeiter	Sie haben ebenfalls keine abgeschlossene Ausbildung, sind jedoch in einem genau abgegrenzten Arbeitsgebiet für kurze Zeit eingeführt worden. Sie erledigen Arbeiten, die keinen gesonderten Einblick in komplexe Arbeitsabläufe erfordern, wie kassieren, Telefon bedienen.
gelernte Mitarbeiter	Sie haben eine abgeschlossene kaufmännische Ausbildung wie z. B. Bürokaufmann/Bürokauffrau oder Informationselektroniker/in. Sie können somit für qualifizierte Tätigkeiten eingesetzt werden.
hoch qualifizierte Mitarbeiter	Sie haben sich über den Ausbildungsberuf hinaus noch eine Zusatzqualifikation erworben. Diese kann bestehen aus einer berufsbegleitenden Fortbildung (Industriefachwirt der IHK) oder einem Studium (z. B. Diplom-Studium) mit einem Schwerpunkt. Diese Mitarbeiter werden vorwiegend für Führungsaufgaben benötigt.

Erläutern Sie die beiden grundsätzlich verschiedenen Möglichkeiten der Personalbeschaffung. Nennen Sie deren Vor- und Nachteile.

Interne Personalbeschaffung	Externe Personalbeschaffung
Eine frei werdende Stelle wird mit einer Arbeitskraft aus dem eigenen Betrieb besetzt. Dies erfolgt in größeren Unternehmen zumeist über eine innerbetriebliche Stellenausschreibung. Vorteile (gleichzeitig Nachteile der externen Personalbeschaffung): ▷ Kenntnis des Mitarbeiters ▷ erhöhte Bindung an den Betrieb ▷ positive Auswirkung auf das Betriebsklima ▷ Betriebskenntnis ▷ Einhaltung des betrieblichen Gehaltsniveaus	Die Stelle wird mit einem Bewerber vom Arbeitsmarkt besetzt. Der Betrieb kann ▷ auf das Arbeitsamt zurückgreifen oder auf private Arbeitsvermittler, ▷ eine eigene Stellenanzeige schalten, ▷ mit Berufsschulen und Hochschulen zusammenarbeiten. Vorteile (gleichzeitig Nachteile interner Personalbeschaffung): ▷ umfangreiche Auswahlmöglichkeit ▷ neue Impulse und Anregungen für den Betrieb ▷ Ausschalten innerbetrieblicher Konflikte

Stellen Sie den Ablauf eines Bewerbungs- und Einstellungsverfahrens dar.

Personalanforderung	Auslöser eines Bewerbungsverfahrens ist die Anforderung eines bzw. mehrerer Mitarbeiter durch die Abteilung, in der Personalbedarf besteht.
Stellenbeschreibung	Diese beinhaltet die Anforderungen und Qualifikationen der zu besetzenden Stelle.
Interne bzw. externe Personalwerbung	Einleitung des Bewerbungsverfahrens durch innerbetriebliche Stellenausschreibung bzw. durch Anzeigen in Tageszeitungen/Fachzeitschriften, Auswertung von Anzeigen von Stellensuchenden oder Vermittlung durch das Arbeitsamt.
Bewerbungseingang und 1. Vorauswahl	Eingegangene Bewerbungsunterlagen werden in einer ersten Vorauswahl gesichtet. Ungeeignet erscheinende Bewerber erhalten eine Absage.
Zusätzliche Informationsbeschaffung	Verschicken eines einheitlichen Personalfragebogens. Dieser ist vom Bewerber wahrheitsgemäß auszufüllen und an das Unternehmen zurückzuschicken.
2. Vorauswahl/Einladung zu Vorstellungsgespräch	Aus dem übrigen Bewerberkreis werden die aussichtsreichsten Bewerber zu einem Vorstellungsgespräch eingeladen. Nicht berücksichtigte Bewerber erhalten eine Absage.
Vorstellungsgespräch/Tests	Interviews durch Personal- und/oder Abteilungsleiter, Leistungstests, Intelligenztests und Persönlichkeitstests geben ein genaueres Bild über die Bewerber.
Entscheidung und vorläufige Einstellung (Probezeit)	Das Unternehmen wählt den aus seiner Sicht geeignetsten Bewerber aus und bietet einen Arbeitsvertrag an. Der Bewerber entscheidet, ob er den Vertrag annimmt. Über die geplante Einstellung muss der Betriebsrat unterrichtet werden.

1　Prüfen Sie die folgenden Aussagen aus dem Gespräch zweier Personalleiter.
Kennzeichnen Sie

zutreffende Aussagen mit einer (1),
unzutreffende Aussagen mit einer (9).

a. „Um eine effiziente Personalarbeit zu leisten, müssen Anforderungsprofil und Bewerberprofil möglichst weitgehend übereinstimmen."

b. „Wenn es keine Übereinstimmung gibt, sollte man auch den Bewerber nehmen, der dem Anforderungsprofil der Stelle am ehesten entspricht."

c. „Es ist besser, erst einmal weiterzusuchen, um unnötige Fluktuationskosten zu vermeiden."

2　Entscheiden Sie in den folgenden Fällen, ob es sich dabei um die Beschaffung eines

(1)　ungelernten Mitarbeiters,
(2)　angelernten Mitarbeiters,
(3)　gelernten Mitarbeiters,
(4)　hoch qualifizierten Mitarbeiters

handelt.

a. Die Stabsstelle „Vertragsrecht" des Unternehmens ist zu besetzen.

b. Für einen Dachdeckerbetrieb wird ein Handlanger benötigt.

c. Die Stelle der Fremdsprachenkorrespondentin ist frei geworden.

d. Eine Exportsachbearbeiterin wird benötigt.

e. In der Endmontage eines Fahrzeugherstellers wird ein Mitarbeiter für die Fenstermontage gesucht.

f. In einem Großhandel wird jemand gesucht, der die Telefonzentrale, das Kopiergerät und das Faxgerät bedient.

g. Ein Heizungsinstallateur sucht für die Verlegung von Gasleitungen einen neuen Mitarbeiter.

3　Welche der folgenden Merkmale gehören nicht zu den Nachteilen einer innerbetrieblichen Personalbeschaffung?

(1)　geringe Auswahl
(2)　Betriebsblindheit
(3)　Zurücksetzung langjähriger Mitarbeiter
(4)　Blockierung von innerbetrieblichen Aufstiegsmöglichkeiten
(5)　quantitativer Bedarf wird nicht gedeckt

4　Welches der folgenden Merkmale gehört nicht zu den Nachteilen einer außerbetrieblichen Personalbeschaffung?

(1)　Stellenbesetzung ist kostenintensiv
(2)　Eingewöhnungsschwierigkeiten
(3)　Stellenbesetzung ist zeitintensiv
(4)　keine Betriebskenntnis der Bewerber
(5)　geringe Auswahlmöglichkeiten

5　Nicht zur externen Personalbeschaffung gehört der Beschaffungsweg über _____

(1)　Arbeitsämter
(2)　Stellenanzeigen
(3)　Kontakte zu Schulen bzw. Fach- und Hochschulen
(4)　Stellenausschreibung in einer Zweigstelle

6　Welche der folgenden Aussagen zur Auswahl von außerbetrieblichen Bewerbern ist falsch? _____

Tragen Sie eine (5) ein, wenn alle Aussagen richtig sind.

(1)　Zu den Bewerbungsunterlagen gehören ein Anschreiben, ein Lebenslauf mit Darstellung des Werdegangs sowie die erforderlichen Zeugnisse.
(2)　Das Vorstellungsgespräch dient dazu, einen persönlichen Eindruck über den Bewerber zu gewinnen.
(3)　Im Vorstellungsgespräch wird der Bewerber auch über den Betrieb und den Arbeitsplatz informiert.
(4)　Eignungstests dienen der zusätzlichen Information über den Bewerber.

7　Bringen Sie die folgenden Maßnahmen eines Großhandels bei einem Bewerbungsverfahren in eine schlüssige Reihenfolge, indem Sie die Ziffern 1 bis 10 vergeben.

a. Vorstellungsgespräch einschließlich Tests
b. Stellenbeschreibung als Grundlage für eine Stellenausschreibung
c. Entscheidung über den einzustellenden Bewerber
d. Bewerbungseingang
e. Aushändigung des Arbeitsvertrages
f. Personalanforderung
g. Interne bzw. externe Stellenausschreibung
h. Einladung zu einem Vorstellungsgespräch
i. Information des Betriebsrates
j. Prüfen der Bewerbungsunterlagen

8　Welche der folgenden Wege wird ein Unternehmen in der Personalbeschaffung beschreiten, wenn die unten stehenden Mitarbeiter gesucht werden? Es sind jeweils zwei Nennungen möglich.

(1)　Kleinanzeige/regionale Tageszeitung
(2)　Personalanzeige/regionale Tageszeitung
(3)　Personalanzeige/überregionale Zeitung
(4)　Arbeitsamt
(5)　Personalberater

a. Produktmanager
b. Sachbearbeiter im Einkauf
c. Lagerarbeiter
d. Bilanzbuchhalter
e. Friseurin
f. Chefredakteurin

Welches Ziel und welche Aufgaben hat die Personalverwaltung?

Ziel	Ziel der Personalverwaltung ist die reibungslose Abwicklung aller Personalangelegenheiten bei der Auswahl, Einstellung, Betreuung und Kündigung von Mitarbeitern.
Aufgaben	Die Hauptaufgaben der Personalverwaltung betreffen vornehmlich ▷ die Anlage und Führung der **Personalakten** und die Verwaltung der **Personaldaten**; ▷ die **Abwicklung aller personalwirtschaftlichen Vorgänge**, die bei der Einstellung, Verwaltung und Entlassung von Mitarbeitern anfallen, z. B. die An- und Abmeldung bei den Sozialversicherungsträgern, Ausstellung von Bescheinigungen; ▷ die Erstellung von **Personalstatistiken**.

Erläutern Sie den Begriff, die Inhalte und die Aufgaben der Personalakte.

Begriff	Die Personalakte ist das zentrale Instrument der Dokumentation des Personalwesens. Sie enthält alle personalwirtschaftlich bedeutsamen Daten des Arbeitnehmers vom Eintritt in das Unternehmen bis zum Austritt.
Inhalte	▷ Bewerbungsunterlagen/Personalbogen ▷ Arbeitsvertrag/zusätzliche Vereinbarungen ▷ Schriftverkehr, soweit dieser sich auf das Arbeitsverhältnis bezieht ▷ Beurteilungen ▷ Kopien ausgestellter Bescheinigungen und Zeugnisse ▷ Unterlagen über die Bezüge, wie Kopien der Lohnabrechnungen ▷ Urlaubsscheine ▷ Krankheitsnachweise
Aufgaben	▷ Dokumentation und Archivierung (Aufbewahrung) ▷ Aktualisierung und Fortschreibung der laufenden Daten ▷ Auskunftsbereitschaft gegenüber den verschiedenen Stellen des Unternehmens (Lohn- und Gehaltsabteilung, Vorgesetzter, Organisationsabteilung) ▷ Überwachung der mitarbeiterbezogenen Daten (Krankheitsquote, Urlaubstage, Gleitzeitabrechnungen)

Was ist eine Personaldatei/-kartei? Welche Daten können darin gespeichert werden?

Begriff	Die Personaldatei oder Personalkartei enthält alle Daten des Mitarbeiters, die der Abwicklung der Entlohnung, der Sozialversicherung und sonstiger verwaltungstechnischer Vorgänge dienen.
Inhalte	▷ **Allgemeine Daten:** z. B. Personalnummer, Name, Anschrift, Geburtsdatum, Staatsangehörigkeit, Geschlecht ▷ **Persönlichkeitsprofildaten:** z. B. Schul- und Berufsausbildung, Berufserfahrung, Weiterbildungsmaßnahmen, Beurteilungsdaten ▷ **Abrechnungsdaten:** z. B. Lohnsteuerklasse, Familienstand, Anzahl der Kinder, Religionszugehörigkeit, Sozialversicherungsdaten, Angaben über Fehlzeiten und Urlaub

Was muss der Arbeitgeber bei der Führung von Personalakten und Personaldateien beachten? Welche Rechte hat der Arbeitnehmer in Bezug auf seine Personalakte?

wichtige Punkte, die der Arbeitgeber beachten sollte	▷ Für jeden Arbeitnehmer sollte eine Personalakte und ein Personalstammsatz/Karteikarte angelegt werden. ▷ Die Personalakten sollten zentral in der Personalabteilung geführt werden. ▷ Bei der Führung der Personalakte, der Personalkartei oder Datei hat der Arbeitgeber die Vorschriften des Datenschutzgesetzes zu beachten. Da es sich um sehr sensible Daten handelt, muss er diese vor allem vor dem Zugriff unberechtigter Personen schützen. ▷ Es darf grundsätzlich nur eine Personalakte geführt werden. So genannte „Schattenakten", in denen Unterlagen aufbewahrt werden, über die der Mitarbeiter nichts erfahren soll, sind unzulässig.
Rechte des Mitarbeiters	▷ **Betriebsverfassungsgesetz:** Der Mitarbeiter hat ein Recht darauf, jederzeit Einsicht in seine Personalakte zu nehmen. ▷ **Datenschutzgesetz:** Der Arbeitnehmer hat ein Recht auf – Benachrichtigung über die Erfassung und Speicherung; – Berichtigung falscher Daten und Löschung von unzulässig gespeicherten Daten; – Sperrung von Daten, deren Richtigkeit vom Arbeitnehmer angezweifelt wird.

Welche Aufgabe erfüllt die Personalstatistik? Geben Sie Beispiele für Auswertungen.

Begriff	Die Personalstatistik ist ein wichtiges Instrument für die Personalplanung, Aus- und Fortbildung sowie die Personalbeschaffung. Sie wertet die Daten des vorhandenen Personals nach verschiedenen Gesichtspunkten aus und ermöglicht somit Perioden- und Betriebsvergleiche.
Auswertungen	▷ **Personalstruktur:** Mitarbeiter nach Alter, Geschlecht, Funktionen ▷ **Personalkosten:** Personalkosten nach Struktur, Lohnnebenkostenentwicklung ▷ **Personalbewegungen:** Fluktuationsquote, innerbetrieblicher Stellenwechsel ▷ **Ausfallzeiten:** Krankheitsquote, Ausfallzeiten nach Wochentagen und Jahreszeiten, Urlaubsverteilung

1   Welche der folgenden Aufgaben fällt nicht in den Tätigkeitsbereich der Personalverwaltung? _____ ☐

(1) Erstellen eines Zeugnisses
(2) Prüfen eines eingegangenen Personalbogens
(3) Erstellen der monatlichen Personalstrukturstatistik
(4) Buchen der monatlichen Lohn- und Gehaltsaufwendungen
(5) Prüfen der monatlichen Gleitzeitbelege

2   Welche der folgenden Unterlagen wird nicht in der Personalakte aufbewahrt? _____ ☐

(1) Kopien der Beurteilungen
(2) Arbeitsunfähigkeitsbescheinigungen
(3) Lohnsteuervoranmeldungen
(4) Personalbogen
(5) Zeugnisse des Arbeitnehmers aus früheren Beschäftigungsverhältnissen

3   Ordnen Sie unten stehenden Daten eines Personalstammsatzes zu, ob es sich dabei um

(1) allgemeine Daten,
(2) Persönlichkeitsprofildaten,
(3) Abrechnungsdaten

handelt.

Kennzeichnen Sie die Daten mit einer (9), wenn diese nicht in die Personalstammdatei hineingehören.

a. Lohnsteuerklasse _____ ☐

b. Geschlecht _____ ☐

c. Grad der Schwerbehinderung_____ ☐

d. besuchte Fortbildungen_____ ☐

e. Religionszugehörigkeit _____ ☐

f. Anschrift _____ ☐

g. Gehaltsgruppe_____ ☐

h. Krankenkasse _____ ☐

i. Sprachkenntnisse _____ ☐

j. Haftpflichtversicherungsnummer_____ ☐

k. Nummer des VL-Sparvertrages _____ ☐

4   Prüfen Sie unten stehende Aussagen.
Kennzeichnen Sie

richtige Aussagen mit einer (1),
falsche Aussagen mit einer (9).

a. Personenbezogene Daten unterliegen dem Datenschutz. ☐

b. Eine Personalakte wird erst angelegt, wenn der Arbeitnehmer länger als ein Jahr beschäftigt wird._____ ☐

c. Eine Personalakte wird zentral in der Personalabteilung geführt, eine zweite Personalhandakte bei dem jeweiligen Vorgesetzten._____ ☐

d. Unterlagen des Werksarztes über Untersuchungen des Arbeitnehmers dürfen nicht in die Personalakte aufgenommen werden. _____ ☐

5   Ordnen Sie zu, welche der folgenden Teilbereiche der Statistik die unten stehenden Sachverhalte aufnehmen und verarbeiten.

(1) Personalstrukturstatistik
(2) Personalkostenstatistik
(3) Personalbewegungsstatistik
(4) Personalausfallzeitenstatistik

Tragen Sie eine (9) ein, wenn keiner der Sachverhalte in der Personalstatistik Berücksichtigung findet.

a. Herr Schmidt wird ab dem 1.1. des folgenden Jahres in die nächsthöhere Gehaltsgruppe eingestuft. _____ ☐

b. Herr Tischler wird ab 1.10. die Leitung der Abteilung Umweltprojekte übernehmen. _____ ☐

c. Frau Ritter hat geheiratet. _____ ☐

d. Bundestag und Bundesrat haben die Einführung einer Pflegeversicherung beschlossen. _____ ☐

e. Herr Press muss für zwei Wochen ins Krankenhaus. _____ ☐

f. Herr Wiegmann ist Angestellter. _____ ☐

g. Frau Bruning wird in die Zweigstelle 8 versetzt. _____ ☐

h. Herr Honermeier ist Bereichsleiter._____ ☐

i. Die Geschäftsleitung entschließt sich, eine betriebliche Altersversorgung einzuführen. _____ ☐

j. Ab dem 01.01. des folgenden Jahres wird der Solidaritätszuschlag wieder in Kraft gesetzt. _____ ☐

k. Herr Rehuis hat die niederländische Staatsangehörigkeit. ☐

6   Werten Sie das folgende Zahlenmaterial aus.

Personalstand Ende des Monats:
männliche Mitarbeiter: weibliche Mitarbeiter:
– Angestellte   202   – Angestellte   315
– Arbeiter   430   – Arbeiter   320
Bruttolohn- und Gehaltssumme des Monats:
– Angestellte   1 861 200 €
– Arbeiter   2 437 500 €

Lohnnebenkosten 3 610 908 €

Berechnen Sie ...

a. ... den Anteil der Angestellten an den Beschäftigten in Prozent. _____

b. ... den Anteil der Lohnnebenkosten an den gesamten Personalkosten._____

c. ... den durchschnittlichen Bruttoverdienst der Arbeiter des Unternehmens. _____

d. ... den Anteil der weiblichen Arbeiter an den Beschäftigten in Prozent. _____

e. ... die durchschnittlichen Personalkosten der Angestellten. _____

f. ... die Lohnnebenkosten in Prozent der Bruttolohn- und Gehaltssumme. _____

g. ... die Fluktuationsquote, wenn im vergangenen Monat 40 Mitarbeiter das Unternehmen verlassen haben und dafür 40 neue Mitarbeiter wieder eingestellt wurden. _____

Beschreiben Sie die Positionen einer Entgeltabrechnung und ermitteln Sie die Nettovergütung.

SCHULZ & SOHN KG – METALLWARENFABRIK

Entgeltabrechnung **Monat:** Januar 01

Giesselmann, Rüdiger
Ringstr. 8
04209 Leipzig

Pers.-Nr.: 104
Abteilung: Versand

Persönliche Daten:

Steuerklasse:	drei
Kinderzahl:	1
Kinderfreibeträge:	0
Konfession:	ev.
Freibetrag (mtl./jährl.):	120,00/1 440,00 ⑯

Brutto

Entgelt	3 000,00	①
VL-Zulage	20,00	②
Urlaubsgeld	300,00	③

Abzüge

Gesetzliche Abzüge:

Lohnsteuer	508,33	④
Kirchensteuer	45,74	
Solidaritätszuschlag	27,96	
Rentenversicherung Arbeitnehmer	323,70	⑤
Krankenversicherung Arbeitnehmer	247,34	⑥
Arbeitslosenversicherung Arbeitnehmer	108,10	⑦
Pflegeversicherung Arbeitnehmer	28,27	⑧

Persönliche Abzüge:

Vermögenswirksame Leistungen	40,00	⑨
Gehaltsvorschuss	200,00	⑩

Gesamt	3 320,00	**Gesamt**	1 537,69

Auszahlungsbetrag	sozialvers.-pflichtiges Entgelt	steuerpflichtiges Entgelt	Sozialvers.-Beiträge/ Arbeitnehmer	Sozialvers.-Beiträge/ Arbeitgeber
1 782,31 ⑪	3 320,00 ⑫	3 200,00 ⑬	715,66 ⑭	692,47 ⑮

Erläuterungen:

① Die Höhe des Entgeltes ist im Tarifvertrag der entsprechenden Branche festgelegt bzw. wurde einzelvertraglich ausgehandelt.

② Zuschuss des Arbeitgebers zu den vermögenswirksamen Leistungen ⑨ des Arbeitnehmers, der im Tarifvertrag festgelegt ist bzw. vom Arbeitgeber freiwillig gezahlt wird.

③ sonstige Leistungen des Arbeitgebers (z. B. 13. Monatsgehalt, Kontoführungsgebühren), die sowohl steuer- als auch sozialversicherungspflichtig sind

④ Die Lohn- und Kirchensteuer sowie der Solidaritätszuschlag werden mithilfe der Lohnsteuertabelle ermittelt (notwendige Angaben: ⑬, Steuerklasse, Kinderfreibeträge).

⑤ Beitragshöhe: 19,5 % (2005) von ⑫. Dieser Beitrag wird je zur Hälfte vom Arbeitgeber und vom Arbeitnehmer aufgebracht (Arbeitnehmeranteil demnach 9,75 %).

⑥ Beitragshöhe je nach Krankenkasse des Arbeitnehmers unterschiedlich; im Beispiel: allgemeiner Beitragssatz 13,1 % + zusätzlicher Beitragssatz nur für den Arbeitnehmer 0,9 % = 7,45 % für den Arbeitnehmer und 6,55 % für den Arbeitgeber.

⑦ Beitragshöhe: 6,5 % (2005) von ⑫ (Arbeitgeber und Arbeitnehmer je zur Hälfte 3,25 %)

⑧ Beitragshöhe: 1,7 % (2005) von ⑫ (Arbeitgeber und Arbeitnehmer je zur Hälfte 0,85 %), kinderlose Versicherte zahlen einen Aufschlag von 0,25 %, also insgesamt einen Arbeitnehmeranteil von 1,1 %.

⑨ Sparbeiträge des Arbeitnehmers, die vermögenswirksam angelegt werden (z. B. Bausparverträge, Erwerb von Kapitalbeteiligungen)

⑩ individuelle Abzüge wie z. B. Tilgung eines Arbeitgeberdarlehens, Lohnpfändung

⑪ Dieser Betrag wird auf das Girokonto des Arbeitnehmers überwiesen (Gesamtbruttoentgelt – Gesamtabzüge = Nettovergütung).

⑫ ist i. d. R. mit dem Gesamtbruttoentgelt identisch

⑬ Vom Gesamtbruttoentgelt wird der monatliche Steuerfreibetrag ⑯ abgezogen. Der Steuerfreibetrag ist auf der Lohnsteuerkarte des Arbeitnehmers vermerkt.

⑭ Summe der Sozialversicherungsbeiträge ⑤ + ⑥ + ⑦ + ⑧ des Arbeitnehmers

⑮ Der Arbeitgeber trägt zur Hälfte den Beitrag für die Rentenversicherung (9,75 %/2005), Arbeitslosenversicherung (3,25 %/2005) und die Pflegeversicherung (0,85 %/2005). Hinzugerechnet wird die Hälfte des allgemeinen Beitragssatzes der Krankenversicherung (6,55 %/siehe ⑥)

⑯ Der Freibetrag wird auf Antrag vom Finanzamt auf der Lohnsteuerkarte eingetragen.

1   Welche der unten aufgeführten Positionen einer Entgeltabrechnung erhöht den auszuzahlenden Betrag? _____

(1) Lohnsteuer

(2) Kirchensteuer

(3) Vermögenswirksame Leistungen des Arbeitnehmers

(4) Zulage des Arbeitgebers zu den vermögenswirksamen Leistungen

(5) Arbeitnehmeranteil zur Sozialversicherung

2   Tragen Sie die Ziffer der falschen Berechnung in das Kästchen ein. _____

(1)   Entgelt
   + vermögenswirksame Zulage des Arbeitgebers
   + sonstige Leistungen des Arbeitgebers (soweit sie nicht steuerfrei sind)
    _____
   = steuerpflichtiges Entgelt (ohne Freibetrag auf der Lohnsteuerkarte)

(2)   Lohnsteuer
   + Kirchensteuer
   + Solidaritätszuschlag
   + Arbeitnehmeranteil zur Krankenversicherung
   + Arbeitnehmeranteil zur Rentenversicherung
   + Arbeitnehmeranteil zur Arbeitslosenversicherung
   + Arbeitnehmeranteil zur Pflegeversicherung
    _____
   = gesetzliche Abzüge vom gesamten Bruttogehalt

(3)   gesamtes Bruttoentgelt
   − gesamte Abzüge
   + verrechneter Gehaltsvorschuss
    _____
   = Auszahlungsbetrag

(4)   Arbeitnehmeranteil zur Sozialversicherung
   + Arbeitgeberanteil zur Sozialversicherung (inkl. Beiträge für die Unfallversicherung)
    _____
   = gesamte Sozialversicherungsbeiträge

(5) $\dfrac{\text{jährlicher Steuerfreibetrag}}{12}$ = monatlicher Steuerfreibetrag

3   Welches der unten stehenden Entgelte ist steuer- und sozialversicherungsfrei? _____

(1) Bruttoentgelt

(2) Mehrarbeitsvergütung

(3) Kontoführungsgebühren

(4) 50 % Zuschlag zum Grundlohn für Sonntagsarbeit

(5) Urlaubsgeld

4   Welcher Beitrag gehört nicht zu den Sozialversicherungsbeiträgen? _____

Beitrag für

(1) Arbeitslosenversicherung

(2) Rentenversicherung

(3) gesetzliche Unfallversicherung

(4) Krankenversicherung

(5) Lebensversicherung

5   Welches der nachstehenden Entgelte ist steuer- und sozialversicherungsfrei? _____

(1) Bruttogehalt

(2) Überstunden-Zuschlag

(3) Zuschuss des Arbeitgebers zu den vermögenswirksamen Leistungen des Arbeitnehmers

(4) Lohnfortzahlung im Krankheitsfall

(5) Zuschlag für Nachtarbeit

6   Welche der aufgeführten Belastungen trägt der Arbeitnehmer allein? _____

(1) Arbeitslosenversicherungsbeiträge

(2) Lohnsteuer

(3) Rentenversicherungsbeiträge

(4) Krankenversicherungsbeiträge

(5) Beiträge zur gesetzlichen Unfallversicherung

7   Welche der folgenden Angaben hat für die Berechnung der Abzüge bzw. des Auszahlungsbetrages keine Bedeutung? _____

(1) Bruttoentgelt

(2) Steuerklasse

(3) Geschlecht

(4) Vermögenswirksame Leistungen des Arbeitnehmers

(5) Anzahl der Kinderfreibeträge

8   Bei welchen Positionen kann es sich nicht um einen Abzug vom Bruttomonatsverdienst handeln? _____

(1) Gehalts-/Lohnpfändungen

(2) Beiträge des Arbeitnehmers zur betrieblichen Altersversorgung

(3) Beiträge des Arbeitgebers zur betrieblichen Altersversorgung

(4) Rentenversicherungsbeitrag des Arbeitnehmers

(5) Beitrag für die gesetzliche Unfallversicherung

Wie ermittelt man die Höhe der Lohnsteuer?

Erläuterungen:
(1) Eintragung der Steuerklasse
(2) Die Höhe der Kinderfreibeträge ist davon abhängig, ob der Kinderfreibetrag von 1,0 pro Kind auf beide Elternteile aufgeteilt wird (je 0,5) oder nicht.
(3) Eine Eintragung in diesem Feld führt zu einem Kirchensteuerabzug. Ist ein Arbeitnehmer konfessionslos, bleibt dieses Feld frei. Der Kirchensteuerabzug entfällt dann.
(4) In diesem Abschnitt werden Änderungen (z. B. der Steuerklasse), die im Laufe eines Jahres auftreten, von der jeweiligen Behörde eingetragen.
(5) Auf Antrag kann ein Arbeitnehmer vor Beginn bzw. im Laufe des Arbeitsjahres Freibeträge für Werbungskosten und Sonderausgaben geltend machen. Diese vermindern das zu versteuernde Bruttoentgelt.

Lohnsteuertabelle

Erläuterungen zu dem Tabellenausschnitt auf der gegenüberliegenden Seite:
(6) Diese Spalte beinhaltet die Bruttoentgelte. Wird ein angegebener Betrag überschritten, gilt der nächsthöhere Betrag.
(7) Dieser Bereich gilt für alle Steuerklassen **ohne** Kinderfreibeträge.
(8) Der Bereich gilt für die entsprechenden Steuerklassen **mit** Kinderfreibeträgen.
(9) Dieser Bereich weist die **Höhe der Lohnsteuer** aus.
(10) bzw. (12), (14), (16), (18): Hier wird die Höhe des Soli.-daritätszuschlages ausgewiesen.
(11) bzw. (13), (15), (17), (19): Diese Bereiche geben die Höhe der Kirchensteuer an.

Beispiel zur Ermittlung der Lohn-/Kirchensteuer und des Sol.-Zuschlags:
Arbeitnehmer Roland Godwin, Bruttomonatsentgelt 2 076,00 €, weitere Angaben lt. Lohnsteuerkarte:

Bruttomonatsentgelt	2 076,00 €
– monatlicher Steuerfreibetrag	200,00 €
= zu versteuerndes Entgelt	1 876,00 €

Steuerklasse vier/Zahl der Kinderfreibeträge 1,0. Hier ist nachzusehen in der Spalte (9) bzw. in den Spalten (14) und (15). Es ergeben sich folgende Werte: Lohnsteuer 301,06 €, SolZ 14,08 €, Kirchensteuer (für NRW 9 %) 23,03 €.

Alle Eintragungen in der Lohnsteuerkarte genau prüfen!
Lesen Sie die Informationsschrift „Lohnsteuer 200x"

Ordnungsmerkmale des Arbeitgebers

Lohnsteuerkarte 200x

Gemeinde und AGS
STADT 32006 HERFORD   AGS 05 7 58 008

Finanzamt und Nr.
FINANZAMT 32006 HERFORD   NR. 5324

Geburtsdatum
08.04.xxxx

I. Allgemeine Besteuerungsmerkmale

Steuer-klasse	Kinder unter 18 Jahren: Zahl d. Kinderfreibeträge
VIER ①	1,0 ②

Kirchensteuerabzug
EV ③

ROLAND GODWIN
WERRESTR. 14
32006 HERFORD

(Datum)
25.09.200x

(Gemeindebehörde)
STADT HERFORD

II. Änderungen der Eintragungen im Abschnitt I ④

Steuerklasse	Zahl der Kinderfreibeträge	Kirchensteuerabzug	Diese Eintragung gilt, wenn sie nicht widerrufen wird:	Datum, Stempel und Unterschrift der Behörde
			vom 200x an bis zum 31.12.200x	i. A.
			vom 200x an bis zum 31.12.200x	i. A.
			vom 200x an bis zum 31.12.200x	i. A.

III. Für die Berechnung der Lohnsteuer sind vom Arbeitslohn als steuerfrei **abzuziehen**:

Jahresbetrag €	monatlich €	wöchentlich €	täglich €	Diese Eintragung gilt, wenn sie nicht widerrufen wird:	Datum, Stempel und Unterschrift der Behörde
2.400	200	⑤ -,-	---	vom 01.01. 200x an	24. NOV. 200x
in Buchstaben zwei -tausend	vier -hundert	Zehner und Einer wie oben		bis zum 31.12.200x	i. A.
				vom 200x an	
in Buchstaben -tausend	-hundert	Zehner und Einer wie oben		bis zum 31.12.200x	i. A.
Ggf. zusätzlich z. o. a.Freibetrag				vom 200x an	
in Buchstaben bei der Tätigkeit als	-hundert (Zehner u. Einer wie oben)				i. A.

Lohnsteuerkarte

Nennen Sie weitere Personalpapiere, die im Zusammenhang mit Beginn und Beendigung eines Arbeitsverhältnisses notwendig sind.

Sozialversicherungsausweis

Grundsätzlich erhält jeder Arbeitnehmer (auch geringfügig Beschäftigte) vom zuständigen Rentenversicherungsträger diesen Ausweis.
▷ Bei Beginn einer Beschäftigung muss der Ausweis dem jeweiligen Arbeitgeber vorgelegt werden. Andernfalls muss eine Kontrollmeldung an die zuständige Krankenkasse erfolgen.
▷ Bei Beschäftigung im Bau-, Schausteller- und Gebäudereinigungsgewerbe und in Unternehmen, die sich am Auf- und Abbau von Messen u. Ä. beteiligen, muss der Arbeitnehmer den Ausweis mitführen und auf Verlangen vorlegen.
▷ Bei Lohn- und Entgeltsfortzahlung wegen Arbeitsunfähigkeit kann der Arbeitgeber die Hinterlegung verlangen.
▷ Personen, die Sozialleistungen beziehen (Arbeitslosengeld I und II), hinterlegen ihren Ausweis grundsätzlich beim jeweiligen Leistungsträger.

Meldevordruck „Meldung zur Sozialversicherung"

Dieser bundeseinheitliche Vordruck (Dreifach-Durchschreibesatz) wird für alle zu meldenden Sachverhalte, die die Sozialversicherung betreffen, verwendet.

Wichtigste Meldungen:
▷ Anmeldung des Arbeitnehmers zur Sozialversicherung
▷ Abmeldung
▷ Jahresmeldung mit Angabe des beitragspflichtigen Bruttoentgelts (wichtig für die Rentenberechnung)

1   Welche Information kann nicht auf einer Lohnsteuerkarte vermerkt sein? _____

(1) Religionszugehörigkeit des Ehegatten
(2) Steuerklasse
(3) Jährlicher/monatlicher Freibetrag
(4) Krankenkasse des Arbeitnehmers
(5) Zuständiges Finanzamt

2   Ermitteln Sie mithilfe des unten stehenden Auszugs aus der Lohnsteuertabelle für folgende Mitarbeiter die jeweiligen Beträge:

a. Mitarbeiter U. Kleine-Piening, brutto 1 875,00 €; Steuerklasse III; Kinderfreibetrag 0,5; Kirchensteuer 8 %

    aa. Lohnsteuer _____

    ab. Kirchensteuer _____

    ac. Solidaritätszuschlag _____

b. Mitarbeiterin B. Klinksiek, brutto 2 175,00 €; Steuerklasse I; Kinderfreibetrag 1,0; Kirchensteuer 9 %, jährl. Steuerfreibetrag 3 600,00 €.

    ba. Lohnsteuer _____

    bb. Kirchensteuer _____

    bc. Solidaritätszuschlag _____

c. Mitarbeiter K. Brokopf, brutto 1 876,00 €; Steuerklasse II; Kinderfreibetrag 2,0; konfessionslos

    ca. Lohnsteuer _____

    cb. Kirchensteuer _____

    cc. Solidaritätszuschlag _____

3   Von welchen Institutionen erhält der Arbeitnehmer den Sozialversicherungsausweis?

(1) Bundesversicherungsanstalt für Angestellte
(2) Finanzamt
(3) Landesversicherungsanstalten
(4) Gemeindeverwaltung
(5) Arbeitsagentur

4   Wer nimmt die Eintragung des Steuerfreibetrages auf der Lohnsteuerkarte vor? _____

(1) Arbeitgeber
(2) Arbeitnehmer
(3) Finanzamt
(4) Gemeindeverwaltung
(5) Krankenkasse

5   Welche Faktoren beeinflussen die Höhe der Lohnsteuer nicht? _____

(1) Bruttoentgelt
(2) Weihnachtsgeld
(3) Wegfall der Religionszugehörigkeit
(4) Änderung des Beitragssatzes in der Arbeitslosenversicherung
(5) Anzahl der Kinderfreibeträge

6   Welches der unten stehenden Entgelte ist steuer- und sozialversicherungsfrei? _____

(1) Bruttoentgelt
(2) Mehrarbeitsvergütung
(3) Kontoführungsgebühren
(4) 50 % Zuschlag zum Grundlohn für Sonntagsarbeit
(5) Urlaubsgeld

Lohn €/ Gehalt € bis	Steuerkl.	Lohn-steuer	ohne Kinder-freibeträge			mit Zahl der Kinderfreibeträge												
				Kirchenst.		0,5	Kirchenst.		1,0	Kirchenst.		1,5	Kirchenst.		2,0	Kirchenst.	
			SolZ	8 %	9 %	SolZ	8 %	9 %	SolZ	8 %	9 %	SolZ	8 %	9 %	SolZ	8 %	9 %
1875,24	I	300,34	16,51	24,03	27,03	14,04	20,42	22,97	11,62	16,90	19,01	9,25	13,46	15,14	6,94	10,10	11,37
	II	227,65	12,52	18,21	20,49	10,13	14,74	16,58	7,81	11,36	12,77	4,48	8,05	9,05	-	4,83	5,43
	III	73,88	-	5,91	6,65	-	2,88	3,24	-	-	-	-	-	-	-	-	-
	IV	300,34	16,51	24,03	27,03	15,27	22,22	24,99	14,04	20,42	22,97	12,82	18,65	20,98	11,62	16,90	19,01
	V	567,70	31,22	45,41	51,09	-	-	-	-	-	-	-	-	-	-	-	-
	VI	602,30	33,13	38,18	54,21	-	-	-	-	-	-	-	-	-	-	-	-
1877,54	I	301,06	16,56	24,08	27,09	14,08	20,48	23,03	11,66	16,95	19,08	9,29	13,51	15,20	6,98	10,15	11,42
	II	228,37	12,56	18,27	20,55	10,17	14,80	16,64	7,84	11,41	12,83	4,61	8,10	9,11	-	4,88	5,49
	III	73,88	-	5,91	6,65	-	2,88	3,24	-	-	-	-	-	-	-	-	-
	IV	301,06	16,56	24,08	27,09	15,31	22,27	25,05	14,08	20,48	23,03	12,86	18,71	21,04	11,66	16,95	19,08
	V	568,56	31,27	45,48	51,17	-	-	-	-	-	-	-	-	-	-	-	-
	VI	603,24	33,18	48,26	54,29	-	-	-	-	-	-	-	-	-	-	-	-

Erklären Sie die Möglichkeiten zur Beendigung des Arbeitsverhältnisses.

Fristablauf	Ist der Arbeitsvertrag nur für einen bestimmten Zeitraum abgeschlossen worden, so endet er mit Ablauf der Frist.
Aufhebungs-vertrag	Arbeitgeber und Arbeitnehmer erklären in einem Vertrag übereinstimmend, dass das Arbeitsverhältnis beendet sein soll.
Kündigung	▷ Die **ordentliche Kündigung** kann nur schriftlich unter Einhaltung einer Kündigungsfrist erfolgen. Für alle Arbeitnehmer (Arbeiter und Angestellte) gilt eine Mindestkündigungsfrist von vier Wochen zum Ende oder zur Mitte eines Monats. Ausnahmen hierzu sind bei Betrieben unter 20 Beschäftigten und bei Aushilfstätigkeiten von weniger als 3 Monaten Dauer möglich. In der Probezeit beträgt die Frist 2 Wochen. Bei längerer Betriebs-zugehörigkeit (anrechenbar erst ab dem 25. Lebensjahr) gelten erweiterte Fristen (jeweils zum Monatsende):

ab 2 Jahren – 1 Monat   ab 12 Jahren – 5 Monate
ab 5 Jahren – 2 Monate ab 15 Jahren – 6 Monate
ab 8 Jahren – 3 Monate ab 20 Jahren – 7 Monate
ab 10 Jahren – 4 Monate

▷ Die **außerordentliche Kündigung** erfolgt fristlos aus wichtigem Grund (Schriftform ist vorgegeben). Ein solcher ist die grobe Verletzung einer vertraglichen Pflicht. Entscheidend ist, dass dem kündigenden Teil die Fortsetzung des Arbeitsverhältnisses nicht mehr zugemutet werden kann. Dies wird z. B. für den Arbeitgeber dann der Fall sein, wenn der Arbeitnehmer gestohlen hat, für den Arbeitnehmer, wenn der Arbeitgeber gröb-lich die Sicherheitsvorschriften vernachlässigt.

Beschreiben Sie die Ziele und Voraussetzungen des Kündigungsschutzgesetzes.

Für einen Arbeitnehmer ist der Arbeitsplatz Grundlage zur Sicherung der materi-ellen und sozialen Existenz. Aus diesem Grund soll das Kündigungsschutzgesetz (KSchG) Arbeitnehmer vor willkürlichen Kündigungen durch den Arbeitgeber schützen. Kündigungen sind demnach rechtsunwirksam, wenn sie „sozial unge-rechtfertigt" sind. Rechtswirksame Kündigungen liegen nur dann vor, wenn be-stimmte Gründe gegeben sind (*siehe folgende Frage*). Bei personen- oder verhaltensbedingten Kündigungen müssen vorherige Abmahnungen erfolgt sein.

Voraussetzungen für die Anwendung des KSchG:

▷ Das Unternehmen muss mindestens 11 Arbeit-nehmer beschäftigen. Ausnahme: bei Arbeits-verhältnissen, die vor dem 31.12.2003 begon-nen haben (Voraussetzung: 6 Arbeitnehmer)
▷ Das Arbeitsverhältnis muss mindestens 6 Monate bestehen.

Nennen Sie Gründe, die aus der Sicht des Kündigungsschutzgesetzes sozial gerechtfertigt sind.

Gründe, die in der Person des Arbeitnehmers liegen	Gründe, die im Verhalten des Arbeitnehmers liegen	Gründe, die im Betrieb des Arbeitgebers liegen
Beispiele: ▷ *fehlende Eignung* ▷ *mangelhafte Leistung* ▷ *häufige Erkrankungen* ▷ *Alkoholabhängigkeit*	*Beispiele:* ▷ *unberechtigte Krankmeldung* ▷ *Störung des Betriebsfriedens* ▷ *häufige Unpünktlichkeit*	*Beispiele:* ▷ *Rationalisierung* ▷ *Einschränkung der Produktion* ▷ *Auftragsmangel* ▷ *Umsatzrückgang*

Beschreiben Sie das Kündigungsschutzverfahren.

▷ Die Kündigung bedarf der vorherigen Anhörung des Betriebsrates. Eine ohne Anhörung ausge-sprochene Kündigung ist nichtig. Der Betriebsrat kann einer ordentlichen Kündigung innerhalb von einer Woche, einer außerordentlichen Kündigung *unverzüglich*, spätestens innerhalb von 3 Tagen schriftlich unter Angabe von Gründen widerspre-chen.
▷ Gegen eine seiner Meinung nach sozial ungerecht-fertigte Kündigung kann der Arbeitnehmer inner-halb einer Woche *Einspruch* beim Betriebsrat ein-legen. Soweit dieser den Einspruch für begründet hält, hat er sich um eine Verständigung mit dem Arbeitgeber zu bemühen.
▷ Um ein endgültiges Wirksamwerden der Kündi-gung zu verhindern, muss der Arbeitnehmer inner-halb von 3 Wochen nach Zugang der Kündigung Klage beim Arbeitsgericht erheben mit dem Antrag, festzustellen, dass das Arbeitsverhältnis durch die Kündigung nicht aufgelöst ist. Gleiches gilt für au-ßerordentliche Kündigungen.
▷ Stellt das Arbeitsgericht die Unwirksamkeit fest, muss der Arbeitnehmer entweder weiterbeschäftigt werden oder der Arbeitgeber hat ihm eine Abfin-dung zu zahlen, falls die Fortsetzung des Arbeits-verhältnisses unzumutbar ist.

1 Welche Kündigungsfrist gilt für unten stehende Angestellte in einem Betrieb mit mehr als 50 Beschäftigten im Jahr 20, wenn sie vom Arbeitgeber ordentlich gekündigt werden und die Kündigungsfristen tarifvertraglich nicht geregelt sind?

(1) 1 Monat zum Monatsende
(2) 2 Monate zum Monatsende
(3) 3 Monate zum Monatsende
(4) 4 Monate zum Monatsende
(5) 5 Monate zum Monatsende
(6) 6 Monate zum Monatsende
(7) 7 Monate zum Monatsende
(8) 4 Wochen zum Ende/zur Mitte eines Monats

a. Anita Alfinger, 35 Jahre alt, Betriebseintritt: Jahr 11 _____ ☐

b. Bernd Blome, 50 Jahre alt, Betriebseintritt: Jahr 01 _____ ☐

c. Claus Cordes, 38 Jahre alt, Betriebseintritt: Jahr 09 _____ ☐

d. Dagobert Deiter, 28 Jahre alt, Betriebseintritt: Jahr 19 ___ ☐

e. Erika Ernstmeier, 35 Jahre alt, Betriebseintritt: Jahr 16 __ ☐

2 Arbeitnehmer sollen vor willkürlichen Kündigungen durch den Arbeitgeber geschützt werden. Gesetzliche Grundlage hierfür ist das Kündigungsschutzgesetz (KSchG).

Kennzeichnen Sie unten stehende Aussage mit einer
(1), wenn es sich um notwendige Voraussetzungen für die Anwendung des Kündigungsschutzgesetzes handelt,
(9), wenn es sich nicht um solche notwendigen Voraussetzungen handelt.

a. Das Unternehmen des gekündigten Arbeitnehmers muss in der Regel mindestens 11 Arbeitnehmer beschäftigen. ☐

b. Das Arbeitsverhältnis muss mindestens 6 Monate bestehen. _____ ☐

c. Der Arbeitgeber muss einem Arbeitgeberverband angeschlossen sein. _____ ☐

d. Der Arbeitnehmer muss gewerkschaftlich organisiert sein. _____ ☐

e. Der Arbeitgeber muss vor der Kündigung den Betriebsrat informiert haben. _____ ☐

3 Entscheiden Sie, ob es sich in unten stehenden Fällen um

(1) einen wichtigen Grund handelt, der eine außerordentliche Kündigung rechtfertigt,
(9) keinen wichtigen Grund handelt und somit eine außerordentliche Kündigung nicht gerechtfertigt ist.

a. Eine Angestellte erhält seit 2 Jahren in der Zeit vor Weihnachten keinen Urlaub, da der Betrieb in dieser Zeit einen hohen Arbeitsaufwand hat. _____ ☐

b. Ein Angestellter erscheint in einem halben Jahr fünfmal zu spät zur Arbeit, ohne dass er bisher Abmahnungen erhielt. _____ ☐

c. Eine Mitarbeiterin entwendet aus dem Büro fünf Päckchen Disketten. Nach 2 Tagen bringt sie diese reumütig zurück und informiert den Arbeitgeber. _____ ☐

d. Aufgrund eines Fehlers in der Datenverarbeitungsanlage kann das Februar-Entgelt erst Mitte März ausgezahlt werden. _____ ☐

4 Bis zu welchem Termin muss der Arbeitgeber unten stehende Angestellte mindestens weiterbeschäftigen, wenn er die ordentliche Kündigung am 15.01. ausspricht?

a. Person A: Alter 35 Jahre, 7 Jahre Betriebszugehörigkeit _____ ☐

b. Person B: Alter 25 Jahre, 1 Jahr Betriebszugehörigkeit _____ ☐

c. Person C: Alter 50 Jahre, 21 Jahre Betriebszugehörigkeit _____ ☐

d. Person D: Alter 40 Jahre, 10 Jahre Betriebszugehörigkeit _____ ☐

5 Das Kündigungsschutzgesetz lässt für eine ordentliche Kündigung eines Arbeitnehmers nur bestimmte Gründe zu, die eine Kündigung durch den Arbeitgeber sozial rechtfertigen.

Welcher der im Folgenden genannten Gründe gehört nicht dazu? _____ ☐

(1) Gründe, die in der Person des Arbeitnehmers liegen
(2) Gründe, die in der Person des Arbeitgebers liegen
(3) Gründe, die im Verhalten des Arbeitnehmers liegen
(4) betriebsbedingte Gründe

6 Innerhalb welcher Frist muss ein Arbeitnehmer Klage beim Arbeitsgericht erheben, damit eine ausgesprochene Kündigung nicht endgültig wirksam wird? ___ ☐

(1) 3 Tage
(2) 1 Woche
(3) 2 Wochen
(4) 3 Wochen
(5) 1 Monat

7 Welcher der unten aufgeführten Gründe ist kein betriebsbedingter Grund für eine sozial gerechtfertigte Kündigung? _____ ☐

(1) Umsatzrückgang
(2) Auftragsmangel
(3) Rationalisierungsmaßnahmen
(4) negativer Einfluss auf das Betriebsklima
(5) Einschränkung der Produktion

8 Welche der unten aufgeführten Aussagen zum Kündigungsschutzverfahren ist falsch? _____ ☐

Tragen Sie eine (9) ein, wenn alle Aussagen richtig sind.

(1) Eine Kündigung, die ohne vorherige Anhörung des Betriebsrates ausgesprochen wurde, ist nichtig.
(2) Der Betriebsrat kann einer ordentlichen Kündigung innerhalb von einer Woche widersprechen.
(3) Einer außerordentlichen Kündigung kann der Betriebsrat nicht widersprechen.
(4) Durch einen Klageantrag beim Arbeitsgericht innerhalb von 3 Wochen nach Zugang der Kündigung kann der Arbeitnehmer verhindern, dass die Kündigung endgültig wirksam wird.

Erläutern Sie Notwendigkeit und Arten öffentlich-rechtlicher Abgaben, insbesondere den Steuerbegriff.

Notwendigkeit	Um die Ausgaben des Staates für soziale Sicherung, Verteidigung, Bildung, Wissenschaft, Forschung, Verkehrswesen sowie Wirtschaftsförderung und allgemeine Finanzwirtschaft finanzieren zu können, benötigt der Staat Einnahmen. Neben den Erwerbseinkünften (z. B. aus dem Betrieb von gewerblichen Unternehmen) und Kreditaufnahmen des Staates zählen zu den wichtigsten Einnahmen des Staates die Steuern, Gebühren und Beiträge.
Gebühren	Gebühren werden von einem öffentlich-rechtlichen Gemeinwesen für unmittelbar erbrachte Leistungen vom Wirtschaftssubjekt erhoben, z. B. Antrag auf Erlass eines Mahnbescheids, Handelsregistereintragungen.
Beiträge	Beiträge werden zum Ausgleich indirekter Vorteile aus einer öffentlichen Leistung verlangt, z. B. Straßenanliegerbeiträge, Sozialversicherungsbeiträge, Steuerberaterkammerbeiträge.
Steuern	Steuern sind *Geldleistungen, die keine Gegenleistung* für eine besondere Leistung darstellen und von einem *öffentlich-rechtlichen Gemeinwesen* zur Erzielung von Einnahmen *allen* auferlegt werden, bei denen der Tatbestand zutrifft, an den das Gesetz die Leistungspflicht knüpft.

Merkmale der Steuern im Einzelnen:	„Geldleistung"	Steuern werden in Inlandswährung erhoben. Sach- und Dienstleistungen gehören nicht zu den Steuern.
	„keine Gegenleistung"	Dieses Merkmal grenzt die Steuer von den Gebühren und Beiträgen ab, die Gegenleistungen für besondere Leistungen des Staates sind.
	„öffentlich-rechtliches Gemeinwesen"	Dazu gehören Gebietskörperschaften wie Bund, Länder und Gemeinden und Religionsgemeinschaften.
	„allen"	Dieses Merkmal beinhaltet den Grundsatz der Tatbestandsmäßigkeit und der Gleichmäßigkeit.

Nehmen Sie eine Einteilung der Steuern nach verschiedenen Gesichtspunkten vor.

Einteilung nach der Ertragshoheit	Gemeinschaftssteuern	Die erhobenen Steuern werden zwischen Bund, Ländern und Gemeinden nach bestimmten Schlüsseln aufgeteilt. Dies gilt z. B. für Umsatzsteuer, Einkommensteuer, Körperschaftsteuer, Kapitalertragsteuer.
	Bundessteuern	Diese Steuern fließen ausschließlich dem Bund zu, z. B. alle Verbrauchsteuern (außer Biersteuer).
	Landessteuern	Diese Steuern fließen dem Land zu, z. B. Kraftfahrzeugsteuer, Biersteuer.
	Gemeindesteuern	Diese Steuern werden von den Gemeinden erhoben, z. B. Gewerbesteuer, Grundsteuer.
Einteilung nach dem Gegenstand der Besteuerung	Besitzsteuern	Versteuert wird das Einkommen und das Vermögen, z. B. Einkommensteuer, Körperschaftsteuer, Gewerbesteuer.
	Verkehrsteuern	Versteuert werden alle Vorgänge, die Vermögenswerte übertragen, z. B. Umsatzsteuer, Grunderwerbsteuer, Versicherungsteuer, Kraftfahrzeugsteuer.
	Verbrauchsteuern	Versteuert wird die konsumtive Verwendung bestimmter Güter, z. B. Tabaksteuer, Mineralölsteuer, Biersteuer, Zuckersteuer.
Einteilung nach der Art der Erhebung	Direkte Steuern	Der Steuerschuldner ist der Steuerträger, z. B. bei Einkommensteuer, Grundsteuer, Grunderwerbsteuer.
	Indirekte Steuern	Der Steuerschuldner ist nicht der Steuerträger, z. B. bei Umsatzsteuer und allen Verbrauchsteuern.
Einteilung nach der Abzugsfähigkeit	Abzugsfähige Steuern	Sachsteuern, die an einen Gegenstand sowie an einen Verkehrsvorgang die Besteuerung anknüpfen, z. B. Gewerbesteuern, Kraftfahrzeugsteuer für einen Firmenwagen.
	Nicht abzugsfähige Steuern	Personensteuern, die die private Lebensführung der Steuerpflichtigen betreffen, z. B. Einkommensteuer, Körperschaftsteuer.

1 Welcher der folgenden Begriffe stellt keine öffentlich-rechtliche Abgabe dar? _____ ☐

(1) Anleihen des Bundes

(2) Gebühren

(3) Steuern

2 Ordnen Sie folgende Begriffe den unten stehenden Aussagen zu:

(1) Gebühren
(2) Beiträge
(3) Steuern
(4) keine der genannten Abgaben

a. Die Ausstellung eines Reisepasses erfolgt gegen Entgelt. ☐

b. Der Unternehmer zahlt wegen zu später Abgabe seiner Steuererklärung einen Verspätungszuschlag. _____ ☐

c. Der Arbeitgeber führt den Arbeitgeberanteil an der Sozialversicherung an die Krankenkasse ab. _____ ☐

d. Für die Zulassung eines Kraftfahrzeuges muss ein Entgelt geleistet werden. _____ ☐

e. Es handelt sich um eine Abgabe, die als Entgelt für eine bestimmte Dienstleistung an eine öffentliche Einrichtung zu entrichten ist. _____ ☐

f. Es handelt sich um eine einmalige oder laufende Leistung, die ohne direkte Gegenleistung von einem öffentlich-rechtlichen Gemeinwesen allen auferlegt wird, auf die der Tatbestand zutrifft. _____ ☐

3 Das Recht, Steuern zu erheben, wird als Ertragshoheit bezeichnet. Ordnen Sie in den folgenden Fällen zu, um welche Art von Steuer es sich handelt:

(1) Bundessteuern
(2) Landessteuern
(3) Gemeindesteuern
(4) Gemeinschaftsteuern

a. Umsatzsteuer _____ ☐

b. Grundsteuer _____ ☐

c. Kraftfahrzeugsteuer _____ ☐

d. Biersteuer _____ ☐

e. Einkommensteuer _____ ☐

f. Mineralölsteuer _____ ☐

g. Tabaksteuer _____ ☐

4 Welche der folgenden Steuern ist eine direkte Steuer? _____ ☐

(1) Lohnsteuer

(2) Umsatzsteuer

(3) Mineralölsteuer

(4) Schaumweinsteuer

5 Die Steuern können eingeteilt werden nach dem Gegenstand der Besteuerung. Ordnen Sie den folgenden Steuern eine

(1) zu, wenn es sich um eine Besitzsteuer,
(2) zu, wenn es sich um eine Verkehrsteuer,
(3) zu, wenn es sich um eine Verbrauchsteuer handelt.

a. Biersteuer _____ ☐

b. Tabaksteuer _____ ☐

c. Kraftfahrzeugsteuer _____ ☐

d. Grunderwerbsteuer _____ ☐

e. Einkommensteuer _____ ☐

6 Steuern können in

(1) abzugsfähige Steuern und
(2) nicht abzugsfähige Steuern
eingeteilt werden.

Ordnen Sie zu.

a. Körperschaftsteuer _____ ☐

b. Kraftfahrzeugsteuer für ein Betriebsfahrzeug _____ ☐

c. Gewerbesteuer _____ ☐

7 Ordnen Sie die folgenden Begriffe den entsprechenden Lücken im Text zu:

(1) Verkehrsteuern
(2) Verbrauchsteuern
(3) Besitzsteuern

a. ... sind Steuern, deren Gegenstand Besitzwerte sind. ___ ☐

b. ... sind Steuern, die an rechtliche oder wirtschaftliche Vorgänge gebunden sind. Der Steuergegenstand ist ein Vorgang im Rahmen einer Tauschbeziehung. _____ ☐

c. ... können eingeteilt werden in Personensteuern oder Realsteuern. _____ ☐

8 Ordnen Sie den unten stehenden Steuerarten zu:

in Spalte A: (1) Besitzsteuer
              (2) Verkehrsteuer
              (3) Verbrauchsteuer

in Spalte B: (1) direkte Steuer
              (2) indirekte Steuer

in Spalte C: (1) Bundessteuer
              (2) Landessteuer
              (3) Gemeindesteuer
              (4) Gemeinschaftsteuer

Spalte	A	B	C
a. Grundsteuer _____	☐	☐	☐
b. Umsatzsteuer _____	☐	☐	☐
c. Biersteuer _____	☐	☐	☐

Nennen Sie die 7 Einkunftsarten des Einkommensteuergesetzes.
Stellen Sie die Berechnung des zu versteuernden Einkommens dar.

Gewinneinkünfte
1. Einkünfte aus Land- und Forstwirtschaft, z. B. Obstanbau, Weinbau, Teichwirtschaft 2. Einkünfte aus Gewerbebetrieb, z. B. gewerbliche Unternehmen, Gewinnanteile Offene Handelsgesellschaft 3. Einkünfte aus selbstständiger Arbeit, z. B. Ärzte, Rechtsanwälte, Heilpraktiker
Ermittlung der Einkünfte: **Betriebseinnahmen** **– Betriebsausgaben** ―――――――――――― **= Gewinn oder Verlust**

Überschusseinkünfte
4. Einkünfte aus nicht selbstständiger Arbeit, z. B. Löhne, Gehälter 5. Einkünfte aus Kapitalvermögen, z. B. Dividende, Zins 6. Einkünfte aus Vermietung und Verpachtung, z. B. Grundstücke, Gebäude, Schiffe 7. sonstige Einkünfte, z. B. Leibrenten, Unterhaltszahlungen, Spekulationsgewinne
Ermittlung der Einkünfte: **Summe der Einnahmen** **– Werbungskosten** ―――――――――――― **= Überschuss oder Verlust**

Summe der Einkünfte
– abzuziehende Beträge (z. B. Altersentlastungsbetrag)
――――――――――――――――――――――――
= Gesamtbetrag der Einkünfte
– Sonderausgaben
– außergewöhnliche Belastung
– Verlustabzug (= Verluste aus Vorperioden)
――――――――――――――――――――――――
= Einkommen
– bestimmte Freibeträge (z. B. Kinderfreibetrag)
――――――――――――――――――――――――
= zu versteuerndes Einkommen

Erläutern Sie die unbeschränkte und beschränkte Steuerpflicht bei der Einkommensteuer.

Unbeschränkte Steuerpflicht	Unbeschränkt steuerpflichtig sind alle natürlichen Personen, die im Inland einen Wohnsitz oder ihren gewöhnlichen Aufenthalt haben. ▷ Bei *natürlichen Personen* beginnt die Steuerpflicht mit der Rechtsfähigkeit. ▷ *Juristische Personen* (z. B. Gesellschaften mit beschränkter Haftung) unterliegen nicht der Einkommensteuer, sondern der Körperschaftsteuer.
Beschränkte Steuerpflicht	Beschränkt steuerpflichtig sind natürliche Personen, die im Inland weder einen Wohnsitz noch ihren gewöhnlichen Aufenthalt haben, mit ihren inländischen Einkünften. Dazu gehören z. B. so genannte Grenzgänger, die im Ausland ihren Wohnsitz haben, aber im Inland arbeiten.

Beschreiben Sie die einzelnen Lohnsteuerklassen.

Die **Lohnsteuerklassen** dienen zur Einordnung der lohnsteuerpflichtigen Personen. Jede Lohnsteuerklasse steht dabei für bestimmte persönliche Verhältnisse. Die Einordnung führt je nach Steuerklasse zu einer unterschiedlichen Höhe der individuellen Lohnsteuer, die bei der Berechnung des Nettolohnes einer amtlichen **Lohnsteuertabelle** entnommen wird.

Steuerklasse I	Arbeitnehmer, die a. ledig sind, b. verheiratet, verwitwet oder geschieden sind und bei denen die Voraussetzungen für die Steuerklasse III oder IV nicht erfüllt sind.
Steuerklasse II	Die unter Steuerklasse I bezeichneten Arbeitnehmer, wenn sie mindestens ein Kind haben.
Steuerklasse III	1. Verheiratete Arbeitnehmer, wenn beide Ehegatten unbeschränkt einkommensteuerpflichtig sind und nicht dauernd getrennt leben und a. ein Ehegatte nicht berufstätig ist oder b. ein Ehegatte auf Antrag beider Ehegatten in die Steuerklasse V eingereiht wird. 2. Verwitwete Arbeitnehmer für das Kalenderjahr, das dem Todesjahr des Ehegatten folgt. 3. Geschiedene Arbeitnehmer im Jahr der Ehescheidung.
Steuerklasse IV	Verheiratete Arbeitnehmer, wenn der Ehegatte ebenfalls Arbeitslohn bezieht.
Steuerklasse V	Die unter Steuerklasse IV bezeichneten Arbeitnehmer, wenn der Ehegatte auf Antrag beider Ehegatten in die Steuerklasse III eingereiht wird.
Steuerklasse VI	Arbeitnehmer, die nebeneinander von mehreren Arbeitgebern Arbeitslohn beziehen, für die Einbehaltung der Lohnsteuer vom Arbeitslohn aus dem zweiten und weiteren Dienstverhältnissen.

1   Tragen Sie hinter den unten stehenden Aussagen eine

(1)   ein, wenn die genannte Person mit ihren Einkünften unbeschränkt einkommensteuerpflichtig ist,
(2)   ein, wenn die genannte Person mit ihren Einkünften beschränkt einkommensteuerpflichtig ist,
(9)   ein, wenn keine Antwort zutrifft.

a. Der Sizilianer Romolo Lanfranci hat in Toarmina und in Bremen je eine Wohnung, die er benutzt. _____

b. Pamela Kraus ist Angestellte einer Wiener Bank. Sie hat ihren Wohnsitz in Wien. In den Monaten Mai und Juni des Jahres arbeitete sie bei einer Frankfurter Filiale der Wiener Bank. Während der Zeit wohnte sie in einem Frankfurter Hotel. _____

c. Die Papierspielzeug Kettler GmbH hat ihren Geschäftssitz in Köln. _____

2   Das Einkommensteuergesetz nennt sieben Einkunftsarten.

Ordnen Sie eine

(1)   zu, wenn es sich um eine Überschusseinkunftsart handelt,
(2)   zu, wenn es sich um eine Gewinneinkunftsart handelt.

Einkünfte

a. aus der Verpachtung von Grundstücken_____

b. eines Rechtsanwaltes _____

c. aufgrund gezahlter Tantiemen _____

d. aus der Tierzucht _____

e. aus dem Gemüseanbau _____

f. aufgrund von monatlichen Gehaltszahlungen_____

g. eines gewerblichen Unternehmens_____

h. aufgrund von Spekulationsgewinnen _____

3   Überprüfen Sie, ob es sich bei den folgenden Angaben um Einkünfte aus Kapitalvermögen handelt.

Tragen Sie eine

(1)   ein, wenn dies zutrifft,
(9)   ein, wenn dies nicht zutrifft.

a. Zinsen aus Sparguthaben_____

b. Zinsen aus Bausparguthaben _____

c. Zinsen aus Pfandbriefen _____

d. Zinsen aus Obligationen _____

e. Vermögen aufgrund eines Grundstücks _____

f. Münzsammlung, deponiert bei der Bank_____

4   Unterscheiden Sie

Werbungskosten bei Einkünften aus

(1)   nicht selbstständiger Arbeit,
(2)   Vermietung und Verpachtung,
(3)   Kapitalvermögen,
(4)   sonstigen Einkünften.

Handelt es sich nicht um Werbungskosten, tragen Sie eine (9) ein.

a. Gewerkschaftsbeiträge _____

b. Depotgebühren für Aktien bei der Bank _____

c. Mehraufwendungen für doppelte Haushaltsführung aufgrund eines neuen Arbeitsplatzes_____

d. Bezahlung der Raumpflegerin für Säuberungsarbeiten in der vermieteten Wohnung_____

5   Die Arbeitnehmerin Annette Spannhorst fährt mit dem eigenen Pkw an 195 Arbeitstagen von ihrer Wohnung zur Arbeitsstätte. Die Fahrstrecke hin und zurück beträgt 46 km. Der Anleitung zur Einkommensteuererklärung entnimmt sie, dass ihr für jeden Entfernungskilometer 0,30 € anerkannt werden.

Wie viel Euro kann Frau Spannhorst als Werbungskosten für die Aufwendungen für die Fahrten zwischen Wohnung und Arbeitsstätte im Rahmen ihrer Einkommensteuererklärung geltend machen?

Tragen Sie die Ziffer vor der richtigen Antwort in das Kästchen ein. _____

(1)   1 345,00 €

(2)   2 691,00 €

(3)   0,00 €

(4)   anderes Ergebnis

6   Stellen Sie fest, welche Steuerklassen für die genannten Personen gelten.

(1)   Steuerklasse I
(2)   Steuerklasse II
(3)   Steuerklasse III
(4)   Steuerklasse IV
(5)   Steuerklasse V
(6)   Steuerklasse VI

a. Ehefrau Brigitte Wrobel, die an 4 Tagen wöchentlich als angestellte Tennistrainerin tätig ist. Der Ehemann hat die Steuerklasse III._____

b. Auszubildender, ledig, kinderlos, 21 Jahre _____

c. Ehefrau Heike Sankowski, tätig als Stewardess. Der Ehemann hat die Steuerklasse IV. _____

d. Arbeitnehmerin mit einer 14 Tage alten Tochter, seit 2 Jahren Witwe_____

e. Verheirateter Geschäftsführer, Ehefrau ist nicht berufstätig _____

Definieren Sie den Begriff „Sonderausgaben". Nennen Sie die wichtigsten Arten von Sonderausgaben.

Begriff	**Sonderausgaben** sind Aufwendungen, die nach dem Einkommensteuergesetz vom Gesamtbetrag der Einkünfte abgezogen werden können, wenn sie weder Betriebsausgaben noch Werbungskosten noch außergewöhnliche Belastungen sind.
Arten	**Unbeschränkt abzugsfähige Sonderausgaben** sind Renten und dauernde Lasten, gezahlte Kirchensteuer, Steuerberatungskosten.
	Beschränkt abzugsfähige Sonderausgaben werden unterschieden: ▷ Sonderausgaben, die nicht Vorsorgeaufwendungen sind: Unterhaltsleistungen an bestimmte Ehegatten, Aufwendungen für die eigene Berufsausbildung, Spenden; ▷ Sonderausgaben, die Vorsorgeaufwendungen sind: Kranken-, Unfall- und Haftpflichtversicherungen, gesetzliche Rentenversicherungen, Beiträge zu bestimmten Versicherungen auf den Erlebens- oder Todesfall.

Was versteht man unter „außergewöhnlichen Belastungen" im Rahmen des Einkommensteuerrechts?

Begriff	**Außergewöhnliche Belastungen** sind Aufwendungen, denen sich der Steuerpflichtige aus tatsächlichen, rechtlichen und sittlichen Gründen nicht entziehen kann. Sie sind nur dann zu berücksichtigen, wenn sie von dritter Seite (z. B. Krankenkasse) nicht ersetzt werden und die Aufwendungen über der zumutbaren Eigenbelastung liegen oder gewisse Höchstbeträge nicht überschritten werden.	
Arten	**Außergewöhnliche Belastungen allgemeiner Art**	Krankheitskosten, Beerdigungskosten, Kurkosten, Kinderbetreuungskosten
	Außergewöhnliche Belastungen in besonderen Fällen	Unterhaltsaufwendungen, Ausbildungsfreibeträge, Beschäftigung einer Hausgehilfin oder Haushaltshilfe
	Pauschbeträge für Körperbehinderte und Hinterbliebene	Die Höhe ist abhängig von dem jeweiligen Grad der Behinderung.

Definieren Sie „Werbungskosten" und nennen Sie zu jeder Überschusseinkunftsart die wichtigsten Werbungskosten.

Begriff	**Werbungskosten** sind Aufwendungen, die dem Erwerb, der Sicherung und der Erhaltung der Einnahmen dienen.
Werbungskosten bei Einkünften aus ... „nicht selbstständiger Arbeit"	▷ **Aufwendungen für Fahrten zwischen Wohnung und Arbeitsstätte** Bei öffentlichen Verkehrsmitteln werden die tatsächlichen Kosten berücksichtigt; bei Nutzung eines Kraftfahrzeugs, Motorrollers etc. werden nur gesetzlich vorgeschriebene Kilometerpauschbeträge je Entfernungskilometer anerkannt. ▷ **Aufwendungen für Arbeitsmittel** Hierzu zählen: typische Berufskleidung, Werkzeuge, Fachbücher und -zeitschriften. Betragen die Anschaffungskosten nicht mehr als 410,00 €, so können sie voll geltend gemacht werden, sonst müssen sie auf die Jahre der üblichen Nutzungsdauer verteilt werden. Kosten für die Reinigung oder Reparatur können ebenfalls abgesetzt werden. ▷ **Bewerbungskosten** Kosten für Anzeigen, Telefon, Porto, Fotokopien sowie nicht erstattete Reisekosten anlässlich einer Vorstellung können geltend gemacht werden. ▷ **Fortbildungskosten** Dazu zählen Ausgaben für den Besuch von Lehrgängen, Tages- oder Abendschulen, die berufsbezogenen Lehrstoff vermitteln; ebenso Fachbücher, Kopien, Schreibmaterialien, Reisekosten. ▷ **Kontoführungsgebühren** Ohne Einzelnachweis wird ein Pauschbetrag anerkannt. ▷ **Reisekosten bei Dienstreisen und Dienstgängen** Anerkannt werden Fahrtkosten, Verpflegungsmehraufwendungen, Übernachtungskosten bei mehrtägigen Reisen sowie Telefon-, Parkgebühren und sonstige nicht erstattete Ausgaben. ▷ **Umzugskosten** Sie werden erstattet, wenn der Umzug beruflich bedingt war. ▷ **Mehraufwendungen für doppelte Haushaltsführung** Ist eine Unterkunft außerhalb des Ortes, an dem ein eigener Hausstand besteht, aus beruflichem Anlass notwendig, können notwendige Mehraufwendungen geltend gemacht werden. ▷ **Häusliches Arbeitszimmer** Ausgaben für ein häusliches Arbeitszimmer werden anerkannt, wenn der Raum fast ausschließlich für berufliche Zwecke genutzt wird. ▷ **Gewerkschaftsbeiträge** Zahlungen an die Berufsverbände werden als Werbungskosten anerkannt.
„Vermietung und Verpachtung"	Schuldzinsen, Absetzungen für Abnutzung (AfA), sonstige öffentliche Abgaben und Versicherungsbeiträge für den Grundbesitz, Ausgaben für Hausverwaltung und Hausmeister
„Kapitalvermögen"	Bankspesen, Bürokosten, Telefongebühren, Zinsen, falls für den Kauf von Effekten ein Kredit aufgenommen wurde
„sonstigen Einkünften"	▷ Bankprovision, Telefongebühren

1   Welche der folgenden Ausgaben sind

(1) beschränkt abzugsfähige Sonderausgaben,
(2) unbeschränkt abzugsfähige Sonderausgaben,
(3) nicht abzugsfähig als Sonderausgaben?

Ordnen Sie zu.

a. Krankenversicherung _____ ☐

b. Gesetzliche Rentenversicherung _____ ☐

c. Aufwendungen für Arbeitsmittel _____ ☐

d. Unfallversicherung _____ ☐

e. Spenden _____ ☐

f. Reisekosten bei Dienstreisen _____ ☐

2   Welche der folgenden Ausgaben eines Arbeitnehmers sind

(1) Werbungskosten,
(2) Sonderausgaben,
(3) außergewöhnliche Belastungen,
(4) nicht abzugsfähige Ausgaben?

a. Abonnement einer Tageszeitung _____ ☐

b. Abonnement einer Fachzeitschrift seines Arbeitsbereiches_____ ☐

c. Abonnement bei einer Buchgemeinschaft _____ ☐

d. Regelmäßige Unterstützung des bedürftigen Vaters _____ ☐

e. gezahlte Kirchensteuer _____ ☐

f. Berufskleidung _____ ☐

g. durch den Arbeitgeber einbehaltene Sozialversicherungsbeiträge _____ ☐

3   Ein kaufmännischer Angestellter hat Einkünfte aus nicht selbstständiger Arbeit und möchte die folgenden Ausgaben im Rahmen seiner Einkommensteuererklärung geltend machen.

Ordnen Sie den unten stehenden Ausgaben eine

(1) zu, wenn es sich um Werbungskosten handelt,
(2) zu, wenn es sich um Sonderausgaben handelt,
(3) zu, wenn es sich um außergewöhnliche Belastungen handelt,
(4) zu, wenn die Ausgaben nicht abzugsfähig sind.

a. Familienhaftpflichtversicherung_____ ☐

b. Fachliteratur _____ ☐

c. Gewerkschaftsbeiträge _____ ☐

d. Hausratversicherung_____ ☐

e. Kaskoversicherung _____ ☐

f. Hagelversicherung _____ ☐

g. Unfallversicherung _____ ☐

h. Krankentagegeldversicherung _____ ☐

4   Ergänzen Sie die unten stehenden Textstellen.

(1) Sonderausgaben
(2) Werbungskosten
(3) außergewöhnliche Belastungen

a. ... sind Aufwendungen zur Erwerbung, Sicherung und Erhaltung der Einnahmen. _____ ☐

b. ... sind meist Aufwendungen der Lebensführung, die mit keiner Einkunftsart in wirtschaftlichem Zusammenhang stehen. Sie werden z. B. aus sozialpolitischen Gründen steuerlich begünstigt. _____ ☐

c. ... sind Aufwendungen, die zwangsläufig entstanden sind, und dem Steuerpflichtigen in höherem Maße erwachsen als der überwiegenden Mehrzahl der Steuerpflichtigen. _____ ☐

d. Gründe für ... können z. B. die Berufsausbildung von Kindern oder die Beschäftigung einer Haushaltsgehilfin sein._____ ☐

e. Zu den ... zählen z. B. Spenden zur Förderung mildtätiger, kirchlicher, wissenschaftlicher, religiöser und staatspolitischer Zwecke. _____ ☐

f. In unbegrenzter Höhe abzugsfähig sind Steuerberatungskosten, gezahlte Kirchensteuer. Es handelt sich hierbei um ... _____ ☐

5   Welche der folgenden Ausgaben eines Arbeitnehmers sind

(1) Werbungskosten,
(2) Sonderausgaben,
(3) außergewöhnliche Belastungen,
(4) nicht abzugsfähige Ausgaben?

Tragen Sie die Ziffer vor der jeweils zutreffenden Antwort in das Kästchen ein.

a. Steuerberatungskosten_____ ☐

b. Spende an eine als gemeinnützig anerkannte Organisation_____ ☐

c. Reinigungskosten für notwendige Berufskleidung _____ ☐

6   Ordnen Sie unten stehenden Aussagen eine

(1) zu, wenn die Feststellung richtig ist,
(9) zu, wenn die Feststellung falsch ist.

a. Der Arbeitgeber muss die errechnete Lohnsteuer des Arbeitnehmers bei jeder Lohnzahlung einbehalten und an das Finanzamt abführen. _____ ☐

b. Aus der Lohnsteuerkarte sind die an das Finanzamt abzuführenden Beträge der Höhe nach zu entnehmen. _____ ☐

c. Von der Gemeindebehörde wird der Familienstand und die Zahl der Kinder eingetragen, von der Finanzbehörde die jeweilige Steuerklasse. _____ ☐

d. Die Lohnsteuerkarte gilt für mehrere Jahre und wird nur auf Antrag des Steuerpflichtigen neu von der Gemeinde ausgestellt. _____ ☐

Was ist ein Markt?

Jeden Ort, an dem Güter und Dienstleistungen angeboten und nachgefragt werden, bezeichnet man als Markt.
▷ Der Markt setzt das Zusammentreffen von kaufkräftiger Nachfrage und lieferfähigem Angebot voraus.
▷ Am Markt findet der Ausgleich zwischen Angebot und Nachfrage statt.
▷ Der Markt ist der Ort, an dem sich als Ergebnis des Marktgeschehens ein Preis bildet.

Nach welchen Gesichtspunkten können Märkte aufgeteilt werden?

Unterscheidung nach der Güterart	Unterscheidung nach dem Organisationsgrad	Unterscheidung nach den Zugangsmöglichkeiten
▷ **Faktormärkte** – Arbeitsmarkt – Kapitalmarkt ▷ **Gütermärkte** – Sachgütermarkt – Dienstleistungsmarkt	▷ **organisierte** Märkte, die an Ort und Zeit gebunden sind ▷ **nicht organisierte** Märkte, die nicht an feste Zeiten oder einen Ort gebunden sind	▷ **offener Markt** Jede Person kann an diesem Markt teilnehmen. ▷ **geschlossener Markt** Zugang ist durch bestimmte Beschränkungen behindert oder ausgeschlossen.

Unterscheidung nach der Vollkommenheit des Marktes	
▷ vollkommener Markt – Gleichartigkeit von Gütern, – Fehlen jeglicher Präferenzen (Vorzüge) in Bezug auf Personen, Zeit und Raum, – vollständige Marktübersicht für Anbieter und Nachfrager.	▷ **unvollkommener Markt** Dem unvollkommenen Markt fehlen eine oder mehrere Bedingungen des vollkommenen Marktes. Unvollkommene Märkte sind heute die Regel, da auf nahezu allen Konsumgütermärkten, z. B. durch Werbung, Präferenzen geschaffen werden.

Beschreiben Sie den Zusammenhang von Nachfrage, Angebot und Preis.

Angebot

Das Angebot ist die Absicht einer Person, eine bestimmte Menge eines bestimmten Gutes dann zu verkaufen, wenn der Preis dafür mindestens eine Höhe erreicht hat, die mit seinen Vorstellungen übereinstimmt.
Die Summe der Angebote eines Gutes macht das Gesamtangebot aus.

Nachfrage

Die Nachfrage ist die Absicht einer Person, eine bestimmte Menge eines Gutes dann zu kaufen, wenn der Preis für dieses Gut so niedrig ist, dass er den Vorstellungen dieser Person entspricht.
Die Summe der individuellen Nachfragen nach einem Gut stellt die Nachfrage nach diesem Gut dar.

Bestimmungsfaktoren des Angebots:

▷ **Preis des angebotenen Gutes**
Je höher der Preis für ein Gut ist, desto größer wird die Bereitschaft des Anbieters sein, das Gut zu verkaufen.
▷ **Preise der Produktionsfaktoren**
Die untere Grenze, die ein Anbieter akzeptieren kann, sind die Produktionskosten für die Herstellung eines Gutes. Kann der Preis die Kosten nicht mehr decken, wird der Anbieter nicht mehr bereit sein, das Gut anzubieten.
▷ **Preise der übrigen Güter**
Die Preisentwicklung bei anderen Gütern beeinflusst das Angebot der Betriebe. Das gilt besonders für Güter, die zu dem angebotenen Gut eine bestimmte Beziehung haben. Steigen z. B. die Preise für Teppichböden sehr stark, wird ein Anbieter von Parkettfußboden sein Angebot ausdehnen, weil er damit rechnet, dass die Konsumenten auf Parkettfußboden ausweichen.
▷ **Stand des technischen Wissens**
Je höher der Technologievorsprung eines Anbieters ist, desto größer wird sein Angebot sein, weil er damit seine Produkte insgesamt kostengünstiger herstellen kann.
▷ **Gewinnerwartungen**
Bestehen bei einem Gut hohe zukünftige Gewinnchancen, wird ein Anbieter in diesem Markt investieren. Die Folge ist ein erhöhtes Angebot.

Bestimmungsfaktoren der Nachfrage:

▷ **Preis des nachgefragten Gutes**
Je niedriger der Preis für ein Gut ist, desto eher wird der Nachfrager bereit sein, dieses Produkt zu kaufen. Dieses Verhalten gilt jedoch nur, soweit man dem Nachfrager rationales Verhalten unterstellt. Bei einer Reihe von Gütern wird der Preis überhaupt keine Rolle spielen, weil die Nachfrager eine bestimmte Menge des Gutes unbedingt benötigen (lebenswichtige Güter). Bei anderen Gütern wiederum wird es für bestimmte Nachfrager erst dann interessant, wenn der Preis des Gutes besonders hoch ist (z. B. Designer-Möbel).
▷ **Konsumsumme**
Jeder Nachfrager hat nur einen begrenzten Teil seines Einkommens, das er konsumieren kann. Steigt das Einkommen, kann der Nachfrager sich „mehr leisten", sinkt das Einkommen hingegen, muss er auf Güter verzichten. Dies wirkt sich jedoch zumeist nicht bei den Gütern aus, die der Nachfrager in jedem Fall erwerben muss oder die er nur in begrenzter Menge benötigt.
▷ **Preise der anderen Güter**
Preisveränderungen bei einigen Gütern wirken sich unmittelbar auf die zur Verfügung stehende Summe für andere Güter aus. Steigen z. B. die Preise für Mieten und Grundnahrungsmittel, bleiben dem Haushalt weniger Mittel, um Güter des gehobenen Bedarfs zu erwerben.

1 Prüfen Sie die folgenden Aussagen. Kennzeichnen Sie

richtige Aussagen mit einer (1),
falsche Aussagen mit einer (9).

a. Der Markt ist der Ort, an dem Anbieter und Nachfrager mit ihren Gütern aufeinander treffen. _____

b. Das Ergebnis des ökonomischen Geschehens auf einem Markt ist der Preis. _____

c. Die Nachfrager wollen auf dem Markt ihren Konsumplan mit einem möglichst hohen Gewinn realisieren. _____

d. Jeder Markt ist in seiner Grundstruktur darauf angelegt, einen Wettbewerb zwischen den Marktteilnehmern zu erzeugen. _____

e. Ein Wochenmarkt unterliegt im Prinzip den gleichen Marktgesetzen wie die Börse. _____

f. Angebot und Nachfrage auf einem bestimmten Markt unterliegen den gleichen Einflussfaktoren. _____

2 Angebot und Nachfrage unterliegen verschiedenen Einflussgrößen. Ordnen Sie zu.

(1) Bestimmungsfaktor des Angebots
(2) Bestimmungsfaktor der Nachfrage
(3) Bestimmungsfaktor, der sich sowohl auf die Nachfrage als auch auf das Angebot auswirkt.

Tragen Sie eine (9) ein, wenn sich die genannte Größe weder auf das Angebot noch auf die Nachfrage auswirkt.

a. Preis eines Gutes _____

b. Preise der Produktionsfaktoren _____

c. Stand des technischen Wissens _____

d. Konsumsumme _____

e. Preise anderer Güter _____

f. Gewinnerwartungen _____

g. Kapazitätsauslastung _____

3 Welche der nachstehend aufgeführten Bedingungen ist kein Bestimmungsfaktor des Angebotes? _____

(1) Preise der Produktionsfaktoren
(2) Preise der übrigen Güter
(3) Stand des technischen Wissens
(4) Leitzinssatz der EZB
(5) Gewinnerwartungen der Anbieter

4 Die Preisbildung auf einem vollkommenen Markt vollzieht sich unter bestimmten Voraussetzungen. Entscheiden Sie, ob unten stehende Merkmale

(1) zu den Voraussetzungen eines vollkommenen Marktes gehören,
(9) nicht zu den Voraussetzungen eines vollkommenen Marktes gehören.

a. Gleichartigkeit der Güter _____

b. Geringe Anzahl von Anbietern _____

c. Marktübersicht _____

d. Marktforschung _____

5 Prüfen Sie die folgenden Aussagen. Kennzeichnen Sie

richtige Aussagen mit einer (1),
falsche Aussagen mit einer (9).

a. Je niedriger der Preis eines Gutes ist, desto eher wird der Nachfrager bereit sein, dieses Gut zu kaufen. _____

b. Je höher der Preis eines Gutes ist, desto eher wird der Konsument bereit sein, das Komplementärgut zu kaufen. _____

c. Je niedriger der Preis eines Gutes ist, desto eher werden die Haushalte bereit sein, das Substitutionsgut zu kaufen. _____

d. Je größer das Einkommen eines Haushaltes ist, desto eher wird dieser bereit, bei gleich bleibendem Preis eine höhere Menge eines Gutes zu kaufen. _____

e. Steigt der Preis eines Gutes G1, so wird der Haushalt eine geringe Menge des hierzu indifferenten Gutes G2 kaufen. _____

6 Welche der nachstehend aufgeführten Bedingungen ist kein Bestimmungsfaktor der Nachfrage? _____

(1) Preis des nachgefragten Gutes
(2) Zinssatz für kurzfristige Kredite
(3) Konsumsumme
(4) Preise der anderen Güter

7 Kennzeichnen Sie unten stehende Aussagen mit

(1), wenn diese richtig sind,
(9), wenn diese falsch sind.

a. Zu den Faktormärkten gehören der Kapitalmarkt, der Arbeitsmarkt, der Immobilienmarkt und der Konsumgütermarkt. _____

b. Bei einem geschlossenen Markt ist einer bestimmten Anzahl von Marktteilnehmern der Zugang durch gewisse Beschränkungen versagt. _____

c. Als nicht organisierte Märkte bezeichnet man solche Märkte, die nicht an Zeit und Ort gebunden sind. _____

Stellen Sie die Angebotskurve und die Nachfragekurve dar. Erläutern Sie den Begriff der „Elastizität".

Angebotskurve: grafische Darstellung des Angebots
▷ Sinkt der Preis, dann sinkt auch das Angebot.
▷ Steigt der Preis, dann steigt auch das Angebot.

Nachfragekurve: grafische Darstellung der Nachfrage
▷ Sinkt der Preis, dann steigt die Nachfrage.
▷ Steigt der Preis, dann sinkt die Nachfrage.

Die Elastizität von Nachfrage und Angebot drückt aus, welche Mengenänderung auf eine Änderung des Preises erfolgt.
▷ Normale Elastizität: Die Mengenänderung verhält sich proportional zur Preisentwicklung.
▷ Hohe Elastizität: Die Mengenänderung verhält sich zu einer Preisänderung überproportional.
▷ Niedrige Elastizität: Die Mengenänderung verhält sich zu einer Preisänderung unterproportional.

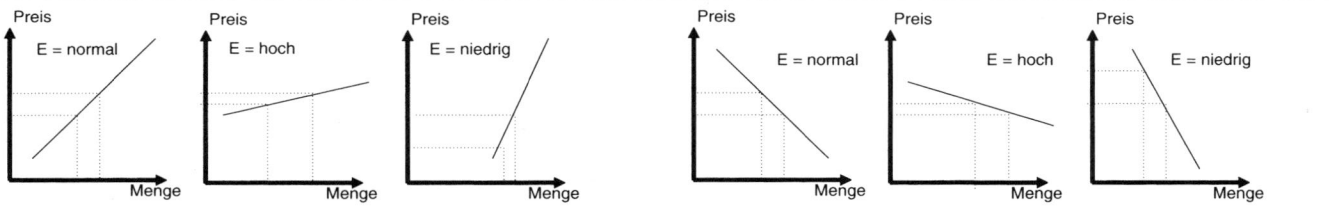

Beschreiben Sie die Merkmale des vollkommenen und des unvollkommenen Marktes.

Vollkommener Markt	Unvollkommener Markt
Der vollkommene Markt ist ein Modell, in dem das Verhalten der Anbieter und Nachfrager eines Marktes genau untersucht werden kann. Annahmen: ▷ Die gehandelten Güter sind homogen, d. h. nicht unterscheidbar und außerdem beliebig teilbar. ▷ Es gibt keine räumliche Ausdehnung des Marktes, d. h., alle möglichen Nachfrager haben jederzeit freien Zugang zu diesem Markt (Punktmarkt). ▷ Die Marktteilnehmer verfügen über eine lückenlose Marktkenntnis (vollkommene Markttransparenz). ▷ Es wird eine hohe Anpassungsgeschwindigkeit der Marktteilnehmer an Veränderungen bei Preisen und Mengen unterstellt. ▷ Alle Marktteilnehmer handeln rational. ▷ Auf einem vollkommenen Markt herrscht für jedes Gut zu jedem Zeitpunkt nur ein Marktpreis.	Kaum eine der Bedingungen des vollkommenen Marktes entspricht der Realität: ▷ Es gibt nur wenige Güterarten, die völlig homogen sind (z. B. Zement). Jeder Anbieter versucht, sein Produkt von dem der Konkurrenz abzugrenzen. ▷ Nahezu alle Märkte haben eine räumliche Ausdehnung. Punktmärkte wie die Börse sind sehr selten. ▷ Eine vollständige Marktübersicht für alle Marktteilnehmer ist wirtschaftlich unmöglich. ▷ Kein Marktteilnehmer kann sich mit „unendlich hoher Geschwindigkeit" an den Markt anpassen. ▷ Die meisten Verbraucher lassen sich unterschwellig durch Werbung und Produktdesign beeinflussen. ▷ Aktive Preisgestaltung der Anbieter sorgt dafür, dass fast jedes Gut zu unterschiedlichen Preisen angeboten wird.

Erläutern Sie die Marktpreisbildung.

Mit Hilfe des Modells der Preisbildung lassen sich die grundlegenden Zusammenhänge zwischen Angebot, Nachfrage und Preisbildung verdeutlichen. Die Aussagen zu diesem Modell treffen jedoch nur auf die Bedingungen des vollkommenen Marktes zu.

Je höher der Preis, desto geringer ist die nachgefragte Menge (Nachfragekurve).
Je höher der Preis, desto größer ist die angebotene Menge (Angebotskurve).

▷ Bei einem hohen Preis von 70 € wird zwar eine große Menge (350 Stück) angeboten, aber zu diesem Preis gibt es nur eine Nachfrage von 150 Stück (**Angebotsüberschuss/Käufermarkt**).

▷ Bei einem niedrigen Preis von 20 € wird eine große Menge (400 Stück) nachgefragt, aber zu diesem Preis werden nur 100 Stück angeboten (**Nachfrageüberschuss/Verkäufermarkt**).

▷ Die größtmögliche Menge wird bei einem Preis von 50 € am Markt umgesetzt. Einem Angebot von 250 Stück steht eine Nachfrage von 250 Stück gegenüber. Diesen Preis bezeichnet man auch als **Gleichgewichtspreis**.

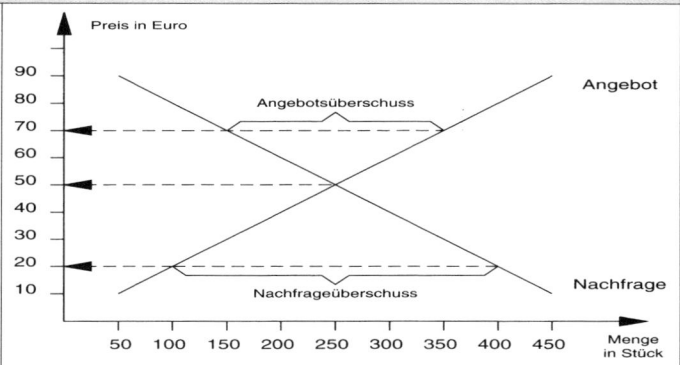

Welche Funktionen erfüllt der Marktpreis?

Lenkungsfunktion	Niedrige Preise zeigen den Unternehmern, dass es sich nicht mehr lohnt, die Produktionsfaktoren in diesem Markt einzusetzen. Umgekehrt zeigen hohe Preise lohnende Märkte auf.
Ausgleichsfunktion	Die Nachfrager wollen mit den Gütern ihr Nutzenmaximum verwirklichen, die Anbieter streben nach dem Gewinnmaximum. Diese gegensätzlichen Interessen werden über den Marktpreis ausgeglichen.
Anreizfunktion	Die Preise für die Produktionsfaktoren stellen ein Anreizsystem für die Anbieter von Produktionsfaktoren dar.

Überprüfen Sie unten stehende Aussagen zum vollkommenen Markt und der Preisbildung auf diesem Markt auf ihre Richtigkeit.

Tragen Sie eine
(1) ein, wenn die Aussage richtig ist,
(9) ein, wenn die Aussage falsch ist.

Der Marktpreis wird ausschließlich von den Nachfragern bestimmt. ☐

Der Gleichgewichtspreis ist der Preis, bei dem die angebotene Menge gleich der nachgefragten Menge ist. ☐

Die angebotene Menge ist umso größer, je niedriger der Preis ist. ☐

Liegt der Preis unterhalb des Gleichgewichtspreises, spricht man von einem Nachfrageüberschuss. ☐

Liegt der Preis oberhalb des Gleichgewichtspreises, spricht man von einem Verkäufermarkt. ☐

Je größer der Angebotsüberschuss, desto größer die Menge, die am Markt umgesetzt wird. ☐

Die Bedingungen des vollkommenen Marktes treffen in der Realität für fast alle im Großhandel angebotenen Waren zu. ☐

Ordnen Sie die Ziffern in der folgenden Skizze den unten stehenden Begriffen zu.

a. Nachfragekurve ☐

b. Angebotskurve ☐

c. Nachfrageüberhang ☐

d. Angebotsüberhang ☐

e. Gleichgewichtspreis ☐

f. Käufermarkt ☐

g. Verkäufermarkt ☐

3 Der Preis eines Gutes ändert sich von 2,50 € auf 2,25 €. Daraufhin steigt die Gesamtnachfrage von 500 000 Stück auf 525 000 Stück.

Berechnen Sie die Elastizität der Nachfrage. ☐

4 Welche der nachstehenden Bedingungen ist keine Voraussetzung eines vollkommenen Marktes? ☐

(1) Gleichartigkeit der Güter
(2) räumliche Ausdehnung des Marktes
(3) Markttransparenz
(4) Handeln nach dem Rationalprinzip
(5) hohe Anpassungsgeschwindigkeit der Marktteilnehmer

5 In welchen der unten stehenden Situationen sind

(1) persönliche Präferenzen,
(2) zeitliche Präferenzen,
(3) räumliche Präferenzen
beschrieben?

Tragen Sie eine (9) ein, wenn keine Präferenzen gegeben sind.

a. Ein Großhändler kauft trotz höherer Preise bei einem Lieferanten, mit dem er schon seit langer Zeit zusammenarbeitet. ☐

b. Ein älterer Kunde besorgt seine Lebensmittel in einem Tante-Emma-Laden, da er keine Möglichkeit hat, zum nächsten Supermarkt zu fahren. ☐

c. Der Kaufinteressent für einen bestimmten Typ einer Automarke vergleicht die Preise vieler Händler und entscheidet sich für das günstigste Angebot. ☐

d. Aufgrund der sehr früh einsetzenden kalten Witterung ordert ein Textilgroßhändler Mäntel bei dem Lieferanten mit der kürzesten Lieferfrist, obwohl die Waren erheblich teurer sind. ☐

6 Ordnen Sie die folgenden Marktbedingungen den unten stehenden Beschreibungen von Marktsituationen zu.

(1) Homogenität der Produkte
(2) Markttransparenz
(3) Rationalprinzip
(4) räumliche Präferenzen
(5) zeitliche Präferenzen
(6) persönliche Präferenzen

a. Eine Tankstelle bietet rund um die Uhr neben Benzin auch Lebensmittel an. Diese sind allerdings erheblich teurer als im Supermarkt. ☐

b. Eine pfiffige Werbung hat dazu geführt, dass ein bestimmter Schokoriegel häufiger gekauft wird als das Produkt der Konkurrenz, das 20 % billiger ist. ☐

c. Auf einem Wochenmarkt sind Anbieter und Nachfrager genauestens über die Angebotspreise informiert. ☐

d. Eine Hausfrau benötigt Weizenmehl (Typ 405). Im Regal des Supermarktes stehen Packungen von drei verschiedenen Firmen. ☐

e. Ein Hotel im Sauerland hat eine herrliche Lage mit Blick auf das Rothaargebirge. Der Wirt verlangt ca. 20 % höhere Preise als vergleichbare Hotels. ☐

f. Einige Nachfrager gehen erst sehr spät auf den Wochenmarkt, da sie wissen, dass gegen Ende der Veranstaltung die Preise sinken. ☐

Erläutern Sie, welche Besonderheiten ein unvollkommener Markt aufweist.

Preisdifferenzierung	Auf unvollkommenen Märkten können Anbieter ihre Leistungen zu unterschiedlichen Preisen anbieten mit dem Ziel, die Konsumentenrente abzuschöpfen und dadurch ihre Gewinne zu maximieren.	
Arten der Preisdifferenzierung	**räumlich**	An unterschiedlichen Orten wird eine Leistung zu unterschiedlichen Preisen angeboten, z. B. bietet ein Autohersteller seine Pkw im Ausland günstiger an als im Inland.
	zeitlich	Eine Leistung wird zu unterschiedlichen Zeitpunkten zu unterschiedlichen Preisen angeboten. So sind z. B. Telefongespräche am Tag teurer als in der Nacht.
	persönlich	Bestimmte Personengruppen, z. B. Schüler, Studenten und Rentner, können eine Leistung günstiger beziehen als andere, z. B. bei der Bahn.
	nach Verwendungszweck	Je nach Verwendungszweck eines Gutes werden unterschiedliche Preise erhoben, z. B. für Heizöl und Diesel.
	nach Absatzmenge	Je mehr ein Nachfrager bereit ist zu kaufen, desto niedriger wird der Stückpreis eines Gutes, z. B. durch Mengenrabatt.
Marktformen	Auf einem unvollkommenen Markt können Anbieter und Nachfrager in unterschiedlicher Anzahl auftreten. Man spricht je nach der zahlenmäßigen Struktur von einer bestimmten Marktform, auf der wir auf Grund der Machtstrukturen ein unterschiedliches Preisverhalten der Marktteilnehmer vorfinden. Die volkswirtschaftlich bedeutsamen Marktformen hat der Ökonom Heinrich von Stackelberg in der folgenden Matrix dargestellt.	

Angebot / Nachfrage	**atomistisch** (viele Anbieter)	**oligopolistisch** (wenige Anbieter)	**monopolistisch** (ein Anbieter)
atomistisch (viele Nachfrager)	atomistische Konkurrenz z. B. viele Bäckereien/viele Konsumenten	Angebotsoligopol z. B. wenige Benzinanbieter/ viele Autofahrer	Angebotsmonopol z. B. Deutsche Bahn AG für Bahnfernreisen
oligopolistisch (wenige Nachfrager)	Nachfrageoligopol z. B. wenige Molkereien/ viele Landwirte	Bilaterales Oligopol z. B. wenige Fluglinien/ wenige Flugzeughersteller	Beschränktes Angebotsmonopol z. B. Hersteller eines Spezialstoffes/Chemieunternehmen
monopolistisch (ein Nachfrager)	Nachfragemonopol z. B. Bahn/viele Anbieter von Bahnschwellen	Beschränktes Nachfragemonopol, z. B. Staat/wenige Straßenbauunternehmen	Bilaterales Monopol z. B. Staat/Hersteller eines bestimmten Waffensystems

Geben Sie Beispiele für die Preisstrategien der Anbieter in einem unvollkommenen Markt.

Preisbildung im unvollkommenen Polypol	Auf Grund der fehlenden Markttransparenz der Marktteilnehmer, der Produktdifferenzierung und der Schaffung von Präferenzen durch die Anbieter entstehen Preisklassen, in denen der Polypolist einen gewinnmaximierenden Preis festsetzen kann.
Preisbildung im Oligopol	**Ruinöse Konkurrenz:** Der Oligopolist kann unter kurzfristigem Verzicht auf das Gewinnmaximierungsziel versuchen, durch Preissenkungen die Marktanteile seiner Konkurrenten zu gewinnen. Die anderen Anbieter werden darauf ihrerseits mit Preissenkungen reagieren müssen. **Preisführerschaft:** Häufig meiden Oligopolisten die Kampfsituation und schließen sich einem Preisführer an. Dieser Preisführer erhöht bzw. senkt seinen Preis und die anderen Oligopolisten folgen ihm. **Preisabsprachen:** Vereinzelt werden die Preise auch vertraglich oder mündlich („Frühstückskartelle") unter den Anbietern abgesprochen. Dies führt zu Kartellen, die bis auf wenige Ausnahmen gesetzwidrig sind.
Preisbildung im Monopol	Der Monopolist kann entweder den Preis autonom bestimmen, muss dann aber die Menge, die die Nachfrager zu diesem Preis kaufen wollen, hinnehmen, oder er bestimmt die Menge, die er absetzen will, dann muss er den Preis hinnehmen, zu dem diese Menge nachgefragt wird. In welchem Umfang und mit welcher Zielsetzung Preis und Menge bestimmt werden, hängt von der Art des Monopols ab.

Welche Möglichkeiten hat der Staat, um in den Marktmechanismus einzugreifen?

marktkonforme Maßnahmen	Bei marktkonformen Interventionen bildet sich ebenfalls ein Gleichgewichtspreis und alle Funktionen des Gleichgewichtspreises werden erfüllt. Beispiele hierfür sind die Erhöhung der Nachfrage bei zu niedrigem Preis (Anbieterschutz) durch staatliche Käufe und Vorratshaltung oder die Erhöhung des Angebotes bei zu hohen Preisen (Nachfragerschutz) durch Verkauf aus staatlichen Beständen.
nicht marktkonforme Maßnahmen	Die Folge dieser Maßnahmen ist in der Regel, dass auf dem Markt kein Gleichgewicht entsteht und dadurch die Selbststeuerung des Marktes nicht mehr gegeben ist. Der Staat diktiert dem Markt einen Preis oder eine Menge, die vom Marktgleichgewicht abweicht, um die Anbieter vor zu niedrigen oder die Nachfrager vor zu hohen Preisen zu schützen. Als Preismaßnahmen sind hierbei Höchst-, Mindest- oder Festpreise (Preisstopp) anzusehen. Zu den Mengenmaßnahmen zählen Investitionsverbote, Devisenbewirtschaftung, Export- oder Importverbote sowie Produktionsauflagen.

1 In einer Volkswirtschaft kann die Regierung verschiedene Maßnahmen ergreifen, um in den Markt einzugreifen.

Ordnen Sie den unten stehenden Maßnahmen eine

(1) zu, wenn es sich dabei um marktkonforme Maßnahmen handelt,
(2) zu, wenn es sich um nicht marktkonforme Maßnahmen handelt.

a. Die EZB verkauft am Devisenmarkt japanische Yen, um den €-Kurs zu stützen. _____

b. Die EU garantiert den Bauern einen Mindestpreis, zu dem sie bereit ist, Getreide anzukaufen._____

c. Die EU verkauft nach einer Missernte aus ihren Lagerbeständen Getreide, um den steigenden Preis zu dämpfen.

d. Die EU verbietet die Einfuhr eines Rohstoffes, der auch in der EU abgebaut wird._____

e. Die EU garantiert den Bauern einen Mindestpreis für jeden Liter Milch. _____

2 Entscheiden Sie, um welche der folgenden Marktformen es sich bei den unten aufgeführten Beispielen handelt, und ordnen Sie die richtige Kennziffer zu.

(1) Angebotsoligopol
(2) Nachfrageoligopol
(3) bilaterales Oligopol
(4) Angebotsmonopol
(5) Nachfragemonopol
(6) bilaterales Monopol
(7) beschränktes Angebotsmonopol
(8) atomistische Konkurrenz

a. Auf dem Markt für Autoreifen stehen sich wenige Reifenhersteller und wenige Automobilhersteller gegenüber. ___

b. Der Markt für Unterhaltungselektronik besteht aus wenigen Anbietern und vielen Nachfragern._____

c. In einer bestimmten Region können die Bauern ihre Zuckerrüben nur einer Zuckerfabrik anbieten. _____

d. Ein Hersteller von Eisenbahnfahrzeugen hat ein Patent auf Triebwagen, die mit Neigetechnik ausgestattet sind, und bietet diese Fahrzeuge der Deutschen Bahn AG an.

e. Auf dem Markt für Frischobst sehen sich viele Obstbauern mit wenigen Aufkaufgroßhändlern für Obst konfrontiert. _____

f. Der Hersteller einer patentierten Einspritzpumpe bietet sein Produkt fünf verschiedenen Automobilherstellern an.

3 Welche der folgenden Maßnahmen einer Regierung oder staatlichen Stelle ist eine marktkonforme Maßnahme? _____

(1) Die Regierung legt einen Mindestpreis für Kartoffeln fest.
(2) Um die steigenden Preise auf dem Getreidemarkt in den Griff zu bekommen, legt die Regierung einen Höchstpreis fest.
(3) Zur Vermeidung von Preissteigerungen auf dem Getreidemarkt tritt die Regierung selbst als Anbieter auf und verkauft Getreide aus eigenen Lagerbeständen.
(4) Um die Überproduktion von Milch auf Grund von garantierten Mindestpreisen einzudämmen, legt die EU eine Quote fest, die an die Größe des Bauernhofes gekoppelt ist.
(5) Um die Produktion von Schweinefleisch einzudämmen, senkt die Regierung den garantierten Preis.

4 Um in einem Käufermarkt eine eigenständige Preispolitik betreiben zu können, greifen viele Anbieter von Produkten und Dienstleistungen zu dem Instrument der Preisdifferenzierung. Ordnen Sie den unten stehenden Beispielen zu, um welche der folgenden Arten der Preisdifferenzierung es sich dabei handelt.

(1) räumliche Preisdifferenzierung
(2) zeitliche Preisdifferenzierung
(3) persönliche Preisdifferenzierung
(4) Preisdifferenzierung nach dem Verwendungszweck
(5) Preisdifferenzierung nach der Menge

a. Wer mit seinem Handy wenig telefoniert, kann sich bei den meisten Anbietern für einen Tarif mit niedrigem Grundpreis und hohem Minutenpreis entscheiden. Personen mit vielen Gesprächen entscheiden sich dagegen für den höheren Grundpreis bei einem niedrigen Minutenpreis. _____

b. Ein Baustoffhändler bietet seinen Kunden bei Sand und Kies eine Rabattstaffel an, die abhängig ist von der abgenommenen Tonnage. _____

c. Ein Großhändler für Haushaltswaren veranstaltet im Januar mit den angeschlossenen Einzelhändlern eine Sonderaktion, bei der die Haushaltswaren zu besonders günstigen Preisen angeboten werden. _____

d. Ein Stromlieferant bietet seinen Strom zu unterschiedlichen Preisen an, je nachdem, ob dieser im Haushalt oder zu gewerblichen Zwecken genutzt wird. _____

e. Für Schüler bietet ein Kino 20 % Ermäßigung auf alle Eintrittspreise an. _____

f. Es ist bekannt, dass Arzneimittel, die in Deutschland hergestellt werden, im Ausland zum Teil erheblich günstiger zu haben sind._____

g. Eine Schulklasse nimmt bei einer Fahrt mit der Bundesbahn im Rahmen einer Exkursion den günstigen Gruppentarif in Anspruch. _____

h. Skischuhe werden im Sommer üblicherweise günstiger angeboten als im Winter. _____

5 Prüfen Sie die folgenden Aussagen über Preisbildung in unvollkommenen Märkten.
Kennzeichnen Sie

richtige Aussagen mit einer (1),
falsche Aussagen mit einer (9).

a. Die Preisabsprache ist die übliche preispolitische Strategie in einem monopolistischen Markt._____

b. Im Oligopol ist der Preis für den Anbieter ein Datum, das er hinnehmen muss. _____

c. Im Polypol kann der Anbieter unter anderem im Wege der Preisdifferenzierung einen gewinnmaximierenden Preis erlangen. _____

d. Der Gewinn von Marktanteilen durch Preissenkungen im Oligopol kann u. U. zu einer ruinösen Konkurrenz führen. _____

e. Wenn in einem Monopol der einzige Anbieter den Preis diktiert, nennt man diese Strategie „Preisführerschaft".

Erläutern Sie den Begriff Kooperation. Nennen Sie die wesentlichen Arten.

Begriff	Unter Kooperation versteht man die Zusammenarbeit zwischen Unternehmen, die ihre rechtliche Selbstständigkeit beibehalten. Die wirtschaftliche Selbstständigkeit wird in den Bereichen der Zusammenarbeit aufgegeben, bleibt aber in den nicht unterworfenen Bereichen weiterhin erhalten.
Kartell	Kartelle sind horizontale Zusammenschlüsse, die grundsätzlich verboten sind. Der Gesetzgeber lässt jedoch Ausnahmen zu, die im „Gesetz gegen Wettbewerbsbeschränkungen" (Kartellgesetz) aufgezählt sind.

	verbotene Kartelle	▷ Preiskartelle legen den Absatzpreis eines Gutes fest. ▷ Quotenkartelle teilen bestimmte Produktionsquoten den einzelnen Kartellmitgliedern zu. ▷ Gebietskartelle teilen den Absatzmarkt räumlich auf.
	anmeldepflichtige Kartelle	▷ Konditionenkartelle vereinheitlichen Lieferungs- und Zahlungsbedingungen, Garantieleistungen und sonstige Geschäftsbedingungen, jedoch nicht den Absatzpreis. ▷ Normungs- und Typenkartelle sind vertragliche Absprachen über Abmessungen und gleich Ausführungsformen. ▷ Kartelle über Kooperationserleichterungen für kleinere und mittlere Unternehmen können abgesprochen werden, wenn ihre Leistungsfähigkeit dadurch erhöht, aber gleichzeitig der Wettbewerb nicht wesentlich beeinträchtigt wird. ▷ Spezialisierungskartelle regeln die Vereinheitlichung und Beschränkung des Produktionsprogramms.
	genehmigungspflichtige Kartelle	▷ Strukturkrisenkartelle sind Vereinbarungen über gleichmäßige Produktionseinschränkungen als Anpassung an eine veränderte Marktlage. ▷ Rationalisierungskartelle sind Absprachen, die sich auf die Rationalisierung beziehen; sie gehen über die Vereinheitlichung durch Normung und Typung hinaus. ▷ Sonstige Kartelle können die Erteilung der Freistellung erlangen.

Interessengemeinschaft	▷ Gewinn- und Verlustgemeinschaften (Pool) liegen vor, wenn die Unternehmen ihren Erfolg nach einem bestimmten Schlüssel aufteilen. ▷ Sonstige Interessengemeinschaften können z. B. der gemeinsamen Entwicklung, Forschung, Verwaltung oder Patentauswertung dienen.
Gelegenheitsgesellschaften	▷ Arbeitsgemeinschaften finden sich insbesondere im Baugewerbe, um gemeinschaftlich Werk- bzw. Werklieferungsverträge zu erfüllen. ▷ Konsortien werden häufig von Banken gebildet, die die Übernahme und Veräußerung von Aktien oder Schuldverschreibungen bei Gründung einer AG oder auch Kapitalerhöhung gemeinsam durchführen.

Erläutern Sie den Begriff Konzentration. Nennen Sie wesentliche Arten.

Begriff	Eine Konzentration liegt vor, wenn Unternehmen ihre wirtschaftliche Selbstständigkeit aufgeben und ihre rechtliche Selbstständigkeit behalten (Konzern) oder aufgeben (Fusion).
Konzern	▷ Der Unterordnungskonzern entsteht durch Erwerb der Kapital- oder Stimmenmehrheit (Mutter- und Tochtergesellschaften). ▷ Der Gleichordnungskonzern beinhaltet die einheitliche gemeinsame Leitung, ohne dass ein Unternehmen von dem anderen abhängig ist.
wechselseitig beteiligte Unternehmen	Jedes Unternehmen besitzt mehr als 25 % der Anteile des anderen Unternehmens (Sperrminorität). Damit können Beschlüsse, für die eine qualifizierte Mehrheit notwendig ist, auf der Hauptversammlung blockiert werden.
vertraglich verbundene Unternehmen	▷ Ein Beherrschungsvertrag liegt vor, wenn ein Unternehmen die wirtschaftliche Leitung einem anderen unterstellt. ▷ Bei Gewinnabführungsverträgen, Gewinngemeinschaften und Teilgewinnabführungsverträgen werden Verpflichtungen hinsichtlich des Gewinns getroffen. ▷ Durch den Betriebspacht- oder Betriebsüberlassungsvertrag überlässt/verpachtet eine Aktiengesellschaft ihr Unternehmen einem anderen.
Fusion	▷ Eine Verschmelzung durch Neubildung liegt vor, wenn sich die beteiligten Unternehmen rechtlich zu einem noch nicht bestehenden Unternehmen vereinigen. Die alten Gesellschaften erlöschen. ▷ Bei der Verschmelzung durch Aufnahme überträgt ein Unternehmen sein Vermögen auf ein anderes bestehendes Unternehmen. Nach der Fusion existiert nur noch das übernehmende Unternehmen.

1 In der Wirtschaft lassen sich vielfältige Zusammenschlüsse von Unternehmen feststellen. Überprüfen Sie, bei welchem Zusammenschluss die wirtschaftliche Selbstständigkeit des beteiligten Unternehmens vollständig verloren geht, die rechtliche Selbstständigkeit jedoch erhalten bleibt. _____

(1) Fusion

(2) Arbeitsgemeinschaft

(3) Konzern

(4) Kartell

(5) Interessengemeinschaft

2 Welche der in den folgenden Auswahlantworten beschriebenen Kartelle sind nur anmeldepflichtig? _____

(1) Die Kartellmitglieder vereinbaren einen Mindestpreis.

(2) Die Absprache der Kartellmitglieder bezieht sich auf die Vereinheitlichung von Lieferungs- und Zahlungsbedingungen und von Garantieleistungen.

(3) Der Kartellvertrag beinhaltet die Absprache über einheitliche Preise, die sich ausschließlich auf den Export beschränken.

(4) Die Kartellmitglieder vereinbaren vertraglich, für welches Absatzgebiet sie ausschließlich zuständig sind.

(5) Der Kartellvertrag vereinbart den gemeinsamen Absatz der Erzeugnisse über eine dafür gegründete Verkaufsorganisation.

3 Welches der folgenden Kartelle ist verboten? _____

(1) Quotenkartell

(2) Normen- und Typenkartell

(3) Rationalisierungskartell

(4) Konditionenkartell

(5) Strukturkrisenkartell

4 Überprüfen Sie folgende Aussagen zur Konzentration von Unternehmen.

Tragen Sie die Ziffer vor der richtigen Antwort in das Kästchen ein. _____

(1) Die Fusion von Unternehmen ist verboten.

(2) Eine Fusion kann durch die Aufnahme eines abhängigen Unternehmens in ein herrschendes Unternehmen erfolgen. Die rechtliche Selbstständigkeit des abhängigen Unternehmens erlischt.

(3) Ein Konzern ist ein Gebilde aus mehreren Betrieben, die aber rechtlich alle zu einem Unternehmen gehören.

(4) Konsortien sind Konzentrationserscheinungen, die von der zuständigen Kartellbehörde nur sehr selten erlaubt werden.

(5) Ein Trust ist ein Zusammenschluss von Unternehmen, die sich unter Aufgabe der wirtschaftlichen Selbstständigkeit vereinigen, aber ihre rechtliche Selbstständigkeit behalten.

5 Überprüfen Sie folgende Aussagen zur Unternehmenskonzentration.

Tragen Sie die Ziffer vor der falschen Antwort in das Kästchen ein. _____

Sind alle Antworten richtig, tragen Sie eine (6) ein.

(1) Bei einem Konzern werden rechtlich selbstständige Unternehmen unter einer einheitlichen Leitung zusammengefasst.

(2) Wenn Schwesterngesellschaften ihre Aktien gegenseitig austauschen, spricht man von einem Gleichordnungskonzern.

(3) Man spricht von vertraglich verbundenen Unternehmen, wenn eine AG die wirtschaftliche Leitung einem anderen Unternehmen unterstellt, ohne dass eine kapitalmäßige Beteiligung vorliegt.

(4) Bei einer Fusion verlieren die beteiligten Unternehmen ihre wirtschaftliche Selbstständigkeit. Erfolgt eine Verschmelzung durch Neubildung, so verlieren die Unternehmen auch ihre rechtliche Selbstständigkeit.

(5) Beim Konzern und bei der Fusion verlieren die Unternehmen ihre wirtschaftliche Selbstständigkeit.

6 Überprüfen Sie folgende Aussagen zur Interessengemeinschaft.

Tragen Sie eine

(1) ein, wenn die Aussage richtig ist,
(9) ein, wenn die Aussage falsch ist.

a. Interessengemeinschaften werden z. B. gebildet für die gemeinsame Entwicklung eines neuen Produktes. _____

b. Bei Interessengemeinschaften geben die einzelnen Unternehmen auf den jeweiligen Interessengebieten ihre wirtschaftliche Selbstständigkeit auf, rechtlich bleiben sie jedoch selbstständig. _____

c. Interessengemeinschaften werden vom Gesetzgeber befürwortet, wenn sie Vereinbarungen beinhalten, die zur Vermeidung der Überproduktion von Produkten bestimmte Produktionsquoten zuordnen. _____

d. Interessengemeinschaften dienen der Wahrung und Förderung gemeinsamer Interessen. _____

e. Interessengemeinschaften sind nicht verboten. _____

7 Welche der folgenden Auswahlantworten enthält nur genehmigungspflichtige Kartelle?

Tragen Sie die Ziffer vor der richtigen Zeile in das Kästchen ein. _____

(1) Spezialisierungskartelle – Konditionskartelle

(2) Strukturkrisenkartelle – Rationalisierungskartelle

(3) Normenkartelle – Typenkartelle

(4) Quotenkartelle – Normenkartelle

(5) Typenkartelle – Preiskartelle

Erläutern Sie die Probleme einer reinen Marktwirtschaft.

▷ Die Unternehmen tendieren aufgrund des herrschenden Wettbewerbs zur Monopolisierung von Märkten.
▷ Das Privateigentum an Produktionsmitteln führt dazu, dass die Arbeitnehmer in einer schwächeren Position sind.
▷ Die reine Anwendung des erwerbswirtschaftlichen Prinzips

führt zur Vernachlässigung bestimmter Bereiche der Gesellschaft.
▷ Der ausschließliche Wettbewerb über den Preis führt dazu, dass schwache Mitglieder der Gesellschaft an den Rand gedrängt werden.

Was versteht man in der Bundesrepublik Deutschland unter der „sozialen Marktwirtschaft"?

Die soziale Marktwirtschaft ist eine Wirtschaftsordnung, in der das Prinzip der Freiheit des Marktes (**marktwirtschaftliche Komponente**) mit dem Prinzip des sozialen Ausgleichs (**soziale Komponente**) verbunden wird. Das Prinzip des sozialen Ausgleichs ist nur über marktkonforme Eingriffe des Staates in den Wirtschaftsprozess zu erreichen. Marktkonform bedeutet, dass keine Maßnahmen ergriffen werden dürfen, die den Marktmechanismus außer Kraft setzen.

Durch welche Merkmale ist die soziale Marktwirtschaft gekennzeichnet?

Vertragsfreiheit	Die Vertragsfreiheit ist ein Grundsatz, der das Recht der Schuldverhältnisse im bürgerlichen Recht beherrscht. Dieser Grundsatz bedeutet, ▷ dass jede Person frei entscheiden kann, ob sie/er ein Vertragsangebot annimmt oder nicht; ▷ dass es den Vertragsparteien überlassen bleibt, welche Inhalte sie zum Gegenstand des Vertrages machen.
Eigentumsgarantie	Das **Grundgesetz** garantiert im Artikel 14 (1) Eigentum und Erbrecht. Das bedeutet, dass das Eigentumsrecht zu einem absoluten Recht erhoben wird, das gegen jedermann gilt, also auch gegenüber dem Staat.
Sozialbindung des Eigentums	In Artikel 14 (2) wird die Sozialbindung des Eigentums hervorgehoben. Danach soll der Gebrauch des Eigentums zugleich dem Wohle der Allgemeinheit dienen. Gleichfalls ist eine Enteignung von Eigentum möglich, sofern dies im Interesse der Allgemeinheit zulässig ist und die enteignete Person dafür entschädigt wird.
erwerbswirtschaftliches Prinzip	Die Eigentumsgarantie in Verbindung mit Vertragsfreiheit und Gewerbefreiheit (§ 1 Gewerbeordnung) führt zur Verwirklichung des erwerbswirtschaftlichen Prinzips. Das bedeutet, dass ein Unternehmer diejenige Kombination von Produktionsfaktoren wählen kann, mit der er ein Gewinnmaximum erreicht.
Tarifautonomie der Sozialpartner	Die Tarifautonomie ist durch das Grundrecht auf Vereinigungsfreiheit gewährleistet (Art. 9 (3) GG). Danach können alle Deutschen zur Wahrung und Förderung der Arbeits- und Wirtschaftsbedingungen Vereinigungen gründen. Auf Arbeitnehmerseite sind solche Vereinigungen die Gewerkschaften, auf Arbeitgeberseite die Arbeitgebervereinigungen. Die Tarifautonomie eröffnet die Möglichkeit, in dem von der staatlichen Rechtssetzung freigelassenen Raum durch freie Verhandlungen Tarifverträge zu schließen, die das Arbeitsleben ordnen.

wirtschafts- und sozialpolitische Ziele des Staates	Wirtschaftspolitische Ziele	Sozialpolitische Ziele
	▷ Vollbeschäftigung ▷ Preisniveaustabilität ▷ angemessenes Wachstum ▷ außenwirtschaftliches Gleichgewicht	▷ soziale Sicherheit ▷ gerechte Einkommens- und Vermögensverteilung ▷ gleiche Startchancen für alle Bürger

---

Nennen Sie Unterschiede zwischen dem marktwirtschaftlichen Modell und der Realität.

Wirtschaftskonzentration	Einzelne Marktteilnehmer werden immer wieder gewollt oder ungewollt den freien Wettbewerb beschränken. Unternehmen versuchen, wirtschaftliche Macht durch die Konzentration von Unternehmen zu erlangen (Konzernbildung), oder sie sprechen sich zum Nachteil anderer Marktteilnehmer in ihren Aktionen ab oder sie vereinbaren vertraglich ein abgestimmtes Vorgehen im Markt (Kartellbildung).
Konjunkturpolitik	In einer Marktwirtschaft gestalten die Wirtschaftssubjekte ihre Pläne weitgehend individuell. Die Abstimmung dieser Pläne auf dem Markt geschieht jedoch nicht koordiniert und es kommt zu Störungen. Im Rahmen der Konjunkturpolitik sind Bund und Länder deshalb dazu verpflichtet, die Ziele Vollbeschäftigung, Preisniveaustabilität, angemessenes Wirtschaftswachstum und außenwirtschaftliches Gleichgewicht zu verfolgen.
Strukturpolitik	Die Wirtschaftsstruktur der Bundesrepublik ist nicht einheitlich. Im Rahmen der Strukturpolitik kann der Staat durch den gezielten Einsatz von Subventionen ▷ strukturschwache Gebiete oder Branchen fördern, ▷ Umstrukturierungsprozesse in bestimmten Branchen fördern.
Einkommens- und Vermögenspolitik	▷ Im Rahmen der Einkommenspolitik werden bei der Verteilung des Sozialproduktes Komponenten wie Alter, Familienstand, Anzahl der Kinder oder Gesundheit berücksichtigt. ▷ Im Rahmen der Vermögenspolitik wird, z. T. durch fiskalische Maßnahmen, die Vermögensbildung in Arbeitnehmerhand gefördert.

1 Die reine Anwendung der freien Marktwirtschaft wirft eine Reihe von Problemen auf. Welches der unten stehenden Probleme ist nicht ursächlich auf die freie Marktwirtschaft zurückzuführen? _____

Tragen Sie eine (6) ein, wenn es sich ausschließlich um Probleme der freien Marktwirtschaft handelt.

(1) Die Unternehmen tendieren aufgrund des herrschenden Wettbewerbs zur Monopolisierung von Märkten.

(2) Das Privateigentum an Produktionsmitteln führt dazu, dass die Arbeitnehmer in einer schwächeren Position sind.

(3) Die reine Anwendung des erwerbswirtschaftlichen Prinzips führt zur Vernachlässigung bestimmter Bereiche der Gesellschaft.

(4) Güter, die staatlich subventioniert und damit preiswert sind, werden von den Wirtschaftssubjekten nicht als knapp empfunden und u. U. verschwendet.

(5) Der ausschließliche Wettbewerb über den Preis führt dazu, dass schwache Mitglieder der Gesellschaft an den Rand gedrängt werden.

2 Die soziale Marktwirtschaft ist gegenüber der freien Marktwirtschaft durch eine Reihe zusätzlicher Merkmale gekennzeichnet. Welches der folgenden Merkmale trifft nicht auf die soziale Marktwirtschaft zu?

Tragen Sie eine (5) ein, wenn alle Merkmale zutreffen.

(1) Tarifautonomie der Sozialpartner

(2) Sozialbindung des Eigentums

(3) Kontrolle der Preise für Grundnahrungsmittel

(4) Aufbau eines Systems der sozialen Sicherheit

3 Im Folgenden finden Sie fünf Aussagen zur sozialen Marktwirtschaft in der Bundesrepublik Deutschland. Tragen Sie eine

(1) ein, wenn die Aussage zutreffend ist,
(9) ein, wenn die Aussage nicht zutreffend ist.

a. Im Rahmen der Einkommenspolitik werden bei der Verteilung des Sozialproduktes Komponenten wie Alter, Familienstand, Anzahl der Kinder oder Gesundheit berücksichtigt. _____

b. Im Rahmen der Vermögenspolitik wird, z. T. durch fiskalische Maßnahmen, die Vermögensbildung in Arbeitnehmerhand gefördert. _____

c. Im Rahmen der Strukturpolitik kann der Staat durch den gezielten Einsatz von Subventionen strukturschwache Gebiete oder Branchen fördern oder Umstrukturierungsprozesse in bestimmten Branchen fördern. _____

d. Im Rahmen der Konjunkturpolitik sind Bund und Länder dazu verpflichtet, die Ziele Vollbeschäftigung, Preisniveaustabilität, angemessenes Wirtschaftswachstum und außenwirtschaftliches Gleichgewicht zu verfolgen. _____

e. Im Rahmen der Wettbewerbspolitik muss jede Fusion von Unternehmen mit mehr als 5 000 Arbeitnehmern genehmigt werden. _____

4 Welche der folgenden Aussagen zum Eigentumsbegriff in der sozialen Marktwirtschaft ist falsch? _____

Tragen Sie eine (6) ein, wenn alle Aussagen richtig sind.

(1) Eigentum ist die rechtliche Herrschaftsgewalt über eine Sache oder ein Recht.

(2) Eigentum ist ein absolutes Recht. Das bedeutet, dass es gegen jedermann, also auch gegenüber dem Staat, gilt.

(3) Die Sozialbindung des Eigentums beinhaltet, dass der Gebrauch des Eigentums zugleich auch dem Wohle der Allgemeinheit dienen soll.

(4) Eigentum an einer Sache oder an einem Recht kann immer nur eine Person haben. Ein gemeinschaftliches Eigentum gibt es nicht.

(5) Eine Enteignung von Eigentum durch staatliche Instanzen auf dem Rechtswege ist möglich, wenn dies im Interesse der Allgemeinheit liegt und die enteignete Person dafür entschädigt wird.

5 Ordnen Sie den unten stehenden Zeitungsmeldungen über politische Maßnahmen zu, ob es sich dabei um die Verfolgung

(1) wirtschaftspolitischer Ziele,
(2) sozialpolitischer Ziele
handelt.

a. „Die Bundesregierung bemüht sich weiterhin um einen Konsens aller Parteien über die Gestaltung der Pflegeversicherung." _____

b. „Durch die Zurückhaltung der staatlichen Stellen bei der Investitionstätigkeit soll ein Beitrag zur Preisniveaustabilität geleistet werden." _____

c. „Die Steuerreform zeichnet sich durch die Entlastung besonders der unteren und mittleren Einkommensstufen aus." _____

d. „Der Bundeswirtschaftsminister wird alle Maßnahmen ergreifen, um das Defizit in der Handelsbilanz zu verringern." _____

6 Welche der folgenden Aussagen zur Tarifautonomie ist falsch? _____

Tragen Sie eine (5) ein, wenn alle Aussagen richtig sind.

(1) Alle Tarifverträge einer Branche werden für allgemein verbindlich erklärt, damit sämtliche Arbeitnehmer die Rechte aus diesen Tarifverträgen in Anspruch nehmen können.

(2) Die Tarifautonomie ist durch das Grundrecht auf Vereinigungsfreiheit gewährleistet (Art. 9 (3) GG). Das bedeutet, dass alle Deutschen zur Wahrung und Förderung der Arbeits- und Wirtschaftsbedingungen Vereinigungen gründen können.

(3) Die Arbeitnehmer werden in der Bundesrepublik Deutschland durch die Gewerkschaften vertreten, die Arbeitgeber durch Arbeitgebervereinigungen.

(4) Die Tarifautonomie eröffnet den Vereinigungen die Möglichkeit, in dem von der staatlichen Rechtsetzung freigelassenen Raum durch freie Verhandlungen Tarifverträge zu schließen, die das Arbeitsleben ordnen.

Erklären Sie die Güter- und Geldströme in einer Volkswirtschaft.

Begriff	Der einfache Wirtschaftskreislauf ist eine bildhafte Darstellung (Modell) der zusammengefassten Beziehungen zwischen den Unternehmen (Sektoren 1 bis 3) auf der einen und den Haushalten auf der anderen Seite. Anhand des Modells können die wirtschaftlichen Beziehungen zwischen den Haushalten und den Unternehmen untersucht werden.
Annahmen	▷ Es bestehen nur zwei Sektoren (Haushalte und Unternehmen). Der Staat greift nicht in die Wirtschaft ein. Zum Ausland bestehen keine wirtschaftlichen Beziehungen. ▷ Das gesamte Einkommen der Haushalte wird konsumiert. Damit kann auch nicht gespart und folglich nicht investiert werden. Die aufgezeigte Volkswirtschaft verändert sich damit nicht (Modell einer stationären Wirtschaft). ▷ Das in der Wirtschaft vorhandene Kapital verändert sich nicht. Es werden weder Netto- noch Ersatzinvestitionen getätigt.
Güterstrom	Die Haushalte stellen den Unternehmen Produktionsfaktoren zur Verfügung: Arbeit, Boden, Kapital. Die Unternehmen produzieren damit Güter und stellen diese den Haushalten zur Verfügung.
Geldstrom	Die Haushalte beziehen von den Unternehmen Einkommen aus der Überlassung von Produktionsfaktoren. Das Einkommen umfasst ▷ den Lohn für die Leistungen des Produktionsfaktors Arbeit, ▷ die Grundrente (bzw. Miete/Pacht) für den Einsatz und die Überlassung des Bodens, ▷ den Zins für den Einsatz des Kapitals, ▷ den Gewinn für die unternehmerische Tätigkeit. Für die von den Unternehmen gekauften Güter geben die Haushalte ihr Einkommen aus.

Erklären Sie die Güter- und Geldströme im erweiterten Wirtschaftskreislauf.

Begriff	Der erweiterte Wirtschaftskreislauf ist die bildhafte Darstellung (Modell) der zusammengefassten Beziehungen zwischen den Unternehmen (Sektoren 1 und 3), den Banken, dem Staat, dem Ausland und den Haushalten einer Volkswirtschaft.
Güterstrom	Zusätzlich zu den Güterströmen des einfachen Kreislaufmodells gehen Güterströme in das Ausland (Export), vom Ausland in das Inland (Import) und an den Staat (öffentlicher Verbrauch).
Geldstrom	▷ Zahlungen für Güter leisten die Unternehmen, der Staat und das Ausland. ▷ Transferzahlungen beinhalten Gelder, für die der Empfänger keine konkrete Gegenleistung erbringen muss (Übertragungen). *Beispiele:* *– Staat an Haushalte: Sozialhilfe, Pensionen, Wohngeld* *– Staat an Unternehmen: Subventionen* *– Haushalte an Ausland: Überweisung von ausländischen Arbeitnehmern an ihre Familien im Ausland* *– Staat an Ausland: Entwicklungshilfe, Wiedergutmachung*

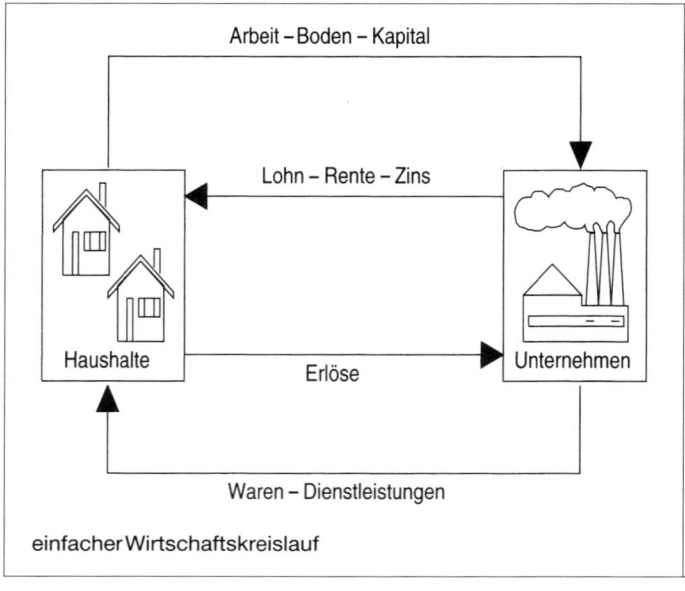

einfacher Wirtschaftskreislauf

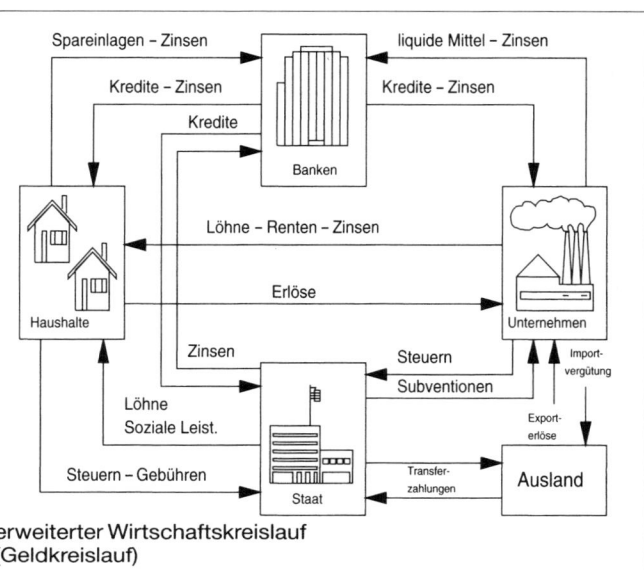

erweiterter Wirtschaftskreislauf
(Geldkreislauf)

1   In der unten aufgeführten Skizze ist das Modell des einfachen Wirtschaftskreislaufs mit den entsprechenden Geld- und Güterströmen dargestellt.

Kennzeichnen Sie die nachstehenden Situationen mit den dazugehörigen Ziffern aus der Skizze.

Tragen Sie eine (9) ein, wenn es sich um keinen dieser Ströme handelt.

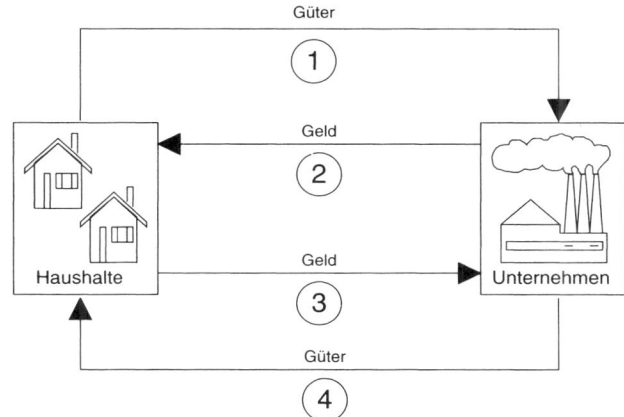

a. Ein Unternehmen überweist einem Privatmann den Kaufpreis für ein Grundstück. _____

b. Ein Großhändler liefert an einen Einzelhändler Waren. ___

c. Der Auszubildende in einem Textileinzelhandelsgeschäft führt Lagerarbeiten aus. _____

d. Für eine private Feier erhält eine Gaststätte die Saalmiete in Höhe von 500,00 €. _____

e. Die Mitarbeiterin eines Reisebüros vermittelt eine private Urlaubsreise. _____

f. Ein Verkäufer erhält beim Lohnsteuerjahresausgleich 1 200,00 € vom Finanzamt. _____

2   Die Volkswirtschaft eines Landes wird in Sektoren eingeteilt. Ordnen Sie den unten stehenden Sachverhalten zu, ob diese dem

(1)   primären Sektor,
(2)   sekundären Sektor,
(3)   tertiären Sektor,
(4)   quartären Sektor
zuzuordnen sind.

a. Ein Tischler stellt einen Schrank nach den Angaben des Bestellers her. _____

b. Ein Landwirt erntet seinen Weizen mit einem Mähdrescher. _____

c. Ein Unternehmen stellt Schuhe aus Leder her. _____

d. Die Gemeinde Uslar schafft für die öffentliche Feuerwehr zwei neue Löschzüge an. _____

e. Ein Unternehmen in Bremerhaven kauft Rohkaffee aus Kolumbien auf und liefert diesen an eine Großrösterei in Bremen. _____

f. Ein Rechtsanwalt berät einen Klienten in einer Strafsache wegen eines Verkehrsdeliktes. _____

3   Ordnen Sie den unten stehenden Zahlungsvorgängen die zugehörigen Ziffern aus der folgenden Skizze eines erweiterten Wirtschaftskreislaufes zu.

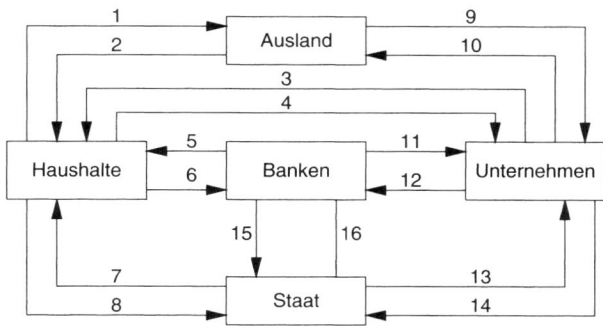

a. Ein deutscher Tourist bezahlt seine Hotelrechnung in Österreich. _____

b. Die Stadtverwaltung gleicht die Rechnung eines Dachdeckers für Bauarbeiten an einem Hallenschwimmbad aus. _____

c. Eine Hausfrau bezahlt an der Kasse eines Supermarktes die eingekauften Artikel. _____

d. Ein Landwirt erhält eine Prämie für die Stilllegung von landwirtschaftlichen Nutzungsflächen. _____

e. Ein Unternehmen überweist die fällige Körperschaftsteuer an das Finanzamt. _____

f. Ein Unternehmen in Bremen erhält die 2. Rate aus einem Geschäft mit einem brasilianischen Importeur. _____

g. Das Vorstandsmitglied einer Aktiengesellschaft überweist seine Einkommensteuer. _____

h. Die Landesregierung überzieht ihr Girokonto bei der Westdeutschen Landesbank. _____

i. Ein Beamter im Ruhestand erhält seine monatliche Pension. _____

4   Beantworten Sie die unten stehenden Fragen, indem Sie folgende Abkürzungen zugrunde legen:

Y = Summe der Einkommen
C = Summe der Konsumausgaben
S = Summe der Sparbeiträge
I = Summe der Nettoinvestitionen

a. Welche der folgenden Formeln kennzeichnen die Situation in einer stationären Wirtschaft? _____

(1) $Y = I$
(2) $I = S$
(3) $Y = S$
(4) $Y = C$
(5) $C = I$

b. Welche der folgenden Gleichungen beschreibt die Einkommensverwendung in einer dynamischen Wirtschaft aus Sicht der Haushalte? _____

(1) $Y = C + I$
(2) $Y = C - I$
(3) $Y = S - I$
(4) $Y = C + S$
(5) $Y = C - S$

Erklären Sie wesentliche Begriffe im Zusammenhang mit der volkswirtschaftlichen Gesamtrechnung.

volkswirtschaftliche Gesamtrechnung (VGR)	Die volkswirtschaftliche Gesamtrechnung erfasst alle wirtschaftlichen Transaktionen, die in einer Wirtschaftsperiode einer Volkswirtschaft innerhalb des Wirtschaftskreislaufes stattfinden. In Deutschland wird sie vom Statistischen Bundesamt in Wiesbaden durchgeführt.
Bruttoproduktionswert	Der Bruttoproduktionswert misst das Ergebnis der erbrachten Leistungen der einzelnen Wirtschaftsbereiche. Es handelt sich also im Wesentlichen um die Umsatzerlöse aller Unternehmen.
Vorleistungen	Die Vorleistungen sind der Wert der gekauften, nicht dauerhaften Produktionsgüter, die in der gleichen Wirtschaftsperiode im Produktionsprozess eingesetzt werden (Einsatz an Material und Dienstleistungen).
Bruttowertschöpfung	Zieht man vom Bruttoproduktionswert der Unternehmen die Vorleistungen ab, erhält man die unbereinigte Bruttowertschöpfung; nach Abzug der Bankgebühr erhält man die bereinigte Bruttowertschöpfung.
Produktions- und Importabgaben	Dazu zählen Steuern und Zölle, die in die Absatzpreise einkalkuliert und auf den Endabnehmer abgewälzt werden. Dies sind im Wesentlichen alle indirekten Steuern, wie Umsatzsteuer, Tabaksteuer, Mineralölsteuer etc.
Nettoproduktionsabgaben	Diese Größe (auch Nettogütersteuern genannt) stellt den Saldo zwischen den an den Staat abgegebenen Produktions- und Importabgaben und den empfangenen güterabhängigen Subventionen dar.
Konsum	Konsum ist der Verbrauch und/oder die Nutzung von materiellen oder immateriellen Gütern. Konsumausgaben können durch Haushalte oder Staat erfolgen.
Bruttoinvestitionen	Die Bruttoinvestitionen sind die gesamten Investitionen einer Volkswirtschaft und setzen sich aus den Ersatzinvestitionen und den Erweiterungsinvestitionen (Nettoinvestitionen) zusammen.
Arbeitnehmerentgelte	Dazu zählen alle Einkommen von Nichtunternehmern, also alle Einkommen aus unselbstständiger Tätigkeit, wie das Einkommen der Angestellten, Arbeiter, Beamten und Auszubildenden.
Unternehmens- und Vermögenseinkommen	Die Einkommen aus gewerblicher und freiberuflicher Tätigkeit, aus Land- und Forstwirtschaft sowie aus Kapitalvermögen (Dividenden/Zinsen) werden hier zusammengezählt. Unternehmenseinkommen und Arbeitnehmerentgelte zusammen bilden das Volkseinkommen (auch Nettonationaleinkommen zu Herstellungspreisen genannt). Sie stellen aus Unternehmenssicht Entgelte für die Produktionsfaktoren dar.
Außenbeitrag	Diese Größe stellt die Differenz zwischen Exporterlösen und Importausgaben dar.
Saldo der Primäreinkommen aus der übrigen Welt	Hierbei handelt es sich um den Saldo der Erwerbs- und Vermögenseinkünfte, die aus dem Ausland bezogen wurden und an das Ausland bezahlt wurden, zuzüglich des Saldos aus von der EU empfangenen Subventionen und der an die EU geleisteten Produktions- und Importabgaben.
Bruttoinlandsprodukt	Das Bruttoinlandsprodukt ist seit der Umstellung der VGR auf einheitliche europäische Normen der neue Maßstab zur Beurteilung der Leistungsfähigkeit einer Volkswirtschaft. Es gibt den Wert der im Inland erbrachten Leistungen einer Wirtschaftsperiode an, unabhängig davon, ob diese Leistung von Inländern oder Ausländern erbracht wurde. Die Größe folgt damit dem so genannten *Inlandskonzept*. Zählt man zu dieser Größe den Saldo der Primäreinkommen aus der übrigen Welt, erhält man das Bruttonationaleinkommen zu Marktpreisen. Diese Größe folgt dem so genannten *Inländerkonzept*.

Skizzieren Sie die Entstehungsrechnung, die Verwendungsrechnung und die Verteilungsrechnung des Bruttoinlandsproduktes in einer vergleichenden Darstellung.

Entstehungsrechnung	Verwendungsrechnung
Bei der Ermittlung des Bruttoproduktionswertes werden die Werte der Produktionsergebnisse aus sechs Wirtschaftsbereichen erfasst (Fischerei, Land-/Forstwirtschaft, produzierendes Gewerbe, Baugewerbe, Handel, Gastgewerbe und Verkehr, Finanzierung, Vermietung und Unternehmensdienstleister, Dienstleister).	Bei der Verwendungsrechnung wird das Bruttoinlandsprodukt von der Verbrauchsseite her ermittelt, d. h., man fragt, wem die produzierten Werte zugeführt wurden. Zu diesem Zweck ermittelt man den Wert der Güter- und Dienstleistungen, die zu den einzelnen Wirtschaftssektoren zur endgültigen Verwendung gelangten.
Bruttoproduktionswert **– Vorleistungen** **= Bruttowertschöpfung (unbereinigt)** – unterstellte Bankgebühr **= Bruttowertschöpfung (bereinigt)** + Nettogütersteuern	**Private Konsumausgaben** **+ Konsumausgaben des Staates** **+ Bruttoinvestitionen** **+ Außenbeitrag**

= Bruttoinlandsprodukt

+ Saldo der Primäreinkommen aus der übrigen Welt

= Bruttonationaleinkommen zu Marktpreisen

– Abschreibungen

= Nettonationaleinkommen zu Marktpreisen

– Produktions- und Importabgaben + Subventionen (Nettoproduktionsabgaben)

= Volkseinkommen (Nettonationaleinkommen zu Herstellungspreisen)

Arbeitnehmerentgelt (Lohn und Gehalt)	**Unternehmens- und Vermögenseinkommen (Mieten, Pachten, Dividenden, Zinsen und Gewinne)**

Ansatz der Verteilungsrechnung ist die Summe der bei der Produktion der Güter- und Dienstleistungen innerhalb einer Wirtschaftsperiode entstandenen Faktoreinkommen deutscher Bundesbürger

Verteilungsrechnung

1 Prüfen Sie die folgenden Aussagen. Kennzeichnen Sie

richtige Aussagen mit einer (1),
falsche Aussagen mit einer (9).

a. Die Summe der Bruttoproduktionswerte aller Wirtschaftsbereiche ergibt das Bruttoinlandsprodukt. _____

b. Der Bruttoproduktionswert eines Unternehmens abzüglich der Vorleistungen ergibt die unbereinigte Bruttowertschöpfung. _____

c. Das Bruttonationaleinkommen zu Marktpreisen abzüglich der Abschreibungen ergibt das Nettonationaleinkommen zu Marktpreisen. _____

d. Pacht, Miete und Zinsen zählen zu den Unternehmer- und Vermögenseinkommen. _____

e. Der Unternehmergewinn ist die Differenz zwischen den Verkaufserlösen und den Faktorkosten für die eingesetzten Produktionsfaktoren. _____

f. Im Rahmen der Verteilungsrechnung wird nach dem Faktoreinkommen deutscher Bundesbürger unterschieden. _____

2 Welche der unten stehenden Wertgrößen ist das Ergebnis der folgenden Berechnung? _____

    private Konsumausgaben
+ Konsumausgaben des Staates
+ Bruttoinvestitionen
+ Außenbetrag

(1) Bruttonationaleinkommen

(2) Nettonationaleinkommen

(3) Bruttoinlandsprodukt

(4) Volkseinkommen

3 Welche Größen eines Wirtschaftssektors müssen addiert werden, um die Wertschöpfung in diesem Sektor zu ermitteln? _____

(1) Vorleistungen

(2) Einkommen

(3) Bruttoproduktionswerte

(4) Abschreibungen

(5) Bruttoinvestitionen

4 Welche der folgenden Einkommensarten kann Bestandteile aus allen drei Produktionsfaktoren enthalten? _____

(1) Einkommen aus nicht selbstständiger Arbeit

(2) Einkommen aus Unternehmertätigkeit

(3) Einkommen aus Besitz

(4) Resteinkommen

5 Kennzeichnen Sie unten stehende Aussagen mit

(1), wenn diese richtig sind,
(9), wenn diese falsch sind.

a. Das Volkseinkommen entspricht der Summe aller Bruttoproduktionswerte. _____

b. Der Saldo der Primäreinkommen aus der übrigen Welt stellt die Erwerbs- und Vermögenseinkünfte aus dem Ausland und diejenigen, die an das Ausland bezahlt wurden, gegenüber. _____

c. Nettoproduktionsabgaben stellen die Differenz zwischen den Produktions- und Importabgaben und den güterabhängigen Subventionen dar. _____

d. Der Außenbeitrag ist die Summe aller Entwicklungshilfezahlungen in einer Wirtschaftsperiode. _____

6 In einer Volkswirtschaft ist das nominale Bruttoinlandsprodukt von 4 000 Mio. Geldeinheiten (GE) im Jahr 01 auf 4 620 Mio. GE im Jahr 02 gestiegen. Die Preissteigerungsrate betrug in diesem Zeitraum 10 %.

Ermitteln Sie,

a. ... um wie viel Mio. GE das Bruttoinlandsprodukt real gestiegen ist. _____

b. ... auf wie viel Prozent sich die Steigerungsrate des realen Bruttoinlandsprodukts beläuft. _____

7 Kennzeichnen Sie unten stehende Gleichsetzungen mit einer

(1), wenn diese richtig sind,
(9), wenn diese falsch sind.

a. Volkseinkommen = Nettoinlandsprodukt zu Herstellungspreisen + Saldo der Primäreinkommen aus der übrigen Welt _____

b. Bruttoinlandsprodukt = Summe der Umsätze aller Unternehmen eines Landes _____

c. Nettoinlandsprodukt zu Marktpreisen = Bruttoinlandsprodukt – Abschreibungen einer Periode _____

d. Bruttonationaleinkommen = Nettonationaleinkommen + Abschreibungen _____

e. Bruttoproduktionswert der Volkswirtschaft = Leistungen aller Betriebe in einer Periode _____

f. Bruttonationaleinkommen = Bruttoinlandsprodukt + Saldo der Primäreinkommen aus der übrigen Welt _____

Was ist unter dem Begriff „Wirtschaftspolitik" zu verstehen? Wer sind die Träger der Wirtschaftspolitik?

Begriff		Die Wirtschaftspolitik ist die Gesamtheit aller Aktivitäten und Maßnahmen zur Gestaltung, Beeinflussung und Stabilisierung eines Wirtschaftsprozesses unter Berücksichtigung der allgemeinen politischen Ziele.
	Ordnungs-politik	Die Ordnungspolitik befasst sich mit den wirtschaftlichen und rechtlichen Rahmenbedingungen für das wirtschaftliche Handeln der einzelnen Wirtschaftssubjekte. Damit ist die Gestaltung der Wirtschaftsordnung gemeint.
	Konjunktur-politik	Die Konjunkturpolitik befasst sich mit den Maßnahmen, die ergriffen werden müssen, um bei bestimmten Problemsituationen (z. B. Inflation, Arbeitslosigkeit, Rezession) steuernd in den Wirtschaftsprozess einzugreifen.
Träger der Wirtschaftspolitik		Die Träger der Wirtschaftspolitik formulieren die Ziele, fällen die notwendigen Entscheidungen und legen damit die Maßnahmen fest, um die wirtschaftspolitischen Ziele zu erreichen.
	Regierungen	Wirtschaftspolitik wird getragen von den Regierungen des Bundes und der Länder mit den jeweils für die Wirtschaftspolitik verantwortlichen Ministerien für Wirtschaft, Finanzen, Arbeit und Soziales sowie Verwaltungen der Kommunen.
	EZB, Deutsche Bundesbank	Die Europäische Zentralbank EZB ist für die Geld- und Währungspolitik im Europäischen Wirtschafts- und Währungssystem EWWS zuständig. Sie wirkt darüber hinaus auch durch Stellungnahmen und Analysen auf das aktuelle Wirtschaftsgeschehen ein. Bei ihrer Aufgabe wird sie von den nationalen Notenbanken, in Deutschland von der Deutschen Bundesbank, unterstützt.
	Parlamente	Im Rahmen der Legislative sind die Parlamente des Bundes, der Länder und der Kreise sowie die Gemeinderäte Träger der Wirtschaftspolitik. Dies gilt dann, wenn Gesetze oder Verordnungen zu entscheiden sind.

Was sind die Ziele der Wirtschaftspolitik?
Erklären Sie in diesem Zusammenhang den Begriff „Globalsteuerung".

Globalsteuerung der Wirtschaft

Die Globalsteuerung strebt ein **gesamtwirtschaftliches Gleichgewicht** in der deutschen Volkswirtschaft an. Die Träger der Wirtschaftspolitik haben sich dabei nach dem *„Gesetz zur Förderung der Stabilität und des Wachstums der Wirtschaft"* zu richten: *„Bund und Länder haben bei ihren wirtschafts- und finanzpolitischen Maßnahmen die Erfordernisse des gesamtwirtschaftlichen Gleichgewichts zu beachten."* (§ 1)

Stabilität des Preisniveaus:

Das Preisniveau in einer Volkswirtschaft bleibt stabil, wenn sich der Durchschnitt aller Preise in einer Periode nicht verändert.
Zielvorgabe: Die Stabilität der Preise gilt bereits als erreicht, wenn das Preisniveau um nicht mehr als 2 % ansteigt.

Hoher Beschäftigungsstand:

Er gilt als erreicht, wenn fast jeder, der für eine Tätigkeit geeignet ist, eine entsprechende Beschäftigung zu einem angemessenen Lohn findet.
Zielvorgabe: Es wird davon ausgegangen, dass die Vollbeschäftigung bei einer Arbeitslosenquote von 2 % realisiert ist.

Die Ziele unterstützen sich zum Teil gegenseitig (Vereinbarkeit der Ziele, z. B. hoher Beschäftigungsstand und Wirtschaftswachstum) und verhalten sich zum Teil konkurrierend zueinander (Zielkonflikt, z. B. hoher Beschäftigungsstand und Stabilität des Preisniveaus).
Es ist in jedem Fall unmöglich, alle Ziele gleichzeitig zu verwirklichen. Aus diesen Gründen spricht man bei den Zielen des Stabilitätsgesetzes von einem **„magischen Viereck"**. Ein oder zwei Ziele haben deshalb zumeist Vorrang (Priorität) vor den anderen.

Außenwirtschaftliches Gleichgewicht:

Das außenwirtschaftliche Gleichgewicht ist erreicht, wenn der Außenbeitrag gerade so hoch ist, dass er die binnenwirtschaftliche Lage nicht stört bzw. ihr positive Impulse gibt.
Zielvorgabe: Als Beitrag zum gesamtwirtschaftlichen Gleichgewicht wird ein Außenbeitrag angesehen, der 1 bis 2 % des BSP zu Marktpreisen nicht überschreitet.

Angemessenes Wirtschaftswachstum:

Dieses Ziel ist erreicht, wenn das Bruttosozialprodukt stetig ansteigt und damit auch der Wohlstand der Bevölkerung.
Zielvorgaben: In der Vergangenheit wurde von der Bundesregierung eine Wachstumsrate von 4 % als angemessen angesehen.

Neben den gesetzlich fixierten Zielen haben sich in der politischen Diskussion weitere Ziele entwickelt. Dazu zählen
▷ ein **ökologisches Gleichgewicht** zur Sicherung unserer Lebensräume;
▷ ein **qualitatives Wachstum**, das Aspekte der Lebensqualität beachten soll;
▷ eine **gerechtere Einkommens- und Vermögensverteilung**, die die Zuwächse des Wohlstandes möglichst gerecht unter den Wirtschaftssubjekten aufteilt.

1 Prüfen Sie die folgenden Aussagen. Kennzeichnen Sie

richtige Aussagen mit einer (1),
falsche Aussagen mit einer (9).

a. Ein außenwirtschaftliches Gleichgewicht liegt vor, wenn die Exporte mindestens genauso hoch sind wie die Importe. _____

b. Ein positiver Außenbeitrag ergibt sich dann, wenn ein Netto-Güterexport vorliegt. _____

c. Die Stabilität des Preisniveaus gilt als erreicht, wenn der Geldwert einer Volkswirtschaft sich in der betreffenden Periode nicht verändert hat. _____

d. Bei einem negativen Außenbeitrag hat die Volkswirtschaft mehr Güter exportiert als importiert. _____

e. Eine Arbeitslosenquote von 0 % ist aufgrund der friktionellen Arbeitslosigkeit praktisch nicht realisierbar. _____

2 Welche der folgenden Erklärungen treffen auf den Begriff „Ordnungspolitik" zu? _____

(1) Damit sind alle Maßnahmen zur Ordnung der Währung eines Landes gemeint.

(2) Ordnungspolitik umfasst die Ziele und Maßnahmen zur Ordnung der Finanzen eines Staates.

(3) Hierbei geht es um die Gestaltung der wirtschaftlichen und rechtlichen Rahmenbedingungen der Wirtschaftssubjekte eines Landes.

(4) Damit sind alle politischen Maßnahmen im Rahmen der Raumordnung eines Landes gemeint.

(5) Es geht hierbei um die Gestaltung der Wirtschaftsverfassung.

3 Welche der folgenden Aussagen treffen auf den Begriff „Globalsteuerung" zu? _____

(1) Sie ist die Summe aller nicht marktkonformen Eingriffe des Staates in die Wirtschaft.

(2) Es handelt sich dabei um alle Maßnahmen zur Veränderung der gesamtwirtschaftlichen Entwicklung.

(3) Es handelt sich dabei um die Summe der fiskalpolitischen Maßnahmen eines Staates.

(4) Damit sind dirigistische Eingriffe des Staates in das gesamtwirtschaftliche Geschehen gemeint.

(5) Durch die Globalsteuerung wird ein gesamtwirtschaftliches Gleichgewicht angestrebt.

4 Welche der folgenden Maßnahmen eines Staates eignen sich zur marktkonformen Förderung der Stabilität des Wachstums der Wirtschaft eines Landes? _____

(1) Lohnstopp

(2) Preisstopp

(3) Steuererleichterungen

(4) Mindestpreise

(5) Investitionsförderung

5 Ordnen Sie den unten stehenden Zielen zu, ob es sich dabei um

(1) Ziele der Wirtschaftspolitik nach dem Stabilitätsgesetz,

(2) zusätzliche Ziele der Wirtschaftspolitik aufgrund bestimmter Erkenntnisse und Notwendigkeiten handelt.

Tragen Sie eine (9) ein, wenn es sich nicht um wirtschaftspolitische Ziele handelt.

a. Stabilität des Preisniveaus _____

b. Senkung der Wirtschaftskriminalität _____

c. Angemessenes Wirtschaftswachstum _____

d. Ökologisches Gleichgewicht _____

e. Gerechte Vermögensverteilung _____

f. Hoher Bildungsstand breiter Bevölkerungsschichten ____

g. Hoher Beschäftigungsstand _____

h. Qualitatives Wachstum _____

i. Außenwirtschaftliches Gleichgewicht _____

6 Welche der folgenden Aussagen ist falsch? _____

Tragen Sie eine (4) ein, wenn alle Aussagen richtig sind.

(1) Das Preisniveau in einer Volkswirtschaft bleibt stabil, wenn der Durchschnitt aller Preise in einer Periode sich nicht verändert.

(2) Ein außenwirtschaftliches Gleichgewicht ist dann erreicht, wenn der Außenbeitrag gerade so hoch ist, dass er die binnenwirtschaftliche Lage nicht stört bzw. ihr nach Möglichkeit sogar positive Impulse gibt.

(3) Ein Wachstum der Wirtschaft liegt immer dann vor, wenn pro Kopf der Bevölkerung das Angebot an Waren und Dienstleistungen gegenüber der Vorperiode steigt.

7 Welche der unten stehenden Aussagen zum „magischen Viereck" ist richtig? _____

Tragen Sie eine (9) ein, wenn alle Aussagen falsch sind.

(1) An der Wirtschaftspolitik sind drei Bundesministerien (Wirtschaft, Finanzen, Arbeit und Soziales) und die Bundesbank beteiligt. Diese vier wirtschaftspolitischen Instanzen werden als magisches Viereck bezeichnet.

(2) Es ist unmöglich, alle wirtschaftspolitischen Ziele gleichzeitig zu verwirklichen. Aus diesen Gründen spricht man bei den Zielen des Stabilitätsgesetzes von einem magischen Viereck.

(3) Inflation, Deflation, Unterbeschäftigung und Überbeschäftigung bilden als Problemfelder das magische Viereck der Wirtschaftspolitik.

(4) Das magische Viereck ist eine ständige Konferenz zur schnellen Abstimmung zwischen Bundeskanzler, Bundesfinanzminister, Bundeswirtschaftsminister sowie der Bundesbank über alle Fragen der Wirtschaftspolitik.

Beschreiben Sie das Phänomen wirtschaftlicher Schwankungen. Erläutern Sie Arten von Schwankungen.

Entstehung und Verbrauch des Bruttosozialproduktes erfolgen nicht stets gleichmäßig, sondern vollziehen sich ungleichmäßig. Es kommt deshalb zu Schwankungen der wirtschaftlichen Aktivitäten in einer Volkswirtschaft. Die Schwankungen werden jeweils ausgedrückt in unterschiedlichen Wachstumsraten pro beobachtetem Zeitraum.

saisonale Schwankungen	Saisonale Schwankungen sind kurzfristige Ausschläge der Wirtschaftsentwicklung. Sie können sich in bestimmten Branchen (z. B. Bauwirtschaft, Landwirtschaft) und Zeiten (z. B. Winterschlussverkauf) ergeben.
konjunkturelle Schwankungen	Die konjunkturelle Schwankung ist eine sich über mehrere Jahre zumeist mittelfristig vollziehende Wellenbewegung des Wachstums einer Volkswirtschaft.
langfristiger Wachstumstrend	Der langfristige Wachstumstrend bezeichnet die langfristige Tendenz des Wachstums einer Volkswirtschaft. Zwar sind die jährlichen Wachstumsraten unterschiedlich hoch, manchmal sogar sinkend. In westlichen Industriegesellschaften lässt sich im Durchschnitt der letzten 40 Jahre ein steigender Wachstumstrend beobachten.

Erläutern Sie den Begriff „Konjunkturzyklus".

Der Konjunkturzyklus ist die Bezeichnung für den Zeitabschnitt einer zyklischen mittelfristigen Wellenbewegung des Wachstums der Volkswirtschaft. In der Regel werden Zyklen mit einer Länge von 3 bis 10 Jahren beobachtet.
Diese mittelfristigen Zyklen stehen im Vordergrund des Interesses der Konjunkturforscher und -politiker. Daneben wurden von den Konjunkturforschern auch noch langfristige Konjunkturzyklen der Weltkonjunktur beobachtet (50–60 Jahre), an deren Beginn zumeist die Erfindung von wichtigen Technologien stand, z. B. Dampfmaschine, Auto, Elektrik, Mikroelektronik.

Beschreiben Sie die einzelnen Phasen eines Konjunkturzyklus.

Jede konjunkturelle Wellenbewegung verläuft zumeist in 4 Phasen. Damit sind markante Abschnitte des Konjunkturzyklus zu verstehen, die durch gesamtwirtschaftliche Daten beschrieben werden können.

Konjunkturphase / Daten	Aufschwung (Expansion)	Hochkonjunktur (Boom)	Abschwung (Rezession)	Tiefstand (Depression)
Produktion	steigende Kapazitätsauslastung	Vollauslastung der Kapazitäten	abnehmende Kapazitätsauslastung	nicht ausgelastete Kapazitäten (Stilllegungen)
Beschäftigung	Zunahme der Arbeitsplätze	hoher Beschäftigungsgrad (Überstunden)	abnehmende Beschäftigung (Kurzarbeit)	hohe Arbeitslosigkeit (Massenentlassungen)
Absatz	steigender Absatz	hoher Absatz, Lieferfristen	abnehmende Absatzzahlen	Absatzstau, hohe Lagerbestände
Investitionsneigung	zunehmende private Investitionen	Höchststand der Investitionen	abnehmende private Investitionen	Stillstand privater Investitionen
Einkommen	steigendes Volkseinkommen	hohes Volkseinkommen	sinkende Gewinne und Lohnsumme	niedrige Gewinne und Löhne
Preisentwicklung	geringe Preissteigerungen	hohes Preisniveau	abnehmende Preise	niedriges Preisniveau
Sparneigung	abnehmende Sparneigung	niedrige Sparneigung	zunehmende Sparneigung	hohe Sparneigung
Zinsniveau	leicht steigende Zinssätze	hohes Zinsniveau	sinkende Zinsen	niedriges Zinsniveau
Steueraufkommen	Zunahme von Besitz- und Verkehrssteuern	hohes Aufkommen an Besitz- und Verkehrssteuern	Abnahme des Steueraufkommens durch sinkende Gewinne	niedriges Aufkommen an Besitz- und Verkehrssteuern

1 Welche der folgenden Aussagen trifft auf den Begriff „konjunkturelle Schwankung" zu? _____ ☐

Tragen Sie eine (9) ein, wenn keine der Aussagen zutrifft.

(1) Es handelt sich hier um kurzfristige Ausschläge der Wirtschaftsentwicklung aufgrund zeitlicher und branchenspezifischer Probleme.

(2) Die Schwankung ist eine sich über mehrere Jahre zumeist mittelfristig vollziehende Wellenbewegung des Wachstums einer Volkswirtschaft.

(3) Damit ist die langfristige Tendenz des Wachstums einer Volkswirtschaft gemeint.

(4) Mit einer konjunkturellen Schwankung wird die Schwankung einer gesamten Branche bezeichnet, z. B. in der Möbelbranche.

(5) Die konjunkturelle Schwankung ist gleichzusetzen mit dem Produktlebenszyklus eines Produktes.

2 Welche der folgenden Aussagen zu dem Begriff „Konjunkturzyklus" sind

(1) richtig,
(9) falsch?

a. Jede konjunkturelle Wellenbewegung läuft zumeist in 6 Phasen ab. _____ ☐

b. Der Konjunkturzyklus ist die Bezeichnung für den Zeitabschnitt einer zyklischen mittelfristigen Wellenbewegung des Wachstums der Volkswirtschaft. _____ ☐

c. Konjunkturzyklen haben in der Regel eine Länge von 10 bis 30 Jahren. _____ ☐

d. Neben den mittelfristigen Zyklen werden von den Konjunkturforschern auch noch extrem kurzfristige Konjunkturzyklen mit einer Dauer von 4 bis 8 Monaten beobachtet. _____ ☐

e. Als langfristige Konjunkturzyklen der Weltkonjunktur werden solche Wellenbewegungen bezeichnet, die 50 bis 60 Jahre dauern und an deren Beginn zumeist die Erfindung von wichtigen Technologien stand, z. B. Dampfmaschine, Mikroelektronik. _____ ☐

3 Untersuchen Sie die folgenden Gleichsetzungen. Kennzeichnen Sie diese mit einer

(1), wenn sie richtig sind,
(9), wenn sie falsch sind.

a. Abschwung = Rezession _____ ☐

b. Hochkonjunktur = Boom _____ ☐

c. Rezession = Tiefstand _____ ☐

d. Boom = Aufschwung _____ ☐

e. Aufschwung = Expansion _____ ☐

f. Depression = Tiefstand _____ ☐

g. Hochkonjunktur = beginnt nach dem unteren Wendepunkt _____ ☐

h. Abschwung = beginnt nach dem oberen Wendepunkt _____ ☐

4 Konjunkturelle Schwankungen werden anhand von Konjunkturindikatoren gemessen. Welche der unten stehenden Indikatoren

(1) eignen sich als Indikatoren für die Beschreibung eines Konjunkturzyklus,
(9) eignen sich nicht als Indikatoren?

a. Zinsniveau _____ ☐

b. Produktion _____ ☐

c. Beschäftigung _____ ☐

d. Entwicklung neuer Produkte _____ ☐

e. Sparneigung _____ ☐

f. Bevölkerungsentwicklung _____ ☐

g. Einkommen _____ ☐

h. Preisentwicklung _____ ☐

i. Anzahl neu bezogener Wohnungen _____ ☐

j. Investitionsneigung _____ ☐

5 Welcher der folgenden Indikatoren beschreibt nicht die Situation in einer Rezession? _____ ☐

Tragen Sie eine (8) ein, wenn alle Indikatoren für eine Rezession sprechen.

(1) abnehmende Beschäftigung

(2) abnehmende Absatzzahlen

(3) abnehmende private Investitionen

(4) abnehmende Sparneigung

(5) sinkende Zinsen

(6) abnehmende Kapazitätsauslastung

(7) sinkende Preise

6 Prüfen Sie, welche konjunkturellen Situationen durch die unten stehenden Konjunkturindikatoren beschrieben werden.
Setzen Sie ein eine

(1) für einen Aufschwung,
(2) für eine Hochkonjunktur,
(3) für einen Abschwung,
(4) für einen Tiefstand.

a. nicht ausgelastete Kapazitäten (Betriebsstilllegungen) _____ ☐

b. Absatzstau (hohe Lagerbestände) _____ ☐

c. hohes Zinsniveau _____ ☐

d. abnehmende Sparneigung _____ ☐

e. sinkende Zinsen _____ ☐

f. Zunahme der Arbeitsplätze _____ ☐

g. Vollauslastung der Kapazitäten _____ ☐

h. Stillstand privater Investitionen _____ ☐

i. niedriges Zinsniveau _____ ☐

j. abnehmende Beschäftigung (Kurzarbeit) _____ ☐

Beschreiben Sie die geldpolitischen Instrumente der Europäischen Zentralbank EZB.

Begriff der Geldpolitik	Zur Geldpolitik gehören alle Maßnahmen, die der Steuerung der Geldmenge einer Volkswirtschaft dienen. Damit wird das Ziel der Geldwertstabilität verfolgt.
Ziele der Geldpolitik	Träger der Geldpolitik für die Mitglieder der europäischen Wirtschafts- und Währungsunion (EWWU) ist seit dem 01.01.1999 die Europäische Zentralbank (EZB) mit Sitz in Frankfurt. Sie ist an keinerlei Weisungen der einzelnen Regierungen der Mitgliedsländer gebunden. Die EZB ▷ legt die Geldpolitik der Gemeinschaft fest und führt sie aus, führt Devisengeschäfte durch und verwaltet die offiziellen Währungsreserven der teilnehmenden Mitgliedsstaaten; ▷ wickelt den Zahlungsverkehr im Bereich der EU und mit dem außereuropäischen Ausland ab.
Einwirkungsmöglichkeiten	▷ Die Zinspolitik der EZB verändert den Preis für das Geld, den Zins. Instrumente hierzu sind die Veränderung der Leitzinsen. ▷ Die Liquiditätspolitik der EZB verändert das umlaufende Geldvolumen. Instrumente der Liquiditätspolitik sind die Mindestreservepolitik und die Offenmarktpolitik.
geldpolitische Instrumente	▷ **Offenmarktgeschäfte:** Zu den Maßnahmen der Offenmarktpolitik gehören der An- und Verkauf von festverzinslichen Wertpapieren auf eigene Rechnung am offenen Markt. Durch Verkauf von festverzinslichen Wertpapieren oder Devisen entzieht die Zentralbank der Wirtschaft Geld (Geldvernichtung), durch Kauf von festverzinslichen Wertpapieren oder Devisen erweitert sie das Geldmenge (Geldschöpfung). Das Hauptrefinanzierungsinstrument der EZB stellen die Wertpapierpensionsgeschäfte dar. Hierbei nimmt die EZB festverzinsliche Wertpapiere von den Kreditinstituten als Pfand an mit der Bedingung, dass diese zu einem späteren Termin zu einem höheren Preis, d. h. mit Zinsaufschlag ausgelöst werden. ▷ **Ständige Fazilitäten:** Den zugelassenen Kreditinstituten (Geschäftspartnern) wird die Möglichkeit gegeben, überschüssige Liquidität bei der Zentralbank über Nacht zu deponieren (Einlagefazilität) oder solche deponierten Gelder gegen Verpfändung von Sicherheiten in Anspruch zu nehmen (Spitzenrefinanzierungsfazilität). Diese Mittel werden dezentral von den nationalen Zentralbanken verwaltet. Der von der EZB festgelegte Zinssatz für die Einlagen bildet die Untergrenze des Tagesgeldsatzes. Der von der EZB festgelegte Zinssatz für die Inanspruchnahme dieser Mittel bildet die Obergrenze des Tagesgeldsatzes. ▷ **Mindestreservepolitik:** Die Geschäftsbanken müssen bestimmte Prozentsätze der Einlagen (z. B. Sparguthaben, Geschäftskontenguthaben) als Mindestreserve bei der EZB hinterlegen. – Erhöht die EZB die Mindestreservesätze, müssen die Geschäftsbanken mehr Geld bei der EZB abliefern. Das reduziert die Geldschöpfungsmöglichkeiten und die Geldmenge sinkt. – Senkt die EZB die Mindestreservesätze, verfügen die Geschäftsbanken wieder über mehr Geld und ihr Kreditspielraum wird größer, die Geldmenge steigt. ▷ **Leitzins:** Der Leitzins für den Euroraum ist der von der Europäischen Zentralbank (EZB) festgesetzte Zinssatz für die Abgabe von Zentralbankgeld. Früher wurden Diskont- und Lombardsatz (die alten Leitzinssätze) von der Deutschen Bundesbank festgelegt. Nachfolger ist der von der EZB festgelegte Hauptrefinanzierungssatz. Die Verantwortung für die Festlegung von Leitzinsen außerhalb des Euroraums obliegt i. d. R. der Notenbank des jeweiligen Landes.

Nennen und erklären Sie Möglichkeiten staatlicher Konjunkturpolitik.

Bei Übernachfrage, verbunden mit hohen Inflationsraten, werden **Maßnahmen zur Dämpfung der Konjunktur** eingeleitet.		Bei fehlender Auslastung der Kapazitäten mit hoher Arbeitslosigkeit werden **Maßnahmen zur Erhöhung der Nachfrage** veranlasst.
Der Staat kürzt seine Ausgaben und legt Einnahmen als Konjunkturausgleichsrücklage z. B. bei der Deutschen Bundesbank still. *Beispiel: Verschiebung des Baus einer neuen Autobahntrasse.*	Die **Ausgabenpolitik** wirkt durch Erhöhung und Verminderung der Staatsausgaben ausgleichend zur privaten Nachfrage.	Der Staat erhöht seine Ausgaben durch Kreditaufnahme und Auflösung von Konjunkturausgleichsrücklagen. *Beispiel: Erneuerung der Kanalisation*
Die Steuersätze für die Einkommen- und Körperschaftsteuer werden für maximal ein Jahr um höchstens 10 % erhöht.	Die **Entnahmepolitik** schöpft private Kaufkraft ab und wirkt auf die private Nachfrage.	Die Steuersätze für die Einkommen- und Körperschaftsteuer werden für längstens ein Jahr um höchstens 10 % gesenkt.
Die Nettokreditaufnahme wird gesenkt; der Staat zahlt Schulden in einem stärkeren Ausmaß zurück und diese Gelder werden nicht für Investitionen verwendet.	Die **Haushaltspolitik** wirkt durch Einnahmen und Ausgaben stabilisierend auf die Gesamtnachfrage.	Die Nettokreditaufnahme wird erhöht (*deficit spending*). Die erhaltenen Gelder verwendet der Staat zur Belebung der gesamtwirtschaftlichen Nachfrage.
Die Abschreibungsmöglichkeiten werden verbessert. So kann z. B. die degressive Abschreibung ausgesetzt werden. Investitionen lohnen sich dann nicht mehr in dem gewünschten Ausmaß.	Die **Investitionspolitik** soll durch Förderung oder Restriktion konjunkturgerechte Investitionsentscheidungen herbeiführen.	Die Abschreibungsmöglichkeiten werden verbessert und zusätzlich werden Investitionszuschüsse von bis zu 7,5 % der Anschaffungs- oder Herstellungskosten gewährt.

1 Welche der folgenden Definitionen zum Begriff „Geldpolitik" ist richtig?_____

(1) Die Geldpolitik beinhaltet alle Maßnahmen der Geschäftsbanken zur Erhöhung ihrer Liquidität.

(2) Die Geldpolitik beinhaltet alle Maßnahmen zur Steuerung der Geldmenge mit dem Ziel, die Geldwertstabilität zu gewährleisten.

(3) Die Geldpolitik beinhaltet alle Maßnahmen der Bundesregierung zur Erhöhung ihrer Einnahmen.

(4) Die Geldpolitik ist die Summe aller Maßnahmen, mit der Großunternehmen die Finanzierung ihrer Vorhaben gewährleisten.

2 Welche der folgenden Institutionen ist verantwortlich für die Geldpolitik?_____

(1) Deutscher Sparkassen- und Giroverband

(2) Bundesminister für Finanzen

(3) Bundesminister für Wirtschaft

(4) Europäische Zentralbank

(5) Verband der Raiffeisen- und Volksbanken

(6) Deutsche Bank

3 Welches der folgenden Ziele gehört nicht zu dem Zielsystem der Geldpolitik?_____

Tragen Sie eine (5) ein, wenn alle genannten Ziele dazugehören.

(1) Die Geldpolitik hat die Sicherung der Geldwertstabilität im Inneren zum Ziel.

(2) Die Geldpolitik muss gewährleisten, dass alle Wirtschaftssubjekte (Haushalte und Unternehmen) mit ausreichender Liquidität ausgestattet sind.

(3) Die Geldpolitik hat die Währung der Volkswirtschaft nach außen zu schützen.

(4) Die Geldpolitik hat die Wirtschafts- und Stabilitätspolitik der Bundesregierung zu unterstützen.

4 Welche der unten stehenden Aussagen zu den Einwirkungsmöglichkeiten der Geldpolitik ist falsch?_____

Tragen Sie eine (5) ein, wenn alle Aussagen richtig sind.

(1) Die Zinspolitik der EZB verändert den Preis für das Geld, den Zins.

(2) Die Liquiditätspolitik der EZB verändert das umlaufende Geldvolumen.

(3) Instrument der Zinspolitik ist u. a. die Veränderung des Hauptrefinanzierungszinssatzes.

(4) Instrument der Liquiditätspolitik ist u. a. die Mindestreservenpolitik.

5 Ordnen Sie die folgenden Begriffe den unten stehenden geldpolitischen Maßnahmen zu.

(1) Leitzinspolitik
(2) Ständige Fazilitäten
(3) Mindestreservenpolitik
(4) Offenmarktpolitik

Tragen Sie eine (9) ein, wenn eine Zuordnung nicht sinnvoll erscheint.

a. Die EZB kann am Wertpapiermarkt als Anbieter und Nachfrager bestimmter Wertpapiere auftreten._____

b. Die Geschäftsbanken müssen zur Sicherung ihrer eigenen Liquidität bestimmte Prozentsätze der Einlagen (z. B. Sparguthaben, Geschäftskontenguthaben) bei der EZB hinterlegen. _____

c. Zu einem bestimmten Zinssatz können sich die Geschäftsbanken bei der EZB kurzfristig Geld gegen Beleihung von Wertpapieren beschaffen. _____

d. Die Bundesregierung muss auf Weisung der EZB einen bestimmten Prozentsatz der Steuereinnahmen als Mindestreserve bei der Bundesbank anlegen. _____

e. Die Geschäftsbanken können sich Geld beschaffen, indem sie überschüssige Liquiditäten anderer Geschäftsbanken, die bei der EZB deponiert sind, kurzfristig in Anspruch nehmen. _____

6 Die geldpolitischen Instrumente der EZB haben je nach Ausprägung bestimmte Auswirkungen. Kennzeichnen Sie unten stehende Aussagen zu der Wirkungsweise des geldpolitischen Instrumentariums mit

(1), wenn diese richtig sind,
(9), wenn diese falsch sind.

a. Erhöht die EZB den Leitzins, wird sich das gesamte Zinsniveau erhöhen. Die Kreditnachfrage müsste daraufhin sinken._____

b. Der von der EZB festgelegte Zinssatz für die Einlagenfazilität bildet im Allgemeinen die Obergrenze des Tagesgeldsatzes. _____

c. Verkauft die EZB Wertpapiere, müssen diese von den Geschäftsbanken bezahlt werden. Diesem Sektor wird damit Geld entzogen, die Geldmenge wird verringert. _____

7 Die EZB reduziert die Mindestreservensätze. Welche der folgenden Aussagen zu den Konsequenzen dieser Maßnahme ist richtig?_____

(1) Die Geldmenge sinkt.

(2) Die Geldmenge steigt.

(3) Die Geldmenge bleibt gleich.

(4) Der Kreditspielraum wird kleiner.

(5) Der Nachfrage fehlt das nötige Geld.

Zeigen Sie die konjunkturpolitischen Grenzen der Geldpolitik und der Fiskalpolitik auf.

Grenzen der Geldpolitik	Zinseffekte	Die Wirksamkeit der Zinspolitik ist davon abhängig, welche Bedeutung die Wirtschaftssubjekte dem Zins aktuell beimessen.

▷ Unternehmen machen ihre Investitionsentscheidungen eher von der langfristigen Gesamt-rentabilität abhängig und weniger vom aktuellen Zinssatz.
▷ Für die Haushalte stellen Zinsen eine Belastung dar, wenn sie langlebige oder hochwertige Konsumgüter gegen Kredite kaufen. Sie werden deshalb bei gestiegenen Zinsen Kaufent-scheidungen für nicht so dringend benötigte Güter zurückstellen.
▷ Für den Staat stellt die Zinslast zwar eine zunehmend bedenkliche Größe dar, jedoch reagie-ren die öffentlichen Körperschaften kaum auf Zinssteigerungen am Kapitalmarkt.
▷ Zinsänderungen können verspätet und damit genau in der Phase wirken, in der sie nicht mehr gewünscht sind (prozyklische Wirkung).
▷ Wird die Zinsdifferenz zwischen dem EWWU-Raum und dem restlichen Ausland zu groß, werden Personen aus Nicht-EU-Ländern aus Zinsgründen im EWWU-Raum ihr Geld in Euro anlegen. Das bewirkt einen Zuwachs in der Geldmenge, der von der EZB nicht gewollt ist.

Liquiditäts-effekte
▷ Die Mindestreservepolitik ist mit ihrer restriktiven Wirkung auf die Geldmenge ein relativ schnell wirkendes Mittel in der Hochkonjunktur.
▷ Die Offenmarktpolitik ist in einer Rezession ein durchaus wirksames Mittel, wenn sie mit der Mindestreservepolitik sinnvoll kombiniert wird.

Notbremse Kreditrestrik-tion
Wenn alle Instrumente versagen, kann die EZB als „Notbremse" zum schärfsten Mittel greifen, der Kreditrestriktion. Dabei werden den Geschäftsbanken Kredite und damit Geldschöpfungs-möglichkeiten verweigert und Kredite wieder zurückgerufen.

Grenzen und Kritik der Fiskal-politik
▷ Alle Maßnahmen, die die Nachfrageseite stärken sollen, wirken erst mit einer Zeitverzögerung (*engl.: timelag*). Werden die Maßnahmen nicht zeitlich exakt ergriffen, kann sich das prozyklisch auswirken und die bekämpfte Situation noch verstärken.
▷ Bei nicht richtiger Einschätzung der konjunkturellen Situation kann es zu Fehlern in der Dosierung der Maßnah-men kommen. Das Ergebnis ist eine Über- bzw. Untersteuerung der Konjunktur.
▷ Durch die hohe Staatsverschuldung hat der Anteil der jährlichen Ausgaben für den Kapitaldienst einen so ho-hen Anteil am Staatshaushalt angenommen, dass der Spielraum der Finanzpolitik stark eingeengt ist.

Beschreiben Sie die Wirkungsweise einer angebotsorientierten Konjunktur- und Wirtschaftspolitik.

Die Maßnahmen der antizyklischen Fiskalpolitik sind vorwiegend nachfrageorientiert. Dies wird kritisiert, weil Wachstum nur möglich sei durch ein entsprechendes Angebot.

Wirkungsweise der angebotsorientierten Wirtschaftspolitik

Aufgaben des Staates:

▷ Gestaltung eines Steuersystems, das die Belange der Unternehmen berücksichtigt
  – großzügige Abschreibungsmöglichkeiten,
  – Stärkung der Eigenkapitalbasis durch niedrige Besteuerung der einbehaltenen Ge-winne
▷ Abbau der hohen Staatsverschuldung, weil dadurch der Kapitalmarkt zu stark belastet wird
▷ Abbau der hohen Staatsquote
▷ Fördermittel für Forschung und Entwicklung

Aufgaben der Tarifpartner:

▷ maßvolle Lohnabschlüsse, nicht über dem Produktivitätszuwachs der Branche
▷ zeitweise Tarifabschlüsse unter dem Produktivitätszuwachs der Branche
▷ Senkung der tarifbedingten Lohnne-benkosten, wie Urlaub, Zuschläge usw.

Steigerung der Forschungsaktivitäten und des Know-hows der Unternehmen

Schaffung eines positiven Investitionskli-mas mit guten Zukunftsaussichten für die Investoren

Entlastung der Kostenseite der Unterneh-men; Stärkung der Erträge; Erhöhung der Gewinne

Unternehmen entwickeln neue Produkte und Verfahren

Unternehmen investieren zwecks Herstel-lung der neuen Produkte

gestiegene Rentabilität lässt die Unterneh-mer mehr produzieren und anbieten

Das Gesamtziel ist dann erreicht, wenn die Anzahl der Beschäftigten aufgrund der zunehmenden Investitionen steigt.

1   Prüfen Sie die folgenden Aussagen.
Kennzeichnen Sie

richtige Aussagen mit einer (1),
falsche Aussagen mit einer (9).

a. Fiskalpolitische Maßnahmen zur Stärkung der Nachfrageseite wirken zumeist mit einem gewissen Timelag. ___

b. Der Spielraum für fiskalpolitische Maßnahmen ist umso größer, je höher der Grad der Staatsverschuldung ist. ___

c. Deficit-spending bedeutet, dass der Staat sich nur in dem Maße verschuldet, wie dies konjunkturpolitisch notwendig und sinnvoll ist. _____

d. Ursachen einer Über- oder Untersteuerung der Konjunktur sind zumeist in der falschen Dosierung der konjunkturpolitischen Maßnahmen zu suchen. _____

e. Haushaltsdefizite sind besonders in einem Aufschwung konjunkturpolitisch sinnvoll. _____

f. Die Chancen, mithilfe des Deficit-spending Konjunkturpolitik zu betreiben, sind umso größer, je geringer die aktuelle Staatsverschuldung ist. _____

2   Die EZB erhöht im Rahmen ihrer geldpolitischen Maßnahmen die Leitzinsen.
Welche der im folgenden beschriebenen Reaktionen der Wirtschaftssubjekte ist nicht richtig? _____

(1) Die öffentlichen Haushalte reagieren auf die angespannte Zinssituation eher unelastisch.

(2) Die Unternehmen machen ihre Investitionsentscheidungen vorrangig von der erwarteten langfristigen Rentabilität abhängig, deshalb werden sie nur schwach auf eine Zinssenkung reagieren.

(3) Für die Haushalte stellt der erhöhte Zins eine zu vernachlässigende Größe dar. Sie werden in unverändertem Umfang auf Kredite zur Finanzierung ihres privaten Konsums zurückgreifen.

(4) Für die öffentlichen Haushalte stellt der erhöhte Zins eine zusätzliche Belastung dar, da die Zinsen ebenfalls aus dem Haushalt bezahlt werden müssen. Das engt den finanzpolitischen Spielraum ein.

(5) Auf die Haushalte hat die Zinserhöhung eine doppelte Wirkung: Ihre Spareinlagen werden höher verzinst, die Konsumkredite werden verteuert. Beide Zinseffekte führen zu einer Senkung der Nachfrage.

3   Welche der folgenden Satzergänzungen sind richtig? _____

„Die Monetaristen ...

(1) ... wollen den Einfluss des Staates bei der Konjunktursteuerung erhöhen.“

(2) ... fordern einen Vorrang der Fiskalpolitik vor der Geldpolitik.“

(3) ... wollen den Einfluss des Staates in der Wirtschaftspolitik zurückdrängen.“

(4) ... halten nichts von den Selbstheilungskräften des Marktes.“

(5) ... halten eine Anpassung der Geldmenge an das Wachstum des Sozialprodukts für sinnvoll.“

4   Prüfen Sie die folgenden Aussagen zur angebotsorientierten Konjunktur- und Wirtschaftspolitik.
Kennzeichnen Sie

richtige Aussagen mit einer (1),
falsche Aussagen mit einer (9).

a. Das Gesamtziel ist das gleiche wie bei der nachfrageorientierten Politik: die Schaffung neuer Arbeitsplätze.___

b. Es wird eine Steigerung der Forschungs- und Entwicklungstätigkeit der Unternehmen angestrebt. Die neuen Produkte sollen helfen, Arbeitsplätze zu schaffen. _____

c. Durch eine Erhöhung der Staatsausgaben für Investitionen sollen neue Arbeitsplätze geschaffen werden._____

d. Die Unternehmen sollen auf der Kostenseite entlastet werden. Die damit einhergehende Erhöhung der Rentabilität reizt die Unternehmen, mehr zu investieren und somit neue Arbeitsplätze zu schaffen. _____

e. Durch die Senkung der gewinnabhängigen Steuern soll die Eigenkapitalbasis der Unternehmen gestärkt werden. Das erleichtert ihnen die Finanzierung neuer Investitionen und damit die Schaffung neuer Arbeitsplätze. _____

5   Welche der folgenden Forderungen zu der Lohnkostenentwicklung passen nicht in den Rahmen einer angebotsorientierten Wirtschaftspolitik? _____

(1) Die Lohnabschlüsse sollen nicht höher sein als der Produktivitätszuwachs der einzelnen Branche.

(2) Die Zulagen zum Lohn, wie Urlaubs- und Weihnachtsgeld, müssen erhöht werden, damit die Mitarbeiter motivierter sind und mehr arbeiten.

(3) Sofern notwendig, müssen die Lohnabschlüsse zur Stärkung der Wettbewerbsfähigkeit der Branche zeitweise auch unter dem Produktivitätsfortschritt der Branche liegen.

(4) Die sozialen Sicherungssysteme für die Arbeitnehmer müssen unter Beteiligung der Arbeitgeber verbessert werden, damit der Standort Deutschland auch für die Arbeitnehmer attraktiv bleibt.

(5) Die tarifbedingten und staatlich bedingten Lohnnebenkosten müssen gesenkt werden, um den Standort Deutschland für Unternehmer attraktiv zu gestalten.

6   Ordnen Sie den folgenden Maßnahmen des Staates zu, ob es sich dabei eher um Maßnahmen der

(1) angebotsorientierten Wirtschaftspolitik,
(2) nachfrageorientierten Wirtschaftspolitik

handelt.

a. hohe Abschreibungsmöglichkeiten für die Unternehmen _

b. niedrige Besteuerung der Unternehmergewinne _____

c. Erhöhung der Staatsquote _____

d. Streichung der Fördermittel für Forschung und Entwicklung _____

e. Senkung der Staatsverschuldung _____

f. Senkung der indirekten Steuern _____

Begründen Sie die Notwendigkeit eines stetigen, langfristigen und angemessenen Wirtschaftswachstums.

quantitatives Wachstum	Wachstum ist die Zunahme der Ergebnisse des Wirtschaftens einer Volkswirtschaft von einer Periode zur nächsten. Wirtschaftliches Wachstum wird kurzfristig als die Zunahme des realen Sozialprodukts gegenüber dem Vorjahresergebnis, mittel- und langfristig am Zuwachs des Produktionspotenzials (z. B. Maschinen, Gebäude, Stand des technischen Wissens) einer Volkswirtschaft gemessen.
Gründe für ein angemessenes Wachstum	Ein stetiges, langfristiges und angemessenes Wirtschaftswachstum ▷ sichert einen hohen Beschäftigungsstand und vermindert Arbeitsplatzvernichtung und Massenarbeitslosigkeit; ▷ sichert die Fähigkeit einer Wirtschaft, soziale Leistungen zu erbringen und diese auch auszuweiten; ▷ verbessert und erweitert den Lebensstandard durch eine breite Angebotspalette an Produkten und Dienstleistungen und durch mehr staatliche Dienstleistungen und Güter; ▷ ermöglicht dem Individuum die Erweiterung von persönlichen Gestaltungsräumen durch mehr Freizeit; ▷ schafft mehr Freiheit durch wirtschaftliche und soziale Absicherung breiter Bevölkerungskreise.
Wachstums-politik	In den wirtschaftspolitischen Zielkatalogen aller Volkswirtschaften der Gegenwart nimmt das quantitative Wachstumsziel eine herausragende Rolle ein. In der Bundesrepublik Deutschland ist das Ziel eines stetigen und angemessenen Wirtschaftswachstums im Gesetz zur Förderung der Stabilität und des Wachstums der Wirtschaft (Stabilitätsgesetz) verankert. Wachstumspolitik beinhaltet alle Maßnahmen zur ▷ Erweiterung und zum Ausbau des Produktionspotenzials durch Vergrößerung und Verbesserung des Sachkapitals sowie die Förderung des technischen Fortschritts; ▷ Förderung eines Ausbildungsniveaus durch Investitionen in den Faktor Arbeit; ▷ Förderung des ständigen Strukturwandels; ▷ Umsetzung von Erfindungen in praktische Neuerungen (Innovationsförderung).

Was verstehen Sie unter dem Begriff „qualitatives Wachstum"?

qualitatives Wachstum	Qualitatives Wachstum stellt ein alternatives Konzept zur Beurteilung der Lebensqualität dar. Danach soll in Anbetracht der begrenzten Rohstoffvorkommen und der zunehmenden Umweltzerstörung auf den Maßstab des quantitativen Wachstums als alleiniger Indikator für Wohlstand verzichtet werden. Die weitere Steigerung der Lebensqualität soll durch Umstrukturierung der Produktion erreicht werden.Diese Orientierung schließt qualitatives Wachstum nicht unbedingt aus, verlangt aber eine bestimmte Qualität dieses Wachstums.
Kritik des quantitativen Wachstums	In der Diskussion um die Wachstumspolitik ist angesichts der Grenzen des Wachstums durch knappe Rohstoffvorräte, eine hohe Umweltverschmutzung, Engpässe in der Energieversorgung, zunehmende Klimaprobleme durch Kohlendioxidbelastung und Ozonloch umstritten, welches Wachstum angemessen ist. Die Hauptkritikpunkte am quantitativen Wachstum sind: ▷ In der Berechnung des realen Bruttosozialproduktes und damit des realen Wachstums fließen wohlstandsmindernde Leistungen ein und erhöhen das Wachstum, da sie über den Markt gegen Geld abgegeben werden. Zu diesen Leistungen gehören z. B. die Kosten, die der Allgemeinheit durch die Beseitigung der Umweltschäden entstehen. Das quantitative Wachstum macht keine Aussage darüber, wie die Steigerung der wirtschaftlichen Aktivität zu Stande gekommen ist. ▷ Eine Vielzahl wohlstandsmehrender Leistungen sind nicht in der Berechnung enthalten, da sie nicht über den Markt gegen Geld abgegeben werden. Hierzu gehören z. B. Arbeiten im Haushalt, Nachbarschaftshilfe und Heimwerkertätigkeiten. Ebenso fehlt auch die Schwarzarbeit, da die Transaktionen nicht offiziell über den Markt laufen und erfasst werden. ▷ Wachstum an sich macht keine Aussage über die Verteilung der erbrachten Leistungen. So fließt evtl. ein großer Teil dieser Leistungen in das Ausland (Exportüberschuss). Ferner können auch erhebliche soziale und regionale Diskrepanzen bestehen, die dafür sorgen, dass nur ein Teil der Wirtschaftssubjekte in den Genuss eines Nutzenzuwachses kommt. ▷ Gebrauchsgüter der privaten Haushalte fließen in der Wirtschaftsperiode, in der sie angeschafft wurden, in vollem Umfang in die Berechnung ein, obwohl sie über mehrere Perioden Nutzen stiften. ▷ Eine Erhöhung der Bevölkerungszahl wird nur dann berücksichtigt, wenn man das Wachstum pro Kopf berechnet, denn ein Zuwachs der Bevölkerung bedeutet auch eine Zunahme der Bedürfnisse.

Stellen Sie einige alternative Konzepte zur Beurteilung des qualitativen Wachstums dar.

New Economic Welfare	Im Vergleich zur herkömmlichen Sozialproduktberechnung ist das NEW eine berichtigte Kennziffer zur Messung des Wohlstandes. Zu diesem Zweck werden einige Teilbereiche, die nicht der individuellen Wohlstandsmehrung dienen, aus der bekannten Sozialproduktstatistik herausgerechnet. Hierzu zählen insbesondere die im BIP enthaltenen Kosten für Umweltverschmutzung. Außerdem werden einige Teilbereiche, die zwar wohlstandsmehrend, aber nicht in der Sozialproduktberechnung enthalten sind, hinzugerechnet. Dies sind immaterielle Werte, wie der Wert zusätzlicher Freizeit, private Dienste ohne Marktwert, wie Do-it-yourself-Leistungen, Hausarbeit und schattenwirtschaftliche Aktivitäten.
Umwelt-ökonomische Gesamtrech-nung (UGR)	Um dem zunehmenden Interesse der Öffentlichkeit nach Erfassung der Wechselwirkung von wirtschaftlichem Handeln und Umwelt gerecht zu werden, veröffentlicht das Statistische Bundesamt seit einigen Jahren die Umweltökonomische Gesamtrechnung. In dieser Statistik wird quantifiziert, wie viel Natur bei der Herstellung und beim Konsum von Gütern verbraucht wird. Neben dieser Bewertung der Inanspruchnahme des Produktionsfaktors Natur gibt die UGR auch Auskunft über die Veränderung des Umweltzustandes und über die Maßnahmen zum Schutz der Umwelt.

1 Welche der folgenden Aussagen zur Messung des qualitativen Wohlstands in einer Volkswirtschaft ist richtig? _____

Tragen Sie die zutreffende Ziffer in das Kästchen ein.

Das quantitative Wachstum in einer Volkswirtschaft wird gemessen ...

(1) ... an der Höhe der Bruttoinvestitionssumme pro Jahr.

(2) ... an der Höhe des Bruttosozialprodukts pro Jahr.

(3) ... an der Steigerungsrate des nominellen Bruttosozialprodukts gegenüber dem Vorjahresergebnis.

(4) ... an der Höhe des nominellen Bruttosozialprodukts.

(5) ... an der Steigerungsrate des realen Bruttosozialprodukts gegenüber dem Vorjahresergebnis.

s

2 Ordnen Sie den folgenden Sachverhalten und Aussagen zu, ob es sich dabei eher um
(1) Gesichtspunkte des quantitativen Wachstums
(2) Gesichtspunkte des qualitativen Wachstums
handelt.

Tragen Sie eine (9) ein, wenn der Sachverhalt keine Auswirkungen auf das Wachstum hat.

a. Eine Fleischwarenfabrik investiert in eine Wärmetauscheranlage, mit der die für die Räucheranlage erzielte Wärme wieder zurückgewonnen und nutzbar gemacht werden kann._____

b. Ein Verkehrsunfall wirkt sich mit seinen Folgen positiv auf das Wachstum des BSP aus, weil Patienten behandelt werden müssen und ggf. Reparaturen durchgeführt oder neue Fahrzeuge gebaut werden müssen._____

c. In einer Region in Bayern wird ein Flussbett ausgebaggert und begradigt, um der dortigen Binnenschifffahrt eine weitere Expansion zu ermöglichen._____

d. Familie Carstens entscheidet sich bei der Auswahl für ein neues Haus für eine Niedrigenergievariante, mit der, künftig nur noch ein Drittel an Heizungsausgaben anfallen. _____

e. Frau Wellige entscheidet sich dafür, ihr Gemüse nur noch direkt von einem Bioland-Bauern zu beziehen, auch wenn die Preise hierfür durchschnittlich 20 Prozent höher liegen als im normalen Handel._____

f. Bei der Geburt ihres ersten Kindes entscheidet sich Frau Schneider dafür, die nächsten sechs Jahre ihren Beruf als Arzthelferin aufzugeben und Hausfrau und Mutter zu sein._____

g. Der Bau einer zusätzlichen Autobahntrasse führt durch ein Forstgebiet. Etwa 2000 ha Wald müssen zu diesem Zweck gerodet werden._____

h. An einem See in Mecklenburg-Vorpommern wird für 600 Urlauber eine Ferienanlage mit 2 Golf- und 14 Tennisplätzen sowie einem Segelhafen gebaut._____

i. Ein Städteplaner wird für sein Konzept eines neuen Stadtteils ausgezeichnet. Wichtige Merkmale dieses Konzeptes sind die räumliche Nähe von Wohnen und Arbeiten, eine aufgelockerte Bauweise mit viel Grünflächen und Baumbewuchs sowie eine ökologische Bauweise.

3 Prüfen Sie die folgenden Aussagen zur Begründung eines angemessenen langfristigen und stetigen Wirtschaftswachstums.
Kennzeichnen Sie

richtige Aussagen mit einer (1),
falsche Aussagen mit einer (9).

a. Wachstum ist nach Meinung von Experten die Voraussetzung für eine gerechte Einkommensverteilung. _____

b. Nullwachstum führt letztlich zu Arbeitsplatzvernichtung und Massenarbeitslosigkeit. _____

c. Wachstum sichert die Fähigkeit einer Wirtschaft, soziale Leistungen zu erbringen._____

d. Wachstum verringert für den Einzelnen die persönliche Freizeit, weil er mehr arbeiten muss. _____

e. Wachstum führt zu einem höheren Lebensstandard durch eine Zunahme der angebotenen Güter. _____

f. Wirtschaftliches Wachstum auf der einen Seite wird langfristig dazu führen, dass andererseits das Angebot an staatlichen Dienstleistungen abnehmen wird._____

4 Welches der folgenden Beispiele für Maßnahmen des Staates ist nicht geeignet, das wirtschaftliche Wachstum einer Volkswirtschaft zu erhöhen?_____

Tragen Sie eine (5) ein, wenn alle Maßnahmen zur Wachstumspolitik einer Regierung zählen.

(1) Die Landesregierung bemüht sich darum, den Medienstandort Nordrhein-Westfalen auszubauen.

(2) An der Qualifizierungsoffensive der Bundesregierung zur Ausbildung von Jugendlichen nahmen im vergangenen Jahr nahezu 200 000 Jugendliche teil.

(3) Die Landesregierung veranstaltet einen Wettbewerb für die Umsetzung von Forschungsergebnissen in neue Produkte.

(4) Die Europäische Union zahlt Landwirten eine Stilllegungsprämie für die Umwandlung von Ackerland in Brachland.

(5) Gemeinsam mit einer großen Wochenzeitschrift, einigen Bundesverbänden der deutschen Wirtschaft und der Bundesregierung wird ein Wettbewerb für die Gründung von Unternehmen gestartet.

5 Welche der folgenden Erklärungen trifft auf den Begriff „New Economic Welfare" zu? _____

(1) umweltökonomische Gesamtrechnung

(2) Bruttoinlandsproduktberechnung nach amerikanischem Muster

(3) Berechnung des Bruttoinlandsprodukts pro Kopf der Bevölkerung

(4) Berechnung des BIP unter Ausklammerung von Umweltschäden und Einbeziehung von Haus- und Heimarbeit

(5) neue, rein ökonomische Berechnung des Volkseinkommens

Nennen und beschreiben Sie die Aufgaben des Großhandels.

Raumüber-brückung	Der Großhandel überbrückt die räumliche Distanz zwischen dem Hersteller eines Produkts und dem Einzelhändler. Der Hersteller muss nicht mit einer Vielzahl von Einzelhändlern in Kontakt treten, sondern nur mit einigen ausgewählten Großhändlern.
Zeitüber-brückung	Herstellung und Verbrauch von Produkten liegen zeitlich zum Teil erheblich auseinander. Das gilt nicht nur für Produkte, deren Konsum gleich bleibend ist (z. B. Obst- und Gemüsekonserven), sondern auch umgekehrt für Produkte, deren Verbrauch starken Schwankungen unterliegt (z. B. Skischuhe). Die Überbrückung der zeitlichen Abweichung zwischen Produktion und Verbrauch übernimmt der Großhandel.
Mengen-ausgleich	Die kostengünstige Herstellung von Produkten erfordert in den Industriebetrieben die Auflage großer Stückzahlen, während der Verbrauch hinsichtlich der Menge gegenläufigen Schwankungen unterliegt oder gleich bleibend erfolgt. Der Großhandel hat hier die Aufgabe der mengenmäßigen Umschichtung.
Sortiments-bildung	Großhandelsunternehmen haben im Rahmen des Marketingkonzeptes die Aufgabe, das Sortiment (Gesamtheit aller zum Verkauf stehenden Artikel) den Kundenwünschen entsprechend zu strukturieren. Dabei ist es notwendig, permanent das zur Verfügung stehende Sortiment zu kontrollieren und unrentable Artikel aus dem Sortiment zu nehmen (Sortimentsbereinigung). Bei geändertem Kaufverhalten der Kunden kann durch eine Sortimentserweiterung (Aufnahme neuer Artikel in das Sortiment) der Absatz gesichert werden.
Veredelung	Der Lagerungsprozess kann für bestimmte Warengruppen dazu genutzt werden, die Qualität/Güte der Waren zu optimieren. Insbesondere für einige Nahrungs- und Genussmittel (z. B. Wein) führt die Lagerung zu einem gewünschten Reifegrad der Ware. Zu dieser Aufgabe gehört im weitesten Sinne auch das Umpacken, Umfüllen oder Sortieren der gelieferten Waren zu handelsüblichen Abnahmemengen.
Service	Die Serviceleistungen des Großhändlers unterstützen das Ziel, die Kunden langfristig an das Unternehmen zu binden bzw. Kunden neu zu gewinnen. Zu den Serviceleistungen, die dem Kunden i. d. R. nicht in Rechnung gestellt werden, gehören u. a. die Beratung und Betreuung, Schulungsmaßnahmen, Reparaturen, Garantieverpflichtungen und die Zustellung der Waren.
Markt-erschließung	Ein wichtiges Ziel des Großhändlers ist die Erhaltung bzw. Erweiterung des Absatzes. Durch den zunehmenden Wettbewerb sind viele Märkte gesättigt, sodass es erforderlich ist, sich um neue Absatzgebiete zu bemühen. Das Erschließen neuer Märkte kann nicht nur durch Erweiterung des Absatzgebietes erfolgen, sondern auch durch die Aufnahme neuer Produkte in das Sortiment.
Absatz-finanzierung	Falls es die Liquidität des Großhandelsunternehmens zulässt, wird den finanzschwächeren Kunden durch entsprechende Zahlungsbedingungen (erweitertes Zahlungsziel) ein Lieferantenkredit angeboten. Das ermöglicht den Einzelhändlern die Präsentation eines entsprechenden Warensortimentes im Verkaufsraum ohne Aufnahme eines teuren Kredites bei einem Kreditinstitut. Ebenso ist damit auch die Absatzfinanzierung des Herstellers durch das Großhandelsunternehmen gemeint. Der Hersteller braucht nicht zu warten, bis seine Produkte von den einzelnen Endverbrauchern nachgefragt werden. Der Großhandel nimmt dem Hersteller große Mengen ab und ermöglicht dem Hersteller die sofortige Finanzierung seines Absatzes.

Welche Arten des Großhandels werden unterschieden?

Aufkaufgroß-handel	Er kauft kleinere Mengen von unterschiedlichen Anbietern und hält sie zum Verkauf in größeren Mengen bereit. Dabei handelt es sich um Waren wie z. B. landwirtschaftliche Erzeugnisse, Metalle, Schrott oder Industrieabfälle.
Produktions-verbindungs-großhandel	Er übernimmt den Ankauf von halb fertigen oder fertigen Erzeugnissen der Hersteller und verkauft sie unbearbeitet weiter, vor allem an die Industrie und Handwerksbetriebe. Er verbindet so nachgelagerte Produktionsstufen (Beispiel: Kauf von kunststoffbeschichtetem Holz und Weiterverkauf an kleinere Tischlereien).
Absatzgroß-handel	Hierbei handelt es sich um die typische Form eines Großhandelsbetriebes, der in großen Mengen beim Hersteller einkauft und in kleineren, für den Einzelhandel üblichen Mengen wieder verkauft (z. B.: Großhandelsbetriebe der Textilbranche oder der Nahrungsmittelbranche).
Außenhandels-großhandel	Großhandelsbetriebe, die sich darauf spezialisiert haben, Waren aus dem Ausland zu importieren oder in das Ausland zu exportieren.

1 Der Weg der Ware vom Hersteller zum Verbraucher wird in der heutigen Zeit über eine Vielzahl von Unternehmen abgewickelt. Der Großhandel hat dabei die Aufgabe, die zeitlichen, örtlichen und mengenmäßigen Unterschiede zu überbrücken sowie den Markt zu erschließen.
Kennzeichnen Sie unten stehende Aussagen mit einer

(1), wenn sie sich auf die Zeitausgleichsfunktion beziehen,
(2), wenn sie sich auf die Raumausgleichsfunktion beziehen,
(3), wenn sie sich auf die Mengenausgleichsfunktion beziehen,
(9), wenn es sich um keine dieser Funktionen handelt.

a. Durch die sofortige Zustellung der Ware wird das Lagerrisiko des Herstellers vermindert. _____

b. Skibekleidung wird über das ganze Jahr hinweg produziert, der Absatz dieser Ware beschränkt sich auf den Herbst/Winter. _____

c. Ein Fotofachhändler erwartet nach der Neuentwicklung einer Kamera eine große Nachfrage. Er bestellt 10 Kameras beim Großhändler. Schon am ersten Tag, an dem er sie anbietet, verkauft er eine Kamera an einen Kunden. _____

d. Ein Kunde in einem Supermarkt in Bottrop kauft Spargel aus einem Spargelanbaugebiet in Süddeutschland. _____

2 Der Großhändler hat im Rahmen seiner Tätigkeit eine Reihe von Aufgaben zu erfüllen.

Ordnen Sie den unten aufgeführten Aussagen die zutreffenden Funktionen zu.

(1) Raumüberbrückung
(2) Zeitüberbrückung
(3) Mengenausgleich
(4) Sortimentsbildung
(5) Veredelung
(6) Service
(7) Markterschließung
(8) Absatzfinanzierung

a. Der Großhändler ist auch bei Nachfragesteigerungen immer noch lieferbereit. _____

b. Der Großhändler gibt Wünsche und Anregungen der Endverbraucher an den Hersteller weiter. _____

c. Der Großhändler erhöht den Nutzen bestimmter Waren durch Bearbeiten, Zwischenlagern und Warenpflege. _____

d. Der Großhändler verkauft dem Einzelhändler handelsübliche Mengen. _____

e. Der Großhändler importiert Produkte bei ausländischen Herstellern und bietet sie dem Einzelhandel an. _____

f. Der Großhändler verändert das Zahlungsziel gegenüber seinen Einzelhändlern zu deren Gunsten. _____

g. Der Großhändler wählt für seine Einzelhändler aus den angebotenen Produkten der unterschiedlichen Hersteller die geeigneten aus. _____

3 Großhandelsunternehmen werden auf Grund ihrer unterschiedlichen Strukturen in bestimmte Arten von Großhandelsunternehmen eingeteilt.
Überprüfen Sie unten aufgeführte Aussagen zum Produktionsverbindungshandel auf ihre Richtigkeit.

Tragen Sie eine

(1) ein, wenn diese Aussage zutrifft,
(9) ein, wenn diese Aussage nicht zutrifft.

a. Er verbindet zwei aufeinander folgende Produktionsstufen. _____

b. Er übernimmt den Ankauf von halb fertigen oder fertigen Erzeugnissen der Hersteller und verkauft sie an private Haushalte. _____

c. Die Kunden dieser Großhandelsbetriebe sind in erster Linie Industrie- und Handwerksbetriebe, die die Produkte auch weiterverarbeiten können. _____

d. Er kauft landwirtschaftliche Erzeugnisse in kleineren Mengen bei vielen verschiedenen Anbietern auf und stellt sie in größeren Mengen zum Verkauf an private Haushalte bereit. _____

e. Diese Betriebe können auch von Herstellern aus dem Ausland beliefert werden. _____

4 „Ein Großhandelsunternehmen kauft kleinere Mengen von vielen unterschiedlichen Anbietern und verkauft die Erzeugnisse in großen Mengen an wenige Abnehmer weiter."

Auf welche der unten aufgeführten Arten von Großhandelsunternehmen trifft diese Aussage zu? _____

(1) Produktionsverbindungshandel
(2) Absatzgroßhandel
(3) Aufkaufgroßhandel
(4) Sortimentsgroßhandel
(5) Abholgroßhandel

5 Welche der unten genannten Maßnahmen gehören nicht zu den Serviceleistungen eines Großhändlers? _____

(1) Kostenlose Reparaturen
(2) Beratung über Werbemittel und -träger
(3) Betreuung des Verkaufspersonals des Einzelhändlers
(4) Garantieübernahme bis zu 12 Monaten
(5) Kostenlose Güte- und Preisauszeichnung der Produkte

Welche Ziele werden mit der Kooperation im Großhandel verfolgt?

Kooperation bedeutet, dass rechtlich selbstständige Unternehmen durch freiwillige Vereinbarungen zusammenarbeiten, um daraus Vorteile auf dem Markt zu erzielen, die sie ohne diese Zusammenarbeit nicht hätten.

Kosten-senkung	Durch die Zusammenarbeit der Kooperationspartner können Kostensenkungen in allen Funktionsbereichen der Unternehmen (Beschaffung, Lagerung, Transport, Absatz oder Verwaltung) erzielt werden. So kann z. B. im Beschaffungsbereich die Bündelung der Einzelaufträge zu größeren Mengenrabatten bei den Lieferanten oder der gemeinsame Transport der Waren zu großen Auslastungsgraden der Transportmittel führen.
Absatzsiche-rung/Absatz-steigerung	Der hart umkämpfte Absatzmarkt führt dazu, dass größere Anstrengungen im Vertriebsbereich erforderlich sind, um den Kundenstamm zu halten bzw. neue Kundenschichten anzusprechen. Gemeinschaftswerbung ermöglicht es auch z. B. kleineren Großhandelsunternehmen, diesem Anspruch gerecht zu werden. Ebenso können Vertriebsschulungen und -fortbildungen gemeinschaftlich organisiert werden, um die Gesamtkosten auf ein erträgliches Maß aufzuteilen.
Risiko-minderung	Die Zusammenarbeit mehrerer Großhandelsunternehmen kann auch bedeuten, dass z. B. Produkte, die im Sortiment eines Großhändlers nicht angenommen werden, anschließend bei einem kooperierenden Großhandelsunternehmen in einem anderen Absatzgebiet schneller verkauft werden können. Dadurch verringert sich das Risiko, Verluste durch zu große Lagerbestände zu erzielen.

Erläutern Sie die Möglichkeiten einer horizontalen Kooperation.

Sortiments-kooperation	Zwei oder mehrere Großhändler führen ein gemeinsames Sortiment ohne dabei gegenseitig in Konkurrenz zu treten. Das Kernsortiment des einen ist das Randsortiment des anderen Großhandelsunternehmens. Fehlende Produkte werden jeweils vom anderen Großhändler geliefert. Dieses wird durch Weiterleitung des Kundenauftrages oder durch den Hinweis auf das kooperierende Großhandelsunternehmen veranlasst.
Einkaufs-verbände	Mehrere kleinere, rechtlich selbstständige Großhandelsunternehmen schließen sich zusammen, um die Vorteile eines Großabnehmers ausnutzen zu können. Diese Zusammenschlüsse, die auch als Einkaufskontore bezeichnet werden, haben die Aufgabe, die Bestellungen der einzelnen Großhändler zu sammeln und sie gebündelt an die Lieferanten weiterzugeben. Somit werden nicht nur höhere Mengenrabatte erzielt, sondern auch der Einfluss des Einkaufsverbandes auf die Lieferanten wird vergrößert (z. B. Edeka).
Standort-verbund	Großhandelsunternehmen mit unterschiedlichen, auf bestimmte Bereiche spezialisierten Sortimenten können gemeinsame Verkaufs- und Lagerräume nutzen, um auf der einen Seite ein breites Warensortiment anzubieten, auf der anderen Seite aber die Raumkosten zu minimieren (z. B. Großmärkte und Handelshöfe).

Beschreiben Sie die Möglichkeiten einer vertikalen Kooperation.

Vertriebsbin-dungssysteme	Darunter wird ein Vertragssystem zwischen Hersteller und Großhändler gefasst, mit dem der Hersteller den Vertrieb seiner Produkte nur einzelnen Großhändlern erlaubt und ihnen somit Gewähr leistet, alleiniger Anbieter eines ausgewählten Absatzgebietes zu sein. Die Beschränkung kann sich dabei nicht nur auf das Absatzgebiet, sondern auch auf bestimmte Vertriebszeiträume beziehen. Bei den Vertriebsbindungssystemen müssen aber jeweils die Bestimmungen des Gesetzes gegen Wettbewerbsbeschränkungen (Kartellgesetz, GWB) eingehalten werden. Preis- und Konditionenbindungen sind demnach nicht erlaubt.
Freiwillige Handelsketten	Viele Einzelhändler und ein Großhändler schließen sich zu einer Arbeitsgemeinschaft zusammen, wobei die Einzelhandelsbetriebe rechtlich selbstständig bleiben. Die Kooperation besteht darin, dass organisatorische Abläufe wie z. B. ein gemeinsames Bestell- und Abrechnungsverfahren oder Werbemaßnahmen und Verkaufsschulungen vereinheitlicht werden (z. B. Deutsche Sparzentrale Handelshof GmbH – Spar).
Rack Jobbing (Regalgroß-handel)	Bei dieser Zusammenarbeit zwischen Großhändler und Einzelhändler mietet der Großhändler (Rack Jobber) einen Teil der Verkaufsregale des Einzelhändlers und füllt selbstständig die Regale auf. Nicht verkaufte Produkte werden vom Großhändler zurückgenommen. Der Einzelhändler erhält vom Rack Jobber eine entsprechende Provision.
Franchising	Der so genannte Franchisegeber (Hersteller) bietet dem Franchisenehmer eine langfristige Kooperation an. Dem Franchisenehmer wird das Recht eingeräumt, die Waren oder Dienstleistungen unter Verwendung des Markennamens und des Verkaufskonzeptes anzubieten. Als Gegenleistung wird ein angemessener Anteil am Umsatzerlös verlangt (Beispiele: McDonalds, Wienerwald, Nordsee).

1 Welche der unten aufgeführten Kooperationsformen werden der

(1) horizontalen Kooperation,
(2) vertikalen Kooperation zugeordnet?

Tragen Sie eine (9) ein, wenn es sich um keine dieser Möglichkeiten handelt.

a. Vertriebsbindungssystem _____ ☐

b. Leasing _____ ☐

c. Franchising _____ ☐

d. Freiwillige Handelsketten _____ ☐

e. Einkaufsverbände _____ ☐

f. Standortverbund _____ ☐

g. Rack Jobbing _____ ☐

h. Factoring _____ ☐

2 Welches der unten aufgeführten Ziele wird nicht durch eine Kooperation im Großhandel verfolgt? __ ☐

(1) Kostensenkung

(2) Risikominderung

(3) Absatzsicherung

(4) Absatzsteigerung

(5) Gläubigerschutz

3 Um am Markt wettbewerbsfähig zu bleiben, schließen sich Großhandelsunternehmen zu Einkaufsverbänden oder freiwilligen Handelsketten zusammen.

Kennzeichnen Sie unten stehende Aussagen mit einer

(1), wenn sie nur auf Einkaufsverbände zutreffen,
(2), wenn sie nur auf freiwillige Ketten zutreffen,
(3), wenn sie sowohl auf Einkaufsverbände als auch auf freiwillige Ketten zutreffen,
(9), wenn sie weder auf Einkaufsverbände noch auf freiwillige Ketten zutreffen.

a. Es ist rechtlich notwendig, den Zusammenschluss als Rechtsform in das Vereinsregister eintragen zu lassen. __ ☐

b. Großhandelsbetriebe arbeiten in der Warenbeschaffung zusammen, um die Vorteile eines Großbetriebes wahrnehmen zu können. _____ ☐

c. Großhandelsbetriebe schließen sich zusammen, um einheitliche Verkaufspreise festzulegen. _____ ☐

d. Ein Großhändler schließt sich mit vielen Einzelhändlern gleicher Branche zusammen. _____ ☐

e. Durch gemeinsame Werbung werden Kosten eingespart. ☐

f. Die Zusammenschlüsse werden auch als Einkaufskontore bezeichnet. _____ ☐

g. Der Großhändler mietet einen Teil der Lagerfläche des Einzelhändlers, um dort seine Waren anzubieten. Der Einzelhändler übernimmt die Kosten für die nicht verkauften Waren. _____ ☐

4 Überprüfen Sie unten aufgeführte Aussagen zur Kooperationsform des Rack Jobbings auf ihre Richtigkeit.

Tragen Sie eine

(1) ein, wenn diese Aussage zutrifft,
(9) ein, wenn diese Aussage nicht zutrifft.

a. Bei dieser Kooperationsform handelt es sich um eine Zusammenarbeit zwischen Einzel- und Großhändler. __ ☐

b. Der Einzelhändler mietet bei seinem Großhändler einen Teil der Verkaufsregale und stellt dort sein Warensortiment aus. ☐

c. Der Einzelhändler erhält vom Rack Jobber eine Provision für die Bereitstellung der Verkaufsfläche. _____ ☐

d. Der Großhändler übernimmt das Auffüllen der Regale mit neuer Ware. _____ ☐

e. Diese Kooperationsform wird auch als Regalgroßhandel bezeichnet. _____ ☐

5 Kooperationen im Vertriebsbereich sind grundsätzlich daraufhin zu überprüfen, ob bestimmte Vereinbarungen des Großhändlers, wie z. B. Preis- und Konditionenbindungen, gegen rechtliche Bestimmungen verstoßen.

Welche(s) der unten aufgeführten Gesetze beinhalten/beinhaltet Regelungen zu dieser Problematik? _____ ☐ ☐

Sollte nur ein Gesetz zutreffen, tragen Sie im zweiten Kästchen eine (0) ein.

(1) Handelsgesetzbuch (HGB)

(2) Bürgerliches Gesetzbuch (BGB)

(3) Gesetz gegen den unlauteren Wettbewerb (UWG)

(4) Gesetz gegen Wettbewerbsbeschränkungen (Kartellgesetz, GWB)

(5) GmbH-Gesetz

6 Welche der unten stehenden Aussagen trifft nicht zu?

Tragen Sie eine (6) ein, wenn alle Aussagen zutreffen. _____ ☐

(1) Zur Kooperation im Großhandel gehören feiwillige Vereinbarungen zwischen rechtlich selbstständigen Unternehmen.

(2) Eine mögliche Vereinbarung ist die gemeinsame Nutzung von Verkaufs- und Lagerräumen.

(3) Diese Art der Kooperation kann in der Form eines Standortverbundes durchgeführt werden.

(4) Der Standortverbund ist ein rechtliches Gebilde, das im Gesetz gegen Wettbewerbsbeschränkungen (GWB) genau definiert ist.

(5) Durch den Standortverbund können Raumkosten minimiert werden.

Erklären Sie die wesentlichen Begriffe des aufbauorganisatorischen Gefüges eines Unternehmens.

Betriebs-hierarchie	Durch Stellen- und Abteilungsbildung werden gleichzeitig auch Über- bzw. Unterordnungsverhältnisse in einem Betrieb vorgegeben. Die Betriebshierarchie zeigt die Einordnung von Stellen in das Weisungssystem eines Unternehmens.
Leitungs-system	Ein Leitungssystem beschreibt die Weisungsbeziehungen der übergeordneten zu den untergeordneten Stellen sowie die Berichtswege der untergeordneten zu den übergeordneten Stellen für die Kontrollinformationen.
Stellen-bildung	Je nach Größe des Unternehmens werden Haupt- oder Teilaufgaben sinnvoll zusammengefasst und einer Stelle zugeordnet. Stellen sind die kleinsten Organisationseinheiten eines Betriebes. Damit die Aufgaben einer Stelle auch bei Einarbeitung eines neuen Stelleninhabers klar erkennbar sind, wird als Hilfsmittel die Stellenbeschreibung verwendet. Sie legt folgende Punkte fest: ▷ Bezeichnung der Stelle ▷ Instanzielle Eingliederung ▷ Stellenvertretung ▷ Ziele der Stelle ▷ Aufgaben, Verantwortlichkeiten und Kompetenzen ▷ Persönliche Anforderungen an den Stelleninhaber

Beschreiben Sie die unterschiedlichen Leitungssysteme.

Einlinien-system	Jeder Mitarbeiter erhält seine Weisungen nur von einem Vorgesetzten, der ihm gegenüber weisungsbefugt ist. Dieser Organisationsform liegt das Prinzip der „Einheitlichkeit der Auftragserteilung" zugrunde: Ein einheitlicher Weisungsweg läuft von oben nach unten, ein einheitlicher Berichtsweg von unten nach oben. ▷ *Vorteile:* klare Abgrenzungen der Zuständigkeiten, übersichtlicher Aufbau, keine Kompetenz-Überschneidungen ▷ *Nachteile:* fachliche und mengenmäßige Überlastung der Instanzen, schwerfälliger Dienstweg	
Mehrlinien-system	Die untergeordneten Stellen erhalten von mehreren Instanzen Weisungen. Der Nachteil der starken Überbeanspruchung der Entscheidungsträger im Einliniensystem wird dadurch ausgeglichen, dass die Weisungsbefugnis in fachlicher und personaler Hinsicht geteilt wird. ▷ *Vorteile:* große Sachkenntnis der Vorgesetzten, flexibler Einsatz der Untergebenen, kurze Informationswege ▷ *Nachteile:* Überschneidungen von Anweisungen, Koordinierungsprobleme, Kompetenzstreitigkeiten	
Stab-Linien-System	Der straffe Befehlsweg von oben nach unten wird beibehalten. Den Instanzen sind Stabsstellen zugewiesen, die ihnen wichtige Informationen liefern und sie bei Entscheidungen beraten. Die Stabsstellen haben selbst keine Weisungsbefugnis und arbeiten nur für die zugewiesene Instanz. ▷ *Vorteile:* einheitliche Befehlswege, Entlastung der Instanzen, Entscheidungssicherheit infolge Beratung ▷ *Nachteile:* Abstimmungsschwierigkeiten zwischen Linie/Stab, gute Vorschläge können von Linienmitarbeitern abgeblockt werden, „Macht der Experten"	
Sparten-organisation (Divisional-System)	Das Unternehmen wird nach dem Objektprinzip in Sparten (Divisionen) aufgeteilt (Busse, Lkw und Pkw in einer Autofirma). Für alle Sparten sind Zentralabteilungen zuständig, die nach dem Verrichtungsprinzip gebildet werden (z. B. Beschaffung, Rechnungswesen und Vertrieb). ▷ *Vorteile:* große Marktnähe der einzelnen Divisionen, Vorgesetzte werden durch Spezialisten beraten und dadurch entlastet, fundierte Sachentscheidungen ▷ *Nachteile:* Gefahr der Doppelverrichtungen (z. B. in der Forschung), Unternehmensleitung verliert u. U. den Überblick über die Sparten	
Matrix-organisation	Es existieren zwei Hierarchien, und zwar eine Hierarchie nach Funktionen (konstruieren, beschaffen, fertigen usw.) und eine Hierarchie nach Sparten (Pkw, Lkw, landwirtschaftliche Fahrzeuge usw.). ▷ *Vorteile:* verbesserte Problemlösung durch den kombinierten Einsatz verschiedener Fachspezialisten, Betonung der Teamarbeit, Entlastung der Unternehmensspitze ▷ *Nachteile:* Kompetenzprobleme, zeitaufwändig, großer Kommunikationsbedarf	

1 Das Leitungs- bzw. Weisungssystem eines Betriebes kann als

(1) Einlinienorganisation
(2) Mehrlinienorganisation
(3) Stablinienorganisation

aufgebaut sein. Ordnen Sie die folgenden Aussagen diesen Systemen zu.

a. Ein Mitarbeiter bekommt seine Arbeitsanweisungen nicht nur von einem Vorgesetzten. _____

b. Anordnungen erfolgen durch die Geschäftsführung und werden bis zur untersten Stelle weitergegeben. Die Anordnungen sind mit Hilfe von Informationen getroffen worden, die eine beratende Stelle zur Verfügung gestellt hat. _____

c. Spezialisten wirken beratend bei betrieblichen Entscheidungen mit, haben aber keine Weisungsbefugnis. _____

d. Es bestehen klare Anweisungsverhältnisse mit wenig Möglichkeiten für Kompetenzstreitigkeiten._____

e. Durch nicht einheitliche Auftragserteilung können Abstimmungsprobleme auftreten. _____

2 Welches der dargestellten Systeme ist ein Mehrliniensystem? _____

(1)

(2)

(3)

3 Die Leitung eines Einzelhandelsbetriebes ist als Einliniensystem aufgebaut. Kennzeichnen Sie mit

(1) mögliche Vorteile dieses Systems,
(2) mögliche Nachteile dieses Systems,
(9) Aussagen, die nicht zu dieser Organisationsform gehören.

a. Der Dienstweg ist lang und schwerfällig. _____

b. Die Kompetenzen der Stellen sind genau abgegrenzt.____

c. Arbeitsentlastung der Instanzen durch beratende Stellen, die aber keine Weisungen erteilen können. _____

d. Linienstellen können sich durch die Vorschläge von beratenden Stellen bevormundet fühlen. _____

e. Die Kontrolle der untergeordneten Stellen ist einfach. ____

f. Hohe Arbeitsbelastung der oberen Leitungsstellen. _____

4 Das Stabliniensystem verfügt über den klaren und einheitlichen Befehlsweg des Liniensystems, vermeidet jedoch Arbeitsüberlastung der Leitungsstellen durch Einsatz von Stabsstellen.
Stellen Sie fest, ob es sich bei den unten stehenden Stellen um eine

(1) Linienfunktion,
(2) Stabsfunktion
handelt.

a. Geschäftsführer eines Elektronik-Großhandels _____

b. Pressesprecher der Bayer AG _____

c. Verkäufer in einem Fachgeschäft für Zoohandel _____

d. Sekretariat der Geschäftsleitung eines großen Küchenherstellers _____

5 Kennzeichnen Sie

richtige Aussagen mit einer (1),
falsche Aussagen mit einer (9).

a. In einem Leitungssystem eines Betriebes geht es um die Unterordnung bzw. Gleichordnung von Stellen. _____

b. Der „Dienstweg" bei der Ausführung einer Anweisung ist im Mehrliniensystem länger als beim Einliniensystem. ___

c. Beim Stabliniensystem erhalten untergeordnete Stellen Anweisungen von mehreren übergeordneten Stellen. ___

6 Um welche Form der Abteilungsbildung handelt es sich bei dem folgenden Beispiel für ein Stabliniensystem? _____

(1) Abteilungsbildung nach dem Objektprinzip
(2) Abteilungsbildung nach dem Funktionsprinzip
(3) Kombination aus Objekt-/Funktionsprinzip

7 Kennzeichnen Sie die unten stehenden Aussagen über das Organigramm mit

(1), wenn die Aussage richtig ist,
(9), wenn die Aussage falsch ist.

Das Organigramm ...

a. ... gibt die genauen Arbeitsanweisungen für die einzelnen Stellen an. _____

b. ... ist die bildliche Darstellung des Zusammenhangs zwischen Stellen und deren Beziehungen untereinander innerhalb eines Betriebes._____

c. ... kann sowohl horizontal als auch vertikal dargestellt werden. _____

d. ... zeigt die hierarchische Grundstruktur eines Betriebes.

Erläutern Sie Arten, Ziele und Aufgaben wichtiger berufsständischer Organisationen.

Art der Betriebe/ Branche	berufsständische Organisation	Ziele und Aufgaben	Mitglied- schaft	Dachverband auf Bundesebene
Betriebe der gewerblichen Wirtschaft (Industrie, Handel, Dienstleistung)	**Industrie- und Handels- kammer** = Interessenvertretung für die gewerbliche Wirt- schaft	▷ betreut alle in ihrem Bereich liegenden Gewer- bebetriebe, die Pflichtbeiträge zahlen; ▷ berät und fördert die gewerbliche Wirtschaft; ▷ überwacht die Berufsausbildung, führt das Verzeichnis der Ausbildungsbetriebe und nimmt Prüfungen ab.	Pflicht	Deutscher Industrie- und Handelstag DIHT
	Wirtschaftsfachverband = Interessenvertretung des jeweiligen Wirt- schaftszweiges	▷ fördert den jeweiligen Wirtschaftszweig (z. B. Verband der Elektroindustrie); ▷ berät Mitglieder in technischen und rechtlichen Fragen; ▷ gibt branchenbezogene Informationen und Statistiken für die Mitglieder heraus; ▷ gibt Stellungnahmen zu aktuellen wirtschafts- politischen Themen ab, sofern diese den Wirt- schaftszweig betreffen; ▷ versucht Einfluss auf die Gesetzgebung zu nehmen, sofern diese den Wirtschaftszweig betrifft (Lobby).	freiwillig	▷ Bundesverband des entspre- chenden Wirt- schaftszweiges ▷ Bundesverband der deutschen Industrie BDI
Handwerks- betriebe	**Handwerksinnung** = Zusammenschluss selbstständiger Handwer- ker einer Berufsgruppe	▷ regelt und überwacht die Berufsausbildung; ▷ nimmt Gesellenprüfungen ab; ▷ vermittelt zwischen Kunden und Betrieb; ▷ richtet Unterstützungs- und Krankenkassen ein.	Ausbil- dungs- betriebe sind frei- willig	Bundesinnungs- verbände
	Kreishandwerkerschaft = Zusammenschluss aller oder mehrerer Hand- werksinnungen eines Stadt- oder Landkreises	▷ nimmt die gemeinschaftlichen Interessen des Handwerks auf Bezirksebene wahr; ▷ schafft überbetriebliche Ausbildungsstätten und Schlichtungsstellen; ▷ führt die Geschäfte der Innungen; ▷ erteilt Auskünfte und Rechtsberatungen; ▷ betreut die Auszubildenden gemeinsam mit den Lehrlingswarten der Kammern.	Pflicht	▷ Bundesvereini- gung der Fach- verbände ▷ Zentralverband des deutschen Handwerks
	Handwerkskammer = Interessenvertretung des Handwerks und Organ der handwerkli- chen Selbstverwaltung	▷ berät Mitglieder in betriebswirtschaftlichen Fragen und fördert die wirtschaftliche Situation der Mitglieder; ▷ führt die Handwerksrolle, in der jeder Betrieb verzeichnet ist; ▷ überwacht die Ausbildung; ▷ nimmt die Meisterprüfung ab.	Pflicht	Deutscher Hand- werkskammertag

Nennen Sie weitere wichtige Einrichtungen und Institutionen und erklären Sie deren Zuständigkeiten.

Finanzamt	Das Finanzamt ist die unterste Behörde der Finanzverwaltung, die als örtliche Dienststelle der Bundesländer die Besteuerung durchführt. Es verrichtet die dazu notwendige Verwaltungsarbeit, ermittelt die Steuerpflichtigen, veranlagt und erhebt die Steuern und führt Kontrollen oder Fahndungen durch. Finanzämter werden durch die für ihren Bezirk zuständigen Oberfinanzdirektionen überwacht.
Arbeitsagentur	Die Arbeitsagentur ist vor Ort die unterste Behörde der Bundesagentur für Arbeit (BA). Wichtigste Aufgabe der Arbeitsagentur ist es, Arbeit Suchende und Arbeitgeber mit offenen Stellen für einen bestimmten Arbeitsagentur- bezirk zusammenzuführen. Die Arbeitsagenturen erbringen Leistungen, die im Arbeitsförderungsgesetz (Sozial- gesetzbuch II./III. Buch) geregelt sind: Arbeitsvermittlung, Arbeits- und Berufsberatung, berufliche Weiterbildung, Umschulungen sowie Arbeitsbeschaffungsmaßnahmen. Diese Leistungen sind unentgeltlich. Auch die Beantra- gung und Zahlung von Arbeitslosengeld I und II gehört zu den Aufgaben.
Gewerbe- aufsicht	siehe hierzu die Seiten 118 und 119
Kommunalver- waltung (Stadt- bzw. Gemein- deverwaltung)	Das Grundgesetz legt in Artikel 28, Absatz 2 die Eigenverantwortung der Gemeinden „im Rahmen der Gesetze" fest. Die Eigenverantwortung bezieht sich auf Personal-, Gebiets-, Planungs- und Rechtsetzungshoheit. Die Kom- munalverfassungen selber sind Sache der Ländergesetzgebung. Die konkrete Ausgestaltung der Kommunalver- waltungen unterscheidet sich daher je nach Landesgesetz. Sie betreffen vornehmlich das Verhältnis von gewähl- ter, ehrenamtlicher Vertretung (Stadtrat, Kreisrat) und der hauptamtlichen Verwaltungsspitze (Bürgermeister, Gemeinde- oder Oberstadtdirektor).
Arbeitsgericht	Arbeitsgerichte sind die in erster Instanz tätigen Anlaufstellen für Streitigkeiten, die von der Arbeitsgerichtsbarkeit geklärt werden müssen. Die Kammern am Arbeitsgericht sind mit einem Berufsrichter und zwei ehrenamtlichen Richtern, die von den Arbeitgeberverbänden und den Gewerkschaften vorgeschlagen werden, besetzt. Die Ar- beitsgerichte sind unter anderem zuständig für Rechtsstreitigkeiten zwischen Arbeitgebern und Arbeitnehmern und zwischen Tarifvertragsparteien, wie Gewerkschaften und Arbeitgeberverbänden.

1   Welche der folgenden Organisationen ist keine berufsständische Organisation? _____

(1)   Zentralverband des Deutschen Handwerks

(2)   Bundesinnungsverband

(3)   Deutscher Bauernverband

(4)   Deutscher Industrie- und Handelstag DIHT

(5)   Deutsche Lebensrettungsgesellschaft DLRG

2   Welche der folgenden Aussagen über Interessenverbände und berufsständische Organisationen sind falsch? _____

(1)   Sie sind durch das Grundgesetz vorgeschrieben.

(2)   Sie geben in Gesetzgebungsverfahren Stellungnahmen und Gutachten ab.

(3)   Sie werden durch die Beiträge ihrer Mitglieder und Spenden finanziert.

(4)   Sie sind vorwiegend zum Wohle ihrer Mitglieder tätig.

(5)   Sie sind alle im Zentralverband der berufsständischen Organisationen zusammengefasst.

3   Welche der folgenden Geldzahlungen der Peter Baumann GmbH wird nicht vom Finanzamt erhoben? _____

(1)   Kfz-Steuer

(2)   Körperschaftsteuer

(3)   Gewerbesteuer

(4)   Umsatzsteuer

(5)   Lohnsteuer

4   Prüfen Sie die folgenden Aussagen über Institutionen, mit denen ein Unternehmen zu tun hat. Kennzeichnen Sie die Aussagen mit einer

(1), wenn die Aussage zutrifft,
(9), wenn die Aussage falsch ist.

a. Die Arbeitsagentur ist zuständig für Streitigkeiten zwischen Arbeitnehmern und Arbeitgebern. _____

b. Das Finanzamt wird bei seiner Tätigkeit von der örtlichen Kommunalverwaltung überwacht. _____

c. Das Arbeitsgericht ist grundsätzlich zuständig für Streitigkeiten zwischen Gewerkschaften und Arbeitgeberverbänden. _____

d. Das Verhältnis zwischen dem Stadtrat und dem Bürgermeister wird in der jeweiligen Ländergesetzgebung geregelt. _____

5   Die Betriebe der gewerblichen Wirtschaft werden von verschiedenen berufsständischen Organisationen bzw. überbetrieblichen Interessenverbänden betreut. Diese übernehmen dabei jeweils unterschiedliche Aufgaben.

Welche der folgenden Organisationen ist für die unten genannten Aufgaben zuständig? Ordnen Sie zu, indem Sie die Ziffer vor der zutreffenden Organisation in das entsprechende Kästchen eintragen.

(1)   Industrie- und Handelskammer
(2)   Wirtschaftsfachverband der entsprechenden Branche
(3)   Arbeitgeberverband der entsprechenden Branche

Tragen Sie eine (9) ein, wenn eine Zuordnung nicht möglich ist.

a. Ein Hersteller von Tiefkühltruhen benötigt im Rahmen des Exports ein Ursprungszeugnis, welches bescheinigt, dass die Waren in Deutschland hergestellt worden sind.

b. Ein Industriebetrieb, der sich mit der Herstellung von Leuchten beschäftigt, benötigt Angaben über den Markt für Halogenleuchten. _____

c. Ein Sanitärinstallationsbetrieb will Fragen zur Ausbildungsberechtigung klären. _____

d. Die Geschäftsleitung eines Industriebetriebes hat Fragen zur Mitbestimmung des Betriebsrates in einer aktuellen Situation und begehrt eine Auskunft hierzu. _____

6   Welche der folgenden Ziele verfolgt der BDI nicht? _____

(1)   Sicherung des Produktionsstandortes Deutschland

(2)   Senkung der Steuersätze für die Lohnsteuer

(3)   Abschaffung der Gewerbesteuer

(4)   Erhöhung der Lohnnebenkosten

(5)   Verbesserung der Bedingungen für den Außenhandel

7   In den folgenden Auswahlantworten finden Sie Zuordnungen von berufsständischen Organisationen zu dem entsprechenden Dachverband auf Bundesebene.
Welche dieser Zuordnungen sind richtig?

(1)   Industrie- und Handelskammer → DIHT

(2)   Landwirtschaftskammern → Deutscher Bauernverband

(3)   Kreishandwerkerschaft → Zentralverband des Deutschen Handwerks

(4)   Handwerkskammer → BDI

(5)   Handwerksinnung → Deutscher Handwerkskammertag

8   Welche der folgenden Organisationen sind nicht für die Durchführung von Prüfungen im Rahmen der Berufsbildung zuständig? _____

(1)   IHK

(2)   Handwerksinnung

(3)   Landwirtschaftskammer

(4)   BDI

(5)   Deutscher Bauernverband

Erläutern Sie die Notwendigkeit, die Verantwortung sowie die Rechtsgrundlagen zur Vermeidung der Gefährdung von Sicherheit und Gesundheit am Arbeitsplatz.

Notwendigkeit des Arbeitsschutzes	Der Arbeitnehmer hat ständig mit technischen Einrichtungen zu tun und ist in Produktionsverfahren eingegliedert, die seine Gesundheit bedrohen können. Dem Schutz vor diesen Gefahren dienen zahlreiche Vorschriften zur Arbeitssicherheit und zum Gesundheitsschutz.
Verantwortung für den Arbeitsschutz	▷ Der **Arbeitgeber** ist dafür verantwortlich, dass die Schutzbestimmungen in seinem Betrieb beachtet werden. Bei Nichteinhaltung der Arbeitsschutzvorschriften durch den Arbeitgeber hat der Arbeitnehmer u. U. ein Recht auf Arbeitsverweigerung. ▷ Jeder **Arbeitnehmer** ist verpflichtet, die Unfallverhütungs- und Sicherheitsvorschriften zu befolgen. ▷ Der **Betriebsrat** hat darüber zu wachen, dass die Unfallverhütungsmaßnahmen durchgeführt werden. Er hat mitzubestimmen über Regelungen zur Verhütung von Arbeitsunfällen und Berufskrankheiten sowie über den Gesundheitsschutz im Rahmen der gesetzlichen Vorschriften.
Rechtsgrundlagen des Arbeitsschutzes	▷ Die **Gewerbeordnung (GewO)** legt im § 120a fest, dass Arbeitsräume, Betriebsvorrichtungen, Maschinen und Gerätschaften so einzurichten sind, dass die Arbeitnehmer gegen Gefahren für Leben und Gesundheit geschützt sind. ▷ Die **Arbeitsstättenverordnung** legt allgemeine Anforderungen an Betriebsräume und Arbeitsstätten fest hinsichtlich Belüftung, Temperatur, Beleuchtung, Lärm usw. ▷ Das **Arbeitsschutzgesetz** enthält Vorschriften, die geeignet sind, die Sicherheit am Arbeitsplatz zu erhöhen und die medizinische Betreuung im Betrieb sicherzustellen. ▷ Die **Unfallverhütungsvorschriften** der Berufsgenossenschaften beinhalten Verhütungsmaßnahmen zur Vermeidung von Arbeitsunfällen sowie Vorschriften für die Gestaltung von Einrichtungen und erforderliche Anordnungen. Diese Vorschriften sind im Betrieb an sichtbarer Stelle auszuhängen und die Mitarbeiter sind darüber genau zu unterrichten. ▷ Zu den **„allgemein anerkannten Regeln der Technik"** gehören die Arbeitsstätten-Richtlinien, die DIN-Normen des Deutschen Institutes für Normung, die VDE-Bestimmungen des Verbandes deutscher Elektrotechniker sowie die VDI-Richtlinien des Verbandes deutscher Ingenieure.

Welche Maßnahmen muss ein Betrieb vorsehen, um die Sicherheit am Arbeitsplatz zu gewährleisten?

technische Maßnahmen	Dazu gehören die Verwendung technischer Geräte mit dem GS- oder CE-Zeichen (= geprüfte Sicherheit), Installation von Schnellstop-Einrichtungen sowie akustischer und optischer Warnanlagen. Ferner muss der Arbeitgeber dem Arbeitnehmer für die manuelle Handhabung von Lasten (Ziehen, Heben, Schieben, Tragen und Bewegen einer Last) geeignete mechanisierte und maschinisierte Ausrüstungen bereitstellen, z. B. Hubwagen, Laufkran, Gabelstapler.			
organisatorische Maßnahmen	Hierunter sind vor allem Arbeitsanweisungen zu fassen, die die Verwendung von Sicherheitsschuhen, angemessener Kleidung sowie ggf. Atemschutzgeräten beinhalten. Ferner beziehen sich die Anweisungen auf den Umgang mit schweren Lasten.			
Sicherheitszeichen	**Warnzeichen**	**Gebotszeichen**	**Verbotszeichen**	**Rettungszeichen**
Sicherheitsbeauftragter	In Unternehmen mit mehr als 20 Beschäftigten hat der Unternehmer einen oder mehrere Sicherheitsbeauftragte zu bestellen. Dieser hat den Unternehmer bei der Durchführung des Unfallschutzes zu unterstützen, u. a. sich laufend von der ordnungsgemäßen Benutzung der vorgeschriebenen Schutzvorrichtungen zu überzeugen. Der Sicherheitsbeauftragte ist Mitglied des Arbeitsschutzausschusses.			
Gewerbeaufsicht	Die Gewerbeaufsicht hat zu überwachen, dass in Betrieben die Schutzvorschriften befolgt werden. Gewerbeaufsichtsbeamte haben das Recht, jederzeit – auch nachts – ohne vorherige Anmeldung die Betriebsanlagen zu kontrollieren; sie können Verbote und Auflagen bezüglich gefährlicher Anlagen erlassen.			
Gestaltung von Bildschirmarbeitsplätzen	Für alle Computerarbeitsplätze sind durch eine EU-Richtlinie Mindeststandards zum Gesundheitsschutz für die Gestaltung von Bildschirmarbeitsplätzen einzuhalten. Diese Richtlinie beinhaltet Vorschriften, um die mögliche Gefährdung des Sehvermögens sowie die körperliche und psychische Belastung der Arbeitnehmer am Bildschirm zu vermeiden. Die Arbeitnehmer sind auf diese Belastungen hinzuweisen und ggf. durch eine qualifizierte Person zu unterweisen.			
Maßnahmen zum Brandschutz	Die Entstehung von Bränden kann vorbeugend durch Brandschutzmaßnahmen verhindert werden: ▷ Bauliche Einrichtungen sind Brandschutztüren und -wände, Notausgänge und Rettungswege für Mitarbeiter sowie Rauchverbot in gefährdeten Zonen (z. B. Lager). ▷ Brandmeldeanlagen sind an gefährdeten Stellen zu installieren (z. B. automatische Brandmelder). ▷ Feuerlöscheinrichtungen sind dort anzubringen, wo besonders leicht Brände entstehen können oder gefährdete Waren oder Einrichtungen vorhanden sind (z. B. Holzregale, Papier, Benzin etc.). Zu diesen Einrichtungen zählen z. B. Sprinkleranlagen, Handfeuerlöschgeräte und Äxte. ▷ Organisatorische Maßnahmen beinhalten die Unterweisung des Personals im betrieblichen Brandschutz und regelmäßige Brandschutzübungen in gefährdeten Bereichen sowie das Aushängen der Vorschriften und Regeln zur Brandverhütung und Brandbekämpfung.			

1 Jeder Betrieb muss Maßnahmen zur Sicherheit seiner Mitarbeiter vorsehen.
Ordnen Sie den nachstehenden Maßnahmen zu, ob es sich dabei um

(1) sicherheitstechnische Maßnahmen handelt,
(2) sicherheitsorganisatorische Maßnahmen handelt.

a. In der Reichweite eines Laufkrans in einer Holzgroßhandlung sind an verschiedenen Stellen rote Schnell-Stopp-Knöpfe übersichtlich angebracht, die bei Auslösen den Kran sofort zum Stehen bringen. _____

b. In einer Papiergroßhandlung befindet sich im Lager eine Sprinkler-Anlage._____

c. Die Unfallverhütungsvorschriften sind in einer Haushaltswarengroßhandlung im Aufenthaltsraum, im Eingangsbereich zum Lager und im Betriebsbüro ausgehängt. _____

d. Die Lagerarbeiter in einer Baustoffgroßhandlung werden vor dem sich bewegenden Gabelstapler durch eine gelbe Rundumblinkleuchte gewarnt._____

e. Der Sicherheitsbeauftragte einer Großhandlung für Unterhaltungselektronik prüft auf seinem Rundgang, ob die Wegezonen für Hubwagen und Gabelstapler nicht durch lagernde Waren verstellt sind._____

f. Aus gegebenem Anlass weist der Sicherheitsbeauftragte in einem Rundschreiben an alle Mitarbeiter im Versand noch einmal darauf hin, dass Schuhe mit Stahlkappen zu tragen sind. _____

g. In einer Lebensmittelgroßhandlung sind die Fluchtwege durch grüne Schilder deutlich gekennzeichnet. _____

h. In einer Elektrogroßhandlung sind die Kommissionierungsfahrzeuge mit Sensoren ausgestattet, die das Fahrzeug sofort zum Halten bringen, wenn sich das Gefährt einem Widerstand nähert. _____

2 Zahlreiche Rechtsvorschriften befassen sich mit der Sicherheitsgestaltung im Arbeitsalltag.
Auf Basis welcher folgenden Vorschriften werden in den unten stehenden Beispielen Maßnahmen ergriffen?
Ordnen Sie die Ziffer vor der zutreffenden Vorschrift dem jeweiligen Beispiel zu.

(1) Arbeitsstättenverordnung
(2) Arbeitsschutzgesetz

a. In einem Unternehmen mit 30 Mitarbeitern wird ein Arbeitsschutzausschuss aus dem Arbeitgeber, dem Betriebsrat, einer Fachkraft für Arbeitssicherheit und dem Sicherheitsbeauftragten gebildet. _____

b. In einer Großhandlung mit 15 Mitarbeitern wird ein leicht erreichbarer Pausenraum durch den Arbeitgeber eingerichtet. _____

c. In einer Holzgroßhandlung, in der auch Holzzuschnitt stattfindet, kann die Bandsäge nur in Gang gesetzt werden, wenn vorher ein Schutzriegel umgelegt wurde. _____

d. In einer großen Stahlgroßhandlung mit 120 Mitarbeitern wird ein Sanitätsraum für besondere Unfallgefahren eingerichtet. _____

3 Als Mitarbeiter einer Schuhgroßhandlung stellen Sie bei Betreten eines Lagerraumes fest, dass es dort brennt. Welche der folgenden Aktionen sind dabei falsch? _____

(1) Sie schließen sofort die Fenster.

(2) Sie schlagen den nächsten Feuermelder ein oder rufen die Feuerwehr vom nächsten Telefon aus an.

(3) Sie öffnen das Fenster, um den Rauch abzulassen.

(4) Sie bringen die im Raum lagernden Waren in Sicherheit.

(5) Sie schließen die Tür des Raumes, nachdem Sie sich davon überzeugt haben, dass sich dort kein Mensch mehr aufhält.

(6) Sie warnen die anderen Mitarbeiter durch lautes Rufen.

(7) Sie bringen sich selbst in Sicherheit.

4 Für den Arbeitsschutz sind eine Reihe von Personen verantwortlich. Welche der folgenden Personen ist für welche der unten stehenden Aufgaben bzw. Vorsichtsmaßnahmen verantwortlich?
Tragen Sie die zutreffende Ziffer vor der Person in das Kästchen ein.

(1) Arbeitnehmer
(2) Arbeitgeber
(3) Gewerbeaufsichtsbeamter
(4) Sicherheitsbeauftragter
(5) Betriebsarzt

a. Aushängen der Unfallverhütungsvorschriften _____

b. Beratung des Lagerleiters bei der Planung eines neuen Hochregallagers _____

c. Überprüfung und Abnahme einer neuen automatischen Palettieranlage _____

d. Vorschlag einer Schutzmaßnahme gegen unangenehme Geruchsbelästigung in einer Chemikaliengroßhandlung _____

e. Überprüfung der Erste-Hilfe-Ausstattung in einer Stahlgroßhandlung _____

f. Tragen von Schutzhelmen bei Arbeiten in einer Baustoffgroßhandlung _____

5 In welcher der folgenden Vorschriften wird eine Aussage über den Schallpegel in Arbeitsräumen gemacht? _____

(1) Schallpegel-Richtlinie

(2) Arbeitsstättenverordnung

(3) Bundes-Lärmschutzverordnung

(4) Bundesemissionsschutzgesetz

(5) Schallpegelverordnung

Nennen und erläutern Sie wichtige ökologische Ziele, die in einem Unternehmen verfolgt werden sollten.

Kreislaufwirt-schaftsgesetz		Das Vermeiden von Abfällen (Rückständen) hat Vorrang vor der Verwertung von Abfällen. Das Verwerten von Abfällen (Rückständen) hat Vorrang vor dem Entsorgen von Abfällen. Nach dem „Kreislaufwirtschafts- und Abfallgesetz" vom 1.11.1996 sollen die Erzeugung, die Verteilung, der Verbrauch und die Entsorgung von Gütern als geschlossenes System betrachtet werden. Dies bedeutet, dass Probleme der Abfallbehandlung bereits während des Produktionsvorgangs berücksichtigt werden. Abfälle sind in erster Linie zu vermeiden und erst in zweiter Linie zu verwerten. Nicht wieder verwertbare Abfälle müssen zur Energieerzeugung verwendbar oder umweltverträglich zu entsorgen sein.
allgemeine ökologische Ziele	**Einsparung von Rohstoffen**	Die Welt-Rohstoffvorräte nehmen ständig ab. So ist bekannt, dass einige Rohstoffreserven, wie Zink, Kupfer, Erdöl oder Silber, bei gleicher Abbaumenge wie heute nur noch maximal 40 bis 50 Jahre reichen. Aus diesem Grunde muss es das Ziel aller sein, bei der Herstellung und dem Vertrieb von Waren den Verbrauch von Rohstoffen möglichst gering zu halten.
	Einsparung von Energie	Die Einsparung von Energie hat als Hintergrund die Überlegung, dass weniger fossile Brennstoffe verwendet werden. Das gilt vor allem für die kohlenstoffreichen Brennstoffe wie Kohle und schweres Heizöl. Dies sind die Brennstoffe mit dem höchsten Gehalt an Schwefel, der zusammen mit Stickstoff bei der Verbrennung saure Emissionen erzeugt, die wiederum den sauren Regen verursachen. Ferner verursacht jede Verbrennung fossiler Energien Kohlendioxid, das als Verursacher für die Aufheizung der Erdatmosphäre gilt.
	Vermeidung von Emissionen	Emission bedeutet, dass gasförmige oder feste Stoffe ausgestoßen werden, die die Luft, den Boden oder das Wasser verunreinigen. Verursacher von Emissionen sind technische Anlagen, wie Betriebe, Kraftwerke oder Autos. Durch gesetzliche Maßnahmen ist für viele Stoffe ihrer Schädlichkeit entsprechend die Höhe der zulässigen Emissionskonzentration festgelegt.

Nennen Sie konkrete Maßnahmen zum Umweltschutz im Lager und geben Sie dafür Beispiele.

Abfallvermeidung	▷ Mehrwegverpackung zum Schutz der Waren und zum Transport (Paletten, Collicos, Kleincontainer) ▷ Nutzung von wieder verwendbaren Containern statt Pappe oder Folie als Verpackung ▷ Vermeidung von zusätzlichen Umverpackungen bei unproblematischen Transporten
Abfallverminderung	Verpackungssysteme können optimiert werden, wenn das Volumen der bereitgestellten Verpackung der zu versendenden Ware angepasst wird. Statt Standardgrößen zu verwenden, in denen viel „Luft" enthalten ist, können variable Umverpackungen oder Versandkartons verschiedener Größen bereitgestellt werden. Damit entfällt auch die umfangreiche Verwendung von Füllmaterial (z. B. Styroporkugeln). Die Versandmitarbeiter können durch Prämien auf Einsparungen zur Abfallverminderung angehalten werden.
Abfallumwandlung	Alle wieder verwendbaren Materialien im Wareneingangslager, wie Kartonagen, Altpapier, Folien, Glas etc. sind daraufhin zu untersuchen, ob sie durch Abfallumwandlung (Recycling) dem Unternehmen wieder nutzbar gemacht werden können.
Abfallbeseitigung	Der Abfall, der nicht wieder verwertet werden kann, sollte einer Beseitigung zugeführt werden, deren Verfahren die Umwelt möglichst nur gering belasten. Dies gilt z. B. für Kompostierung statt Verbrennung oder Deponierung. Es gilt also, den Müll zu sortieren, bevor er der Beseitigung zugeführt wird. Außerdem spart dies Kosten, denn gemischter Abfall, der zumeist auch als Sondermüll gilt, kostet in der Entsorgung je m³ mehr als sortierter Abfall.
Einsparung von Energie	Wärmedämmung der Lagerräume, verbrauchsarme Fahrzeuge, Systeme, die gleichzeitig Heizungswärme und Strom erzeugen (Kraft-Wärme-Kopplung), Heizungsanlagen mit einem hohen Wirkungsgrad, Gewinnung von Wind- und Solarenergie.
Umweltbeauftragter	Viele Betriebe gehen dazu über, Mitarbeiter als Umweltbeauftragte zu ernennen, die dann die Mitarbeiter schulen und den Entsorgungsmarkt hinsichtlich möglicher Kostensenkungen genau beobachten.

Welche Umweltfaktoren müssen bei der Gestaltung von Arbeitsräumen beachtet werden?

Licht	▷ Die Beleuchtungsstärke sollte zwischen 500 und 1200 Lux liegen. ▷ Der Raum sollte gleichmäßig ausgeleuchtet sein. Es sollten Leuchtstoffröhren verwendet werden. Leuchtbänder sollten parallel zur Fensterfront angebracht werden und reflexfrei abgeschirmt sein. ▷ Die Beleuchtung muss blendfrei sein und das Licht sollte von links oben auf den Arbeitsplatz fallen.
Geräusche	Im Büro sollte der Schallpegel 55 bis 60 dB nicht überschreiten. Im Lager und Versand sollte ein Schallpegel von 90 bis 95 dB nicht überschritten werden. Der Lärmpegel kann durch Teppichboden, Decken- und Wandverkleidungen, Stellwände, Isolierverglasung usw. gesenkt werden.
Luft	Die Lufttemperatur sollte 20 bis 22 Grad Celsius und die Luftfeuchtigkeit 40 bis 60 % betragen. Durch Klimaanlagen können diese Werte gehalten werden.
Farben	Grüntöne wirken beruhigend. Sie sind daher für Räume mit Publikumsverkehr geeignet. Große Farbkontraste wirken belebend. Sie sind für Räume geeignet, in denen monotone Arbeiten ausgeführt werden. Helle Farben regen an, grelle Farben machen aggressiv, dunkle Farben wirken bedrückend.

1 Umweltschutzmaßnahmen sind sehr vielfältig. Welche der folgenden Beispiele für konkrete Umweltschutzmaßnahmen in einer Lebensmittelgroßhandlung sind Maßnahmen zur

(1) Abfallvermeidung,
(2) Abfallverminderung,
(3) Abfallumwandlung,
(4) Abfallbeseitigung?

a. Für die wöchentliche Müllabfuhr wird der Abfall in drei getrennten Containern (Plastikfolie und -teile, Restmüll, Papier) bereitgestellt. _____

b. Neuerdings werden für die Auslieferung von Kleinmengen Kunststoffbehälter verwendet, die bei der nächsten Anlieferung wieder zurückgenommen werden._____

c. Die Kartonagen der eingehenden Waren werden gesammelt, sortiert und zu einem geringen Preis an ein Unternehmen weiterverkauft, das dieses Material schreddert und zu Dämmmaterial weiterverarbeitet. _____

d. Ein Mitarbeiter hat den Vorschlag gemacht, nicht mehr die gesamte Gitterboxpalette mit Folie zu überziehen, sondern nur noch zwei schmale Folienstreifen zu verwenden._____

e. Ein Mitarbeiter schlägt vor, die anfallenden Kartonagen in der hauseigenen Heizungsanlage zu verbrennen. _____

2 Die Packtische in einer Großhandlung sollen mit einer neuen Beleuchtung versehen werden.
Von welcher Seite aus sollte das Licht Ihrer Meinung nach auf den Arbeitsplatz fallen?_____

(1) von links oben
(2) von rechts oben
(3) von der Mitte oben
(4) von hinten

3 Das Kreislaufwirtschaftsgesetz von 1996 stellt einige Anforderungen an die Denk- und Handlungsweise in der Wirtschaft.
Welche der folgenden Aussagen kann Ihrer Meinung nach nicht aus dem Kreislaufwirtschaftsgesetz stammen? _____

(1) Abfallvermeidung geht vor Abfallverwertung.
(2) Abfallverwertung geht vor Abfallentsorgung.
(3) Abfallentsorgung geht vor Abfallverwertung.
(4) Abfallvermeidung geht vor Abfallentsorgung.

4 Einige Kollegen in einer Stahlgroßhandlung diskutieren über die Lärmbelästigung an ihrem Arbeitsplatz. Welcher der folgenden Werte stellt bereits eine Schmerzgrenze dar und sollte deshalb auf jeden Fall unterschritten werden? _____

(1) 40 dB
(2) 60 dB
(3) 80 dB
(4) 100 dB
(5) 120 dB

5 In der Bundesrepublik Deutschland wird ca. ein Viertel der Energie für den Verkehr benötigt. Ein großer Teil davon entfällt auf die Verkehrsträger

(1) Lkw,
(2) Eisenbahn,
(3) Binnenschiff,

Ordnen Sie diese Verkehrsträger den nachstehenden Energieverbräuchen je beförderte Tonne Fracht und km in Kilojoule (Energieeinheit) zu.

a. 521 _____
b. 314 _____
c. 2399 _____

6 Welche der folgenden Aussagen zum Umweltschutz im Betrieb ist falsch? _____

(1) Erzeugung, Verteilung, Verbrauch und die Entsorgung von Gütern müssen als geschlossenes System betrachtet werden.

(2) Probleme der Abfallbehandlung müssen bereits während des Produktionsvorgangs berücksichtigt werden.

(3) Die Kosten des Umweltschutzes muss der Staat tragen.

(4) Abfälle sind in erster Linie zu vermeiden und erst in zweiter Linie zu verwerten.

(5) Nicht wieder verwertbare Abfälle müssen zur Energieerzeugung verwendbar oder umweltverträglich zu entsorgen sein.

7 Welche der folgenden Maßnahmen in einer Großhandlung erscheint eher ungeeignet, um den Verbrauch von fossiler Energie zu senken? _____

(1) bessere Dämmung der Lagerräume für Tiefkühlerzeugnisse

(2) Kraft-Wärme-Kopplung in der hauseigenen Heizungsanlage

(3) bessere Isolierung der Motorräume der Lkw, um die entstehende Abwärme nicht in das Fahrzeuginnere gelangen zu lassen

(4) Prämien für die Lkw-Fahrer für die Unterschreitung von vorgegebenen Werten beim Dieselverbrauch

(5) sensorisch gesteuertes Absenken der Heizungstemperatur über Nacht

Erläutern Sie Notwendigkeit, Begriff, Aufgaben und Ziele eines Warenwirtschaftssystems.

Notwendigkeit	▷ Eine starke Erweiterung der Sortimente hat zu einer nahezu unübersichtlichen Anzahl von Artikeln geführt. *Beispiel: 50 000 Artikel bei einem Großhandel für Verbindungselemente* ▷ Schnelle Veränderungen im Konsumentenverhalten führen zu immer kürzeren Intervallen bei den Änderungen des Sortiments und seiner Struktur. ▷ Der Wettbewerb wird durch eine ständig zunehmende Konzentration im Handel verschärft. Dies erfordert, dass der Betrieb in seiner Preispolitik flexibel sein muss, z. B. in Form von kurzfristigen Preiszugeständnissen.
Begriff Warenwirtschaft	Die Warenwirtschaft hat in einem Großhandelsbetrieb die Aufgabe, den physischen Warenfluss von der Warenannahme bis zum Warenausgang und den Datenfluss, der diese Bewegungen begleitet, zu planen, zu steuern und zu kontrollieren. Dabei ist es unerheblich, ob dies manuell erfolgt oder durch Maschinen, Transportmittel und EDV-Anlagen unterstützt wird.
Ziele	Ziel eines Warenwirtschaftssystems ist es, die richtige Ware zur richtigen Zeit am richtigen Ort in der vom Kunden gewünschten Qualität zum attraktiven Preis zur Verfügung zu stellen. Dazu gehören ▷ die Sortimentsoptimierung, ▷ die Minimierung der Kapitaldeckung, ▷ die Bestandsoptimierung, ▷ die Kostenminimierung, ▷ die Bestandsüberwachung, ▷ die termingerechte Versorgung nach Art und Menge.
Aufgaben	Ein Warenwirtschaftssystem muss folgende Aufgaben erfüllen: ▷ bedarfsgerechtes **Dispositions- und Bestellwesen**; ▷ zeitnahe Ermittlung der **Warenbewegungsdaten**; ▷ Ermittlung und Fortschreibung der **Warenbestandsdaten**; ▷ **Rechnungsprüfung**; ▷ empfängerorientierte **Aufbereitung der Daten**, d. h. Erstellung aktueller Statistiken des Absatzes (**Absatzstatistik**), des Wareneingangs (**Wareneingangsstatistik**) und des Lagerbestandes (**Lagerstatistik**); ▷ **Überwachung des Warenflusses**.

Wie unterscheiden sich herkömmliche und EDV-gestützte Warenwirtschaftssysteme (WWS)?

herkömmliche WWS	Herkömmliche Warenwirtschaftssysteme sind manuelle Systeme, in denen die gesamten Informationen mit der Hand oder Schreibmaschine erstellt werden. Tabellen und Belege müssen deshalb häufig vervielfältigt, ergänzt und dann neu geschrieben werden. Diese Systeme sind deshalb veraltet und kommen in der Praxis so gut wie nicht mehr vor.	
EDV-gestützte WWS	Der Durchbruch bei den Warenwirtschaftssystemen erfolgte durch die Einführung und konsequente Anwendung der EDV in den Betrieben. Warenwirtschaftliche Informationen können wesentlich schneller und genauer verarbeitet werden. Dennoch gibt es auch hier Unterschiede:	
	offene WWS	Hierbei wird nur ein Teil der warenwirtschaftlichen Aufgaben durch EDV unterstützt. Das bedeutet, dass ein Teil der Informationen noch manuell verarbeitet wird. Dies verursacht vor allem an den Schnittstellen Engpässe und Fehlermöglichkeiten, weil der elektronische Informationsfluss ständig unterbrochen wird.
	geschlossene WWS	Hierbei erfolgt eine nahtlose Erledigung aller Aufgaben im Zusammenhang mit warenwirtschaftlichen Vorgängen sowie die entsprechende Verarbeitung der Informationen mit Hilfe der EDV. An den Schnittstellen zwischen den verschiedenen Aufgabenbereichen werden die Daten von einem Bereich an den anderen Bereich übergeben und lediglich weiterverarbeitet. Die Vorteile liegen auf der Hand: Alle Informationen sind für alle Mitarbeiter leichter zugänglich und schneller verfügbar, weil alle eingegebenen Daten in der Regel sofort weiter verarbeitet werden.

Beschreiben Sie verschiedene Artikelnummernsysteme als organisatorische Voraussetzungen für ein EDV-gestütztes Warenwirtschaftssystem.

klassifizierende Nummernsysteme	Sie beschreiben anhand der Zuweisung von einzelnen Ziffern der Nummern zu bestimmten Ordnungskriterien des Artikels einen Artikel bis in Details. *Beispiel:* 1 2 3 4 5 Sortimentsbereich: Lebensmittel Hauptwarengruppe: Frischwaren Warengruppe: Wurst Untergruppe: Schnittwurst, abgepackt Ware: Italienische Salami Mit den ersten Stellen einer Artikelnummer ist ein Artikel bereits relativ eindeutig beschrieben. Weitere Stellen geben zusätzlich Auskunft über den Hersteller, das Modell, seinen Einkaufspreis, Lieferzeit, Kalkulationsaufschlag und andere Informationen.
identifizierende Nummernsysteme	Sie ordnen Sachinformationen über den Artikel eindeutig einer bestimmten Nummer zu. Der Artikel kann so anhand seiner Nummer identifiziert werden. Voraussetzung dafür ist, dass dem Artikel in der Artikelstammdatei eine Artikelnummer eindeutig zugeordnet ist. Es handelt sich hier nicht um „sprechende" Nummernsysteme.

1 Welche der folgenden Definitionen trifft auf den Begriff „Warenwirtschaft" zu? _____ ☐

(1) Die Warenwirtschaft beinhaltet in einem Großhandelsbetrieb sämtliche Maßnahmen, um die Waren vom Hersteller zum eigenen Betrieb zu transportieren.

(2) Die Warenwirtschaft hat in einem Großhandelsbetrieb die Aufgabe, den physischen Warenfluss von der Warenannahme bis zum Warenausgang und den Datenfluss, der diese Bewegungen begleitet, zu planen, zu steuern und zu kontrollieren.

(3) Die Warenwirtschaft ist die Summe aller Dateien und Programme zur Steuerung und Kontrolle der Warenbestände.

2 Welcher der folgenden Gründe trifft nicht für die Notwendigkeit eines Warenwirtschaftssystems im Großhandel zu? _____ ☐

Tragen Sie eine (5) ein, wenn alle Gründe stichhaltig sind.

(1) Die Kunden sind in Bezug auf Flexibilität und Schnelligkeit anspruchsvoller geworden.

(2) Eine starke Erweiterung der Sortimente hat zu einer nahezu unübersichtlichen Anzahl von Artikeln geführt.

(3) Schnelle Veränderungen im Konsumentenverhalten führen zu immer kürzeren Intervallen bei den Änderungen des Sortiments und seiner Struktur.

(4) Der zunehmende Wettbewerb erfordert, dass der Betrieb in seiner Preispolitik flexibel sein muss, z. B. in Form von kurzfristigen Preiszugeständnissen.

3 Unten stehende Aussagen beziehen sich auf Nummernsysteme. Ordnen Sie den Aussagen eine

(1) zu, wenn sie sich auf identifizierende Nummernsysteme,
(2) zu, wenn sie sich auf klassifizierende Nummernsysteme
beziehen.

Ordnen Sie eine (9) zu, wenn eine eindeutige Zuordnung zu einem Nummernsystem nicht möglich ist.

a. Sie ordnen Sachinformationen über den Artikel eindeutig einer bestimmten Nummer zu. _____ ☐

b. Der Artikel kann so anhand seiner Nummer eindeutig erkannt werden. _____ ☐

c. Sie beschreiben anhand der Zuweisung von einzelnen Ziffern der Nummern zu bestimmten Ordnungskriterien des Artikels einen Artikel bis in seine Details. _____ ☐

d. Voraussetzung dafür ist, dass dem Artikel in der Artikelstammdatei eine Artikelnummer eindeutig zugeordnet ist. ☐

e. Es handelt sich hier nicht um „sprechende" Nummernsysteme. _____ ☐

f. In jedem Datensatz ist zumeist das erste Feld für die Nummer zu reservieren. _____ ☐

g. Mit den ersten Stellen seiner Nummer ist ein Artikel damit bereits relativ eindeutig beschrieben. _____ ☐

4 Welche der folgenden Verrichtungen gehört nicht zu den Aufgaben eines Warenwirtschaftssystems? ___ ☐

Tragen Sie eine (7) ein, wenn alle Aufgaben dazugehören.

(1) bedarfsgerechtes Dispositions- und Bestellwesen

(2) zeitnahe Ermittlung der mengen- und wertmäßigen Wareneingänge und Warenausgänge (Warenbewegungsdaten)

(3) aktuelle Ermittlung der mengen- und wertmäßigen Warenbestände im Lager (Warenbestandsdaten)

(4) artikelgenaue Abrechnung

(5) empfängerorientierte Aufbereitung der Daten

(6) Überwachung des Warenflusses

5 Die Ware muss zur richtigen Zeit am richtigen Ort in der vom Kunden gewünschten Qualität zum attraktiven Preis zur Verfügung gestellt werden. Kennzeichnen Sie die folgenden Ziele mit einer

(1), wenn es sich um Ziele eines Warenwirtschaftssystems,
(9), wenn es sich nicht um solche Ziele handelt.

a. Sortimentsoptimierung _____ ☐

b. Reklamationsminimierung _____ ☐

c. Bestandsoptimierung _____ ☐

d. Bestandsüberwachung _____ ☐

e. Marktforschung _____ ☐

f. Terminoptimierung _____ ☐

g. Kostenminimierung _____ ☐

h. Datenschutz _____ ☐

6 Prüfen Sie die folgenden Aussagen über Warenwirtschaftssysteme.
Kennzeichnen Sie

richtige Aussagen mit einer (1),
falsche Aussagen mit einer (9).

a. Die Warenwirtschaft eines Großhandelsbetriebes umfasst alle Arbeiten, die mit der Beschaffung, der Lagerung und dem Absatz von Waren zusammenhängen. _____ ☐

b. In herkömmlichen Warenwirtschaftssystemen müssen Daten nur einmal erfasst werden. _____ ☐

c. Offene Warenwirtschaftssysteme bieten den Vorteil, dass alle Mitglieder jederzeit über alle Informationen verfügen können. _____ ☐

d. EDV-gestützte Warenwirtschaftssysteme stellen Informationen schneller und fehlerfreier zur Verfügung als herkömmliche Warenwirtschaftssysteme. _____ ☐

e. Geschlossene Warenwirtschaftssysteme sind immer zugleich auch EDV-gestützte Systeme. _____ ☐

Welche Basisdaten werden in einem Warenwirtschaftssystem benötigt?

Artikeldatei (Summe aller Artikeldatensätze)	Sie enthält alle Informationen über die einzelnen Artikel. Dazu gehören die Artikelnummer, die Bezeichnung, der Einkaufs- und Verkaufspreis, verschiedene Kalkulationsangaben, Hinweise auf Lieferer, Substitutionsartikel, Limitierungen.
Lieferantendatei	Sie enthält alle Lieferantenstammdaten, wie Name, Anschrift, bundeseinheitliche Betriebsnummer, Zahlungs- und Lieferungsbedingungen, Rabattstaffeln, Daten für den Zahlungsverkehr, Lieferantenumsätze sowie Bestell- und Kreditlimits.
Kundendatei	Die Kundendatei enthält die Informationen über jeden einzelnen Kunden. Jeder Datensatz enthält Datenfelder wie Kundennummer, Name, Anschrift, Telefon, Telefax, E-Mail-Adresse, Ansprechpartner, Konditionen (Rabatt, Bonus, Skonto, Liefer- und Zahlungsbedingungen), Umsätze, Debitorennummer, offene Posten, Bankverbindung, zuständiger Außendienstmitarbeiter.
Auftragsdatei	Die Auftragsdatei enthält die Informationen über alle in einem Geschäftsjahr abgewickelten Aufträge. Jeder Datensatz enthält die Informationen, die für die Abwicklung des Auftrages erforderlich waren bzw. sind. Dazu gehören die interne Auftragsnummer, Kundendaten, Artikelnummer und -bezeichnung sowie die Menge der bestellten Artikel, Eingangsdatum des Auftrages, Versanddatum des Auftrages, Rechnungsdatum.

Welche Leistungen bietet ein geschlossenes Warenwirtschaftssystem für den Großhändler?

Bestellungen	▷ artikelgenaue Erfassung am Computerarbeitsplatz ▷ Zusammenfassung der Bestellpositionen zu Aufträgen nach Lieferanten ▷ Abspeicherung der Bestelldaten in der **Bestelldatei** ▷ Speicherung der bestellten Artikel in der **Dispositionsdatei**
Wareneingang	▷ Eingang der Artikelnummern und der Menge der Waren, die angeliefert werden. ▷ Bestelldatenabgleich der gelieferten Positionen mit den bestellten Positionen und Übertragung der Einzelpositionen bzw. des gesamten Auftrags in die **Wareneingangsdatei** ▷ Löschen der Bestellvermerke in der Dispositionsdatei und Übergabe der Daten an die Buchhaltung, Rechnungsprüfung und Kalkulation ▷ Ausdruck optisch lesbarer Etiketten
Rechnungsprüfung und Kalkulation	▷ Prüfung der sachlichen und rechnerischen Richtigkeit der Rechnung des Lieferanten und automatischer Abgleich der dort ausgewiesenen Einzelpositionen und Summen mit der Bestellung und dem Wareneingangsjournal ▷ Überprüfung des Einstandspreises anhand der Wareneingangsdaten und der Fracht- und Zollabrechnungen ▷ automatische Berechnung des Verkaufspreises anhand der gespeicherten **Kalkulationszuschläge**
Verkaufsstatistiken	▷ **Sofortinformation:** Sie enthält die bis zum Zeitpunkt des Abrufes getätigten Umsätze, aufgegliedert nach Warengruppen und Kunden, bei Bedarf auch nach einzelnen Artikeln. ▷ **Umsatzstatistik:** Sie weist die Mengen und Werte der Verkäufe nach Warengruppen, Kunden und nach Artikeln aus. ▷ **Schnell- und Langsamdreherstatistiken:** (Renner- und Pennerlisten) sind Auswertungen, die auf den einzelnen Artikel abstellen und deren Umschlagshäufigkeit, Deckungsbeitrag und Rentabilität ausweisen. ▷ **Preislagenstatistik:** Sie ist eine Sonderauswertung der Umsatzstatistik und liefert Informationen darüber, welche Preislagen in welcher Warengruppe von den Kunden am häufigsten gekauft werden. Aus diesen Informationen lassen sich wichtige Rückschlüsse für die Sortimentspolitik ziehen. ▷ **Verkäuferstatistiken:** Sie zeichnen pro Verkäufer den Umsatz, den Anteil der Kundenretouren, die Zahl der bedienten Kunden usw. auf.
Kurzfristige Erfolgsrechnungen (KER)	Sie weisen pro Warengruppe folgende Werte aus: den Umsatz (Menge und Preis), den Wareneinsatz (Menge und Preis), den Rohertrag (Bruttogewinn), die Handelsspanne, die Lagerumschlagshäufigkeit und die Anteile der Warengruppen am Umsatz. Arbeitet das Unternehmen mit Planzahlen und entsprechenden Vorgaben, kann ein Soll-Ist-Vergleich erfolgen. Zumindest kann ein Vergleich mit Vorperioden erfolgen.
Bestandsführung	Die Anfangsbestände der Waren werden aufgrund der gespeicherten Zugänge und der artikelgenau erfassten Verkäufe fortgeschrieben. Die Bestandsfortschreibung ist die Grundlage für die Einkaufsdisposition.
Einkaufsdisposition	▷ **Bestellvorschlagsliste:** Aus den Daten der Bestandsführung liefert das System nach internem automatischen Angebotsvergleich für jeden Artikel einen Bestellvorschlag. ▷ **Limitplanung/Limitkontrolle:** Errechnete Limits geben den Einkäufern die maximale Höhe des Wareneinkaufs an, damit das Lagerbestandsrisiko begrenzt wird.
Inventur	Bei der Durchführung einer permanenten Inventur wird zum Bilanzstichtag auf die Soll-Werte zurückgegriffen. Diese müssen jedoch zumindest einmal im Jahr pro Artikelposition mit den Ist-Werten verglichen werden.

1 Für ein Warenwirtschaftssystem werden in Großhandelsunternehmen bestimmte Basisdaten benötigt. Welche der folgenden Dateien gehört nicht zu den Basisdaten eines EDV-gestützten Warenwirtschaftssystems? _____

Tragen Sie eine (6) ein, wenn alle genannten Dateien dazugehören.

(1) Auftragsdatei
(2) Artikeldatei
(3) Personalstammdatei
(4) Lieferantendatei
(5) Kundendatei

2 Welche der folgenden Aussagen bezieht sich nicht auf eine Auftragsdatei? _____

Tragen Sie eine (5) ein, wenn alle Aussagen zutreffend sind.

(1) Diese Datei enthält alle Aufträge, die erfasst worden sind.

(2) Diese Datei wird immer dann um einen Datensatz erweitert, wenn eine Bestellung eingeht.

(3) Diese Datei enthält alle wichtigen Informationen, die zur Erledigung einer Kundenbestellung erforderlich sind.

(4) Diese Datei enthält u. a. die Lieferantendaten, die bestellten Artikel und das Versanddatum des Auftrages.

3 Jede Lieferantenstammdatei muss in den einzelnen Datensätzen eine Reihe von Datenfeldern enthalten, damit diese Datei wirkungsvoll genutzt werden kann.

Welche der folgenden Informationen sind keine Bestandteile eines Lieferantenstammsatzes? _____

(1) Name und Anschrift

(2) bundeseinheitliche Betriebsnummer

(3) Zahlungs- und Lieferungsbedingungen

(4) Debitorennummer

(5) Rabattstaffel

(6) Bankverbindung

(7) Umsatzsteuerkennzeichen

(8) Kreditlimit

(9) Umsatz der Vorperiode

4 Welche der genannten Informationen sind als Datenfelder Bestandteile eines Artikelstammsatzes? _____

(1) Kreditorennummer

(2) Steuerklasse

(3) Handelsspanne

(4) Kundennummer

(5) Limitierung

5 Ordnen Sie die folgenden Auswertungen aus dem Bereich der Verkaufsstatistik den unten stehenden Aussagen zu.
Ordnen Sie eine (9) zu, wenn eine Zuordnung nicht sinnvoll ist.

(1) Sofortinformation
(2) Umsatzstatistik
(3) Langsamdreherstatistik
(4) Schnelldreherstatistik
(5) Preislagenstatistik
(6) Verkäuferstatistik

a. Diese Liste zeigt die Artikel, die in der entsprechenden Periode am wenigsten verkauft wurden. _____

b. Sie zeichnet pro Person den Umsatz, den Anteil der Kundenretouren und die verkauften Artikel auf. _____

c. Sie enthält die bis zum Zeitpunkt des Abrufes getätigten Umsätze, aufgegliedert nach Kunden, Artikeln und Warengruppen. _____

d. Diese Liste ermöglicht eine Planung von Sonderaktionen für besonders schwierig zu verkaufende Artikel. _____

e. Sie weist die Mengen und Werte der Verkäufer nach Artikeln, Warengruppen und Kunden pro Periode aus. _____

f. Diese Liste zeigt die pro Periode am häufigsten verkauften Artikel auf. _____

g. Diese Statistik ist eine Sonderauswertung der Umsatzstatistik und liefert Informationen darüber, welche Artikel mit welchen Preisen in welcher Warengruppe von den Kunden am häufigsten gekauft wurden. _____

h. Diese Statistik informiert darüber, welcher Kunde welche Artikel in einer bestimmten Periode gekauft hat. _____

i. Anhand dieser Liste kann eine Sortimentsverjüngung vorgenommen werden, weil die besonders schlecht laufenden Artikel in dieser Liste enthalten sind. _____

6 Die kurzfristige Erfolgsrechnung KER ist ein wichtiges Instrument der betrieblichen Steuerung. Es gehört in die Hände der Betriebsführung und gibt über eine Reihe von Werten Auskunft.
Welche der folgenden Informationen stammen nicht aus der kurzfristigen Erfolgsrechnung? _____

(1) Umsatz (Menge und Preis)

(2) Wareneinsatz (Menge und Preis)

(3) Rohertrag (Bruttogewinn)

(4) Handelsspanne

(5) Reingewinn

(6) Lagerumschlagshäufigkeit

(7) Anteile der Warengruppen am Umsatz

(8) Lagerzinssatz

(9) Soll-Ist-Vergleich

(10) Vergleich mit Vorperioden

Erläutern Sie die Bestimmungsgründe für die Wahl eines Transportmittels anhand von Beispielen.

Bestimmungsgrund	Beispiele:
Art der Güter	▷ *Binnenschiffe für schwere, aber niederwertige Ware* ▷ *Spezialtransportmittel für Tiefkühlkost*
Verfügbarkeit des Transportmittels	▷ *begrenzter Wirkungskreis bei Transportmitteln, die an bestimmte Verkehrswege oder Entladepunkte gebunden sind (Bahnhöfe, Häfen, Flughäfen)* ▷ *flexible Transportmittel sind Lkw*
Kosten	*Fracht, ein möglicher Straßenvor- und -nachlauf, Rollgeld 1 und 2, Umladungen und Einlagerungen, ggf. zusätzlich erforderliche Transportversicherungen*
Transportdauer	▷ *langsamer Transport mit Schiffen* ▷ *relativ schneller Transport mit Lkw und Bahn*
Beförderungsrisiko	▷ *hohes Risiko beim Lkw-Transport* ▷ *Risiken durch häufiges Umladen bei der Bahn*
Umweltverträglichkeit	▷ *Lkw: größter Verursacher von Schadstoffkonzentrationen in der Luft* ▷ *Schiff und Bahn: niedrigste Umweltbelastung*

Erläutern Sie wichtige Transportdokumente und ihre Aufgaben.

Frachtbrief	Der Frachtführer kann die Ausstellung eines Frachtbriefs verlangen. Nach dem HGB soll dieser folgende Angaben machen: – Ort und Tag der Ausstellung – Name und Anschrift des Absenders – Name und Anschrift des Frachtführers – Stelle und Tag der Übernahme des Gutes sowie die für die Ablieferung vorgesehene Stelle – Name und Anschrift des Empfängers und eine etwaige Meldeadresse – übliche Bezeichnung der Art des Gutes und die Art der Verpackung – Rohgewicht oder die andere angegebene Menge des Gutes – vereinbarte Fracht und die bis zur Ablieferung anfallenden Kosten – Vermerk über die Frachtzahlung („Wer zahlt die Fracht?") – Betrag einer bei der Ablieferung des Gutes einzuziehenden Nachnahme – Weisungen für die Zoll- und sonstige amtliche Behandlung des Gutes In den Frachtbrief können weitere Angaben eingetragen werden, die die Parteien für zweckmäßig halten. Der Frachtbrief wird in drei Originalausfertigungen ausgestellt, die vom Absender unterzeichnet werden. Der Absender kann verlangen, dass auch der Frachtführer den Frachtbrief unterzeichnet. Nachbildungen der eigenhändigen Unterschriften durch Druck oder Stempel genügen. Eine Ausfertigung ist für den Absender bestimmt, eine begleitet das Gut, eine behält der Fachtführer.
Luftfrachtbrief/ Airway Bill	Der Luftfrachtbrief dokumentiert den Abschluss und den Inhalt des Frachtvertrages, weist den Empfang der Ware durch die Unterschrift des Empfängers nach und ist Warenbegleitpapier und Beweisurkunde.
Konnossement/ Ladeschein	Der Ladeschein ist in der Binnen- und Seeschifffahrt das übliche Versanddokument. Er verpflichtet den Frachtführer, die Güter nur an den rechtmäßigen Besitzer des Ladescheins auszuliefern. Damit ist es nicht nur Beweisurkunde, sondern zusätzlich auch Warenwertpapier. Der Ladeschein kann somit für die Besitzübertragung, für die Eigentumsübertragung und die Kreditsicherung verwendet werden.

Zeigen Sie Möglichkeiten und Bedingungen der Zustellung von Ware durch die Deutsche Post AG auf.

Sendungsart	zulässig für	Höchstgewicht	zu beachten:
Päckchen	Gegenstände aller Art	2 kg	▷ Höchstmaße 60 × 30 × 15 cm ▷ Vermerk „Päckchen"
Paket	Gegenstände aller Art	20 kg	▷ Paketkarte muss vom Absender ausgefüllt werden ▷ Absender erhält Quittungsabschnitt
Freeway Postpaket	Gegenstände aller Art	20 kg	▷ Absender macht Pakete frei ▷ Abholung durch Post ist möglich
Warensendung	Proben, Muster, kleine Waren	0,5 kg	▷ Verpackung muss von der Post zu öffnen sein ▷ Vermerk „Warensendung" ▷ Drucksachen/Rechnungen dürfen beiliegen
Büchersendung	Bücher, Noten, Broschüren, Landkarten	1 kg	▷ Verpackung muss von der Post zu öffnen sein ▷ Vermerk „Büchersendung"

1 Welcher der folgenden Bestimmungsgründe hat keine Bedeutung für die Wahl eines Transportmittels im Güterverkehr? _____

Tragen Sie eine (6) ein, wenn alle genannten Bestimmungsgründe bedeutsam sind.

(1) Beförderungsrisiko

(2) Transportdauer

(3) Kosten des Transportmittels

(4) Art der Güter

(5) Verfügbarkeit des Transportmittels

2 Welche der folgenden Sendungen kann nicht als Postpaket verschickt werden? _____

(1) Ein Paket soll per Nachnahme verschickt werden.

(2) Ein Paket soll per Luftpost verschickt werden.

(3) Gewicht der Ware 19 kg, Tara 10 % (in einem Paket)

(4) Bruttogewicht der Sendung 55 kg, verteilt auf drei Pakete

(5) Bestimmungsort ist eine Stadt in Australien.

3 Welches der folgenden Transportpapiere ist ein Warenwertpapier? _____

(1) Konnossement

(2) Frachtbrief

(3) Lieferschein

(4) Airway Bill

(5) Internationaler Frachtbrief

4 Prüfen Sie die folgenden Aussagen über Transportdokumente.
Ordnen Sie eine

(1) zu, wenn die Aussage richtig ist,
(9) zu, wenn die Aussage falsch ist.

a. Der Ladeschein ist nicht nur eine Beweisurkunde zum Frachtvertrag, sondern auch ein Warenwertpapier. _____

b. Das Frachtbriefdoppel des Eisenbahnfrachtbriefes ermöglicht es dem Inhaber, nachträglich die Ware umzuleiten oder zurückzurufen. _____

c. Der Luftfrachtbrief ist Warenbegleitpapier und Beweisurkunde. Er kann auch zur nachträglichen Verfügung der Ware verwendet werden. _____

d. Der Eisenbahnfrachtbrief wird in 3 Ausfertigungen erstellt. _____

e. Das Konnossement ist das übliche Transportpapier im Luftfrachtverkehr. _____

5 Welche der folgenden Funktionen gehört nicht zum Eisenbahnfrachtbrief? _____

(1) Sperrfunktion

(2) Beweisurkunde

(3) Verfügungsfunktion

(4) Warenwertpapier

(5) Warenbegleitpapier

6 Bei welcher Postbeförderungsart erhält der Absender eine Bestätigung über die Annahme der Sendung? _____

(1) Einschreiben mit Rückschein

(2) Eilzustellung

(3) Warensendung

(4) Luftpost

(5) Büchersendung

7 Ordnen Sie die folgenden Transportmittel den unten aufgeführten Sachverhalten als die vermutlich optimale Beförderungsmöglichkeit zu.

(1) Kraftwagengüterverkehr
(2) Eisenbahngüterverkehr
(3) Luftfrachtverkehr
(4) Binnenschiffgüterverkehr
(5) Seeschifffahrtsverkehr

Tragen Sie eine (9) ein, wenn die aufgeführten Transportmittel sich nicht für die Versendung der Ware eignen.

a. Die Ruhrkohle AG lässt 1000 Tonnen Steinkohle von Duisburg nach Basel befördern. _____

b. Die Fischfrisch GmbH exportiert frisch gefangenen Seelachs von Hamburg nach Wien. _____

c. Die Dental GmbH in Bergisch Gladbach liefert 15 kg formbaren elastischen Gips an einen Zahntechniker in Frankfurt. _____

d. Die Fruchthandel AG in Bremen importiert Bananen aus der Dominikanischen Republik. _____

e. Die Volkswagenwerke AG liefert 200 Pkw zu einem Großvertriebszentrum in Köln. _____

f. Die Flötotto GmbH in Rheda-Wiedenbrück lässt bestellte Möbel zu einem Kunden in Bremen bringen. _____

8 Ein Großhändler will 200 t Stahl mit einem Binnenschiff von Duisburg nach Mannheim transportieren lassen. Welche der folgenden Transportpapiere ist zwingend für den Transport erforderlich? _____

(1) Airway Bill

(2) Ladeschein

(3) CMR-Frachtbrief

(4) KVO-Frachtbrief

(5) CIM-Frachtbrief

Welche Leistungen erbringen private Paketdienste?

Begriff	Private Paketdienste schließen Verträge mit gewerblichen Versendern (z. B. Versandhäusern) ab, holen die Pakete werktäglich ab und stellen sie innerhalb einer garantierten Frist (1–2 Tage) zu. Anbieter: United Parcel Service (UPS), Deutscher Paketdienst (DPD)
Leistungen	Es werden Pakete mit einem Gewicht bis zu 30 kg versendet. Die Tarife sind abhängig von Maß, Gewicht und Entfernung und es wird ein günstiger Abholservice geboten.

Beschreiben Sie den Versand von Gütern mit der Deutsche Bahn AG.

Bedeutung	Der Eisenbahngüterverkehr wird in der Bundesrepublik Deutschland durch die Deutsche Bahn AG, die ABX Logistics, Railion und andere Anbieter durchgeführt. Es besteht Beförderungspflicht, soweit die Güter und die vorgesehene Transportmöglichkeit den Bestimmungen entsprechen.
Versandformen	▷ **Stückgüter** sind Einzelsendungen, verpackt in Kisten, Kartons, Flaschen u. a., die nicht die volle Ladekapazität eines Güterwagens ausmachen. Der Stückgutverkehr wird u. a. von der ABX Logistics durchgeführt. ▷ **Wagenladungen** bestehen aus Massengütern wie z. B. Erze, Getreide oder Pkw. Sie werden vom Versender auf Großraumgüterwagen (Waggons) geladen. Der Ladungsverkehr ganzer Wagenladungen wird u. a. von der Railion Deutschland durchgeführt.
Fracht	Die Frachthöhe hängt vom Gewicht der Sendung, der Entfernung und der Schnelligkeit der Beförderung ab. Sie setzt sich zusammen aus der Bahnfracht, der Stückguthausfracht für den Straßenvor- und -nachlauf oder Rollgeld bei Expressgutsendungen. Die Zahlung der Fracht kann durch den Absender oder Empfänger erfolgen. Der Absender entscheidet durch einen Zahlungsvermerk im Frachtbrief, wer bezahlen soll. „Frei" bedeutet, dass der Absender die Sendung bezahlt, „unfrei", dass der Empfänger zahlt.
Haftung der DB	Der Frachtführer haftet bei Beschädigung oder Verlust, sofern die Schäden nicht durch höhere Gewalt oder durch den Absender verursacht worden sind.
Versandbehälter	Die Anbieter stellen ihren Kunden zahlreiche Versandbehälter zur Verfügung. Dazu gehören Klein- und Großcontainer, Collicos und Paletten.

Zwischen welchen Versandarten kann ein Großhändler im Rahmen des Stückgutversandes wählen?

Stückfracht	▷ Stückfracht besteht aus Stückgut mit einem Gewicht von max. 1200 kg pro Stück und wird mit Güterzügen oder Lkw über Nacht von Haus zu Haus zwischen den Frachtzentren befördert. Für die Beförderung zwischen Absender und Empfänger und den jeweiligen Frachtzentren werden Speditionen eingesetzt. Die Beförderungsdauer liegt zwischen 24 und 48 Stunden.
Express	▷ Expressgut hat eine Beförderungsdauer von weniger als 24 Stunden und wird am Ankunftstag bis spätestens 14:00 Uhr ausgeliefert.
Express plus	▷ Diese Stückgüter haben eine Beförderungsdauer von weniger als 24 Stunden, werden jedoch am Ankunftstag bis spätestens 10:30 Uhr ausgeliefert.
IC-Kurierdienst	▷ Bei diesem Dienstleistungsangebot der Bahn werden Sendungen bis zu einem Gewicht von 20 kg befördert und mit IC- bzw. ICE-Zügen transportiert. Diese Züge fahren im 1-Stunden-Takt.

Welche Gesichtspunkte sind bei der firmeneigenen Zustellung von Waren zu beachten?

Werksverkehr	Der Gütertransport durch firmeneigene Fahrzeuge wird als Werksverkehr bezeichnet. Er ist bei einer Nutzlast von mehr als 4 t beim Bundesamt für Güterverkehr anzumelden.
Tourenplanung	Nach der Zusammenstellung der für den Tag und Kunden auszuliefernden Waren (Kommissionen) müssen diese den Stellplätzen der Auslieferungsfahrzeuge (Tourenplätze) zugeführt werden und für jedes Fahrzeug muss dem Fahrer ein Tourenplan übergeben werden. Diese Tourenplanung liefert i. d. R. das Warenwirtschaftssystem, in dem alle Zielorte (Auslieferungsanschriften) gespeichert sind. Das System berechnet die Tour in der Weise, dass Auslieferungsorte und -zeiten optimal miteinander verbunden werden, um möglichst geringe Fahr- und Wartezeiten des Fahrers zu erreichen.
Transportpapiere	Als Transportpapiere werden bei der werkseigenen Auslieferung nur der Ladeschein für das Fahrzeug (enthält die Kommissionen) sowie der Lieferschein für den Kunden erstellt.
Haftung	Der Verkäufer haftet bei der Lieferung mit werkseigenen Fahrzeugen für Verlust und Beschädigung der Ware bis zur Übergabe an den Kunden.
Vorteile	▷ Die Kunden können kundenorientiert, schnell und flexibel beliefert werden. ▷ Die Fahrzeuge können für speziellen Bedarf ausgerüstet werden (z. B. Tiefkühlfahrzeuge). ▷ Firmeneigene Fahrzeuge und Auslieferungspersonen sind u. U. werbewirksam.

1 Welche der folgenden Aussagen über private Paketdienste trifft nicht zu?_____

Tragen Sie eine (6) ein, wenn alle Aussagen zutreffen.

(1) Private Paketdienste schließen Verträge mit gewerblichen
Versendern ab.

(2) Private Paketdienste holen die Pakete werktäglich ab und
stellen sie innerhalb einer garantierten Frist (1–2 Tage) zu.

(3) Private Paketdienste unterliegen dem Kontrahierungszwang, d. h., sie müssen angebotene Sendungen übernehmen, da sie der Post Konkurrenz machen.

(4) Es werden Pakete mit einem Gewicht bis zu 30 kg versen-
det.

(5) Die Tarife der Paketdienste sind abhängig von Maß,
Gewicht und Entfernung.

2 Kennzeichnen Sie unten stehende Aussagen über den
Eisenbahngüterverkehr mit

(1), wenn diese richtig sind,
(9), wenn diese falsch sind.

a. Der Eisenbahngüterverkehr wird in der Bundesrepublik
Deutschland u. a. durch die Deutsche Bahn AG durchgeführt. _____

b. Die Deutsche Bahn AG kann Sendungen ablehnen, auch
wenn die Güter und die vorgesehene Transportmöglich-
keit den Bestimmungen entsprechen._____

c. Grundlage des Versands sind die Bestimmungen über
das Frachtgeschäft nach dem Handelsgesetzbuch. _____

d. Der Frachtbrief ist die Beweisurkunde für die Anlieferung der Sendung, Warenbegleitpapier für die Ware
und Verfügungspapier für den Absender. _____

e. Die Deutsche Bahn AG haftet bei Beschädigung oder
Verlust der Sendung bis zu einem Höchstwert von
100,00 € je kg der Sendung. _____

3 Welche der folgenden Aussagen kennzeichnet keinen Vorteil des werkseigenen Güterverkehrs? _____

(1) Die Kunden können schnell und flexibel beliefert werden.

(2) Die Fahrzeuge können für den speziellen Bedarf ausge-
rüstet werden.

(3) Die Kosten des Fuhrparks sind überwiegend fixe Kosten.

(4) Firmeneigene Fahrzeuge können mit Werbung für das
eigene Unternehmen versehen werden.

(5) Der firmeneigene Fuhrpark gewährleistet eine hohe
Auslieferungsbereitschaft.

4 Wovon hängt die Frachthöhe des Gütertransports
mit der Deutschen Bahn AG nicht ab?_____

Tragen Sie eine (6) ein, wenn alle Einflussfaktoren
zutreffen.

(1) Gewicht der Sendung

(2) Entfernung

(3) Schnelligkeit

(4) Rabattstaffel des Versenders

(5) Versandart

5 Der Versender einer Ware kann im Schienenverkehr u. a.
zwischen den Versandformen

(1) Stückfracht,
(2) Wagenladung
wählen.

Ordnen Sie diese Begriffe den folgenden Gütern zu.

Tragen Sie eine (9) ein, wenn eine Zuordnung nicht sinnvoll erscheint.

a. 200 Pkw _____

b. 200 Flaschen Wein in Kisten_____

c. 200 Tonnen Eisenerz _____

d. 200 m³ Sand _____

e. 200 Paletten Waschmittel _____

f. 200 Bücher in einer Kiste _____

g. 20 000 Liter Benzin _____

h. 200 Festmeter Holz_____

6 Ordnen Sie die folgenden Versandarten den unten stehenden Begriffsbestimmungen zu.

(1) Stückfracht
(2) Expressgut
(3) Express-plus-Gut
(4) Intercity-Kurierdienst

Tragen Sie eine (9) ein, wenn eine Zuordnung nicht sinnvoll erscheint.

a. Die Sendungen werden am Ankunftstag bis spätestens
14:00 Uhr ausgeliefert. _____

b. Güter bis zu einem Gewicht von 1200 kg werden mit
einer Beförderungsdauer von 24 bis 48 Stunden transportiert. _____

c. Hierbei werden Sendungen mit einem Gewicht bis zu
20 kg von Zügen transportiert, die bundesweit im 1-Stun-
den-Takt fahren. _____

d. Die Sendungen werden innerhalb von 24 Stunden transportiert und am Ankunftstag bis spätestens 10:30 Uhr
zugestellt. _____

Erläutern Sie die Möglichkeiten der Warenzustellung mit dem gewerblichen Güterkraftverkehr.

Begriff	Der gewerbliche Güterkraftverkehr übernimmt die entgeltliche Beförderung von Gütern mit Kraftfahrzeugen ab einem Gesamtgewicht von 3,5 t. Die Erlaubnis hierfür wird von der zuständigen Kraftfahrtbehörde des jeweiligen Bundeslandes erteilt.
Versandarten	▷ Stückgut besteht aus einzelnen Kisten, Säcken oder Paletten, die entweder vom Frachtführer direkt abgeholt werden oder zur Verladung dorthin gebracht werden müssen. ▷ Ladungsgut besteht aus einer Warensendung mit einem Mindestfrachtgewicht von 5 t, die auf einen vorher bestellten Lkw geladen wird oder aus einem Container, der abgeholt wird.
Sammelladung	Hierbei werden Stückgüter mit unterschiedlichem Absender und/oder Empfänger gemeinsam befördert und auf i. d. R. regelmäßigen Touren des Frachtführers ausgeliefert.
Haftung	Der Frachtführer haftet bei Verschulden nur für den Schaden, der durch Verlust oder Beschädigung während des Transports entstanden ist.

Beschreiben Sie die Versendung von Waren mit der Binnenschifffahrt.

Betriebs- formen	Die Binnenschifffahrt wird betrieben von ▷ **Partikulieren** als selbstständigen Einzelschiffern, die zumeist nur ein Schiff betreiben, ▷ **Reedereien**, die über eine eigene Flotte und angestellte Schiffer verfügen, ▷ der **Werksschifffahrt**, die den versendenden Unternehmen angegliedert sind.
beförderte Güter	Die Binnenschifffahrt eignet sich besonders gut für Güter, die besonders schwer, sperrig und gefährlich sind. Dazu gehören z. B. Baustoffe, wie Sand und Kies, Düngemittel, Kohle, Recyclingstoffe.
Verkehrsmittel	▷ Motorschiffe sind Binnenschiffe mit eigenem Schiffsantrieb. ▷ Schleppkähne sind Fahrzeuge, die von einem gesonderten Schlepper gezogen werden. ▷ Schubverbände sind mehrere antriebslose unbemannte Schubleichter, die von einem Schubboot geschoben werden.
Haftung	Der Binnenschiffer haftet bei Verschulden für Verlust, Beschädigung und verspätete Lieferung.

Erläutern Sie die Möglichkeiten, Ware per Luftfracht zu versenden.

beförderte Güter	Für die Luftfracht eignen sich besonders hochwertige, empfindliche und verderbliche Güter sowie solche Güter, die sehr schnell ihren Bestimmungsort erreichen müssen. Beispiele: Schnittblumen, hochwertiger Fisch, dringend benötigte Ersatzteile, Reitpferde, Edelmetalle
Beförderung	Die Beförderung im Luftfrachtgeschäft übernehmen nahezu alle Fluggesellschaften im In- und Ausland. Die Güter werden entweder in speziellen Frachtmaschinen oder auf regulären Passagierflügen befördert.
IATA-Tarif	Die Frachtentgelte werden auf IATA-Konferenzen zwischen den angeschlossenen Fluggesellschaften ausgehandelt und vereinbart und von den Regierungen der beteiligten Länder genehmigt. Die IATA (International Air Transport Association mit Sitz in Genf) ist ein Zusammenschluss vieler namhafter Fluggesellschaften.
Haftung	Bei Verschulden ist der Luftfrachtführer ersatzpflichtig für Beschädigung, Verlust, Zerstörung und Vermögensschäden, die durch verspätete Auslieferung entstanden sind.

Unterscheiden Sie Verpackungen nach ihrer Funktion.

Verkaufs- verpackung	Verkaufsverpackungen umhüllen unmittelbar die verpackten Güter und erfüllen damit ihre Schutz- und Werbeaufgabe bis zum Verbrauch der Ware durch den Endverbraucher. Beispiele: Umhüllung eines Schokosnacks, Milchtüte, Weinflasche
Umverpackung	Hierzu zählen zusätzliche Verpackungen um jeweils eine bestimmte Menge von Verkaufsverpackungen. Ihre Hauptaufgabe leisten sie am Verkaufsort, indem sie die Abgabe von Verkaufsverpackungen erlauben, die Diebstahlgefahr reduzieren und als Werbeträger fungieren. Beispiele: Pappkarton für 50 Schokosnacks, 20 Milchtüten oder 6 Weinflaschen
Transport- verpackung	Transportverpackungen dienen dem Schutz der Packgüter auf dem Weg vom Hersteller zum Vertreiber und sollen einen rationellen Transport der Packgüter ermöglichen. ▷ Collico-Behälter sind zusammenklappbare Aluminiumbehälter. ▷ Kleincontainer sind bahneigene Behälter mit einem Fassungsvermögen bis 3 m². ▷ Mittel- und Großcontainer sind Behälter mit einem Fassungsvermögen ab 4 m². ▷ Paletten sind genormte dauerhafte Plattformen als Unterlage gestapelter Güter, die als Ladeeinheit mit Gabelstaplern umgeschlagen werden können. Zu unterscheiden sind Flachpaletten (ohne Aufbauten), Gitterboxpaletten (mit Gitteraufbau), Tankpaletten und spezielle Flugzeugpaletten aus Holz, Metall und Kunststoff. Die größte Verbreitung hat die Flachpalette aus Holz mit 800 × 1200 mm Grundfläche, ca. 30 kg Eigengewicht und 1000 kg Tragfähigkeit.

1 Welches der folgenden Produkte eignet sich nicht für die Versendung mit der Binnenschifffahrt? _____

(1) Sand

(2) Kohle

(3) Stahlträger

(4) Gemüse

(5) Düngemittel

2 Die Distribution von Waren durch den Großhandel erfolgt in zunehmendem Maße durch den gewerblichen Güterkraftverkehr.
Prüfen Sie die folgenden Aussagen hierzu. Kennzeichnen Sie

richtige Aussagen mit einer (1),
falsche Aussagen mit einer (9).

a. Als Sammelladung bezeichnet man die Verteilung einer Großlieferung auf mehrere Fahrzeuge. _____

b. Einzelne Packstücke, wie Fässer, Kisten oder Collicos, die zu versenden sind, bezeichnet man als Stückgut. _____

c. Von gewerblichem Güterkraftverkehr spricht man, wenn gewerbsmäßig Transporte mit Fahrzeugen ab einem Gesamtgewicht von 3,5 t durchgeführt werden. _____

d. Die Erlaubnis für den gewerblichen Güterkraftverkehr erteilt das Bundesverkehrsministerium. _____

e. Einen vom Versender bestückten Container mit mindestens 5 t Frachtgewicht, der an einen Empfänger ausgeliefert wird, bezeichnet man als Stückgut. _____

3 Ordnen Sie die folgenden Beförderungsbegleitpapiere den unten aufgeführten Frachtführern zu.

(1) Konnossement
(2) Airway Bill
(3) Paketschein
(4) CIM-Frachtbrief
(5) KVR-Frachtbrief
(6) Ladeliste

a. Deutsche Post AG _____

b. Cotrans GmbH – gewerblicher Güterkraftverkehr _____

c. Werksverkehr _____

d. Partikulier Peter Frese _____

e. Deutsche Bahn AG _____

f. Lufthansa AG _____

4 Welches der folgenden Produkte eignet sich eher nicht für die Versendung per Luftfracht? _____

(1) Schnittblumen

(2) exotische Früchte

(3) Hummer

(4) Stahlträger

(5) Dokumente

5 Die Baumaschinenhandelsgesellschaft mbH in Ludwigshafen will am 06.03.01 in einem Container verpackte Stahlbauteile mit einem Gesamtgewicht von 6 t an ein Unternehmen in Duisburg ausliefern. Lieferungstermin ist der 20.03.01.

Welche der folgenden Beförderungsmöglichkeiten können Sie dem Großhändler empfehlen? _____

(1) Luftfracht

(2) gewerblicher Güterkraftverkehr

(3) Binnenschiff

(4) Deutsche Bahn AG

(5) Werksverkehr

6 Während eine Lieferung von Stückgut per Bahnfracht von Hamburg nach München unterwegs ist, erfahren Sie von dem Empfänger, dass dieser das Insolvenzverfahren beantragt hat.
Welche der folgenden Aktionen müssen Sie einleiten, um die Ware an einen anderen Kunden in Nürnberg umzuleiten? _____

(1) Ich muss den Frachtbrief an den Empfangsbahnhof faxen.

(2) Ich muss den Frachtbrief an den Versandbahnhof faxen.

(3) Ich muss dem Empfangsbahnhof per Fax untersagen, die Ware an den ursprünglichen Empfänger auszuliefern.

(4) Ich muss dem Empfangsbahnhof per Fax die Umleitung der Ware anweisen.

(5) Ich muss das Frachtbriefdoppel beim Versandbahnhof vorlegen und dort die Umleitung der Ware anordnen.

7 Ordnen Sie die folgenden Transportbehälter den unten aufgeführten Beschreibungen richtig zu.

(1) Collico
(2) Euro-Flachpaletten
(3) Euro-Gitterboxpaletten
(4) ISO-Container

a. Großbehälter aus Stahl, in denen mindestens 4 m^3 Frachtgut untergebracht werden können _____

b. Metallbehältnisse, die nach Entleerung Platz sparend zusammengeklappt werden können _____

c. Ladeplatten aus Holz mit den Maßen 120 × 80 cm _____

d. Behälter, die aus einer Bodenplatte und vier Seitenwänden bestehen, wobei eine Seite zum Be- und Entladen nach oben bzw. unten geklappt werden kann. _____

Geben Sie einen Überblick über die Beschaffungsplanung des Großhändlers.

Bedarfs-ermittlung	Die richtige Ermittlung des Bedarfs nach Art, Güte, Menge und Zeitpunkt ist die wichtigste Voraussetzung für den richtigen Einkauf. Quellen der Bedarfsermittlung sind die Umsatzstatistik vergangener Perioden, Markt- und Börsenberichte sowie die vom Verkauf erhobenen Erwartungen der Kunden. Für die Planung der Gesamtbedarfsmengen einer Periode gilt folgende Grundregel: Absatzmenge der Vergangenheit zuzüglich oder abzüglich der vermuteten Mengenänderung für die Planperiode (z. B. durch Trends etc.).
Beschaffungs-konzept	▷ Die **Beschaffungsmarktforschung** hat die Aufgabe, systematisch Informationen über den Beschaffungsmarkt zu sammeln, um durch Markttransparenz einen effektiven Einkauf zu ermöglichen. ▷ Die **Beschaffungspolitik** betreibt eine aktive Gestaltung der Beziehungen zu den Lieferanten. Dazu gehören die Einflussnahme auf die Produkt- und Verpackungsgestaltung des Lieferanten, eine aktive Qualitätssicherung sowie die Gestaltung der Kontrakte, d. h. langfristige Beziehungen zu Lieferanten.
Mengen-planung	▷ **Einflussfaktoren der Mengenplanung** sind die Preise der Güter, die Lieferungs- und Zahlungsbedingungen, die Transportkosten, die Lagerhaltungskosten sowie die Kosten der Beschaffung. ▷ **Grundlagen der Mengenplanung** sind entweder Kundenaufträge, d. h., die Bestellung wird immer dann ausgelöst, wenn der Kundenauftrag bearbeitet wird, oder Lageraufträge, d. h., der Betrieb stellt die Güter für einen Markt bereit, der eine ständige Lieferbereitschaft erfordert. ▷ Die **optimale Bestellmenge** ermittelt für einen bekannten Jahresbedarf eines Materials die kostengünstigste Aufteilung in jeweils gleich große Bestellmengen. Die optimale Bestellmenge liegt dort, wo die Summe aus Lager und Beschaffungskosten am niedrigsten ist. Die Abweichungen von den Annahmen dieses Rechenmodells (z. B. kontinuierlicher Lagerabgang, konstanter Einstandspreis, bekannte Jahresverbrauchsmenge) führen in der Praxis häufig zu abweichenden Bestellmengen.
Zeitplanung	▷ **Einflussfaktoren für die Zeitplanung** sind die Beschaffungszeit (= betriebsübliche Bestellzeit, Bearbeitungszeit durch den Lieferanten und die reine Lieferzeit), Lagerkapazitäten (ein kleines Lager macht häufigere Beschaffungsintervalle notwendig als ein großes Lager), die Lagerfähigkeit der Ware (verfallgefährdete oder modische Artikel können nicht in großem Umfang eingelagert werden) und der Zeitpunkt des Warenangebots (bestimmte Waren sind im Jahresablauf zeitlich nur begrenzt erhältlich, z. B. Hopfen, Gemüse). ▷ **Bestellpunktverfahren:** Bei Unterschreiten eines vorgegebenen Meldebestandes (Bestellpunkt) wird eine Bedarfsmeldung an den Einkauf ausgelöst. Dieses Verfahren setzt voraus, dass für die betreffenden Warenpositionen jeweils ein Meldebestand fixiert wird. Der Vorteil dieses Verfahrens liegt in den niedrigen Lagerkosten. ▷ **Bestellrhythmusverfahren:** Die Bestellzeitpunkte des Einkaufs sind an festgelegte Beschaffungsrhythmen gebunden. Je nach Warenposition können die Zeitintervalle zwischen den Bestellzeitpunkten unterschiedlich lang sein. Der Vorteil dieses Verfahrens liegt darin, dass sämtliche Teile berücksichtigt und regelmäßig bestellt werden.
ABC-Analyse	Die ABC-Analyse ist ein Verfahren zur Schwerpunktbildung der zu beschaffenden Güter: A = wichtig, dringend; B = weniger wichtig; C = unwichtig, nebensächlich. Die ABC-Analyse arbeitet dabei mit dem Mengen-Wert-Verhältnis der Materialien. A-Teile = geringer mengenmäßiger Anteil, hoher Wertanteil; B-Teile = mittlerer mengenmäßiger Anteil, mittlerer Wertanteil; C-Teile = hoher mengenmäßiger Anteil, geringer Wertanteil. Die Beschaffung muss sich vor allem auf die A-Güter konzentrieren.

Erläutern Sie die wesentlichen Aspekte der Sortimentsplanung.

Sortiments-begriff	Das Sortiment ist die Gesamtheit der angebotenen Warengruppen und -arten, die ein Einzelhändler anbietet. Alle Maßnahmen, die die Sortimentsbildung (-zusammensetzung) unmittelbar beeinflussen, bezeichnet man als Sortimentspolitik.
Sortimentsteile	**Kernsortiment:** typisches Branchensortiment des jeweiligen Großhändlers (Hauptumsatzträger) **Randsortiment:** Artikel anderer Sortimente, die das Kernsortiment abrunden und ergänzen sollen
Markenartikel	**Markenartikel** sind Konsumgüter, die mit einer individuellen Kennzeichnung („Markenlogo") von Herstellern (= Herstellermarke) oder Handelsgruppen (= Handelsmarken) vertrieben werden. Markenartikel zeichnen sich durch folgende Merkmale aus: gesetzlicher Schutz, gleich bleibende Qualität, hoher Wiedererkennungswert, zumeist hoher Bekanntheitsgrad ▷ **Herstellermarken:** Produkt wird unter Nennung des Herstellers, z. B. Ferrero, oder einer bestimmten Produktfamilie, z. B. Nivea, vertrieben. ▷ **Handelsmarken:** Produkte des täglichen Bedarfs werden unter dem Dach einer Handelsgruppe, z. B. Plus, mit einheitlichem Markenlogo vertrieben. ▷ **No-Name-Produkte** („Weiße Ware"): Produkte des täglichen Bedarfs werden ohne aufwändige Verpackung und ohne Werbung zu extrem niedrigen Preisen von Handelsketten angeboten.
Sortiments-breite und -tiefe	Die **Sortimentsbreite** wird durch die Anzahl der Warenarten bzw. Warengruppen bestimmt: ▷ breites Sortiment: viele unterschiedliche Warenarten werden geführt ▷ schmales Sortiment: einige wenige Warenarten werden geführt Die **Sortimentstiefe** wird durch die Anzahl der unterschiedlichen Artikel pro Warenart bestimmt: ▷ tiefes Sortiment: pro Warengruppe wird eine große Auswahl unterschiedlicher Artikel angeboten ▷ flaches Sortiment: pro Warenart wird nur eine begrenzte Anzahl verschiedener Artikel angeboten

1   Bei der Abwicklung der Warenbeschaffung sind die Abteilungen Lager, Einkauf und Buchhaltung beteiligt.

Tragen Sie eine
(1) ein, wenn die Tätigkeiten von der Abteilung Lager ausgeführt werden;
(2) ein, wenn die Tätigkeiten von der Abteilung Einkauf ausgeführt werden;
(3) ein, wenn die Tätigkeiten von der Abteilung Buchhaltung durchgeführt werden.

a. Durchführen eines Angebotsvergleichs _____

b. Schreiben einer Bedarfsmeldung _____

c. Prüfen der Eingangsrechnung auf sachliche Richtigkeit

d. Buchen der Eingangsrechnung _____

e. Schreiben einer Anfrage _____

f. Prüfung der Ware nach Wareneingang _____

g. Schreiben einer Mängelrüge _____

2   Zur Ermittlung des günstigsten Bestellzeitpunktes ist es notwendig, dass bestimmte Einflussgrößen berücksichtigt werden.

Welches Merkmal beeinflusst die Ermittlung des Bestellzeitpunktes nicht? _____

Tragen Sie eine (6) ein, wenn alle Merkmale die Ermittlung des Bestellzeitpunktes beeinflussen.

(1) eigene Lagerkapazität

(2) Preiserhöhungen des Lieferers

(3) eigene Zahlungsfähigkeit

(4) Absatz in der Vergangenheit

(5) Lieferzeit

3   Welche der folgenden Aussagen treffen auf die optimale Bestellmenge zu? _____

(1) Es ist die Menge, bei der der Einkäufer den niedrigsten Preis erreichen kann.

(2) Es ist die Menge, bei der die Lagerhaltungskosten und die Bestellkosten gleich hoch sind.

(3) Es ist die Menge, die gerade noch auf einen Lkw passt, sodass die niedrigsten Transportkosten erreicht werden.

(4) Es handelt sich um die Bestellmenge, bei der die Summe aus Lagerhaltungskosten und Bestellkosten am niedrigsten ist.

(5) Es ist die Menge, bei der der Höchstbestand nicht unterschritten wird.

4   Welcher der folgenden Artikel gehört zum Randsortiment eines Bürofachgroßhandels? _____

(1) Unterschriftsmappen

(2) Druckerfarbpatronen

(3) Kugelschreiber

(4) Geschenkpapier

(5) 3,5-Zoll-Disketten

5   Welche der unten beschriebenen Warengruppen gehört zu den A-Gütern? _____

(1) 22,6 % der Anzahl aller Artikel machen 18,4 % des Wertvolumens aller bezogenen Güter aus.

(2) 70,2 % der Anzahl aller Artikel machen 5,4 % des Wertes aller bezogenen Güter aus.

(3) 76,2 % des Wertvolumens werden von 7,2 % der Anzahl aller bezogenen Artikel repräsentiert.

6   Die Zeitplanung ist ein wichtiger Bestandteil der Einkaufsplanung. Kennzeichnen Sie die folgenden Aussagen zur Beschaffungszeitplanung mit einer

(1), wenn es sich dabei um das Bestellpunktverfahren handelt,
(2), wenn es sich dabei um das Bestellrhythmusverfahren handelt.

a. Der Meldebestand spielt bei diesem Verfahren eine wichtige Rolle. _____

b. Ein wichtiger Vorteil dieses Verfahrens bei konsequenter Anwendung liegt darin, dass die Lagerkosten gesenkt werden können. _____

c. Die Zeitintervalle zwischen den einzelnen Bestellungen sind abhängig vom Verbrauch. _____

d. Das Lager löst eine Bestellung durch Bedarfsmeldung an den Einkauf aus. _____

e. Die Bestellung ist u. a. abhängig von dem täglichen Verbrauch und der Beschaffungszeit in Arbeitstagen. _____

f. Zwischen den einzelnen Bestellungen und damit Lieferungen liegen bestimmte Zeitintervalle. _____

g. Ein Vorteil dieses Verfahrens liegt darin, dass die benötigten Waren regelmäßig geliefert werden. _____

7   Kennzeichnen Sie die unten stehenden Aussagen mit einer

(1), wenn die Aussage richtig ist,
(9), wenn die Aussage falsch ist.

a. Ziel des Beschaffungskonzeptes ist es, die richtigen Waren in der richtigen Menge zum richtigen Zeitpunkt unabhängig vom jeweiligen Preis zur Verfügung zu stellen. _____

b. Die Reihenfolge im Ablauf der Warenbeschaffung vollzieht sich in den Schritten: Bedarfsermittlung – Beschaffungsplanung – Beschaffungsdurchführung – Beschaffungskontrolle _____

c. Das Kernsortiment eines Großhändlers besteht ausschließlich aus Markenware. _____

d. Ein schmales Sortiment zeichnet sich durch viele Warengruppen aus, in denen je Warengruppe nur eine geringe Anzahl von Artikeln enthalten ist. _____

Nennen Sie Möglichkeiten der Bezugsquellenermittlung.

Waren, bei denen die Bezugsquellen bisher nicht bekannt sind	Waren, bei denen aufgrund früherer Lieferungen die Bezugsquellen bekannt sind
Mögliche Informationsquellen:	Mögliche Informationsquellen:

▷ Branchenverzeichnisse der Fernsprechbücher (Gelbe Seiten);
 ▷ Branchenadressbücher („Wer liefert was?", „ABC der deutschen Wirtschaft");
 ▷ Anzeigen in Fachzeitschriften;
 ▷ Messen/Ausstellungen;
 ▷ Besuche von Vertretern/Reisenden;
 ▷ Kataloge, Prospekte, Mustersendungen;
 ▷ Industrie- und Handelskammern oder Verbände erteilen Auskünfte über Bezugsquellen und bieten ihr überregionales Informationssystem an;
 ▷ Auslandsvertretungen und Banken können Bezugsquellen für Importwaren angeben.
	▷ Herkömmliche Bezugsquellenkartei, die handschriftlich geführt wird:
	   – Die Artikelkartei kann so aufgebaut sein, dass sie die für einen Artikel in Frage kommenden Lieferanten enthält.
	   – Lieferantenkartei: Jedes Unternehmen hat einen Stamm von Lieferern, so dass bei Bestellungen nur die vorhandenen Lieferunterlagen herangezogen werden müssen.
	 ▷ Gesammelte Prospekte, Angebote, Preislisten werden nach den Artikeln geordnet abgelegt.
	 ▷ Warenwirtschaftssystem (Auflistung von Lieferanten oder Artikelstammdatei)

Wie wird ein Angebotsvergleich durchgeführt?

Begriff	In einem Angebotsvergleich werden die unterschiedlichen Konditionen sowie unterschiedliche Rabattsätze berücksichtigt und der Bezugspreis der Ware ermittelt, um die Angebote vergleichbar zu machen. Der Bezugspreis gibt an, wie viel der Betrieb für ein Gut zu zahlen hat, wenn es auf der Rampe des Betriebes angekommen ist.

Beispiel	(Werte in €)		Lieferant A		Lieferant B
	Listenpreis (100 Stück)		4 200,00		3 800,00
	– Rabatt (%)	(10)	420,00	(–)	0,00
	= Zieleinkaufspreis		3 780,00		3 800,00
	– Skonto (%)	(2)	75,60	(3)	114,00
	= Bareinkaufspreis		3 704,40		3 686,00
	+ Bezugskosten je 100 St.		60,00		120,00
	= Bezugspreis je 100 St.		3 764,40		3 806,00
	günstigster Lieferant		(1.)		(2.)

Beschreiben Sie die störungsfreie Abwicklung einer Bestellung unter Einbeziehung des Warenwirtschaftssystems.

Planung	▷ Bedarfsmeldung: Tägliche Meldung über Bildschirm/Drucker, bei welchen Positionen aufgrund der Entnahmen der Meldebestand unterschritten ist. ▷ Übergabe der Daten vom Lager an den Einkauf online oder in Form einer EDV-Liste. ▷ Erfassung der Daten der Bedarfsanforderung oder Bearbeitung der online erhaltenen Daten. Das System greift auf die bestehenden Dateien (Lieferantendatei, Artikeldatei) zurück, führt automatisch den Angebotsvergleich durch und gibt über Bildschirm oder Drucker Bestellvorschläge aus.
Durchführung	▷ Eingabe der Bestelldaten oder Bestätigung des vom System ermittelten Bestellvorschlages, Ausdruck der Bestellung. ▷ Übernahme der Bestelldaten in die Bestelldatei und in die Dispositionsdatei. Aus der Bestelldatei lassen sich die offenen Bestellungen jederzeit abrufen. Bei Bestätigung des Auftrages werden Dispositionsdatei und Bestelldatei durch Eingabe der notwendigen Daten (z. B. Liefertermin, Menge) fortgeschrieben.
Kontrolle	▷ Wird ein Liefertermin überschritten, löst das System automatisch eine Mahnung aus, die ausgedruckt wird. ▷ Bei Lieferung ruft die Warenannahme auf dem Bildschirm die Bestelldaten auf und bestätigt den richtigen Eingang der Waren oder gibt die tatsächlich gelieferten Warenpositionen ein. ▷ Das System schreibt die Bestandsdatei fort, löscht die entsprechenden Daten in der Bestelldatei und druckt den Wareneingangsschein sowie den Materialeingangsbeleg aus. Sodann wird die Ware auf dem zuständigen Lagerplatz einsortiert. Die Lagerplatznummer kann bei Bedarf im System gespeichert werden. ▷ Erfassung der Eingangsrechnung in der Rechnungsprüfung. Anhand des Bestelldatensatzes und des Lieferscheines kann die Rechnungsprüfung durchgeführt werden. ▷ In der Buchhaltung wird die Verbindlichkeit gebucht oder der in der Rechnungsprüfung bereits erfasste Datensatz kann übernommen werden. Der Zahlungstermin und die Zahlungsbedingungen werden im System gespeichert. ▷ Bei Fälligkeit erfolgt der Ausdruck der Überweisungsträger und die Buchung des Zahlungsausganges.

1 Jeder Betrieb muss für die Ermittlung von Bezugsquellen Hilfsmittel zur Verfügung haben.

Kennzeichnen Sie unten stehende Hilfsmittel mit einer

(1), wenn es sich um innerbetriebliche Informationen handelt,
(2), wenn es sich um außerbetriebliche Informationen handelt,
(9), wenn sie für die Bezugsquellenermittlung nicht brauchbar sind.

a. Gelbe Seiten der regionalen Fernsprechbücher _____

b. Lieferkartei _____

c. Kreditorenkonten der Finanzbuchhaltung _____

d. ABC der deutschen Wirtschaft _____

e. Artikelstammdatei _____

f. Handelsregisterauszüge _____

2 Ziel der Warenbeschaffung ist es, Waren in der richtigen Menge und Qualität zu einem günstigen Preis einzukaufen. Daher ist es notwendig, Informationen für richtige Entscheidungen zur Verfügung zu haben.

Tragen Sie bei den folgenden Aussagen eine

(1) ein, wenn die Informationen nur in einem Lieferantenstammsatz hinterlegt sind,
(2) ein, wenn die Informationen nur in einem Artikelstammsatz hinterlegt sind,
(3) ein, wenn die Informationen sowohl im Artikelstammsatz als auch im Lieferantenstammsatz hinterlegt sein können.

a. Meldebestand _____

b. Bestelldaten _____

c. Warenangebot eines Lieferers _____

d. gelieferte Menge _____

e. Mindestbestand _____

3 Eine Elektrogroßhandlung benötigt eine bestimmte Menge an Spezialschaltern. Vergleichen Sie die folgenden drei Angebote:
– Angebot 1: Listenpreis 65,00 €, Rabatt 15 % bei einer Mindestabnahme von 200 Stück, Skonto 3 %, Bezugskosten 110,00 € je 100 Stück
– Angebot 2: Listenpreis 75,30 €, Rabatt 30 % bei einer Mindestabnahme von 300 Stück, ansonsten 20 %, Skonto 2 %, Lieferung frei Haus
– Angebot 3: Listenpreis 68,00 €, Rabatt 20 % bei einer Mindestabnahme von 50 Stück, Skonto 3 %, Lieferung frei Haus

a. Welches Angebot ist das günstigste, wenn das Unternehmen 400 Stück der Ware benötigt? _____

b. Welches Angebot käme zum Zuge, wenn das Unternehmen nur 200 Stück benötigen würde? _____

c. Angenommen, das Unternehmen benötigte 200 Stück, aber der günstigste Lieferant kann nicht liefern. Auf welches Angebot müsste das Unternehmen dann zurückgreifen? _____

4 Die Durchführung des Beschaffungsvorganges erfolgt in einer bestimmten Reihenfolge. Bringen Sie die unten stehenden Tätigkeiten in eine sinnvolle Reihenfolge, indem Sie die Ziffern 1 bis 7 vergeben.

a. Abänderungen der Bestellung durch den Lieferanten werden sofort bearbeitet (Anruf, Brief) und die Lieferanten- und Dispositionskartei entsprechend ergänzt. _____

b. Aufgrund eines Angebotsvergleichs ermittelt der Einkäufer den günstigsten Lieferanten. _____

c. Bei neuen Waren werden Anfragen an Lieferanten herausgegeben. Das Ergebnis wird abgewartet. _____

d. Der Einkäufer greift für bekannte Waren auf seine Bezugsquellenkartei zurück und ermittelt den möglichen Kreis der Lieferanten. _____

e. Die Mappe mit den offenen Bestellungen wird täglich überprüft. Wird vom Lieferer ein geplanter Termin überschritten, muss der Einkäufer mahnen bzw. die entsprechenden Rechte geltend machen. _____

f. Kopien der Bestellung erhalten die Rechnungsprüfung und die Warenannahme. Die Bestellung wird in einer Terminmappe vorsortiert und in der Lieferantenkartei sowie in der Dispositionskartei vermerkt. _____

g. Der Einkäufer schreibt die Bestellung. _____

5 Kennzeichnen Sie unten stehende Aussagen mit

(1), wenn diese richtig sind,
(9), wenn diese falsch sind.

a. Ausstellungen sind Veranstaltungen, die in regelmäßigen Zeitabständen an gleichen Orten stattfinden. Hersteller und Händler bieten ihre Waren an und zeigen Muster, nach denen bestellt werden kann. Ausstellungen werden in der Regel als Fachausstellungen für bestimmte Branchen veranstaltet. _____

b. Messen werden von bestimmten Wirtschaftszweigen oder von einzelnen Unternehmungen veranstaltet. Sie dienen der Absatzförderung und stellen für den Großhändler eine Informationsmöglichkeit dar. _____

c. Börsen sind Spezialmärkte für Wertpapiere oder standardisierte Waren. _____

6 Bei Eintreffen der Ware sind vom Empfänger in Gegenwart der anliefernden Person eine Reihe von Punkten zu klären.
Welcher der folgenden Punkte muss vom Empfänger bei der Warenannahme nicht überprüft werden? _____

(1) Übereinstimmung des Warenliefertermins mit der Bestellung

(2) Anzahl und das Gewicht der Packstücke

(3) äußere Beschaffenheit der Verpackung

(4) Anschrift auf dem Frachtbrief

(5) Absender der Ware auf dem Frachtbrief

Nach welchen Gesichtspunkten lassen sich Kaufverträge unterscheiden?

Merkmale	Arten	Beschreibungen und Beispiele
Kaufgegenstand	**Stück- oder Spezieskauf**	Der Kaufgegenstand ist eine nicht vertretbare Sache. *Beispiele: das selbst hergestellte Regal, das Ölgemälde von Paul Klee*
	Gattungskauf	Der Kaufgegenstand ist eine vertretbare Sache. *Beispiele: das Mehl Type 405, der Anrufbeantworter DX 904*
rechtliche Stellung der Vertragspartner	**Bürgerlicher Kauf**	Beide Vertragspartner handeln als Privatleute. *Beispiel: Ein Unternehmer kauft alte Briefmarken von seinem Nachbarn.*
	Einseitiger Handelskauf	Ein Vertragspartner handelt als Kaufmann. *Beispiel: Der Hobbygärtner kauft sich einen Rasenentlüfter in einem Baumarkt.*
	Zweiseitiger Handelskauf	Beide Vertragspartner handeln als Kaufmann. *Beispiel: Der Unternehmer erwirbt einen Lkw für seinen Fuhrpark.*
Lieferzeit	**Sofortkauf**	Die Lieferung erfolgt als direkte Reaktion auf den Vertrag. *Beispiel: Der Käufer bestellt telefonisch Ringbuchmechaniken, der Hersteller liefert sofort.*
	Terminkauf	Die Lieferung erfolgt zu einem genau bezeichneten Termin. *Beispiel: Lieferung am 03.04.03. Der Verkäufer gerät bei Nichteinhaltung des Termins ohne Mahnung in Verzug.*
	Fixkauf (Fixgeschäft nach BGB/Fixhandelskauf nach HGB)	Die Lieferung wird zu einem bestimmten Zeitpunkt oder innerhalb einer bestimmten Frist vereinbart. *Beispiele: Lieferung am 03.04.06, fix, Lieferung bis 09.09.06, fest. Es gelten „verschärfte" Rechte bei Nicht-Rechtzeitig-Lieferung.*
	Kauf auf Abruf	Eine größere Menge von Waren wird bestellt. Der Zeitpunkt der Lieferung wird vom Käufer bestimmt. *Beispiel: Ein Spielzeughersteller bestellt 80 000 spezielle Kartongrößen und ruft diese bei Produktionsbedarf ab.*
Zahlungsart	**Kauf gegen Vorauszahlung**	Die Zahlung erfolgt vor der Lieferung.
	Barkauf	Die Ware wird sofort bezahlt. Es handelt sich um ein Zug-um-Zug-Geschäft.
	Zielkauf	Die Zahlung erfolgt innerhalb einer vereinbarten Zeit nach der Lieferung.
	Verbraucherdarlehen	Die Zahlung erfolgt in Teilbeträgen. Ein Widerruf ist innerhalb von zwei Wochen in Textform oder durch Rücksendung möglich. Bestimmte Inhalte sind im Vertrag zu regeln (siehe Verbraucherdarlehen).
Erfüllungsort	**Versendungskauf**	Verkäufer und Käufer befinden sich an verschiedenen Orten. Der Erfüllungsort für Ware ist am Ort des Verkäufers. Die Ware muss jedoch an den vom Käufer bestimmten Ort verschickt werden.
	Fernkauf	Verkäufer und Käufer befinden sich an verschiedenen Orten. Der Erfüllungsort für Ware ist nicht am Ort des Verkäufers. Die Ware muss an dem benannten Erfüllungsort an den Käufer übergeben werden.
	Platzkauf	Verkäufer und Käufer befinden sich am selben Ort. Der Erfüllungsort ist am Sitz des Verkäufers/Käufers. Die Ware muss noch verschickt werden.
	Handkauf	Verkäufer und Käufer befinden sich am selben Ort. Erfüllungsort ist der Sitz des Verkäufers/Käufers. Die Ware wird im Geschäft des Verkäufers übergeben.
Besonderheiten im Kaufvertrag	**Kauf auf Probe**	Bei diesem Kauf auf Besicht kann der Käufer die Ware innerhalb einer vereinbarten Frist zurückgeben. Nach Ablauf dieser Frist gilt sein Schweigen als Zustimmung, und der Kaufvertrag ist zustande gekommen.
	Kauf nach Probe	Bei diesem Kauf nach Muster muss der gelieferte Kaufgegenstand mit der vorhandenen Probe übereinstimmen; sie gilt als zugesicherte Eigenschaft.
	Kauf zur Probe	Es handelt sich um einen endgültigen Kaufvertrag. Der Käufer gibt bei der Bestellung einer meist kleineren Menge dem Verkäufer zu erkennen, weitere Bestellungen aufzugeben, wenn die Ware den Erwartungen entspricht.
	Spezifikationskauf	Bei diesem Bestimmungskauf wird eine größere Menge einer vertretbaren Sache gekauft. Der Käufer kann jedoch die Gattungsware innerhalb einer vorher vereinbarten Frist spezifizieren, z. B. nach Maß, Form, Farbe.
	Kauf mit Umtauschrecht	Dies ist ein Kauf mit dem Recht, die Ware bei Nichtgefallen umzutauschen.

1 Ordnen Sie bei den unten stehenden Verträgen zu, um welche der folgenden Vertragsarten es sich dabei handelt.

(1) Kauf zur Probe
(2) Kauf auf Probe
(3) Kauf nach Probe
(4) Spezifikationskauf
(5) Kauf auf Abruf

a. In einem Kaufvertrag über 50 m³ Holz vereinbart die Tischlerei Böschemeier OHG, innerhalb von 14 Tagen vor der Lieferung die Maße näher zu bestimmen. _____

b. Der Käufer vereinbart mit dem Verkäufer eines Lampenfachgeschäftes, dass er eine Tischlampe über das Wochenende ausprobieren darf, um feststellen zu können, ob die Lichtquelle ausreichend ist. Sollte er sich am Montag nicht melden, möchte er die Lampe behalten. ___

c. Eine Großnäherei benötigt für die kommende Saison eine größere Menge von Lamm- und Schafleder. Sie vereinbart mit dem Lieferer, dass sie den Zeitpunkt für die Zusendung der einzelnen Teilmengen monatlich bestimmt.

d. Das Einrichtungshaus vermerkt in der Bestellung: „Aufgrund des uns vorliegenden Gardinenmusters bestellen wir wie folgt: …"_____

2 Ordnen Sie zu, ob es sich bei den unten stehenden Vereinbarungen im Kaufvertrag um einen

(1) Terminkauf,
(2) Fixkauf
handelt.

a. „Wir werden Ihnen die Ware bis zur 14. KW liefern." ____

b. „Zu Ihrer Geschäftseröffnung am 13.12.06 werden wir die Ware bis spätestens um 10 Uhr geliefert haben. Sie können sich auf uns als Zulieferer verlassen." _____

c. „Der von Ihnen bestellte Präsentkorb für Ihren Mitarbeiter wird geliefert am 13.12.06, fix."_____

d. „Lieferung bis zum 13.12.06, genau." _____

e. „Lieferung erbitten wir bis zum 13.12.06."_____

f. „Aufgrund der am 13.12.06 stattfindenden Hochzeitsfeier bitten wir um Lieferung der Torte bis um 18.00 Uhr." ____

g. „Lieferung am 13.12.06, fest."_____

3 Beurteilen Sie in den folgenden Fällen, ob es sich um einen

(1) Stück- oder Spezieskauf,
(2) Gattungskauf
handelt.

Kaufgegenstand ist ...

a. ... ein maßgeschneidertes Abendkleid._____

b. ... eine Schreibtischunterlage im Kaufhausregal. _____

c. ... eine rote Dachpfanne._____

d. ... eine Glasblumenvase im Fachgeschäft. _____

e. ... ein gebrauchter VW Polo._____

4 Beim Terminkauf kommt der Verkäufer bei Nichteinhaltung des Termins auch ohne Mahnung in Verzug.

Tragen Sie eine

(1) ein, wenn bei den folgenden vereinbarten Lieferterminen eine Mahnung erforderlich ist,
(9) ein, wenn dies nicht der Fall ist.

a. Lieferung 14 Tage nach Erhalt der Bestellung _____

b. Lieferung 3 Tage nach Ostersonntag _____

c. Lieferung sofort _____

d. Lieferung im Laufe des Monats November _____

e. Lieferung auf Abruf _____

5 Ordnen Sie den jeweiligen Fällen zu:

(1) bürgerlicher Kauf
(2) einseitiger Handelskauf
(3) zweiseitiger Handelskauf

a. Der zwanzigjährige Auszubildende kauft einen Gebrauchtwagen beim Händler. _____

b. Der Unternehmer kauft für seine Tochter eine Filmkamera im Einkaufszentrum beim Fotohändler. _____

c. Der Rechtsanwalt Leo Lux benötigt einen A-3-Drucker. Sein Onkel veräußert ihm seinen erst vor kurzem erworbenen Drucker. _____

d. Der Industriekaufmann Karl-Heinz Visser schließt mit seinem Freund einen Kaufvertrag über zwei Eishockeyschläger ab._____

6 Der Verbraucherdarlehensvertrag ist zum Schutz des Verbrauchers im BGB geregelt. Prüfen Sie unten stehende Aussagen.

Tragen Sie eine

(1) ein, wenn die Aussage richtig ist,
(9) ein, wenn die Aussage falsch ist.

Der Verbraucherdarlehensvertrag muss enthalten ...

a. ... den effektiven Jahreszins._____

b. ... die genaue Bezeichnung der Waren. _____

c. ... den Nettodarlehensbetrag. _____

d. ... den Gesamtbetrag. _____

e. ... Art und Weise der Rückzahlung._____

f. Die auf den Vertragsabschluss gerichtete Willenserklärung bedarf der schriftlichen Form. _____

g. Der Käufer kann den Vertrag innerhalb einer Woche mündlich widerrufen._____

h. Der Käufer kann den Vertrag innerhalb von zwei Wochen widerrufen. _____

Nehmen Sie Stellung zur rechtlichen Bedeutung, Form und zum Widerruf der Bestellung.

Rechtliche Bedeutung	Die Bestellung ist eine empfangsbedürftige Willenserklärung des Käufers an den Verkäufer, Ware zu bestimmten Bedingungen zu kaufen. Die Bestellung kann Antrag oder auch Annahme sein.
Form	Die Bestellung kann formlos erteilt werden. Um jedoch einen möglichen Irrtum auszuschließen, sollten mündliche oder fernmündliche Bestellungen schriftlich bestätigt werden.
Widerruf	Die Bestellung wird mit Zugang beim Verkäufer wirksam. Der Widerruf muss vorher oder gleichzeitig mit der Bestellung eintreffen.

Erläutern Sie die rechtliche Bedeutung und Form der Bestellungsannahme.

Rechtliche Bedeutung	Die Bestellungsannahme, auch Auftragsbestätigung genannt, ist eine Willenserklärung des Verkäufers, Ware zu bestimmten Bedingungen zu liefern. ▷ Erfolgte eine Bestellung ohne ein vorheriges verbindliches Angebot des Verkäufers, so ist die Bestellungsannahme notwendig, damit ein Kaufvertrag zustande kommt. (1. Willenserklärung: Bestellung, 2. Willenserklärung: Bestellungsannahme). ▷ Eine Bestellungsannahme ist rechtlich nicht erforderlich, wenn die Bestellung aufgrund eines gültigen Angebotes erfolgte (1. Willenserklärung: Angebot, 2. Willenserklärung: Bestellung).
Form	Die Bestellungsannahme kann formlos erteilt werden. Um jedoch wie bei einer mündlichen Bestellung einen möglichen Irrtum auszuschließen, sollte die Bestellungsannahme schriftlich durch Brief, standardisierte Auftragsbestätigungen oder durch konkludentes Handeln (Lieferung der Ware) erfolgen.

Was sind Allgemeine Geschäftsbedingungen, AGB? Welche Bedeutung haben sie?

Begriff	Allgemeine Geschäftsbedingungen sind alle für eine Vielzahl von Verträgen vorformulierten Vertragsbedingungen, die eine Vertragspartei (Verwender) der anderen Vertragspartei bei Abschluss eines Vertrages stellt.
Bedeutung	▷ **Rationalisierung:** Die Vertragsfreiheit wird häufig durch AGB eingeschränkt, da an die Stelle des ausgehandelten Vertrages in vielen Fällen der durch vorformulierte AGB standardisierte Vertrag getreten ist. Dadurch wird der auf Massenvertrag ausgerichtete Geschäftsverkehr rationalisiert. ▷ **Risikoabwälzung:** Praktisch alle AGB sind von dem Bestreben geprägt, die Rechtsstellung des Verwenders zu stärken und die Rechte des Käufers zu schmälern. Der Unternehmer bestimmt im Wesentlichen einseitig die Vertragsgestaltung, indem die AGB auf der Rückseite der Bestellung oder Auftragsbestätigung abgedruckt sind („Kleingedrucktes").

Erläutern Sie die Regelungen der Allgemeinen Geschäftsbedingungen (AGB für Verbraucherverträge).

Ziel	Ziel der Regelungen ist der Schutz des wirtschaftlich Schwächeren. Sie finden keine Anwendung beim zweiseitigen Handelskauf (Ausnahmen: Post, Telekommunikation, Bereich Personenbeförderung).
unwirksame Klauseln (Klauselverbote ohne Wertungsmöglichkeit)	Hierzu zählen die im Gesetz konkretisierten Klauselverbote. Werden diese Klauseln (obwohl sie verboten sind) in AGB bei Verträgen verwendet, sind sie unwirksam. Der Vertrag selbst wird nicht unwirksam. *Beispiele:* ▷ *Preiserhöhungen innerhalb von vier Monaten nach Vertragsabschluss* ▷ *Bestimmungen, durch die der Verwender von der gesetzlichen Obliegenheit freigestellt wird, zu mahnen oder für die Leistung oder Nacherfüllung eine Frist zu setzen* ▷ *Ausschluss oder Begrenzung der Haftung für einen vorsätzlich oder grob fahrlässig herbeigeführten Schaden* ▷ *Beschränkung der Gewährleistungsansprüche auf Nachbesserung* ▷ *Bestimmungen, die Aufwendungen für die Nachbesserung zu tragen* ▷ *Verkürzung der gesetzlichen Gewährleistungsfristen* ▷ *Ausschluss der Haftung für zugesicherte Eigenschaften*
bedingt unwirksame Klauseln (Klauselverbote mit Wertungsmöglichkeit)	Hierbei handelt es sich um Klauselverbote, die nicht generell unwirksam sind, sondern eine richterliche Wertung erfordern. *Beispiele:* ▷ *unangemessen lange oder nicht hinreichend bestimmte Fristen für die Annahme oder Ablehnung eines Angebotes oder die Erbringung der Leistung* ▷ *Vorbehalt einer unangemessen langen oder nicht hinreichend bestimmten Nachfrist* ▷ *Vorbehalt des Rücktrittsrechts für die Leistungspflicht durch den Verwender der AGB ohne sachlichen Grund* ▷ *Vorbehalt des Verwenders, eine versprochene Leistung zu ändern oder davon abzuweichen* ▷ *Vereinbarungen über unangemessen hohe Nutzungsgebühren oder Ersatz von Aufwendungen, sofern der Vertragspartner vom Vertrag zurücktritt oder den Vertrag kündigt.*
Generalklausel	Die Bestimmungen der AGB sind unwirksam, wenn sie den Käufer entgegen den Geboten von Treu und Glauben unangemessen benachteiligen.

1 Beurteilen Sie folgende Äußerungen zur Bestellung. Tragen Sie eine

(1) ein, wenn die Äußerung richtig ist,
(9) ein, wenn die Äußerung falsch ist.

a. Die Bestellung des Käufers ist juristisch immer der Antrag. _____

b. Die Bestellung muss schriftlich erfolgen, damit sie rechtswirksam ist. _____

c. Die Bestellung wird mit Zugang beim Verkäufer wirksam, d. h. z. B. im Falle eines Urlaubes des Verkäufers erst mit seiner Rückkehr. _____

d. Die Bestellung ist eine Willenserklärung des Käufers. ___

e. Die Bestellung hat im Falle eines rechtzeitigen Widerrufs rechtlich keine Bindung. _____

2 Stellen Sie fest, ob in den folgenden Fällen eine Bestellungsannahme rechtlich erforderlich ist, damit ein Kaufvertrag zustande kommt. Tragen Sie eine

(1) ein, wenn eine Bestellungsannahme notwendig ist,
(9) ein, wenn eine Bestellungsannahme nicht notwendig ist.

a. Der Verkäufer schickt ein Angebot, der Käufer bestellt. ___

b. Der Verkäufer schickt aufgrund einer Anfrage des Käufers ein Angebot, gültig bis zum 14.09.06. Der Käufer bestellt am 14.09.06 schriftlich die Ware. Der Verkäufer erhält die Bestellung am 15.09.06. _____

c. Ein Sportversandhaus unterbreitet in einer Sportzeitung ein interessantes Angebot über Reiterstiefel. Der Käufer bestellt ein Paar in Größe 42 und ein Paar in Größe 45. _

3 Entscheiden Sie bei den aufgeführten vertraglichen Vereinbarungen zwischen Kaufmann und Nichtkaufmann, ob es sich um

(1) gültige Klauseln,
(9) ungültige/unwirksame Klauseln

in den Allgemeinen Geschäftsbedingungen handelt.

a. Sofort erkennbare Mängel können nur innerhalb der nächsten vier Wochen nach der Lieferung gerügt werden. _____

b. Gerichtsstand für beide Teile ist der Ort des Verkäufers. _

c. Bei Betriebsstörungen können wir jederzeit vom Vertrag zurücktreten. _____

d. Erfolgt die Lieferung nicht zum vereinbarten Termin, so kann uns der Käufer eine dreimonatige Nachfrist setzen mit der Erklärung, dass er nach deren fruchtlosem Ablauf vom Kaufvertrag zurücktreten werde. _____

e. Ein Mangel, der nach sieben Monaten gerügt wird, wird von uns nicht mehr anerkannt. _____

f. Vereinbarte Liefertermine sind unverbindlich. Wir sind jedoch bemüht, die Liefertermine pünktlich einzuhalten. _

4 Die Allgemeinen Geschäftsbedingungen sind Mittel der Rationalisierung und der Risikoabwälzung.

Ordnen Sie eine

(1) zu, wenn die Aussage richtig ist und das Stichwort „Rationalisierung" beschreibt.
(2) zu, wenn die Aussage richtig ist und das Stichwort „Risikoabwälzung" beschreibt.
(9) zu, wenn die Aussage falsch ist.

a. Unter Allgemeinen Geschäftsbedingungen versteht man die Vertragsbedingungen, die für viele Verträge schon vorformuliert sind. _____

b. Mit Hilfe der Allgemeinen Geschäftsbedingungen kann aufgrund der bestehenden Vertragsfreiheit alles vereinbart werden. Sie werden jedoch erst gültig, wenn der Käufer das Vorgedruckte unterschreibt. _____

c. Der Unternehmer ist bestrebt, die Allgemeinen Geschäftsbedingungen so zu formulieren, dass seine Rechtsstellung gestärkt wird und die des Käufers geschmälert. _____

5 Entscheiden Sie bei den aufgeführten vertraglichen Vereinbarungen zwischen Kaufmann und Nichtkaufmann, ob es sich um

(1) gültige Klauseln,
(9) ungültige Klauseln in den Allgemeinen Geschäftsbedingungen

handelt.

a. Offene Mängel können nur innerhalb der nächsten drei Wochen nach der Lieferung gerügt werden. _____

b. Der Erfüllungsort für beide Teile ist der Ort des Verkäufers. _____

c. Wird die Ware auf Verlangen des Käufers zu einem anderen Orte als dem Erfüllungsort verschickt, so trägt der Käufer die Gefahr des zufälligen Untergangs und der zufälligen Verschlechterung der Ware. _____

d. Sollte während der Produktion eine nicht vorhersehbare Störung eintreten, so können wir jederzeit vom Kaufvertrag zurücktreten. _____

6 In welchen der folgenden Fällen ist ein Kaufvertrag zustande gekommen? _____

Tragen Sie die Ziffer der richtigen Antwort in das Kästchen ein.

Ist in allen Fällen ein Kaufvertrag zustande gekommen, tragen Sie eine (4) ein.

(1) Der Käufer schickt eine Bestellung über 1200 Stück Spezialverbindungen für Rohrelemente zum Stückpreis für 2,20 €. Der Verkäufer bestätigt die Bestellung mündlich.

(2) Aufgrund eines Angebotes bestellt ein Käufer die angebotenen Rohstoffe. Da über den Liefertermin keine Informationen vorliegen, bittet er um sofortige Lieferung.

(3) Der Käufer bestellt die Ware telefonisch. Der Verkäufer bestätigt schriftlich die Bestellung.

Was verstehen Sie unter Marktforschung?
Klären Sie die Begriffe Marktanalyse, Marktbeobachtung und Marktprognose.

Marktforschung	Die Marktforschung ist im Gegensatz zur Markterkundung eine systematische Untersuchung des Marktes zur Beschaffung und Auswertung von Informationen für Marketingentscheidungen.
Marktanalyse	Die Marktanalyse ist eine einmalige Untersuchung des Marktes (Zeitpunktbetrachtung). Es handelt sich um eine statistische Betrachtung, vergleichbar mit einer Momentaufnahme, mit einem Foto.
Markt-beobachtung	Die Marktbeobachtung ist eine fortlaufende Untersuchung der Entwicklung des Marktes (Zeitraumbetrachtung). Es handelt sich um eine dynamische Betrachtung, vergleichbar mit einem Film, in dem Veränderungen im Zeitablauf erkennbar werden.
Marktprognose	Die Marktprognose ergibt sich aus der Verarbeitung der Ergebnisse der Marktanalyse und Marktbeobachtung und ist eine Vorhersage zukünftiger Entwicklungen.

Erläutern Sie die Methoden der Marktforschung.

Primärforschung	Bei der Primärforschung (Feldforschung) werden neue, bisher noch nicht erhobene Marktdaten ermittelt. Diese Gewinnung von Daten kann durch eine Vollerhebung (alle Mitglieder der Grundgesamtheit werden befragt) oder eine Teilerhebung (eine Auswahl aus der Grundgesamtheit wird befragt) erfolgen.	
Methoden der Primärerhebung	**Befragung**	▷ Die Befragung kann mündlich, telefonisch oder schriftlich erfolgen. Besondere Befragungsstrategien (standardisiertes Interview, freies Gespräch) und Befragungstaktiken (direkte Frage, indirekte Frage) sollen den Erfolg einer Befragung erhöhen.
	Beobachtung	▷ Die Beobachtung wird nonverbal durchgeführt und untersucht Verhaltensweisen und Gefühle. Wichtige Untersuchungsgebiete sind z. B. die Beobachtung des Kaufverhaltens, des Ausdrucks, der Stimmenfrequenz, der Blickregistrierung.
	Panel	▷ Beim Panel werden ausgewählte Personen über einen längeren Zeitraum über bestimmte Sachverhalte wiederholt befragt bzw. beobachtet. Beim Haushaltpanel führen die Teilnehmer wöchentlich ein „Tagebuch" über ihre Einkäufe. Beim Einzelhandelspanel werden in einem zweimonatlichen Rhythmus die Warenbestände kontrolliert.
	Experiment/Test	▷ Beim Experiment/Test wird versucht, durch Veränderung eines Merkmals oder auch mehrerer Merkmale die Auswirkungen aus diesen Veränderungen aufzuzeigen. Wichtige Aussagen erhält man z. B. über Produkttests, Plakattests, Namenstests.
Sekundär-forschung	Bei der Sekundärforschung werden bereits vorhandene Unterlagen ausgewertet. Dieses Verfahren wird auch als Schreibtischforschung bezeichnet.	
Methoden der Sekundärforschung	**betriebsinterne Quellen**	▷ Als betriebsinterne Quellen eignen sich Statistiken und Aufstellungen über Umsätze, Absätze, Anfragen, Reklamationen, Werbekosten, Reparaturen, aber auch Berichte von Außendienstmitarbeitern, Aufstellungen von Lagerbeständen und Rohstoffpreisen.
	betriebsexterne Quellen	▷ Betriebsexterne Quellen sind z. B. statistische Jahrbücher, Veröffentlichungen von Industrie- und Handelskammern und Verbänden, Kataloge, Prospekte, Preislisten anderer Unternehmen, Veröffentlichungen in Zeitungen und Zeitschriften.

Erläutern Sie die Begriffe Marktpotenzial, Marktvolumen, Marktanteil.

Marktpotenzial	Das Marktpotenzial gibt an, wie viel von dem Produkt oder der angebotenen Dienstleistung auf dem Markt abgesetzt werden kann, unter der Voraussetzung, dass alle Käufer das erforderliche Einkommen haben und ein Kaufbedürfnis entwickelt haben.
Marktvolumen	Das Marktvolumen ist die realisierte oder prognostizierte Absatzmenge der Produkte oder der angebotenen Dienstleistung pro Zeitabschnitt in einem bestimmten Markt.
Marktanteil	Der Marktanteil ist der prozentuale Anteil eines Unternehmens an dem gesamten Marktvolumen eines Marktes. Es können Mengen- oder Werteinheiten verglichen werden.

1 Im Rahmen der Primärforschung werden neue, bisher noch nicht erhobene Marktdaten durch folgende Methoden festgestellt:

(1) Befragung
(2) Beobachtung
(3) Panel
(4) Experiment/Test

Ordnen Sie diese Möglichkeiten der Primärforschung den folgenden Aussagen zu.

a. In repräsentativ ausgewählten Handelsbetrieben werden in regelmäßigen Abständen Erhebungen über die Warenbestände von bestimmten Warengruppen durchgeführt. ☐

b. In einem Supermarkt wurde aufgrund mehrerer Einwegspiegel der „Kundenlauf" festgestellt. ☐

c. Aufgrund apparativer Einsätze wird die Stimmenfrequenz mehrerer Probanden untersucht. ☐

d. Die Erhebung kann mündlich, schriftlich oder auch telefonisch erfolgen. ☐

2 Unterscheiden Sie

(1) Marktanalyse,
(2) Marktbeobachtung.

a. Hierbei handelt es sich um eine einmalige Untersuchung des Marktes. ☐

b. Hierbei handelt es sich um eine fortlaufende Untersuchung der Entwicklung des Marktes. ☐

3 Die Sekundärforschung benutzt Quellenmaterial, das bereits für andere Zwecke erstellt wurde. Entscheiden Sie, ob es sich bei den Beispielen um

(1) innerbetriebliche Informationsquellen,
(2) außerbetriebliche Informationsquellen

handelt.

a. Lagerbestandsmeldungen ☐

b. Preislisten der Konkurrenzfirmen ☐

c. Veröffentlichungen wissenschaftlicher Institute ☐

d. Berichte der Außendienstmitarbeiter ☐

4 Unterscheiden Sie anhand der unten stehenden Aussagen die folgenden Begriffe und ordnen Sie zu:

(1) Marktprognose
(2) Markterkundung
(3) Marktanalyse
(4) Marktbeobachtung

a. Hierbei handelt es sich um eine nicht systematische Untersuchung des Marktes. ☐

b. Der Markt wird nur einmalig untersucht, zu einem bestimmten Zeitpunkt. ☐

c. Untersuchung des Marktes über einen längeren Zeitraum hinweg. ☐

d. Zukünftige Marktverhältnisse werden abgeschätzt und vorausberechnet. ☐

5 Überprüfen Sie die Aussagen der folgenden Gesprächspartner. Tragen Sie eine

(1) ein, wenn der Gesprächspartner A die richtige Aussage trifft,
(2) ein, wenn der Gesprächspartner B die richtige Aussage trifft.

a. A: „Durch die Auswertung der Sekundärinformationen können wir doch schon einige Probleme lösen, so dass sich die Primärerhebung z. T. erübrigt."
B: „Die Sekundärinformationen können nur nach den Primärinformationen erfolgen, darum heißen sie ja auch so." ☐

b. B: „Bei der Befragung müssen wir von einer Vollerhebung Abstand nehmen, da der Zeitaufwand und die Kosten zu hoch sind."
A: „Eine Teilerhebung ist viel zu ungenau, sie kann niemals repräsentativ sein." ☐

c. A: „Der Fragebogen gefällt mir so ganz gut, nur die Fragen zur Person sollten wir zum Schluss stellen, da dann die Auskunftsperson mehr Vertrauen hat und auskunftsfreudiger ist."
B: „Aber nein, die Fragen zur Person sind typische Eisbrecherfragen, die an den Anfang eines Fragebogens gehören." ☐

d. B: „Der Vorteil einer Beobachtung ist doch, dass man nicht auf die Auskunftsbereitschaft des Beobachteten angewiesen ist."
A: „Aber Sie können doch niemanden beobachten, der nichts davon weiß." ☐

6 Ordnen Sie die folgenden Marktgrößen der unten stehenden Grafik zu.

(1) Marktpotenzial
(2) Marktanteil
(3) Marktvolumen

a. _____ ☐

b. _____ ☐

c. _____ ☐

7 Welcher der folgenden Begriffe wird in dem Text beschrieben? _____ ☐

„Die Beobachtung dieser Marktgröße zeigt die Verbesserung oder aber auch Verschlechterung der eigenen Marktstellung. Eine Verbesserung z. B. kann nur auf Kosten eines anderen Marktteilnehmers erfolgen."

Tragen Sie die Ziffer vor der richtigen Antwort in das Kästchen ein.

(1) Marktpotenzial

(2) Marktvolumen

(3) Marktanteil

Erläutern Sie stichwortartig die absatzpolitischen Instrumente.

Absatzpolitische Instrumente	Neben den Instrumenten der Marktforschung (Informationsseite) sind von wesentlicher Bedeutung die Instrumente der Marktanpassung und Marktgestaltung (Aktionsseite). Man bezeichnet diese als absatzpolitische Instrumente.	
	Produktpolitik	Suche nach neuen Produktideen, Entwicklung und Markteinführung neuer Produkte, Produktgestaltung, Strategien wie Produktelimination, Produktvariation, Produktinnovation, Differenzierung und Diversifikation; für den Handel insbesondere die Sortimentspolitik, Kundendienstleistungen und Garantieleistungen sowie Kreditpolitik.
	Distributions-politik	Entscheidungen über die innere Organisation und äußere Organisation wie direkter oder indirekter Absatz, Güterversand.
	Kommunikations-politik	Entscheidungen im Rahmen der Absatzwerbung, wie Arten, Ziele, Werbemittel, Werbeträger und Verkaufsförderung.
	Kontrahierungs-politik	Probleme der Preispolitik in Abhängigkeit von den Marktformen, Preiselastizitäten, Preistheorien, Preisdifferenzierung sowie die Gestaltung der Lieferungs- und Zahlungsbedingungen.

Was verstehen Sie unter Marketing-Mix?

Marketing-Mix	Die einzigartige Art und Weise, wie ein Unternehmen seine Marketinginstrumente einsetzt und kombiniert, prägt das eigenständige Image des Unternehmens. Die jeweilige Kombination der absatzpolitischen Instrumente bezeichnet man als Marketing-Mix. Der optimale Marketing-Mix wird bestimmt durch das ökonomische Prinzip, d. h., ein bestimmtes Ziel soll mit den geringsten Mitteln erreicht werden.

Grundlage von Absatzstrategien sind der Produktzyklus und die Portfolio-Matrix. Erläutern Sie diese.

Produktzyklus	Das Modell des Produktzyklus versucht den Lebensweg eines Produktes von der Einführung bis zum Ausscheiden anhand von Umsatz, Umsatzveränderungen, Gewinn oder Verlust zu beschreiben.	
	Einführungsphase	▷ In der Einführungsphase werden nur geringe Umsätze getätigt. Der Ausbau des Vertriebs, die Kosten für Werbung und Absatzförderung verursachen Verluste.
	Wachstumsphase	▷ Mit dem Überschreiten der Gewinnschwelle wird die Wachstumsphase erreicht. Der Umsatz steigt stark an.
	Reifephase	▷ In der Reifephase steigt der Umsatz weiter und erreicht sein Maximum. Durch den starken Wettbewerb kommt es zu Preissenkungen, da die Nachfrage auf Preisänderungen sehr elastisch reagiert.
	Sättigungsphase	▷ In der Sättigungsphase sinkt der Umsatz, und der Gewinn nimmt ab. Durch den Einsatz produktpolitischer Instrumente wird versucht, dem rückläufigen Umsatz entgegenzuwirken.
	Rückgangsphase	▷ In der Rückgangsphase sinkt der Umsatz sehr stark und Gewinne werden nicht mehr erzielt. Es kommt zur Elimination des Produktes.
Portfolio-Matrix	Um ein Bild von der aktuellen Situation des Marktanteils im Verhältnis zum Marktwachstum zu erhalten, werden vier Bereiche gebildet.	
	Wild Cats	▷ Marktanteil niedrig, Marktwachstum hoch. Sorgfältige Beobachtung des „Nachwuchses" ist notwendig, um die richtige Marketingstrategie zu wählen.
	True Stars	▷ Marktanteil: hoch, Marktwachstum: hoch. Förderung der „Stars" ist notwendig.
	Poor Dogs	▷ Marktanteil: niedrig, Marktwachstum: niedrig. Produkte, die „Probleme" haben, sollten aus dem Markt genommen werden.
	Cash Cows	▷ Marktanteil: hoch, Marktwachstum: niedrig. Die „Cash-Cows" erzielen einen hohen Cashflow.

1 Welche der unten stehenden Entscheidungen werden im Rahmen der nachstehend aufgeführten Bereiche des absatzpolitischen Instrumentariums getroffen?

(1) Produktpolitik
(2) Kommunikationspolitik
(3) Kontrahierungspolitik
(4) Distributionspolitik

a. Räumliche Preisdifferenzierung _____

b. Indirekter Absatz _____

c. Versand per Post _____

d. Sammelwerbung _____

e. Herausnahme eines Produktes aus der Angebots-palette _____

2 Was verstehen Sie unter Marketing-Mix?

Tragen Sie eine

(1) ein, wenn die Aussage richtig ist,
(9) ein, wenn die Aussage falsch ist.

a. Marketing-Mix ist die Entscheidung im Rahmen der Produktpolitik, mehrere Produkte auf den Markt zu bringen. _

b. Unter Marketing-Mix versteht man die optimale Mischung der absatzpolitischen Instrumente. _____

c. Der Marketing-Mix vermischt unter Wahrung des ökonomischen Prinzips die Möglichkeiten der Primär- und Sekundärforschung. _____

3 Bringen Sie die Phasen des idealtypischen Produktzyklus in die richtige Reihenfolge, indem Sie die Ziffern 1–5 vergeben.

a. Reifephase _____

b. Einführungsphase _____

c. Rückgabephase _____

d. Sättigungsphase _____

e. Wachstumsphase _____

4 Überprüfen Sie folgende Aussagen zum Produktzyklus:

Tragen Sie eine

(1) ein, wenn die Aussage richtig ist,
(9) ein, wenn die Aussage falsch ist.

a. In der Reifephase des Produktzyklus erreicht der Umsatz sein Maximum. _____

b. Das Überschreiten der Gewinnschwelle wird in der Wachstumsphase erreicht. _____

c. In der Einführungsphase werden noch Verluste erzielt. _

d. In der Sättigungsphase wird der größte Umsatz erzielt. _

5 Der Steiger GmbH stehen folgende Informationen zur Verfügung:

Marktpotenzial: 600 000,00 €
Marktvolumen: 400 000,00 €
Umsatz der Steiger GmbH: 100 000,00 €

a. Wie hoch ist der Marktanteil der Steiger GmbH? _____

(1) 25 %
(2) 16 $\frac{2}{3}$ %
(3) anderer Wert

b. Zu wie viel Prozent ist das Marktpotenzial ausgeschöpft?

(1) 25 %
(2) 66 $\frac{2}{3}$ %
(3) anderer Wert

6 Die Portfolio-Matrix eignet sich als Darstellungsinstrument. Eine Möglichkeit ist, die Marktanteile und das Marktwachstum zu betrachten.

Ordnen Sie der folgenden Darstellung die Begriffe zu:

(1) Sterne (Marktanteil hoch, Marktwachstum hoch)
(2) Milchkühe (Marktanteil hoch, Marktwachstum niedrig)
(3) Fragezeichen (Marktanteil niedrig, Marktwachstum hoch)
(4) Arme Hunde (Marktanteil niedrig, Marktwachstum niedrig)

a. _____

b. _____

c. _____

d. _____

7 Überprüfen Sie folgende Aussage zum Marketing-Mix.

Tragen Sie eine

(1) ein, wenn die Aussage richtig ist,
(9) ein, wenn die Aussage falsch ist.

Der Marketing-Mix ist eine spezielle Form der Absatzwerbung. Dabei wird nicht nur auf ein Werbemedium zurückgegriffen, sondern auf eine Vielzahl davon. Dadurch soll ein größerer Werbeerfolg erreicht werden. _____

Welche Aufgabe hat die Produkt- und Sortimentspolitik? Erläutern Sie den Begriff „Sortiment".

Produkt- und Sortimentspolitik	Unter der Produkt- und Sortimentspolitik versteht man alle Maßnahmen, die darauf ausgerichtet sind, das Angebot der Marktleistungen des Betriebes den sich wandelnden Bedürfnissen der Käufer anzupassen.		
Produktgestaltung	Produktgestaltung ist die Festlegung der Erscheinungsform eines Produktes hinsichtlich Form, Qualität, Verpackung und Markierung in Abhängigkeit von der Produktart.		
Sortiment	Das Sortiment stellt das Absatzprogramm eines Betriebes dar und ist durch verschiedene Dimensionen gekennzeichnet.		
Dimensionen des Sortiments	Die **Sortimentsbreite** gibt die Anzahl der verschiedenen Produktgruppen an.	Die **Sortimentstiefe** nennt die Anzahl der Sorten je Produktgruppe.	Der **Sortimentsumfang** gibt die Gesamtanzahl der verschiedenen Artikel an.

Welche Maßnahmen kann ein Betrieb im Rahmen der Produktinnovation ergreifen?

Produktdifferenzierung	Das bisherige Sortiment wird durch die Erweiterung von Produktgruppen differenzierter und damit vervollständigt. Die Differenzierung erfolgt in technischer, materialmäßiger oder ästhetischer Hinsicht. *Beispiel: Eine Molkerei erweitert die Produktgruppe Joghurt um einen trinkbaren Fruchtjoghurt.*	
Diversifikation	Dem Sortiment werden Produkte hinzugefügt, die keine oder nur eine geringe Verwandtschaft zu den bisherigen Produkten haben. Die Diversifikation ist damit ein Mittel der Wachstums- und Risikopolitik des Unternehmens. *Beispiel: Eine Molkerei erweitert das Sortiment um neue Produktarten.*	
	horizontal	Ausdehnung des Absatzprogramms auf Produkte bzw. Produktgruppen der gleichen Wirtschaftsstufe. Das neue Produkt weist einen engen Zusammenhang zum bisherigen Sortiment auf. *Beispiel: Die Molkerei bietet Crème fraîche an.*
	vertikal	Ausdehnung der Leistungstiefe des Absatzprogramms. Es werden Produkte bzw. Produktgruppen der vor- oder nachgelagerten Produktionsstufe angeboten. *Beispiel: Die Molkerei stellt Magermilchpulver her.*
	diagonal	Das neue Produkt steht in keinem Zusammenhang zum bisherigen Sortiment. Das Unternehmen dringt mit den angebotenen Produkten in völlig neue Marktbereiche ein. *Beispiel: Die Molkerei bietet Rezeptbücher an.*

Was ist unter Produktvariation zu verstehen? Welche Gestaltungselemente können eingesetzt werden?

Begriff	Sie beinhaltet eine Veränderung von verschiedenen Eigenschaften bei den bereits am Markt verkauften Produkten, ohne die Absatzprogrammtiefe zu verändern.
Veränderte Eigenschaften	▷ physikalische: Austausch und/oder Veränderung bisher verwendeter Materialien *Beispiel: Verpackungsmaterial aus (Recycling)-Altpapier statt PVC* ▷ funktionale: Vereinfachung der Handhabung; Erhöhung des Bedienungskomforts *Beispiel: Vereinfachung der Programmierbarkeit von Videorecordern* ▷ ästhetische: Aktualisierung der Form, der Farben, des Stils und des Geschmacks *Beispiel: neuer Becher für Joghurt* ▷ Gesamtnutzen: Verschaffung von Zusatznutzen; Verlängerung der Garantiezeit *Beispiel: Verpackung kann als Tiefkühldose wieder verwendet werden* ▷ Produktnamen: Anpassung der Marke an den Zeitgeist; Neugestaltung des Firmenlogos

Welche Maßnahmen und Überlegungen spielen bei der Produktelimination eine Rolle?

Begriff	Die endgültige Herausnahme einzelner Produkte oder Produktgruppen aus dem Sortiment bezeichnet man als Produktelimination.	
Arten	Sortenreduktion	Einzelne Produktsorten werden aus dem Sortiment genommen. Die Absatzprogrammtiefe verringert sich. *Beispiel: Eine Fahrradfabrik verringert die Anzahl der angebotenen Herren-Tourenräder.*
	Spezialisierung	Eine oder mehrere Artikelgruppen werden aus dem Sortiment genommen. Die Absatzprogrammbreite verringert sich. *Beispiel: Die Fahrradfabrik verzichtet auf die Herstellung von Tourenrädern und stellt nur noch Mountain-Bikes und Rennräder her.*

1   Kennzeichnen Sie unten stehende Aussagen mit

    (1), wenn diese richtig sind,
    (9), wenn diese falsch sind.

a. Die Sortimentstiefe wird durch die Gesamtanzahl der Artikel eines Unternehmers bestimmt. _____

b. Wenn sich die Sortimentsbreite verändert, ändert sich auch automatisch der Sortimentsumfang eines Sortiments. _____

c. Die Sortimentsbreite wird durch die Anzahl der Warenarten bestimmt. _____

2   Jedes Sortiment wird durch verschiedene Dimensionen gekennzeichnet. Veränderungen im Sortiment verändern auch die Dimensionen des Sortimentsaufbaus. Ordnen Sie den unten aufgeführten Maßnahmen eines Gartengeräteherstellers die folgenden Sortimentsbeschreibungen zu.

    (1) Änderung der Sortimentsbreite
    (2) Änderung der Sortimentstiefe
    (3) keine Änderung des Sortimentsumfangs

a. Aus der Produktgruppe Heckenscheren wird eine leistungsstarke Motorheckenschere aufgrund des hohen Preises vom Markt nicht akzeptiert und aus dem Programm gestrichen. _____

b. Ein bisher hergestellter Rasenmäher wird durch ein leicht verändertes Modell ersetzt. _____

c. Das Unternehmen nimmt einen Laubsauger in sein Programm auf. _____

d. Aufgrund der guten Nachfrage wird der Laubsauger um eine leistungsfähigere Version ergänzt. _____

e. Die Produktgruppe Kompostieranlagen wird wegen zu geringer Deckungsbeiträge komplett aus dem Sortiment genommen. _____

3   Welches der folgenden Merkmale gehört nicht zwangsläufig zu den Merkmalen eines Markenartikels? _____

(1) Der Name des Artikels ist durch das Gesetz geschützt.

(2) Die Produkte haben einen hohen Wiedererkennungswert.

(3) Die Produkte sind zumeist von gleich bleibender Qualität.

(4) Die Preise sind in jedem Einzelhandelsgeschäft gleich.

(5) Die Produkte haben häufig einen hohen Bekanntheitsgrad.

4   Die Zusammensetzung eines Sortiments erfolgt nach bestimmten Gesichtspunkten. Welcher der folgenden Gesichtspunkte gehört nicht dazu? _____

(1) Preislage

(2) Verbraucherbedarf

(3) Materialien

(4) Lieferanten

5   Für welches der folgenden Produkte ist die Produktaufmachung von geringerem Einfluss, wenn die Verwendung des Produktes eng mit dem Sachnutzen verbunden ist? _____

(1) Pkw

(2) Parfumflasche

(3) Drehautomat

(4) Pralinenschachtel

(5) Teddybär

6   Welcher der folgenden Einflussfaktoren beeinflusst nicht die Veränderung eines bestehenden Sortiments? _____

(1) technischer Fortschritt

(2) Verbraucherverhalten

(3) neues Warenwirtschaftssystem

(4) Wirtschaftlichkeit des Sortiments

(5) Modetrend

7   Für welche der folgenden Produkte ist die Produktaufmachung von höherem Einfluss, wenn die Verwendung des Produktes eng mit dem Erlebnisnutzen verbunden ist? _____

(1) Armbanduhr

(2) Mehl

(3) Bohrmaschine

(4) Brille

(5) Waschvollautomat

8   Welche der folgenden Überlegungen spielt keine Rolle bei der Entscheidung, ein problematisches Produkt aus dem Sortiment zu nehmen? _____

(1) In welcher Phase des Lebenszyklus befindet es sich?

(2) Trägt das Produkt mit seinen Deckungsbeiträgen noch zur Deckung der fixen Kosten des Betriebes bei?

(3) Trägt das Produkt zur Attraktivität des Gesamtprogramms bei?

(4) Bestehen zwischen dem problematischen Produkt und anderen Produkten Komplementärbeziehungen?

(5) Ist die Lieferfähigkeit für Rohstoffe durch den Hauptlieferanten noch gewährleistet?

9   Ordnen Sie die folgenden Arten der Diversifikation in einem Buchverlag den unten stehenden Sachverhalten zu.

    (1) horizontale Diversifikation
    (2) vertikale Diversifikation
    (3) diagonale Diversifikation

a. Der Verlag beteiligt sich an einer Druckerei. _____

b. Der Verlag gibt Zeitschriften heraus. _____

c. Lexika werden auf CD-ROM übertragen und als Datenbanken vertrieben. _____

d. Der Verlag vertreibt Studienreisen. _____

e. Der Verlag beteiligt sich an einer Papierwarenfabrik. _____

Wie kann der Absatz eines Betriebes organisiert werden?

Begriff	Die Absatzorganisation des Betriebes umfasst die Gestaltung des Aufbaus der Verkaufsabteilung und der Anordnung der Absatzorgane.
Innere Organisation	Die innere Organisation des Absatzes beschreibt die Aufbauorganisation der Verkaufsabteilung. Sie kann nach folgenden Gesichtspunkten erfolgen: ▷ Raum (z. B. Inland, Ausland), ▷ Produkt (z. B. Rennräder, Tourenräder, Kinderräder), ▷ Kundengruppen (z. B. Kaufhäuser, Supermärkte, Filialisten), ▷ Funktionen (z. B. Angebote, Auftragsabwicklung, Reklamationen).
Äußere Organisation	Die äußere Organisation des Absatzes beschreibt die Anordnung der Absatzorgane: ▷ **zentraler Absatz:** räumliche Zusammenfassung (z. B. im Stammwerk); ▷ **dezentraler Absatz:** räumliche Verteilung (z. B. auf Geschäftsstellen).

Auf welchen Absatzwegen kann ein Betrieb seine Produkte vertreiben?

Begriff	Der Absatzweg gibt an, auf welchem Weg eine Ware oder Dienstleistung über die Glieder der Absatzkette den Letztverbraucher erreichen soll. Letztverbraucher sind bei Produktivgütern Betriebe, bei Konsumgütern die Haushalte.	
Einflussfaktoren	▷ verkauftes Produkt (Spezialmaschine oder Kaugummi) ▷ Kaufgewohnheiten der Letztverbraucher ▷ Absatzrisiko (aktuelle Mode oder Standardprodukt) ▷ Marktstellung des Verkäufers und des Abnehmers ▷ Art der Produktion (Einzel- oder Massenfertigung) ▷ Intensität der Nachfrage (zeitlich und mengenmäßig) ▷ Kosten des Absatzweges	
Arten	**Direkter Absatz**	**Indirekter Absatz**
	Er liegt vor, wenn der Betrieb seine Leistungen bis zum Letztabnehmer in eigener Regie durchführt.	Bei dieser Art des Absatzes werden zwischen dem Betrieb und den Letztverbrauchern fremde Absatzorgane eingeschaltet.
Vorteile	▷ Unabhängigkeit und Gestaltungsfreiheit der Kundenkontakte ▷ Preiskontrolle bis zum Letztverbraucher ▷ direkter Kontakt zum Kunden ▷ direkter Einfluss auf die Absatzorgane	▷ Nutzung des Verkaufs-Know-hows fremder Absatzorgane ▷ Verminderung der eigenen Lagerhaltung ▷ Verlagerung des Absatzrisikos ▷ große Absatzdichte (Distributionsgrad)

Was ist ein Vertriebssystem? Welche Vertriebssysteme werden unterschieden?

	Das Vertriebssystem legt unter Berücksichtigung der Entscheidung über den zentralen oder dezentralen Absatz sowie die Klärung des direkten oder indirekten Absatzes fest, in welchem Umfang der Hersteller einer Ware oder Dienstleistung Einfluss auf den Kontakt mit den Abnehmern seiner Produkte nehmen will.
Werkseigenes Vertriebssystem	Bei diesem Vertriebssystem werden die Produkte an den Handel oder den Letztverbraucher über eigene Angestellte abgesetzt (Geschäftsleitung, Verkaufsabteilung, Reisende, Niederlassungen, Geschäftsstellen).
Werksgebundenes Vertriebssystem	Dieses Vertriebssystem setzt sich aus rechtlich selbstständigen, wirtschaftlich und organisatorisch aber abhängigen Kaufleuten zusammen (Vertragshändler, Einfirmenvertreter, Franchisenehmer).
Werksfremdes Vertriebssystem	In diesem Vertriebssystem werden rechtlich und wirtschaftlich selbstständige Kaufleute für den Betrieb tätig. Diese sind zwar vertraglich gebunden, werden jedoch für mehrere Betriebe tätig (Mehrfirmenvertreter, Makler).

Was sind Absatzorgane? Welche Arten werden unterschieden?

Begriff	Absatzorgane sind die Personen, Firmen und Einrichtungen, derer sich der Betrieb bedient, um den Absatz seiner Waren oder Dienstleistungen zu vollziehen. Sie richten sich nach dem Absatzweg, dem Vertriebssystem und der Absatzorganisation.	
Arten	**Betriebseigene Absatzorgane**	**Betriebsfremde Absatzorgane**
	▷ Geschäftsleitung ▷ Verkaufssachbearbeiter ▷ Verkaufsniederlassungen ▷ Reisende	▷ Handelsvertreter ▷ Kommissionäre ▷ Handelsmakler

1 Kennzeichnen Sie unten stehende Aussagen zur Distributionspolitik mit

(1), wenn diese richtig sind,
(9), wenn diese falsch sind.

a. Von einem direkten Absatz wird nur dann gesprochen, wenn der Betrieb unternehmenseigene Absatzorgane einsetzt. _____

b. Handelsvertreter zählen genauso zu den Absatzorganen eines Betriebes wie die belieferten Einzelhändler. _____

c. Ein zentraler Absatz liegt vor, wenn die Produkte über werkseigene Niederlassungen vertrieben werden. _____

d. Der Absatzweg gibt an, welche Route die Auslieferungsfahrzeuge des Betriebes nehmen, um den Kunden zu erreichen. _____

e. Verkaufsniederlassungen zählen zu den betriebsfremden Absatzorganen. _____

2 Welche der folgenden Einflussfaktoren beeinflussen nicht unmittelbar die Wahl des Absatzweges? _____

(1) Kosten des Absatzweges
(2) Kaufgewohnheiten der Letztverbraucher
(3) Art der durchgeführten Werbung
(4) Gestaltung der Produktverpackung
(5) Absatzrisiko

3 Ordnen Sie den unten stehenden Sachverhalten zu, ob es sich dabei um den

(1) direkten Absatzweg,
(2) indirekten Absatzweg

handelt.

a. Ein Unternehmen der Wurstwarenindustrie vertreibt seine Produkte über Lebensmittelgroßhändler. _____

b. Ein Haushaltsgerätehersteller vertreibt seine Staubsauger über Reisende. _____

c. Ein Hersteller für Unterhaltungselektronik vertreibt seine Produkte über ausgewählte Einzelhändler. Mit diesen Händlern hat das Unternehmen Kommissionärsverträge abgeschlossen. _____

d. Ein Autohersteller vertreibt seine Pkw über Verkaufsniederlassungen. _____

e. Eine Versicherung beauftragt freiberuflich arbeitende Versicherungsagenten mit dem Vertrieb der Policen auf Provisionsbasis. _____

f. Bei einem Möbelhersteller werden die eingehenden Aufträge ausschließlich von der Vertriebsabteilung entgegengenommen. _____

g. Ein Hersteller für Gasheizungssysteme vertreibt seine Thermen über Betriebe des Installationshandwerks. _____

h. Ein Strickwarenhersteller vertreibt seine Produkte durch Franchising. _____

4 Welche der folgenden Absatzorgane werden zumeist von der Investitionsgüterindustrie gewählt? _____

(1) Facheinzelhandel
(2) Fachgroßhandel
(3) Reisende
(4) Franchising
(5) Geschäftsleitung

5 Ordnen Sie den Aussagen zu, ob es sich dabei um

(1) Vorteile des direkten Absatzes,
(2) Vorteile des indirekten Absatzes

handelt.

a. Preiskontrolle bis zum Endverbraucher _____

b. hoher Distributionsgrad _____

c. Verringerung des Absatzrisikos _____

d. geringere Lagerhaltungskosten _____

e. guter Kontakt zum Endverbraucher _____

f. geringe Kosten der Vertriebsorganisation _____

6 Die innere Organisation des Absatzes beschreibt die Aufbauorganisation des Verkaufs. Sie kann nach den folgenden Gesichtspunkten erfolgen:

(1) Funktion
(2) Objekt
(3) Raum
(4) Kunden

Ordnen Sie diese aufbauorganisatorischen Merkmale den folgenden Beschreibungen von Verkaufsabteilungen zu.

Tragen Sie eine (9) ein, wenn eine eindeutige Zuordnung nicht möglich ist.

a. In einem Möbelhaus kümmert sich Herr Jödicke um die Privatkunden, während Frau Petersen für die Geschäftskunden zuständig ist. _____

b. In einem Unternehmen für Verbindungselemente sind drei Verkäufer tätig. Ein Mitarbeiter ist für Schrauben zuständig, der zweite für Dübel und der dritte für Beschläge. _____

c. Auf dem Flur der Vertriebshauptabteilung eines großen Anlagebauunternehmers kommt man an folgenden Türschildern vorbei: Abteilung Westeuropa, Abteilung Asien, Abteilung Südamerika, Abteilung Nordamerika. _____

d. Die Verkaufsschalter für Fahrscheine der Deutschen Bahn AG in den Bahnhöfen sind gegliedert nach: Gruppenreisen, Expressschalter, Einzelfahrscheine, Auskunft und Reservierung. _____

e. Aus dem Organigramm eines Lebensmittelherstellers lässt sich entnehmen, dass es hier drei Bereiche gibt: Fleischereifachgeschäfte, Lebensmittelfachgeschäfte, Kantinen. _____

Vergleichen Sie die Absatzorgane Reisende, Handelsvertreter, Kommissionär und Handelsmakler.

	Reisender	Handelsvertreter	Kommissionär	Handelsmakler
Begriff	Reisender ist, wer als Angestellter mit der Artvollmacht ausgestattet ist, um außerhalb des Betriebes des Dienstherrn Geschäfte zu vermitteln oder abzuschließen.	Er ist ständig damit betraut, für einen anderen Unternehmer Geschäfte zu vermitteln oder in dessen Namen abzuschließen. Er arbeitet in fremdem Namen für fremde Rechnung.	Der Kommissionär übernimmt es gewerbsmäßig, Waren oder Wertpapiere für Rechnung eines anderen (den Kommittenten) im eigenen Namen zu kaufen oder zu verkaufen.	Der Handelsmakler übernimmt es gewerbsmäßig, für andere Personen die Vermittlung von Verträgen über Anschaffung oder Verkauf von Waren oder Dienstleistungen zu organisieren.
Rechtsstellung	kaufmännischer Angestellter im Rahmen des Dienstvertrages	selbstständiger Kaufmann	selbstständiger Kaufmann	selbstständiger Kaufmann
Vertretungsmacht	Vermittlungs- oder Abschlussvollmacht (je nach Vertrag)	Vermittlungs- oder Abschlussvollmacht (je nach Vertrag)	Abschlussvollmacht	Vermittlungsvollmacht
Dauer der Tätigkeit	Zeitdauer, für die ein Arbeitsvertrag besteht	Zeitdauer, für die ein Handelsvertretervertrag besteht	von Fall zu Fall oder ständig (je nach Vertragsinhalt)	von Fall zu Fall
Rechte	▷ Vergütung ▷ Ersatz von Auslagen (Spesen) ▷ sonstige Rechte eines kaufmännischen Angestellten	▷ Überlassung von Verkaufsunterlagen ▷ Benachrichtigung über die vermittelten Geschäfte ▷ Provision ▷ Ausgleichsanspruch	▷ Provision und Ersatz der Aufwendungen ▷ gesetzliches Pfandrecht ▷ Selbsteintrittsrecht	▷ Informationsrecht über die zu verkaufende Sache ▷ Maklergebühr (Courtage)
Pflichten	▷ pflichtgemäßes Bemühen ▷ Mitteilung über Geschäftsabschlüsse ▷ Abfassung der Reisendenberichte ▷ sonstige Pflichten eines kaufmännischen Angestellten	▷ pflichtgemäßes Bemühen und Vertretung der Interessen des Unternehmers ▷ Benachrichtigung über alle Vermittlungen oder Abschlüsse ▷ Wettbewerbsverbot, soweit es sich um einen Einfirmenvertreter handelt	▷ Sorgfaltspflicht ▷ Gehorsamspflicht ▷ Schadenersatzpflicht bei Abweichen von den Weisungen ▷ Anzeigepflicht für die Ausführung des Geschäftes ▷ Rechenschaftspflicht über das getätigte Geschäft ▷ Delkrederehaftung, sofern im Vertrag vereinbart	▷ Ausstellung einer Schlussnote über das zustande gekommene Geschäft ▷ Führung eines Tagebuches ▷ Aufbewahrung von Proben (z. B. bei Baumwolle, Kaffee) ▷ Schadenersatzpflicht bei schuldhaftem Verhalten
Vergütung	Fixum zuzüglich einer Provision für jeden erzielten Umsatz	▷ Vermittlungs- oder Abschlussprovision ▷ Inkassoprovision ▷ Delkredereprovision nur, wenn der Handelsvertreter die Haftung für den Eingang der Zahlungen übernommen hat	▷ Provision als fester Prozentsatz vom vereinbarten Preis ▷ Delkredereprovision, sofern vereinbart ist, dass der Kommissionär für die Zahlung des Käufers haftet	Maklergebühr (Courtage); sofern nichts anderes vereinbart ist, trägt jede Partei die Gebühr zur Hälfte
Bedeutung	Reisende werden heute hauptsächlich von Unternehmen eingesetzt, denen der direkte Zugriff auf und die Kontrolle über die Verkaufsorgane sehr wichtig sind.	Handelsvertreter werden zumeist von kleineren Firmen eingesetzt, die sich keinen eigenen Außendienst leisten können.	Kommissionäre kennen den Markt und können den Kunden jederzeit beliefern. Der Kommissionär trägt nicht das Warenrisiko.	Handelsmakler kennen den Markt meist sehr gut und spielen eine wichtige Rolle als Effekten-, Waren-, Fracht-, Versicherungs- und Schiffsmakler.

1   Überprüfen Sie folgende Feststellungen zum Vertreter. Tragen Sie eine

     (1) ein, wenn die Aussage richtig ist,
     (9) ein, wenn die Aussage falsch ist.

a. Ein Reisender ist Angestellter eines Unternehmens. _____

b. Es ist möglich, dass ein Handelsvertreter mehrere Firmen vertritt. _____

c. Ein Reisender kann mit einer Vermittlungs- oder einer Abschlussvollmacht ausgestattet sein. _____

d. Der Handelsvertreter erhält eine Delkredereprovision, wenn er im Auftrag des Unternehmers bar Geldbeträge von den Kunden erhält und weiterleitet. Für das Risiko des Geldtransports wird diese Provision gezahlt. _____

e. Die Vergütung des Maklers wird als Courtage bezeichnet. _____

f. Ein Handelsmakler hat bei bestimmten Geschäften Proben der gehandelten Waren über einen bestimmten Zeitraum aufzubewahren. _____

2   Bringen Sie den Ablauf eines Verkaufskommissionsgeschäfts in eine sinnvolle Reihenfolge, indem Sie die Ziffern 1 bis 6 vergeben.

a. Der Auftraggeber stellt dem Kommissionär die Waren zur Verfügung. _____

b. Der Kommissionär zeigt dem Kommittenten unverzüglich die Ausführung der Kommission an und leitet die Belege und den um die Provision verminderten Rechnungsbetrag an den Auftraggeber weiter. _____

c. Der Kommissionär schließt im eigenen Namen auf fremde Rechnung mit dem Kunden Geschäfte ab. _____

d. Der Kunde zahlt nach der Lieferung an den Kommissionär. _____

e. Der Kommissionär beliefert den Kunden und erfüllt somit den Kaufvertrag. _____

f. Der Kommittent schließt mit dem Kommissionär einen Kommissionsvertrag ab. _____

3   Der Handelsvertreter hat aufgrund des mit dem Unternehmer geschlossenen Agenturvertrages gesetzliche Pflichten und Rechte. Tragen Sie eine

     (1) ein, wenn es sich um ein Recht oder eine Pflicht des Handelsvertreters handelt,
     (9) ein, wenn es sich um eine falsche Aussage handelt.

a. Der Handelsvertreter fordert vom Unternehmer die Benachrichtigung über die Annahme oder Ablehnung eines von ihm vermittelten Geschäftes. _____

b. Der Handelsvertreter fordert die pünktliche Zahlung des Gehaltes und der Umsatzprovision. _____

c. Eine Wettbewerbsabrede nach Beendigung des Vertragsverhältnisses kann schriftlich vereinbart werden. Sie kann höchstens für 2 Jahre abgeschlossen werden. _____

4   Welche der folgenden Aussagen ist richtig? Tragen Sie die entsprechende Ziffer in das Kästchen ein. __

(1) Der Handelsvertreter ist Angestellter des Unternehmens und an die Weisungen des Arbeitgebers gebunden.

(2) Der Handelsvertreter ist Kaufmann. Er kann auch eine juristische Person sein, z. B. GmbH, AG.

(3) Der Handelsvertreter handelt in eigenem Namen und für fremde Rechnung aufgrund eines Agenturvertrages (Vertretervertrages).

(4) Der Handelsvertreter kann nur tätig sein als Abschlussvertreter.

5   Bringen Sie die folgenden Aussagen in die richtige zeitliche Reihenfolge, indem Sie die Ziffern 1 bis 6 vergeben. Berücksichtigen Sie dabei, dass es sich um einen Vermittlungsvertreter mit Inkassovollmacht handelt.

a. Zahlung der Kaufpreissumme an den Handelsvertreter __

b. Bestellung durch den Kunden beim Handelsvertreter _____

c. Bestellungsannahme _____

d. Weiterleitung des Auftrages an den Unternehmer _____

e. Weiterleitung der Kaufpreissumme an den Unternehmer unter Abzug der vereinbarten Provision _____

f. Lieferung der Ware durch den Unternehmer und Zusendung der Rechnung _____

6   Ein Unternehmen beschäftigt einen Handelsvertreter, der eine Provision von 9 % auf den getätigten Umsatz erhält. Gegenwärtig erzielt der Handelsvertreter monatlich einen Umsatz von 75 000,00 €. Das Unternehmen überlegt, einen Reisenden einzustellen. Dieser verursacht feste monatliche Kosten von 5 600,00 € und müsste zusätzlich eine Vergütung von 2 % vom Umsatz erhalten.

a. Wie viel € Kosten verursacht gegenwärtig der Handelsvertreter pro Jahr? ___

b. Wie hoch wären die Kosten in € pro Jahr, wenn der Reisende diesen Umsatz erzielen würde? _____

c. Bei welchem Umsatz pro Monat wären die Kosten für den Handelsvertreter und den Reisenden gleich groß? _____

7   Welche der folgenden Aussagen ist falsch? _____

(1) Der Handelsmakler hat eine Vermittlungsvollmacht.

(2) Er ist verpflichtet, ein Tagebuch über die abgeschlossenen Geschäfte zu führen.

(3) Der Handelsmakler arbeitet im eigenen Namen für fremde Rechnung.

(4) Über das abgeschlossene Geschäft hat der Handelsmakler eine Schlussnote auszustellen.

Was verstehen Sie unter Publicrelations (PR)? Welche Möglichkeiten kennen Sie?

Publicrelations	Publicrelations sind eine Art von Vertrauenswerbung, die versucht, ein positives Image eines Unternehmens in der Öffentlichkeit aufzubauen und zu pflegen. Diese Meinungswerbung hat mit der Werbung eines Produktes direkt nichts zu tun, aber es gehen werbliche Nebenwirkungen von ihr aus, wenn eine positive Einstellung gegenüber dem Unternehmen erzeugt oder gefestigt wurde. Unternehmen sind daran interessiert, ▷ den Nachweis zu bringen, dass sie einen Beitrag zum technischen, wirtschaftlichen und gesellschaftlichen Fortschritt leisten, ▷ zu dokumentieren, dass sie sich auch kultureller und karitativer Verpflichtungen bewusst sind, ▷ dass sie in der Öffentlichkeit ein positives Image haben.
	Publicrelations = „Tue Gutes – und rede darüber!"
Möglichkeiten	▷ Tage der offenen Tür ▷ Betriebsbesichtigungen durch Schulklassen ▷ Ausstellungen ▷ Jubiläumsfeiern ▷ Bericht in Werkzeitschriften, Kundenzeitschriften und Tageszeitungen ▷ finanzielle Unterstützung in Forschung, Wissenschaft, Kunst und Sport ▷ PR-Anzeigen, z. B. in Abhängigkeit von der jeweiligen Zielgruppe, wie Mitarbeiter, Lieferer, Kapitalgeber, Kunden

Was verstehen Sie unter Absatzwerbung?

Begriff	Absatzwerbung ist ein Marketinginstrument, das durch den Einsatz von bestimmten Kommunikationsmitteln versucht, bei der Zielgruppe eine Kaufentscheidung für die Produkte oder Leistungen des Unternehmens zu erzeugen.

Sortieren und erklären Sie die Absatzwerbung nach möglichen Unterscheidungsmerkmalen.

Unterscheidungs-merkmale der Absatzwerbung	Zahl der Werben-den	▷ **Einzelwerbung** liegt vor, wenn ein Anbieter für seine Produkte oder Leistungen Werbung betreibt. ▷ **Sammelwerbung** liegt vor, wenn mehrere Anbieter mit Firmenangabe gemeinsam für ihre Produkte werben. ▷ **Gemeinschaftswerbung** liegt vor, wenn mehrere Anbieter ohne Angabe des Firmennamens gemeinsam werben, z. B. für ein Produkt, ein Einkaufszentrum, eine Produktpalette.
	Stellung des Wer-betreibenden	▷ **Herstellerwerbung** liegt vor, wenn der Hersteller für sein Produkt wirbt. ▷ **Einzelhandelswerbung** liegt vor, wenn der Einzelhandel zum Ziele der kurzfristigen Umsatzsteigerung Werbung für ein von ihm verkauftes Produkt betreibt.
	Primäre Ziele	▷ **Einführungswerbung** liegt vor, wenn für ein neues Produkt Werbung betrieben wird. Sie soll das Produkt bei der Zielgruppe bekannt machen. ▷ **Expansionswerbung** liegt vor, wenn bei schon eingeführten Produkten der Marktanteil erhöht werden soll. Dies geschieht eventuell auch durch Abwerben von Kunden bei der Konkurrenz. Der Bekanntheitsgrad und der Umsatz des Produktes sollen erhöht werden. ▷ **Stabilisierungswerbung** dient zur Abwehr von Konkurrenten, die aggressiv das Ziel verfolgen, eigene Marktanteile zu vergrößern. ▷ **Erhaltungswerbung** (Erinnerungswerbung) liegt vor, wenn der bisherige Bekanntheitsgrad, der Umsatz des Produktes beibehalten werden soll.
	Werbegegenstand	▷ **Produktwerbung** liegt vor, wenn ein Einzelprodukt herausgestellt wird. ▷ **Sortimentswerbung** liegt vor, wenn die Werbung auf ein ganzes Sortiment oder auch auf eine Warengruppe abgestellt ist.

1 Ordnen Sie den folgenden Beispielen zu, ob es sich um eine

(1) Einzelwerbung,
(2) Sammelwerbung,
(3) Gemeinschaftswerbung

handelt.

a. „Man trägt wieder Hut – haben Sie Mut!" _____

b. „Von der Socke bis zum Hemd – alles kaufen Sie bei Martha Trend." _____

c. „Hallo Tennisfreunde – die neuen Sammelbilder sind da. Überall beim Zeitschriftenhändler." _____

d. „Besuchen Sie unsere Altstadtpassage: Bäckermeister Dietmar Jürgens, Autohaus Ferdinand Lohmeier, Pizzeria Maximilian Jacomo, Feinkostladen Fritz Schröder" _____

2 Unterscheiden Sie, ob es sich in den folgenden Fällen um

(1) Absatzwerbung,
(2) Publicrelations

handelt.

a. In einer Sonderbeilage der Tageszeitung stellt das Kaufhaus Beck die neu eingetroffene Herbstkollektion vor. ____

b. Die Tennisshopinhaberin Maja Schneider spendet der Jugendabteilung des Tennisvereins Trainingsbälle. _____

c. Die Brauerei Piwo veranstaltet regelmäßig Betriebsbesichtigungen. _____

3 Zum 150-jährigen Bestehen eines Unternehmens wird über eine zu planende PR-Anzeigen-Serie diskutiert. Nehmen Sie zu den folgenden Äußerungen Stellung. Tragen Sie eine

(1) ein, wenn es sich um eine richtige Aussage handelt,
(9) ein, wenn die Aussage falsch ist.

a. „Eine PR-Anzeige kann sich doch nicht auf die Mitarbeiter unseres Unternehmens beziehen, PR-Anzeigen sind immer auf Kunden abgestimmt." _____

b. „Wir müssen durch unsere PR-Anzeige zum Ausdruck bringen, dass wir uns kultureller und karitativer Verpflichtungen bewusst sind." _____

c. „Eine PR-Anzeige ist allein auf die Absatzwerbung ausgerichtet." _____

4 Überprüfen Sie die folgenden Aussagen zur Öffentlichkeitsarbeit eines Unternehmens.

Tragen Sie eine

(1) ein, wenn es sich dabei um Aussagen/Entscheidungen im Rahmen der Öffentlichkeitsarbeit handelt,
(9) ein, wenn es nicht zu den Bereichen der Öffentlichkeitsarbeit zählt.

a. „Die Zielgruppen dieser Maßnahmen können sehr unterschiedlich sein, z. B. könnte die Öffentlichkeit, insbesondere die Presse angesprochen werden oder aber auch Institutionen wie Kindergärten, Schulen, Kunstakademien." _____

b. „Die Veröffentlichung des Produktnamens ist genauso wichtig wie die Bekanntmachung des Firmennamens."

c. „Für die am kommenden Donnerstag geplante Betriebsbesichtigung der Berufsschulklasse sollten wir auf jeden Fall die lokale Presse bestellen." _____

d. „Wir haben uns entschieden, die Restaurierung des städtischen Kunstdenkmals auf dem Marktplatz zu unterstützen." _____

e. „Ziel muss es sein, dass die Öffentlichkeit sich an den Werbeslogan für unser neues Produkt auch noch nach der Werbekampagne erinnert." _____

5 Welche Kommunikationsmaßnahmen zielen auf Publicrelations ab?

Tragen Sie eine

(1) ein, wenn es sich um PR-Maßnahmen handeln könnte,
(9) ein, wenn es sich um Maßnahmen handelt, die im Rahmen der anderen absatzpolitischen Instrumente ergriffen werden.

a. Kulturveranstaltung _____

b. Betriebsausflüge _____

c. Ausbau des Distributionsnetzes _____

d. Naturschutzaktivitäten _____

e. Tag der offenen Tür _____

f. Produktdiversifikation _____

6 Überprüfen Sie folgende Aussage zur Expansionswerbung.

Welche der folgenden Aussagen ist richtig? _____

(1) Expansionswerbung dient der Erhöhung des Marktanteils.

(2) Expansionswerbung wird notwendig, wenn ein weiteres Produkt in den Markt eingeführt werden soll.

(3) Expansionswerbung dient dazu, den Preisanstieg für das Produkt zu begründen.

Nennen Sie wichtige Werbemittel und Werbeträger.

Werbemittel	Werbemittel sind die verkörperten Werbebotschaften. Zu den Werbemitteln zählen: Anzeigen, Fernsehspots, Flugblätter, Prospekte, Plakate, Warenproben, Beilagen, Schaufensterwerbung, Werbefilme, Werbedias, Preisausschreiben.
Werbeträger	Werbeträger sind die personellen und stofflichen Streumittel, die die Botschaft (Inhalt der Werbemittel) an die Zielgruppe herantragen. Zu den Werbeträgern zählen: Zeitungen, Zeitschriften, Fernseher, Adressbücher, Litfaßsäulen, Hörfunk, T-Shirts, Hauswände, Vitrinen, Messen, Verkehrsmittel.

Nennen Sie wichtige Werbegrundsätze.

Wirksamkeit	Das definierte Werbeziel soll erreicht werden. Dafür ist es notwendig, dass die Werbung genau geplant wird und folgende Fragekomplexe berücksichtigt werden: „Wer soll umworben werden, wo, wie, womit soll geworben werden?"
Wirtschaftlichkeit	Auch Entscheidungen im Rahmen der Werbung unterliegen dem ökonomischen Prinzip, d. h., das angestrebte Werbeziel soll mit möglichst geringem Einsatz erreicht werden.
Wahrheit	Die Werbung soll sachlich richtig informieren und nicht falsche oder irreführende Angaben verkünden. Zum einen ist es ein Verstoß gegen das Gesetz gegen den unlauteren Wettbewerb, zum anderen kann von enttäuschten Kunden langfristig ein Schaden ausgehen, der größer ist als der kurzfristige Erfolg durch unwahre Angaben.
Klarheit	Die Werbebotschaft muss für die Empfänger klar und leicht verständlich sein.

Erläutern Sie, über welche Punkte im Rahmen einer Werbeplanung sich ein Werbetreibender Klarheit verschaffen muss. Erklären Sie die Werbeerfolgskontrolle.

Zielgruppe		Aus der Allgemeinheit wird eine Teilgruppe herausgewählt, an die sich die Werbung richtet. Die Entscheidung, wer zu dieser Zielgruppe zählt, orientiert sich an den Werbezielen, die optimal erfüllt werden sollen. Zielgruppen können z. B. sein: Sportler, Hausbesitzer, Weintrinker, Gewerbetreibende.
Werbegebiet		Das Werbegebiet (Streugebiet) hängt ab von dem Wohnort der Zielgruppe, der Höhe der Werbekosten, den Möglichkeiten der Distribution. Für einen Einzelhändler z. B. genügt die Anzeige in einer Lokalzeitung. Ein Reiseveranstalter für Kreuzfahrten muss überregionale Werbung betreiben.
Werbezeitraum		Die Festlegung der Werbezeit (Streuzeit) kann unterschiedlich sein; so ist die Entscheidung für eine einmalige Werbeaktion denkbar, aber auch für ständige oder unregelmäßige Werbeaktionen.
Werbeetat		Die für die Werbung geplanten Ausgaben können sich nach verschiedenen Kriterien richten, z. B. ▷ Ausrichtung am erwirtschafteten Gewinn des Vorjahres: Man spricht von **prozyklischer Werbung**, wenn höhere Gewinne = höhere Werbeausgaben, niedrigere Gewinne = niedrige Werbeausgaben bedingen. Man spricht von **antizyklischer Werbung**, wenn höhere Gewinne = niedrige Werbeausgaben, niedrigere Gewinne = höhere Werbeausgaben bedingen. ▷ Ausrichtung an den Werbemaßnahmen der Konkurrenz ▷ Ausrichtung an den Werbezielen ▷ Ausrichtung an der Finanzlage
Werbeerfolgs-kontrolle	Ökonomischer Werbeerfolg	Der ökonomische Werbeerfolg ist für die Überprüfung der Werbeaktion wichtig, jedoch in der Praxis sehr schwierig. So kann z. B. die Steigerung des Umsatzes, die Erhöhung des Marktanteils auch durch andere Faktoren wie Produktverbesserung, Geschmackswandel, Konjunkturaufschwung etc. bedingt sein.
	Außerökonomischer Werbeerfolg	Der außerökonomische Werbeerfolg hat das Verhalten der Umworbenen als Untersuchungsgegenstand. Ein Stufenmodell, das die Wirksamkeit der Werbemaßnahme überprüft, ist die so genannte AIDA-Formel. **A**ttention: Die Aufmerksamkeit soll auf das Produkt gelenkt werden. Das Produkt muss bekannt gemacht werden, damit die Käufer von seiner Existenz wissen. **I**nterest: Das Interesse an dem Produkt soll geweckt werden. Die interessierten Käufer müssen weitere Informationen über das Produkt erhalten. **D**esire: Es soll der Wunsch geweckt werden, das Produkt zu besitzen. Die Werbung soll erreichen, dass das Produkt auf Grund der Produktinformationen positiv bewertet wird. **A**ction: Es soll eine Kaufhandlung ausgelöst werden. Die Schaffung des positiven Produktimages soll dazu führen, dass das Produkt bei Bedarf gekauft wird.

1 Welche der folgenden Aussagen im Rahmen einer Werbekampagne ist

(1) richtig
(9) falsch?

a. Die Werbung sollte so gestaltet sein, dass alle Bundesbürger angesprochen werden. _____

b. Von der Festlegung der Zielgruppe ist es abhängig, was in der Werbebotschaft übermittelt werden soll. _____

c. Werbung in Fachzeitschriften eignet sich deshalb besonders gut, weil ganz bestimmte Zielgruppen angesprochen werden. _____

d. In der Einführungsphase eines Produktes intensive Werbeaktionen durchzuführen, ist nicht ökonomisch, da das Produkt nicht bekannt ist. _____

2 Kennzeichnen Sie folgende Feststellungen zum Werbeetat und zur Werbeerfolgskontrolle mit einer

(1), wenn die Feststellung richtig ist,
(9), wenn die Feststellung falsch ist.

a. Die Ausrichtung des Werbeetats orientiert sich auf jeden Fall an den Werbezielen, eine Ausrichtung an den Werbemaßnahmen an der Konkurrenz ist nicht denkbar. ____

b. Man spricht von prozyklischer Werbung, wenn im Vergleich zum erwirtschafteten Gewinn des Vorjahres bei höheren Gewinnen auch die Werbeausgaben erhöht werden bzw. bei niedrigeren Gewinnen die Werbeausgaben gesenkt werden. _____

c. Der Werbeerfolg kann z. B. aufgrund von Befragungen oder Beobachtungen festgestellt werden. _____

d. Die Werbeerfolgskontrolle kann sich an psychologischen Werbezielen orientieren, d. h., sie versucht das Verhalten der Umworbenen auszuwerten und festzustellen. ____

3 Welche der folgenden Aussagen zu den Werbegrundsätzen ist falsch? _____

Tragen Sie die Ziffer vor der falschen Aussage in das Kästchen ein.

(1) Der Werbegrundsatz der Wirtschaftlichkeit drückt aus, dass das angestrebte Werbeziel mit möglichst geringem Einsatz erreicht werden soll.

(2) Der Grundsatz der Wirksamkeit sagt aus, dass die Werbung sachlich richtig informiert und keinen Verstoß z. B. gegen das Gesetz gegen den unlauteren Wettbewerb darstellt.

(3) Der Grundsatz der Klarheit besagt, dass der Empfänger die Werbebotschaft klar und unmissverständlich versteht.

4 Ein Unternehmer überprüft zwei Möglichkeiten, Werbung zu betreiben:

A: Aufgrund einer Direktwerbung könnten alle 12 000 Interessenten angeschrieben werden. Die Kosten für den Versand betragen 9 600,00 €, für Prospekte und Antwortkarten wird ein Betrag von 32 400,00 € eingeplant.

B: Die Teilnahme an einer Messe ist möglich. Die Kosten dafür betragen 56 000,00 €. Der Stand wird von 5000 Messeteilnehmern besucht.

a. Überprüfen Sie die Kosten pro Kontaktchance. _____

Tragen Sie die Ziffer vor der richtigen Antwort ein.

(1) Die Kosten pro Kontaktchance auf der Messe sind um 7,70 € höher als die Kosten pro Kontaktchance für die Direktwerbung.

(2) Die Kosten pro Kontaktchance auf der Messe betragen 11,20 €, die Kosten pro Kontaktchance für die Direktwerbung betragen 0,35 €.

(3) anderes Ergebnis

b. Wie hoch sind die Kosten pro Antwort, wenn 2 % der Interessenten bei der Direktwerbung antworten und 10 % der Messebesucher ein Fachgespräch führen? _____

Tragen Sie die Ziffer vor der richtigen Aussage in das Kästchen ein.

(1) Die Kontaktkosten je Messegespräch sind größer als die Kosten je Antwort in der Direktwerbung.

(2) Bei dieser Betrachtung betragen die Kontaktkosten je Messegespräch 112,00 €, je Kontakt in der Direktwerbung 142,86 €.

(3) anderes Ergebnis

5 Überprüfen Sie die folgenden Zuordnungen.
Tragen Sie eine

(1) ein, wenn es sich um eine richtige Zuordnung handelt,
(9) ein, wenn es sich um eine falsche Zuordnung handelt.

Werbemittel	Werbeträger	
a. Plakat	Hauswand, Litfaßsäule	____
b. Fernsehspot	Fernseher	____
c. Anzeige	Zeitung	____
d. Etikett	T-Shirt	____

6 Welche der folgenden Aussagen zum Werbeträger ist richtig? Tragen Sie die Ziffer vor der richtigen Aussage in das Kästchen ein. _____

Tragen Sie eine (9) ein, wenn alle Aussagen falsch sind.

(1) Werbeträger sind die verkörperten Werbebotschaften.

(2) Werbeträger sind die personellen und stofflichen Streumittel, die eine Botschaft an eine Zielgruppe herantragen.

(3) Werbeträger sind Werbefilme.

(4) Werbeträger sind immer Gegenstände.

Was verstehen Sie unter Verkaufsförderung?

Verkaufsförde-rung	Der Begriff Verkaufsförderung wird häufig mit dem amerikanischen Begriff „Salepromotion" gleichgesetzt und beinhaltet die Motivation, Unterstützung und Beratung aller Personen, die am Absatzprozess beteiligt sind, mit dem Ziel, den Absatz zu steigern.
	Es lassen sich daraus drei Maßnahmen ableiten: ▷ Außendienstpromotion ▷ Händlerpromotion ▷ Verbraucherpromotion

---

Was verstehen Sie unter Außendienstpromotion? Geben Sie Beispiele.

Außendienst-promotion Maßnahmen	Durch Maßnahmen der Außendienstpromotion soll die Leistungsfähigkeit erhöht werden.	
	Schulung	▷ Sie hat das Ziel, die Kenntnisse über die angebotenen Produkte, das Unternehmen, den Markt oder neue Gesetzgebungen zu verbessern. ▷ Sie soll erreichen, dass Verkaufsgespräche erfolgreich geführt werden.
	Verkaufsunterlagen	Zur Unterstützung können Preislisten, Kataloge, Proben, Muster, Prospekte, Fachaufsätze, Tonbildschauen, Dias und Filme den Außendienstmitarbeitern zur Verfügung gestellt werden und ihre Arbeit erleichtern.
	Motivation	▷ Durch finanzielle Anreize können die Außendienstmitarbeiter zu höheren Leistungen motiviert werden, z. B. durch Zahlung von Umsatzprovision. ▷ Durch Verkaufstreffen (sales meeting) kann ebenfalls eine Motivation zur Steigerung der Leistungen erfolgen.

Was verstehen Sie unter Händlerpromotion? Nennen Sie Beispiele.

Händlerpromotion	Aufgabe der Händlerpromotion ist es, die Produkte in den Handel „hineinzuverkaufen".	
	Information	Die Händler können durch Zeitschriften, regelmäßige Treffen, Tagungen, Kundendienstinformationen, Schulung und Ausbildung der Verkäufer des Handels unterstützt werden.
	Beratung	▷ Zur Beratung bei der Ausgestaltung der Verkaufsräume gehört z. B. das Aufstellen von Displays (Regalattrappen, Bodenaufsteller, Schaufensterstreifen). Eine Beratung bei der Warenplatzierung, der Lagerung, der Verpackung der Ware kann in vielfältiger Weise geschehen. ▷ Die Beratung bei der Preisgestaltung kann durch Kalkulationshilfen und Verkaufsaktionen (Einführungspreise, Naturalrabatte) erfolgen. ▷ Die Beratung beim Aufbau eines EDV-Kommunikationsnetzes bei der Standardisierung von Organisationsabläufen durch Fachleute ist eine sinnvolle Hilfe.
	Motivation	Eine Motivation der Händler zur Erhöhung des Umsatzes kann geschehen durch: Händlerpreisausschreiben, Produktdemonstrationen, Schaufensterwettbewerb, finanzielle Unterstützung bei Einstellung von Mitarbeitern.

Was verstehen Sie unter Verbraucherpromotion? Geben Sie Beispiele.

Verbraucher-promotion	Aufgabe der Verbraucherpromotion ist es, die Produkte aus dem Handel „herauszuverkaufen". Man spricht vom push-and-pull-System, wenn der Zusammenhang von Händlerpromotion, Werbung und Verbraucherpromotion beschrieben wird. Die Push-Maßnahmen beinhalten die Aufgaben der Händlerpromotion, die Pull-Maßnahmen die der Werbung und Verbraucherpromotion.	
	Beispiele	Hierzu zählen: Sonderpreisaktionen wie Sonderangebote, Wertgutscheine, Großverpackungen, aber auch Zugaben, Gewinnspiele und Gebrauchsanweisungen, Verkauf durch Propagandisten und vieles mehr.

1   Welches der folgenden Beispiele gehört nicht zu den Aufgaben eines Verkaufsförderers?

Tragen Sie die Ziffer vor der falschen Aussage in das Kästchen ein. _____

Sollten alle genannten Beispiele zu den Aufgaben eines Verkaufsförderers zählen, tragen Sie eine (9) ein.

(1)   Proben anbieten

(2)   Regalpflege

(3)   Schulung des Verkaufspersonals

(4)   Sonderpreisaktionen

2   Ein Großhandelsunternehmen veranstaltet alljährlich eine Tagung für die Reisenden. Mitarbeiter, die in der vergangenen Periode die höchsten Umsätze mit dem Handel erzielt haben, erhalten ein Sachgeschenk als Anerkennung ihrer geleisteten Dienste.

Um welche Art der Verkaufsförderung handelt es sich?

Tragen Sie die Ziffer der richtigen Antwort in das Kästchen ein. _____

(1)   Es handelt sich um eine Maßnahme der Außendienstpromotion.

(2)   Dies ist ein Beispiel für eine Händlerpromotion.

3   Überprüfen Sie folgende Aussagen.

Tragen Sie eine

(1)   ein, wenn die Aussage richtig ist,
(9)   ein, wenn die Aussage falsch ist.

a. Unter Verkaufsförderung versteht man „Salespromotion".

b. Verkaufsförderung wird mit dem amerikanischen Begriff „sales meeting" gleichgesetzt. _____

c. Verkaufsförderung ist ausschließlich Sache des Einzelhandels, da dort die Ware dem Kunden präsentiert wird.

4   Überprüfen Sie folgende Aussagen.

Tragen Sie eine

(1)   ein, wenn die Aussage richtig ist,
(9)   ein, wenn die Aussage falsch ist.

Es ist die Aufgabe der Händlerpromotion, die Ware in die Regale oder aber auch Lager der Händler „hineinzuverkaufen". _____

5   Beurteilen Sie die folgenden Äußerungen der Marketingmitarbeiter eines Großhandelsunternehmens.

Tragen Sie eine

(1)   ein, wenn die Aussage richtig ist,
(9)   ein, wenn die Aussage falsch ist.

a. „Für uns ist es nur wichtig, dass wir die Produkte an den Handel verkaufen, welche Werbung oder Verkaufsstrategien der Handel hat, ist uns egal." _____

b. „Über die Motivation unserer Mitarbeiter müssen wir uns keine Gedanken machen. Dies ist ausschließlich Aufgabe der Personalabteilung." _____

c. „Für das kommende Weihnachtsgeschäft denken wir an ein Händlerpreisausschreiben. Auch das gehört zu einer Händlerpromotion." _____

d. „Vor der Neueinführung des Produktes sollten wir die akquisitorischen Fähigkeiten unserer Außendienstmitarbeiter verbessern." _____

6   Kennzeichnen Sie die folgenden Möglichkeiten der Verkaufsförderung mit einer

(1),   wenn es sich um Verbraucherpromotion,
(2),   wenn es sich um Händlerpromotion,
(3),   wenn es sich um Außendienstpromotion

handelt.

Tragen Sie eine (4) ein, wenn diese Art der Verkaufsförderung für zwei oder drei der genannten Zielgruppen zutrifft.

a. Motivation durch finanzielle Anreize _____

b. Beratung bei der Lagerung und Präsentation der Ware

c. Unterstützung der Reisenden durch Kataloge _____

d. Unterstützung der Vertreter durch Proben und Prospekte

7   Welche Maßnahme ist für Salespromotion nicht typisch?

Tragen Sie die Ziffer vor der falschen Aussage in das Kästchen ein. _____

(1)   Ausbildung und Information des Handels

(2)   Unterstützung der Außendienstmitarbeiter durch Kataloge und Mustermappen

(3)   Verbesserung des Images des Unternehmens in der Öffentlichkeit

(4)   Demonstration und Verkauf des Produktes durch Propagandisten

Erläutern Sie den wesentlichen Inhalt des Gesetzes gegen den unlauteren Wettbewerb (UWG).

Zweck und Grundsatz	Dieses Gesetz dient dem Schutz aller Marktteilnehmer vor unlauterem Wettbewerb und dem Interesse der Allgemeinheit an einem unverfälschten Wettbewerb. Unlautere Wettbewerbshandlungen sind unzulässig.
Irreführende Werbung	▷ Irreführend sind falsche Angaben über – die Merkmale der Waren oder Dienstleistungen wie Verfügbarkeit, Art, Ausführung, Zusammensetzung, Verfahren und Zeitpunkt der Herstellung oder Erbringung, die Zwecktauglichkeit, Verwendungsmöglichkeit, Menge, Beschaffenheit, die geografische oder betriebliche Herkunft oder die von der Verwendung zu erwartenden Ergebnisse oder die Ergebnisse und wesentlichen Bestandteile von Tests der Waren oder Dienstleistungen; – den Anlass des Verkaufs und den Preis oder die Art und Weise, in der er berechnet wird; – die geschäftlichen Verhältnisse des Werbenden. ▷ Irreführend ist die Herabsetzung eines Preises für eine unangemessen kurze Zeit. ▷ Irreführend ist die Werbung für eine Ware, die nicht in angemessener Menge vorhanden ist. Angemessen ist im Regelfall ein Vorrat für zwei Tage.
Vergleichende Werbung	▷ Vergleichende Werbung ist verboten, wenn der Vergleich – sich nicht auf Waren oder Dienstleistungen für den gleichen Bedarf oder dieselbe Zweckbestimmung bezieht; – nicht objektiv auf eine oder mehrere wesentliche, relevante, nachprüfbare und typische Eigenschaften oder den Preis dieser Waren oder Dienstleistungen bezogen ist; – im geschäftlichen Verkehr zu Verwechslungen zwischen dem Werbenden und einem Mitbewerber oder zwischen den von diesen angebotenen Waren oder Dienstleistungen oder den von ihnen verwendeten Kennzeichen führt; – die Wertschätzung des von einem Mitbewerber verwendeten Kennzeichens in unlauterer Weise ausnutzt oder beeinträchtigt; – die Waren, Dienstleistungen, Tätigkeiten oder persönlichen oder geschäftlichen Verhältnisse eines Mitbewerbers herabsetzt oder verunglimpft; – eine Ware oder Dienstleistung als Imitation oder Nachahmung einer unter einem geschützten Kennzeichen vertriebenen Ware oder Dienstleistung darstellt.
Unzumutbare Belästigungen	▷ Eine unzumutbare Belästigung ist insbesondere anzunehmen – bei einer Werbung, obwohl erkennbar ist, dass der Empfänger diese Werbung nicht wünscht; – bei einer Werbung durch Telefonanrufe gegenüber Verbrauchern; – bei einer Werbung unter Verwendung von automatischen Anrufmaschinen, Faxgeräten oder elektronischer Post, ohne dass eine Einwilligung der Adressaten vorliegt; – bei einer Werbung mit Nachrichten, bei der die Identität des Absenders verschleiert oder verheimlicht wird oder bei der keine gültige Adresse vorhanden ist, an die der Empfänger eine Aufforderung zur Einstellung solcher Nachrichten richten kann, ohne dass hierfür andere als die Übermittlungskosten nach den Basistarifen entstehen.

Welchen Rechtsschutz genießen Erzeugnisse und Marken?

Ziel		Der Rechtsschutz der Erzeugnisse beinhaltet den Schutz von Herstellern vor Nachahmungen von Produkten durch Konkurrenten.
Patentschutz (Patentgesetz)	Begriff	Schutzrecht für Produkte und/oder Herstellungsverfahren, die absolut neu sind
	Voraussetzung	Erfindung neuer Erzeugnisse, die eine Neuheit mit gewerblicher Verwertungsmöglichkeit darstellen (z. B. Laser-Disc-Bildplatte)
	Eintragung	Patentrolle beim Deutschen Patentamt in München
Gebrauchsmusterschutz (Gebrauchsmustergesetz)	Begriff	Schutzrecht zur alleinigen gewerblichen Ausnutzung bei Arbeitsgeräten und Gebrauchsgegenständen
	Voraussetzung	Erfindung von Gegenständen, deren Funktion durch eine neue Gestaltung, Anordnung oder Vorrichtung verbessert ist (z. B. ergonomischer Stuhl)
	Eintragung	Gebrauchsmusterrolle beim Patentamt in München
Geschmacksmuster (Geschmacksmustergesetz)	Begriff	Schutzrecht zur alleinigen gewerblichen Ausnutzung für den Urheber eines Musters oder Modells
	Voraussetzung	Schaffung eines Musters oder Modells, das ästhetisch wirkt, neu und eigentümlich ist (z. B. Tapetenmuster, Geschirrdesign)
	Eintragung	Musterregister beim Patentamt in München
Warenzeichen	Begriff	Kennzeichen, das dazu dient, die Waren eines Gewerbetreibenden von den Waren anderer zu unterscheiden (Wort-, Bild- oder kombinierte Zeichen)
	Voraussetzung	Unverwechselbarkeit gegenüber sämtlichen bereits bestehenden Warenzeichen
	Eintragung	Zeichenrolle beim Patentamt in München
Gütezeichen	Begriff	Kennzeichen, um eine Gruppe von Waren mit gleichen Merkmalen von anderen Waren abzugrenzen und damit eine bestimmte Warengüte zu garantieren
	Voraussetzung	Festlegung von Merkmalen wie Werkstoffen oder Herstellungsverfahren durch eine Gruppe von Herstellern oder den Gesetzgeber (z. B. Umweltengel)
	Eintragung	RAL-Gütezeichenliste beim Ausschuss für Lieferungsbedingungen und Gütesicherung

1 Kennzeichnen Sie die unten stehenden Sachverhalte mit einer

(1), wenn sie keinen Verstoß gegen das Gesetz gegen den unlauteren Wettbewerb darstellen,
(9), wenn sie einen Verstoß gegen dieses Gesetz darstellen.

a. Der Einzelhändler gewährt auf alle angebotenen Produkte 10 % Nachlass, da er 100-jähriges Geschäftsjubiläum feiert. _____

b. Ein Strickgeschäft bietet auf einem auffallenden Schild an: „Reine Merinowolle!" Das Material besteht jedoch aus 20 % Polyester. _____

c. Neben der Kasse steht ein Hinweisschild: „Wir akzeptieren auch Kreditkarten." _____

2 Überprüfen Sie, ob die folgenden Aussagen in Vertragsverhandlungen gegen

(1) kein Gesetz verstoßen,
(9) ein Gesetz verstoßen.

a. „Da Sie Gastwirt sind, können wir Ihnen einen Großverbraucherrabatt in Höhe von 10 % einräumen." _____

b. „Bei sofortiger Zahlung des Neuwagens kommen wir Ihnen mit einem Nachlass von 5 % und einer kostenlosen Inspektion entgegen." _____

c. „Wenn Sie unsere dreistöckige Weihnachtspyramide kaufen, darf ich Ihnen kostenlos 3 Sonderlose für unsere Weihnachtslotterie anbieten." _____

d. „Wir bieten Ihnen diese Bohrmaschine für 215,00 € an, das sind 20,00 € weniger als bei der Konkurrenz." _____

e. „Unsere Sonderveranstaltung ‚Osterpreise' hat nur für die Woche vor Ostern Gültigkeit." _____

f. „Natürlich garantieren wir Ihnen prompte Lieferung." _____

3 Entscheiden Sie, ob es sich bei den genannten Fällen um

(1) irreführende Werbung,
(2) vergleichbare Werbung,
(3) unzumutbare Werbung

handelt.

Tragen Sie eine (9) ein, wenn es sich um keinen Verstoß gegen das UWG handelt.

a. Der erfolgreiche Tennisspieler Axel Rothkehl erhält schriftlich ein Angebot über eine komplette Spielausrüstung mit einer Preisreduzierung von 50 %. Die Herabsetzung des Preises hat nur für 2 Tage Gültigkeit. _____

b. Ein Sportartikelhersteller bietet seine neuen Trainingsanzüge telefonisch der sorgfältig ausgewählten Zielgruppe an. Dazu zählt auch die Sportlehrerin Sonja Hilger, die bereits beim ersten Anruf mitteilte, sie habe kein Interesse. Es folgen weitere telefonische Angebote. _____

3 Ordnen Sie die folgenden Begriffe den unten stehenden Aussagen zu:

(1) Patent
(2) Gebrauchsmuster
(3) Geschmacksmuster

Tragen Sie eine (9) ein, wenn eine Zuordnung nicht sinnvoll erscheint

a. Schutzrecht zur alleinigen gewerblichen Ausnutzung bei Arbeitsgeräten und Gebrauchsgegenständen _____

b. Schaffung eines Musters oder Modells, das ästhetisch wirkt, neu und eigentümlich ist _____

c. Erfindung neuer Erzeugnisse, die eine Neuheit mit gewerblicher Verwertungsmöglichkeit darstellen _____

d. Schutzrecht zur alleinigen gewerblichen Ausnutzung für den Urheber eines Musters oder Modells _____

e. Schutzrecht für Produkte und/oder Herstellungsverfahren, die absolut neu sind _____

f. Erfindung von Gegenständen, deren Funktion durch eine neue Gestaltung, Anordnung oder Vorrichtung verbessert ist _____

5 Ordnen Sie die folgenden Begriffe den unten stehenden Aussagen und Sachverhalten zu:

(1) Warenzeichen
(2) Gütezeichen

a. Hierbei handelt es sich um Kennzeichen, die dazu dienen, eine Gruppe von Waren unterschiedlicher Hersteller mit gleichen Merkmalen herauszuheben bzw. abzugrenzen. _____

b. Ein Beispiel für ein solches Zeichen ist der Name „Nivea". _____

c. Diese Kennzeichen bestehen aus Wort, Bild oder Schrift und dienen dazu, die Produkte eines Gewerbetreibenden von den Produkten anderer Hersteller zu unterscheiden. _____

d. Voraussetzung für die Zulassung ist die Festlegung von Merkmalen wie Werkstoffen oder Herstellungsverfahren durch eine Gruppe von Herstellern oder den Gesetzgeber. _____

e. Ein Beispiel für ein solches Zeichen ist das Zeichen „GS" (geprüfte Sicherheit). _____

6 Welches der folgenden Gesetze enthält keine Vorschriften über den Rechtsschutz von Erzeugnissen?

(1) Geschmacksmustergesetz

(2) Patentgesetz

(3) Handelsgesetzbuch

Geben Sie einen Überblick über die Maßnahmen der Preispolitik eines Unternehmens.

Begriff	Die Preispolitik umfasst alle Maßnahmen zur ▷ Bildung und Veränderung eines Preises, ▷ Preisstellung und Differenzierung von Preisen, ▷ Festlegung von Verkaufskonditionen, ▷ Entwicklung von Kundendienstleistungen.
Einflussfaktoren	Auf die betriebliche Preisgestaltung wirken sich folgende Einflussfaktoren aus: ▷ Betriebliche Ziele, z. B. Gewinnmaximierung, Kostendeckung, Marktbeherrschung; ▷ Kosten als Einflussgröße, z. B. langfristige Deckung der Selbstkosten oder kurzfristige Deckung der variablen Kosten (kurzfristige Preisuntergrenze); ▷ Verhalten der Nachfrager, z. B. Preis-Nutzen-Relation des Verbrauchers; ▷ Verhalten der Konkurrenz, z. B. im Oligopol oder Monopol.

Welche Möglichkeiten der Preisgestaltung hat ein Betrieb?
Welche Bedeutung spielen dabei die Verkaufskonditionen?

Preisstellung		Der Anbieter kann seine Preise netto oder brutto angeben.
Arten	**Nettosystem**	Dem Kunden werden die Nettopreise (Barverkaufspreise) mitgeteilt. Diese lassen keine Möglichkeit mehr für Rabatte zu.
	Bruttosystem	Der Betrieb teilt seinen Kunden die Preise in Form einer Preisliste mit, auf die es je nach Kunde und Auftragshöhe unterschiedliche Rabatte gibt.
Preisnachlässe	**Rabatt**	Der Rabatt ist ein Nachlass, der einem Abnehmer aus verschiedenen Gründen gewährt wird. In der Regel wird er auf der Rechnung unmittelbar vom Listenverkaufspreis abgezogen.
	Bonus	Er wird gewährt, wenn bestimmte Jahresabnahmemengen überschritten werden. Er ist allerdings kein Sofortrabatt wie die anderen Rabatte, sondern wird als Jahresrückvergütung vom Umsatz gewährt.
	Skonto	Skonto ist ein Nachlass auf den Rechnungsbetrag, der für die vorzeitige Bezahlung innerhalb einer bestimmten Frist gewährt wird.
Verkaufs-konditionen		Verkaufskonditionen beinhalten alle Bedingungen, zu denen ein Betrieb seine Produkte an den Kunden verkauft. Sie gehören zu den Handlungsmöglichkeiten der Preispolitik, weil sie den Endpreis für den Abnehmer beeinflussen: ▷ Lieferungsbedingungen, z. B. Übernahme der Transport- und Verpackungskosten; ▷ Finanzierungshilfen, z. B. direkte Kreditierung oder Leasingangebote; ▷ Zahlungsbedingungen, z. B. Zahlung mit Wechsel oder Gewährung von Skonto; ▷ Garantieleistungen, z. B. Werkgarantien über die gesetzliche Gewährleistungsfrist hinaus.

Welche Möglichkeiten der Preisdifferenzierung hat ein Betrieb?

Begriff	Ein Betrieb verkauft gleiche Produkte (Sachgüter oder Dienstleistungen) an unterschiedliche Kunden/Kundengruppen zu unterschiedlichen Preisen.
Arten	▷ **räumlich:** unterschiedliche Preise nach Regionen *Beispiel: Arzneimittel im In- und Ausland* ▷ **persönlich:** unterschiedliche Preise nach Personengruppen *Beispiel: Seniorenpass der Bundesbahn* ▷ **zeitlich:** unterschiedliche Preise nach Zeiten getrennt *Beispiele: Tages- und Nachtstrom, Skischuhe im Sommer* ▷ **sachlich:** unterschiedliche Preise nach Aufmachung *Beispiel: die gleiche Schokolade als Marken- und No-name-Produkt*

Was sind Kundendienstleistungen? Welche Arten werden unterschieden?

Begriff	Kundendienstleistungen stellen freiwillige Leistungen des Herstellers oder Händlers dar, die er seinen Kunden vor, während oder nach dem Kauf gewährt.	
Arten	**Kaufmännische Kundendienstleistungen**	**Technische Kundendienstleistungen**
	▷ kaufmännische Beratung ▷ Information ▷ Besuche ▷ Anwenderseminare	▷ Ersatzteillieferungen ▷ Reparatur- und Wartungsdienst ▷ technische Beratung ▷ Pflegeservice

1 Die Preisbildung eines Unternehmens kann sich orientieren an

(1) bestimmten betrieblichen Zielen,
(2) den Nachfragen und ihren Vorstellungen,
(3) der Konkurrenz und ihren Aktivitäten.

Ordnen Sie diese preispolitischen Überlegungen den folgenden Entscheidungen zu.

a. Das Unternehmen versucht, durch unterschiedliche Preise auf verschiedenen Märkten den Gesamterlös zu erhöhen. ____

b. Ein Bürofachgroßhandel strebt eine Erweiterung der Präferenzen für seine Kunden an, um so die Preise halten zu können. ____

c. Ein Textilgeschäft setzt zum Jahreswechsel die Preise herunter, um das Lager für die Frühjahrsmode zu räumen. ____

d. Ein Mineralölunternehmen orientiert sich bei der Preisbildung am Preisführer. ____

e. Ein Buchklub präsentiert jedes Quartal bestimmte Bücher, deren Preis sich nach der Mitgliedschaftsdauer im Klub richtet. ____

f. Ein Industriebetrieb nimmt einen Zusatzauftrag an, da dieser noch einen zusätzlichen Deckungsbeitrag erbringt. ____

g. Ein Fotogeschäft setzt die Preise herunter, da in der gleichen Straße ein weiteres Fotogeschäft eröffnet wurde. ____

2 Welche Form der Preisdifferenzierung liegt in den unten beschriebenen Fällen vor?
Ordnen Sie zu.

(1) räumliche Preisdifferenzierung
(2) persönliche Preisdifferenzierung
(3) zeitliche Preisdifferenzierung
(4) sachliche Preisdifferenzierung

Tragen Sie eine (9) ein, wenn es sich bei dem beschriebenen Sachverhalt nicht um Preisdifferenzierung handelt.

a. Ein Hotelier bietet seine Zimmer in der Nebensaison zu günstigeren Preisen an als in der Hauptsaison. ____

b. Ein Kino gewährt Schülern und Studenten an bestimmten Tagen verbilligten Eintritt. ____

c. Mineralölgesellschaften verkaufen ihr Benzin an Autobahntankstellen wesentlich teurer als an anderen Tankstellen. ____

d. Ein Waschmittelhersteller verkauft sein Vollwaschmittel als Markenprodukt zum Preis von 3,50 € an den Fachhandel. Das gleiche Produkt, nur mit einer anderen Verpackung, wird unter einem anderen Namen einer Discountladenkette zum Preis von 2,70 € angeboten. ____

e. In den Lieferungs- und Zahlungsbedingungen eines Anbieters von Fertigsuppen ist folgender Satz zu finden: „Beträgt der Auftragswert weniger als 100,00 €, erheben wir einen Mindermengenzuschlag auf den Warennettowert von 20 %." ____

f. Die Deutsche Bahn AG verkauft das „Gute-Nacht-Ticket", eine stark verbilligte Fahrkarte zum Einheitspreis bei Nutzung der Einrichtungen der Bahn in den Nachtstunden. ____

3 In einer Auftragsbestätigung finden Sie folgenden Text:

„Übersteigt der Gesamtumsatz in 01 den Wert von 500 000,00 €, gewähren wir einen zusätzlichen Nachlass auf den Gesamtumsatz von 2 %."

Welche der folgenden Aussagen zu dieser Klausel trifft zu? ____

(1) Die Klausel bezeichnet eine Jahreskonto-Abmachung.

(2) Dem Kunden wird ein Treuerabatt angeboten.

(3) Der Lieferant kündigt einen Bonus an.

(4) Mit der Klausel wird ein Funktionsrabatt angekündigt.

(5) Es handelt sich hierbei um eine andere Form des Mengenrabattes.

4 Im Rahmen der Preispolitik werden

(1) kaufmännische Kundendienstleistungen,
(2) technische Kundendienstleistungen

unterschieden.

Ordnen Sie den folgenden Aussagen und Sachverhalten zu, um welche Art von Kundendienstleistungen es sich dabei handelt.

Tragen Sie eine (9) ein, wenn es sich nicht um eine Kundendienstleistung handelt.

a. „Unsere Kundendienstberater unterstützen Sie aktiv bei der Planung Ihrer Küche." ____

b. Ein Büroorganisationshaus bietet seinen Kunden für den Fall des Kaufs einer Software ein kostenloses Einführungsseminar für zwei Mitarbeiter an. ____

c. Im zweiten Stock eines Kaufhauses ist über der Hauptkasse ein Schild angebracht: „Ausgabe von Kundenkreditkarten hier". ____

d. Ein Anbieter von Baumaschinen sagt seinen Kunden für den Fall eines Maschinenausfalls die Lieferung von Ersatzteilen innerhalb von 24 Stunden zu. ____

e. Bei dem Kauf eines Neuwagens ist die erste Inspektion nach 1000 km kostenlos. ____

f. „Wir liefern Ihnen unsere Geräte frei Haus und stellen sie auch auf." ____

5 Welche der folgenden Aussagen trifft auf den Begriff „Bruttosystem" im Rahmen der Preisstellung eines Anbieters zu? ____

(1) Die Preise des Anbieters werden einschließlich der gesetzlich vorgeschriebenen Mehrwertsteuer angegeben.

(2) Der Kunde darf lediglich noch einen Skontoabzug vornehmen.

(3) Auf die genannten Preise gewährt der Anbieter lediglich einen Jahresbonus.

(4) Der Anbieter arbeitet mit Listenpreisen, auf die je nach Umfang der Lieferung und Art des Kunden noch Preisabzüge möglich sind.

(5) Der Anbieter ist Einzelhändler.

Erläutern Sie die Bezugskalkulation (Einkaufskalkulation).

Ziel	Ziel der Bezugskalkulation ist es, den Bezugspreis (auch Einstandspreis genannt) der eingekauften Waren zu ermitteln. Preisabzüge und Bezugskosten sind zu berücksichtigen.

Bezugs-kalkulation	Kalkulationsschema	Erklärungen
	① **Listeneinkaufspreis** netto ② – Rabatt (v. H.) ③ + **Zieleinkaufspreis** ④ – Skonto (v. H.) = **Bareinkaufspreis** ⑤ + Bezugskosten = **Bezugspreis** (Einstandspreis)	① Der Listeneinkaufspreis wird in der Kalkulation immer netto berücksichtigt. Die Umsatzsteuer hat keinen Kostencharakter, da sie als Vorsteuer abziehbar ist. ② Der Abzug des Rabattes erfolgt immer vor dem Skontoabzug. Er wird in Prozent vom Listenpreis berechnet. ③ Diesen Preis muss der Käufer zahlen, wenn er die Ware „auf Ziel" kauft, d. h. keine Möglichkeit des Abzuges bei Barzahlung nutzt. ④ Skonto wird in Prozent vom Zieleinkaufspreis berechnet. ⑤ Die Bezugskosten können als Betrag oder in Prozent vereinbart werden. Ausgangsbasis ist der Bareinkaufspreis.
	Beispiel	Lösung
	Ein Großhändler bezieht 150 kg einer Ware zum Listenpreis von 12,50 € je kg. Der Hersteller gewährt 5 % Rabatt und bei Zahlung innerhalb von 14 Tagen 3 % Skonto. Die Fracht beträgt 2,40 € je 10 kg, zzgl. 20,00 € Verpackung. Ermitteln Sie den Bezugspreis für diese Ware.	**Listeneinkaufspreis** 1 875,00 € – Rabatt 93,75 € + **Zieleinkaufspreis** 1 781,25 € – Skonto 53,44 € = **Bareinkaufspreis** 1 727,81 € + Bezugskosten 56,00 € = **Bezugspreis** 1 783,81 €

Bezugskosten	Werden mehrere Warenarten gemeinsam bezogen, dann fallen auch die Bezugskosten gemeinsam an.
	 ▷ Gewichtsabhängige Kosten (Gewichtsspesen) werden nach dem Bruttogewicht der einzelnen Waren aufgeteilt.
	    Beispiele: Fracht, Rollgeld, Gewichtszoll, Auslade- und Wiegekosten, Umschlagkosten.
	 ▷ Wertspesen werden nach dem Einkaufspreis der einzelnen Waren aufgeteilt.
	    Beispiele: Versicherungsprämie, Provision, Bankspesen.

Erklären Sie die Angebotskalkulation (Verkaufskalkulation).

Ziel	Der kalkulierte Listenverkaufspreis soll die Kosten des Unternehmens decken und einen angemessenen Gewinn mit berücksichtigen. Der tatsächliche Marktpreis kann jedoch höher oder niedriger sein.

Verkaufs-kalkulation	Kalkulationsschema	Erklärungen
	① **Bezugspreis** ② + Handlungs(gemein)kosten (v .H.) ③ = **Selbstkostenpreis** ④ + Gewinn (v. H.) ⑤ = **Barverkaufspreis** ⑥ + Skonto (i. H.) ⑦ = **Zieleinkaufspreis** ⑧ + Rabatt (i. H.) ⑨ = **Listenverkaufspreis**	① Der Bezugspreis ist der Ausgangspunkt der Verkaufskalkulation. ② Die Handlungskosten sind die anteiligen Gemeinkosten. Dazu zählen u. a. die Lagerkosten (Gehälter, Löhne, Lagerzinsen, Abschreibungen), Verkaufskosten (Gehälter, Ausgangsfrachten, Werbekosten) und allgemeine Verwaltungskosten (Gehälter, Raumkosten). ③ Die Selbstkosten decken alle Kosten, die mit dem Ein- und Verkauf der Waren zusammenhängen. Sie stellen die unterste Grenze des Verkaufspreises einer Ware dar. ④ Der Gewinn beinhaltet die Kapitalverzinsung, eine Risikoprämie als Vergütung für die Bereitschaft, den Verlust des eingesetzten Kapitals zu riskieren, und den Unternehmerlohn als Vergütung für die Mitarbeit im eigenen Unternehmen. ⑤ Preis, den der Unternehmer erhält, wenn der Kunde alle Abzüge nutzt. ⑥ Kundenskonto muss in einer Im-Hundert-Rechnung berücksichtigt werden, da der Kunde Skonto von „seinem" Zieleinkaufspreis (Zielverkaufspreis in der Verkaufskalkulation) abzieht. ⑦ Preis, der erzielt wird, wenn der Kunde nur Rabatt abzieht und nicht Skonto nutzt. ⑧ Kundenrabatt muss wie Kundenskonto in einer Im-Hundert-Rechnung berücksichtigt werden, d. h., bei einem Rabatt von 10 % ist der Zielverkaufspreis = 90 % und der Listenverkaufspreis = 100 %. ⑨ Der Listenverkaufspreis ist der Angebotspreis ohne Umsatzsteuer.
	Beispiel	Lösung
	Der Bezugspreis der Ware beträgt 1 783,81 € (siehe Beispiel aus der Bezugskalkulation). Der Handlungsgemeinkostenzuschlag beträgt 5 %. Gewinn wird mit 10 % einkalkuliert. Dem Kunden wird die Möglichkeit eingeräumt, Skonto in Höhe von 2 % bei vorzeitiger Zahlung abzuziehen. Ein Wiederverkäuferrabatt ist mit 30 % vereinbart worden. Ermitteln Sie den Listenverkaufspreis.	**Bezugspreis** 1 783,81 € + Handlungskosten 89,19 € = **Selbstkostenpreis** 1 873,00 € + Gewinn 187,30 € = **Barverkaufspreis** 2 060,30 € + Skonto 42,05 € = **Zieleinkaufspreis** 2 102,35 € + Rabatt 901,01 € = **Listenverkaufspreis** 3 003,36 €

1   Sortieren Sie die folgenden Positionen Bezugskalkulation durch die Angabe der Ziffern 1–7 in die richtige Reihenfolge.

a. + Bezugskosten _____ ☐

b. = Bareinkaufspreis _____ ☐

c. = Listeneinkaufspreis netto _____ ☐

d. − Skonto (v. H.) _____ ☐

e. = Bezugspreis (Einstandspreis) _____ ☐

f. = Zieleinkaufspreis _____ ☐

g. − Rabatt (v. H.) _____ ☐

2   Eine Elektrogroßhandlung bezieht 300 Haartrockner zu einem Stückpreis von 20,00 €.

Berücksichtigen Sie bei der Beantwortung der Fragen noch folgende Angaben:

Liefererrabatt: 30 %
Liefererskonto: 2 %
Handlungskosten: 50 %
Gewinn: 20 %
Bezugskosten: 200,00 € für 300 Haartrockner
Kundenskonto: 3 %
Kundenrabatt: 20 %

a. Wie hoch ist der Bezugspreis (Einstandspreis) für die gesamte Warensendung? _ ☐

b. Zu welchem Stückpreis muss die Elektrogroßhandlung unter den angegebenen Bedingungen den Haartrockner anbieten? _____ ☐

3   Nennen Sie die richtige Reihenfolge für die Kalkulation des Listenverkaufspreises ab dem Bezugspreis (Einstandspreis) durch die Angabe der Ziffern 1–9.

a. + Rabatt _____ ☐

b. + Skonto _____ ☐

c. Bezugspreis _____ ☐

d. + Handlungskosten _____ ☐

e. = Listenverkaufspreis _____ ☐

f. + Gewinn _____ ☐

g. = Barverkaufspreis _____ ☐

h. = Zielverkaufspreis _____ ☐

i. = Selbstkostenpreis _____ ☐

4   Überprüfen Sie im Rahmen der Verkaufskalkulation (Angebotskalkulation) die Berechnung.

Tragen Sie eine

(1) ein, wenn eine Berechnung „im Hundert" erfolgt,
(2) ein, wenn eine Berechnung „vom Hundert" erfolgt.

a. Gewinn _____ ☐

b. Skonto _____ ☐

c. Rabatt _____ ☐

5   Überprüfen Sie folgende Feststellungen.

Tragen Sie eine

(1) ein, wenn die Aussage richtig ist,
(9) ein, wenn die Aussage falsch ist.

a. Im Rahmen der Bezugskalkulation (Einkaufskalkulation) wird immer erst der Rabatt vom Listeneinkaufspreis abgezogen und dann Skonto vom Zieleinkaufspreis. _____ ☐

b. Die Bezugskosten für gemeinsam bezogene Waren werden entweder nach dem Wert der Waren verteilt oder nach dem Gewicht der einzelnen Waren. Beides ist auf jeden Fall möglich. _____ ☐

c. Die Bezugskosten werden in einer „Im-Hundert-Rechnung" dem Bareinkaufspreis zugeschlagen. _____ ☐

6   Die Lederwarengroßhandlung Wild-Kowiak GmbH benötigt zum Weihnachtsgeschäft 600 Damenhandtaschen zum Stückpreis von 120 €. Der Hersteller gewährt einen Mengenrabatt von 20 % und Skonto von 2 %. Die Bezugskosten betragen 100 €; die Handlungskosten werden mit 5 % berechnet. Es soll ein Gewinn von 15 % erzielt werden.

Ordnen Sie den unten stehenden Begriffen die zutreffenden Beträge zu.

(1) 72 000,00 €
(2) 57 600,00 €
(3) 56 448,00 €
(4) 56 548,00 €
(5) 68 281,71 €
(6) 1 152,00 €
(7) 1 440,00 €

a. Bezugspreis (Einstandspreis) _____ ☐

b. Skonto _____ ☐

c. Barverkaufspreis _____ ☐

d. Listenverkaufspreis _____ ☐

7   Eine Großhandlung bezieht zwei Warengruppen:

Warengruppe I: 100 t zu 130,00 € je t
Warengruppe II: 300 t zu 400,20 € je t

Gewichtsspesen: 1 200,00 €
Wertspesen: 1 7000,00 €

a. Wie hoch sind die Gewichtsspesen für Warengruppe I? _____ ☐

b. Wie viel betragen die Wertspesen für Warengruppe I? _____ ☐

c. Wie hoch ist der Anteil der Bezugskosten, den die Warengruppe II insgesamt zu tragen hat? _____ ☐

Erläutern Sie den Kalkulationszuschlag und den Kalkulationsfaktor.

Begründung	Die Zuschlagssätze in der Verkaufskalkulation für Handlungsgemeinkosten, den Gewinn, Verkaufsskonto und -rabatt bleiben bei vielen angebotenen Waren für längere Zeit gleich. Aus Vereinfachungsgründen fasst man deshalb diese Einzelzuschläge zu einem Gesamtzuschlag zusammen.
Kalkulations-zuschlag	Der Kalkulationszuschlag ist die Differenz zwischen dem Bezugspreis und dem Listenverkaufspreis. Er wird ausgedrückt in Prozent des Bezugspreises (=100 %).

Beispiel aus der Verkaufskalkulation	Vereinfachung durch Kalkulationszuschlag
Bezugspreis 1 783,81 € ① + 5 % Handlungskosten 89,19 € = Selbstkostenpreis 1 873,00 € ② + 10 % Gewinn 187,30 € = Barverkaufspreis 2 060,30 € ③ + 2 % Skonto 42,05 € = Zieleinkaufspreis 2 102,35 € ④ + 30 % Rabatt 901,01 € = **Listenverkaufspreis** 3 003,36 € Sinnvoll ist auch die Berechnung mit einem Bezugspreis von 100,00 €. In diesem Fall beträgt der Listenverkaufspreis 168,3677 €. Damit ist der Kalkulationszuschlag von 68,3677 % sofort ablesbar.	Die Positionen ① bis ④ ergeben 1 219,55 €. Einmalige Berechnung des Kalkulationszuschlagssatzes: Bezugspreis 1 783,81 € = 100 % Kalkulationszuschlag 1 219,55 € = x % $x = \dfrac{1\,219,55 \times 100}{1\,783,81} = 68,3677\ \%$ Ermittlung der Listenverkaufspreise für die Waren **Bezugspreis** 1 783,81 € + **Kalkulationszuschlag** 68,3677 % 1 219,55 € = **Listenverkaufspreis** 3 003,36 €

$$\text{Kalkulationszuschlag} = \frac{(\text{Listenverkaufspreis} - \text{Bezugspreis}) \times 100}{\text{Bezugspreis}}$$

Kalkulations-faktor	Der Kalkulationsfaktor ist die Zahl, mit der der Bezugspreis multipliziert wird, um den Listenverkaufspreis zu ermitteln. Der Kalkulationsfaktor ist gleichzusetzen mit dem Listenverkaufspreis für 1,00 € Bezugspreis.

Beispiel aus der Verkaufskalkulation	Vereinfachung durch Kalkulationsfaktor
Bezugspreis 1 783,81 € Listenverkaufspreis 3 003,36 €	$x = \dfrac{3\,003,36}{1\,783,81} = 1,683677$

$$\text{Kalkulationsfaktor} = \frac{\text{Listenverkaufspreis}}{\text{Bezugspreis}} \qquad \text{Bezugspreis} \times \text{Kalkulationsfaktor} = \text{Listenverkaufspreis}$$

Erklären Sie die Handelsspanne.

Handels-spanne	Die Handelsspanne ist die Differenz zwischen dem Listenverkaufspreis und dem Bezugspreis, ausgedrückt in Prozenten des Listenverkaufspreises (= 100 %).

Beispiel	Kalkulationsschema aufstellen und rückwärts rechnen:
Ein Großhändler möchte einen Artikel zum Preis von 120,00 € in sein Sortiment aufnehmen. Wie hoch darf der Bezugspreis höchstens sein, wenn mit 20 % Handlungskosten, 15 % Gewinn, 3 % Skonto und 30 % Rabatt kalkuliert wird? (Spalte A) Wie hoch ist die Handelsspanne bei einem unbekannten Listenverkaufspreis? (Spalte B)	① Spalte A Spalte B Bezugspreis 59,04 € 49,20 € + 20 % Handlungskosten 11,81 € 9,84 € = Selbstkostenpreis 70,85 € 59,04 € + 15 % Gewinn 10,63 € 8,86 € = Barverkaufspreis 81,48 € 67,90 € + 3 % Skonto 2,52 € 2,10 € = Zieleinkaufspreis 84,00 € 70,00 € + 30 % Rabatt 36,00 € 30,00 € = Listenverkaufspreis 120,00 € 100,00 € ② Die Differenz zwischen Listenverkaufspreis und Bezugspreis beträgt ▷ im Fall A 60,96 €. Bezogen auf den Listenverkaufspreis (= 100 %) sind das 50,8 %. ▷ im Fall B 50,80 €. Bezogen auf den Listenverkaufspreis von 100,00 € sind das 50,8 %.

$$\text{Handelsspanne} = \frac{(\text{Listenverkaufspreis} - \text{Bezugspreis}) \times 100}{\text{Listenverkaufspreis}}$$

$$\text{Handelsspanne} = \frac{\text{Kalkulationszuschlag}}{\text{Kalkulationsfaktor}}$$

1 Ein Großhandel kalkuliert die Preise mit einem Kalkulationszuschlag von 40 %. Bedingt durch die Billigangebote der ausländischen Konkurrenz müssen die Listenverkaufspreise um 10 % gesenkt werden.

a. Welche Handelsspanne hatte das Großhandelsunternehmen vor der Preissenkung?

b. Welche Handelsspanne hat das Großhandelsunternehmen nach der Preissenkung?

c. Mit welchem Kalkulationsfaktor werden die Listenverkaufspreise nach der Preissenkung errechnet?

2 Die Weingroßhandlung Hattichelli GmbH berücksichtigt für ihre Handlungskosten 20 % und für den Gewinn 10 %. Rabatt gewährt sie in Höhe von 33⅓ % und Skonto mit 3 %.

Errechnen Sie den

a. Kalkulationszuschlag

b. Kalkulationsfaktor

3 Ein Großhandel für Heizplattentechnik bezieht 2 000 Gehäuse zu 12,00 € je Stück. Der Einkaufsrabatt beträgt 8 %, Einkaufsskonto 1,5 %. Die Bezugskosten betragen 1 200,00 € für die gesamte Lieferung.

Wie hoch ist der Listenverkaufspreis pro Stück, wenn mit einem Kalkulationsfaktor von 1,3446 gerechnet wird?

4 Auf Grund der Überprüfung der letzten Abrechnungsperiode ist festgestellt worden, dass die Handlungskosten für die Elektro- und Heizungsgroßhandels GmbH Lutz Hoppe aus Hamburg um 3 % auf 13 % erhöht werden müssen. Der Gewinn wird weiterhin mit 6⅔ % kalkuliert. In den Listenverkaufspreis sollen mit einkalkuliert werden: 3 % Skonto und 10 % Rabatt.

Ermitteln Sie die Handelsspanne.

5 Die internationale Barbara Neu Haus mbH gewährt ihren Kunden 40 % Rabatt auf alle Baustoffe und 1 % Skonto bei Zahlung innerhalb von einer Woche. Der Gewinn wird mit 6,25 % kalkuliert und die Handlungskosten werden mit 25 % angesetzt.

Ermitteln Sie den Kalkulationszuschlag.

6 Überprüfen Sie folgende Gleichungen. Ordnen Sie die Begriffe zu.

(1) Handelsspanne
(2) Kalkulationszuschlag
(3) Kalkulationsfaktor

Trifft kein Begriff zu, tragen Sie eine (9) ein.

a. $\dfrac{(\text{Listenverkaufspreis} - \text{Bezugspreis}) \times 100}{\text{Listenverkaufspreis}} = $

b. $\dfrac{\text{Listenverkaufspreis}}{\text{Bezugspreis}} = $

c. $\dfrac{(\text{Listenverkaufspreis} - \text{Bezugspreis}) \times 100}{\text{Bezugspreis}} = $

d. $\dfrac{\text{Kalkulationszuschlag}}{\text{Kalkulationsfaktor}} = $

7 Ermitteln Sie auf Grund der folgenden Angaben einer Im- und Exportgesellschaft den Kalkulationszuschlag.

Angaben:
Bezugspreis: 1 200,00 €
Gewinn: 15 %
Rabatt: 33⅓ %
Skonto: 2 %
Handlungskosten: 10 %

8 Überprüfen Sie die folgenden Berechnungen.

Tragen Sie eine

(1) ein, wenn die Aussage richtig ist,
(9) ein, wenn die Aussage falsch ist.

	Bezugspreis	100,00 €
+	Handlungskosten	16,67 €
=	Selbstkostenpreis	116,67 €
+	Gewinn	8,17 €
=	Barverkaufspreis	124,84 €
+	Skonto	3,86 €
=	Zielverkaufspreis	128,70 €
+	Rabatt	0,00 €
=	Listenverkaufspreis	128,70 €

a. Der Kalkulationszuschlag beträgt 28,7 %.

b. Der Kalkulationsfaktor beträgt 0,287.

c. Die Handelsspanne beträgt 22,3 %.

Erläutern Sie die Rückwärtskalkulation.

Begründung	Liegt der Listenverkaufspreis auf Grund der gegebenen Marktsituation fest, so ist es für den Unternehmer notwendig, den Listeneinkaufspreis zu ermitteln, den er aufwenden kann, damit ihm ein angemessener Gewinn bleibt.
Beispiel	Aus Konkurrenzgründen muss der Listenverkaufspreis für ein Produkt auf 880,00 € gesenkt werden.
	Wie hoch darf der Listeneinkaufspreis sein, wenn die Kosten gedeckt und der Gewinn erwirtschaftet werden sollen? Der Lieferant gewährt 20 % Rabatt und 2 % Skonto, die Bezugskosten betragen 12 € je Stück, Handlungskosten 15 %, Gewinn 10 %, Kundenskonto 3 %, Kundenrabatt 5 %.
Rechenweg	① Aufstellen des Kalkulationsschemas ② Eintragen der vorgegebenen Prozentsätze und €-Beträge ③ Eintragen des Listenverkaufspreises ④ Von „unten" nach „oben" rechnen. Es muss genau überlegt werden, ob es eine Rechnung „im Hundert", „vom Hundert" oder „auf Hundert" ist. ⑤ Überprüfung des Ergebnisses durch Vorwärtskalkulation.

Kalkulations- schema	①				
	Listeneinkaufspreis	820,34 €		100 % ↑	
	− Rabatt 20 %	160,47 €		20 %	
	= Zieleinkaufspreis	641,87 €	100 % ↑	80 %	} (i. H.)
	− Skonto 2 %	12,84 €	2 %		
	= Bareinkaufspreis	629,04 €	x € ↑	98 %	
	+ Bezugskosten	12,00 €	− €		
	= Bezugspreis	641,04 €	100 % ↑	x €	
	+ Handlungskosten 15 %	96,16 €	15 %		
	= Selbstkosten	737,20 €	100 % ↑ 115 %		} (a. H.)
	+ Gewinn 10 %	73,72 €	10 %		
	= Barverkaufspreis	810,92 €	97 % ↑ 110 %		
	+ Skonto 3 %	25,08 €	3 %		
	= Zielverkaufspreis	836,00 €	75 % ↑ 100 %		} (v. H.)
	+ Rabatt 5 %	44,00 €	5 %		
	= Listenverkaufspreis	880,00 €	100 %	②	

Der Listeneinkaufspreis darf 802,34 € nicht überschreiten.

Bei der Berechnung des „aufwendbaren Listeneinkaufspreises" wird von dem vorgegebenen Listenverkaufspreis ausgegangen und in einer Rückrechnung der Listeneinkaufspreis ermittelt.

Erklären Sie die Differenzkalkulation.

Begründung	Mit der Differenzkalkulation bzw. Gewinnkalkulation wird geprüft, ob bei feststehendem Listenverkaufspreis auf Grund der gegebenen Marktlage und vorgegebenem Listeneinkaufspreis noch ein Gewinn erzielt wird.
Beispiel	Aus Konkurrenzgründen muss die Ware für 880,00 € angeboten werden. 5 % Rabatt und 3 % Skonto werden dem Kunden gewährt. Die Handlungskosten betragen 10 %, die Bezugskosten müssen mit 50,00 € angesetzt werden. Der Lieferant gewährt 30 % Rabatt und 3 % Skonto. Der Listeneinkaufspreis beträgt 720,00 €.

Rechenweg und Kalkulationsschema	
① Aufstellen des Kalkulationsschemas ② Eintragen des vorgegebenen Listenverkaufspreises ③ Eintragen des vorgegebenen Listeneinkaufspreises ④ Einsetzen der gegebenen Prozentsätze bzw. €-Beiträge ⑤ Vorwärtskalkulation bis zu den Selbstkosten ⑥ Rückwärtskalkulation bis zum Barverkaufspreis ⑦ Ermittlung der Differenz zwischen Selbstkosten und Barverkaufspreis ⑧ Ermittlung des Gewinnprozentsatzes (Selbstkosten = 100 %)	① Listeneinkaufspreis ③ 720,00 € ⑤ − Rabatt 30 % ④ 216,00 € = Zieleinkaufspreis 504,00 € − Skonto 3 % ④ 15,12 € = Bareinkaufspreis 488,88 € + Bezugskosten ④ 50,00 € = Bezugspreis 538,88 € + Handlungskosten 10 % ④ 53,89 € = Selbstkosten 592,77 € ↓ + Gewinn 36,802 % ◄ ⑧ ► **218,15 €** ⑦ = Barverkaufspreis 810,92 € ↑ + Skonto 3 % ④ 25,08 € = Zielverkaufspreis 836,00 € + Rabatt 5 % ④ 44,00 € = Listenverkaufspreis ② 880,00 € ⑥

1　Ein Textilgroßhändler erhält ein Angebot für einen Herrenmantel. Der Listeneinkaufspreis beträgt 525,00 €. Es wird ein Liefererrabatt in Höhe von 20 % gewährt, Liefererskonto 2 %. Die Bezugskosten betragen 30,00 €. Der Handlungskostenzuschlag beträgt 18 %. Die Kunden erhalten bei einem Listenverkaufspreis von 600,00 € 2 % Skonto bei Barzahlung.

Ermitteln Sie auf Grund der Angaben:

a. Bezugspreis _____ [ ]

b. Selbstkosten _____ [ ]

c. Barverkaufspreis _____ [ ]

d. Gewinn in € _____ [ ]

e. Gewinn in % _____ [ ]

2　Bei der Rückwärtskalkulation sollte ein bestimmter Rechenweg eingehalten werden.

Kennzeichnen Sie durch die Ziffern 1 bis 4 die Arbeitsschritte in ihrer richtigen Reihenfolge.

a. Überprüfung des Ergebnisses durch Vorwärtskalkulation [ ]

b. Eintragen der vorgegebenen Prozentsätze und Beträge, auch des Listenverkaufspreises _____ [ ]

c. Von „unten" nach „oben" rechnen. Es muss genau überlegt werden, ob es eine Rechnung „im Hundert", „vom Hundert" oder „auf Hundert" ist. _____ [ ]

d. Aufstellen des Kalkulationsschemas_____ [ ]

3　Der Listenverkaufspreis eines Produktes beträgt ohne Steuer 1 200,00 €.

Weitere Angaben:

Liefererrabatt: 5 %
Liefererskonto: 3 %
Bezugskosten entfallen
Handlungskostenzuschlag: 8 %
Kundenskonto: 2 %
Kundenrabatt: 5 %
Gewinn: 10 %

Ermitteln Sie

a. Barverkaufspreis_____ [ ]

b. Bezugspreis _____ [ ]

c. Listeneinkaufspreis, der maximal für dieses Produkt ausgegeben werden darf_ [ ]

4　Die Großhandlung Design Haus GmbH will eine Lampe in ihr Sortiment aufnehmen. Der Listenverkaufspreis kann bedingt durch die gegebene Marktsituation nur mit 1 600,00 € angegeben werden. Kundenrabatt wird mit 15 % kalkuliert und Kundenskonto mit 2,5 %. Der Hersteller teilt mit, dass der Preis 1 040,00 € beträgt. Rabatt kann nicht gewährt werden, jedoch 2 % Skonto. Die Bezugskosten betragen 5,50 €, die Handlungskosten 16,034 %.

Tragen Sie eine

(1) ein, wenn die Aussage richtig ist,
(9) ein, wenn die Aussage falsch ist.

a. Bei den genannten Bedingungen handelt es sich um eine Differenzkalkulation. _____ [ ]

b. Bei der Differenzkalkulation wird der Unterschied zwischen Selbstkosten und Barverkaufspreis ermittelt. _____ [ ]

c. Der Barverkaufspreis wird auf Grund einer Rückwärtskalkulation ermittelt._____ [ ]

d. Der Selbstkostenpreis muss auf Grund einer Rückwärtskalkulation ermittelt werden. _____ [ ]

e. Lohnt sich die Aufnahme dieser Lampe in das Sortiment, wenn mindestens ein zweistelliger Gewinn erzielt werden soll?_____ [ ]

f. Der Barverkaufspreis beträgt 1 326,00 €. _____ [ ]

g. Der Gewinn beträgt 137,00 €. Das sind 10,33 %._____ [ ]

h. Der Gewinn beträgt 137,00 €. Das sind 11,522 %._____ [ ]

5　Ein Markenartikel kostet 20,00 €. Als Wiederverkäufer erhalten wir einen Rabatt in Höhe von 25 % und 2 % Skonto. Die Lieferung erfolgt frei Haus.

Wie viel Prozent Gewinn wird erzielt, wenn der Artikel für 30,00 € verkauft werden kann und die Handlungskosten 20 % betragen?_____ [ ]

6　Dem Großhändler liegen zwei Angebote vor:

Lieferant A
1 100,00 €, 15 % Rabatt und 3 % Skonto

Lieferant B
1 200,00 €, 20,5 % Rabatt und 2 % Skonto

Die Handlungskosten betragen 30 %. Der Verkaufspreis 1 300,00 €.

a. Wie hoch ist der Gewinn bei Lieferant A? [ ]

b. Wie hoch ist der Gewinn bei Lieferant B? [ ]

c. Ermitteln Sie den Gewinn in %, wenn bei dem günstigsten Anbieter gekauft wird. [ ]

Welche Tätigkeiten sind im Rahmen der Bearbeitung einer Kundenanfrage zu bearbeiten?

Anfrage eines bekannten Kunden	1. Prüfung, ob die angeforderten Artikel geliefert werden können 2. Prüfung, ob die Lieferung in der angefragten Zeit erfolgen kann 3. Prüfung, ob der Kunde bisher seinen Verpflichtungen nachgekommen ist 4. Prüfung, welche Artikel der Kunde in welchem Umfang bisher bestellt hat und ob ihm ggf. Sonderangebote unterbreitet werden können 5. Erstellen des Angebotes (brieflich, per Fax, telefonisch)
Anfrage eines neuen Kunden	Punkte 1., 2. und 5. wie oben 3. Prüfung, ob der Kunde kreditwürdig ist (hierzu ist ggf. eine Bankauskunft oder eine Auskunft bei einem Wirtschaftsinformationsdienst einzuholen, z. B. Schufa) 4. Prüfung, ob dem Kunden je nach in Aussicht gestelltem Auftragsvolumen in Bezug auf Konditionen oder Sonderanfertigungen entgegengekommen werden kann

Welche Daten benötigt die Verkaufsabteilung bei der Abwicklung eines Auftrages?

Artikeldatei	Artikelnummer, Artikelbezeichnung, Mengeneinheit, Gewicht, Abmessungen, Preis sowie artikelabhängige Zuschläge und Abschläge (z. B. Leckage, Mindermengenzuschläge), Lagerort, fortgeschriebener aktueller Lagerbestand, Mindestbestand, Höchstbestand, Meldebestand, fortgeschriebene Absatzzahlen, fortgeschriebener Umsatz
Kundendatei	Kundennummer (kann zugleich auch die Debitorennummer sein), Firma, Anschrift, Lieferungsbedingungen, Zahlungsbedingungen, zuständiger Vertreter, Ansprechpartner beim Kunden, fortgeschriebene Summe der offenen Posten, Kreditlimit, fortgeschriebener Umsatz (wichtig für Kundenbonus)
Vertreterdatei	Vertreternummer, Name und Anschrift, Provisionssätze, fortgeschriebener Umsatz, fortgeschriebene Provision
Auftragsdatei	Auftragsnummer, Kundennummer, Position, Artikelnummern, Mengen, Termine, besondere Vorschriften für Verpackung und Versand

Erläutern Sie den betrieblichen Ablauf einer Auftragsbearbeitung an einem Beispiel.

Verkauf

Ein Kunde bestellt am 08.03. 200 Mountainbikes, Art.-Nr. 34-57. Lieferzeit: 4 Wochen (Auslieferung beim Kunden soll am 05.04. erfolgen).
Der Auftrag erhält eine Auftragsnummer, wird erfasst und an die Disposition weitergeleitet.
Dabei prüft der Verkaufssachbearbeiter gleichzeitig, ob der Kunde seine Rechnungen bisher alle bezahlt hat. Stehen noch Rechnungen in größerem Umfang aus und ist das Kreditlimit erreicht oder überschritten, darf vorerst nicht ausgeliefert werden.

Disposition

Die Disposition prüft, ob die Fahrräder am Lager sind oder bis zum 03.04. am Lager sein werden. Der Bereitstellungstermin ergibt sich aus dem Auslieferungstermin abzüglich der Frachtdauer von 2 Tagen.
Der Disponent ruft den Datensatz 34-57 auf und sieht sich die Lagerbewegungen bis zum geplanten Bereitstellungstermin an. Für den 03.04. sind noch 250 Fahrräder verfügbar.
Wären sie es nicht, müsste der Disponent eine Bestellung auslösen.

Versand

Am 03.04. werden die 200 Mountain Bikes im Versand zur Auslieferung bereitgestellt. Der Versanddisponent hat für diesen Tag einen Lkw bei einer Spedition reserviert. Aus dem gespeicherten Auftragsdatensatz und dem Kundenstammsatz werden die erforderlichen Daten abgerufen, um folgende Versandpapiere zu erstellen:
▷ Lieferschein
▷ Frachtbrief
▷ Paketaufkleber

Nachdem die Sendung vom Spediteur abgeholt wurde, zeichnet der verantwortliche Mitarbeiter im Versand den Lieferschein ab und leitet diesen zusammen mit dem vom Fahrer der Spedition abgezeichneten Frachtbriefdoppel an die Verkaufsabteilung weiter.

Fakturierung

Die Ausgangsrechnung an den Kunden wird nach dem vom Versand abgezeichneten Lieferschein erstellt.
Die Fakturierung übernimmt hierzu den Datensatz aus der Auftragsdatei und prüft, ob alle Artikel des Auftrages ausgeliefert worden sind. Sind noch Restmengen auszuliefern, wird dies im Auftragsdatensatz hinterlegt. Die Rechnung wird unter Verwendung der im Auftragsdatensatz hinterlegten Daten und der in der Artikelstammdatei hinterlegten Daten erstellt, ausgedruckt und an den Kunden geschickt.

Rechnungswesen

Die erforderlichen Daten werden von der Fakturierung über eine Schnittstelle übernommen und als Debitorendaten aufbereitet. Dabei wird zu jeder Rechnung ein „offener Posten" mit den vereinbarten Zahlungsbedingungen angelegt. Die Umsatzerlöse und die auf der Rechnung ausgewiesene Mehrwertsteuer werden bei diesem Vorgang automatisch gebucht.
Die Liste der offenen Posten gibt täglich Auskunft über die Außenstände. Je nach Anforderung können nun täglich, wöchentlich oder monatlich die überfälligen Zahlungen angemahnt werden.
Nach Eingang der Zahlung wird diese gebucht und der entsprechende offene Posten gelöscht. Der Auftrag ist damit abgeschlossen, sofern keine Reklamationen vom Kunden eingehen.

1 In der Vertriebsabteilung eines Elektrogroßhändlers geht im Oktober die Anfrage eines Elektrofachgeschäftes ein, mit dem bisher noch keine Geschäftsverbindung bestand. Der Kunde fragt nach, ob der Großhändler ihm bis Anfang Dezember für das Weihnachtsgeschäft bestimmte Haushaltsmixgeräte liefern kann.
Welche der folgenden Tätigkeiten ist bei der Bearbeitung der Anfrage nicht durchzuführen? _____

Tragen Sie eine (6) ein, wenn alle Tätigkeiten erledigt werden müssen.

(1) Es muss eine Bankauskunft eingeholt werden, um festzustellen, ob die Bonität des Kunden gewährleistet ist.

(2) Der Verkaufssachbearbeiter muss prüfen, ob die den Vorstellungen des Kunden entsprechenden Geräte im Sortiment des Unternehmens enthalten sind.

(3) Der Verkaufssachbearbeiter muss in der Kundendatei nachsehen, welche Konditionen dem Kunden gewährt werden können.

(4) Sollten sich die angefragten Waren im Sortiment befinden, ist zu prüfen, ob den Terminvorstellungen des Elektrofachgeschäftes entsprochen werden kann.

(5) Der Verkaufsmitarbeiter muss dem Kunden eine Antwort übermitteln, die entweder aus einem Angebot oder aus einer Absage bestehen kann.

2 Der Vertriebssachbearbeiter eines Großhändlers benötigt eine Reihe von Informationen. In welcher der folgenden Dateien muss er an seinem PC nachsehen, um die gewünschte Information zu erhalten? Ordnen Sie die jeweils richtige Datei zu.

(1) Kundenstammdatei
(2) Artikelstammdatei
(3) Auftragsdatei
(4) Vertreterdatei

Tragen Sie eine (9) ein, wenn die erforderliche Datei nicht aufgeführt ist.

a. Ein Vertreter des Betriebes fragt im Auftrag eines Kunden nach einem Auslieferungstermin. _____

b. Der Versand fragt nach dem Raumbedarf und dem Gewicht für 5 000 Konservendosen Pfirsich-Maracuja, die am 15.3. an einen Kunden ausgeliefert werden sollen. __

c. Von dem Auslaufartikel Linsensuppe sind noch 4 000 Dosen am Lager. Der Vertriebssachbearbeiter soll gezielt Sonderangebote herausgeben. _____

d. Der Auftrag A 6678 kann aufgrund von Rohstoffmangel vorerst nicht ausgeliefert werden. Der Vertriebsmitarbeiter will den zuständigen Vertreter bitten, bei dem Kunden anzufragen, ob stattdessen ein bereits auf Lager befindliches Ersatzprodukt ausgeliefert werden kann. _____

3 Welche der folgenden Datenfelder gehören nicht in einen Kundenstammsatz? _____

Tragen Sie eine (6) ein, wenn alle aufgeführten Daten zu einem Kundenstammsatz gehören.

Tragen Sie eine (9) ein, wenn eine Zuordnung ohne zusätzliche Informationen nicht möglich ist.

(1) Anschrift
(2) Kreditorennummer
(3) Zahlungsbedingungen
(4) fortgeschriebener Umsatz
(5) Vertreter

4 Bringen Sie die folgenden Schritte zur Bearbeitung eines Auftrages eines neuen Kunden in eine sinnvolle Reihenfolge, indem Sie die Nummern 01–11 in die Kästchen hinter den einzelnen Aktivitäten eintragen.

a. Rechnungsdaten in OP-Datei übernehmen _____

b. Anlegen eines Kundenstammsatzes _____

c. Waren aus dem Lager entnehmen und zu einer Sendung zusammenstellen _____

d. Anlegen eines neuen Datensatzes in der Auftragsdatei

e. Eingang der Bestellung in der Poststelle _____

f. Rechnung ausdrucken und dem Kunden zusenden _____

g. Verfügbarkeit der bestellten Artikel in der Artikeldatei feststellen _____

h. Zahlungseingang überwachen und ggf. Kunden anmahnen _____

i. Lieferschein ausdrucken lassen und Versandpapiere erstellen _____

j. Zahlungseingang buchen _____

k. Auftragsbestätigung ausdrucken und dem Kunden zusenden _____

5 Welche der folgenden Datenfelder gehören nicht in einen Artikelstammsatz? _____

Tragen Sie eine (6) ein, wenn alle aufgeführten Daten zu einem Artikelstammsatz gehören.

Tragen Sie eine (9) ein, wenn eine Zuordnung ohne zusätzliche Informationen nicht möglich ist.

(1) Bonus
(2) Bezeichnung
(3) Mindermengenzuschlag
(4) Summe der offenen Posten
(5) Lagerbestand

Erläutern Sie die Aufgaben der Lagerhaltung im Großhandel.

Sicherung der Verkaufsbereitschaft	Der Großhändler muss ständig einen Vorrat an Waren zur Verfügung haben, damit er die Wünsche des Kunden sofort erfüllen kann. Ist diese Verkaufsbereitschaft nicht gegeben, besteht die Gefahr des Umsatzverlustes, da die Kunden sich zur Konkurrenz hin orientieren.
Zeitüberbrückungsfunktion	Die Lagerhaltung dient dazu, die Zeit zwischen der Produktion von Waren und dem Kauf durch den Kunden auszugleichen und um Lieferverzögerungen beim Produzenten zu überbrücken.
Ausnutzung von Preisvorteilen	Die jahreszeitlichen Preisschwankungen für Waren, die sich z. B. durch Mengenrabatte des Herstellers ergeben, sollten bei der Einkaufsplanung berücksichtigt werden. Das Lager muss demnach so beschaffen sein, dass es einen kurzfristigen Mehrbedarf an Raum decken kann.
Sortimentsbildungsfunktion	Der Großhandel hat in vielen Bereichen die Aufgabe, ein breites und tiefes Sortiment für seine Abnehmer bereitzuhalten. Dies gilt vor allem für den Produktionsverbindungsgroßhandel und den Absatzgroßhandel. Nicht selten haben Großhändler 50 000 und mehr verschiedene Artikel im Sortiment.
Umformung und Veredelung	Manche Waren müssen vorbeugend behandelt werden (Warenmanipulation), um die Haltbarkeit zu verlängern und den Handelswert zu erhöhen (z. B. Reinigen, Austrocknen, Sortieren, Mischen, Reifen) oder eine bessere Verkaufseinheit zu schaffen (handliche Verpackung, Montage der Einzelteile).

Nach welchen Gesichtspunkten lassen sich Lager unterscheiden?

Baulichkeiten	▷ Das **Freilager** nimmt Waren auf, die witterungsunempfindlich sind, z. B. Kies, Sand. **Geschlossene Lager** dienen der Aufnahme von Waren, die Schutz gegen Witterungseinflüsse benötigen. ▷ **Eingeschossige Lager** (Flachlager) sind ebenerdig, max. 7 m hoch und eignen sich für schwere und unhandliche Waren, z. B. Maschinen, Holz, Stahl. **Mehrgeschossige Lager** (Etagenlager) sind dagegen auf mehreren Ebenen eingerichtet. Für sie müssen technische Einrichtungen des vertikalen Transports geschaffen werden, z. B. Lastenaufzüge. Dafür nutzen sie weniger Grundstücksfläche. ▷ **Stapellager** werden mit Waren bestückt, die in mehreren Schichten übereinander gestapelt werden können und sich zumeist auf Paletten befinden. Diese Lager müssen über entsprechende Stapelfahrzeuge oder Laufkräne verfügen. **Hochregallager** haben Höhen von mehr als 12 m, benötigen eine entsprechende Automatisierungstechnik sowie Regalförderfahrzeuge.
Lagerstandort	▷ Ein **zentrales Lager** nimmt alle Waren des Großhändlers an einem Ort auf. Die An- und Auslieferung kann dabei zentral abgewickelt werden. Nachteilig wirkt sich u. U. die fehlende Kundennähe aus. ▷ **Dezentrale Lager** werden großräumig über die Distributionsfläche verteilt und haben den Vorteil der Kundennähe. Nachteilig wirken sich höhere Kosten und ein höherer Organisationsbedarf aus.
Eigentumsverhältnisse	▷ **Eigenlager** sind in den eigenen Geschäftsräumen untergebracht. Sie bieten den Vorteil des direkten Zugriffs und bessere Gestaltungsmöglichkeiten. ▷ **Fremdlager** sind Räumlichkeiten eines fremden Lagerhalters. Der Vorteil besteht in geringeren Kosten (je nach Beanspruchung) und einem geringen Investitionsrisiko. Speziallagerhäuser (z. B. für Tiefkühlkost) sind zumeist Fremdlager.
Funktion	▷ **Ausstellungslager** sind zumeist Schauräume, in denen die Produktpalette präsentiert wird. ▷ **Verkaufslager** nehmen die Vorräte des Großhändlers bis zum Zeitpunkt des Versands auf. ▷ **Kommissionslager** werden für Waren eingerichtet, an denen der Lieferant ein Eigentumsrecht hat. Die Abrechnung mit dem Lieferanten erfolgt erst, wenn die Ware verkauft ist.

Welche Anforderungen sollten Ihrer Meinung nach an ein gut funktionierendes Lager gestellt werden?

Allgemeine Gesichtspunkte	▷ **Geräumigkeit:** Das Lager soll so beschaffen sein, dass es Spitzenbelastungen standhält und der innerbetriebliche Transport nicht gefährdet wird. ▷ **Übersichtlichkeit:** Das Lager muss so aufgeteilt sein, dass häufig benutzte Güter am Anfang lagern und auch wenig benutzte Güter schnell greifbar sind. ▷ **Sicherheit:** Durch geeignete Sicherungsmaßnahmen muss sichergestellt werden, dass die Gefahr von Bränden, Unfällen oder Diebstählen gemindert wird. ▷ **Zweckmäßigkeit:** Entscheidend für die Art der Lagerung ist das zu lagernde Produkt. Das Lager muss deshalb der Art, der Güte und dem Wert der Waren entsprechen. ▷ **Wirtschaftlichkeit:** Lagerhaltung ist teuer. Um Kosten zu senken oder zu vermeiden, sollten sowohl die zu lagernde Menge, der Verwaltungsaufwand und die Lagerdauer möglichst gering sein.
Organisatorische Anforderungen	▷ kurze Wege für umsatzstarke Waren („Schnelldreher") und direkte Einlagerung der Ware ▷ kreuzungsfreie und ausreichend breite Förderwege sowie kurze Wege bei der Entsorgung ▷ strikte Beachtung der Vorschriften zum Gesundheitsschutz und zur Unfallverhütung ▷ Einrichtung von Sicherheitsanlagen (Fluchtwege, Sprinkleranlagen) sowie Diebstahlsicherungen ▷ Erstellung eines Lagerplans, um insbesondere in größeren Lagerräumen ein schnelles Auffinden der Ware zu gewährleisten und neuen Mitarbeitern die Einarbeitung zu erleichtern

Lagereinrichtung	Einrichtungsgegenstände	Fördermittel	Vorrichtungen
	▷ Regale ▷ Schränke, Ständer ▷ Tanks ▷ Kisten, Paletten ▷ Klimaeinrichtungen	▷ horizontal: Rollenbahnen, Band ▷ vertikal: Aufzüge, Kräne ▷ horizontal und vertikal: Gabelstapler, Hubwagen	▷ Informationseinrichtungen, z. B. PC, Telefon ▷ Sicherungseinrichtungen ▷ Zähl-, Mess- und Wiegevorrichtungen

1 Die Lagerhaltung erfüllt wichtige Aufgaben innerhalb der Gesamtaufgabe eines Großhandelsunternehmens. Welche der nachstehenden Aussagen ist falsch? __

Tragen Sie eine (5) ein, wenn alle Aussagen richtig sind.

(1) Lagerhaltung ist notwendig, damit der Großhändler stets lieferfähig ist.

(2) Lagerhaltung ist notwendig, um Bedarfschwankungen und Unregelmäßigkeiten in der Beschaffung auszugleichen.

(3) Die Lagerhaltung beschafft Daten für die Beurteilung des Käuferverhaltens.

(4) Die Lagerhaltung soll helfen, Preisschwankungen bei der Beschaffung von Waren auszugleichen.

2 Welches der nachstehenden Merkmale kennzeichnet nicht ein Fremdlager? _____

(1) Die Einlagerung erfolgt immer auf der Basis eines Vertrages.

(2) Diese Lagerhaltung wirkt sich günstig bei rückläufigem Geschäft aus.

(3) Diese Lagerhaltung verursacht im Wesentlichen fixe Kosten.

(4) Diese Lagerhaltung wird häufig bei Speziallagerhaltung in Anspruch genommen.

(5) Diese Lagerhaltung verursacht im Wesentlichen variable Kosten.

3 Prüfen Sie unten stehende Aussagen und klären Sie, ob es sich dabei um einen Vorteil der

(1) zentralen Lagerhaltung,
(2) dezentralen Lagerhaltung

handelt.

a. Die Sachkosten der Lagerhaltung sind bei diesem Verfahren relativ niedrig.___

b. Diese Lagerhaltung ist vom Gesichtspunkt der Kundennähe her günstig zu beurteilen.___

c. Diese Organisation der Lagerhaltung erleichtert die Zusammenarbeit zwischen Lager und Verkauf. ___

d. Diese Lagerhaltung verursacht niedrigere Kosten der Distribution. ___

e. Der Überblick über Art und Umfang der verfügbaren Lagerbestände wird leichter.___

4 Welche der folgenden organisatorischen Anforderungen bezieht sich nicht auf die Lagerhaltung? ___

Tragen Sie eine (6) ein, wenn alle Grundsätze zutreffend sind.

(1) Beachtung der Vorschriften zur Unfallverhütung

(2) Erstellung eines Lagerplans

(3) kurze Wege für umsatzstarke Waren

(4) ausreichend breite Förderwege

(5) Diebstahlsicherungen

5 Bei der Einrichtung und Führung eines Lagers sollen allgemeine Grundsätze der Lagerhaltung eingehalten werden.
Prüfen Sie unten stehende Grundsätze und kennzeichnen sie

zutreffende Grundsätze mit einer (1),
nicht zutreffende Grundsätze mit einer (9).

a. Sicherheit _____

b. Preisdifferenzierung _____

c. Geräumigkeit_____

d. rationeller Warenfluss _____

e. Übersichtlichkeit _____

6 Einzelne Funktionen der Lagerhaltung haben je nach Branche für den Großhandel eine herausragende Bedeutung. Ordnen Sie von den folgenden Funktionen den unten stehenden Betrieben jeweils die Kennziffer zu, die für Lagerhaltung dieses Großhandelsbetriebes die höchste Priorität hat.

(1) Zeitüberbrückungsfunktion
(2) Sortimentsbildungsfunktion
(3) Umformung und Veredelung

a. Weinhandel _____

b. Großhandel für Verbindungselemente (Schrauben, Dübel) _____

c. Holzgroßhandlung_____

d. Büroartikelgroßhandlung_____

e. Kaffee- und Teegroßhandlung _____

7 Nach der räumlichen Anordnung des Lagers und den Baulichkeiten werden verschiedene Arten der Lagerhaltung unterschieden. Ordnen Sie bei den unten stehenden Warenarten zu, welche Art der Lagerhaltung am ehesten zutrifft.

Tragen Sie in Spalte A ein, ob sich für diese Waren besser eignet ein

(1) Freilager,
(2) geschlossenes Lager.

Tragen Sie in Spalte B ein, ob sich für diese Waren eher eignet ein

(3) Flachlager.
(4) Stapellager.
(5) Hochregallager.

	A	B
a. Bücher_____		
b. Pkw _____		
c. Parkett_____		
d. Büromaterialien_____		
e. Baumaterialien (Kies, Sand, Steine) _____		
f. Elektrogeräte_____		

Beschreiben Sie die Aufgaben im Zusammenhang mit der Warenannahme und Wareneinlagerung.

Warenannahme	Die Mitarbeiter nehmen die vom Frachtführer angelieferten Packstücke, Container etc. in der Anlieferzone der Großhandlung in Empfang und prüfen, ob
	▷ die Sendung überhaupt für den Betrieb bestimmt ist (Anschrift),
	▷ die Anzahl der Packstücke und ggf. das Gewicht mit dem Frachtbrief übereinstimmt,
	▷ die Packstücke unversehrt sind. Ist dies nicht der Fall, lassen sich die Mitarbeiter fehlende Packstücke und Beschädigungen vom Fahrer des Frachtführers auf dem Frachtbrief bestätigen.
Warenprüfung	Beim Auspacken der Packstücke ist zu prüfen, ob der Inhalt nach Art, Beschaffenheit, Güte und Menge mit dem Lieferschein übereinstimmt. Bei Bedarf ist die Abweichung auf dem Lieferschein zu vermerken.
Einlagerung	Schließlich ist die Ware auf Basis des Lagerplans und nach den Grundsätzen ordnungsgemäßer Lagerhaltung (siehe unten) dem entsprechenden Lagerplatz zuzuführen.
Erfassung	Der ggf. korrigierte Lieferschein ist die Grundlage für die Erfassung des Wareneingangs. Im Warenwirtschaftssystem sind unter Angabe des Datums und der Artikel-Nummer die eingegangenen Mengen einzugeben. Das System erstellt eine Wareneingangsmeldung, die zusammen mit dem Lieferschein dem Einkauf als Grundlage für die Rechnungsprüfung oder ggf. einer Mängelrüge dient.

Erläutern Sie die üblichen Lagerplatzsysteme.

Ziele	Ziel der optimalen Lagerplatzzuordnung ist es, den Artikeln den Lagerplatz zuzuordnen, der einen schnellen Zugriff bei Ein- und Auslagerung ermöglicht und der die Kosten der Lagerhaltung und die Kosten des Warenflusses zwischen Warenein- und -auslagerung minimiert.

Arten	Beschreibung	Voraussetzungen	Vorteile/Nachteile
systematische Lagerplatzzuordnung (Festplatzsystem)	Die Waren werden nach einem vorgegebenen System an gleich bleibenden Plätzen eingeordnet. Jeder Artikel verfügt damit über einen festen Platz. Dieser Lagerort ist im WWS im Artikelstammsatz gespeichert.	Für jeden Lagerplatz wird eine „sprechende" Lagernummer oder Lageradresse vergeben, aus der der Lagerort ersichtlich ist. *Beispiel: Der Lagerort C-4-63 befindet sich in Gang C, Zone 4, Fach 63.*	▷ große Übersichtlichkeit und Zugriffssicherheit (auch bei Ausfall der EDV) ▷ hoher Lagerplatzbedarf, weil für jeden Artikel der Platz für den Höchstbestand reserviert sein muss
chaotische Lagerplatzzuordnung	Dieses System, das vorwiegend in Hochregallagern verwendet wird, vergibt für neu ankommende Ware immer die Lagerplätze, die gerade frei sind. Unter Umständen kann damit ein Artikel auf mehreren verschiedenen Lagerplätzen verteilt sein.	Ein fehlertolerantes EDV-System überwacht mit 100%iger Genauigkeit die Ein- und Auslagerung, weist freie Plätze zu und speichert belegte Plätze. Dies erfordert im System eine ständige Neuzuordnung von Lagerplatz und Artikel.	▷ geringer Platzbedarf für das gesamte Lager und damit erhebliche Kostenvorteile ▷ hohes Risiko bei falscher Datenerfassung oder Systemabsturz

---

Welche Gesichtspunkte sind für eine warengerechte Einlagerung zu beachten?

Warenwert	▷ Gleichartige Waren sollten möglichst zusammen, d. h. in gleichen Lagerzonen gelagert werden. ▷ Die Art der Warenlagerung ist der Art der Ware anzupassen. Beispiel: großvolumige Ware in Stapellagerung, kleinvolumige Ware in Aufbewahrungsbehältern im Regal.
Warenwert	▷ Hochwertige Waren sollten unter Verschluss oder an übersichtlichen Stellen gelagert werden. ▷ Niedrigpreisige Ware kann offen und an den weniger übersichtlichen Stellen eingelagert werden.
Zugriffshäufigkeit	▷ Um die Kommissionierungswege zu optimieren, sollten Artikel, die sehr häufig verlangt werden (Schnelldreher, Renner, A-Teile), in der Nähe der Auslieferungszone und/oder in Griff- und Augenhöhe gelagert werden. ▷ C-Teile bzw. Langsamdreher können im hinteren Teil des Lagers gelagert werden.
Transporteigenschaften	▷ Um sowohl den Sicherheitsaspekten als auch den ergonomischen Ansprüchen zu genügen, sollten leichte Waren oben und schwere Waren im unteren Bereich gelagert werden. ▷ Sperrige Güter sollten für die Transportmittel (Hubwagen, Gabelstapler) leicht zugänglich sein.
Reihenfolge der Warenausgabe (Verbrauchsfolge)	▷ **FiFo (first in – first out):** Bei diesem System wird die zuerst eingelagerte Ware auch zuerst ausgegeben. Neue Ware wird also immer hinter der alten Ware eingelagert. Manche Regalsysteme erlauben dies, indem von der einen Seite eingelagert, von der anderen ausgelagert wird. Der Vorteil dieses Systems liegt darin, dass die gelagerte Ware nicht überaltern kann. ▷ **LiFo (last in – first out):** Dieses System der Lagerhaltung ist eher die Ausnahme. Sie entsteht zwangsläufig bei Ware, die in einem Behälter oder in einem bestimmten Bereich gelagert wird, wobei die zuletzt eingetroffene Ware auf die vorhandene Ware gestapelt oder geschüttet wird und folglich zuerst wieder weggenommen wird. Beispiel: Schüttgut in einer Baustoffgroßhandlung, Kohle in einer Brennstoffgroßhandlung.

1 Während Sie in der Warenannahme eines Großhandelsunternehmens arbeiten, fährt der Lkw einer Spedition vor und packt fünf Pakete auf die Rampe. Welche der folgenden Tätigkeiten müssen Sie in diesem Zusammenhang erledigen? _____

(1) Beim Lieferanten telefonisch die Bestätigung einholen, dass die Ware für uns bestimmt ist.

(2) Im Einkauf nachfragen, ob wir von diesem Lieferanten Ware erwarten.

(3) Die Anzahl der Packstücke mit dem Frachtbrief vergleichen.

(4) Die Packstücke einzeln auf eine Waage legen und das Gewicht mit dem Frachtbrief vergleichen.

(5) Die Packstücke äußerlich auf Beschädigungen überprüfen.

2 Welche der folgenden Daten müssen nach der Prüfung eines Artikels bei der Erfassung im Warenwirtschaftssystem nicht eingegeben werden? _____

(1) Artikel-Nummer

(2) Gesamtgewicht der Warensendung

(3) Menge

(4) Datum des Wareneingangs

3 Im Rahmen der Lagerplatzzuordnung werden unterschieden

(1) die Festplatzzuordnung,
(2) die chaotische Lagerplatzzuordnung.

Ordnen Sie den folgenden Aussagen über Lagersysteme die zutreffende Kennziffer zu.

Setzen Sie eine (9) ein, wenn die Aussage auf beide Lagerplatzsysteme zutrifft.

a. Ein Systemausfall der EDV-Anlage führt bei diesem System zu erheblichen Problemen. _____

b. Für die gelagerte Ware existiert ein Lagerplan. _____

c. Dieses Lagerplatzsystem bietet Kostenvorteile auf Grund geringen Raumbedarfs. _____

d. Der Lagermitarbeiter kann den Standort der Ware am Bildschirmarbeitsplatz einsehen. _____

e. Der Lagerplatz ist als Stammdatum im Artikelstammsatz gespeichert. _____

f. Über freien Lagerplatz verfügt ausschließlich das Lagerplatzmodul im Warenwirtschaftssystem. _____

g. Dieses Lagerplatzsystem bietet eine große Übersichtlichkeit und Zugriffssicherheit. _____

4 Für die warengerechte Einlagerung sind eine Reihe von Gesichtspunkten zu beachten. Ordnen Sie die folgenden Gesichtspunkte den unten stehenden Aussagen zu.

(1) Warenwert
(2) Zugriffshäufigkeit
(3) Transporteigenschaften
(4) Verbrauchsfolge

a. Lebensmittel werden im Fifo-System gelagert. _____

b. Fliesenpakete werden in Bodennähe gelagert. _____

c. Für hochwertige Telekommunikationsgeräte wird ein abschließbarer Raum eingerichtet. _____

d. Fotokopierpapier ist in einer Büroartikelgroßhandlung ein A-Artikel. _____

e. Die palettierten Zementsäcke können vom Gabelstapler gut erreicht werden. _____

f. Styroporblöcke werden für jeden Mitarbeiter zugänglich offen gelagert. _____

5 Auf welche der folgenden Warenarten ist Ihrer Meinung nach das Verbrauchsfolgesystem LiFo am ehesten anwendbar? _____

(1) Frischmilch in Flaschen

(2) Grafik-Karten für Computer

(3) Konserven

(4) Wesersand

(5) Saatgut

6 Nach dem Wareneingang erfolgt die Prüfung der Ware. Welche der folgenden Fragen können Sie bei der Prüfung der Ware unberücksichtigt lassen? _____

(1) Stimmt die Menge mit dem Lieferschein überein?

(2) Ist ausreichend Lagerplatz vorhanden?

(3) Sind die auf dem Lieferschein angegebenen Artikel auch geliefert worden?

(4) Sind die Waren unbeschädigt und stimmen sie ggf. mit dem Muster überein?

(5) Sind die auf dem Lieferschein angegebenen Größen geliefert worden?

7 Welche der folgenden Aussagen trifft nicht auf das Verbrauchsfolgesystem FiFo zu? _____

(1) Neue Ware wird im Regal immer hinter der bereits vorhandenen Ware gelagert.

(2) Die Lagermitarbeiter können nicht sicher sein, ob sie stets frische Ware ausgeben.

(3) Die zuerst eingelagerte Ware wird hierbei immer zuerst ausgelagert.

(4) Dieses System der Lagerhaltung ergibt sich automatisch bei der Lagerung in einem Silo.

(5) In Regalsystemen, bei denen die Ware von der einen Seite ein- und von der anderen Seite ausgelagert wird, trifft dieses System zu.

Erläutern Sie die Aufgaben, die zu erledigen sind, während sich die Ware am Lager befindet.

Warenpflege	Hierzu gehören alle Aufgaben, die die Waren erhalten und in einen verkaufsfähigen Zustand versetzen. Im Wesentlichen sind dies die Sauberhaltung der Lagerräume und der Ware, die Kontrolle der installierten Mess- und Regelsysteme (z. B. im Kühlhaus, im Weinkeller) oder der Ware selbst anhand von Stichproben.
Manipulation	Zur Manipulation gehören alle Tätigkeiten, die erforderlich sind, um die Verwendungsreife der Ware herzustellen (z. B. Trocknung bei Holz oder Tabak), zu erhalten (z. B. gleich bleibende Temperatur bei Tiefkühlkost) oder zu erhöhen (z. B. durch Reifung bei Wein). Ebenso gehören dazu alle verkaufsvorbereitenden Tätigkeiten, wie Etikettierung u. Sonderverpackung.

Nennen Sie Beispiele für Verpackungssymbole sowie Warn- und Hinweiszeichen nach DIN 55 402.

Oben	Zerbrechliches Packgut	Vor Nässe schützen	Vor Hitze (Sonneneinstrahlung) schützen	Keine Handhaken verwenden
Schwerpunkt	**Stechkarre hier nicht ansetzen**	**hier klammern**	**Gabelstapler hier nicht ansetzen**	**Zulässige Stapellast**

Welche Aufgaben sind im Rahmen der Erledigung eines Kundenauftrages zu erledigen?

Kommissionierung	Die Kommissionierung (Kommission = Auftrag) beinhaltet die Zusammenstellung eines Kundenauftrages anhand eines Kommissionierungsbeleges zu einer Lieferung. Die Waren müssen gesammelt und zur Bereitstellungszone transportiert werden. Bei der automatischen Kommissionierung laufen die Kommissionsbehälter den entsprechenden Lagerplatz an und werden dort mit den verlangten Waren beschickt. Da die Warenzusammenstellung durch hohen Personal- und/oder Sachmitteleinsatz sehr kostenintensiv ist und eine möglichst hohe Kundenzufriedenheit nur durch fehlerloses Kommissionieren erreicht wird, ist auf diesen Teil der Lagertätigkeit ein hohes Maß an Aufmerksamkeit zu richten.
Warenauslagerung	Nach der Kommissionierung in der Bereitstellungszone werden die Waren in die Auslieferungszone gebracht. Die Waren dürfen das Lager allerdings erst verlassen, wenn die Warenentnahme entweder manuell (auf dem Kommissionierungsbeleg) oder elektronisch (durch Scannen der Artikel-Nummern) fest gehalten bzw. bestätigt wurde.
Verpackung und Größe	In der Auslieferungszone werden die Kundenaufträge zu Transporteinheiten zusammengefasst (palettiert, in Container verpackt etc.) und dann entweder auf dem eigenen Fahrzeug verladen oder dem Frachtführer übergeben. Die erforderlichen Lieferscheine und Transportpapiere sind der Sendung beizulegen.

Beschreiben Sie die üblichen Kommissionierungssysteme.

Serielle Kommissionierung	Hierbei wird ein Kundenauftrag seriell, d. h. der Reihe der Warenpositionen nach erledigt.	
	Hauptgangverfahren Hierbei werden die zumeist in langen Lagergängen (Hauptgänge) organisierten Lagerplätze mit der Kommissionierungshilfe (Container, Rollbehälter) abgefahren, um den Kundenauftrag zusammenzustellen. Vorteile liegen in der Systematik, weshalb dieses System auch bei der automatischen Kommissionierung verwendet wird. Nachteilig wirken sich die langen, häufig unnützen Wege aus.	**Hauptgang-/Stichgangverfahren** Das Lager ist in Hauptgänge eingeteilt, von denen Stichgänge abgehen. In den Hauptgängen sind die A-Artikel platziert, in den Stichgängen die B- und C-Artikel. Der Lagermitarbeiter braucht damit nicht jeden Stichgang und nicht jedes Mal die volle Tiefe des Stichgangs anzusteuern. Damit werden die Kommissionierungswege gegenüber dem Hauptgangverfahren erheblich reduziert.
Parallele Kommissionierung	Der Kundenauftrag wird in Teilaufträge zerlegt und diese Teilaufträge werden parallel, d. h. gleichzeitig zusammengestellt. Der Lagerort ist für die Aufteilung maßgeblich.	
	Lagerbereichsverfahren Jeder für einen bestimmten Lagerbereich zuständige Mitarbeiter bekommt den Teil des Auftrages, dessen Artikel in seinem Bereich lagern, und stellt diese Teilkommission zusammen. Die Auftragszusammenführung erfolgt in einem besonderen Bereich (Bereitstellungszone). Der zusammengeführte Auftrag wird dann zur Auslieferungszone transportiert. Nachteilig an diesem Verfahren ist der hohe Organisationsaufwand.	**Lagergangverfahren** Die Lagermitarbeiter sind nicht einem Lagerbereich, sondern einem Teil eines Lagergangs zugeordnet. Da sie diesen Bereich gut kennen, können sie die Artikel, die zu mehreren Kundenaufträgen gehören, relativ schnell zusammenstellen. Nachteilig an diesem Verfahren ist das Risiko, dass sich sowohl beim Splitten der Kundenaufträge als auch bei der späteren Zusammenführung Fehler einschleichen können und die Übersicht verloren geht.

1 Prüfen Sie die unten aufgeführten Tätigkeiten aus verschiedenen Großhandlungen.
Welche der aufgeführten Tätigkeiten gehört nicht zur Warenpflege?_____

(1) In einer Weingroßhandlung wird im Lagerkeller für Rotweine regelmäßig die Luftfeuchtigkeit überprüft.

(2) In einer Papiergroßhandlung werden die Regale gereinigt.

(3) In einer Lebensmittelgroßhandlung werden die Verfalldaten überprüft.

(4) In einer Büroartikelgroßhandlung werden die Warenbestände zwecks Inventur gezählt.

(5) In einer Baustoffgroßhandlung werden im Freilager gelagerte Fliesen mit einer Plane abgedeckt.

2 Welches der folgenden Verpackungssymbole versinnbildlicht den Hinweis „Hier Schwerpunkt"? _____

(1)

(2)

(3)

3 Welches der unten aufgeführten Systeme trifft auf die folgende Beschreibung eines Kommissionierungssystems zu?_____

„Es handelt sich um ein Verfahren der seriellen Kommissionierung, bei dem jedoch die Kommissionierungswege erheblich verkürzt werden."

(1) Hauptgangverfahren

(2) Hauptgang-/Stichgangverfahren

(3) Lagerbereichsverfahren

(4) Lagergangverfahren

4 Nach der Bearbeitung eines Kundenauftrages im Verkauf muss die Ware für die Auslieferung bereitgestellt werden. Bringen Sie die folgenden unsortierten Tätigkeiten im Lager durch Einsetzen der Ziffern (1) bis (10) in die richtige Reihenfolge.

a. Die verpackten Waren werden zu Transporteinheiten zusammengestellt. _____

b. Der Kommissionsbehälter wird mit der Auftragsnummer (Barcode) versehen. _____

c. Die Waren werden in die Auslieferungszone transportiert. _

d. Das Transportfahrzeug wird mit den Transporteinheiten beladen. _____

e. Die Waren werden nach Kommissionierungsbeleg aus dem Regal entnommen und in den codierten Kommissionierungsbehälter gelegt. _____

f. Verschiedene Transporteinheiten werden zu Touren zusammengeführt. _____

g. Der vom Kommissionierer bestätigte Kommissionierungsbeleg wird bei Verlassen des Lagers beim Lagerverwalter abgegeben. _____

h. Erstellung des Kommissionierungsbeleges _____

i. Die Entnahme der Waren wird auf dem Kommissionierungsbeleg bestätigt._____

j. Die Waren werden aus dem Kommissionierungsbehälter genommen und verpackt. _____

5 Je nach Lagersystem werden bei der Zusammenstellung eines Kundenauftrages unterschiedliche Kommissionierungssysteme angewendet. Ordnen Sie den unten stehenden Aussagen zu, ob es sich dabei um

(1) serielle Kommissionierung,
(2) parallele Kommissionierung

handelt.

a. Nachteil an diesem Verfahren ist das Risiko, dass sich sowohl beim Splitten der Kundenaufträge als auch bei der späteren Zusammenführung Fehler einschleichen können und die Übersicht verloren geht. _____

b. Nachteil wirken sich bei diesem Verfahren die langen, häufig unnützen Wege aus. _____

c. Das Lager ist in Hauptgänge eingeteilt, von denen Stichgänge abgehen. In den Hauptgängen sind die A-Artikel platziert, in den Stichgängen die B- und C-Artikel. _____

d. Jeder für einen bestimmten Lagerbereich zuständige Mitarbeiter bekommt den Teil des Auftrages, dessen Artikel in seinem Bereich lagern, und stellt diese Teilkommission zusammen. _____

e. Die Vorteile dieses Systems liegen in der Systematik, weshalb dieses System auch bei der automatischen Kommissionierung verwendet wird. _____

Welche Kosten verursacht das Lager?

▷ Kapitalkosten (Zinsen) für das in den Warenbeständen und Lagereinrichtungen investierte Kapital;

▷ Personalkosten (Löhne und Gehälter einschließlich der Lohnnebenkosten);

▷ Raumkosten, darin sind enthalten die Kosten für Miete oder den Mietwert, für den Energieverbrauch (Strom, Gas, Wasser), die Instandhaltung der Lagereinrichtung, Abschreibungen auf Lagereinrichtungen, für Diebstahlsicherungen, Reinigung, Klimatisierung;

▷ Versicherungskosten für Feuer, Einbruch, Diebstahl, Leitungswasser, Sturmschäden;

▷ Kraftfahrzeugkosten für eigene Fahrzeuge;

▷ Abschreibungen auf Warenbestände für unverkäufliche, veraltete und verdorbene Waren;

▷ sonstige Kosten, z. B. für Bewachung.

Welche Risiken birgt ein zu großer oder ein zu kleiner Lagerbestand?

Hohe Lagerbestände verursachen hohe Lagerkosten. Niedrige Lagerbestände können wegen mangelnder Verkaufsbereitschaft zu Umsatzeinbußen, entgangenem Gewinn, Kundenverlusten oder zu Kosten für evtl. Vertragsstrafen führen. Zwischen diesen beiden gegenläufigen Auswirkungen eines zu hohen und eines zu niedrigen Lagerbestandes muss ein Ausgleich gefunden werden.

Nachteile eines zu kleinen Lagerbestandes:	Nachteile eines zu großen Lagerbestandes:
▷ verringerte Verkaufsbereitschaft ▷ kein vollständiges Sortiment ▷ Kundenverluste ▷ Mengenrabatte des Lieferanten werden nicht ausgenutzt	▷ hohe Lagerkosten (Raum-, Einrichtungs- und Personalkosten) ▷ gebundenes Kapital, das dem Betrieb flüssige Mittel entzieht ▷ Risikozunahme durch Veraltern, Modewechsel, Verderb, Diebstahl

Beschreiben Sie mögliche Maßnahmen zur Kontrolle des Lagers.

Eine umfassende und ständige Lagerkontrolle ist aufgrund der im Lager befindlichen hohen Werte unumgänglich. Sie wird ermöglicht durch folgende Maßnahmen:

Lagerkarten	Auf Lagerkarten wird jede Bewegung handschriftlich oder maschinenschriftlich eingetragen, sofern der Betrieb noch nicht auf EDV umgestellt ist. Eingetragen werden: Datum der Warenbewegung, Eingänge, Bestände, Art und Nummer des Belegs, Ausgänge, Bestellungen.
Lagerbuchführung	Die Lagerbuchführung als Nebenbuch zu den Warenkonten der Hauptbuchhaltung hält sämtliche Warenein- und -ausgänge fest und schreibt den jeweils aktuellen Lagerbestand fort. Grundlage dafür sind die Lagerkarten der einzelnen Warenarten. Alle Lagerbewegungen sind auf diese Weise jederzeit feststellbar und können nachgeprüft werden. Auch können die tatsächlichen Bestände (= Istbestände) mit den gebuchten Beständen (= Sollbestände) verglichen werden. Werden die Bestände und Lagerbewegungen durch die EDV geführt, werden sämtliche Lagerbewegungen in Dateien gespeichert. Bei Bedarf können die fortgeschriebenen Soll-Bestände ausgedruckt oder mit Hilfe des Bildschirmterminals abgerufen werden, so dass die Soll-Bestände jederzeit abrufbar sind.
Inventur	Die Inventur ist ein Kontrollinstrument, das zumindest am Ende des Geschäftsjahres eingesetzt wird. Jeder Kaufmann ist verpflichtet, als Grundlage der Aufstellung des Jahresabschlusses eine Inventur durchzuführen und die darin ermittelten Bestände mit Preisen bewertet in einem Inventar festzuhalten. Das Ergebnis der Inventur sind Ist-Bestände.
Inventurdifferenzen	Auftretende Inventurdifferenzen können verschiedene Ursachen haben. So können negative Differenzen aufgrund von Diebstahl, Schwund oder unterlassenen Buchungen von Warenabgängen, positive Differenzen dagegen aufgrund von unterlassenen Buchungen von Warenzugängen entstehen. Die Inventurdifferenzen werden als außerordentlicher Ertrag oder Aufwand ausgebucht.

1 Entscheiden Sie, ob die folgenden Aussagen

(1) mögliche Nachteile eines zu kleinen Lagerbestandes beschreiben,
(2) mögliche Nachteile eines zu großen Lagerbestandes beschreiben,
(9) weder einen Nachteil eines zu großen Lagerbestandes noch einen Nachteil eines zu kleinen Lagerbestandes beschreiben.

a. Das Risiko des Veralterns und Verderbens der Waren wird größer. _____

b. Bei Lieferverzögerungen durch eigene Lieferanten können Engpässe im Verkauf auftreten. _____

c. Es ist weniger Kapital in den gelagerten Waren gebunden. _____

d. Es können höhere Lagerkosten, z. B. für Lagerpersonal, entstehen. _____

e. Durch die verringerte Verkaufsbereitschaft ist die Gefahr des Kundenverlustes gegeben. _____

f. Die Produktvielfalt führt zu einer Unübersichtlichkeit des Sortiments. _____

g. Mengenrabatte des Lieferanten können nicht oder nur begrenzt ausgenutzt werden. _____

2 Kennzeichnen Sie unten stehende Aussagen mit

(1), wenn diese richtig sind,
(9), wenn diese falsch sind.

Eine laufende Kontrolle des Warenbestandes anhand der Lagerkartei hat den Vorteil, dass ...

a. ... der Gewinn und Verlust eines Großhandelsbetriebes besser ermittelt werden kann. _____

b. ... der Soll-Bestand immer mit dem Ist-Bestand übereinstimmt. _____

c. ... dadurch die jährliche Inventur entfällt. _____

d. ... jederzeit Informationen über den aktuellen Bestand von einzelnen Waren vorhanden sind. _____

3 Kennzeichnen Sie unten stehende Kostenarten mit einer

(1), wenn diese auch für die Kosten der Lagerhaltung zutreffen können,
(9), wenn es sich nicht um Kosten der Lagerhaltung handeln kann.

a. Abschreibungen auf Sachanlagen _____

b. kalkulatorische Zinsen _____

c. Kosten für Zustellung von Waren _____

d. Versicherungsprämien _____

e. Reisekosten _____

f. Büromaterial _____

g. Werbungskosten _____

h. Kosten der Weiterbildung von Mitarbeitern _____

i. Bewachungskosten _____

4 Die umfassende und ständige Lagerkontrolle wird durch eine Reihe von Instrumenten ermöglicht. Ordnen Sie den folgenden Listen und Unterlagen zu, ob diese sich für eine Bestandsüberwachung

(1) eignen,
(9) nicht eignen.

a. Inventurliste _____

b. Wareneingangsbuch _____

c. Lagerkarten _____

d. Lieferantenstammdatei _____

e. Kurzfristige Erfolgsrechnung _____

f. Kommissionierungsbeleg _____

g. Preislagenstatistik _____

5 Auftretende Inventurdifferenzen können verschiedene Ursachen haben. Ordnen Sie den unten stehenden Aussagen zu, ob es sich dabei um die Ursachen

(1) positiver Inventurdifferenzen,
(2) negativer Inventurdifferenzen

handelt.

Tragen Sie eine (9) ein, wenn dieser Vorgang nicht zu einer Inventurdifferenz führt.

a. Diebstahl _____

b. Differenz zwischen Bestellung und Lieferung _____

c. Schwund _____

d. unterlassene Buchungen von Warenabgängen _____

e. falsche Eintragung auf dem Kommissionierungsbeleg _____

f. Warenrücknahme von Kunden aufgrund einer Reklamation _____

g. unterlassene Buchungen von Warenzugängen _____

6 Ordnen Sie die folgenden Begriffe den unten stehenden Definitionen zu:

(1) Kommissionierungsbeleg
(2) Lagerkarte
(3) Wareneingangsbuch
(4) Inventur

a. Dieses Instrument ist ein Kontrollinstrument, das zumindest am Ende des Geschäftsjahres eingesetzt wird. Jeder Kaufmann ist dazu verpflichtet. _____

b. Diese Unterlage dient der Kontrolle von Warenentnahmen aus dem Lager. Jede Entnahme ist mit Artikelnummer, Artikelbezeichnung, Mengeneinheit, Menge, Name, Datum und Unterschrift zu verzeichnen. _____

c. Auf dieser Unterlage wird jede Warenbewegung mit Datum der Warenbewegung, Art der Warenbewegung, Bestand, Art und Nummer des Beleges vermerkt. _____

d. Diese Unterlage muss aufgrund gesetzlicher Vorschriften geführt werden. Bei Eingang der Ware sind Datum, Warenart und Menge aufzuzeichnen. _____

Erläutern Sie die unterschiedlichen Lagerbestandsarten.

grafische Darstellung	
	Menge in Stück — Täglicher Verbrauch: 100, Bestellmenge: 600; Lieferzeit: 3 Tage (BZ = Bestellzeitpunkt; EL = Eintreffen der Lieferung)

Lagerbestandsarten

Mindestbestand (Eiserner Bestand, Sicherheitsbestand)	▷ Dieser Bestand darf unter normalen Umständen nicht angegriffen werden. ▷ Er dient dazu, auch bei unerwarteten Zwischenfällen (z. B. Streik) verkaufsbereit zu sein. ▷ Der Mindestbestand kann daher nicht exakt berechnet werden. Er wird durch Schätzung aufgrund von Erfahrungswerten festgelegt (z. B. 120 Stück bei einem täglichen Absatz von 20 Stück und einer Beschaffungszeit von 6 Tagen).
Meldebestand (Bestellbestand)	▷ Wird dieser Bestand erreicht, muss eine neue Bestellung erfolgen. ▷ Für die Berechnung dieses Bestandes ist es notwendig, den Bedarf in der Beschaffungszeit zu ermitteln. Grundlage hierfür sind der tägliche Absatz (Verkaufsstatistiken) und die Beschaffungszeit (Erfahrungswerte). **Meldebestand = Mindestbestand + (täglicher Absatz • Beschaffungszeit)**
Höchstbestand	▷ Der Höchstbestand wird festgelegt, um einen zu großen Lagerbestand zu vermeiden. Bei Überschreiten der „kritischen Menge" steigen die Lagerkosten überdurchschnittlich an. ▷ Der Höchstbestand wird dann erreicht, wenn die bestellte Ware eintrifft. **Höchstbestand = Mindestbestand + Bestellmenge**

Mit welchen Lagerkennziffern kann eine Kontrolle des Lagers erfolgen?

Die folgenden Kennziffern dienen der Überprüfung einer effektiven Lagerhaltung von einzelnen Waren, Warengruppen oder des gesamten Warenlagers. Durch Vergleich mit den eigenen Werten, die in den Vorjahren ermittelt wurden, oder mit Kennziffern des Branchendurchschnitts lassen sich Schwachstellen in der Lagerhaltung aufspüren.

Durchschnittlicher Lagerbestand	▷ Dieser Wert gibt an, wie viel im Durchschnitt in die Warenvorräte investiert wird. Für die Berechnung werden die Daten aus der Inventur verwendet. ▷ Berechnung bei Jahresinventur $$= \frac{\text{Jahresanfangsbestand + Jahresendbestand}}{2}$$ ▷ Berechnung bei Monatsinventuren $$= \frac{\text{Jahresanfangsbestand + 12 Monatsendbestände}}{13}$$
Lagerumschlagshäufigkeit	▷ Die Umschlagshäufigkeit zeigt an, wie oft der durchschnittliche Lagerbestand in einem Jahr umgesetzt wird. ▷ Die Berechnung kann mit Wertangaben (in €) bzw. mit Mengenangaben (in Stück) erfolgen. Dabei ist jedoch zu beachten, dass sowohl im Zähler als auch im Nenner gleiche Einheiten verwendet werden. $$= \frac{\text{Wareneinsatz}}{\text{durchschnittlicher Lagerbestand}}$$
Durchschnittliche Lagerdauer	Sie gibt an, wie viele Tage die Ware im Durchschnitt lagert, bevor sie verkauft wird. $$= \frac{360\ \text{(Tage)}}{\text{Lagerumschlagshäufigkeit}}$$
Lagerzinssatz	Dieser Wert zeigt an, wie viel Prozent vom Wareneinsatz für Lagerzinsen aufgewendet wurden. $$= \frac{\text{Jahreszinssatz • durchschnittliche Lagerdauer}}{360}$$

1 Aus der Absatzstatistik geht hervor, dass ein Artikel an 250 Verkaufstagen einen Absatz von 10 000 Stück hatte. Der Mindestbestand soll für 3 Verkaufstage ausreichen. Der Höchstbestand beträgt 600 Stück, die Bestellzeit 6 Tage.

Berechnen Sie

a. ... den durchschnittlichen täglichen Absatz. _____

b. ... den Mindestbestand. _____

c. ... den Meldebestand. _____

d. ... die erforderliche Bestellmenge, damit der Höchstbestand nicht überschritten wird. _____

2 Bei einem Mindestbestand von 20 Stück und einer Beschaffungszeit von 5 Tagen ergibt sich ein Meldebestand von 60 Stück.

Wie hoch ist der tägliche Absatz? _____

3 Für einen Artikel ergibt sich ein Höchstbestand von 200 Stück. Der tägliche Absatz bringt 16 Stück. Die optimale Bestellmenge ist das Zehnfache des täglichen Absatzes.

Berechnen Sie den Mindestbestand. _____

4 Die Lagerkarte für einen Artikel weist einen Jahresanfangsbestand von 500 Stück und folgende Monatsendbestände auf:

Januar	530 Stück	Juli	490 Stück
Februar	480 Stück	August	330 Stück
März	220 Stück	September	500 Stück
April	690 Stück	Oktober	660 Stück
Mai	800 Stück	November	600 Stück
Juni	700 Stück		

Wie hoch darf der Bestand am Jahresende höchstens sein, wenn der durchschnittliche Lagerbestand nicht größer als 600 Stück sein soll? _____

5 Mit welcher Formel lässt sich die Lagerumschlagshäufigkeit berechnen? _____

(1) $\dfrac{\text{Wareneinsatz}}{\text{durchschnittlicher Lagerbestand}}$

(2) $\dfrac{\text{durchschnittlicher Lagerbestand}}{\text{Wareneinsatz}}$

(3) $\dfrac{360}{\text{durchschnittlicher Lagerbestand}}$

(4) $\dfrac{\text{Jahreszinssatz} \cdot \text{durchschnittliche Lagerdauer}}{360}$

6 Ermitteln Sie die durchschnittliche Lagerdauer aus den folgenden Angaben für den Warenbestand einer Großhandelsunternehmung: _____

Jahresanfangsbestand	500 000,00 €
Einkäufe während des Geschäftsjahres	2 000 000,00 €
Jahresendbestand	700 000,00 €

7 Welche der Aussagen zur Lagerumschlagshäufigkeit ist richtig? _____

(1) Je höher die Umschlagshäufigkeit, desto höher ist die Lagerdauer.

(2) Je geringer die Umschlagshäufigkeit, desto geringer sind die Kosten für die Lagerhaltung.

(3) Je höher die Umschlagshäufigkeit, desto geringer ist das Lagerrisiko.

(4) Zwischen Lagerdauer und Umschlagshäufigkeit gibt es keinerlei Beziehungen.

8 Bei einem Betriebsvergleich zweier Großhandelsbetriebe stellte man bei Betrieb A eine Umschlagshäufigkeit von 12 fest, beim Betrieb B bei einem Jahreszinssatz von 15 % einen Lagerzinssatz von 1,5 %.

a. Wie hoch ist die durchschnittliche Lagerdauer des Betriebes A? _____

b. Wie hoch ist die durchschnittliche Lagerdauer des Betriebes B? _____

c. Auf welchen Prozentsatz müsste der Lagerzins fallen, damit Betrieb B die gleiche Umschlagshäufigkeit erzielt? _____

9 Ein Großhandelsbetrieb erzielt in einem Jahr einen Umsatz von 2 320 000,00 € einschließlich 16 % Umsatzsteuer bei einer Handelsspanne von 25 % und einer durchschnittlichen Lagerdauer von 120 Tagen.

Ermitteln Sie

a. ... die Umschlagshäufigkeit. _____

b. ... den Kalkulationszuschlag. _____

c. ... den durchschnittlichen Lagerbestand. _____

10 Welche der unten stehenden Aussagen trifft zu? _____

(1) Der Lagerzinssatz wird durch die Einstellung eines neuen Lagerarbeiters nicht beeinflusst.

(2) Durch eine Erhöhung von Mindestbeständen einiger Waren wird die Umschlagshäufigkeit vergrößert.

(3) Der Umsatz eines Betriebes hat keinen Einfluss auf die Lagerumschlagshäufigkeit.

(4) Damit der Lagerzins gesenkt werden kann, muss die durchschnittliche Lagerdauer verlängert werden.

Welche Voraussetzungen müssen bei Erfassung und Aufbereitung der Daten in einem WWS erfüllt sein?

Arten von Daten	Stammdaten	Stammdaten bleiben über einen längeren Zeitraum oder völlig unverändert. *Beispiele: Kundenname, Kundenanschrift, Listenpreis*
	Bewegungs-daten	Bewegungsdaten müssen stets neu erfasst werden, da sie nur einmalig auftreten. *Beispiele: Bestellmenge, Auslieferungsdatum, Bestand am 12.03.*
Datenerfassung		Datenerfassung ist die Aufbereitung und Zuführung der betrieblichen Daten in das System zum Zweck der elektronischen Verarbeitung. Die Datenerfassung sollte immer aktuell erfolgen, damit jederzeit ein Zugriff auf den aktuellen Datenbestand erfolgen kann. In einer Großhandlung ist die Aktualität der Daten für die effiziente Steuerung des Warenflusses durch ein WWS absolute Voraussetzung. Beispiele: ▷ Erfassung der Auftragsdaten ▷ Erfassung der Bestelldaten ▷ Erfassung der Warenbereitstellung (Kommissionierung) ▷ Erfassung der Auslieferung Die Erfassung dieser Daten kann entweder per Eingabe über die Tastatur an einem Bildschirmarbeitsplatz erfolgen, durch das Scannen des Barcodes (Balkencode) oder durch Spracheingabe.
Datenpflege		Die Datenpflege beinhaltet alle Tätigkeiten, die erforderlich sind, um den Bestand an Stammdaten auf dem Laufenden zu halten. Jede bekannt gewordene Veränderung in Bezug auf Kunden, Lieferanten, Lagerplätze und Artikel muss in den Datenbeständen sofort erfasst werden. *Beispiele: Listenpreise des Lieferanten, Auslieferungsanschrift, Bestände von Waren*

Erläutern Sie die Dienste, die ein WWS für die Lagerhaltung bieten kann.

Wareneinlagerung	Bei Eintreffen von Waren werden diese nach Art und Menge und je Lieferant erfasst. Damit ist gewährleistet, dass die Bestände sofort aktualisiert sind und bei Kundenanfragen der Verkaufsmitarbeiter bereits über die eingetroffenen Mengen verfügen kann.
Lagerplatz-verwaltung	▷ Beim **Festplatzsystem** sind alle Lagerplätze im WWS gespeichert. Das System kann bei Eingabe der gelieferten Artikel auf der auszudruckenden Wareneingangsmeldung die zutreffenden Lagerplätze angeben, nach denen die Lagermitarbeiter die Ware einlagern. ▷ Beim **chaotischen Lagerplatzsystem** übernimmt es das System, einen Lagerplatz vorzuschlagen, der gerade frei ist. Bestätigt der Mitarbeiter am Terminal diesen Platz, gibt das System ein Barcode- oder Markierungsetikett aus, das am Transportbehälter befestigt werden muss. Bestätigt der Mitarbeiter die Einlagerungsmenge, befördert das System mit automatischen Regalfördersystemen den Behälter in das entsprechende Lagerfach. Dieser Lagerplatz bleibt im System gespeichert und ist jederzeit abrufbar.
Lagerbestands-führung	Die artikelgenaue aktuelle Bestandsführung im Großhandel ist eine grundlegende Voraussetzung für eine schnelle und vollständige Belieferung des Kunden. Die Bestandsführung setzt eine sofortige Erfassung folgender Daten voraus: ▷ Wareneingänge (Erhöhung des Lagerbestandes, Verminderung des Bestellbestandes); ▷ Reservierungen (Verringerung des verfügbaren Bestandes); ▷ Warenabgänge (Verringerung des aktuellen Bestandes); ▷ Retouren (Erhöhung des verfügbaren und aktuellen Lagerbestandes, sofern ohne Mängel). Die aktuelle Bestandsfortschreibung bietet zahlreiche Vorteile. ▷ Der Verkauf kann sich jederzeit einen Überblick über verfügbare Ware verschaffen. ▷ Dem Rechnungswesen bietet sich der Vorteil der Übernahme der Bestände am Bilanzstichtag (permanente Inventur). ▷ Der Einkauf hat, sofern entsprechende Meldebestände registriert sind, täglich eine Liste der zu beschaffenden Waren mit Bestellvorschlag als Arbeitsgrundlage.
Warenausgang	Sind alle Aufträge zeitnah erfasst, erstellt das WWS sämtliche Daten und Belege, die zur Bewältigung der Auftragsabwicklung erforderlich sind. Dazu gehören die Ausgabe ▷ der Kommissionierungsbelege bzw. Pickliste für die Lagermitarbeiter; ▷ der Lieferscheine für den Kunden; ▷ der Ladelisten und der Tourenplanung für den eigenen Fuhrpark; ▷ der Frachtbriefe für den Frachtführer und sonstige Begleitpapiere; ▷ der Ausgangsrechnungen für den Kunden und die eigene Buchhaltung.

Welche Daten benötigt das WWS für die Erstellung der Tourenplanung?

Kundenstamm-daten	Auf den Kundenstammdaten benötigt die Tourenplanung die Kundennummer, die Anlieferadresse, Restriktionen in Bezug auf Lieferzeit und Lieferfahrzeug (z. B. Durchfahrtshöhe).
Planungsraum-daten	Jeder Kundenstandort wird durch die Anlieferadresse im Planungsraum definiert. Die Software liefert dazu die Entfernung, die Fahrtzeit und ggf. Restriktionen. Aktuelle Veränderungen (z. B. Baustellen) müssen gesondert erfasst werden.
Auftragsdaten	Aus den Auftragsdaten werden die anzusteuernden Kunden, deren Liefermengen und -zeiten ermittelt.
Fuhrparkstamm-daten	Die in der Fuhrparkdatei gespeicherten Daten enthalten Informationen über die maximale Zuladung, Volumenangaben, Höhe und Breite der Fahrzeuge sowie deren Verfügbarkeit und Status.
Personaldaten	Die Daten der in Frage kommenden Fahrer lassen sich in Bezug auf vereinbarte Arbeitszeiten, geplante Fehlzeiten (z. B. Urlaub) und tatsächliche Fehlzeiten aus der Personaldatei zuführen.

1 Die Datenerfassung ist eine der Säulen eines funktionierenden Warenwirtschaftssystems.
Welche der folgenden Aussagen zur Datenerfassung im WWS ist falsch? _____ ☐

(1) Änderungen der Stammdaten von Kunden und Artikeln sollten wöchentlich erfolgen.

(2) Die Erfassung von Daten erfolgt über Tastatur, Scannen des Barcodes (Balkencode) oder durch Spracheingabe.

(3) Daten sollten im WWS immer dann erfasst werden, wenn sie anfallen.

(4) Die nicht korrekte Erfassung von Daten kann erhebliche negative Auswirkungen auf Lieferbereitschaft und Kundenauslieferung haben.

(5) Eine nicht erfasste Preiserhöhung des Lieferanten hat negative Auswirkungen auf den Rohgewinn des Artikels.

2 Im Rahmen eines funktionierenden Warenwirtschaftssystems sollen Sie Kundenaufträge erfassen.
Welche der folgenden Angaben auf dem Kundenauftrag müssen Sie nicht erfassen? ___ ☐ ☐

(1) Artikel-Nummer

(2) Artikel-Bezeichnung

(3) Mengeneinheit/Verkaufseinheit

(4) Bestellmenge

(5) gewünschter Liefertermin

3 Welche der folgenden Aussagen ist kein Vorteil einer artikelgenauen aktuellen Bestandsführung? __ ☐

(1) Es kann jederzeit der Wert der gesamten gelagerten Ware abgerufen werden.

(2) Für Waren, die nur einmal im Kundenauftrag bestellt werden, wird ein Artikelstammsatz angelegt sowie die Ein- und Auslagerung erfasst.

(3) Bei einer Kundenbestellung kann der Verkäufer durch Eingabe der Artikelnummer sofort erfahren, ob die gewünschte Lieferung erfolgen kann.

(4) Bei Vorliegen eines Datenfeldes „Meldebestand" kann das System auf Abfrage täglich eine Liste der zu beschaffenden Waren ausgeben.

4 Ein funktionierendes Warenwirtschaftssystem im Großhandel setzt eine artikelgenaue aktuelle Bestandsführung voraus. Welcher der folgenden Vorgänge beeinflusst nicht die Höhe des aktuellen bzw. tatsächlichen Lagerbestandes? _____ ☐ ☐

(1) Wareneingänge

(2) Reservierungen

(3) Warenabgänge

(4) Bestellungen

(5) Retouren

5 Sie sollen für den Einkäufer des Unternehmens auf Grund einer Notiz die Daten für die Bestellung gegenüber einem Stammlieferanten erfassen.
Welche der folgenden Angaben müssen Sie nicht in das System eingeben? _____ ☐ ☐

(1) Artikel-Nummer

(2) Lieferungs- und Zahlungsbedingungen

(3) Lieferanten-Nr.

(4) Anschrift des Lieferanten

(5) Bestellmenge

6 Das Warenwirtschaftssystem liefert wichtige Unterlagen, Dokumente und Listen auf Knopfdruck.
Ordnen Sie den unten stehenden Unterlagen zu, ob diese für den

(1) Einkauf,
(2) Verkauf,
(3) Lagerbereich

erstellt werden.

a. Ladeliste _____ ☐

b. Bestellvorschlag _____ ☐

c. Tourenplan _____ ☐

d. Auftragsbestätigung _____ ☐

e. Kommissionierungsbeleg _____ ☐

f. Liste der verfügbaren Bestände ___ ☐

g. Frachtbrief _____ ☐

h. Pickliste _____ ☐

i. Bestellung _____ ☐

j. Lieferschein _____ ☐

7 Das Modul „Tourenplanung" des WWS verlangt eine Reihe von Daten als Voraussetzung für eine Tourenoptimierung.
Welche der folgenden Informationen wird von der Tourenplanung eines WWS nicht benötigt? _____ ☐

(1) Kundenanschrift

(2) Verfügbarkeit der Fahrer

(3) Auftragsdaten

(4) Lieferantenanschrift

(5) Raum und Gewichtsdaten der Fahrzeuge

Erläutern Sie die wesentlichen Bestimmungen über den Frachtführer.

Frachtführer	Frachtvertrag	Grundlage der Tätigkeit eines Frachtführers ist stets ein Frachtvertrag. Er wird zwischen dem Frachtführer und dem Versender abgeschlossen. Eine Form ist nicht vorgeschrieben.
		Durch den Frachtvertrag wird der Frachtführer verpflichtet, das Gut zum Bestimmungsort zu befördern und dort an den Empfänger abzuliefern. Der Absender wird verpflichtet, die vereinbarte Fracht zu zahlen.
	Rechte des Frachtführers	▷ Ausstellung des Frachtbriefes durch den Versender ▷ Zahlung der vereinbarten Vergütung
	Pflichten des Frachtführers	▷ Ausführung des Auftrages mit der Sorgfalt eines ordentlichen Kaufmannes ▷ Beförderung innerhalb der vereinbarten Zeit ▷ Auslieferung an dem benannten Ort ▷ Haftung für von ihm verursachte Schäden
	Erfüllung	Aushändigung des Versandgutes und des Frachtbriefs an den Empfänger
	Pfandrecht	Der Frachtführer hat an den zu befördernden Gegenständen ein gesetzliches Pfandrecht zur Sicherung seiner Forderungen.

Welche Aufgaben hat der Spediteur? Nennen Sie Rechte, Pflichten und Besonderheiten.

Spediteur	Speditions-vertrag	Grundlage der Tätigkeit ist ein Speditionsvertrag, der sich nach den „Allgemeinen Deutschen Spediteurs-Bedingungen" richtet. Durch den Speditionsvertrag wird der Spediteur verpflichtet, die Versendung des Gutes zu besorgen. Der Versender wird verpflichtet, die vereinbarte Vergütung zu zahlen.
	Rechte und Pflichten des Spediteurs	Der Spediteur hat ähnliche Rechte und Pflichten wie der Frachtführer. Hinzu kommen noch besondere Pflichten, die sich aus seiner Vermittlerrolle ergeben, wie z. B. die Treuepflicht, die Pflicht zur Wahrung der Rechte seines Auftraggebers und die Prüfungspflicht für die Verpackung.
	Spezialisierung	Die Arbeitsteilung hat sich auch in diesem Gewerbe ausgewirkt. Neben den internationalen Speditionen gibt es Spediteure, die sich z. B. auf Warengruppen, Regionen oder besonderen Service spezialisiert haben.
	Bedeutung	Spediteure sind besonders wichtig für kleine und mittlere Unternehmen, die nicht über Kenntnisse im internationalen Güterverkehr verfügen.

Erläutern Sie die wichtigsten Bestimmungen über den Lagerhalter.

Lagerhalter	Lagervertrag	Durch den Lagervertrag wird der Lagerhalter verpflichtet, das Gut zu lagern und aufzubewahren. Der Einlagerer wird verpflichtet, die vereinbarte Vergütung zu zahlen.
	Lagerschein	Der Lagerhalter hat für die eingelagerte Ware einen Lagerschein auszustellen. Dieser stellt ein Warenwertpapier dar, da jeder rechtmäßige Besitzer des Scheins auch über die Ware verfügen kann.
	Rechte des Lagerhalters	▷ Anspruch auf die vereinbarte Vergütung und Auslagenersatz ▷ Recht zur Kündigung des Einlagerungsvertrages ▷ gesetzliches Pfandrecht zur Sicherung seiner Ansprüche
	Pflichten des Lagerhalters	▷ Sorgfaltspflicht eines ordentlichen Kaufmanns ▷ Haftungspflicht für die eingelagerte Ware ▷ Herausgabepflicht, sofern der Lagerschein vorgelegt wird
	Bedeutung	Lagerhalter stellen ihre Lagerhäuser zur Verfügung, die von Spediteuren und Frachtführern sowie Versendern in Anspruch genommen werden, um Waren vor und nach dem Versand zwischenzulagern. Lagerhalter mit entsprechenden Lagerkapazitäten gibt es an allen größeren Orten, vor allem aber an den Hauptumschlagplätzen von Waren, wie Seehäfen, Flughäfen und großen Güterbahnhöfen.

---

1 Kennzeichnen Sie unten stehende Aussagen zu den Unternehmern des Güterverkehrs mit

(1), wenn diese richtig sind,
(9), wenn diese falsch sind.

a. Ein vom Lagerhalter ausgestellter Lagerschein ist ein Warenwertpapier. _____

b. Frachtführer übernehmen gewerbsmäßig die Beförderung von Gütern. _____

c. Spediteur und Frachtführer haben ähnliche Pflichten und Rechte. _____

d. Frachtführer beauftragen Spediteure mit der Versendung von Gütern für Rechnung eines Versenders. _____

e. Der Spediteur kann u. U. die Aufgaben des Frachtführers und des Lagerhalters übernehmen. _____

f. Der Lagerhalter hat ein gesetzliches Pfandrecht an den eingelagerten Sachen für den Fall, dass die einlagernde Person die vereinbarte Vergütung nicht entrichtet. _____

2 Frachtführer und Spediteur werden häufig verwechselt. Ordnen Sie den unten stehenden Aussagen eine

(1) zu, wenn sie auf den Frachtführer zutreffen;
(2) zu, wenn sie auf den Spediteur zutreffen;
(3) zu, wenn sie sowohl auf den Frachtführer als auch auf den Spediteur zutreffen;
(9) zu, wenn sie weder auf den Spediteur noch auf den Frachtführer zutreffen.

a. Diese Person übernimmt vorwiegend die Durchführung von Transporten. _____

b. Diese Person hat ein gesetzliches Pfandrecht, falls der Auftraggeber nicht die vereinbarte Vergütung zahlt. _____

c. Das von dieser Person ausgestellte Dokument ist ein Warenwertpapier. _____

d. Diese Person übernimmt vorwiegend die Vermittlung von Transporten. _____

e. Das von dieser Person ausgestellte Papier heißt „Frachtbrief". _____

f. Diese Person hat ein Selbsteintrittsrecht. _____

3 Welches der folgenden Rechte hat der Frachtführer zur Sicherung seiner Forderungen gegenüber dem Versender? _____

(1) Er kann die übergebenen Waren durch Selbsthilfeverkauf veräußern.

(2) Er kann die Waren bis zur vollständigen Bezahlung der vereinbarten Vergütung zurückbehalten (gesetzliches Pfandrecht).

(3) Er kann sich weigern, die Waren weiterzutransportieren.

4 Bei der Versendung von Gütern durch Frachtführer werden von diesen Transportdokumente ausgestellt.

Ordnen Sie die folgenden Dokumente den unten aufgeführten Sachverhalten bzw. Transportwegen zu.

(1) KVO-Frachtbrief
(2) EVO-Frachtbrief
(3) Konnossement
(4) Ladeschein
(5) Airway Bill

Tragen Sie eine (9) ein, wenn keines der genannten Dokumente zutrifft.

a. Die Techno Export GmbH lässt eine Ladung Computer vom Hamburger Hafen durch die Reederei Blohme nach Rio de Janeiro transportieren. _____

b. Die Krupp Stahlhandel GmbH lässt durch einen Partikulier 500 Tonnen Stahl von Duisburg nach Mannheim verschiffen. _____

c. Die Bicycle GmbH übergibt am Güterbahnhof in Bielefeld eine Sendung von 50 Fahrrädern an die Deutsche Bahn AG zum Transport nach Leipzig. _____

d. R. Wagner e. K. in Bremen lässt Spezialsteuerungen für Maschinen von der Deutschen Lufthansa nach Australien transportieren. _____

e. Die Nottebrock Versandhandel GmbH in Gütersloh lässt einem Kunden in Peine ein Paket mit Kleidungsstücken per Post zukommen. _____

f. Die Fredi KG in Berlin lässt einen Spezial-Lkw mit 20 Paletten Tiefkühlkost beladen. Der Lkw hat den Bestimmungsort Mannheim. _____

5 Welche der folgenden Bedeutungen hat ein Frachtdokument, das der Frachtführer dem Versender bei Abholung ausstellt? _____

Tragen Sie eine (6) ein, wenn alle Bedeutungen zutreffen.

(1) Versicherungspapier

(2) Zollpapier

(3) Rechnung

(4) Beförderungs- und Ablieferungsversprechen

(5) Sperrpapier bei Ausstellung des Frachtbriefdoppels

6 Welche der folgenden gesetzlichen Pflichten hat der Spediteur nicht? _____

(1) Sorgfaltspflicht eines ordentlichen Kaufmanns

(2) Prüfungspflicht der Ware

(3) Haftungspflicht

(4) Herausgabepflicht

(5) Treuepflicht

Was verstehen Sie unter Außenhandel? Nennen Sie wichtige Institutionen.

Außenhandel	Außenhandel im engeren Sinne beinhaltet den Austausch von Gütern und Dienstleistungen zwischen unabhängigen Volkswirtschaften. Nicht dazu zählen demzufolge die EU und EFTA.
Wichtige Institutionen	▷ **Industrie- und Handelskammern** (IHK) sind Körperschaften des öffentlichen Rechts, in denen alle Industrie- und Handelsunternehmen eines Gebietes Pflichtmitglieder sind. Aufgaben: Beratung, Information und Hilfestellung auf wirtschaftlichen, rechtlichen und steuerlichen Gebieten. Beispiele: Zollwesen, Außenwirtschaftsrecht, Ausschreibungen, Ausstellung Ursprungszeugnis, Beglaubigung von Dokumenten, Wettbewerbsrecht. ▷ **Außenhandelskammern** sind privatrechtliche freiwillige Zusammenschlüsse von Unternehmen, Organisationen und Privatpersonen aus der Bundesrepublik Deutschland und dem jeweiligen Partnerland. Aufgaben: Wechselseitige Förderung des bilateralen Handels. ▷ **Internationale Handelskammer** (International Chamber of Commerce = ICC) in Paris ist eine privatrechtliche Institution. Aufgaben: Förderung des Welthandels in allen Bereichen, wie Industrie, Handel, Banken- und Versicherungswesen, Verkehrswesen und anderen Dienstleistungswesen. ▷ **Kreditinstitute** haben die Aufgabe, den internationalen Zahlungs- und Kreditverkehr abzuwickeln. Sie bieten aber auch weitere betriebs- und volkswirtschaftliche Hilfen. ▷ **Deutsche Auslandsvertretungen** leisten Unterstützung bei Großobjekten. ▷ **Welthandelsorganisation** (World Trade Organisation = WTO) Aufgaben: Informationen über Auslandsmärkte, Rechtsfragen, die den Außenhandel betreffen, Ausschreibungen.

Nennen Sie wesentliche Risiken des Außenhandelsgeschäftes.

Währungsrisiko	Bei Veränderung der Austauschrelationen zwischen den verschiedenen Währungen ist die Gefahr vorhanden, Verluste zu erzielen. Soll die Zahlung in fremder Währung erfolgen, besteht ein Kursrisiko. Beispiel: Bezieht ein Importeur Waren aus den USA und sinkt der Wert seiner Landeswährung (Euro) im Verhältnis zur fakturierten Währung ($), so muss der Importeur bei Bezahlung mehr Geld in der Landeswährung aufbringen als bei Vertragsabschluss.	
	Absicherung	▷ Abschluss des Kaufvertrages in inländischer Währung. Dies ist jedoch nur ein Vorteil für einen Vertragspartner. ▷ Kreditaufnahme in der fakturierten Währung ▷ Exporteur und Importeur schaffen sich eine feste Kalkulationsbasis durch den Abschluss von Devisentermingeschäften, indem heute zu einem festen Kurs der Abschluss erfolgt, die Ausführung jedoch zu einem späteren Termin.
Transportrisiko	Mit dem Transport der Ware sind weitere Risiken verbunden, die wie folgt eingeteilt werden können: ▷ Örtliches Transportrisiko: Die Ware wird an einen anderen Ort verschickt, als vertraglich vereinbart wurde. ▷ Zeitliches Transportrisiko: Auf Grund der großen Entfernungen können Verzögerungen z. B. durch Stau, Sperrungen etc. entstehen. ▷ Quantitatives/qualitatives Transportrisiko: Durch Unfall, Diebstahl, Havarie, Krieg oder andere Ereignisse können Verschlechterung, Beschädigungen oder Verluste entstehen.	
	Absicherung	Eine Absicherung kann in diesen Fällen durch den Abschluss von Transportversicherungen (See-, Binnen- und Lufttransportversicherungen) erfolgen.
Politisches Risiko	Innenpolitische Entscheidungen und Situationen im Schuldnerland (Krieg, Streik) können zu Problemen im Außenhandel führen. Ebenso können zahlungswillige und zahlungsfähige Schuldner an der Erfüllung ihrer vertraglichen Verpflichtungen durch Zahlungsverbote des Staates gehindert werden, ebenso durch Bestimmung eines Zahlungsaufschubs (Moratorium). Ein Konvertierungsrisiko liegt vor, wenn der Staat den Umtausch der Inlandswährung in die gewünschte Währung nicht mehr gewährleistet.	
	Absicherung	Diese politischen Risiken werden von privaten Versicherungsgesellschaften nicht getragen. Da der deutsche Staat jedoch den Export fördern möchte, bietet die Hermes-Kreditversicherungs-AG im Auftrag des Bundes die Risikoabsicherung im politischen und wirtschaftlichen Bereich an.

1 Ursprungszeugnisse sind z. T. außenwirtschaftlich vorgeschrieben.

Welche der folgenden Institutionen ist für die Ausstellung eines Ursprungszeugnisses in der Bundesrepublik Deutschland zuständig? _____

(1) Deutsche Auslandsvertretung

(2) Internationale Handelskammer

(3) Außenhandelskammer

(4) Industrie- und Handelskammer

(5) Kreditinstitute

(6) Unternehmer selbst

2 Bei welchen der folgenden Risiken handelt es sich um ein politisches Risiko, das der Exporteur eingeht? _____

(1) Kursrisiko

(2) Transportrisiko

(3) Zahlungsverbots- und Moratoriumsrisiko

(4) Preisrisiko

(5) Kreditrisiko

3 Welches der folgenden Risiken im Außenhandel wird von der Hermes-Kreditversicherungs-AG übernommen?

Tragen Sie eine

(1) ein, wenn die Aussage richtig ist,
(9) ein, wenn die Aussage falsch ist.

a. Politisches Risiko _____

b. „Normales" Kursrisiko _____

4 Zu den Risiken im Außenhandel zählt u. a. auch das Transportrisiko.

Welche der folgenden Gleichstellungen ist falsch?

Tragen Sie die Ziffer vor der falschen Aussage in das Kästchen ein. _____

(1) Versand an einen falschen Ort = lokales Transportrisiko

(2) Verzögerung der Beförderung = Moratoriumsrisiko

(3) Verlust/Reduzierung der Ware = quantitatives Transportrisiko

(4) Verschlechterung der Ware = qualitatives Transportrisiko

5 Überprüfen Sie folgende Aussagen zum Währungsrisiko.

Welche der Aussagen ist richtig?

Tragen Sie eine (4) ein, wenn alle richtig sind. _____

(1) Als Importeur bin ich daran interessiert, Vorauszahlungen oder am besten auch Barzahlungen zu leisten, wenn der Wert meiner Landeswährung im Verhältnis zu der fakturierten Währung sinkt.

(2) Als Exporteur bin ich daran interessiert, Barzahlung zu verlangen, wenn der Wert der fakturierten Währung im Vergleich zu meiner Inlandswährung sinkt.

(3) Als Exporteur bin ich bereit, das Zahlungsziel zu verlängern, wenn der Wert der fakturierten Währung steigt.

6 Der Exporteur Willi Zarfl hat aus dem Internet folgende Information erhalten: „Die Deutsch-Portugiesische Industrie- und Handelskammer (auch „Außenhandelskammer" = AHK) hat ihren Sitz in Lissabon und eine Dependance in Porto. ..."

Überprüfen Sie die Unterhaltung mit seiner Geschäftsführerin Ilse Sonnack.

Tragen Sie eine

(1) ein, wenn die Aussage richtig ist,
(9) ein, wenn die Aussage falsch ist.

a. Frau Sonnack: „Da es sich um eine Außenhandelskammer handelt, ist es möglich, wirtschaftliche Informationen anzufordern." _____

b. Herr Zarfl: „Da Portugal zu Europa zählt, gibt es diese Außenhandelskammer bestimmt nicht mehr, da sie ja nicht mehr benötigt wird." _____

c. Frau Sonnack: „Außenhandelskammern dienen in Portugal wie in der Bundesrepublik Deutschland ausschließlich der Förderung des Distributionssektors." _____

7 Im Rahmen der Außenhandelsrisiken spricht man auch vom „Zahlungsverbotsrisiko". Was verstehen Sie darunter?

Tragen Sie eine

(1) ein, wenn die Aussage richtig ist,
(9) ein, wenn die Aussage falsch ist.

a. Der Importeur kann bedingt durch seine wirtschaftliche Situation nicht zahlen. Das Zahlungsverbot erteilt der Insolvenzverwalter. _____

b. Der Schuldner ist zahlungswillig, kann jedoch auf Grund des vom Staat erlassenen Zahlungsverbotes nicht zahlen. _____

c. Beim Zahlungsverbot handelt es sich um ein Moratorium. _____

d. Es handelt sich um ein Zahlungsverbot, das von der Bank des Importeurs ausgesprochen wird, weil die Bank des Exporteurs die Dokumente nicht eingereicht hat. _____

Was verstehen Sie unter Incoterms? Welche wesentlichen Inhalte werden darin geregelt?

Incoterms	Die Incoterms (**In**ternational **Co**mmercial **Terms**) sind Handelsbräuche, die von der Internationalen Handelskammer (ICC) gesammelt und fortentwickelt werden. Sie enthalten einheitliche Regelungen der wesentlichen Käufer- und Verkäuferpflichten für die im internationalen Handel gebräuchlichen Lieferverträge. Die Klauseln sind international anerkannt und können somit Missverständnisse vermeiden. Zu ihrer Gültigkeit müssen sie ausdrücklich im Vertrag vereinbart werden. Die letzte Änderung der Incoterms erfolgte zum 01.01.2000 und stellt eine Weiterentwicklung der Incoterms von 1990 dar.
Inhalte	Zu den Inhalten der Incoterms zählen: ▷ Lieferort An diesem genau bestimmten Ort hat der Verkäufer zu liefern. ▷ Gefahrenübergang Hier geht das Risiko vom Verkäufer auf den Käufer über. Der Käufer ist ab dem Gefahrenübergang zur Zahlung des vereinbarten Kaufpreises verpflichtet, auch wenn eine Verschlechterung oder der Untergang der Ware eingetreten ist. ▷ Kostenübergang Dies ist der Ort, an dem die Kosten (z. B. Transport, Zölle, Steuern) vom Verkäufer auf den Käufer übergehen. ▷ Export- und Importfreimachung Geregelt werden muss die Kostenübernahme für die Ausfuhrabfertigung im Exportland und die Kostenübernahme für die Einfuhrabfertigung im Importland. ▷ Transportversicherung Der Abschluss einer Transportversicherung ist zu Gunsten des Käufers auf Kosten des Verkäufers nur möglich bei den Klauseln CIF und CIP. Die Mindestversicherung muss in dem Fall den Kaufpreis zuzüglich 10 % decken und in der Währung des Kaufvertrages abgeschlossen sein.

Erläutern Sie die Incoterms 2000. Teilen Sie dabei die 13 Incoterms nach den Gruppen E, F, C und D ein.

Gruppe Abkürzung	Definition		Lieferort	Gefahrübergang	Kostenübergang
Gruppe E EXW	Ex works ... (named place)	Ab Werk ... (benannter Ort)	Werk des Verkäufers	Lieferort	
Gruppe F FCA	Free Carrier ... (named place)	Frei Frachtführer ... (benannter Ort)	Ort der Übergabe an den Frachtführer	Lieferort	
FAS	Free Alongside Ship ... (named port of shipment)	Frei Längsseite Schiff ... (benannter Verschiffungshafen)	Längsseite Schiff im Verschiffungshafen	Lieferort	
FOB	Free On Board (named port of shipment)	Frei an Bord ... (benannter Verschiffungshafen)	Schiff im Verschiffungshafen	Schiffsreling	
Gruppe C CFR	Cost and Freight ... (named port of destination)	Kosten und Fracht ... (benannter Bestimmungshafen)	Schiff im Verschiffungshafen	Schiffsreling	Bestimmungshafen
CIF *)	Cost, Insurance and Freight ... (named port of destination)	Kosten, Versicherung und Fracht ... (benannter Bestimmungshafen)	Schiff im Verschiffungshafen	Schiffsreling	Bestimmungshafen
CPT	Carriage Paid To ... (named place of destination)	Frachtfrei ... (benannter Bestimmungsort)	Ort der Übergabe an den ersten Frachtführer	Lieferort	Bestimmungsort
CIP *)	Carriage and Insurance Paid To ... (named place of destination)	Frachtfrei versichert ... (benannter Bestimmungsort)	Ort der Übergabe an den ersten Frachtführer	Lieferort	Bestimmungsort
	*) Besonderheit: Verkäufer trägt die Kosten der Versicherung (Mindestdeckung)				
Gruppe D DAF	Delivered At Frontier ... (named place)	Geliefert Grenze ... (benannter Ort)	Bestimmungsort an der Grenze	Bestimmungsort	
DES	Delivered Ex Ship ... (named port of destination)	Geliefert ab Schiff ... (benannter Bestimmungshafen)	Schiff im Bestimmungshafen	Schiff im Bestimmungshafen	
DEQ	Delivered Ex Quay (Duty Paid) ... (named port of destination)	Geliefert ab Kai (verzollt) ... (benannter Bestimmungshafen)	Kai des Bestimmungshafens	Kai des Bestimmungshafens	
DDU	Delivered Duty Unpaid ... (named place of destination)	Geliefert unverzollt ... (benannter Bestimmungsort)	Bestimmungsort	Bestimmungsort	
DDP	Delivered Duty Paid (named place of destination)	Geliefert verzollt (bekannter Bestimmungsort)	Bestimmungsort	Bestimmungsort	

1 Bei Außenhandelsgeschäften wird bei der Vertragsgestaltung üblicherweise auf die Incoterms verwiesen.

Zu welchem Zweck wurden diese Incoterms geschaffen?

Tragen Sie die Ziffer vor der richtigen Antwort in das Kästchen ein. _____

(1) Zur einheitlichen Auslegung der Zahlungsbedingungen im Außenhandel

(2) Zur einheitlichen Auslegung der Lieferbedingungen im Außenhandel

(3) Zur Angleichung der internationalen Zölle

(4) Zur Vereinfachung der Zollkontrolle im Außenhandel

2 Ihnen liegen mehrere Angebote von ausländischen Lieferanten vor, die sich u. a. im Vertragstext auf die Incoterms beziehen. Welche der unten genannten Incoterm-Klauseln ist die ungünstigste für den Käufer? _____

(1) CIP

(2) CIF

(3) FOB

(4) DDP

3 Die Lieferbedingungen spielen eine nicht unerhebliche Rolle im Hinblick auf die Frachtkosten.

Kennzeichnen Sie

richtige Aussagen mit einer (1),
falsche Aussagen mit einer (9).

a. Bei der FOB-Klausel liefert der Verkäufer die Ware bis an Bord des Schiffes, auch wenn es nicht direkt im Hafen liegt. _____

b. Liefert der Verkäufer „ab Lager", so entstehen für ihn keine Frachtkosten, jedoch Verladekosten. _____

c. Die Vereinbarung FOB (Free on Board = frei an Bord) beinhaltet, dass die Transportkosten und das Transportrisiko vom Verkäufer getragen werden bis zu dem Zeitpunkt, zu dem die Ware im Verschiffungshafen die Reling des Schiffes überschritten hat. Der Käufer hat den erforderlichen Schiffsraum zu beschaffen und den Verkäufer rechtzeitig darüber zu informieren. _____

4 Welche Aufwendungen muss die Exportgesellschaft in den USA übernehmen, wenn CIF vereinbart wurde?

Tragen Sie eine

(1) ein, wenn die Aufwendungen übernommen werden müssen,
(9) ein, wenn die Aufwendungen nicht übernommen werden müssen.

a. Die Aufwendungen für die Seefracht _____

b. Die Aufwendungen für den Versand zum Verschiffungshafen _____

c. Die Aufwendungen für die Seefrachtversicherung _____

d. Die Aufwendungen für den Versand ab Verschiffungshafen _____

5 Bei welcher der folgenden Klauseln ist der Gefahrenübergang die Schiffsreling und der Kostenübergang der Bestimmungshafen? _____

(1) EXW

(2) FOB

(3) CIF

6 Die Green Wrap Ltd. aus Preston/England vereinbart mit dem Bremer Handelshaus Schäfer im Kaufvertrag die Lieferungsbedingung „EXW Hamburg, Werk Ost, Tor 5, Halle B, gemäß Incoterms 1953, in der Fassung von 2000".

Tragen Sie eine

(1) ein, wenn die Aussage richtig ist,
(9) ein, wenn die Aussage falsch ist.

a. Bei der Klausel handelt es sich um eine ungültige Vereinbarung. _____

b. Es handelt sich um eine gültige, aber unübliche Klausel. Eine so genaue Angabe des Ortes, von dem die Ware abzuholen ist, entspricht nicht den internationalen Gepflogenheiten. _____

c. Bei der Vereinbarung geht der Gefahren- und der Kostenübergang beim Werk des Verkäufers in Hamburg auf die Green Wrap Ltd. aus Preston/England über. _____

d. Der Gefahrenübergang ist Bremen. _____

7 Überprüfen Sie bei den folgenden drei Incoterms, ob sie geeignet sind für den

Straßentransport (Spalte A),
Eisenbahntransport (Spalte B),
Lufttransport (Spalte C).

Tragen Sie unter der jeweiligen Spalte eine

(1) ein, wenn die Klausel für die Beförderungsart genutzt werden kann,
(9) ein, wenn die Klausel nicht für die Beförderungsart genutzt werden kann.

	A	B	C
a. DDP _____			
b. FAS _____			
c. CIP _____			

8 Welche der folgenden inhaltlichen Bestimmungen gehört in die Gruppe D der Incoterms? _____

(1) Die Ware soll unverzollt zum Bestimmungsort Köln geliefert werden.

(2) Es wurde vereinbart, die Ware frei an Bord Istanbul zu liefern.

(3) Der Verkäufer übernimmt Kosten, Versicherung und Fracht bis zum Hafen Hamburg.

Erläutern Sie das Dokumenteninkasso. Stellen Sie die Abwicklung grafisch dar.

Dokumenteninkasso	Beim Dokumenteninkasso beauftragt der Exporteur seine Hausbank, den Gegenwert für bestimmte eingereichte Dokumente beim Zahlungspflichtigen oder einer Bank in dessen Land einzuziehen (Zahlungsinkasso) oder gegen Akzeptleistung des Importeurs diese Dokumente auszuhändigen (Akzept- oder Wechselinkasso). Rechtsgrundlage dieses Zug-um-Zug-Geschäftes sind die „Einheitlichen Richtlinien für Inkassi von Handelspapieren (ERI)" der IHK in Paris. Die „Ware" wird nur bei Gegenleistung in Form von Geld (d/p inkasso = document against payment – „Dokumente gegen Kasse") oder Akzept (d/a inkasso = document against acceptance – „Dokumente gegen Akzept") ausgehändigt.
d/p inkasso „Dokumente gegen Kasse"	

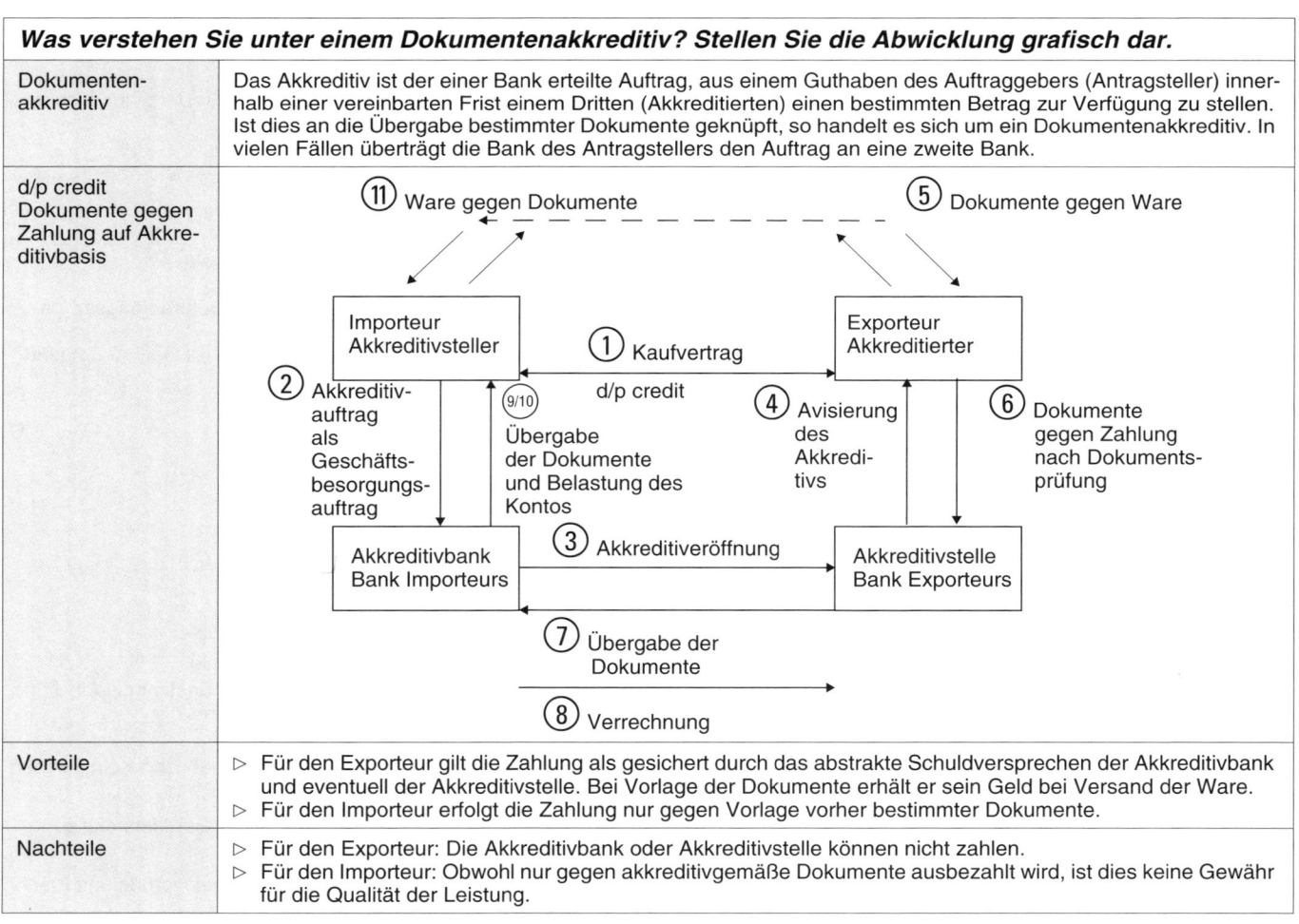

d/a inkasso „Dokumente gegen Akzept"	Hier verpflichtet sich der Importeur im Zug-um-Zug-Geschäft gegen Übergabe der Dokumente einen Wechsel zu akzeptieren. In diesem Fall räumt der Exporteur ein wechselgesichertes Zahlungsziel ein. Der Wechsel kann diskontiert werden, jedoch entfällt die frühere Möglichkeit der guten Rediskontierung durch die Deutsche Bundesbank. Der Importeur hat den Vorteil, die Ware vor Bezahlung weiter verkaufen zu können.

Was verstehen Sie unter einem Dokumentenakkreditiv? Stellen Sie die Abwicklung grafisch dar.

Dokumentenakkreditiv	Das Akkreditiv ist der einer Bank erteilte Auftrag, aus einem Guthaben des Auftraggebers (Antragsteller) innerhalb einer vereinbarten Frist einem Dritten (Akkreditierten) einen bestimmten Betrag zur Verfügung zu stellen. Ist dies an die Übergabe bestimmter Dokumente geknüpft, so handelt es sich um ein Dokumentenakkreditiv. In vielen Fällen überträgt die Bank des Antragstellers den Auftrag an eine zweite Bank.
d/p credit Dokumente gegen Zahlung auf Akkreditivbasis	

⑪ Ware gegen Dokumente   ⑤ Dokumente gegen Ware

Importeur Akkreditivsteller	① Kaufvertrag d/p credit	Exporteur Akkreditierter

② Akkreditivauftrag als Geschäftsbesorgungsauftrag

⑨/⑩ Übergabe der Dokumente und Belastung des Kontos

④ Avisierung des Akkreditivs

⑥ Dokumente gegen Zahlung nach Dokumentsprüfung

Akkreditivbank Bank Importeurs	③ Akkreditiveröffnung	Akkreditivstelle Bank Exporteurs

⑦ Übergabe der Dokumente

⑧ Verrechnung

Vorteile	▷ Für den Exporteur gilt die Zahlung als gesichert durch das abstrakte Schuldversprechen der Akkreditivbank und eventuell der Akkreditivstelle. Bei Vorlage der Dokumente erhält er sein Geld bei Versand der Ware. ▷ Für den Importeur erfolgt die Zahlung nur gegen Vorlage vorher bestimmter Dokumente.
Nachteile	▷ Für den Exporteur: Die Akkreditivbank oder Akkreditivstelle können nicht zahlen. ▷ Für den Importeur: Obwohl nur gegen akkreditivgemäße Dokumente ausbezahlt wird, ist dies keine Gewähr für die Qualität der Leistung.

1 Beim Akkreditiv sind in seiner Grundform drei Parteien beteiligt.

Überprüfen Sie die folgenden Gleichstellungen.

Tragen Sie eine

(1) ein, wenn die Gleichstellung richtig ist,
(9) ein, wenn die Gleichstellung falsch ist.

a. Akkreditivsteller = Käufer _____ ☐

b. Akkreditivbank = Bank des Exporteurs _____ ☐

c. Akkreditivsteller = Akkreditivauftraggeber_____ ☐

d. Akkreditivbank = eröffnende Bank _____ ☐

e. Akkreditivbegünstigter = Exporteur_____ ☐

f. Akkreditivsteller = Importeur _____ ☐

2 Bringen Sie die folgenden Phasen des Akkreditivs in die richtige Reihenfolge, indem Sie die Ziffern 1 bis 4 vergeben.

a. Der Exporteur verschickt die Ware und erhält Dokumente. _____ ☐

b. Der Importeur veranlasst bei seiner Bank die Eröffnung eines Akkreditivs. _____ ☐

c. Exporteur und Importeur einigen sich im Rahmen der Kaufvertragsverhandlungen über die Akkreditivbedingungen und schließen einen Kaufvertrag. _____ ☐

d. Der Exporteur lässt sich die Dokumente von der Bank honorieren. _____ ☐

3 Überprüfen Sie folgende Feststellungen.

Tragen Sie eine

(1) ein, wenn die Aussage richtig ist,
(9) ein, wenn die Aussage falsch ist.

a. Das Dokumentenakkreditiv ist ein wirksames Instrument der Zahlungssicherheit._____ ☐

b. Beim Akkreditiv wird häufig eine Korrespondenzbank (auch Akkreditivstelle genannt) hinzugezogen. Diese Bank befindet sich im Land des Begünstigten, d. h. des Exporteurs. _____ ☐

c. Steht der Importeur mit einer Bank im Lande des Lieferanten in Verbindung, kann er direkt bei dieser Bank ein Akkreditiv eröffnen lassen. _____ ☐

d. Im Rahmen des Dokumentenakkreditivs übernimmt die Bank des Käufers nur die Abwicklung des Zahlungsverkehrs, nicht das Zahlungsversprechen. _____ ☐

4 Überprüfen Sie die folgenden Aussagen.

Tragen Sie eine

(1) ein, wenn es sich um eine richtige Aussage zum Dokumenteninkasso handelt,
(2) ein, wenn es sich um eine richtige Aussage zum Dokumentenakkreditiv handelt,
(9) ein, wenn die Aussage falsch ist.

a. Die Abwicklung des Dokumentenakkreditivs muss beim ersten Mal bei der Industrie- und Handelskammer beantragt werden. _____ ☐

b. Die Bank des Importeurs gibt dem Exporteur ein abstraktes Schuldversprechen, bei Vorlage vorher bestimmter Dokumente die Zahlung zu leisten. Die Bank muss auch leisten, wenn der Importeur nicht zahlen kann._____ ☐

c. Die Bank muss nicht leisten, wenn der Importeur nicht zahlen kann. Der Exporteur hat dadurch zwar die Ware nicht „verloren", muss sich aber z. B. um Einlagerung, Rücksendung oder Verkauf der Ware kümmern. _____ ☐

d. Rechtsgrundlage für dieses Zug-um-Zug-Geschäft sind die „Einheitlichen Richtlinien für Inkassi von Handelspapieren". _____ ☐

e. Die Kosten für das Dokumenteninkasso sind bei sonst gleichen Bedingungen höher als bei einem Dokumentenakkreditiv. _____ ☐

f. Im Kaufvertrag könnte die Vereinbarung stehen: „d/p inkasso" oder aber auch „d/a inkasso"._____ ☐

g. Die Zahlungsverpflichtung besteht erst, wenn die Ware ordnungsgemäß überprüft wurde. Bestehen Mängel, so kann eine Minderung geltend gemacht werden. _____ ☐

h. Im Kaufvertrag könnte die Vereinbarung stehen: „d/p credit". _____ ☐

5 Ordnen Sie dem Schaubild die folgenden Begriffe zu:

(1) Akkreditivbank
(2) Akkreditivstelle
(3) Akkreditierter
(4) Akkreditivsteller
(5) Kaufvertrag/Zahlungsbedingung: „d/p credit"
(6) Dokumente gegen Zahlung nach Dokumentenprüfung
(7) Akkreditivauftrag

a. _____ ☐

b. _____ ☐

c. _____ ☐

d. _____ ☐

e. _____ ☐

f. _____ ☐

g. _____ ☐

Welche Besonderheiten gelten für die Umrechnung von Euro in andere Währungseinheiten?

▷ Der angegebene **Kurs** für die jeweilige Währung bezieht sich auf 1,00 €.
  Beispiel: Kurs 1,1291 für den USD (US-Dollar) bedeutet 1,00 € = 1,1291 USD.
▷ Es wird unterschieden in:
  Verkaufkurs – Der Kurs, zu dem der Kunde Fremdwährungen an die Bank verkauft.
  Ankaufkurs – Der Kurs, zu dem der Kunde Fremdwährungen von der Bank ankauft.

Berechnen Sie den Umtausch von Euro in andere Währungseinheiten.

Aufgabe:	Lösungsweg:
Für eine Geschäftsreise in die Vereinigten Staaten werden 5 270,00 € in USD (US-Dollar) umgetauscht. Wie viel USD entsprechen 5 270,00 € bei einer Hausbank des deutschen Unternehmens? Ankaufkurs: 1,1291 – Verkaufkurs: 1,1725	① Überprüfen, ob der Kunde andere Währungen **ankauft → Ankaufkurs** oder andere Währungen **verkauft → Verkaufkurs**. Bei Umrechnungen von Euro in andere Währungseinheiten gilt **immer** der **Ankaufkurs**.
Lösung:	② Betrag in Euro × Ankaufkurs
① Ankaufkurs 1,1291	③ Das Ergebnis wird kaufmännisch ab- bzw. aufgerundet.
② 5 270 × 1,1291 = 5 950,357	
③ 5 950,36	
5 270,00 € entsprechen 5 950,36 USD.	

Berechnen Sie den Umtausch von anderen Währungseinheiten in Euro.

Aufgabe:	Lösungsweg:
Nach Beendigung einer Geschäftsreise nach Japan werden 35 000,00 JPY (Japanische Yen) bei der Hausbank in Deutschland umgetauscht. Wie viel Euro entsprechen 35 000,00 JPY? Ankaufkurs: 121,76 – Verkaufkurs: 126,93	① Überprüfen, ob das Kreditinstitut andere Währungen **ankauft → Ankaufkurs** oder andere Währungen **verkauft → Verkaufkurs**. Bei Umrechnungen von anderen Währungseinheiten in Euro gilt **immer** der **Verkaufkurs**.
Lösung:	② $\dfrac{\text{Betrag in anderer Währung}}{\text{Verkaufkurs}}$
① Verkaufkurs 126,93	③ Das Ergebnis wird kaufmännisch ab- bzw. aufgerundet.
② $\dfrac{35\,000}{126,93} = 275,7425$	
③ 275,74	
35 000,00 JPY entsprechen 275,74 €.	

Lösen Sie Aufgaben mithilfe des Kettensatzes.

Aufgabe:	Lösungsweg:
Ein Importeur bezieht 500 Yards Stoff aus Manchester zu einem Preis von 4 500,00 GBP (britische Pfund). Wie hoch ist der Einkaufspreis in Euro für 1 m Stoff bei einem Kurs von 0,6888 (11 m = 12 Yards)?	① Die Kette beginnt mit der gesuchten Größe und der dazugehörigen Frage. ② Die folgenden Kettenglieder beginnen mit der gleichen Bezeichnung, mit der die vorhergehende Zeile beendet wurde (1 m – 11 m) und enden mit der einer Zuordnung aus der Aufgabe (11 m = 12 Yards). ③ Diese Vorgehensweise wird so lange fortgesetzt, bis eine Zeile mit der gesuchten Größe der ersten Zeile endet. ④ Bruchstrich aufstellen: Die rechte Seite der Kette bildet den Zähler. Die linke Seite der Kette bildet den Nenner. ⑤ Bruchstrich ausrechnen.
Lösung:	
① x € – 1 m ② 11 m – 12 Yards 500 Yards – 4 500 GBP ③ 0,6888 GBP – 1 €	**Die Anwendung des Kettensatzes ist nur dann möglich, wenn es sich ausschließlich um Dreisätze mit geradem Verhältnis handelt.**
④ $x = \dfrac{1 \cdot 12 \cdot 4\,500 \cdot 1}{11 \cdot 500 \cdot 0,6888}$	
⑤ x = 14,25 €	
1 m Stoff kostet 14,25 €.	

1 Ein Mitarbeiter eines Unternehmens kommt von einer Geschäftsreise aus der Schweiz zurück.

Mit welchem der folgenden Ansätze wird ermittelt, wie CHF (Schweizer Franken) in Euro umgerechnet werden? _____

(1) $\dfrac{CHF}{Ankaufkurs}$

(2) $\dfrac{Ankaufkurs}{CHF}$

(3) $\dfrac{CHF}{Verkaufkurs}$

(4) $\dfrac{Verkaufkurs}{CHF}$

(5) Verkaufkurs × CHF

(6) Ankaufkurs × CHF

2 Ein amerikanisches Unternehmen kauft bei einem deutschen Hersteller eine Maschinenanlage für 1 200 000 €. Die Vertragspartner vereinbaren eine Zahlung in USD (US-Dollar). Zum Zeitpunkt des Vertragsabschlusses gilt beim Kreditinstitut des deutschen Herstellers ein Kurs von 1,15. Bei Zahlungsfälligkeit beträgt der Kurs 1,20.

a. Handelt es sich für den deutschen Hersteller vom Zeitpunkt des Vertragsabschlusses bis zur Zahlung um_____

　　(1) einen Kursgewinn,

　　(2) einen Kursverlust?

b. Wie viel USD Unterschied ergibt sich beim Vergleich der beiden Kurse? _____

3 Ein Lieferant aus Singapur bietet der Michael Schmidt GmbH in Leipzig 120 Digitalkameras zu 72 000,00 SGD (Singapore-Dollar) frei Flughafen Frankfurt an (Ankaufkurs: 1,9034 – Verkaufkurs: 1,9074). Der Lieferant räumt dem Unternehmen 5 % Rabatt ein. Für den Transport der Waren von Frankfurt nach Leipzig fallen 1 200,00 € an.

a. Wie hoch ist der Bezugspreis für die gesamte Sendung in Euro?_____

b. Ermitteln Sie den Bezugspreis für 1 Kamera. _____

4 Für eine Geschäftsreise nach Schweden werden 500,00 € in SEK (Schwedische Kronen) umgetauscht. Die nach der Rückkehr mitgebrachten 1 200,00 SEK sollen wieder in Euro umgetauscht werden.

Kurse bei der Hinreise:
Ankaufkurs: 8,8765 – Verkaufskurs: 8,8885

Kurse bei der Rückreise:
Ankaufkurs: 8,9776 – Verkaufskurs: 8,9850

a. Wie viele SEK werden mit auf die Geschäftsreise genommen? _____

b. Wie hoch ist der Gegenwert in Euro für die zurückgebrachten SEK? _____

5 Ein deutsches Unternehmen bezieht aus England 100 t einer Ware zum Preis von 20 GBP (Britische Pfund) für 1 cwt.
(1 t = 20 cwts = 1 016 kg)

a. Mit welchem Betrag in Euro wird die Hausbank der Unternehmung das Konto belasten, wenn der Kurs 0,6888 beträgt? _____

b. Ermitteln Sie den Bezugspreis für 100 kg der Ware in Euro, wenn für die gesamte Sendung 7 800,00 € Bezugskosten angefallen sind (auf 2 Stellen nach dem Komma runden). _____

6 Baumwolle notiert in Liverpool zu 0,35 GBP (Britische Pfund) je lb.
(1 cwt = 112 lbs = 50,8 kg; Kurs = 0,6888)

Wie hoch ist der Bezugspreis in Euro für den Importeur für 5 000 kg? _____

7 Ein deutscher Großhändler bietet einem Kunden in Norwegen griechische Weintrauben zum Preis von insgesamt 27 651,20 NOK (Norwegische Kronen) – Kurs 8,641 – an. Der Einstandspreis für die Weintrauben betrug 2 400,00 € .

Wie hoch ist der Warenrohgewinn in Euro? _____

8 Für die gleiche Anzahl einer Ware erhält ein Rostocker Unternehmen drei Angebote, Lieferung frei Haus einschließlich Versicherung.

　　(1) Angebot A: aus Dänemark 57 989,10 DKK (Dänische Kronen), Kurs: 7,4345
　　(2) Angebot B: aus Schweden 71 012,00 SEK (Schwedische Kronen), Kurs: 8,8765
　　(3) Angebot C: aus Norwegen 64 375,45 NOK (Norwegische Kronen), Kurs: 8,641

a. Welches Angebot ist am günstigsten? _____

b. Wie hoch ist die Differenz in Euro zwischen dem günstigsten und dem teuersten Angebot? _____

Erläutern Sie die Ein- und Ausfuhrverfahren.

Grundsatz	Nach dem deutschen Außenwirtschaftsgesetz ist der Warenverkehr mit dem Ausland grundsätzlich frei – doch eine Reihe von Ausnahmen bestätigen diese Regel.
Genehmigungs-freie Einfuhr	Es genügt i. d. R. die statistische Einfuhranmeldung in Verbindung mit dem Zollantrag. Für bestimmte Waren wie Eisen- und Stahlerzeugnisse, einige Agrarprodukte oder Güter aus Staatshandelsländern sind Einfuhrkontroll-meldungen notwendig. Für Textilien z. B. ist eine Einfuhrerklärung vor der Zollabfertigung beim Bundesamt für gewerbliche Wirtschaft einzureichen.
Genehmigungs-bedürftige Einfuhr	Aus der Einfuhrliste (= Anlage zum Außenwirtschaftsgesetz AWG) ist zu ersehen, welche Waren der genehmi-gungsbedürftigen Einfuhr unterliegen. Für diese Waren muss beim Bundesamt für gewerbliche Wirtschaft bzw. beim Bundesamt für Ernährung und Forstwirtschaft eine Einfuhrgenehmigung beantragt werden.
Genehmigungs-freie Ausfuhr	Grundsätzlich ist eine Ausfuhrerklärung (AE) bei der zuständigen Zollstelle einzureichen (i. d. R. Versandzollamt). Ist der Exporteur nicht gleichzeitig Ausführer, so ist an Stelle der Ausfuhrerklärung die Versandausfuhrerklärung (VAE) zu verwenden. Für Sendungen mit niedrigen Werten ist eine Klein-Ausfuhrerklärung (Klein-AE) vorgese-hen. Diese muss erst bei der Ausgangszollstelle vorgelegt werden.
Genehmigungs-bedürftige Ausfuhr	Aus der Ausfuhrliste (= Anlage der Außenwirtschaftsverordnung AWV) ist zu ersehen, welche Waren der geneh-migungsbedürftigen Ausfuhr bedürfen. Dabei handelt es sich um Waren, über die eine Kontrollfunktion ausge-übt werden soll (Negativliste), wie z. B. Waffen, Munition, elektronische Geräte mit strategischer Bedeutung , aber auch Rohmetalle oder Chemieanlagen.

Erläutern Sie das Zollverfahren.

Normalverfahren	Für Gemeinschaftswaren der EU-Mitgliedstaaten gilt generell der Wegfall aller früher erforderlichen Zollformali-täten. Nicht-Gemeinschaftsware erhält durch die Überführung in den zollrechtlich freien Verkehr die zollrecht-liche Natur einer Gemeinschaftsware.
Vereinfachte Verfahren	Bei der unvollständigen Zollanmeldung (UZA) handelt es sich um eine Vereinfachung für einen Fall. Es bedarf keiner vorherigen besonderen Bewilligung. Bei dem vereinfachten Anmeldeverfahren (VAV) und dem Ausschreibeverfahren (ASV) bedarf es der vorherigen Bewilligung.
Zollwertanmelder	Wer in der Zollwertanmeldung den Zollwert angibt, ist Zollwertanmelder und auch Steuerpflichtiger. Grundsätz-lich ist dies der Käufer. Die Zollwertanmeldung wird von der Einfuhrzollstelle verlangt, bei der Drittlandswaren, die dem Wertzoll unterliegen, zum freien Verkehr abgefertigt werden sollen.

Erklären und systematisieren Sie die wichtigsten Dokumente im Außenhandel.

Transport-dokumente	▷ Das **Konnossement** (Bill of Lading) ist ein Wertpapier, in dem der Verfrachter dem Exporteur den Empfang der Ware bestätigt. Weiterhin beinhaltet es die Verpflichtung zur Beförderung der Ware und Aushändigung an einen berechtigten Empfänger. Dieses gekorene Orderpapier ist mit Orderklausel durch Indossament über-tragbar. Der rechtmäßig ausgewiesene Inhaber des Konnossementes ist mittelbarer Besitzer der Ware. Es ist ein Traditionspapier und verkörpert die Ware. ▷ In der Binnenschifffahrt wird der **Ladeschein** benutzt (Flusskonnossement). Dieser hat die gleiche Wirkung wie das Konnossement. ▷ Der **Frachtbrief** ist eine Beweisurkunde, die vom Absender ausgestellt wird und den Auftrag an den Fracht-führer bescheinigt, die Ware an den benannten Empfänger auszuliefern. Der Frachtbrief begleitet die Ware. Solange die Ware noch nicht beim Empfänger ist, ist mit dem Frachtbrief ein Dispositionsrecht verknüpft. Der Frachtbrief ist jedoch kein Traditionspapier wie z. B. das Konnossement.
Versicherungs-dokumente	Versicherungsabschlüsse sind notwendig, um die gesetzlichen Haftungsausschlüsse wie z. B. Krieg, Havarie, Streik etc. abzudecken. ▷ Die **Einzelpolice** ist ein gekorenes Orderpapier und deckt den einzelnen Warentransport ab. ▷ Die **Generalpolice** wird genutzt, wenn wiederkehrende gleichartige Warentransporte stattfinden. Im Versi-cherungszertifikat wird auf die Generalpolice hingewiesen. Das Versicherungszertifikat unterscheidet sich aber inhaltlich nicht viel von der Einzelpolice.
Zolldokumente	▷ Die **Handelsrechnung** (Commercial Invoice) ist eine wichtige Beweisurkunde über die Vertragserfüllung. ▷ Die **Zollfaktura** (Customs Invoice) ist vom Exporteur und ggf. einem Zeugen zu unterschreiben. Sie ist ein wichtiges Wert- und Ursprungszertifikat. ▷ Das **Ursprungszeugnis** (Certificate of Origin) wird von der inländischen Industrie- und Handelskammer ausgestellt und bestätigt die Herkunft der Ware. ▷ **Sonstige Warenbegleitdokumente** können sein: Gewichts- und Verpackungslisten, Gesundheits-, Inspek-tions-, Analysen- und Wiegezertifikate.

1 Der Geschäftsführer der Bio-St-Glaser GmbH aus Biele-feld entnimmt den amtlichen Mitteilungen aus dem Bun-desanzeiger, dass über das Vermögen seiner Kundin Inge Winkelkötter KG in Anzing das Insolvenzverfahren eröffnet wurde. Eine Stunde zuvor hat die Bio-St-Glaser GmbH Waren im Wert von 55 000,00 € an die Kundin mit dem Eisenbahngüterverkehr abgeschickt.

Überprüfen Sie folgende Feststellungen.

Tragen Sie eine

(1) ein, wenn die Aussage richtig ist,
(9) ein, wenn die Aussage falsch ist.

a. Der Geschäftsführer hat ein Dispositionsrecht, d. h., er kann z. B. bestimmen, dass die Ware nicht ausgeliefert wird. _____

b. Der Geschäftsführer kann die Auslieferung an einen an-deren Empfänger nicht nachträglich ändern. _____

c. Um das Dispositionsrecht als Geschäftsführer ausüben zu können, muss der Kaufvertrag vorliegen. _____

d. Der Absender kann über die Ware verfügen, benötigt dafür aber auf jeden Fall den Frachtbrief, der eine beson-dere Vereinbarung als so genanntes Sperrpapier haben muss. _____

e. Die Bio-St-Glaser GmbH kann über die Ware bestimmen, muss aber eine angemessene Vergütung für die damit verbundenen Aufwendungen zahlen. _____

f. Die Bio-St-Glaser GmbH kann nicht mehr über die Ware bestimmen, da grundsätzlich mit Übergabe der Ware an ein Transportunternehmen das Eigentum an der Ware übertragen wird. _____

2 Überprüfen Sie folgende Feststellungen zum Ursprungszeugnis.

Tragen Sie eine

(1) ein, wenn die Aussage richtig ist,
(9) ein, wenn die Aussage falsch ist.

a. Das Ursprungszeugnis wird von der Industrie- und Han-delskammer ausgefertigt und weist dem Zoll die Herkunft der Ware nach. Die Inanspruchnahme von Vergünstigun-gen im Zollverkehr kann somit überprüft werden. _____

b. Das Ursprungszeugnis ist international nicht mehr not-wendig. Dafür gibt es jetzt die Warenverkehrsbescheini-gung. _____

c. Das Ursprungszeugnis bestätigt die Herkunft der Ware. _____

3 Überprüfen Sie die Begriffe für die genannten Doku-mente.

Tragen Sie die Ziffer vor der falschen Gleichsetzung in das Kästchen ein. _____

Wenn alle Gleichsetzungen richtig sind, tragen Sie eine (4) ein.

(1) Konnossement = Bill of Lading

(2) Handelsrechnung = Commercial Invoice

(3) Ursprungszeugnis = Certificate of Origin

4 Überprüfen Sie die folgenden Feststellungen zum Konnossement.
Welche der folgenden Aussagen ist falsch?
Tragen Sie die Ziffer vor der falschen Aussage in das Kästchen ein. _____

(1) Das Konnossement ist ein Wertpapier.

(2) Im Konnossement bestätigt der Verfrachter oder dessen Bevollmächtigter u. a. den Empfang der Ware.

(3) Das Konnossement ist ein wichtiges Versicherungsdoku-ment im internationalen Schiffsverkehr.

(4) Das Konnossement enthält die Verpflichtung, die Ware zu befördern und diese dem berechtigten Inhaber des Konnos-sementes nach Beendigung der Seereise auszuhändigen.

(5) Das Konnossement ist ein gekorenes Orderpapier.

(6) Das Konnossement ist ein so genanntes Traditionspapier.

5 Im Außenhandel werden verschiedene Dokumente be-nötigt.

Unterscheiden Sie zwischen

(1) Transportdokumenten,
(2) Versicherungsdokumenten,
(3) Zolldokumenten,

indem Sie die jeweilige richtige Ziffer zuordnen.

a. Handelsrechnung _____

b. Ursprungszeugnis _____

c. Ladeschein _____

d. Generalprobe _____

e. Konnossement _____

f. Luftfrachtbrief _____

6 Überprüfen Sie die Aussagen zur Ausfuhr und Einfuhr von Gütern.

Tragen Sie eine

(1) ein, wenn die Aussage richtig ist,
(9) ein, wenn die Aussage falsch ist.

a. Bestimmte Waren unterliegen der genehmigungsbedürf-tigen Ausfuhr. Dazu zählen u. a. Waffen und Rüstungs-material. _____

b. Waren aus der Europäischen Union bezeichnet man als Gemeinschaftswaren. _____

c. Genehmigungsbehörden für die genehmigungsbedürfti-ge Einfuhr sind abhängig von dem jeweiligen Produkt. Für die Waren der gewerblichen Wirtschaft ist das Bun-desamt für Wirtschaft zuständig. Für Waren der landwirt-schaftlichen Erzeugnisse ist das Bundesamt für Ernäh-rung und Forstwirtschaft zuständig. _____

Beschreiben Sie das EVA-Prinzip als Grundprinzip jeglicher Datenverarbeitung.

Grundprinzip	Eingabe	Verarbeitung	Ausgabe
	Die Eingabe ist der erste Schritt der Datenverarbeitung im weiteren Sinne. Die Daten müssen zunächst erfasst, d. h. in das Datenverarbeitungssystem eingegeben werden. Die Eingabe kann manuell an einer Tastatur oder durch automatisches Einlesen maschinenlesbarer Datenträger erfolgen.	Die Verarbeitung ist die Datenverarbeitung im engeren Sinne. Die Verarbeitung erfolgt durch Speichern, Sortieren, Zählen, Rechnen, Vergleichen, Verknüpfen und Auswerten der eingegebenen Daten. Für die Verarbeitung werden Programme benötigt, die in der Lage sind, die eingegebenen Daten zu verarbeiten.	Die Ausgabe der Daten stellt das Ergebnis der Datenverarbeitung im weiteren Sinne dar. Die auszugebenden Daten, die während der Verarbeitung entstehen, werden zwischengespeichert und dann entweder sichtbar gemacht (z. B. auf einem Kassenstreifen) oder wiederum einem Speicher zugeführt.

Was sind Daten? Unterscheiden Sie diese nach unterschiedlichen Gesichtspunkten.

Begriff	Daten sind Informationen über Personen, Sachen oder Sachverhalte. Sie setzen sich aus bestimmten Zeichen zusammen. Im Allgemeinen sind diese Zeichen ▷ Buchstaben (alphabetische Zeichen), z. B.: f, g, F, G; ▷ Ziffern (numerische Zeichen), z. B.: 0, 5, 7, 9; ▷ Sonderzeichen (Rechenzeichen, Satzzeichen, sonstige Zeichen), z. B.: &, !, %.		
Unterscheidungsmerkmal	**Bezeichnung**	**Beschreibung**	**Beispiel**
Dauerhaftigkeit	Stammdaten Bestandsdaten Bewegungsdaten	bleiben über längeren Zeitraum unverändert können sich ständig ändern; geben Bestände, Mengen oder Werte an führen zur Veränderung von Bestands- oder Stammdaten	Packungsinhalt: 500 g Bestand am 12.11.: 430 Zugang am 13.11.: 600 Packungen
Aufgabe der Daten	Ordnungsdaten Mengendaten	dienen der Klassifizierung oder Identifizierung von Personen, Sachen oder Sachverhalten Daten, mit denen im Wesentlichen gerechnet wird	Art.-Nr. 4712 Ar.-Bez.: Zucker Preis: 2,75 €
Stand der Verarbeitung	Eingabedaten Verarbeitungsdaten Ausgabedaten	Daten im Stadium der Eingabe in das DV-System Daten im Stadium der Verarbeitung im DV-System Daten, die vom DV-System ausgegeben werden	Menge: 4 Packungen Menge · Preis: 4 · 11,00 € Lagerwert: 44,00 €
Datentyp	Text Zahlen Währung Datum/Zeit Autowert Bool'sches Feld Hyperlink	Das Datenfeld besteht aus Buchstaben und Sonderzeichen, aber auch aus Zahlen. Das Datenfeld enthält Zeichen, mit denen gerechnet werden kann. Dieser Datentyp enthält Zahlen i. V. mit Währungszeichen. Berechnungen sind möglich. Jedes gültige Datum in Verbindung mit einer Zeit ist erlaubt. Der Inhalt des Datenfeldes wird bei jedem zusätzlichen Datensatz weiter gezählt. Das Datenfeld kann nur zwei Werte annehmen. Verknüpfungen zu Dateien im Internet	Name: Meier Position: Abteilungsleiter Menge: 4 500 Länge in m: 3 600 Preis: 14,60 $ Gehalt: 2 200,00 € Liefertermin: 20.04... Arbeitsbeginn: 07:30 Rechnungsnummer: 3446 Bezahlt: ja/nein www.lieferant.de

In welcher logischen Hierarchie werden Daten gespeichert?

Daten setzen sich aus mehreren verschiedenen Informationen zusammen, die in ganz bestimmter Weise zusammengesetzt sind. Diese Daten können auf maschinenlesbaren Datenträgern gespeichert werden. Um sie geordnet abzuspeichern, wiederzufinden und ggf. verändern zu können, müssen die Daten in einer logischen Weise aufgebaut sein.

Datenfeld	Ein Datenfeld ist der kleinste selbstständige Teil eines Datensatzes. Es ist gekennzeichnet durch die Feldlänge (Anzahl der benötigten Zeichen), durch die Position des Feldes innerhalb des Datensatzes, durch die Art der Zeichen (alphabetisch, numerisch, alphanumerisch) und durch den Feldnamen. *Beispiel: Datenfeld EAN-Artikelnummer = 13-stellig, numerisch und am Anfang des Datensatzes stehend*
Datensatz	Ein Datensatz ist die Zusammenfassung logisch zusammengehöriger Einzelinformationen über eine Person, eine Sache oder einen Sachverhalt. Die Summe der logisch zusammengehörigen Datenfelder bildet damit den Datensatz. Datensätze werden als logische Sätze bezeichnet, weil sie eine in sich abgeschlossene Einheit bilden. *Beispiel: Artikelstammsatz = alle Informationen über einen Artikel, wie Artikelnummer, Bezeichnung, Preis etc.*
Datei	Eine Datei ist ein Datenbestand aus logisch zusammengehörigen Datensätzen. Jeder Datensatz muss in einer Datei gleichartig aufgebaut sein, enthält jedoch unterschiedliche Informationen. *Beispiel: Artikelstammdatei = alle Artikelstammsätze eines Unternehmens.*

1 Prüfen Sie die unten stehenden Sachverhalte. Ordnen Sie diese Daten zu

in Spalte A, ob es sich um
(1) Stammdaten,
(2) Bestandsdaten,
(3) Bewegungdaten,

in Spalte B, ob es sich um
(4) Ordnungsdaten,
(5) Mengendaten,

in Spalte C, ob es sich um
(6) Eingabedaten,
(7) Verarbeitungsdaten,
(8) Ausgabedaten

handelt.

Spalte   A   B   C

a. In der Warenannahme wird die Menge einer Lieferung für das Warenwirtschaftssystem erfasst.

b. Aufgrund des gescannten Artikels liest das System den Preis aus der Artikeldatei.

c. Das System berechnet den Wert der Position und speichert diesen für den Gesamtwert des Wareneingangsscheins.

d. Der berechnete Gesamtwert einer Position wird vom Drucker gedruckt.

e. In der Lohnabrechnung wird die Personalnummer des Mitarbeiters ausgedruckt.

2 Welche der folgenden Definitionen über den Datenbegriff trifft zu?

(1) Daten sind alle Nachrichten in jedweder Form.

(2) Daten werden unterschieden in verbale und nonverbale Kommunikation.

(3) Daten sind Informationen über Personen, Sachen oder Sachverhalte.

(4) Daten sind alle Zeichen eines Sprachraumes.

(5) Daten sind alle Datumsangaben.

3 Aus welchen Zeichen bestehen die unten dargestellten Daten? Setzen Sie eine

(1) ein für alphabetische Zeichen,
(2) ein für numerische Zeichen,
(3) ein für alphanumerische Zeichen (inkl. Sonderzeichen).

a. Mengenangabe auf einem Lieferschein

b. Vorname eines Mitarbeiters

c. Preis eines Artikels

d. Kfz-Kennzeichen

e. Sozialversicherungsnummer

f. Höhe des Mehrwertsteuersatzes

4 Bei welchen der unten stehenden Datenverarbeitungsoperationen handelt es sich um

(1) Eingabeoperationen,
(2) Verarbeitungsoperationen,
(3) Ausgabeoperationen

einer EDV-Anlage?

Tragen Sie eine (9) ein, wenn es sich nicht um Datenverarbeitung im engeren Sinne handelt.

a. Der Bildschirm zeigt dem Mitarbeiter in der Disposition den verfügbaren Lagerbestand an.

b. Der Lagermitarbeiter führt bei der Kommissionierung den Scanner über den Barcode.

c. Der Lagerleiter erklärt dem Auszubildenden, wo er eine bestimmte Ware finden kann.

d. Der Einkaufsmitarbeiter erfasst auf der Tastatur neue Einstandspreise für die Artikelstammdatei.

e. Im Rahmen der Rechnungserstellung besorgt sich das System den Verkaufspreis von der Magnetplatte und multipliziert diesen mit der eingegebenen Menge.

f. Der Drucker gibt einen Kommissionierungsbeleg aus.

g. Bei der Inventur wird das Regaletikett mit dem Barcode in das Lesegerät gesteckt.

h. Über den Drucker erhält der Einkaufsleiter die täglichen Bestellvorschlagslisten.

i. Verkaufsdaten des Vorjahres und des laufenden Jahres werden miteinander verglichen und die Absatzsteigerung in Prozent errechnet.

5 Welche der folgenden Aussagen über einen Datensatz ist falsch?

Tragen sie eine (5) ein, wenn alle Aussagen richtig sind.

(1) Ein Datensatz ist ein Teil einer Datei.

(2) Ein Datensatz ist die Zusammenfassung logisch zusammengehöriger Einzelinformationen über eine Person, eine Sache oder einen Sachverhalt.

(3) Die Menge aller Datensätze in einem Unternehmen wird als Datenbank bezeichnet.

(4) Datensätze werden deshalb auch als logische Sätze bezeichnet, weil sie eine in sich abgeschlossene Einheit bilden.

(5) Datensätze können eine definierte Länge haben oder variabel sein.

6 Welcher Begriff aus der Datenverarbeitung wird mit folgender Definition umschrieben?

„Es handelt sich hier um einen Teil eines Datensatzes. Er ist gekennzeichnet durch die Länge (Anzahl der benötigten Zeichen), durch seine Position innerhalb des Datensatzes, durch die Art der Zeichen (alphabetisch, numerisch, alphanumerisch) und durch seinen Namen."

(1) Datenbank

(2) Datenblock

(3) Datenfeld

(4) Datenstrang

Erläutern Sie den Aufbau eines Datenverarbeitungssystems.

Das **Bussystem** stellt die Verbindung zwischen den einzelnen Komponenten der Zentraleinheit her. Das Leitungssystem ist Bestandteil des Motherboards und besteht aus folgenden Teilen:
▷ Der **Adressbus** überträgt Speicheradressen an den Arbeitsspeicher.
▷ Der **Steuerbus** dient zur Übertragung von Signalen zwischen dem Steuerwerk und den anderen Bestandteilen.
▷ Der **Datenbus** dient zum Transport der Daten zwischen Rechenwerk, Arbeitsspeicher und Ein- bzw. Ausgabeeinheit.
Die Übertragungsgeschwindigkeit ist von zwei Größen abhängig: der Taktfrequenz (in Megahertz oder in Gigahertz gemessen) und der Breite des Datenbusses (16, 32, 84 Bit). Bei einem 64-Bit-Rechner können pro Takt gleichzeitig 64 Bits übertragen werden.

Der **Taktgeber** auf dem Motherboard erzeugt periodische Schwingungen durch elektrische Impulse. Die Taktfrequenz wird in GHz ausgedrückt, das sind 1 Mrd. Impulse pro Sekunde.	**Mikroprozessor (CPU) Central Processing Unit**		**interner Speicher**		**Ein-/Ausgabe-steuerung** Datenleitungen zur Tastatur, zu den seriellen und parallelen Anschlüssen sowie zu den vorhandenen Steckkartenplätzen. Die Steckkartenplätze dienen zur Aufnahme von notwendigen und zusätzlichen Karten (z. B. Soundkarten, Grafikkarten).
	Das **Steuerwerk** interpretiert und koordiniert die Befehle des Programms und überwacht die Arbeit der anderen Systemteile.	Das **Rechenwerk** führt arithmetische Operationen nach Anweisung durch das Steuerwerk aus und vergleicht Daten (logische Operationen).	**Arbeitsspeicher** (RAM = Random Access Memory), ein Speicher mit wahlfreiem Zugriff, in dem sich neben dem Betriebssystem die laufenden Programme mit ihren Daten befinden. Seine Größe bestimmt auch die Geschwindigkeit des Rechners.	**Festwertspeicher** (ROM = Read Only Memory), ein Nur-Lese-Speicher, der die elementaren Befehle zum Betrieb eines Rechners enthält (Start, Laden des Betriebssystems, Abstellen).	

Die **Peripherie** ist die Summe aller Geräte, die um eine Zentraleinheit angeordnet und an sie angeschlossen sind.

Reine Eingabegeräte	Externe Speicher	Reine Ausgabegeräte
sind einfunktional und dienen ausschließlich der Dateneingabe. Über sie werden die jeweiligen für die Datenverarbeitung notwendigen Daten eingelesen oder eingegeben: ▷ Maus, ▷ Tastatur, ▷ Mikrofon, ▷ Magnetkarten-, Chipleser, ▷ Belegleser, ▷ Lesepistole, Lesestift, Scanner.	sind in der Lage, große Mengen von Daten, die vor, während und nach der Verarbeitung anfallen, aufzunehmen, aufzubewahren und sie auf Abruf wieder abzugeben. Sie arbeiten auf optoelektronischer oder magnetischer Basis und sind dreifunktional: ▷ Magnetplattenstation, ▷ Diskettenstation, ▷ Magnetbandstation (Streamer), ▷ CD-RW- oder DVD-Laufwerk.	sind ebenfalls nur einfunktional und dienen ausschließlich der Ausgabe der verarbeiteten Daten: ▷ Bildschirm, ▷ Drucker, ▷ Plotter, ▷ Lautsprecher, ▷ Digitalanzeige, ▷ Signalgeber, ▷ Mikrofilmaufzeichnungsgerät.

Erläutern Sie in Stichworten, von welchen Faktoren die Geschwindigkeit eines Computers abhängig ist.

Taktrate	Je höher die Taktrate, desto mehr Instruktionen kann der Mikroprozessor pro Zeiteinheit verarbeiten. Diese Geschwindigkeit wird in MIPS ausgedrückt (Million Instructions per Second).
Breite des Datenbusses	Je breiter der Datenbus (16, 32, 64 etc.) desto mehr Informationen können zwischen den Einheiten der Zentraleinheit transportiert werden.
Arbeitsspeicher	Je größer der Arbeitsspeicher, desto geringer ist der Umfang der Daten, der vom Steuerwerk auf der Magnetplatte zwischengespeichert werden muss (virtueller Speicher), desto schneller ist der Computer.
Grafikkarte	Die Grafikkarte setzt die aufwändige grafische Gestaltung von Benutzeroberflächen um und benötigt dafür Rechnerkapazität. Gute Grafikkarten sind daher mit einem eigenen Arbeitsspeicher und einem eigenen Prozessor ausgestattet, der die Zentraleinheit entlastet.
Cache-Speicher	Bei dem Cache-Speicher geht es darum, dass entweder Teile des Arbeitsspeichers als Zwischenspeicher organisiert werden oder aber spezielle Speicherbausteine (SRAM) zusätzlich installiert werden und den Arbeitsspeicher entlasten. Je umfangreicher die Cache-Speicher sind, desto schneller ist der Computer.

Geben Sie einen kurzen Überblick über die am Markt erhältlichen Computertypen.

Superrechner und Mainframes	Für Berechnungen mit großen Datenmengen und extrem schnelle Berechnungen benötigt man diese Rechner, z. B. für Wettervorhersage oder technische Simulationen.
Personalcomputer	Computer, die direkt am Arbeitsplatz aufgestellt werden und mit denen nahezu alle Arbeiten ausgeführt werden können. Die meisten PC sind heute in den Unternehmen vernetzt.
Laptop/Notebook	Dies sind tragbare Computer, deren Leistung sich nicht von denen der PC unterscheidet. Die Miniaturisierung der Technik und die Entwicklung von TFT-Bildschirmen haben die Entwicklung möglich gemacht.
Handheld-PC-Organizer	Rechner mit dem Format eines Notizbuches, die zumeist mit einem Touch Screen ausgestattet sind, über den mit einem Stift die Eingaben für Adressdatenbanken, Terminkalender etc. gemacht werden. Dockingstationen ermöglichen den Anschluss an und die Übernahme bestimmter Daten von PC oder Notebook.

1 Welche der folgenden Aussagen zur Zentraleinheit einer DV-Anlage ist falsch? _____

Tragen Sie eine (5) ein, wenn alle Aussagen richtig sind.

(1) Die Zentraleinheit erledigt die Datenverarbeitung im engeren Sinne.

(2) Die Zentraleinheit ist die Hauptkomponente einer EDV-Anlage.

(3) Die Zentraleinheit wird auch als Central Processing Unit (CPU) bezeichnet.

(4) Die Zentraleinheit ist der Hauptspeicher einer EDV-Anlage.

2 Welche der folgenden Einrichtungen ist kein Bestandteil einer Zentraleinheit? _____

(1) Bildschirm

(2) Hauptspeicher

(3) Rechenwerk

(4) Steuerwerk

3 Ergänzen Sie unten stehende Aussagen durch die folgenden Begriffe, indem Sie die Ziffer vor dem zutreffenden Begriff in das entsprechende Kästchen eintragen.

(1) Steuerwerk
(2) Rechenwerk
(3) Hauptspeicher
(4) Prozessor

Der/das

a. ... überwacht die Arbeit der anderen Systemteile und ist für deren integriertes Zusammenwirken erforderlich. _____

b. ... enthält die für die Datenverarbeitung notwendigen Eingabe- und Verarbeitungsdaten und die notwendige Software, mit der jeweils aktuell gearbeitet wird. _____

c. ... entschlüsselt die Befehle des Programms und steuert die Verarbeitungsschritte in den anderen Funktionseinheiten der Anlage. _____

d. ... führt logische Operationen durch. _____

e. ... koordiniert die Ein- und Ausgabe von Daten entsprechend der Programmschritte. _____

f. ... ist die technisch bedingte Zusammenfassung von Steuer- und Rechenwerk. _____

g. ... führt arithmetische Operationen nach Anweisungen des Programms durch. _____

4 Welcher der unten stehenden Begriffe trifft auf die folgende Definition zu? _____

„Dieser Teil der Hardware ist die Summe aller Geräte, die um eine Zentraleinheit angeordnet und an ihr angeschlossen sind."

(1) Datenkanäle

(2) Netzwerk

(3) Peripherie

(4) Datenbus

5 Welches der folgenden Geräte ist kein reines Eingabegerät? _____

Tragen Sie eine (6) ein, wenn es sich ausschließlich um reine Eingabegeräte handelt.

(1) Scanner

(2) Lesepistole

(3) Maus

(4) Tastatur

(5) Joystick

6 Welche der folgenden Hardwarekomponenten werden

(1) ausschließlich für die Eingabe von Daten verwendet,
(2) ausschließlich für die Ausgabe von Daten verwendet,
(3) sowohl für die Eingabe als auch die Ausgabe von Daten verwendet,
(4) sowohl für die Eingabe, die Ausgabe als auch für die Speicherung von Daten verwendet?

Tragen Sie eine (9) ein, wenn eine Zuordnung des Gerätes nicht sinnvoll erscheint.

a. ISDN-Karte _____

b. Magnetbandeinheit _____

c. Bildschirm _____

d. Disketten-Laufwerk _____

e. USB-Schnittstelle _____

f. Rechenwerk _____

g. Plotter _____

h. Lautsprecher _____

i. Scanner _____

7 Welche der folgenden Aussagen trifft nicht auf den Begriff „Dialoggerät" zu? _____

Tragen Sie eine (5) ein, wenn alle Aussagen zutreffend sind.

(1) Dialoggeräte stellen eine Kombination von Eingabegerät und Ausgabegerät dar.

(2) Dialoggeräte ermöglichen den Austausch von Informationen zwischen Benutzer und EDV-System.

(3) Dialoggeräte sind immer zweifunktional.

(4) Zu den Dialoggeräten gehören z. B. das Datensichtgerät oder ein Kassenterminal.

8 Welche der folgenden Aussagen trifft nicht auf den Begriff „externer Speicher" zu? _____

Tragen Sie eine (5) ein, wenn alle Aussagen zutreffend sind.

(1) Externe Speicher arbeiten in der Regel auf magnetischer oder optischer Basis.

(2) Externe Speicher benötigen einen entsprechenden Datenträger.

(3) Externe Speicher sind immer dreifunktional.

(4) Ein externer Speicher ist z. B. das Teletexgerät.

Erläutern Sie die verschiedenen Möglichkeiten der Speicherung von Daten in einem EDV-System.

Ein Speicher ist ein Medium, das Daten aufnimmt, diese aufbewahrt und bei Bedarf wieder abgibt. Externe Speicher im engeren Sinn sind deshalb vorwiegend maschinelle Speicher mit elektromagnetischen Speichermedien.
Die **Speicherkapazität** eines Speichers wird in Kilobyte KB (= 1024 Bytes) oder Gigabyte GB (= 1024 Megabytes) angegeben.

Interner Speicher (Hauptspeicher)	▷ Der **Arbeitsspeicher** dient im Wege des Direktzugriffs (engl.: RAM = random access memory) zur freien Unterbringung von Programmen, Daten, Bildern und Sprache. ▷ Der **Festspeicher** (engl.: ROM = read only memory) dient zur Aufbewahrung ständig benutzter interner Programme und für die Steuerung der Anlage (Teile des Betriebssystems) sowie als Hintergrundspeicher.
Externe Speicher	Externe Speicher werden hauptsächlich genutzt, um große Datenmengen möglichst wirtschaftlich zu speichern, da der Hauptspeicher in seiner Kapazität begrenzt ist. Da ein Speicher dazu dient, sowohl Daten abzulegen als auch wieder aufzufinden, müssen die entsprechenden Geräte sowohl Daten schreiben als auch aufbewahren und lesen. Die bedeutendsten externen Speicher werden wie folgt unterschieden:

Magnetische Speicher	**Optische Speicher**	**Elektronische Speicher**
besitzen eine Oberfläche, die eine magnetische Aufzeichnung von Daten ermöglicht. *Beispiel: Magnetplatte, Diskette*	werden durch einen Laserstrahl beschrieben und sind auf gleiche Weise lesbar. *Beispiel: CD, CD-RW, DVD*	werden durch elektronische Impulse geladen und halten die Daten fest (nicht flüchtig). *Beispiel: Flash-Card, USB-Stick*

Die Auswahl eines externen Speichers hängt von verschiedenen Kriterien ab.
▷ Zugriffsart: direkt oder indirekt;
▷ Zugriffsgeschwindigkeit: wird in Millisekunden (msec.) gemessen;
▷ Umfang des zu speichernden Datenbestandes;
▷ Kapazität des einzelnen Speichermediums;
▷ Kosten der Datenspeicherung: wird ausgerechnet in €/MB.

Beschreiben Sie anhand wichtiger Merkmale die wichtigsten externen Speichermedien.

Bezeichnung	Zugriffsart	Zugriffsart	Kapazität	Kosten/MB	Verwendung
Magnetplatte	direkter Zugriff, da adressierbare Speicherplätze	2 bis 10 msec.	Gigabyte-Bereich	systemabhängig: ca. 0,02 €	Großraumspeicher für häufig benutzte Programme/Daten
CD-ROM/CD-RW	direkter Zugriff, da adressierbare Speicherplätze	unter 50 msec.	ab 650 MB	ca. 0,001 €	versandfähiger Zwischenspeicher für Daten und Programme
Magnetband (Data-Cartridge)	Reihenfolgezugriff (sequenziell), da nicht adressierbare Speicherplätze	1 bis 100 sec. nach Lage des Datensatzes	je nach Speicherdichte bis zu 4 Gigabyte	ca. 0,01 €	billiger Großraumspeicher für Massendaten Archivdaten und Sicherungsdaten
ZIP-Diskette	direkter Zugriff	20 bis 80 msec.	bis zu 1,5 Gigabyte	ca. 0,10 €	Datenspeicher für den PC
Flash-Card Memory-Stick	direkter Zugriff	unter 40 msec.	bis ca. 2 GB	ca. 0,25 €	multifunktional und schnell einsetzbar als mitnahmefähiger Datenspeicher

---

Erläutern Sie am Beispiel von Magnetplatte und Magnetband Unterschiede der externen Speicherung.

Magnetplatte	**Magnetband**
Die Magnetplatte (engl.: hard disc) besteht aus einer runden, mit Eisenoxyd beschriebenen Aluminiumscheibe, auf der in konzentrischen Kreisen Spuren angelegt sind. Auf diese Spuren werden die Daten in hintereinander liegenden Bytes gespeichert (bitserielle Speicherung). Neben Einzelplatten gibt es auch Magnetplattenstapel, bei denen mehrere Platten übereinander angeordnet sind. Schreib-Lese-Köpfe, die ebenfalls übereinander angeordnet sind, können beim Schreib- oder Lesevorgang den entsprechenden Zylindern/Spuren zugeführt werden. Dies geschieht, während die Platte mit hoher Umdrehungszahl rotiert. Die Speicherplätze sind somit adressierbar und können deshalb auch im Direktzugriff beschrieben und gelesen werden.	Das Magnetband besteht aus einer mit Ferrit beschichteten 1,27 cm breiten Kunststofffolie in verschiedenen Längen. Die Speicherung der Daten erfolgt bitparallel in Sprossen quer zum Band (8 Bits = 1 Datenbyte + 1 Prüfbit). Dafür werden 9 Spuren benötigt. Die Speicherdichte kann je nach geforderter Qualität zwischen 320 Bytes/cm und 2640 Bytes/cm betragen. Auf dem Magnetband werden die Datensätze hintereinander gespeichert und können auch nur in dieser Reihenfolge abgerufen werden. Liegt also ein Datensatz am Ende eines Bandes, muss erst das ganze Band vorgespult werden, bis dieser Datensatz gelesen werden kann. Die Aufzeichnung der Daten erfolgt in Datenblöcken mit dazwischen liegenden Bandlücken (Kluft).

1 Kennzeichnen Sie unten stehende Aussagen mit

(1), wenn diese richtig sind,
(9), wenn diese falsch sind.

a. Die Speicherkapazität eines Speichers wird in Bits angegeben. _____

b. Auf dem externen Speicher im engeren Sinn werden vorwiegend ständig benutzte Teile des Betriebssystems abgelegt. _____

c. Der Arbeitsspeicher dient im Wege des Direktzugriffs zur freien Unterbringung von Programmen und Daten. ___

d. Der Festspeicher dient zur Aufbewahrung ständig benutzter interner Programme und für die Steuerung der Anlage. _____

2 Von welchen Kriterien hängt die Auswahl eines externen Speichers ab? Kennzeichnen Sie mit einer

(1) solche Kriterien, die für die Auswahl nützlich sind,
(9) solche Kriterien, die sich nicht für die Auswahl eines externen Speichers anbieten.

a. Zugriffsart _____

b. Zugriffsgeschwindigkeit _____

c. Ergonomie _____

d. Umfang des zu speichernden Datenbestandes _____

e. Dauer der Speicherung _____

f. Kapazität des einzelnen Speichermediums _____

g. Technischer Kundendienst _____

h. Kosten der Datenspeicherung _____

i. Bedienungsfreundlichkeit _____

3 Kennzeichnen Sie unten stehende Speichermedien mit einer

(1), wenn es sich um Speicher mit Reihenfolgezugriff handelt,
(2), wenn es sich um Speicher mit Direktzugriff handelt.

Tragen Sie eine (9) ein, wenn es sich nicht um einen externen Speicher handelt.

a. Magnetband _____

b. Magnetplatte _____

c. Scanner _____

d. Data-Cartridge _____

e. Plotter _____

f. Diskettenspeicher _____

g. CD-ROM _____

4 Auf welchem der folgenden externen Speicher lässt sich technisch die höchste Anzahl von Zeichen speichern? _____

(1) ZIP-Diskette

(2) Magnetplatte

(3) Magnetband

(4) 3,5 Zoll-Diskette

5 In einem bundesweit operierenden Lederwarengroßhandel sollen die anfallenden Daten erfasst und täglich an die Zentrale weitergegeben werden. Eine Datenfernübertragung ist noch nicht vorgesehen. Das täglich anfallende Datenvolumen beträgt ca. 500 MB.

Für welchen der folgenden externen Speicher entscheiden Sie sich? _____

(1) 3,5 Zoll-Diskette

(2) CD-ROM

(3) Magnetband

(4) ZIP-Diskette

6 Prüfen Sie folgende Gleichsetzungen. Kennzeichnen Sie diese mit

(1), wenn sie richtig sind,
(9), wenn sie falsch sind.

a. ROM = nur lesbarer Festspeicher _____

b. 1 KB = 1024 Bytes _____

c. RAM = nur lesbarer Direktzugriffsspeicher _____

d. sequenzielle Speicherung = Speicherung mit Reihenfolgezugriff _____

e. 1 MB = 1024 Gigabytes _____

7 Kennzeichnen Sie unten stehende Aussagen mit

(1), wenn diese sich nur auf das Magnetband beziehen,
(2), wenn diese sich nur auf die Magnetplatte beziehen,
(3), wenn diese sich sowohl auf das Magnetband als auch auf die Magnetplatte beziehen,
(9), wenn diese sich weder auf das Magnetband noch auf die Magnetplatte beziehen.

a. Auf den Spuren werden die Daten biseriell gespeichert. ___

b. Ein Schreib-Lese-Kopf kann das Speichermedium beschreiben und die geschriebenen Daten wieder lesen. ___

c. Die Speicherung der Daten erfolgt bitparallel. Dafür werden 16 Spuren benötigt. _____

d. Die Speicherplätze sind adressierbar und können deshalb auch im Direktzugriff beschrieben und gelesen werden. _____

e. Die Spuren sind in quadratischer Form angelegt. Das hat den Vorteil, dass sie schneller gelesen werden können. ___

f. Das Speichermedium ist mehrfach verwendbar. _____

g. Die Datensätze werden hintereinander gespeichert und können auch nur in dieser Reihenfolge abgerufen werden. _____

Was ist ein „Netzwerk" im DV-Bereich? Nennen Sie die Vorteile und unterscheiden Sie Netzwerkarten.

Begriff	Ein „Netzwerk", „Rechennetz" oder „Netz" besteht aus zwei oder mehreren Rechnern, die zumeist durch Leitungen miteinander verbunden sind und über eine spezielle Software miteinander kommunizieren können. Die Nutzer des Netzwerks können sich die Ressourcen ihrer Computer (z. B. Festplatten, CD-ROM-Laufwerke oder Drucker) teilen.
Vorteile	▷ Austausch von Daten zwischen den Computern ▷ Senden und Empfangen von elektronischer Post (E-Mail) ▷ Kosteneinsparung durch die Einsatzmöglichkeit einfach ausgestatteter Arbeitsplätze und die gemeinschaftliche Nutzung aufwändiger peripherer Geräte, z. B. Laserdrucker ▷ Kosteneinsparung durch leichtere Softwareverteilung und Datenpflege
Arten	▷ **LAN-Netze** („local area network") verbinden über das Netz die Computer eines Gebäudes oder eines Betriebes. ▷ **WAN-Netze** („wide area network") nutzen die weit reichenden Möglichkeiten der Telekommunikation, um Computer an entfernten Standorten oder auf der ganzen Welt miteinander zu verbinden, z. B. über das Internet („world wide web").

Beschreiben Sie den Aufbau eines lokalen Netzwerkes (LAN).

Hardware	Um ein lokales, d. h. betriebsinternes Netzwerk aufzubauen, benötigt man mindestens ▷ einen Computer, der als Server seine Ressourcen oder Betriebsmittel zur Verfügung stellen kann; ▷ einen Computer, der als Client oder Arbeitsstation die angebotenen Ressourcen des Servers nutzen kann; ▷ zwei Netzwerkadapter für die beiden Computer; ▷ ein Netzwerkmedium – z. B. eine Kabelverbindung zwischen den Computern. Neben Netzwerken mit ausschließlichen Servern (ein Server, mehrere Clients) kennt man auch Netzwerke nach dem Peer-to-peer-Verfahren, bei denen die Computer sowohl als Server wie auch als Client agieren können.
Software (Betriebssystem)	▷ Als Software benötigt man für ein LAN: ▷ ein netzwerkfähiges Betriebssystem, wie z. B. Windows für Workgroups oder Windows NT, oder ein Netzwerkbetriebssystem wie z. B. Novell NetWare; ▷ geeignete Treiber für die Netzwerkprotokolle, das sind Regeln, die die Datenübertragung zwischen zwei Komponenten (zwei Komponenten eines Rechners, zwei Programmen oder zwei Rechnern in einem Netzwerk usw.) realisieren und sicherstellen; ▷ netzwerkfähige Applikationen, das sind Anwendungsprogramme unter einer grafischen Benutzeroberfläche; ▷ Topologien und Übertragungsmedien, damit bezeichnet man die Art und Weise, in der Informationen vom Server an die Clients weitergegeben werden (z. B. Token Ring von IBM und Ethernet von Xerox).
Arten von Servern	▷ **File-Server-System:** Hier übernimmt der Server die Datenhaltung und regelt den Zugriff der Nutzer auf die gemeinsamen Dateien (z. B. Kundendatei, Artikeldatei). Für die Ausführung der Anwendungsprogramme, die auf den einzelnen Arbeitsplatzrechnern laufen, ist das Netzwerkbetriebssystem nicht zuständig. ▷ **Client-Server-System:** Hier übernimmt der Server für die angeschlossenen Clients die Ausführung von Programmen, z. B. die Ausführung eines Buchhaltungs- oder eines Auftragsbearbeitungsprogramms.

Geben Sie eine Übersicht über das Internet.

Begriff	Das Internet ist das weltweit größte Computernetz, an dem international jeder Computernutzer teilnehmen kann. Es ermöglicht jedem Anwender den Zugriff auf Datenbanken und „Webseiten", die andere Nutzer/Anbieter in das Netz gestellt haben. Damit ist ein internationaler Austausch von Informationen sowie eine internationale Kommunikation über so genannte E-Mails möglich.
erforderliche Ausstattung	Anwender und Anbieter benötigen: ▷ einen PC mit ISDN- oder DSL-Ausstattung; ▷ einen Telefonanschluss; ▷ Anschluss an einen Provider, der die Verbindung zum Internet herstellt (T-Online, AOL, Compuserve); ▷ ein Programm, das den Zugriff auf und die Darstellung von Seiten des World Wide Web ermöglicht (Browser), z. B. Netscape Navigator oder Internet Explorer; ▷ Suchmaschinen, das sind Dienste, die dem Internet-Nutzer kostenlos zur Verfügung stehen und aus dem Internet selbst auf den eigenen Rechner heruntergeladen werden können (z. B. yahoo, fireball, google).
Funktionsweise	Der Benutzer wählt per Mausklick seinen Provider an. Auf dessen Bildschirmoberfläche können bereits gespeicherte Seiten aufgerufen werden, z. B. zu den Themen Politik, Wirtschaft, Reisen, Lifestyle etc. Von dieser Oberfläche kann sich der Nutzer den Zugang zum Internet verschaffen. Über eine Direkteingabe der Seite eines Anbieters mit dem Befehl „http://www.beispiel.de" kann eine beliebige Webseite in Deutschland aufgerufen werden (.de steht für Deutschland, .gb steht für Großbritannien). Durch die Eingabe von Suchbegriffen in eine Suchmaschine, die möglichst genau formuliert sein sollten (z. B. Kopiergerät, Ergonomie), erhält der Nutzer alle Webseiten aufgezählt, in denen dieser Suchbegriff als Stichwort enthalten ist. Er muss nun die gewünschte Adresse nur noch anklicken, um auf diese Seite zu gelangen. Die dort hinterlegten Informationen können auch ausgedruckt oder auf Diskette gespeichert werden (Download).

1 Ordnen Sie die folgenden Begriffe den unten stehenden Aussagen zu:

(1) Provider
(2) Browser
(3) Suchmaschine
(4) E-Mail
(5) Webseite

a. Bild- und/oder Textinformationen, die ein Internet-Nutzer zur allgemeinen Verfügbarkeit ins Netz stellt. _____

b. Unternehmen, das professionell und gewerbsmäßig Anschlüsse zum Internet für Endbenutzer herstellt. _____

c. Bild- und/oder Textinformationen, die ein Internet-Nutzer einem bestimmten anderen Nutzer an dessen elektronischen Briefkasten sendet. _____

d. Dieser Dienst kann zumeist kostenlos in Anspruch genommen werden und dient der Orientierung des Internet-Nutzers. _____

e. Ein Programm, das den Zugriff auf im Internet abgestellte Informationen ermöglicht. _____

2 Welche der folgenden Anwendungsmöglichkeiten kann das Internet nicht leisten? _____

(1) Überweisungen veranlassen
(2) Übermittlung von originalgetreuen Vorlagen
(3) Buchung von Reisen
(4) Abruf von Rechtsauskünften
(5) Personalabrechnungen durchführen

3 Welcher der folgenden Gegenstände wird nicht für die Teilnahme am Internet benötigt? _____

(1) Personalcomputer
(2) Telefon
(3) ISDN-Karte
(4) CD-ROM
(5) Tastatur

4 Welche der nachstehenden Abkürzungen trifft auf ein Netz zu, das Computer an sehr entfernten Standorten miteinander verbinden kann? _____

(1) MAN
(2) LAN
(3) TAN
(4) CAD
(5) WAN

5 Netzwerke bieten den Anwendern zahlreiche Vorteile. Welche der nachstehenden Aussagen ist kein Vorteil eines Netzwerkes? _____

(1) Netzwerke bieten eine höhere Datensicherheit gegenüber Einzelplatzsystemen.
(2) Netzwerke ermöglichen es den angeschlossenen Nutzern, untereinander elektronische Botschaften auszutauschen.
(3) Netzwerke können helfen, die Kosten der EDV durch die gemeinschaftliche Nutzung von Ressourcen zu senken.
(4) Netzwerke ermöglichen den Austausch von Daten zwischen den Netzteilnehmern.
(5) Die Kosten der Datenpflege und der Software können bei Nutzung eines Netzes gesenkt werden.

6 Welche der folgenden Hardwarekomponenten wird nicht benötigt, um ein lokales Netzwerk in einem Betrieb aufzubauen? _____

(1) mindestens ein Computer als Server
(2) mindestens ein Computer als Client
(3) Laser-Drucker
(4) Netzwerkadapter für die Computer
(5) Kabelverbindung zwischen den Computern

7 Ordnen Sie die folgenden Begriffe den unten stehenden Erläuterungen zu.

(1) LAN
(2) Peer-to-Peer-Netz
(3) Netzwerkbetriebssystem
(4) Client
(5) Server

a. Netz, bei dem die Computer sowohl als Server wie auch als Client agieren können _____

b. Hard- und/oder Softwarekomponente, die die Dienste einer anderen Komponente im System in Anspruch nimmt _____

c. Rechner, der alle benötigten Dienste und Ressourcen für die einzelnen Knoten eines Netzwerks zur Verfügung stellt _____

d. Netz, das die Rechner in einem Gebäude oder auf einem Firmengrundstück miteinander verbindet _____

e. Programm, das eine Mittlerfunktion zwischen den einzelnen PCs und den Anwendungsprogrammen ausübt und für einen sinnvollen Betrieb im Netzwerk sorgt _____

8 Welche der folgenden Softwarekomponenten wird nicht für den Aufbau eines lokalen Netzwerkes benötigt? _____

(1) netzwerkfähiges Betriebssystem oder Netzwerkbetriebssystem
(2) leistungsfähiges Datenbankprogramm
(3) Treiber für die Netzwerkprotokolle
(4) Anwendungsprogramme unter einer grafischen Benutzeroberfläche
(5) Topologien und Übertragungsmedien

Was versteht man unter dem Begriff „Software"? Welche Arten von Software werden unterschieden?

Begriff	Die Software ist die Summe aller Programme, mit denen auf einem EDV-System (der Hardware) gearbeitet wird. Die Software macht die Hardware erst funktionsfähig.
Anwendersoftware	Sie ist die Summe aller Programme, die für kaufmännische oder technische Anwendungen erstellt werden. ▷ Die individuelle (selbst- oder fremderstellte) Anwendersoftware ermöglicht es dem Betrieb, auf seine besonderen Problemstellungen einzugehen, z. B. spezifische Warendispositionsprobleme. Solche Programme sind jedoch verhältnismäßig teuer. ▷ Die **Standardsoftware** besteht aus Programmen, die für eine Vielzahl von Anwendern geschrieben ist. Die Anwendungen sind so gleichförmig, dass eine einheitliche Lösung auf viele Betriebe zutrifft, z. B. Kassenabrechnung, Lohn- und Gehaltsabrechnung, Textverarbeitung. Diese Programme haben den Vorteil, dass sie relativ günstig sind, zumeist schon vielfach getestet wurden und bei notwendigen Änderungen eine günstige Programmpflege angeboten wird.
Systemsoftware	Dies sind Programme, die zur Inbetriebnahme, zur Steuerung und Kontrolle eines EDV-Systems eingesetzt werden (Betriebssystem). Die Systemsoftware erschließt die Hardware und ist eine wichtige Voraussetzung, um mit der Anwendersoftware arbeiten zu können. Da die Systemsoftware zumeist auf die Hardware abgestimmt ist, werden Teile davon oder aber das komplette Betriebssystem zumeist vom Hersteller mitgeliefert. ▷ **Steuerprogramme** dienen zur Steuerung des Systems (Data-Management, Job-Management, Supervisor). ▷ **Übersetzungsprogramme** ermöglichen die Übersetzung eines von einem Programmierer geschriebenen Quellprogramms in eine für das System verständliche Maschinensprache. ▷ **Dienstprogramme** haben die Aufgabe, Daten aufzurufen, zu übertragen, zu speichern bzw. zu kopieren.

Was ist ein EDV-Programm?

▷ Ein Programm ist eine geordnete Folge von Befehlen (Instruktionen) und bewirkt die automatische Ausführung einer Aufgabe (z. B. Kassenabrechnung, Lohn- und Gehaltsabrechnung).
▷ Ein einmal erstelltes Programm kann beliebig oft für dieselbe Aufgabe verwendet werden.
▷ Das Programm ist eine Arbeitsanweisung für den Computer. Es legt mit den einzelnen Befehlen fest, welche Daten bei der Erfassung abgefragt werden, was mit diesen Daten geschehen soll, wo und wie die Ergebnisse zu speichern sind und in welcher Form diese Daten ausgegeben werden.

Wie wird ein neues Programm erstellt?
Was ist unter einem Datenflussplan, was unter einem Programmablaufplan zu verstehen?

Vorgehensweise bei der Programmerstellung

Phase 1: Projektierung des Programms
▷ Grundbedingungen festlegen
  – „Welches Problem soll bearbeitet werden?"
  – „Wer ist für die Durchführung verantwortlich?"
▷ Darstellung des Ist-Zustandes (Bestandsaufnahme)
  – Betriebsstruktur erfassen
  – Bearbeitungsregeln/Verfahrensregeln erheben
  – Erhebung und Analyse der verwendeten Daten
▷ Problemanalyse (Analyse des Ist-Zustandes)
▷ Erstellung des Sollkonzeptes: „Wie soll das Programm aussehen? Was soll es leisten können?"
▷ Kapazitätsüberlegungen: „Wie viele Daten sollen verarbeitet werden? In welcher Zeit? Auf welchen Datenträgern soll gespeichert werden?"
▷ Wirtschaftlichkeitsüberlegungen: „Welche Lösung bietet das günstigste Preis-Leistungs-Verhältnis?"
▷ Plan für die zeitliche Realisierung des Programms

Phase 2: Einsatzvorbereitung des Programms
▷ Festlegung der erforderlichen Daten und Dateien hinsichtlich Aufbau und Umfang
▷ Festlegung der Verarbeitungskonzeption
  – Erstellung eines **Datenflussplanes**
  – Erstellung eines **Programmablaufplanes**
▷ Programmierung des Programms im Quellcode
  (= Programmiersprache, in der der Programmierer den Programmablaufplan umsetzt)
▷ Umsetzung des Quellprogramms in den Maschinencode
  (= Sprache, die nur der Computer versteht)
▷ Programmtest
▷ Dokumentation des Programms

Phase 3: Übernahme des Programms (Anwendung) und Kontrolle der Einführung

Der **Datenflussplan**
ist eine grafische Darstellung des Daten- und Arbeitsablaufes eines Arbeitsgebietes. Er beantwortet die Fragen: „Woher kommen die Daten, was geschieht mit ihnen; wo werden sie gespeichert; wie werden sie ausgegeben?"

Der **Programmablaufplan PAP**
ist eine grafische Darstellung der einzelnen Arbeitsschritte (Instruktionen, Befehle) eines Programms. Die Befehlsfolge wird dabei mit Hilfe von genormten Symbolen (DIN 66001) dargestellt. Typische Programmteile sind solche mit linearem Verlauf, mit Verzweigungen oder mit Schleifen.

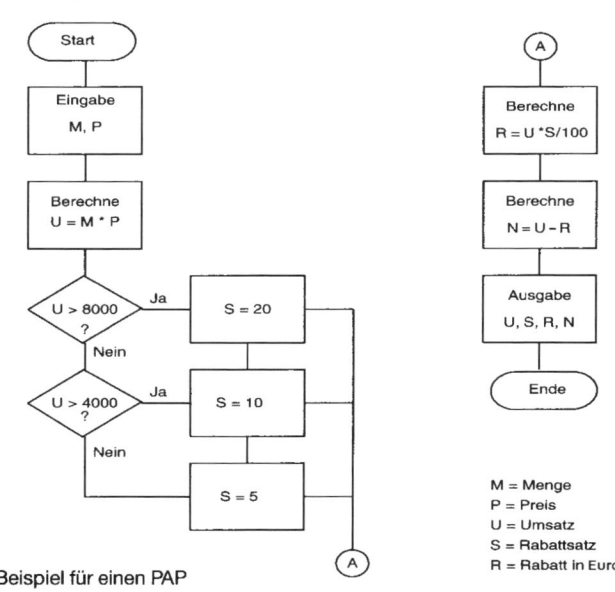

M = Menge
P = Preis
U = Umsatz
S = Rabattsatz
R = Rabatt in Euro

Beispiel für einen PAP

1 Welche der folgenden Definitionen für den Begriff „Software" ist richtig? _____

(1) Die Software ist das Betriebssystem des Computers.

(2) Es handelt sich dabei um sämtliche Datenleitungen, die die einzelnen Teile des Computers miteinander verbinden.

(3) Software ist die Zusammenfassung aller organisatorischen Maßnahmen zur Einführung eines Computersystems in einem Betrieb.

(4) Die Software ist die Summe aller Programme, mit denen auf einem EDV-System gearbeitet wird.

2 Kennzeichnen Sie unten stehende Aussagen mit

(1), wenn diese richtig sind,
(9), wenn diese falsch sind.

a. Die Betriebssystemsoftware beinhaltet alle Programme, die zur Inbetriebnahme, zur Steuerung und Kontrolle eines EDV-Systems eingesetzt werden. _____

b. Standardsoftware ist einheitlich und trifft für viele Betriebe zu. _____

c. Anwenderprogramme sind alle Programme, die ein Programmierer benötigt, um aus einem Quellprogramm ein Maschinenprogramm zu erstellen. _____

d. Die individuelle (selbst- oder fremderstellte) Anwendersoftware ermöglicht es dem Betrieb, auf seine besonderen Problemstellungen einzugehen. _____

e. Die Systemsoftware erschließt die Hardware und ist eine wichtige Voraussetzung, um mit der Anwendersoftware arbeiten zu können. _____

f. Da die Anwendersoftware zumeist auf die Hardware abgestimmt ist, wird sie oft vom Hersteller mitgeliefert. _____

3 Ordnen Sie die Begriffe

(1) Dienstprogramme,
(2) Übersetzungsprograme,
(3) Steuerungsprogramme

den folgenden Aussagen zu.

a. Diese Programme bestehen aus dem Data-Management, dem Job-Management und dem Supervisor. _____

b. Mithilfe dieser Programme wird aus einem Quellprogramm ein Maschinenprogramm. _____

c. Diese Programme haben die Aufgabe, Daten aufzurufen, zu übertragen und wieder zu speichern oder diese zu kopieren. _____

4 Welche der folgenden Aussagen zu dem Begriff „Programm" ist falsch? _____

Tragen Sie eine (6) ein, wenn alle Aussagen richtig sind.

(1) Ein Programm besteht aus einer logisch und zeitlich richtig angeordneten Reihe von Instruktionen.

(2) Ein einmal erstelltes Programm kann beliebig oft für die gleiche Aufgabe verwendet werden.

(3) Ein Programm ist nichts anderes als eine Arbeitsanweisung für den Computer.

(4) Das Programm legt mit den einzelnen Befehlen fest, welche Daten bei der Erfassung abgefragt werden, was mit diesen Daten geschehen soll, wo und wie die Ergebnisse zu speichern sind und in welcher Form diese Daten ausgegeben werden.

(5) Ein Programm ist eine geordnete Folge von Befehlen und bewirkt die automatische Ausführung einer Aufgabe.

5 Welcher der unten stehenden Begriffe trifft auf die folgende Aussage zu? _____

„Hierbei handelt es sich um eine grafische Darstellung des Daten- und Arbeitsablaufes eines Arbeitsgebietes. Dabei werden folgende Fragen beantwortet: „Woher kommen die Daten? Was geschieht mit ihnen? Wo werden sie gespeichert? Wie werden sie ausgegeben?"

(1) Programmablaufplan

(2) Datenverarbeitungskonzeption

(3) Datenflussplan

(4) Quellprogramm

(5) Programmtest

6 Welche Arbeitsschritte sind bei der Erstellung eines neuen Computerprogramms durchzuführen? Die unten stehenden Arbeitsschritte sind durcheinander geraten.

Ordnen Sie diese, indem Sie die Ziffern 1 bis 11 vergeben.

a. Übernahme des Programms (Anwendung) _____

b. Problemanalyse (Analyse des Ist-Zustandes) _____

c. Programmierung des Programms im Quellcode _____

d. Umsetzung des Quellprogramms in den Maschinencode _____

e. Festlegung der erforderlichen Daten und Dateien hinsichtlich Aufbau und Umfang _____

f. Programmtest _____

g. Festlegen der Verarbeitungskonzeption _____

h. Dokumentation des Programms _____

i. Kontrolle der Einführung _____

j. Darstellung des Ist-Zustandes (Bestandsaufnahme) _____

k. Erstellung des Sollkonzeptes _____

Geben Sie einen Überblick über die Einsatzmöglichkeiten der Textverarbeitung.

Begriff	Textverarbeitung i. w. S. beinhaltet die Erfassung, Bearbeitung und Ausgabe von Texten. Sie wird heute vorwiegend von Computern unterstützt. Die Texte werden am Bildschirm erstellt, korrigiert und (bei Bedarf) ausgedruckt. Viele Textverarbeitungsprogramme bieten neben der Korrektur und Auszeichnung (Formatierung) von Texten noch Zusatzfunktionen wie Rechtschreibhilfe und Silbentrennung. Während früher Textverarbeitung hauptsächlich mit eigens dafür vorgesehenen Maschinen betrieben wurde (mechanische, elektrische oder automatische Schreibmaschinen), dominieren heute Systeme auf universell einsetzbaren PCs. Moderne Textverarbeitungssysteme können heute bereits Anforderungen an Desktop-Publishing-Systeme erfüllen.
Textbearbeitung	Textbearbeitung beinhaltet alle Tätigkeiten, die die Korrektur von bereits erfassten und noch nicht fertigen Texten betrifft. Man unterscheidet. ▷ **Sofortkorrektur:** Die Korrektur wird während des Schreibens vorgenommen. ▷ **Autorenkorrektur:** Nach der Erfassung und der Sofortkorrektur wird der Text auf einem Datenträger gespeichert und dem Autor zur formalen und inhaltlichen Korrektur vorgelegt. Nach Rückgabe des geänderten Ausdrucks wird der Text auf den Bildschirm geholt und die Autorenkorrektur vorgenommen.
Textprogrammie-rung	▷ **Standardbrief:** Standardbriefe sind Schriftstücke, bei deren Erstellung auf bereits vorformulierte und gespeicherte Texte oder Textabschnitte zurückgegriffen wird; der Inhalt des Briefes resultiert also entweder aus gespeicherten Ganzbriefen oder aus einer Kombination von Textbausteinen. Der Schemabrief kann u. U. durch individuelle Einfügungen ergänzt werden. ▷ **Serienbrief:** Serienbriefe sind Briefe, in denen zahlreichen Empfängern der gleiche Text übermittelt werden soll. Das Einfügen individueller Passagen, wie z. B. Anschrift und persönlicher Anrede, ist möglich. Die Texte für Serienbriefe werden nur einmal geschrieben und auf einem Datenträger gespeichert. Sie stehen dann für das automatische Schreiben beliebig oft zur Verfügung. Anwendungsbeispiele: Angebote an Kunden, Absagen bei Bewerbungen, Einladungen zu Vorstellungsgesprächen, Rundschreiben/Mitteilungen an Kunden. ▷ **Bausteinbriefe:** Bausteinbriefe sind Briefe, die aus gespeicherten einzelnen Abschnitten oder Sätzen aus bestimmten Sachgebieten (Angebote, Mahnungen usw.) zusammengestellt werden. Diese Textbausteine werden mit einem Selektionsbegriff und einem Kurznamen versehen und in einem Texthandbuch zusammengefasst. Wird ein Brief mit Hilfe des Texthandbuches geschrieben, so füllt der Sachbearbeiter einen Schreibauftrag aus. Anhand dieses Schreibauftrages ruft die Sekretärin die Bausteine vom externen Speicher ab und fügt lediglich die Variablen ein.

Erläutern Sie kurz, was ein Tabellenkalkulationsprogramm leisten kann und wie es aufgebaut ist.

Begriff	Mit Hilfe von Tabellenkalkulationsprogrammen können statistische Daten berechnet und dargestellt werden. Solche Programme sind gleichermaßen in kaufmännischen wie in gewerblich-technischen Anwendungen einsetzbar. Hauptanwendungsgebiete sind vor allem Analyse- und Planungsaufgaben, wie z. B. Produktkalkulationen, Finanzplanungen, Absatzstatistiken, Prognose- und Trendberechnungen. Die automatische Neuberechnung erlaubt dabei die Durchführung von Planspielen *(Was wäre, wenn?)*.
elektronische Arbeitsblätter	Die Grundlage von Tabellenkalkulationsprogrammen sind elektronische Arbeitsblätter. Diese können mit Tabellen verglichen werden. Jede Tabelle besteht aus Zellen, in denen Zahlen, Texte oder Formeln hinterlegt werden können. Die Berechnungen werden durchgeführt, indem die Zellinhalte zueinander in Bezug gesetzt werden.
Geschäfts- und Präsentations-grafik	Um die Aussagekraft von Tabellenkalkulationen zu erhöhen, sind diese Programme oft mit Geschäfts- und Präsentationsgrafikprogrammen gekoppelt. Hiermit lassen sich Ergebnisdaten aus Tabellen ohne zusätzliche Erfassung automatisch darstellen. Beispiel: Eine Absatzstatistik nach Gebieten oder Produkten lässt sich in kurzer Zeit durch ein paar Befehle als Stab-, Linien- oder Kreisdiagramm darstellen.

Was versteht man unter einer Datenbank?
Welche Leistungen kann ein Datenbankprogramm dem Anwender bieten?

Begriff	Eine Datenbank ist eine Sammlung von Daten, die miteinander in Beziehung stehen. Sie kann mit einem elektronischen Karteikasten verglichen werden. Alle vorhandenen Karteikarten (= Datensätze) können nach verschiedenen Gesichtspunkten neu sortiert, korrigiert und ergänzt werden. In der Regel kann jede Datenbank nach jedem einzelnen Datensatz unter so vielen Gesichtspunkten durchsucht und sortiert werden, wie der Datensatz Datenfelder beinhaltet.
Arten	▷ **Hierarchische Datenbanken:** Die einzelnen Datensätze werden in einer Baumstruktur gespeichert (wird heute kaum noch verwendet). ▷ **Vernetzte Datenbanken:** Bei diesem Modell können einzelne Datensätze verschiedenen anderen Datensätzen gleichzeitig zugeordnet werden. ▷ **Relationale Datenbanken:** Sie stellen die flexibelste Form von Datenbanken dar, denn hier können die Beziehungen zwischen den Datensätzen beliebig miteinander kombiniert werden.

1 Bei Tabellenkalkulationsprogrammen werden absolute und relative Bezüge unterschieden. Kennzeichnen Sie die unten aufgeführten Adressierungen mit einer

(1), wenn es sich um absolute Bezüge handelt;
(2), wenn es sich um relative Bezüge handelt;
(3), wenn es sich um eine Mischform handelt.

a. Z15S3 _____

b. Z(–4)S(+1) _____

c. A5 _____

d. A5 _____

e. $B5 _____

f. B$6 _____

g. B7:B8 _____

h. C7;D11;E5 _____

2 Welche der folgenden Aussagen zur Herstellung von Bezügen bzw. zur Adressierung ist falsch? ____

(1) Durch relative Bezüge ist es möglich, einmal aufgestellte Formeln auch in andere Felder zu kopieren.

(2) Bei relativer Adressierung können die Formeln nicht kopiert werden.

(3) Es gibt auch eine Mischform zwischen absoluter und relativer Adressierung.

(4) Der absolute Bezug bezieht sich immer auf ein ganz bestimmtes Feld.

3 Welche der folgenden Aussagen zu Geschäftsgrafiken sind falsch? _____

(1) Durch Geschäftsgrafiken werden Ergebnisdaten übersichtlicher.

(2) Grafiken sind umständlich anzufertigen.

(3) Grafiken erhöhen die Aussagekraft von Zahlenmaterial.

(4) Grafiken werden selten eingesetzt.

4 Welcher der folgenden Systembestandteile bzw. welche der Möglichkeiten gehört nicht zu einem Textverarbeitungssystem? _____

(1) Druckformatvorlagen

(2) Rechtschreibprüfung

(3) Synonymlexikon

(4) Add-in-Manager

(5) Trennhilfe

5 Welche der folgenden Aussagen sind richtig? _____

(1) Unter einer Datenbank versteht man die in einem EDV-System zusammengefassten Daten. Sie sind in der Lage, riesige Mengen an Informationen bereitzustellen.

(2) In einer Datenbank werden verschiedene Dateien gesammelt.

(3) Alle gleichartigen Datensätze werden zu einer Datenbank zusammengefasst.

(4) Mehrere Datenfelder bilden eine Datei.

(5) Ein Datenfeld nimmt eine Eintragung auf und besteht aus zusammengehörenden Zeichen.

6 Ordnen Sie die Tätigkeiten zur Anlage einer strukturierten Datei im Rahmen einer Datenbank, indem Sie die Ziffern von 1–5 vergeben.

a. Festlegung des Feldtyps _____

b. Eingabe der Datensätze _____

c. Festlegung des Feldnamens _____

d. Festlegung des Dateinamens _____

e. Festlegung der Feldlänge _____

7 Welcher der folgenden Begriffe kann nicht Inhalt von Zellen in einer Tabellenkalkulation sein? _____

Tragen Sie eine (6) ein, wenn alle aufgeführten Begriffe als Feldinhalte vorkommen können.

(1) Texte

(2) Werte

(3) Funktionen

(4) Bezüge

(5) Formeln

8 Was versteht man in der Standardsoftware unter einem „Makro"? _____

(1) Routine, die dazu führt, dass das Softwareprogramm schneller gestartet werden kann

(2) Formatierungshilfe bei der Auszeichnung von Zahlen und Texten

(3) Beziehungsstrukturen in relationalen Datenbanken

(4) Zusammenfassung bestimmter Befehlsgruppen unter einem Namen

(5) Prüfroutine im Rahmen von Datenbanken und Tabellenkalkulationsprogrammen

---

Unterscheiden Sie Datensicherung und Datenschutz.

Datensicherung	Die Datensicherung umfasst alle Maßnahmen eines Unternehmens zum Schutz der Daten vor Verlust, Beschädigung, Verfälschung und unerlaubtem Zugriff unberechtigter Personen. Maßnahmen: ▷ **Organisatorische Maßnahmen** – Zugangs- und Abgangskontrollen, z. B. durch offen getragene Ausweise – bauliche Maßnahmen, z. B. besonders feuergeschützte Räume – regelmäßige Sicherung der angefallenen Daten ▷ **Softwaremaßnahmen** – Zugangsberechtigung zu Datenendstationen nur über im Programm hinterlegte Passwörter (Zugangscodes) – Plausibilitätskontrollen bei der Eingabe von Daten, z. B. bei der Überprüfung der Eingabe anhand vorgegebener Größen (Datum, Preis) – Prüfziffernverfahren, z. B. bei der EAN-Nummer (letzte Ziffer) – Summen- und Vollständigkeitskontrollen ▷ **Hardwaremaßnahmen** – Zugang zu den Tastaturen und Geräten nur mit Schlüsseln, z. B. an Kassen oder Datenendgeräten – Überschreibschutz bei Magnetbändern oder Floppy-Disks – technische Prüfbitkontrolle bei der Übertragung von Daten
Datenschutz	Der Datenschutz umfasst alle Maßnahmen eines Unternehmens, einer Behörde oder sonstigen Organisation zum Schutz aller personenbezogenen Daten vor Missbrauch durch unberechtigte Übertragung und Weitergabe oder unberechtigten Zugriff. Hinzu kommt der Schutz des einzelnen Menschen vor der Sammlung von individuellen Daten über seine Person. Maßnahmen: ▷ **Rechte der betroffenen Bürger** – Kenntnisrecht ist das Recht des Bürgers zu wissen, wer Daten über ihn in welchem Umfang besitzt und an wen diese Daten ggf. weitergegeben werden. – Berichtigungsrecht ist das Recht, unrichtig gespeicherte Daten korrigieren zu lassen. – Löschungsrecht ist das Recht, unzulässig gespeicherte Daten löschen zu lassen. ▷ **Datengeheimnis** Personen, die mit personenbezogenen Daten zu tun haben, werden zum Schweigen darüber verpflichtet. ▷ **Technische oder organisatorische Maßnahmen** Diejenigen Betriebe und Einrichtungen, die personenbezogene Daten verarbeiten, haben die geeigneten Maßnahmen zu treffen, die den Datenschutz gewährleisten.

Beschreiben Sie ein EDV-gestütztes Warenwirtschaftssystem.

benötigte Hardware	▷ netzwerkfähige Anlage mit großem Arbeitsspeicher und schneller Verarbeitungsgeschwindigkeit ▷ Magnetplatteneinheit mit hoher Speicherkapazität und schnellem Zugriff ▷ Terminals mit Scanner und Tastatur ▷ Datenkanäle zwischen Endgeräten und Zentraleinheit (Netzwerk) ▷ Schnelldrucker zum Ausdruck sämtlicher Berichte und besonderer Belege ▷ ggf. Datenfernübertragungseinrichtung (Modem) zur Weitergabe der erfassten Daten an die Zentrale ▷ Barcodelesegeräte und Barcodedrucker ▷ verbundfähige Computerwaagen
benötigte Software	▷ **Betriebssystemsoftware**, dazu gehören Programme zur – Steuerung der Datenkanäle (Ein-/Ausgabeoperationen) – Übernahme von erfassten Daten aus einem Anwenderprogramm in ein anderes Anwenderprogramm – Realisierung der Zeitzuteilung auf die einzelnen Benutzer des Systems („time-sharing") ▷ **Anwendersoftware**, dazu gehören Programme zur – Datenerfassung und Datenausgabe – Bestandsfortschreibung, Bestellung, Disposition, Finanzbuchführung, Kreditorenbuchhaltung – Auswertung der erfassten Daten in ein leistungsstarkes Berichtswesen
organisatorische Voraussetzungen	▷ Anlegen der erforderlichen Dateien (Artikelstammdatei, Lieferantenstammdatei, Preisdatei) ▷ tägliche Datenpflege, insbesondere der Preis- und Bestandsdateien ▷ täglicher Abgleich der Daten und Datensicherung

Leistungen des Systems	Einkauf	Verkauf	Lager
	▷ Artikelauskunftssystem ▷ Lieferantenauskunft ▷ System für Angebotsaufforderungen ▷ Bestellwesen ▷ Mahnwesen und Rückstandsüberwachung ▷ Rechnungsprüfung	▷ Kundenauskunftssystem ▷ Auftragsdatenerfassung ▷ Auftragsbearbeitung ▷ Auftragsbestätigungen ▷ Fakturierung ▷ Umsatzstatistiken ▷ kurzfristige Erfolgsrechnung	▷ Kommissionierungsbelege ▷ Picklisten ▷ Lieferscheine ▷ Ladelisten ▷ Tourenplanung ▷ Frachtbriefe ▷ Dispositionslisten ▷ Inventur (Bestandslisten)

1 Kennzeichnen Sie unten stehende Aussagen mit einer

(1), wenn es sich um Aussagen zur Datensicherung handelt,
(2), wenn es sich um Aussagen zum Datenschutz handelt.

a. Die unberechtigte Übertragung und Weitergabe oder der unberechtigte Zugriff personenbezogener Daten steht hierbei im Vordergrund. _____

b. Hierbei sollen die Daten selbst vor Verlust, Beschädigung, Verfälschung und unerlaubtem Zugriff geschützt werden. _____

c. Es handelt sich um Maßnahmen zum Schutz aller personenbezogenen Daten. _____

d. Die Privatsphäre der Personen soll durch den Missbrauch von Daten geschützt werden. _____

e. Sämtliche Daten eines Unternehmens sollen durch geeignete Maßnahmen geschützt werden. _____

f. Dazu gehört auch der Schutz des einzelnen Menschen vor der Sammlung von individuellen Daten über seine Person. _____

2 Maßnahmen zu Datensicherung und Datenschutz überschneiden sich zuweilen. Manche Maßnahmen dienen jedoch nur dem Datenschutz, manche nur der Datensicherung.
Kennzeichnen Sie unten stehende Maßnahmen mit einer

(1), wenn diese ausschließlich der Datensicherung dienen,
(2), wenn diese ausschließlich dem Datenschutz dienen,
(3), wenn diese sowohl der Datensicherung als auch dem Datenschutz dienen,
(9), wenn diese weder dem Datenschutz noch der Datensicherung dienen.

a. In einer Programmierabteilung müssen die Mitarbeiter ihre Ausweise mit Zugangsberechtigung offen tragen. ___

b. Die Mitarbeiter der Personalabteilung haben Zugangsberechtigung zu den Personalstammdaten nur über im Programm hinterlegte Passwörter. _____

c. Die Datenträger mit den Daten des Tages werden abends in einem feuerfesten Tresor verschlossen. _____

d. Ein Bürger verlangt von der Schufa, eine irrtümliche Eintragung zu löschen. _____

e. Bei der Übertragung von Daten erfolgt eine technische Prüfbitkontrolle, um „Datensalat" zu verhindern. _____

f. Neben dem Schreibtischtest führt der Programmierer noch einen Kontrolllauf des Programms mit „harten" Daten durch. _____

g. Von allen Programmen, die in einem Unternehmen eingesetzt werden, existieren Sicherheitskopien. _____

h. Das Eingabeprogramm überprüft durch Plausibilitätskontrollen die eingegebenen Daten auf ihre Richtigkeit. ___

i. Ein Bürger verlangt vom Einwohnermeldeamt und der Polizei einen Ausdruck über sämtliche über ihn ggf. gespeicherten Daten. _____

j. Jede EAN-Nummer ist mit einer Prüfziffer ausgestattet, um falsche Erfassungen zu verhindern. _____

3 Welches der folgenden Rechte ist kein Recht nach dem Datenschutzgesetz? _____

Tragen Sie eine (5) ein, wenn es sich ausschließlich um Rechte nach dem Datenschutzgesetz handelt.

(1) Jeder Bürger hat das Recht zu wissen, wer Daten über ihn in welchem Umfang besitzt und an wen diese Daten ggf. weitergegeben werden.

(2) Jeder Bürger hat das Recht, unrichtig gespeicherte Daten korrigieren zu lassen.

(3) Jeder Betrieb hat einen Sicherheitsbeauftragten zu benennen.

(4) Diejenigen Personen, die mit personenbezogenen Daten zu tun haben, werden zum Schweigen darüber verpflichtet.

4 Im Rahmen der Datensicherung werden

(1) organisatorische Maßnahmen,
(2) Softwaremaßnahmen,
(3) Hardwaremaßnahmen

unterschieden.

Ordnen Sie den folgenden Maßnahmen zu, um welche Art der Maßnahmen es sich handelt.

a. Zugangsberechtigung zu Datenendstationen nur über Passwörter (Zugangscodes) _____

b. bauliche Maßnahmen, z. B. besonders feuergeschützte Räume _____

c. Zugang zu den Tastaturen und Geräten nur mit Schlüsseln _____

d. Plausibilitätskontrollen bei der Eingabe von Daten _____

e. Zugangs- und Abgangskontrollen, z. B. durch offen getragene Ausweise _____

f. regelmäßige Sicherung der angefallenen Daten _____

g. Summen- und Vollständigkeitskontrollen _____

h. Prüfziffernverfahren _____

i. Überschreibschutz bei Magnetbändern oder Floppy-Disks _____

5 Ein Großhandelsbetrieb beabsichtigt, ein EDV-gestütztes Warenwirtschaftssystem auf der Basis von EAN-Nummern einzurichten.

Welche der unten stehenden Hardwareeinrichtungen ist für die Einrichtung eines solchen Systems nicht zwingend erforderlich? _____

(1) Bildschirmarbeitsplätze

(2) Magnetplatteneinheit mit hoher Speicherkapazität und schnellem Zugriff

(3) netzwerkfähige Zentraleinheit mit großem Arbeitsspeicher und schneller Verarbeitungsgeschwindigkeit

(4) Schnelldrucker

(5) Magnetbandeinheit

Beschreiben Sie die Teilbereiche des Rechnungswesens. Nennen Sie Aufgaben, Grundlagen und Ziele.

Buchführung	Aufgaben	Erfassung ▷ des Vermögens und dessen Veränderungen ▷ der Schulden und deren Veränderungen ▷ der Aufwendungen und Erträge ▷ des Kapitals und dessen Veränderungen
	Grundlagen	▷ interne Belege *Beispiele: Ausgangsrechnungen, Quittungen für Barauszahlungen, Lohn- und Gehaltslisten* ▷ externe Belege *Beispiele: Eingangsrechnungen, Kontoauszüge, Gutschriften von Lieferern*
	Ziel und Zweck	▷ innerbetriebliche Zwecke = Datenspeicher für Kosten- und Leistungsrechnung (Grundlage für die Kalkulation), Statistik und Planung ▷ außerbetriebliche Zwecke: Information, Beweissicherung und Rechenschaftslegung gegenüber Finanzbehörden, Kapitaleignern, Gläubigern
Kosten- und Leistungs-rechnung	Aufgaben	▷ Errechnung der Mindestverkaufspreise ▷ Kontrolle der Wirtschaftlichkeit ▷ Bewertung der Lagerbestände
	Grundlagen	▷ Zahlen der Buchführung
	Ziel und Zweck	▷ Feststellung der Leistungsfähigkeit des Betriebes ▷ Wirtschaftlichkeitskontrolle
Statistik	Aufgaben	▷ Aufbereitung des Zahlenmaterials aus Buchhaltung und Kostenrechnung – Vergleich verschiedener Geschäftsjahre = innerbetrieblicher Vergleich – Vergleich mit Zahlen anderer Betriebe = außerbetrieblicher Vergleich – Darstellung der Zahlen in übersichtlichen Tabellen und Grafiken
	Grundlagen	▷ Zahlen aus Buchhaltung und Kosten- und Leistungsrechnung ▷ Zahlen von außen (Veröffentlichungen der Verbände, IHK, statistische Landes- und Bundesämter usw.)
	Ziel und Zweck	▷ schneller Zugriff auf Zahleninformationen ▷ Basis für zukünftige Entscheidungen und Planungen
Planung	Aufgaben	▷ gedankliche Vorwegnahme des zukünftig Gewollten ▷ Grundlage für Entscheidungen, um die Ziele des Betriebes (z. B. Gewinnsteigerung, Umsatzerhöhung) zu erreichen
	Grundlagen	▷ inner- und außerbetriebliche Zahleninformationen aus dem Bereich Statistik ▷ Erwartungen in Bezug auf Kostenentwicklung, allgemeine Wirtschaftslage, Konkurrenz
	Ziel und Zweck	▷ Verminderung von Risiken ▷ Sicherung des Unternehmenserfolges

---

Wie muss eine ordnungsgemäße Buchführung aussehen?
Welche gesetzlichen Vorschriften bilden dafür die Grundlage?

Abgaben-ordnung AO §§ 140, 141, 158, 162 enthält Vorschriften über:	▷ Buchführungspflicht (steuerrechtlich) besteht für Betriebe mit – einem jährlichen Umsatz von mehr als 350 000,00 € oder – einem jährlichen Gewinn von mehr als 30 000,00 € ▷ Beweiskraft der Buchführung ▷ Schätzung der Besteuerungsgrundlagen, falls eine ordnungsgemäße Buchführung fehlt
Handels-gesetzbuch HGB §§ 238 ff. enthält Vorschriften über:	▷ Buchführungspflicht (handelsrechtlich) für alle im Handelsregister eingetragenen Kaufleute ▷ Bilanzierungsvorschriften für Personengesellschaften und Kapitalgesellschaften (Bilanzrichtliniengesetz)
Grundsätze ord-nungsgemäßer Buchführung (GOB) AO §§ 146, 147 HGB § 239	▷ Vollständigkeit (alle Geschäftsfälle, lückenlose Inventur) ▷ Richtigkeit ▷ periodengerechte Abgrenzung (Aufwendungen und Erträge müssen den Geschäftsjahren zugerechnet werden, in denen sie verursacht wurden) ▷ zeitgerechte Erfassung (Buchung innerhalb einer angemessenen Zeit) ▷ Klarheit (übersichtliche Organisation, Kontenplan, lebende Sprache, eindeutige Abkürzungen, Eintragungen dürfen nicht unleserlich gemacht werden) ▷ Nachprüfbarkeit (sachkundige Dritte, z. B. Betriebsprüfer, müssen sich zurechtfinden können, Belege müssen vollständig, geordnet, den gesetzlichen Fristen entsprechend aufbewahrt werden) **Aufbewahrungsfristen** für Inventare, Bilanzen, Gewinn- und Verlustrechnungen, Lageberichte und Buchungsbelege: zehn Jahre

1 Welche der unten genannten Aufgaben hat die Buchführung als Teil des Rechnungswesens in einem Betrieb zu erfüllen? Kennzeichnen Sie mit

(1), wenn die Aussage richtig ist,
(9), wenn die Aussage falsch ist.

a. Sie hat dafür zu sorgen, dass alle Geschäftsfälle zahlenmäßig erfasst werden._____

b. Ihre Aufgabe ist es, die Mitarbeiter in einem Betrieb entsprechend ihren Fähigkeiten einzusetzen. _____

c. Alle Veränderungen des Vermögens und der Schulden müssen von ihr aufgezeichnet werden._____

d. Sie bildet die Grundlage für die Betriebsorganisation. ___

e. Sie erfasst alle Aufwendungen und Erträge und ermittelt somit den Erfolg eines Unternehmens._____

f. Sie hat die Aufgabe, die Verkaufspreise zu errechnen. ___

2 Ordnen Sie zu, ob es sich bei den folgenden Buchungsbelegen um

(1) interne Belege (Eigenbelege),
(2) externe Belege (Fremdbelege)

handelt.

a. Rechnungen von Lieferer G. Sticker, Bielefeld, über Damenblusen _____

b. Kontoauszug der Stadtsparkasse _____

c. Gutschriftsanzeige des Lieferers_____

d. Kopie der Ausgangsrechnung an einen Kunden_____

e. Kassenquittung über Entnahme von Bargeld durch den Geschäftsinhaber _____

3 Die zahlenmäßige Erfassung der Geschäftsfälle und die ordnungsgemäße Aufbewahrung der Belege durch das Rechnungswesen dient

(1) innerbetrieblichen Zwecken,
(2) außerbetrieblichen Zwecken.

Ordnen Sie zu.

a. Beweismittel über eine Forderung an einen Kunden _____

b. Vergleich der Ausgaben für Versicherungsbeiträge im Vorjahr mit denen des laufenden Geschäftsjahres_____

c. Grundlage für die Steuererklärung _____

d. Grundlage für die Kalkulation der Verkaufspreise_____

4 Welche der unten stehenden Aufgaben gehört nicht zu dem Bereich der Kosten- und Leistungsrechnung?_____

(1) Sie muss genau angeben können, wie hoch die Bargeldentnahmen des Inhabers in einem Geschäftsjahr waren.

(2) Sie gibt Auskunft über die Wirtschaftlichkeit eines Unternehmens.

(3) Sie errechnet die Mindestverkaufspreise.

5 Welche Gesetze bzw. Verordnungen enthalten Vorschriften über die Buchführungspflicht? _____

(1) Bürgerliches Gesetzbuch

(2) Scheckgesetz

(3) Abgabenordnung

(4) Wechselgesetz

(5) Handelsgesetzbuch

6 Der Elektrohändler W. Stromme ist Kaufmann lt. HGB. Er hatte im Geschäftsjahr 01 einen Umsatz von 340 000,00 € und einen Gewinn von 40 000,00 €. Welche der folgenden Aussagen trifft für die steuerliche Pflicht zur Buchführung zu? ___

(1) Stromme ist nach der Abgabenordnung (AO) buchführungspflichtig.

(2) Stromme ist nicht buchführungspflichtig, weil Unternehmen in Form einer GmbH von der AO nicht erfasst werden.

(3) Stromme ist nicht buchführungspflichtig, weil sein Umsatz die in der AO vorgesehene Höhe überschreitet.

7 Welche der folgenden Aussagen ist richtig? _____

Tragen Sie eine (9) ein, wenn alle Aussagen falsch sind.

(1) Alle Buchungsbelege müssen mindestens fünf Jahre aufbewahrt werden.

(2) Der Buchhalter in einem Unternehmen kann selbst entscheiden, welche Geschäftsfälle gebucht werden und welche nicht.

(3) Bilanzen, Inventare und Erfolgsrechnungen müssen mindestens zehn Jahre aufbewahrt werden.

(4) Die Buchführung darf nicht handschriftlich vorgenommen werden.

8 Welche der folgenden Aussagen trifft nicht zu?___

Eine Buchführung entspricht den Grundsätzen der Ordnungsmäßigkeit, wenn

(1) am Geschäftsjahresende eine Inventur gemacht wird,

(2) alle Belege mindestens vier Jahre aufbewahrt werden,

(3) sie nach einem Kontenrahmen geordnet ist,

(4) sie den gesetzlichen Vorschriften entspricht und jederzeit einen Überblick über die Geschäftsvorfälle, die Vermögens-, Finanz- und Erfolgslage eines Unternehmens geben kann.

9 Welcher der folgenden Teilbereiche gehört nicht zum Rechnungswesen?_____

(1) Kostenrechnung

(2) Buchführung

(3) Planung

(4) Lagerbestandsführung

(5) Wareneingangskontrolle

Was ist eine Inventur? Welche Arten von Inventuren gibt es?

Nach HGB § 240 und AO §§ 140, 141 ist der Kaufmann verpflichtet,
▷ bei Gründung bzw. Übernahme
▷ bei Auflösung oder Veräußerung eines Unternehmens
▷ am Schluss eines jeden Geschäftsjahres
alle Vermögensteile und Schulden einzeln mengenmäßig zu erfassen (zählen, messen, wiegen) und zu bewerten. Diesen Vorgang nennt man „Inventur".

Stichtagsinventur	verlegte Inventur	permanente Inventur
Bestandsaufnahme am Bilanzstichtag oder zeitnah innerhalb von 10 Tagen vor- bzw. nachher. Der Bilanzstichtag ist in der Regel der 31.12., es ist jedoch auch ein anderer Termin möglich, wenn das Geschäftsjahr vom Kalenderjahr abweicht. Beispiel: 01.10. ... bis 30.09. ...	Bestandsaufnahme innerhalb von 3 Monaten vor, bzw. 2 Monaten nach Bilanzstichtag. (BS = Bilanzstichtag) Wertfortschreibung: 　　Wert am Inventurtag + Zugänge bis BS – Abgänge bis BS ───────────── = Wert am BS Wertrückrechnung: 　　Wert am Inventurtag – Zugänge ab BS + Abgänge ab BS ───────────── = Wert am BS	Fortlaufende Erfassung der Bestände z. B. aufgrund der Eintragungen von Zu- und Abgängen in einer Lagerkartei. Mindestens einmal jährlich ist pro Lagerposition eine körperliche Bestandsaufnahme zum Vergleich des tatsächlichen Bestandes (Istbestand) mit dem Buchbestand (Sollbestand) durchzuführen. Bei Differenzen erfolgt eine Korrektur des Buchbestandes.

Stichprobeninventur
Vereinfachung der Bestandsaufnahme durch mathematisch-statistische Messmethoden. *(Beispiel: Wiegen eines Kartons mit Kleinstteilen: gewogen wird eine bestimmte Anzahl, anschließend erfolgt eine Hochrechnung auf den Gesamtinhalt.)*

Die Stichprobeninventur ist keine Inventurart, sondern eine Technik der Bestandsaufnahme, die bei den drei Inventurarten angewendet werden kann.

Wie wird eine Inventur durchgeführt?

▷ Ernennung eines Inventurleiters. Dieser legt fest:
　– Termin
　– Inventurbereiche
　– personelle Besetzung
　– Hilfsmittel (Vordrucke, Diktiergeräte etc.)
▷ körperliche Erfassung der Vermögensteile (zählen, messen, wiegen)
▷ buchmäßige Erfassung der Vermögensteile und Schulden (Abstimmung der Saldenlisten mit den Sachkonten)

▷ Erstellen von Inventurlisten. Erforderliche Angaben:
　– Abteilung/Lagerort/Fach
　– Bezeichnung des Gegenstandes
　– Menge (Zahl, Maß oder Gewicht)
　– Wert pro Einheit
　– Gesamtwert
　– Datum, Unterschrift des Verantwortlichen
　– Kontrollvermerk
　– Kontrolle (Gesamt- oder Stichproben)

Was ist ein Inventar? Wie ist es gegliedert?

Das **Inventar** ist ein aufgrund der Inventur erstelltes Bestandsverzeichnis, in dem ausführlich alle Vermögensteile und Schulden eines Unternehmens zu einem bestimmten Zeitpunkt nach Art, Menge und Wert aufgeführt sind.

Das Inventar ist in drei Teile gegliedert:

A. **Vermögen**	I. **Anlagevermögen** (Vermögensteile, die dem Unternehmen langfristig dienen) II. **Umlaufvermögen** (Vermögensteile, deren Bestand ständig verändert wird und die kurzfristig im Unternehmen bleiben)	Ordnung des Vermögens nach steigender Liquidität, d. h. nach dem Grad, wie es in flüssige Mittel umgewandelt werden kann (z. B. an erster Stelle die Grundstücke, an letzter Stelle der Kassenbestand)
B. **Schulden**	I. **Langfristige Schulden** (Laufzeit von mindestens fünf Jahren) II. **Kurzfristige Schulden** (Laufzeit bis zu fünf Jahre)	Ordnung der Schulden nach ihrer Fälligkeit, d. h. wie lange sie als Fremdkapital zur Verfügung stehen (z. B. an erster Stelle Hypothekenschulden, an letzter Stelle Verbindlichkeiten aus Lieferungen und Leistungen).
C. **Ermittlung des Eigenkapitals (Reinvermögen)**	**Summe des Vermögens** – **Summe der Schulden** ───────────── = **Eigenkapital**	

1 Welche der folgenden Aussagen zur Inventur ist falsch? _____ ☐

Die Inventur ...

(1) ... ist die Bestandsaufnahme zum Schluss des Geschäftsjahres.

(2) ... ist ein Bestandsverzeichnis aller Vermögensteile und Schulden.

(3) ... muss bei der Gründung eines Unternehmens durchgeführt werden.

(4) ... ist die mengen- und wertmäßige Bestandsaufnahme aller Vermögensteile und Schulden zu einem bestimmten Zeitpunkt.

2 Ordnen Sie zu, ob die unten stehenden Aussagen zutreffen auf

  (1) die Stichtagsinventur,
  (2) die verlegte Inventur,
  (3) die permanente Inventur,
  (4) die Stichprobeninventur,
  (9) keine von diesen Inventuren.

a. Eine Inventur, die nur in dem Zeitraum von 3 Monaten vor oder von 2 Monaten nach dem Bilanzstichtag erfolgen kann. _____ ☐

b. Eine Inventur, die an einem vom Finanzamt festgelegten Tag zu erfolgen hat. _____ ☐

c. Die Zu- und Abgänge werden ständig in einer Kartei/ Datei aufgezeichnet; mindestens einmal im Geschäftsjahr, zu einem beliebigen Zeitpunkt, erfolgt die körperliche Bestandsaufnahme. _____ ☐

d. Die Inventur erfolgt zum Abschluss des Geschäftsjahres zeitnah zum Bilanzstichtag (10 Tage vor- oder nachher). ☐

e. Die Inventur wird vom Ende des Geschäftsjahres 05 an den Anfang des Geschäftsjahres 06 verlegt. _____ ☐

f. Bei einer Bestandsaufnahme werden durch mathematisch-statistische Methoden die tatsächlichen Bestände errechnet. _____ ☐

g. Diese Bestandsaufnahme erfolgt 3 Monate nach dem Bilanzstichtag. _____ ☐

3 Handelt es sich bei den unten aufgeführten Bilanzpositionen um Teile des

  (1) Anlagevermögens,
  (2) Umlaufvermögens?

Tragen Sie eine (9) ein, wenn sie weder zum Anlagevermögen noch zum Umlaufvermögen gehören.

a. Forderungen an Kunden _____ ☐

b. Verbindlichkeiten _____ ☐

c. Warenvorräte _____ ☐

d. Umsatzsteuer-Zahllast _____ ☐

e. Geschäftsausstattung _____ ☐

f. Fuhrpark _____ ☐

4 Welche der folgenden Schulden sind den langfristigen Verbindlichkeiten zuzurechnen? _____ ☐

Tragen Sie eine (9) ein, wenn nur kurzfristige Schulden aufgeführt sind.

(1) Verbindlichkeiten an Lieferer

(2) Umsatzsteuer-Zahllast

(3) Sonstige Verbindlichkeiten gegenüber Sozialversicherungsträger

(4) Sonstige Verbindlichkeiten gegenüber Finanzbehörden

5 Ordnen Sie die folgenden Vermögensteile mit den laufenden Nummern 1 bis 6 nach dem Grad ihrer Liquidität.
1 = niedrigste Liquidität
6 = größte Liquidität

a. Warenvorräte _____ ☐

b. Forderungen an Kunden _____ ☐

c. Geschäftsausstattung _____ ☐

d. Maschinen _____ ☐

e. Bebaute Grundstücke _____ ☐

f. Postbankguthaben _____ ☐

6 Welche der folgenden Aussagen zur permanenten Inventur ist richtig? _____ ☐

(1) Diese Inventur besteht aus einer fortlaufenden Erfassung der Bestände aufgrund der Eintragungen von Zu- und Abgängen. Einmal im Jahr wird an einem beliebigen Tag der gesamte Bestand auf seine Übereinstimmung zwischen Soll- und Istbestand hin überprüft.

(2) Diese Inventur besteht aus einer fortlaufenden Erfassung der Bestände aufgrund der Eintragungen von Zu- und Abgängen. Mindestens einmal im Jahr ist jede einzelne Warenposition auf die Übereinstimmung zwischen Soll- und Istbestand hin zu überprüfen. Das hat den Vorteil, dass die eigentliche Tätigkeit der Inventur gleichmäßig über das Jahr verteilt wird.

(3) Diese Inventur besteht aus einer fortlaufenden Erfassung der Bestände aufgrund der Eintragungen von Zu- und Abgängen. Anlässlich der jährlich einmal durchzuführenden Stichtagsinventur werden die Soll- und Istbestände miteinander verglichen. Die Sollbestände werden korrigiert und der Betrieb kann das ganze Jahr hindurch mit den aktuellen Zahlen arbeiten.

(4) Diese Inventur besteht aus einer fortlaufenden Erfassung der Bestände aufgrund der Eintragungen von Zu- und Abgängen. Der Abgleich der Soll- und der Istbestände findet immer dann statt, wenn ein Bestand den Meldebestand unterschritten hat.

Wie lässt sich durch Eigenkapitalvergleich der Erfolg (Gewinn oder Verlust) eines Unternehmens ermitteln?

Erfolgsermittlung durch Vergleich der Inventare	Eigenkapital am Ende des Geschäftsjahres – Eigenkapital am Anfang des Geschäftsjahres	▷ Ist das Eigenkapital am Ende des Jahres größer als am Anfang des Jahres, hat das Unternehmen einen Gewinn erzielt (= Kapitalmehrung).
	= Kapitalmehrung (+) oder Kapitalminderung (–) + Privatentnahmen – Privateinlagen	▷ Dieser Gewinn muss noch um die Privatentnahmen (vorweg entnommener Gewinn) und um die Privateinlagen (Kapitalteile, die von außen dem Unternehmen zugeführt wurden) bereinigt werden.
	= Gewinn (+) oder Verlust (–)	▷ Entsprechendes gilt für einen Verlust (= Kapitalminderung).

Was versteht man unter einer Bilanz? Wie ist die Bilanz gegliedert?

Begriff	Das Handelsgesetzbuch (HGB) sieht vor, dass zu dem ausführlichen Inventar eine kurzgefasste Darstellung des Vermögens und der Schulden erstellt wird. Die Bilanz (*italienisch: bilancia = Waage*) wird in Kontenform dargestellt. Beide Seiten (Aktiva bzw. Aktivseite und Passiva bzw. Passivseite) müssen wertmäßig gleich groß sein. Die Aktivseite ist nach steigender Liquidität (= Flüssigkeit), die Passivseite nach abnehmender Fälligkeit geordnet.

Beispiel für eine Bilanz:	**Aktiva**		**BILANZ** zum 31.12.200.	**Passiva**	
	I. Anlagevermögen		I. Eigenkapital	250 000,00	
	1. Bebaute Grundstücke	329 000,00			
	2. Fuhrpark	48 000,00	II. Fremdkapital		
	3. Geschäftsausstattung	39 400,00	1. Langfristige Bankverbindlichkeiten	284 000,00	
	II. Umlaufvermögen		2. Kurzfristige Bankverbindlichkeiten	53 000,00	
	1. Waren	192 000,00	3. Verbindlichkeiten aus Lieferungen und Leistungen	137 800,00	
	2. Forderungen	26 000,00			
	3. Bankguthaben	89 000,00			
	4. Kasse	1 400,00			
	Bilanzsumme	724 800,00	Bilanzsumme	724 800,00	

grafische Darstellung	

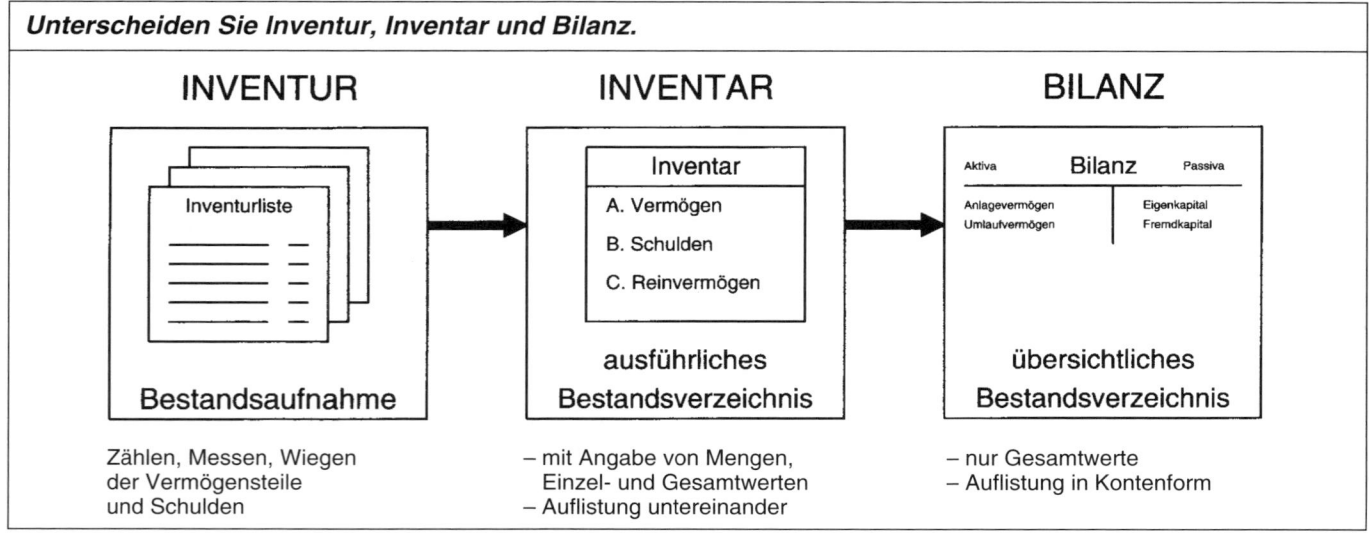

AKTIVA   BILANZ   PASSIVA

Vermögen

Anlagevermögen
Umlaufvermögen

Wie ist das Kapital angelegt?

Investierung

Kapital

Eigenkapital
Fremdkapital

Woher stammt das Kapital?

Finanzierung

Unterscheiden Sie Inventur, Inventar und Bilanz.

INVENTUR   INVENTAR   BILANZ

Inventurliste

Inventar

A. Vermögen

B. Schulden

C. Reinvermögen

Aktiva	Bilanz	Passiva
Anlagevermögen Umlaufvermögen		Eigenkapital Fremdkapital

Bestandsaufnahme   **ausführliches Bestandsverzeichnis**   **übersichtliches Bestandsverzeichnis**

Zählen, Messen, Wiegen der Vermögensteile und Schulden

– mit Angabe von Mengen, Einzel- und Gesamtwerten
– Auflistung untereinander

– nur Gesamtwerte
– Auflistung in Kontenform

1 Welche der folgenden Aussagen zur Bilanz ist richtig? _____

(1) Die Bilanz ist der Geschäftsbericht eines Unternehmers.

(2) Die Bilanz ist eine Gegenüberstellung des Vermögens und der Schulden eines Unternehmers.

(3) Die Bilanz ist eine kurzgefasste, kontenmäßige Gegenüberstellung der Vermögensformen und der Vermögensquellen eines Unternehmens.

(4) Die Bilanz ermöglicht aufgrund ihrer detaillierten Darstellung einen jederzeitigen Einblick in die Vermögens- und Ertragslage eines Unternehmens. Deshalb ist sie auch gesetzlich vorgeschrieben.

2 Welche der unten genannten Gleichungen zur Bilanz sind falsch? _____

(1) Anlagevermögen + Umlaufvermögen = Eigenkapital

(2) Bilanzsumme – Eigenkapital = Fremdkapital

(3) Bilanzsumme Aktiva = Bilanzsumme Passiva

(4) Anlagevermögen – Umlaufvermögen = Eigenkapital – Fremdkapital

(5) Bilanzsumme Aktiva – Anlagevermögen = Umlaufvermögen

3 Welcher Erfolg (Gewinn oder Verlust) ergibt sich bei folgenden Daten eines Unternehmens? _____ €

Vermögensteile und Schulden am Ende des Geschäftsjahres:
Anlagevermögen   400 000,00 €
Umlaufvermögen   150 000,00 €
Fremdkapital   100 000,00 €

Eigenkapital am Anfang des Geschäftsjahres   480 000,00 €

4 Kennzeichnen Sie unten stehende Aussagen mit einer

(1), wenn sie nur auf den Begriff „Inventur" zutreffen,
(2), wenn sie nur auf den Begriff „Inventar" zutreffen,
(3), wenn sie nur auf den Begriff „Bilanz" zutreffen,
(4), wenn sie sowohl auf den Begriff „Inventar" als auch auf den Begriff „Bilanz" zutreffen,
(9), wenn sie auf keinen der vorgenannten Begriffe zutreffen.

a. Es besteht aus drei Teilen (A. Vermögen, B. Schulden, C. Reinvermögen). _____

b. Es ist eine Bestandsaufnahme aller Vermögensteile und Schulden eines Unternehmens zu einem Zeitpunkt. _____

c. Das Vermögen wird in Anlage- und Umlaufvermögen gegliedert, wobei die Vermögensposten nach steigender Flüssigkeit geordnet werden. _____

d. Auf der Aktivseite ist das Anlagevermögen und das Eigenkapital aufgeführt und auf der Passivseite das Umlaufvermögen und das Fremdkapital. _____

e. Es ist eine kurzgefasste, überschaubare Darstellung des Vermögens und des Kapitals. _____

5 Ihnen liegen die folgenden Bilanzwerte eines Unternehmens vor:

Bebaute Grundstücke   200 000,00 €
Betriebs- und Geschäftsausstattung   100 000,00 €
Fuhrpark   60 000,00 €
Darlehensschulden   90 000,00 €
Forderungen an Kunden   50 000,00 €
Waren   80 000,00 €
Kasse   10 000,00 €
Verbindlichkeiten   20 000,00 €

Stellen Sie fest:

a. Höhe des Eigenkapitals _____ €

b. Summe der flüssigen Mittel _____ €

c. Höhe des Fremdkapitals _____ €

d. Höhe des Umlaufvermögens _____ €

e. Höhe des Anlagevermögens _____ €

f. Höhe des Gesamtkapitals _____ €

6 Ermitteln Sie aufgrund der nachstehenden Daten den Erfolg durch Eigenkapitalvergleich. _____ €

Eigenkapital am Anfang des Geschäftsjahres   350 000,00 €
Eigenkapital am Ende des Geschäftsjahres   380 000,00 €
Entnahmen des Inhabers   40 000,00 €
Privateinlagen   50 000,00 €

7 Über ein Unternehmen liegen Ihnen folgende Zahlen vor:

Zusammengefasste Bilanz am Anfang des Geschäftsjahres:
Anlagevermögen   240 000,00 €
Umlaufvermögen   450 000,00 €
Fremdkapital   360 000,00 €

Für die Bilanz am Ende des Geschäftsjahres sind folgende Sachverhalte festzustellen:

– Die Darlehensschulden haben sich um 40 000,00 € verringert.
– Das Anlagevermögen ist aufgrund der Anschaffung eines Computers um 20 000,00 € angewachsen.
– Das Eigenkapital hat sich auf 420 000,00 € erhöht.
– Der Inhaber hat im laufenden Jahr Entnahmen für seinen Privathaushalt in Höhe von 60 000,00 € getätigt.

Beantworten Sie unter Berücksichtigung der genannten Zahlen die folgenden Fragen.

a. Wie viel € betrug das Eigenkapital zu Beginn des Geschäftsjahres? _____

b. Wie viel € beträgt die Kapitalmehrung/ Kapitalminderung im laufenden Jahr? _____

c. Wie viel € betrug der Gewinn des Unternehmens im laufenden Jahr? _____

Wie wirken sich Geschäftsfälle auf die Bilanz aus?

Geschäftsfall / Fragen:	Bareinzahlung auf das Bankkonto		Umwandlung einer Lieferschuld in eine Darlehensschuld		Kauf eines Personalcomputers auf Ziel		Zahlung einer Liefererrechnung durch Banküberweisung	
1. Welche Positionen werden berührt?	Bank	Kasse	Verbindlichkeiten	Darlehen	Geschäftsausstatt.	Verbindlichkeiten	Bank	Verbindlichkeiten
2. Auf welcher Seite der Bilanz befinden sich die Posten?	Aktiva	Aktiva	Passiva	Passiva	Aktiva	Passiva	Aktiva	Passiva
3. Wie verändert sich der Wert des Bilanzpostens?	Mehrung	Minderung	Minderung	Mehrung	Mehrung	Mehrung	Minderung	Minderung
4. Wie beschreibt man die Bilanzveränderung?	Tauschvorgang auf der Aktivseite – Bilanzsumme bleibt gleich		Tauschvorgang auf der Passivseite – Bilanzsumme bleibt gleich		Mehrung auf der Aktivseite und auf der Passivseite – Bilanzsumme erhöht sich		Minderung auf der Aktivseite und auf der Passivseite – Bilanzsumme vermindert sich	
	Aktivtausch		**Passivtausch**		**Aktiv-Passiv-Mehrung**		**Aktiv-Passiv-Minderung**	

In welche Art von Konten wird die Bilanz aufgelöst? Wie wird auf diesen Konten gebucht?

Einrichten der Bestandskonten	▷ Die Bilanz entspricht einer Waage. Der Wert der Aktivseite stimmt immer mit dem Wert der Passivseite überein. ▷ Jeder Geschäftsvorgang berührt immer mindestens zwei Posten in der Bilanz. Das Gleichgewicht wird dadurch niemals gestört. ▷ Da es zu umständlich wäre, nach jedem Geschäftsvorgang die Bilanz neu zu gestalten, wird für jeden Bilanzposten ein Konto eingerichtet. ▷ Die Bilanz zeigt die Bestände der einzelnen Bilanzposten an, daher bezeichnet man diese Konten als Bestandskonten.

Arten von Bestandskonten	**Aktivkonten**	**Passivkonten**
	Für alle Posten der Aktivseite der Bilanz wird ein eigenes Konto eingerichtet. Auf diesen Konten wird wie folgt gebucht:	Für alle Posten der Passivseite der Bilanz wird ein eigenes Konto eingerichtet. Auf diesen Konten wird wie folgt gebucht:
	Soll (S) **Aktivkonto** Haben (H)	Soll (S) **Passivkonto** Haben (H)
	Anfangsbestand / Mehrungen — Minderungen / Schlussbestand (Saldo)	Minderungen / Schlussbestand (Saldo) — Anfangsbestand / Mehrungen

Wie bildet man aus einem Geschäftsfall einen Buchungssatz?

Buchungssatz	▷ Für jeden Geschäftsfall (mit entsprechendem Beleg) wird ein Buchungssatz gebildet. ▷ Grundlage hierfür ist das o. a. Buchungsschema zu den Bestandskonten. ▷ Zuerst erfolgt die Nennung des Kontos, auf dem die Sollbuchung erfolgt, dann die Nennung des Kontos, auf dem die Habenbuchung erfolgt: **Soll** an **Haben.** ▷ Die Buchungssätze werden im **Grundbuch** eingetragen.		
Geschäftsfälle (siehe auch oben)	1. Bareinzahlung auf unser Bankkonto: 5 000,00 €	Kasse: Aktivkonto/Minderung Bank: Aktivkonto/Mehrung	→ **Haben** → **Soll**
	2. Umwandlung einer Liefererschuld in eine Darlehensschuld: 37 000,00 €	Verbindlichkeiten: Passivkonto/Minderung Darlehen: Passivkonto/Mehrung	→ **Soll** → **Haben**
	3. Kauf eines Personalcomputers auf Ziel: 13 000,00 €	Geschäftsausstattung: Aktivkonto/Mehrung Verbindlichkeiten: Passivkonto/Mehrung	→ **Soll** → **Haben**
	4. Zahlung einer Liefererrechnung durch Banküberweisung: 8 000,00 €	Bank: Aktivkonto/Minderung Verbindlichkeiten: Passivkonto/Minderung	→ **Haben** → **Soll**

Grundbuch	Nr.	**Soll**		an	**Haben**	
	1	Bank	5 000,00		Kasse	5 000,00
	2	Verbindlichkeiten	37 000,00		Darlehen	37 000,00
	3	Geschäftsausstattung	13 000,00		Verbindlichkeiten	13 000,00
	4	Verbindlichkeiten	8 000,00		Bank	8 000,00

1 Aus welchem Grund wird die Bilanz in Konten aufgelöst? _____

(1) Weil das BGB die Aufteilung in Konten vorschreibt.

(2) Weil die Konten die Bilanz erläutern sollen.

(3) Weil es die Steuergesetze vorschreiben.

(4) Weil die Konten eine übersichtliche Einzelabrechnung jeder Bilanzposition ermöglichen.

2 Entscheiden Sie, ob es sich bei den folgenden Kontenaufzählungen um Gruppen von Aktivkonten oder Passivkonten handelt. Kennzeichnen Sie

Aufzählungen von Aktivkonten mit einer (1),
Aufzählungen von Passivkonten mit einer (2),
gemischte Aufzählungen mit einer (9).

a. Bankguthaben, Forderungen, Verbindlichkeiten, Kasse __

b. Darlehen, Geschäftsausstattung, Postbank _____

c. Unbebaute Grundstücke, Kasse, Forderungen_____

d. Verbindlichkeiten, Darlehensschulden, Eigenkapital ____

e. Hypothekendarlehen, Bankschulden, Forderungen ____

3 Die Banküberweisung eines Kunden wurde irrtümlich mit „Forderungen an Bank" gebucht.

Wie wirkt sich diese Falschbuchung aus? _____

(1) Durch diesen Irrtum ist der Saldo des Kontos Forderungen zu niedrig.

(2) Der Saldo des Kontos Verbindlichkeiten ist zu niedrig.

(3) Die Bilanzsumme ist zu groß.

(4) Die Bilanzsumme ist zu niedrig.

(5) Der Irrtum hat auf die Bilanzsumme keinen Einfluss.

4 Ordnen Sie zu, ob es sich bei den folgenden Geschäftsfällen um

(1) einen Aktivtausch,
(2) einen Passivtausch,
(3) eine Aktiv-Passiv-Mehrung,
(4) eine Aktiv-Passiv-Minderung

handelt.

a. Bareinzahlung auf unser Bankkonto _____

b. Ausgleich einer Liefererrechnung durch Banküberweisung

c. Tilgung einer Darlehensschuld durch Überweisung vom Postbankkonto _____

d. Kunde zahlt Rechnung durch Bankscheck _____

e. Umwandlung einer Liefererverbindlichkeit in eine Darlehensschuld _____

5 Entscheiden Sie, ob sich bei den folgenden Geschäftsfällen die Bilanzsumme

(1) erhöht,
(2) vermindert,
(3) nicht verändert.

a. Wir zahlen eine Liefererverbindlichkeit bar. _____

b. Wir kaufen ein Fax-Gerät auf Ziel. _____

c. Unser Kunde begleicht eine Rechnung durch Banküberweisung. _____

6 Ordnen Sie die folgenden Buchungssätze den unten aufgeführten Geschäftsfällen zu.

(1) Kasse
     an Forderungen
(2) Verbindlichkeiten
     an Bank
(3) Postbank
     an Bank
(4) Verbindlichkeiten
     an Darlehensschulden
(9) Keiner der genannten Buchungssätze trifft zu.

a. Überweisung von unserem Bankkonto auf das Postbankkonto _____

b. Ausgleich einer Liefererrechnung durch Banküberweisung _____

c. Unser Kunde zahlt eine Rechnung bar. _____

d. Umwandlung einer kurzfristigen Verbindlichkeit in eine Darlehensschuld _____

7 Welche der folgenden Aussagen treffen

(1) nur auf aktive Bestandskonten,
(2) nur auf passive Bestandskonten,
(3) auf alle Bestandskonten,
(9) weder auf aktive noch auf passive Bestandskonten zu?

a. Der Anfangsbestand wird im Soll gebucht. _____

b. Minderungen werden im Soll gebucht. _____

c. Die Mehrungen werden auf diesen Konten auf der gleichen Seite wie der Anfangsbestand gebucht. _____

d. Der Saldo wird nach Abschluss des Kontos auf der wertmäßig kleineren Seite gebucht. _____

e. Der Anfangsbestand wird im Haben gebucht, die Zugänge im Soll. _____

f. Es handelt sich um Konten, die im Hauptbuch geführt werden. _____

g. Diese Konten werden über das Schlussbilanzkonto abgeschlossen. _____

h. Der Schlussbestand wird auf diesen Konten auf der Seite gebucht, auf der auch die Mehrungen gebucht sind. _____

Was sind Erfolgskonten? Welche Arten unterscheidet man? Wie wird auf ihnen gebucht?

Das Ziel eines erwerbswirtschaftlichen Betriebes ist die Gewinnmaximierung. Geschäftsfälle, die den betrieblichen Erfolg beeinflussen, werden auf Erfolgskonten festgehalten. Erträge (z. B. Verkaufserlöse) vermehren das Eigenkapital, Aufwendungen (z. B. Lohn- und Gehaltszahlungen für die Arbeitnehmer) vermindern das Eigenkapital. Aufwands- und Ertragskonten (Erfolgskonten) sind Unterkonten des Eigenkapitalkontos.

Aufwandskonten	Ertragskonten
Aufwendungen → Minderung des Eigenkapitals → Buchung im **Soll** auf dem jeweiligen Aufwandskonto *Beispiele:* ▷ *Wareneingang* ▷ *Zinsaufwendungen* ▷ *Löhne und Gehälter* ▷ *Abschreibungen* ▷ *Werbe- und Reisekosten* ▷ *Verpackungsmaterial* ▷ *Versicherungsbeiträge*	Erträge → Mehrung des Eigenkapitals → Buchung im **Haben** auf dem jeweiligen Ertragskonto *Beispiele:* ▷ *Warenverkauf* ▷ *Mieterträge* ▷ *Provisionserträge* ▷ *Zinserträge* ▷ *Erträge aus Wertpapieren* ▷ *Erträge aus dem Verkauf von Vermögensgegenständen*

Geschäftsfälle	*1. Zahlung der Gehälter per Banküberweisung: 30 000,00 €* *2. Zahlung von Versicherungsbeiträgen bar: 6 000,00 €* *3. Verkauf von Waren per Banküberweisung: 80 000,00 €* *4. Gutschrift der Bank für Zinsen: 2 000,00 €*

Grundbuch	Nr.	Soll		an	Haben	
	1	Gehälter	30 000,00	Bank		30 000,00
	2	Versicherungsbeiträge	6 000,00	Kasse		6 000,00
	3	Bank	80 000,00	Warenverkauf		80 000,00
	4	Bank	2 000,00	Zinserträge		2 000,00

Hauptbuch (ohne Berücksichtigung der Konten Bank und Kasse)	
S Gehälter H (1) 30 000,00	S Warenverkauf H (3) 80 000,00
S Versicherungsbeiträge H (2) 6 000,00	S Zinserträge H (4) 2 000,00

S   **Gewinn- und Verlustkonto (GuV)**   **H**

(5) Gehälter	30 000,00	(7) Warenverkauf	80 000,00
(6) Versicherungsbeiträge	6 000,00	(8) Zinserträge	2 000,00

Wie schließt man die Erfolgskonten ab?

Abschluss Erfolgskonten	Die Erfolgskonten werden über das Konto **Gewinn und Verlust (GuV-Konto)** abgeschlossen. Da die Salden der Aufwandskonten immer im Haben und die Salden der Erfolgskonten immer im Soll stehen, gilt: GuV an Aufwandskonten Ertragskonten an GuV
Geschäftsfälle (Fortsetzung von oben)	5. Abschluss Konto Gehälter 6. Abschluss Konto Versicherungsbeiträge 7. Abschluss Konto Warenverkauf 8. Abschluss Konto Zinserträge

Grundbuch	Nr.	Soll		an	Haben	
	5	GuV-Konto	30 000,00	Gehälter		30 000,00
	6	GuV-Konto	6 000,00	Versicherungsbeiträge		6 000,00
	7	Warenverkauf	80 000,00	GuV-Konto		80 000,00
	8	Zinserträge	2 000,00	GuV-Konto		2 000,00

1 Prüfen Sie die unten stehenden Geschäftsfälle. Entscheiden Sie, wie diese gebucht werden:

(1) Sollbuchung auf einem Aufwandskonto
(2) Habenbuchung auf einem Aufwandskonto
(3) Sollbuchung auf einem Ertragskonto
(4) Habenbuchung auf einem Ertragskonto
(9) Buchung erfolgt weder auf einem Aufwands- noch auf einem Ertragskonto

a. Zahlung von Löhnen per Banküberweisung _____

b. Kunde überweist einen Rechnungsbetrag _____

c. Buchung des Saldos auf dem Konto Kraftfahrzeugsteuer _

d. Verkauf von Waren auf Ziel_____

e. Buchung des Saldos auf dem Konto Warenverkauf _____

f. Buchung des Anfangsbestandes auf dem Konto Warenbestand _____

2 Kennzeichnen Sie die unten stehenden Aussagen mit einer

(1), wenn die Aussage richtig ist,
(9), wenn die Aussage falsch ist.

a. Erfolgskonten sind Unterkonten des Kontos Eigenkapital. __

b. Erfolgskonten unterteilt man in Aktivkonten und Passivkonten. _____

c. Das Gewinn- und Verlustkonto ist das Sammelkonto für die Erfolgskonten. _____

d. Alle Aufwendungen werden grundsätzlich im Haben gebucht. _____

e. Die Erträge bucht man immer auf der Habenseite des Erfolgskontos. _____

3 Handelt es sich bei den nachstehenden Sachverhalten um

(1) Erträge,
(2) Aufwendungen,
(3) keines von beiden?

a. Zinsgutschrift unserer Bank _____

b. Zahlung für gemietete Geschäftsräume _____

c. Begleichung der Stromrechnung_____

d. Unser Mieter zahlt Lagermiete _____

e. Barabhebung vom Postbankkonto _____

f. Zahlung der Gewerbesteuer _____

g. Bezahlung des Reinigungsdienstes bar _____

h. Kauf eines Kassensystems_____

i. Warenverkäufe eines Tages in bar _____

j. Darlehenstilgung_____

4 Ordnen Sie die folgenden Buchungssätze den unten stehenden Geschäftsfällen zu.

(1) Gehälter
    an Kasse
(2) Zinserträge
    an Bank
(3) Miete
    an Bank
(4) Geschäftsausstattung
    an Kasse
(5) Werbung
    an Bank
(6) Bank
    an Miete
(9) keiner der vorgenannten

a. Wir überweisen Miete für Geschäftsräume vom Bankkonto. _____

b. Die Bank schreibt uns Zinsen gut. _____

c. Kauf einer Ladentheke gegen bar_____

d. Wir zahlen Gehälter bar. _____

e. Banküberweisung für Werbekosten _____

5 Prüfen Sie folgende Aufzählungen von Konten. Kennzeichnen Sie mit einer

(1) Aufzählungen aktiver Bestandskonten,
(2) Aufzählungen passiver Bestandskonten,
(3) Aufzählungen von Aufwandskonten,
(4) Aufzählungen von Ertragskonten,
(9) gemischte Aufzählungen.

a. Eigenkapital, Verbindlichkeiten, Darlehensschulden ____

b. Warenverkauf, Zinserträge, außerordentliche Erträge ___

c. Bebaute Grundstücke, Forderungen, Büromaterial _____

d. Fuhrpark, Forderungen, Bankguthaben _____

e. Fremdinstandhaltung, Gehälter, Werbung _____

6 Entscheiden Sie, ob es sich bei den folgenden Konten um

(1) aktive Bestandskonten
(2) passive Bestandskonten
(3) Aufwendungen
(4) Erträge

handelt.

a. Kasse _____

b. Gebäude _____

c. Miete _____

d. Warenverkauf _____

e. Verbindlichkeiten_____

f. Löhne _____

g. Werbung _____

h. Bank _____

i. Geschäftsausstattung _____

j. Forderungen _____

Wie wird das GuV-Konto abgeschlossen? Wie verändert sich das Eigenkapital bei Gewinn und Verlust?

Abschluss GuV-Konto	▷ Das GuV-Konto sammelt auf der **Sollseite** die **Salden der Aufwandskonten** und auf der **Habenseite** die **Salden der Ertragskonten.** ▷ Das GuV-Konto ist ein direktes Unterkonto des Kontos Eigenkapital. Deshalb wird es über das Konto **Eigenkapital** abgeschlossen. Summe der Aufwendungen < Summe der Erträge → **Gewinn** Summe der Aufwendungen > Summe der Erträge → **Verlust** ▷ Der Saldo auf dem GuV-Konto spiegelt den Erfolg des Unternehmens (Gewinn bzw. Verlust) wider. ▷ Ein Gewinn **erhöht** das Eigenkapital, ein Verlust **mindert** das Eigenkapital.
Geschäftsfälle	1. Abschluss des GuV-Kontos bei Gewinn (Summe der Aufwendungen: 36 000,00 €/Summe der Erträge: 82 000,00 €) 2. Abschluss des GuV-Kontos bei Verlust (Summe der Aufwendungen: 95 000,00 €/Summe der Erträge: 78 000,00 €)

Grundbuch

Nr.	Soll		an	Haben	
1	GuV-Konto	46 000,00		Eigenkapital	46 000,00
2	Eigenkapital	17 000,00		GuV-Konto	17 000,00

Hauptbuch

S	GuV-Konto (bei Gewinn)		H	S	GuV-Konto (bei Verlust)		H
Aufwendg.	36 000,00	Erträge	80 000,00	Aufwendg.	95 000,00	Erträge	78 000,00
(1) Gewinn	46 000,00					(2) Verlust	17 000,00

S	Eigenkapital (bei Gewinn)		H	S	Eigenkapital (bei Verlust)		H
SB	346 000,00	AB	300 000,00	(2)	17 000,00	AB	300 000,00
		(1) Gewinn	46 000,00	SB	283 000,00		

Aus welchem Grund wird ein Eröffnungsbilanzkonto bzw. ein Schlussbilanzkonto geführt?

Das Prinzip der Doppik besagt, dass jede Buchung auf einem Konto immer eine Gegenbuchung auf einem anderen Konto zur Folge hat. Um diesem Prinzip gerecht zu werden, müssen für die Buchungen der Anfangs- und Schlussbestände der Bestandskonten Hilfskonten eingerichtet werden, das **Eröffnungsbilanzkonto** und das **Schlussbilanzkonto**.

Eröffnungsbilanzkonto (EBK)	Die Bestände aus der Schlussbilanz eines Jahres sind identisch mit den Beständen der Eröffnungsbilanz des neuen Jahres (Bilanzidentität). Die Anfangsbestände aus der Eröffnungsbilanz werden mit Hilfe der Eröffnungsbuchungssätze auf den entsprechenden Konten gebucht. Aktivkonten an Eröffnungsbilanzkonto (EBK) Eröffnungsbilanzkonto (EBK) an Passivkonten
Geschäftsfälle	1. Buchung des Anfangsbestandes des Konto Geschäftsausstattung: 80 000,00 € 2. Buchung des Anfangsbestandes des Kontos Verbindlichkeiten: 93 000,00 €

Grundbuch

Nr.	Soll		an	Haben	
1	Geschäftsausstattung	80 000,00		EBK	80 000,00
2	EBK	93 000,00		Verbindlichkeiten	93 000,00

Hauptbuch

S	EBK		H	S	Geschäftsausstattung		H	S	Verbindlichkeiten		H
(2)	93 000,00	(1)	80 000,00	(1)	80 000,00					(2)	93 000,00

Schlussbilanzkonto (SBK)	Am Ende des Jahres werden die Schlussbestände (Salden) auf den Bestandskonten mit den Schlussbeständen laut Inventur abgestimmt. Die Gegenbuchung für die Salden erfolgt auf dem Schlussbilanzkonto. Schlussbilanzkonto (SBK) an Aktivkonten Passivkonten an Schlussbilanzkonto (SBK)
Geschäftsfälle	1. Buchung des Schlussbestandes auf dem Konto Forderungen 2. Buchung des Schlussbestandes auf dem Konto Darlehensschulden

Grundbuch

Nr.	Soll		an	Haben	
1	SBK	8 500,00		Forderungen	8 500,00
2	Darlehensschulden	7 500,00		SBK	7 500,00

Hauptbuch

S	Forderungen		H	S	Darlehensschulden		H	S	SBK		H
Su.	500,00	(1)	8 500,00	(2)	7 000,00	Su.	7 000,00	(1)	8 500,00	(2)	7 000,00

1 Welcher der folgenden Abschlussbuchungssätze ist anzuwenden, wenn sich auf dem GuV-Konto ein Gewinn ergibt? _____

(1) Eigenkapital
    an Gewinn- und Verlustkonto

(2) Gewinn- und Verlustkonto
    an Schlussbilanzkonto

(3) Gewinn- und Verlustkonto
    an Eigenkapital

(4) Schlussbilanzkonto
    an Gewinn- und Verlustkonto

2 Auf welches Bestandskonto wirkt sich der Erfolg eines Unternehmens aus? _____

(1) auf das Konto Forderungen

(2) auf das Konto Eigenkapital

(3) auf das Kassen- und Bankkonto

(4) auf das Konto Verbindlichkeiten

3 Kennzeichnen Sie die unten stehenden Aussagen mit einer

(1), wenn diese richtig sind,
(9), wenn diese falsch sind.

a. Das Konto Gewinn und Verlust wird über das Schlussbilanzkonto abgeschlossen. _____

b. Das Eigenkapitalkonto ist ein Erfolgskonto, weil es den Gewinn als Mehrung des Eigenkapitals aufzeichnet. _____

c. Die Erfolgskonten sind Unterkonten des Kontos Eigenkapital. _____

d. Bei Verlust lautet der Abschlussbuchungssatz für das Konto Gewinn und Verlust: „Eigenkapital an Gewinn- und Verlustkonto". _____

e. Das Eigenkapitalkonto nimmt die Salden der Aufwandskonten auf. _____

f. Der im GuV-Konto ermittelte Gewinn wird als Saldo auf das Eigenkapitalkonto übertragen. _____

4 Welche Aussage zum Eröffnungs- bzw. Schlussbilanzkonto ist richtig? _____

Tragen Sie eine (9) ein, wenn alle Aussagen falsch sind.

(1) Das EBK ist notwendig, damit die Anfangsbestände der Erfolgskonten gebucht werden können.

(2) Das SBK zeigt die Schlussbestände der Aufwands- und Ertragskonten.

(3) EBK und SBK sind Unterkonten des Eigenkapitalkontos.

(4) Das EBK ist ein Hilfskonto, um zu der Buchung des Anfangsbestandes auf dem Konto Eigenkapital eine Gegenbuchung vornehmen zu können.

(5) Das SBK ist ein Hilfskonto, um die Buchung des Saldos auf dem Konto Büromaterial vornehmen zu können.

5 Wie lauten die Buchungssätze zu folgenden Geschäftsfällen?

(1) EBK
(2) SBK
(3) alle aktiven Bestandskonten
(4) alle passiven Bestandskonten

a. Buchung der Anfangsbestände aller aktiven Bestandskonten ☐ an ☐

b. Buchung der Schlussbestände von passiven Bestandskonten ☐ an ☐

c. Buchung der Anfangsbestände von passiven Bestandskonten ☐ an ☐

d. Buchung der Schlussbestände von aktiven Bestandskonten ☐ an ☐

6 Auf welche der unten stehenden Sachverhalte trifft der folgende Buchungssatz zu:

„Gewinn- und Verlustkonto an Eigenkapital"? _____

(1) Auf dem Konto Gewinn und Verlust überwiegen die Aufwendungen.

(2) Auf dem Konto Gewinn und Verlust überwiegen die Erträge.

(3) In der vergangenen Rechnungsperiode ist ein Verlust entstanden, der das Eigenkapital mindert.

(4) Die vergangene Rechnungsperiode hat einen Gewinn erbracht, der das Eigenkapital erhöht.

7 Für eine Unternehmung ergeben sich folgende Zahlen aus der Finanzbuchhaltung:

AB Eigenkapital	360 000,00
Warenverkauf	420 000,00
Löhne und Gehälter	230 000,00
Wareneingang	200 000,00
Sonstige Aufwendungen	100 000,00
Sonstige Erträge	50 000,00

a. Wie hoch ist der Erfolg des Unternehmens? _____

b. Handelt es sich dabei um
(1) einen Gewinn oder
(2) einen Verlust? _____

c. Welcher Schlussbestand auf dem Konto Eigenkapital ergibt sich? _____

8 Von welchem der unten stehenden Konten ist das GuV-Konto ein Unterkonto? _____

(1) Privatkonto

(2) Schlussbilanzkonto

(3) Eigenkapital

(4) von keinem der genannten Konten

Welche Bedeutung hat ein Kontenrahmen bzw. ein Kontenplan für ein Unternehmen?

Kontenrahmen	Ein Kontenrahmen ist eine systematische Gliederung über sämtliche Konten, die für alle Unternehmer einer Branche erforderlich sein könnten. Jedes Konto erhält eine vierstellige Kontonummer, die sich durch eine Einteilung in Kontenklassen, Kontengruppen, Kontenarten und Kontenunterarten ergibt. Vorteile des Kontenrahmens: ▷ klare Übersicht über alle Konten und eindeutige Bezeichnung, ▷ Möglichkeit der Vergleichbarkeit des eigenen Unternehmens mit Unternehmen der gleichen Art, ▷ Vereinfachung der Buchungsarbeit durch Darstellung der Buchungssätze mit Kontennummern, ▷ vereinfachte Durchführung von Prüfungsarbeiten (z. B. für Betriebsprüfer des Finanzamtes).
Kontenplan	Aus der Vielzahl der zur Verfügung stehenden Konten eines Kontenrahmens sucht sich ein einzelnes Unternehmen nur diejenigen Konten heraus, die für dieses Unternehmen benötigt werden. Der Kontenplan ist die Auflistung der benötigten Konten.

4 2 2 1		Beispiel:
	1. Stelle: Kontenklasse	4 = Konten der Kostenarten
	2. Stelle: Kontengruppe	42 = Steuern, Beiträge, Versicherungen
	3. Stelle: Kontenart	422 = Kfz-Steuer
	4. Stelle: Kontenunterart (= Konto-Nummer)	4221 = Kfz-Steuer Pkw DD-AB 841

Wie ist der Kontenrahmen für den Groß- und Außenhandel aufgebaut?

grundlegender Aufbau des Kontenrahmens	Der Kontenrahmen ist nach dem Zehnersystem (10 Kontenklassen, 10 Kontengruppen innerhalb der einzelnen Kontenklassen, usw.) aufgebaut. Er basiert auf dem so genannten Prozessgliederungsprinzip, d. h., dass die Konten im Wesentlichen nach dem betrieblichen Ablauf geordnet sind.	
Kontenklassen	0 Anlage- und Kapitalkonten	Konten des Anlagevermögens, Eigenkapital, langfristiges Fremdkapital
	1 Finanzkonten	Konten des Umlaufvermögens (ohne Warenbestände), kurzfristiges Fremdkapital (Verbindlichkeiten, Bankschulden, sonstige Verbindlichkeiten). Sie dienen der Finanzierung des operativen Geschäftes (Wareneinkauf, Bezahlung der permanent anfallenden Ausgaben).
	2 Abgrenzungskonten	Alle Aufwendungen und Erträge, die nicht in unmittelbarem Zusammenhang mit der betrieblichen Tätigkeit (betriebsfremd), einer anderen Abrechnungsperiode zuzurechnen (periodenfremd) oder betrieblich außerordentlich sind, müssen von den Kosten und Leistungen des Betriebes abgegrenzt werden.
	3 Wareneinkaufskonten/Warenbestandskonten	Die Wareneinkaufskonten mit den dazugehörigen Unterkonten (z. B. Bezugskosten, Nachlässe etc.) können nach unterschiedlichen Gesichtspunkten (z. B. Warengruppen) gegliedert sein. Auf den Warenbestandskonten werden die jeweiligen Anfangs- und Schlussbestände und die Bestandsveränderungen gebucht.
	4 Konten der Kostenarten	Auflistung aller zusätzlichen Aufwendungen, die ein Großhandelsunternehmen neben dem Wareneinkauf hat und die für den eigentlichen Betriebszweck notwendig sind (z. B. Personalkosten).
	5 Konten der Kostenstellen	Hier können Konten für die Verteilung der Kosten auf die jeweiligen Betriebsbereiche eingerichtet werden (Kostenstellenrechnung).
	6/7 Konten für Umsatzkostenverfahren	Diese Kontenklassen bleiben in der Regel frei, da viele Großhandelsunternehmen ihre Gewinn- und Verlustrechnung nach dem Gesamtkostenverfahren erstellen.
	8 Warenverkaufskonten	Wie in Kontenklasse 3 können hier die Warenverkaufskonten nach unterschiedlichen Gesichtspunkten gegliedert sein.
	9 Abschlusskonten	Eröffnungs- und Schlussbilanzkonto, Gewinn- und Verlustkonto.

Wie ist die Buchführung organisiert?

Die Buchführung ist in verschiedene „Bücher" aufgeteilt.	
Grundbuch (Journal)	Zeitliche Ordnung: Das Grundbuch enthält sämtliche Buchungssätze in der zeitlich richtigen Reihenfolge.
Hauptbuch	Sachliche Ordnung: Das Hauptbuch enthält sämtliche Sachkonten mit den darauf jeweils sachlich richtig gebuchten Buchungen.
Nebenbücher	▷ Sie ergänzen und erläutern die Buchhaltung in verschiedenen Teilbereichen. ▷ Sie bestehen aus: Kontokorrentbuch (**Debitoren** = Kundenkonten, **Kreditoren** = Lieferantenkonten, Lagerbuch, Lohnbuch, Wechselbuch, Anlagenbuch).

1 Nach welchem Gliederungsprinzip ist der Kontenrahmen für den Groß- und Außenhandel aufgebaut?

(1) nach dem Prozessgliederungsprinzip

(2) nach dem Abschlussgliederungsprinzip

(3) nach den Grundsätzen ordnungsgemäßer Buchführung

(4) nach keinem der oben aufgeführten Prinzipien

2 Welche Aussage trifft auf die Kontenklasse 9 des Kontenrahmens für den Groß- und Außenhandel nicht zu?

Tragen Sie eine (9) ein, wenn alle Aussagen zutreffen.

(1) Die Kontenklasse 9 nimmt die Abschlussbuchungen der aktiven Bestandskonten auf.

(2) In der Kontenklasse 9 wird der Gewinn bzw. der Verlust des Unternehmens gebucht.

(3) Die Kontenklasse 9 nimmt die Abschlussbuchungen der Erfolgskonten auf.

(4) In der Kontenklasse 9 werden Eröffnungsbuchungen vorgenommen.

(5) Die Kontenklasse 9 ist der Ergebnisrechnung eines Unternehmens zuzurechnen.

3 Kennzeichnen Sie unten stehende Aussagen über den Kontenrahmen für den Groß- und Außenhandel mit einer

(1), wenn diese richtig sind,
(9), wenn diese falsch sind.

a. Die Klassen 0, 1, 2, 3 enthalten Bestandskonten, alle übrigen Kontenklassen Erfolgskonten. _____

b. Die Klasse 0, 1 und 3 enthalten Bestandskonten, die Klassen 2, 3, 4 und 8 Erfolgskonten. _____

c. Ertragskonten werden in den Kontenklassen 4 und 8 aufgeführt. _____

d. Aufwandskonten werden ausschließlich in der Kontenklasse 4 geführt. _____

4 Ordnen Sie den folgenden Begriffen die richtige Kontenklasse zu. Setzen Sie die Nummer der zutreffenden Kontenklasse in das Kästchen ein.

a. Abgrenzungskonten _____

b. Anlage- und Kapitalkonten _____

c. Abschlusskonten _____

d. Konten der Kostenarten _____

e. Finanzkonten _____

5 Kennzeichnen Sie unten stehende Aussagen mit einer

(1), wenn diese richtig sind,
(9), wenn diese falsch sind.

a. Das „Grundbuch" enthält alle Buchungssätze in sachlicher Ordnung. _____

b. Zu den Nebenbüchern gehören das Kontokorrentbuch, das Lagerbuch, das Lohnbuch, das Anlagenbuch und das Wechselbuch. _____

c. Das „Hauptbuch" dokumentiert die sachliche Ordnung. __

d. Das „Hauptbuch" ist lediglich zeitlich geordnet. _____

6 Welche der folgenden Aussagen über den Kontenrahmen ist richtig? _____

(1) Jeder Betrieb ist aufgrund der Abgabenordnung verpflichtet, den Kontenrahmen exakt einzuhalten, damit die Betriebsprüfer des Finanzamtes sich einen schnellen Überblick verschaffen können.

(2) Kontenrahmen ist lediglich ein anderes Wort für „Kontenplan".

(3) Der Kontenrahmen ist eine systematische Gliederung der für einen Wirtschaftszweig benötigten Konten.

(4) Der Kontenrahmen ist eine Liste aller Konten eines Unternehmens in alphabetischer Reihenfolge.

(5) Der Kontenrahmen ist eine Datei, die verhindern soll, dass Falschbuchungen erfolgen.

7 Ordnen Sie folgende Bezeichnungen aus dem Kontenrahmen für den Groß- und Außenhandel den unten stehenden Begriffen zu.

(1) Kontenklasse
(2) Kontengruppe
(3) Kontenart/Kontenunterart
(9) keiner der vorgenannten Begriffe

a. Verbindlichkeiten im Rahmen der sozialen Sicherheit ___

b. Factoring _____

c. Immaterielle Vermögensgegenstände _____

d. Rücksendungen _____

e. Sonstige betriebliche Erträge _____

f. Steuern, Beiträge, Versicherungen _____

g. Gesetzliche soziale Aufwendungen _____

h. Betriebs- und Geschäftsausstattung _____

8 Wie lautet die Abschlussbuchung für die Konten der Klasse 8? _____

(1) GuV an Kontenklasse 8

(2) Kontenklasse 8 an GuV

(3) SBK an Kontenklasse 8

(4) Kontenklasse 8 an SBK

**Welche Umsätze sind steuerpflichtig? Was ist die Bemessungsgrundlage?
Welche Steuersätze sind anzuwenden?**

Gesetzliche Grundlage	Umsatzsteuergesetz (UStG)
steuerbare Umsätze	▷ **Lieferungen** (z. B. Rohstofflieferung) und **Leistungen** (z. B. Reparatur), die ein **Unternehmen** im **Inland gegen Entgelt** ausführt ▷ **unentgeltliche Lieferungen und Leistungen** (z. B. Unternehmer entnimmt Erzeugnisse aus der eigenen Produktion, private Nutzung des betrieblichen Pkw, Nutzung von Dienstleistungen des eigenen Unternehmens für Privatzwecke) ▷ **Einfuhr** von Gegenständen aus dem Ausland (Importgeschäfte)
Bemessungsgrundlage	▷ bei Lieferungen der reine Warenwert (Nettoverkaufspreis), bei Leistungen der reine Wert der Leistung ▷ Der Umsatz ist grundsätzlich bei Rechnungserteilung zu versteuern.
Steuersätze	steuerpflichtige Umsätze	steuerfreie Umsatzarten

	steuerpflichtige Umsätze	steuerfreie Umsatzarten

	▷ voller Steuersatz: 16 %
	▷ ermäßigter Steuersatz: 7 %, gilt nur für
	  – wichtige Nahrungsmittel
	  – landwirtschaftliche Produkte
	  – Bücher, Zeitungen, Zeitschriften
		▷ Umsätze der Deutschen Post AG im Bereich der Postdienste (z. B. Briefmarken)
		▷ Vermietung und Verpachtung von Immobilien
		▷ Umsätze von Geldforderungen und Wertpapieren
		▷ Kreditgewährungen
		▷ Ausfuhrlieferungen

Welche Bedeutung hat die Umsatzsteuer? Was ist bei der Berechnung der Umsatzsteuer zu beachten?

Wertschöpfung und Mehrwert	Das Produkt, das von den privaten Haushalten gekauft wird, gelangt über eine Kette von mehreren Produktionsstufen (Urerzeugung, Weiterverarbeitung, Großhandel, Einzelhandel) zum Endverbraucher. Auf dem Weg dorthin werden die Waren von Stufe zu Stufe mehr wert. Dieser Mehrwert wird vom Staat in der Form der Umsatzsteuer besteuert.
Träger der Umsatzsteuer	Jedes Unternehmen muss zwar die Umsatzsteuer auf jeder Rechnung ausweisen, sie ist für das Unternehmen aber lediglich ein „durchlaufender Posten" (erfolgsneutral). Bei Zahlung der Rechnung nimmt das Unternehmen für den Staat die Steuer ein und leitet sie an das Finanzamt weiter. Träger der Steuer sind die *privaten Haushalte*, die beim Kauf von Konsumgütern die Umsatzsteuer mitbezahlen.
Besonderheiten	▷ Die Umsatzsteuer muss auf Rechnungen an Unternehmen bzw. Selbstständige gesondert ausgewiesen werden. Ausnahme: Bei Rechnungen bis zu 100,00 € muss nur der im Rechnungsbetrag enthaltene Steuersatz angegeben werden. ▷ Der Unternehmer muss dem Finanzamt eine Umsatzsteuervoranmeldung abgeben. Der Voranmeldungszeitraum beträgt i. d. R. einen Monat.
Arten der Umsatzsteuer	**Umsatzsteuer**	**Vorsteuer**

	Umsatzsteuer	**Vorsteuer**
	ist die Umsatzsteuer, die ein Unternehmer auf den eigenen Ausgangsrechnungen aufführt: **Verkauf = Umsatzsteuer** Da der Kunde den vollen Rechnungsbetrag überweist, gehört die darin enthaltene Umsatzsteuer nicht dem Unternehmer. Er muss diese an das Finanzamt abführen.	ist die Umsatzsteuer, die einem Unternehmer auf den Eingangsrechnungen in Rechnung gestellt wird: **Einkauf = Vorsteuer** Begleicht der Unternehmer den Betrag der Rechnung, hat er die anteilige Vorsteuer mitbezahlt, obwohl er nicht Träger dieser Steuer ist. Folglich kann er die Vorsteuer von seiner Umsatzsteuerschuld abziehen.
Zahllast	**Umsatzsteuer – Vorsteuer** ――――― **= Zahllast** ═══════	▷ Die Zahllast ist der Betrag, der nach Abzug der Vorsteuer an das Finanzamt überwiesen werden muss. ▷ Die Zahllast ist innerhalb von **10 Tagen** nach Ablauf des Voranmeldezeitraumes (i. d. R. ein Monat) an das Finanzamt zu überweisen.
Vorsteuerüberhang	Ist die Summe der Vorsteuerbeträge in einem Monat größer als die Summe der Umsatzsteuerbeträge, wird der Vorsteuerüberhang vom Finanzamt erstattet.	

1 | Welche der folgenden Geschäftsfälle stellen umsatzsteuerpflichtige Tatbestände dar?

Kennzeichnen Sie mit
(1), wenn der Tatbestand umsatzsteuerpflichtig ist,
(9), wenn der Tatbestand nicht der Umsatzsteuer unterliegt.

a. Wir belasten unseren Kunden mit Verzugszinsen. _____

b. Der Unternehmensinhaber entnimmt Fertigerzeugnisse für private Zwecke. _____

c. Ein gebrauchter Personal-Computer wird an einen Betriebsangehörigen verkauft. _____

d. Das Betriebsfahrzeug wird zu 20 % privat genutzt. _____

e. Kauf von Briefmarken, bar _____

f. Miete eines Fax-Gerätes _____

2 | Aus der Finanzbuchhaltung eines Unternehmens liegen folgende Zahlen vor:

Summe der Vorsteuerbeträge   24 000,00 €
Summe der Umsatzsteuerbeträge   39 000,00 €

Folgende Geschäftsfälle sind noch zu buchen:
1. Wareneinkauf, Bruttorechnungsbetrag (incl. 16 % USt.):   7 888,00 €
2. Verkauf von Waren, Bruttorechnungsbetrag (incl. 7 % USt.):   16 050,00 €

Wie hoch ist die rechnerische Zahllast unter Berücksichtigung dieser Geschäftsfälle? _____

(1) 15 000,00 €

(2) 14 970,00 €

(3) 14 950,50 €

(4) 14 962,00 €

(5) 15 049,50 €

(6) Keiner der genannten Beträge trifft zu.

3 | Welche Frist gilt bei einer monatlichen Umsatzsteuervoranmeldung für die Überweisung der Zahllast an das Finanzamt? _____

Die Überweisung der Zahllast muss erfolgen ...

(1) ... bis zum Ende des Voranmeldungszeitraumes (bis zum Monatsende).

(2) ... spätestens 5 Tage nach Ablauf des Voranmeldungszeitraumes.

(3) ... spätestens 10 Tage nach Ablauf des Voranmeldungszeitraumes.

(4) ... spätestens 15 Tage nach Ablauf des Voranmeldungszeitraumes.

(5) ... spätestens 20 Tage nach Ablauf des Voranmeldungszeitraumes.

4 | Welche der folgenden Aussagen treffen auf den Begriff „Vorsteuerüberhang" zu?___

(1) Bei einem Vorsteuerüberhang werden Vorsteuerbeträge, die aus dem vorangegangenen Voranmeldungszeitraum stammen, in den laufenden Voranmeldungszeitraum mit einbezogen.

(2) Bei einem Vorsteuerüberhang ist die Summe der Vorsteuerbeträge kleiner als die Summe der Umsatzsteuerbeträge.

(3) Bei einem Vorsteuerüberhang ist die Summe der Umsatzsteuerbeträge kleiner als die Summe der Vorsteuerbeträge.

(4) Bei einem Vorsteuerüberhang erstattet das Finanzamt die überschüssigen Vorsteuern.

(5) Der Vorsteuerüberhang muss am Jahresende durch eine Zahlung an das Finanzamt beglichen werden.

5 | Was versteht man unter dem Begriff „Vorsteuer"?

Die Vorsteuer ist ...

(1) ... die von uns an den Lieferer gezahlte Umsatzsteuer.

(2) ... eine Verbindlichkeit gegenüber dem Finanzamt.

(3) ... der auf den Ausgangsrechnungen genannte Umsatzsteuerbetrag.

(4) ... die Umsatzsteuer der Verkaufserlöse.

(5) ... die Umsatzsteuer des Vorjahres.

6 | Der Weg einer Ware (16 % USt.) durchläuft folgende Produktionsstufen:

1. Ein Industriebetrieb verkauft die Ware an einen Großhändler zu einem Nettopreis von 250,00 €.
2. Der Großhändler verkauft die Ware an einen Einzelhändler zu einem Nettopreis von 400,00 €.
3. Der Einzelhändler verkauft die Ware an den Endverbraucher zum Bruttopreis (incl. 16 % USt.) von 928,00 €.

a. Wie hoch ist der gesamte Mehrwert der Ware, der auf den einzelnen Produktionsstufen entsteht und der insgesamt zu versteuern ist? ___

b. Wie hoch ist die Zahllast, die der Einzelhändler bezogen auf diese Ware an das Finanzamt zu überweisen hat? _____

c. Welche der folgenden Aussagen ist richtig? _____

Tragen Sie eine (9) ein, wenn keine Aussage richtig ist.

(1) Die Überweisung der Zahllast beeinflusst die Erfolgsrechnungen der jeweiligen Betriebe.
(2) Industriebetriebe können keine Vorsteuer geltend machen.
(3) Die Zahllast des Großhändlers beträgt 150,00 €.
(4) Der Endverbraucher ist der alleinige Träger der Umsatzsteuer, da sie zu den Verbrauchssteuern gehört.

Wie wird die Umsatzsteuer beim Wareneinkauf gebucht?

Geschäftsfall	1. Wir kaufen Waren auf Ziel laut Eingangsrechnung: Nettopreis 20 000,00 € + 16 % USt. 3 200,00 € = Bruttopreis 23 200,00 €					
Konto	1410 Vorsteuer (Aktives Bestandskonto)			Auf diesem Konto wird die Umsatzsteuer, die beim Einkauf aller Waren und Dienstleistungen anfällt, gebucht. Die Vorsteuer stellt eine *Forderung gegenüber dem Finanzamt* dar (Steuer, die vom Finanzamt erstattet wird → Buchung im **Soll**).		

Grundbuch	Nr.	Soll		an	Haben	
	1	3010 Wareneingang	20 000,00			
		1410 Vorsteuer	3 200,00	1710	Verbindlichkeiten	23 200,00

Wie wird die Umsatzsteuer beim Warenverkauf gebucht?

Geschäftsfall	2. Wir verkaufen Erzeugnisse auf Ziel laut Ausgangsrechnung: Nettopreis 50 000,00 € + 16 % USt. 8 000,00 € = Bruttopreis 58 000,00 €					
Konto	1810 Umsatzsteuer (Passives Bestandskonto)			Auf diesem Konto wird die Umsatzsteuer beim Verkauf aller Waren und Dienstleistungen gebucht. Die Umsatzsteuer stellt eine *Verbindlichkeit gegenüber dem Finanzamt* dar (Steuer, die dem Finanzamt überwiesen wird) → Buchung im **Haben**		

Grundbuch	Nr.	Soll		an	Haben	
	2	1010 Forderungen	58 000,00	9400	Warenverkauf	50 000,00
				1810	Umsatzsteuer	8 000,00

Wie wird die Zahllast buchhalterisch ermittelt?

Geschäftsfall	3. Der Saldo eines Kontos Vorsteuer wird auf das Konto Umsatzsteuer übertragen. (Ausnahme: umgekehrte Vorgehensweise bei einem Vorsteuerüberhang) **Fall A:** *Zahllastermittlung der Monate Januar bis November* 4 a. Der Saldo des Kontos Umsatzsteuer (= Zahllast) für den Monat November wird ermittelt. Die Zahllast wird am 15.12. per Banküberweisung gezahlt. **Fall B:** *Zahllastermittlung des Monats Dezember* 4 b. Der Saldo des Kontos Umsatzsteuer (= Zahllast) für den Monat Dezember wird ermittelt und im Rahmen des Abschlusses auf das SBK gebucht **(Passivierung der Zahllast).**

Grundbuch	Nr.	Soll		an	Haben	
	3	1810 Umsatzsteuer	3 200,00	1410	Vorsteuer	3 200,00
	4a	1810 Umsatzsteuer	4 800,00	1310	Bank	4 800,00
	4b	1810 Umsatzsteuer	4 800,00	9400	SBK	4 800,00

Hauptbuch

Fall A

S	1410 Vorsteuer	H	S	1810 Umsatzsteuer	H	S	1310 Bank	H
(1) 3 200,00	(3) 3 200,00		(3) 3 200,00	(2) 8 000,00			(4a) 4 800,00	
			(4a) 4 800,00					

Fall B

S	1410 Vorsteuer	H	S	1810 Umsatzsteuer	H	S	9400 SBK	H
(1) 3 200,00	(3) 3 200,00		(3) 3 200,00	(2) 8 000,00			(4b) 4 800,00	
			(4b) 4 800,00					

1 Bilden Sie die Buchungssätze zu den unten stehenden Geschäftsfällen unter Verwendung folgender Konten:

(10) Geschäftsausstattung
(11) Warenbestand
(12) Verbindlichkeiten
(13) Vorsteuer
(14) Bank
(15) Kasse
(16) Privatentnahmen
(17) Umsatzsteuer
(18) Warenverkauf
(19) Eigenverbrauch von Waren
(20) Wareneingang
(21) Bürobedarf
(22) SBK
(23) GuV

a. Barkauf von Kopierpapier ☐☐ an ☐☐
☐☐

b. Verkauf von Waren gegen Bankscheck ☐☐ an ☐☐
☐☐

c. Kauf von Waren gegen Bankscheck ☐☐ an ☐☐
☐☐

d. Entnahme von Waren durch den Inhaber ☐☐ an ☐☐
☐☐

e. Verkauf eines gebrauchten Schreibtisches (bar) ☐☐ an ☐☐
☐☐

f. Buchen des Saldos auf dem Konto Vorsteuer auf das Konto Umsatzsteuer ☐☐ an ☐☐

g. Überweisung der Zahllast am 10.01. ☐☐ an ☐☐

2 Wie lautet der Buchungssatz für die Passivierung der Zahllast am Geschäftsjahresende? _____ ☐

(1) 1410 Vorsteuer
     an   1810 Umsatzsteuer
(2) 1810 Umsatzsteuer
     an   1310 Bank
(3) 1810 Umsatzsteuer
     an   9400 SBK
(4) 9400 SBK
     an   1410 Vorsteuer
(5) 9400 SBK
     an   1810 Umsatzsteuer

3 Welche der folgenden Aussagen ist falsch? _____ ☐

Tragen Sie eine (6) ein, wenn alle Aussagen richtig sind.

(1) Das Konto Umsatzsteuer ist ein passives Bestandskonto.

(2) Das Konto Vorsteuer ist ein Aufwandskonto.

(3) Die Zahllast muss am Bilanzstichtag passiviert werden.

(4) Bei Rechnungen mit einem Gesamtbetrag von über 100,00 € muss die Umsatzsteuer gesondert ausgewiesen werden.

(5) Bei Einkäufen und dem Bezug von Dienstleistungen wird die dazugehörige Buchung auf dem Konto Vorsteuer immer im Soll erfolgen.

4 Am Geschäftsjahresende ergibt sich folgendes Kontenbild:

S   1410 Vorsteuer   H
   7 800,00 |

S   1810 Umsatzsteuer   H
              | 12 700,00

Welche der folgenden Buchungssätze treffen auf unten stehende Geschäftsfälle zu?

(1) 1410 Vorsteuer   7 800,00 €
     an   1810 Umsatzsteuer   7 800,00 €
(2) 1810 Umsatzsteuer   7 800,00 €
     an   1410 Vorsteuer   7 800,00 €
(3) 9400 SBK   7 800,00 €
     an   1410 Vorsteuer   7 800,00 €
(4) 1810 Umsatzsteuer   12 700,00 €
     an   9400 SBK   12 700,00 €
(5) 1810 Umsatzsteuer   4 900,00 €
     an   9400 SBK   4 900,00 €
(6) 9100 EBK   12 700,00 €
     an   1310 Bank   12 700,00 €
(7) 1810 Umsatzsteuer   4 900,00 €
     an   1310 Bank   4 900,00 €
(8) 1810 Umsatzsteuer   4 900,00 €
     1410 Vorsteuer   7 800,00 €
     an   1310 Bank   12 700,00 €

a. Umbuchung der Vorsteuer am 31.12. _____ ☐

b. Passivierung der Zahllast am 31.12. _____ ☐

c. Banküberweisung der Zahllast am 10.01. des folgenden Jahres _____ ☐

5 Auf den Konten Vorsteuer und Umsatzsteuer ergeben sich am Ende des Monats Januar folgende Summen:

S   1410 Vorsteuer   H
  24 000,00 |

S   1810 Umsatzsteuer   H
              | 19 200,00

a. Wie hoch ist der Nettowert der Einkäufe bei einem Umsatzsteuersatz von 16 %? _ [_____]

b. Wie hoch ist der Nettowert der Verkäufe bei einem Umsatzsteuersatz von 16 %? _ [_____]

c. Welche Buchungen bzw. Berechnungen sind für die Ermittlung des Vorsteuerüberhangs am 31.01. notwendig? __☐

(1) 1810 Umsatzsteuer   19 200,00 €
     an   1410 Vorsteuer   19 200,00 €
     und Errechnen des Saldos auf dem Konto Vorsteuer

(2) 1410 Vorsteuer   19 200,00 €
     an   1810 Umsatzsteuer   19 200,00 €
     und Errechnen des Saldos auf dem Konto Umsatzsteuer

(3) 1810 Umsatzsteuer   24 000,00 €
     an   1410 Vorsteuer   24 000,00 €
     1810 Umsatzsteuer   4 800,00 €
     an   9400 SBK   4 800,00 €

(4) 1810 Umsatzsteuer   19 200,00 €
     an   1410 Vorsteuer   19 200,00 €
     9400 SBK   4 800,00 €
     an   1410 Vorsteuer   4 800,00 €

Wie wird der Warenrohgewinn in Handelsbetrieben ermittelt?

Warenrohgewinn	Auf dem GuV-Konto werden den Aufwendungen für die Wareneinkäufe die Erträge für die Warenverkäufe gegenübergestellt. Dabei ergeben sich folgende Gleichungen: ▷ Warenverkauf – Wareneingang (Wareneinsatz) = Warenrohgewinn ▷ Warenrohgewinn + übrige Erträge (Zinserträge, Provisionserträge usw.) – übrige Aufwendungen (Gehälter, Mieten usw.) = Reingewinn Die Höhe des **Wareneinsatzes** wird ermittelt, indem die Aufwendungen für die Wareneinkäufe um die Bestandsveränderungen an Waren (Anfangsbestand stimmt mit Schlussbestand nicht überein) bereinigt werden.

Wie wird ein Mehrbestand an Waren buchhalterisch erfasst?

Mehrbestand	Am Ende einer Abrechnungsperiode wird festgestellt, dass mehr Waren gekauft als verkauft wurden (Einkaufsmenge > Verkaufsmenge). Für diesen Fall gilt: **Schlussbestand an Waren > Anfangsbestand an Waren**
Geschäftsfälle	1. Buchen des Anfangsbestandes an Waren, 60 000,00 € 2. Wareneinkäufe auf Ziel (gesamt), netto 240 000,00 € + 16% USt. 38 400,00 € USt. 3. Buchen des Schlussbestandes an Waren, 90 000,00 € 4. Buchen des Saldos auf dem Konto Warenbestand (Mehrbestand) 5. Buchen des Wareneinsatzes

Grundbuch

Nr.		Soll		an		Haben	
1	3900	Warenbestand	60 000,00		9100	EBK	60 000,00
2	3010 1410	Wareneingang Vorsteuer	240 000,00 38 400,00		1710	Verbindlichkeiten	278 400,00
3	9400	SBK	90 000,00		3900	Warenbestand	30 000,00
4	3900	Warenbestand	30 000,00		3010	Wareneingang	30 000,00
5	9300	GuV-Konto	210 000,00		3010	Wareneingang	210 000,00

Hauptbuch

```
S      3900 Warenbestand      H              S      3010 Wareneingang      H

(1)  60 000,00  │ (3)  90 000,00            (2) 240 000,00 │ (4)  30 000,00
(4)  30 000,00  │                                          │ (5) 210 000,00

S          9400 SBK           H              S          9300 GuV          H

(3)  90 000,00  │                            (5) 210 000,00 │
```

Wie wird ein Minderbestand an Waren buchhalterisch erfasst?

Minderbestand	Am Ende einer Abrechnungsperiode wird festgestellt, dass mehr Waren verkauft als eingekauft wurden (Einkaufsmenge < Verkaufsmenge). Für diesen Fall gilt: **Anfangsbestand an Waren > Schlussbestand an Waren**
Geschäftsfälle	1. Buchen des Anfangsbestandes an Waren, 80 000,00 € 2. Wareneinkäufe auf Ziel (gesamt), netto 240 000,00 € + 16 % USt. 38 400,00 € 3. Buchen des Schlussbestandes an Waren, 30 000,00 € 4. Buchen des Saldos auf dem Konto Warenbestand (Minderbestand) 5. Buchen des Wareneinsatzes

Grundbuch

Nr.		Soll		an		Haben	
1	3900	Warenbestand	80 000,00		9100	EBK	80 000,00
2	3010	Wareneingang	240 000,00				
	1410	Vorsteuer	38 400,00		1710	Verbindlichkeiten	278 400,00
3	9400	SBK	30 000,00		3900	Warenbestand	30 000,00
4	3010	Wareneingang	50 000,00		3900	Warenbestand	50 000,00
5	9300	GuV-Konto	290 000,00		3010	Wareneingang	290 000,00

Hauptbuch

```
S      3900 Warenbestand      H              S      3010 Wareneingang      H

(1)  60 000,00  │ (3)  30 000,00            (2) 240 000,00 │ (5) 290 000,00
                │ (4)  50 000,00            (4)  50 000,00 │

S          9400 SBK           H              S          9300 GuV          H

(3)  30 000,00  │                            (5) 290 000,00 │
```

1 Buchen Sie unten stehende Geschäftsfälle unter Verwendung folgender Konten:

(1) EBK
(2) Warenbestand
(3) Vorsteuer
(4) Umsatzsteuer
(5) Wareneingang
(6) Forderungen
(7) Verbindlichkeiten
(8) GuV
(9) SBK

a. Buchen des Anfangsbestandes an Waren ☐ an ☐

b. Wareneinkauf auf Ziel ☐ an ☐
☐

c. Buchen des Schlussbestandes an Waren ☐ an ☐

d. Buchen des Saldos auf dem Konto Warenbestand (AB > SB) ☐ an ☐

e. Buchen des Saldos auf dem Konto Warenbestand (SB > AB) ☐ an ☐

f. Buchen des Wareneinsatzes ☐ an ☐

2 Der Wareneinsatz in einem Geschäftsjahr beträgt 260 000,00 €.

Mit welchem Betrag sind die Wareneinkäufe im Geschäftsjahr anzusetzen, wenn ...

a. ... ein Minderbestand an Waren von 32 000,00 € vorliegt, _____ ☐

b. ... ein Mehrbestand an Waren von 19 000,00 € vorliegt? _____ ☐

3 Das GuV-Konto eines Unternehmens weist am Jahresende folgende Zahlen aus:

Soll		9300 GuV-Konto	Haben
Wareneingang	120 000,00	Warenverkauf	340 000,00
Gehälter	85 000,00	Zinserträge	53 000,00
Miete	57 000,00		
Zinsaufw.	13 000,00		

Tragen Sie als Ergebnis eine (9) ein, wenn die Berechnung aufgrund fehlender Angaben nicht durchgeführt werden kann.

Ermitteln Sie

a. den Schlussbestand an Waren. _____ ☐

b. den Warenrohgewinn (-verlust). _____ ☐

c. den Reingewinn (-verlust). _____ ☐

4 Welche der folgenden Gleichungen sind falsch? _____ ☐ ☐

(1) Wareneinkäufe – Wert der Bestandsminderung = Warenaufwand

(2) Schlussbestand an Waren < Anfangsbestand an Waren = Bestandsminderung

(3) Anfangsbestand an Waren + Rohgewinn = Schlussbestand an Waren

(4) Wareneinsatz = Wareneingang

(5) Schlussbestand an Waren > Anfangsbestand an Waren = Bestandserhöhung

5 Prüfen Sie die unten aufgeführten Berechnungen. Tragen Sie in die jeweiligen Kästchen ein, ob es sich bei dem Ergebnis um

(1) den Reingewinn,
(2) den Rohgewinn,
(3) keines von beiden handelt.

a. Warenverkauf – Wareneinsatz _____ ☐

b. Warenverkauf – weitere Aufwendungen _____ ☐

c. Warenverkauf + Summe der anderen Erträge – Wareneinsatz – Summe der anderen Aufwendungen _____ ☐

d. Warenverkauf – Rohgewinn _____ ☐

6 Der Anfangsbestand an Waren betrug 65 000,00 €, der Schlussbestand lt. Inventur betrug 92 700,00 €, Einkauf von Waren 150 500,00 € (netto), Verkauf von Waren 190 500,00 € (netto), Summe der sonstigen Aufwendungen 55 400,00 €, Summe der sonstigen Erträge 8 100,00 €.

Wie hoch ist der Reingewinn des Jahres? _____ ☐

(1) 40 000,00 €
(2) 20 400,00 €
(3) 48 100,00 €
(9) kein Betrag trifft zu

7 Wie lautet der Buchungssatz für die Buchung des Wareneinsatzes, wenn

a. ein Minderbestand vorliegt, _____ ☐

b. ein Mehrbestand vorliegt? _____ ☐

(1) 3010 Wareneingang
   an 3900 Warenbestand

(2) 8010 Warenverkauf
   an 9300 GuV-Konto

(3) 3900 Warenbestand
   an 3010 Wareneingang

(4) 9300 GuV-Konto
   an 0610 Eigenkapital

(5) 9300 GuV-Konto
   an 3010 Wareneingang

Welche Sachverhalte berühren das Konto „Privatentnahmen"?

Privatentnahmen	▷ Alle Geschäftsfälle mit privatem Charakter, die zwar Konten der Finanzbuchhaltung eines Unternehmens berühren, die aber mit der eigentlichen Unternehmenstätigkeit nichts zu tun haben, müssen buchhalterisch eindeutig abgegrenzt werden. ▷ Das Konto „Privatentnahmen" sammelt alle Ausgaben, die zum Privatbereich der Unternehmerin/des Unternehmers gehören, aber über die Geschäftsbuchhaltung des Unternehmens abgewickelt werden. ▷ Privatentnahmen führen zu einer **Minderung des Eigenkapitals**.

Entnahme von Geld	**Eigenverbrauch von Sachwerten**
Der Unternehmer entnimmt über Finanzkonten des Unternehmens (Bank, Postbank, Kasse) Geld, z. B. für: ▷ den privaten Lebensunterhalt, ▷ private Versicherungen (z. B. Lebensversicherungen). ▷ Urlaubsreisen.	Der Unternehmer ▷ entnimmt Waren aus dem Lager für den Privatverbrauch; ▷ verwendet für private Zwecke Gegenstände des Betriebsvermögens (z. B. Dienstwagen); ▷ nimmt für private Zwecke Dienstleistungen des Unternehmens in Anspruch.
	Eigenverbrauch ist umsatzsteuerpflichtig!

Geschäftsfälle	1. Beitragszahlung der Hausratversicherung für das Privathaus der Unternehmerin per Banküberweisung 530,00 €. 2. Die Unternehmerin entnimmt Waren für private Zwecke, Nettowert 2 000,00 € + 16 % USt. 320,00 €. 3. Privatanteil der betrieblichen Pkw-Kosten 5 000,00 € + 16 % USt. 800,00 € 4. Abschluss des Kontos Privatentnahmen 5. Abschluss des Kontos Eigenverbrauch von Waren 6. Abschluss des Kontos Eigenverbrauch von Leistungen

Konten	1610 Privatentnahmen	Unterkonto des Eigenkapital-Kontos → Abschluss erfolgt über das Konto Eigenkapital
	8710 Eigenverbrauch von Waren (Ertragskonto)	Dieses Konto erfasst die Erträge, die das Unternehmen durch den „Verkauf von Waren an den Unternehmer" erzielt.
	2780 Eigenverbrauch von Leistungen (Ertragskonto)	Dieses Konto erfasst die Erträge, die das Unternehmen durch den „Verkauf von Leistungen an den Unternehmer" erzielt.

Grundbuch	Nr.		Soll		an		Haben	
	1	1610	Privatentnahmen	530,00		1310	Bank	530,00
	2	1610	Privatentnahmen	2 320,00		8710 1810	Eigenverbr. v. Waren Umsatzsteuer	2 000,00 320,00
	3	1610	Privatentnahmen	5 800,00		2780 1810	Eigenverbr. v. Leist. Umsatzsteuer	5 000,00 800,00
	4	0610	Eigenkapital	8 650,00		1610	Privatentnahmen	8 650,00
	5	8710	Eigenverbr. v. Waren	2 000,00		9300	GuV-Konto	2 000,00
	6	2780	Eigenverbr. v. Leist.	5 000,00		9300	GuV-Konto	5 000,00

Hauptbuch

S	1610 Privatentn.	H		S	1810 Umsatzsteuer	H		S	8710 Eigenv. v. Waren	H
(1) 530,00 (2) 2 320,00 (3) 5 800,00	(4) 8 650,00				(2) 320,00 (3) 800,00			(5) 2 000,00	(2) 2 000,00	

S	0610 Eigenkapital	H		S	1310 Bank	H		S	2780 Eigenv. v. Waren	H
(4) 8 650,00	AB 300 000,00				(1) 530,00			(6) 5 000,00	(3) 5 000,00	

S	9300 GuV	H
	(5) 2 000,00 (6) 5 000,00	

1 Welche der folgenden Aussagen über die Privatentnahme ist falsch? _____

Tragen Sie eine (6) ein, wenn alle Aussagen richtig sind.

Das Konto Privatentnahmen ...

(1) ... ist ein Unterkonto des Eigenkapitalkontos.

(2) ... wird ausschließlich in Finanzbuchhaltungen von Einzelunternehmen benötigt.

(3) ... erfasst alle Geschäftsfälle, die durch Privatausgaben hervorgerufen werden.

(4) ... erfasst die Privatausgaben im Soll und den Saldo im Haben.

(5) ... ist in der Kontenklasse 1 des Kontenrahmens für den Groß- und Außenhandel angesiedelt.

2 In dem unten stehenden Text stehen die Buchstaben für bestimmte Begriffe:
Ergänzen Sie den Text, indem Sie die folgenden Begriffe den entsprechenden Buchstaben zuordnen.

Begriffe:
(1) Eigenkapital zu Beginn des Geschäftsjahres
(2) Eigenkapital am Schluss des Geschäftsjahres
(3) Vermögen zu Beginn des Geschäftsjahres
(4) Vermögen am Schluss des Geschäftsjahres
(5) Differenz
(6) Summe
(7) vermehrt
(8) vermindert

„Gewinn ist die (a) zwischen dem (b) und dem (c), (d) um den Wert der Privatentnahmen."

(a) = _____

(b) = _____

(c) = _____

(d) = _____

3 Für eine Unternehmung ergeben sich für ein Geschäftsjahr folgende Werte:

Privatentnahmen	69 000,00 €
Eigenkapital am Anfang des Geschäftsjahres	560 000,00 €
Vermögen am Ende des Geschäftsjahres	980 000,00 €
Schulden am Ende des Geschäftsjahres	400 000,00 €

a. Berechnen Sie das Eigenkapital am Ende des Geschäftsjahres. _____

b. Erzielte das Unternehmen im laufenden Geschäftsjahr
(1) einen Gewinn,
(2) einen Verlust? _____

c. Wie hoch ist der Gewinn bzw. Verlust im laufenden Geschäftsjahr? _____

4 Welcher der unten stehenden Buchungssätze trifft auf den folgenden Beleg zu? _____

(1)	Privatentnahmen	928,00 €
	an Warenverkauf	928,00 €
(2)	Privatentnahmen	928,00 €
	an Warenbestand	800,00 €
	an Umsatzsteuer	128,00 €
(3)	Privatentnahmen	928,00 €
	an Kasse	928,00 €
(4)	Privatentnahmen	928,00 €
	an Eigenverbrauch von Waren	800,00 €
	an Umsatzsteuer	128,00 €
(5)	Eigenverbrauch von Waren	800,00 €
	Vorsteuer	128,00 €
	an Privatentnahmen	928,00 €

Quittung   €   **928,00**

Nr. **23**   einschl. **16** % MwSt./€

Neunhundertachtundzwanzig   Cent
Euro in Worten   wie oben

von _____

für   **Entnahme von Waren**

     durch den Inhaber

dankend erhalten

Düsseldorf,   **21.08.01**

_____
Unterschrift des Empfängers

5 Ordnen Sie die folgenden Buchungssätze den unten genannten Geschäftsfällen zu.

(1) Privatentnahmen
an Bank
(2) Bank
an Privatentnahmen
(3) Eigenkapital
an Privatentnahmen
(4) Privatentnahmen
an Eigenkapital
(5) Fuhrpark
an Privatentnahmen
(6) Privatentnahmen
an Fuhrpark
(9) Keiner der Buchungssätze trifft zu.

a. Der Privatanteil für die Kosten des Betriebsfahrzeugs wird gebucht. _____

b. Buchung des Saldos auf dem Konto Privatentnahmen.

c. Überweisung des Beitrags für die Lebensversicherung vom Geschäftskonto. _____

d. Überweisung des Beitrags für die gesetzliche Unfallversicherung vom Geschäftskonto. _____

e. Der Unternehmensinhaber überweist einen Betrag vom Geschäftskonto auf sein Privatkonto. _____

Welche Buchungen ergeben sich im Zusammenhang mit dem Wareneinkauf?

Wareneinkäufe/ Sofortrabatte	Rabatte (z. B. Mengenrabatt), die beim Bezug von Waren auf den Eingangsrechnungen gewährt werden, mindern den Anschaffungspreis. Sie werden als Sofortrabatte bezeichnet und buchhalterisch **nicht gesondert erfasst.**
Bezugskosten	Zum eigentlichen Warenwert müssen häufig Anschaffungsnebenkosten berücksichtigt werden wie z. B. Frachtkosten, Transportversicherungsbeiträge, Verpackungsmaterialien und Zölle. Diese Bezugskosten erhöhten den Anschaffungspreis. Die Bezugskosten werden auf einem separaten Konto erfasst, um sich schneller einen Überblick über die Höhe der Bezugskosten verschaffen zu können.
Rücksendungen	Wird eine Ware falsch oder mangelhaft geliefert und dem Lieferanten **zurückgeschickt**, erhält der Käufer eine entsprechende Gutschrift.
Nachlässe	Für mangelhaft gelieferte Waren, die **nicht zurückgeschickt** werden und weiterverkauft werden können, hat der Käufer das Recht, eine Kaufpreisminderung zu verlangen. Dieser Preisnachlass wird ebenfalls auf einer Gutschrift des Lieferanten dokumentiert.
Liefererboni	Ein Bonus ist ein nachträglich gewährter Preisnachlass, der am Ende einer Abrechnungsperiode bei Erreichen eines vereinbarten Umsatzzieles gewährt wird.
Liefererskonti	Skonto wird als Preisnachlass bei vorzeitiger Zahlung gewährt. Der Käufer berücksichtigt den Skontoabzug bei der Überweisung des Rechnungsbetrages.
Geschäftsfälle	1. Wir erhalten folgende Eingangsrechnung für Waren: Gesamtpreis, netto $\quad$ 15 000,00 € – 10 % Mengenrabatt $\quad$ 1 500,00 € $\rightarrow$ Sofortrabatt (keine gesonderte Buchung) = Zieleinkaufspreis $\quad$ 13 500,00 € + Frachtkosten $\quad$ 600,00 € $\rightarrow$ Bezugskosten (gesonderte Buchung) = Rechnungsbetrag, netto $\quad$ 14 100,00 € + 16 % USt. $\quad$ 2 256,00 € = Rechnungsbetrag, brutto $\quad$ 16 365,00 € 2. Ein Teil einer Warenlieferung war mangelhaft und wird zurückgeschickt. Wir erhalten vom Lieferanten eine Gutschrift über 1 000,00 € + 16 % USt. 160,00 € (**Vorsteuerberichtigung**). 3. Nach Vereinbarung mit dem Lieferanten wird eine Warenlieferung, die mit geringen Mängeln behaftet ist, behalten und ein Preisnachlass ausgehandelt. Wir erhalten vom Lieferanten eine Gutschrift von 2 500,00 € + 16 % USt. 400,00 € (**Vorsteuerberichtigung**). 4. Am Jahresende gewährt der Lieferant auf alle Rechnungen einen zusätzlichen Bonus von 20 880,00 € (incl. 16 % USt. = 2 880,00 €; **Vorsteuerberichtigung**). 5. Die Eingangsrechnung eines Lieferanten (Brutto-Rechnungsbetrag 17 400,00 €) wird unter Abzug von 2 % Skonto (Brutto-Skonto 348,00 €; **Vorsteuerberichtigung** 48,00 €) per Banküberweisung mit 17 052,00 € beglichen.
Konten	3020 Warenbezugskosten 3050 Rücksendungen an Lieferer 3060 Nachlässe von Lieferern 3070 Liefererboni 3080 Liefererskonti $\qquad$ Diese Konten sind jeweils Unterkonten des Kontos 3010 Wareneingang. Der Abschluss erfolgt über das Wareneingangskonto.

Grundbuch	Nr.		Soll			an		Haben	
	1	3010 3020 1410	Wareneingang **Warenbezugskosten** Vorsteuer	13 500,00 600,00 2 256,00		1710		Verbindlichkeiten	16 356,00
	2	1710	Verbindlichkeiten	1 160,00		3050 1410		**Rücksendungen** Vorsteuer	1 000,00 160,00
	3	1710	Verbindlichkeiten	2 900,00		3060 1410		**Nachlässe** Vorsteuer	2 500,00 400,00
	4	1710	Verbindlichkeiten	20 880,00		3070 1410		**Liefererboni** Vorsteuer	18 000,00 2 880,00
	5	1710	Verbindlichkeiten	17 400,00		1310 3080 1410		Bank **Liefererskonti** Vorsteuer	17 052,00 300,00 48,00

Hauptbuch	Die Konten mit den jeweiligen Buchungen sind auf der Seite 230 dargestellt.

**Bürohandel
Ost GmbH**

03044 Cottbus
Beethovenstr. 19
Postfach 1450
Tel. 0355 5797

Monika Schulz OHG
Treppensteig 2
32427 Minden

RECHNUNG
Nr. 504/95
20..-08-16

Auftrags-Nummer	Liefer-Datum	Liefer-bedingungen	Zahlungs-bedingungen
123-95	20..-08-10	unfrei	7 Tage 2 % Skonto, 30 Tage netto

Menge	Einheit	Beschreibung	E-Preis	Betrag
150	Stück	Druckerpatronen	23,50 €	3 525,00 €
220	Stück	Druckerpatronen	26,00 €	5 720,00 €
100	Stück	Druckerpatronen	28,00 €	2 800,00 €
		Nettowarenwert		12 045,00 €
		Versandkosten		655,00 €
		Mehrwertsteuer 16 %		2 032,00 €
		Rechnungsbetrag		14 732,00 €

Vielen Dank für Ihren Auftrag !

Bankverbindung: Deutsche Bank AG, Cottbus, BLZ 070 981 21, Kto.-Nr. 127-45-901
USt.-Id.: DE 12748904
St.-Nr.: 127/653/1124

**Bürohandel
Ost GmbH**

03044 Cottbus
Beethovenstr. 19
Postfach 1450
Tel. 0355 5797

Monika Schulz OHG
Treppensteig 2
32427 Minden

GUTSCHRIFT
Nr. 34/95
20..-08-30

Sehr geehrte Damen und Herren,
aufgrund Ihrer Mängelrüge vom 20..-08-23 in Verbindung mit der
Rücklieferung von 50 Druckerpatronen schreiben wir Ihnen wie
folgt gut:

Menge	Einheit	Beschreibung	E-Preis	Betrag
50	Stück	Druckerpatronen	28,00 €	1 400,00 €
		Nettowarenwert		1 400,00 €
		Mehrwertsteuer 16 %		224,00 €
		Rechnungsbetrag		1 624,00 €

Bankverbindung: Deutsche Bank AG, Cottbus, BLZ 070 981 21, Kto.-Nr. 127-45-901

---

1 Bilden Sie die Buchungssätze zu den nebenstehenden
Belegen unter Verwendung folgender Konten:

(1) Wareneingang
(2) Warenbezugskosten
(3) Vorsteuer
(4) Umsatzsteuer
(5) Bank
(6) Forderungen
(7) Verbindlichkeiten
(8) Warenverkauf
(9) Nachlässe
(10) Rücksendungen

a. Rechnungsausgang bei □ an □

der Bürohandel Ost GmbH □

b. Rechnungseingang bei □

der M. Schulz OHG □

□ an □

c. Gutschriftseingang bei □ an □

der M. Schulz OHG □

2 Welche Aussagen zur Gutschrift der
Bürohandel Ost GmbH sind richtig? _____ □ □

(1) Bei einer Gutschrift muss die anteilige Umsatzsteuer berücksichtigt werden.

(2) Bei einer Gutschrift muss immer angegeben sein, wie hoch
der %-Satz des Preisnachlasses ist.

(3) Die Verbindlichkeiten der M. Schulz OHG verringern sich um
einen Betrag von 1 624,00 €.

(4) Der Umsatzsteuerbetrag in Höhe von 224,00 € wird bei der
M. Schulz OHG auf dem Konto Umsatzsteuer im Soll gebucht.

(5) Der Umsatzsteuerbetrag in Höhe von 224,00 € wird bei der
M. Schulz OHG auf dem Konto Umsatzsteuer im Haben
gebucht.

3 Welche der folgenden Aussagen ist falsch? _____ □

Tragen Sie eine (6) ein, wenn alle Aussagen richtig sind.

(1) Rabatte, die auf Eingangsrechnungen schon berücksichtigt
sind, werden in der Finanzbuchhaltung nicht gesondert erfasst.

(2) Zu den Bezugskosten gehören z. B. Verpackungskosten,
die vom Verkäufer in Rechnung gestellt werden.

(3) Die Bezugskosten erhöhen die Anschaffungskosten und
sind demnach zu aktivieren.

(4) Aus Gründen der Übersichtlichkeit können die Bezugskosten zunächst auf einem Unterkonto des Wareneingangs-
kontos gebucht werden.

(5) Am Ende der Abrechnungsperiode wird der Saldo des Be-
zugskostenkontos auf das Wareneingangskonto gebucht.

Wie erfolgt der Abschluss der Konten, die mit dem Wareneinkauf zusammenhängen?

Die folgenden Geschäftsfälle beziehen sich auf die Buchungen der Seite 228.

Geschäftsfälle	
	1. Umbuchung des Saldos auf dem Unterkonto Warenbezugskosten.
	2. Umbuchung des Saldos auf dem Unterkonto Rücksendungen.
	3. Umbuchung des Saldos auf dem Unterkonto Nachlässe.
	4. Umbuchung des Saldos auf dem Unterkonto Liefererboni.
	5. Umbuchung des Saldos auf dem Unterkonto Liefererskonti.
	6. Bei der Inventur am Jahresende wird festgestellt, dass im Vergleich zum Jahresanfang Waren im Wert von 8 200,00 € weniger am Lager sind (Bestandsminderung).
	7. Der Schlussbestand an Waren lt. Inventur wird gebucht 9 900,00 €.

Grundbuch	Nr.		Soll		an		Haben	
	1	3010	Wareneingang	600,00		3020	Warenbezugskosten	600,00
	2	3050	Rücksendungen	1 000,00		3010	Wareneingang	1 000,00
	3	3060	Nachlässe	2 500,00		3010	Wareneingang	2 500,00
	4	3070	Liefererboni	18 000,00		3010	Wareneingang	18 000,00
	5	3080	Liefererskonti	300,00		3010	Wareneingang	300,00
	6	3010	Wareneingang	8 200,00		3900	Warenbestand	9 900,00
	7	9400	SBK	9 900,00		3900	Warenbestand	9 900,00

S	3900 Warenbestand (Bestandskonto)		H	S	9400 SBK		H
Anfangsbestand	18 100,00	(6) Best.minderung	8 200,00	(7) Warenbestand	9 900,00		
		(7) Schlussbestand	9 900,00				

S	3010 Wareneingang (Aufwandskonto)		H
Gesamte Wareneinkäufe	69 000,00	(2) Rücksendungen	1 000,00
(1) Warenbezugskosten	600,00	(3) Nachlässe	2 500,00
(6) Bestandsminderung	8 200,00	(4) Liefererboni	18 000,00
		(5) Liefererskonti	300,00
		Saldo = Wareneinsatz (GuV)	56 000,00

Anm.: Bei einer evtl. Bestandsmehrung lautet der Buchungssatz 3900 Warenbestand an 3010 Wareneingang. Die Bestandsmehrung würde demnach auf dem Konto 3010 Wareneingang im **Haben** gebucht.

Unterkonten von Wareneingang

S	3020 Warenbezugskosten		H
Bezugskosten	600,00	(1) Saldo	600,00

S	3050 Rücksendungen		H	S	3060 Nachlässe		H
(2) Saldo	1 000,00	**Rücksendungen**	1 000,00	(3) Saldo	2 500,00	**Nachlässe**	2 500,00

S	3070 Liefererboni		H	S	3080 Liefererskonti		H
(4) Saldo	18 000,00	**Liefererboni**	18 000,00	(5) Saldo	300,00	**Liefererskonti**	300,00

1 Am Ende des Geschäftsjahres ergibt sich im Hauptbuch der Klaus Rogalski e.K. – Großhandel für Heimtierbedarf – folgende Situation:

S	3010 Wareneingang		H
Einkäufe	96 000,00	(7)	6 300,00
(6)	8 200,00	(8)	7 800,00
		(9)	1 200,00
		(10)	1 900,00
		(11)	2 600,00

S	3020 Warenbezugskosten		H
(1)	8 200,00	(6)	8 200,00

S	3050 Rücksendungen		H
(7)	6 300,00	(2)	6 300,00

S	3060 Nachlässe		H
(8)	7 800,00	(3)	7 800,00

S	3070 Liefererboni		H
(9)	1 200,00	(4)	1 200,00

S	3080 Liefererskonti		H
(10)	1 900,00	(5)	1 900,00

S	3910 Warenbestand		H
AB	21 900,00	(12)	24 500,00
(11)	2 600,00		

S	9400 SBK		H
(12)	24 500,00		

Tragen Sie die Nummer der entsprechenden Buchung in das Kästchen ein.
Falls eine Buchung nicht zutrifft, tragen Sie eine (13) ein.

Bei der Buchung handelt es sich um

a. die Bestandsmehrung von Waren. _____ ☐

b. die Buchung der Rücksendungen an Lieferanten. _____ ☐

c. die Buchung der Nachlässe an Kunden. _____ ☐

d. die Buchung der Warenbezugskosten. _____ ☐

e. die Umbuchung der Nachlässe von Lieferanten auf das Wareneingangskonto. _____ ☐

f. die Umbuchungen der Minderungen der Aufwendungen durch Liefererboni. _____ ☐

g. die Umbuchungen der Netto-Skontoabzüge für Eingangsrechnungen. _____ ☐

h. den Schlussbestand an Waren lt. Inventur. _____ ☐

i. Wie hoch ist der Wareneinsatz? _____ ☐

j. Wie viel Umsatz hat die Klaus Rogalski e. K. bei einem Lieferanten getätigt, wenn er als einziger Lieferant 0,75 % Bonus gewährt hat? ___ ☐

2 Buchen Sie unten stehende Geschäftsfälle unter Verwendung folgender Konten:

(1) Wareneingang   (10) Forderungen
(2) Warenbestand   (11) Bank
(3) Rücksendungen   (12) SBK
(4) Nachlässe   (13) GuV
(5) Liefererboni
(6) Liefererskonti
(7) Vorsteuer
(8) Umsatzsteuer
(9) Verbindlichkeiten

a. Kauf von Waren auf Ziel ☐ an ☐

b. Buchung eines Bonus auf die gesamten Warenlieferungen des laufenden Geschäftsjahres ☐ an ☐

c. Gutschrift eines Lieferanten wegen mangelhafter Lieferung (Ware wurde zurückgeschickt, Nettobuchung) ☐ an ☐

d. Banküberweisung für eine Liefererrechnung unter Abzug von Skonto ☐ an ☐

e. Schlussbestand an Waren lt. Inventur ☐ an ☐

3 Die P. Klein KG in Chemnitz lieferte am 10.09. Waren an die W. Uhr Fahrradcenter GmbH in Herford.

a. Wie wird der Beleg bei der Uhr GmbH gebucht? ☐ an ☐

(1) Wareneingang
(2) Warenbezugskosten
(3) Nachlässe
(4) Liefererskonti
(5) Forderungen
(6) Verbindlichkeiten
(7) Vorsteuer
(8) Umsatzsteuer
(9) Bank

b. Wie hoch war der Bruttorechnungsbetrag? _____ ☐

c. Welcher Skontobetrag wurde abgezogen? _____ ☐

d. Über welchen Betrag lautet die Vorsteuerberichtigung? _____ ☐

Welche Buchungen ergeben sich im Zusammenhang mit dem Warenverkauf?

Warenverkäufe/ Sofortrabatte	Wie im Einkaufsbereich werden die auf den Ausgangsrechnungen aufgeführten Sofortrabatte buchhalterisch nicht gesondert erfasst.
Besonderheiten	Die Besonderheiten im Verkaufsbereich sind wie im Einkaufsbereich (siehe S. 226) die Rücksendungen von Waren, Nachlässe für mangelhaft gelieferte Waren, Gewährung von Kundenboni und Kundenskonti.
Vertriebs- aufwendungen	Die im Rahmen eines Marketingkonzeptes üblichen Vergünstigungen für die Kunden, wie z. B. die Übernahme der Kosten für die Warenzustellung (Ausgangsfrachten) oder andere Vertriebsaufwendungen (Verpackungsmaterial, Vertriebsprovision), werden auf gesonderten Konten gebucht.
Geschäftsfälle	1. Ausgangsrechnung: Verkauf von Waren auf Ziel (frei Haus); Rechnungsbetrag, netto 22 400,00 € + 16 % USt. 3 584,00 €. 2. Ein Teil einer Warenlieferung war mangelhaft und wird vom Kunden zurückgeschickt. Wir erteilen eine Gutschrift in Höhe von netto 3 000,00 € + 16 % USt. 480,00 € (**Umsatzsteuerberichtigung**). 3. Nach telefonischer Rücksprache behält der Kunde eine Warenlieferung, die mit geringen Mängeln behaftet ist. Wir sagen ihm einen Preisnachlass zu und erteilen ihm eine Gutschrift von netto 2 100,00 € + 16 % USt. 336,00 € (**Umsatzsteuerberichtigung**). 4. Am Jahresende gewähren wir dem Kunden auf alle Rechnungen einen zusätzlichen Bonus von 11 600,00 € (incl. 16 % USt. = 1 600,00 €; **Umsatzsteuerberichtigung**). 5. Der Kunde zahlt unsere Ausgangsrechnung (Brutto-Rechnungsbetrag 46 400,00 €) unter Abzug von 2 % Skonto (Brutto-Skonto 928,00 €; **Umsatzsteuerberichtigung** 128,00 €) per Banküberweisung mit 45 472,00 €. 6. Wir erhalten vom Handelsvertreter die Abrechnung über die Vertriebsprovisionen; netto 17 000,00 € + 16 % USt. 2 720,00 €. 7. Eingangsrechnung über Verpackungsmaterial für die Abteilung Versand 5 000,00 € + 16 % USt. 800,00 €. 8. Die Warenlieferung aus Fall 1 wird von einem Spediteur übernommen. Eingangsrechnung über Frachtkosten netto 1 900,00 € + 16 % USt. 304,00 €.
Konten	8050 Rücksendungen von Kunden 8060 Nachlässe an Kunden 8070 Kundenboni 8080 Kundenskonti Diese Konten sind jeweils Unterkonten des Kontos 8010 Warenverkauf. Der Abschluss erfolgt über das Warenverkaufskonto. 4500 Provisionen 4610 Verpackungsmaterial 4620 Ausgangsfrachten Diese Konten sind jeweils separate Aufwandskonten, die am Ende der Abrechnungsperiode über das Konto 9300 GuV abgeschlossen werden.

Grundbuch	Nr.		Soll		an		Haben	
	1	1010	Forderungen	25 984,00		8010 1810	Warenverkauf Umsatzsteuer	22 400,00 3 584,00
	2	8050 1810	**Rücksendungen** Umsatzsteuer	3 000,00 480,00		1010	Forderungen	3 480,00
	3	8060 1810	**Nachlässe** Umsatzsteuer	2 100,00 336,00		1010	Forderungen	2 436,00
	4	8070 1810	**Kundenboni** Umsatzsteuer	10 000,00 1 600,00		1010	Forderungen	11 600,00
	5	1310 8080 1810	Bank **Kundenskonti** Umsatzsteuer	45 472,00 800,00 128,00		1010	Forderungen	46 400,00
	6	4500 1410	**Provisionen** Vorsteuer	17 000,00 2 720,00		1710	Verbindlichkeiten	19 720,00
	7	4610 1410	**Verpackungsmat.** Vorsteuer	5 000,00 800,00		1710	Verbindlichkeiten	5 800,00
	8	4620 1410	**Ausgangsfrachten** Vorsteuer	1 900,00 304,00		1710	Verbindlichkeiten	2 204,00

Hauptbuch	Die Konten mit den jeweiligen Buchungen sind auf der Seite 234 dargestellt.

EUROBIKING GmbH

50739 Köln
Ebersbacher Str. 5
Postfach 1450
Tel. 0221 445579

Firma
Verbrauchermarkt Hansa AG
Berliner Str. 10
39110 Magdeburg

RECHNUNG
Nr. AR 446/95
20..-01-16

Auftrags-Nummer	Liefer-Datum	Versandart	Liefer-bedingungen	Zahlungs-bedingungen
4657-95	20..-08-10	per LKW	frei Haus	7 Tage 2 % Skonto, 30 Tage netto

Menge	Einheit	Beschreibung	E-Preis	Betrag
25	Stück	Herrenfahrräder Art. Nr. 2344	450,00 €	11 250,00 €
		– 20 % Sonderrabatt		2 250,00 €
		Nettowarenwert		9 000,00 €
		Mehrwertsteuer 16 %		1 440,00 €
		Rechnungsbetrag		10 440,00 €

Vielen Dank für Ihren Auftrag!

Bankverbindung: Sparkasse Köln, BLZ 507 431 00, Kto.-Nr. 7254590
USt.-Id.: DE 61082756, St.-Nr.: 475/605/2019

Beleg 1

Spedition Schürkamp GmbH

50739 Köln
Deutzer Str. 234
Postfach 460
Tel. 0221 3345797

Eurobiking GmbH
Ebersbacher Str. 5
50739 Köln

RECHNUNG
Nr. 336/95
20..-01-14

Frachtbrief-Nummer	Liefer-Datum	Versandart	Zahlungs-bedingungen
445667	20..-08-10	Stückgut	7 Tage 2 % Skonto, 30 Tage netto

Menge	Einheit	Beschreibung	E-Preis	Betrag
25	Stück	Pakete Fahrräder Köln - Magdeburg	52,00 €	1 300,00 €
		Nettowert		1 300,00 €
		Mehrwertsteuer 16 %		208,00 €
		Rechnungsbetrag		1 508,00 €

Bankverbindung: Deutsche Bank AG, Köln, BLZ 500 341 21, Kto.-Nr. 34589-93
USt.-Id.: DE 73245109, St.-Nr.:327/514/6089

Beleg 2

1 Buchen Sie für die Eurobiking GmbH unter Verwendung folgender Konten

(1) Forderungen
(2) Verbindlichkeiten
(3) Vorsteuer
(4) Umsatzsteuer
(5) Warenverkauf
(6) Nachlässe an Kunden
(7) Ausgangsfrachten
(8) Bezugskosten
(9) Bank

a. den Beleg 1: ☐ an ☐
☐

b. den Beleg 2: ☐
☐ an ☐

2 Im Hauptbuch eines Unternehmens sind folgende Buchungen vorgenommen worden (16 % USt.):

```
S        1010 Forderungen        H
(1)    26 448,00 | (2)    5 289,60

S        8010 Warenverkauf        H
                | (1)    22 800,00

S        8050 Rücksendungen        H
(2)    4 560,00 |

S        1810 Umsatzsteuer        H
(2)    729,60 | (1)    3 648,00
```

Welche der folgenden Aussagen hierzu ist richtig? ☐

(1) Auf dem Konto Forderungen wurde ein Preisnachlass von 20 976,00 € gebucht.
(2) Die Umsatzsteuerlast vermindert sich durch den Preisnachlass um 2 736,00 €.
(3) Der Buchungssatz (2) ist eine Buchung für vom Kunden zurückgesendete Ware. Die Erträge vermindern sich um 18 240,00 €.
(4) Der Buchungssatz (2) ist eine Buchung für vom Kunden zurückgesendete Ware. Die Erträge gehen mit 18 240,00 € in die GuV-Rechnung ein.
(5) Der Buchungssatz (2) ist eine Falschbuchung: Rücksendungen werden auf dem Konto Nachlässe im Haben gebucht.

3 Welche der folgenden Aussagen zu dem abgebildeten Beleg 1 sind richtig? _____ ☐ ☐

(1) Sonderrabatte vermindern die Umsatzerlöse und sind deshalb auf einem gesonderten Konto zu buchen.
(2) Sonderrabatte können ausschließlich bei langjähriger Geschäftsbeziehung gewährt werden.
(3) Wird ein Sonderrabatt gewährt, darf der Kunde keinen Skontoabzug vornehmen.
(4) Der Sonderrabatt verminderte den Bruttorechnungsbetrag um 2 610,00 €.
(5) Der Sonderrabatt verminderte den Nettowert eines Fahrrades um 90,00 €.

4 Bilden Sie die Buchungssätze zu unten stehenden Geschäftsfällen. Verwenden Sie dabei folgende Konten:

(1) Forderungen
(2) Verbindlichkeiten
(3) Vorsteuer
(4) Umsatzsteuer
(5) Warenverkauf
(6) Rücksendungen von Kunden
(7) Nachlässe an Kunden
(8) Kundenboni
(9) Ausgangsfrachten
(10) Provisionen
(11) Verpackungsmaterial

a. Wir erhalten beschädigte Waren zurück und erteilen eine Gutschrift. ☐ an ☐

b. Eingangsrechnung eines Spediteurs für den Transport der Waren zu unserem Kunden (Lieferungsbedingung: „frei Haus") + USt. ☐ ☐ an ☐

c. Unsere Waren werden durch einen Paketzustellungsdienst an den Kunden ausgeliefert. Wir erhalten eine Rechnung des Paketzustellungsdienstes. ☐ ☐ an ☐

d. Wir erhalten von einem Lieferanten eine Rechnung für die Lieferung von Verpackungskartons. ☐ ☐ an ☐

Wie erfolgt der Abschluss der Konten, die mit dem Warenverkauf zusammenhängen?

Geschäftsfälle	1. Umbuchung des Saldos auf dem Konto Provisionen. 2. Umbuchung des Saldos auf dem Konto Verpackungsmaterial. 3. Umbuchung des Saldos auf dem Konto Ausgangsfrachten. 4. Umbuchung des Saldos auf dem Unterkonto Rücksendungen. 5. Umbuchung des Saldos auf dem Unterkonto Nachlässe. 6. Umbuchung des Saldos auf dem Unterkonto Kundenboni. 7. Umbuchung des Saldos auf dem Unterkonto Kundenskonti. 8. Umbuchung des Saldos auf dem Konto Warenverkauf.

Grundbuch	Nr.		Soll		an		Haben	
	1	9300	GuV	17 000,00		4500	Provisionen	17 000,00
	2	9300	GuV	5 000,00		4610	Verpackungsmaterial	5 000,00
	3	9300	GuV	1 900,00		4620	Ausgangsfrachten	1 900,00
	4	8010	Warenverkauf	3 000,00		8050	Rücksendungen	3 000,00
	5	8010	Warenverkauf	2 100,00		8060	Nachlässe	2 100,00
	6	8010	Warenverkauf	10 000,00		8070	Kundenboni	10 000,00
	7	8010	Warenverkauf	800,00		8080	Kundenskonti	800,00
	8	8010	Warenverkauf	99 100,00		9300	GuV	99 100,00

S	4500 Provisionen (Aufwandskonto)		H
Provisionen	17 000,00	(1) GuV	17 000,00

S	4610 Verpackungsmaterial (Aufwandskonto)		H
Verpackungsmat.	5 000,00	(2) GuV	5 000,00

S	4620 Ausgangsfrachten (Aufwandskonto)		H
Ausg.frachten	1 900,00	(3) GuV	1 900,00

S	8010 Warenverkauf (Ertragskonto)		H
(4) Rücksendungen	3 000,00	Gesamte Warenverkäufe	115 000,00
(5) Nachlässe	2 100,00		
(6) Kundenboni	10 000,00		
(7) Kundenskonti	800,00		
(8) Saldo (GuV)	99 100,00		

Unterkonten von Warenverkauf

S	8050 Rücksendungen		H
Rücksendungen	3 000,00	(4) Saldo	3 000,00

S	8060 Nachlässe		H
Nachlässe	2 100,00	(5) Saldo	2 100,00

S	8070 Kundenboni		H
Kundenboni	10 000,00	(6) Saldo	10 000,00

S	8080 Kundenskonti		H
Kundenskonti	800,00	(7) Saldo	800,00

S	9300 Gewinn-und-Verlust-Konto (GuV)		H
Wareneinkauf	56 000,00	(8) Warenverkauf	99 100,00
(2) Provisionen	17 000,00		
(2) Verpackungsmaterial	5 000,00		
(3) Ausgangsfrachten	1 900,00		

1 Das Unternehmen Helmut Gehrmann KG, Zwickau, entnimmt am Ende des Geschäftsjahres folgende Zahlen aus der Finanzbuchhaltung:

S	3010 Wareneingang		H
Summe	126 000,00	Summe	28 300,00

S	3900 Warenbestand		H
AB	13 000,00		

S	8010 Warenverkauf		H
		Summe	280 700,00

S	8050 Rücksendungen von Kunden		H
Summe	8 400,00		

S	8060 Nachlässe an Kunden		H
Summe	9 200,00		

S	8070 Kundenboni		H
Summe	2 500,00		

S	8080 Kundenskonti		H
Summe	4 100,00		

S	9300 GuV		H
Restliche Aufwendg.	116 000,00	Restliche Erträge	24 500,00

Die Konten der H. Gehrmann KG sind unter Berücksichtigung des Schlussbestandes an Waren lt. Inventur in Höhe von 16 000,00 € abzuschließen.

Bilden Sie die Buchungssätze

a. zum Abschluss des Kontos Rücksendungen von Kunden. ☐ an ☐

b. zum Abschluss des Kontos Nachlässe an Kunden. ☐ an ☐

c. zum Abschluss des Kontos Kundenboni. ☐ an ☐

d. zum Abschluss des Kontos Kundenskonti. ☐ an ☐

e. zum Abschluss des Kontos Warenverkauf. ☐ an ☐

f. zur Erfassung der Bestandsveränderung. ☐ an ☐

g. zum Abschluss des Kontos Wareneingang. ☐ an ☐

Ermitteln Sie

h. den Wareneinsatz. _____ ☐

i. den Saldo des Kontos Warenverkauf nach Abschluss der Unterkonten von Warenverkauf (= Nettoumsatz). _____ ☐

j. den Rohgewinn. _____ ☐

k. den Reingewinn. _____ ☐

l. den durchschnittlichen Kalkulationszuschlagssatz. _____ ☐

2 Kennzeichnen Sie folgende Aussagen

mit (1) für richtig,
mit (9) für falsch.

a. Preisnachlässe an Kunden sind eine Verringerung der Umsatzerlöse. Sie vermindern den Umsatzerlös um den Betrag des Warenwertes. Die Umsatzsteuer muss entsprechend korrigiert werden. _____ ☐

b. Kundenskonti sind Erträge. _____ ☐

c. Bei Zahlung des Kunden unter Abzug von Skonti muss das Konto 1410 Vorsteuer berichtigt werden. _____ ☐

d. Das Konto 8050 Rücksendungen von Kunden wird am Ende der Abrechnungsperiode über das Konto GuV abgeschlossen. _____ ☐

e. Wenn Skonto vom Brutto-Rechnungsbetrag abgezogen wird, entspricht der Abzugsbetrag 116 %. Er setzt sich aus 100 % Warenwert und 16 % Umsatzsteueranteil zusammen. _____ ☐

3 Der Kontenplan einer Unternehmung beinhaltet u. a. die Konten 8160 Nachlässe an Kunden, 8170 Kundenboni und 8180 Kundenskonti. Welche der unten aufgeführten Buchungen werden auf dem Konto 8160 Nachlässe an Kunden

(1) im Soll,
(2) im Haben,
(9) nicht vorgenommen?

a. Buchung der Vorsteuerberichtigung bei Preisnachlässen an Kunden _____ ☐

b. Buchung von Preisnachlässen an Kunden wegen mangelhafter Lieferung _____ ☐

c. Abschluss des Kontos Nachlässe an Kunden _____ ☐

d. Buchung einer Kundenzahlung unter Abzug von Skonto _____ ☐

e. Buchung eines Bonus, den wir einem Kunden am Jahresende gewähren _____ ☐

4 Welcher Buchungssatz trifft für folgenden Geschäftsfall (USt. 16 %) zu? _____ ☐

„Unser Kunde zahlt AR 118, Rechnungsbetrag 1 484,80 € unter Abzug von 2 % Skonto durch Banküberweisung."

(1)	1310	Bank	1 484,80	
	an	1010 Forderungen		1 280,00
		1810 Umsatzsteuer		204,80
(2)	1710	Verbindlichkeiten	1 455,10	
	an	2800 Bank		1 455,10
(3)	1310	Bank	1 455,10	
	8180	Kundenskonti	25,60	
	1810	Umsatzsteuer	4,10	
	an	1010 Forderungen		1 484,80
(4)	1310	Bank	1 455,10	
	8180	Kundenskonti	29,70	
	an	1010 Forderungen		1 484,80

(9) Keiner der genannten Buchungssätze trifft zu.

Wie werden Lohn- und Gehaltsabrechnungen durchgeführt?

Grundschema	Bruttolohn bzw. -gehalt	→	tarifvertraglich oder einzelvertraglich festgelegt
	– Lohnsteuer – Solidaritätszuschlag } – Kirchensteuer	→	werden vom Arbeitgeber einbehalten und an das Finanzamt abgeführt
	– Sozialversicherungs- beiträge/Arbeitnehmeranteil	→	werden vom Arbeitgeber einbehalten und gemeinsam mit den Arbeit-geberanteilen an die entsprechenden Krankenkassen weitergeleitet
	= Nettoentgelt	→	wird auf das Girokonto des Arbeitnehmers überwiesen

Wie werden Löhne und Gehälter gebucht?

Geschäftsfälle

1. Gehaltsabrechnung und -zahlung für die Angestellte Petra Brauneck für den Monat Januar:

Bruttogehalt	2 750,00 €
– Lohnsteuer (lt. Lohnsteuertabelle)	550,00 €
– Solidaritätszuschlag	40,00 €
– Kirchensteuer (lt. Lohnsteuertabelle)	50,00 €
– Krankenversicherungsbeitrag (Arbeitnehmeranteil)	190,00 €
– Rentenversicherungsbeitrag (Arbeitnehmeranteil)	260,00 €
– Arbeitslosenversicherungsbeitrag (Arbeitnehmeranteil)	90,00 €
– Pflegeversicherung (Arbeitnehmeranteil)	25,00 €
= Nettogehalt (Auszahlungsbetrag)	1 545,00 €

Das Nettogehalt wird am 28.01. per Banküberweisung ausgezahlt.
2. Der Arbeitgeberanteil für die Kranken-, Renten-, Arbeitslosen- und Pflegeversicherung ist zu buchen.
3. Am 10.02. wird die einbehaltene Lohn- und Kirchensteuer sowie der Solidaritätszuschlag an das Finanzamt überwiesen: 640,00 €.
4. Gleichzeitig wird der Arbeitnehmeranteil (565,00 €) und der Arbeitgeberanteil (565,00 €) für die Kranken-, Renten-, Arbeitslosen- und Pflegeversicherung in einer Summe (1 130,00 €) an die Krankenkasse überwiesen.

Konten

4010	Löhne (Aufwandskonto)	erfasst die Bruttolöhne des Unternehmens
4020	Gehälter (Aufwandskonto)	erfasst die Bruttogehälter des Unternehmens
4040	Gesetzliche Aufwendungen (Aufwandskonto)	Arbeitnehmer und Arbeitgeber teilen sich die Beiträge zur Sozialversicherung zur Hälfte. Für den Arbeitgeber ist dieses ein zusätzlicher Aufwand zu den normalen Bruttolöhnen und -gehältern.
1910	Verbindlichkeiten aus Steuern (Passives Bestandskonto)	Da die einbehaltene Lohn- und Kirchensteuer sowie der Solidaritätszuschlag erst am 10. des folgenden Monats an das Finanzamt abgeführt werden müssen, entstehen Verbindlichkeiten, die später beglichen werden.
1920	Verbindlichkeiten im Rahmen der sozialen Sicherheit (Passives Bestandskonto)	Entsprechendes gilt für die einbehaltenen Sozialversicherungsbeiträge.

Grundbuch

Nr.	Soll			an	Haben	
1	4020	Gehälter	2 750,00	1310 1910 1920	Bank Verb. aus Steuern Verb. soz. Sicherheit	1 545,00 640,00 565,00
2	4040	Gesetzl. soz. Aufw.	565,00	1920	Verb. soz. Sicherheit	565,00
3	1910	Verb. aus Steuern	640,00	1310	Bank	640,00
4	1920	Verb. soz. Sicherheit	1 130,00	1310	Bank	1 130,00

Hauptbuch

S 4020 Gehälter H	S 1310 Bank H	S 1910 Verb. soz. Steuern H
(1) 2 750,00	(1) 1 545,00 (3) 640,00 (4) 1 130,00	(3) 640,00 | (1) 640,00

S 4040 Gesetzl. soz. Aufw. H		S 1920 Verb. soz. Sicherheit H
(2) 565,00		(4) 1 130,00 | (1) 565,00 (2) 565,00

1 Für den Mitarbeiter Henning Marxen ist eine Gehaltsabrechnung zu erstellen:
Bruttogehalt 2 100,00 €,
Lohnsteuer 15 %,
Solidaritätszuschlag 7,5 %,
Kirchensteuer 9 %,
gesamter Beitrag (AG- und AN-Anteil)
zur Sozialversicherung 40 %.

Ermitteln Sie

a. die Höhe der Lohnsteuer_____

b. die Höhe der Kirchensteuer _____

c. die Höhe des Solidaritätszuschlages ___

d. den Arbeitnehmeranteil zur
   Sozialversicherung _____

e. das Nettogehalt_____

Buchen Sie unter Verwendung unten stehender Konten

f. die Gehaltszahlung per Banküberweisung □ an □
   □
   □

g. den Arbeitgeberanteil zur Sozialversicherung □ an □

   (1) Löhne
   (2) Gehälter
   (3) SV-Verbindlichkeiten
   (4) FA-Verbindlichkeiten
   (5) Arbeitgeberanteil zur Sozialversicherung
   (6) Bank
   (7) Forderungen an Mitarbeiter

2 Buchen Sie unten stehende Geschäftsfälle unter Verwendung folgender Konten:

   Konten:
   (1) Bank
   (2) Postbank
   (3) FA-Verbindlichkeiten
   (4) SV-Verbindlichkeiten
   (5) Arbeitgeberanteil zur Sozialversicherung
   (6) GuV-Konto
   (7) SBK

a. Buchung des Arbeitgeberanteils zur
   Sozialversicherung □ an □

b. Überweisung der einbehaltenen Beträge für Lohn-
   und Kirchensteuer sowie Solidaritätszuschlag
   an die Finanzbehörde durch Postbank □ an □

c. Das Konto SV-Verbindlichkeiten wird zum
   Geschäftsjahresende abgeschlossen. □ an □

d. Das Konto Arbeitgeberanteil zur SV wird
   abgeschlossen. □ an □

e. Die einbehaltenen Sozialversicherungsbeträge und
   der Arbeitgeberanteil zur Sozialversicherung
   werden per Banküberweisung bezahlt. □ an □

3 Welche der folgenden Aussagen
sind falsch? _____ □ □

(1) Bruttogehälter und Bruttolöhne sind Aufwendungen und
    werden in der Kontenklasse 4 gebucht.

(2) Die einbehaltenen Lohn- und Kirchensteuern, der Solidaritätszuschlag sowie die einbehaltenen Arbeitnehmeranteile
    zur Sozialversicherung sind für den Arbeitgeber zusätzliche
    Aufwendungen.

(3) Die Arbeitgeberanteile zur Sozialversicherung sind Aufwendungen und werden in der Kontenklasse 5 gebucht.

(4) Die gebuchten Arbeitnehmeranteile zur Sozialversicherung
    sind erfolgsneutral.

(5) Die Arbeitgeberanteile zur Sozialversicherung zählen zu
    den Personalkosten.

4 Aus der Summengehaltsliste eines Betriebes für den
Monat September ergeben sich folgende Zahlen:

Bruttogehälter	153 000,00
Lohnsteuer	20 800,00
Kirchensteuer	1 950,00
Solidaritätszuschlag	1 560,00
Sozialversicherungsbeiträge	38 300,00
Gesamtabzüge	62 610,00
Auszahlung	90 390,00

Kennzeichnen Sie folgende Aussagen zur Buchung der
Summengehaltsliste mit einer

(1), wenn diese richtig sind,
(9), wenn diese falsch sind.

a. Auf dem Konto Gehälter wird im Soll ein Betrag von
   90 390,00 € gebucht. _____ □

b. Der Kirchensteuerbetrag in Höhe von 1 950,00 € wird
   spätestens am 10.10. an die Rechnungsstelle der jeweiligen Kirchenämter überwiesen. _____ □

c. Der Arbeitgeber bucht einen Betrag von 38 300,00 € auf
   dem Konto Arbeitgeberanteil zur Sozialversicherung im
   Soll. _____ □

d. Die Gesamtabzüge von 62 610,00 € werden mit
   24 310,00 € auf dem Konto FA-Verbindlichkeiten im Soll
   und zu 38 300,00 € auf dem Konto SV-Verbindlichkeiten
   im Haben gebucht. _____ □

e. Die gesamten Personalkosten bezüglich dieser Abrechnung belaufen sich auf 191 300,00 €. _____ □

5 Welcher Geschäftsfall liegt dem folgenden Buchungssatz zugrunde?

1920 Verbindlichkeiten soziale Sicherheit
an 1310 Bank_____ □

(1) Bei der Lohn- und Gehaltsabrechnung wird der Arbeitgeberanteil zur Sozialversicherung gebucht.

(2) Überweisung der Nettogehälter auf die Bankkonten der
    Arbeitnehmer

(3) Überweisung der Gehaltsvorschüsse

(4) Arbeitgeber- und Arbeitnehmerbeiträge zur Sozialversicherung werden überwiesen.

Wie werden vermögenswirksame Leistungen (VL) bei den Lohn- und Gehaltsbuchungen berücksichtigt?

Begriff	Jeder Arbeitnehmer hat die Möglichkeit, durch eine *freiwillige Vereinbarung* im Kalenderjahr bis zu 480,00 € vermögenswirksam anzulegen. Förderungswürdige Anlageformen sind: ▷ Sparvertrag zum Erwerb von Aktien oder anderen Wertpapieren, ▷ Aufwendungen nach dem Wohnungsbauprämiengesetz (z. B. Bausparbeiträge), ▷ Aufwendungen aufgrund eines Wertpapier-Vertrages oder eines Beteiligungsvertrages. Vermögenswirksam bedeutet, dass der Staat unter bestimmten Voraussetzungen eine **Sparzulage** gewährt. Der Arbeitgeber ist entweder freiwillig bereit oder durch Tarifvertrag verpflichtet, einen Teil der VL zu übernehmen. Der Arbeitgeberanteil zu den VL erhöht das zu versteuernde Bruttogehalt.

Geschäftsfälle	1. *Gehaltsabrechnung für Arbeitnehmer Franz Killing: Der Arbeitnehmer legt monatlich 40,00 € vermögenswirksam an, der Arbeitgeber übernimmt davon 20,00 €.*

	Bruttogehalt	*2 500,00 €*
	+ VL (Arbeitgeberanteil)	*20,00 €*
	=	*2 520,00 €*
	− Lohn- u. Kirchensteuer/SolZ	*580,00 €*
	− SV-Beiträge (Arbeitnehmeranteil)	*500,00 €*
	= Nettogehalt	*1 440,00 €*
	− VL (Sparrate)	*40,00 €*
	= Auszahlungsbetrag	*1 400,00 €*

2. *Banküberweisung der vermögenswirksamen Leistungen des Arbeitnehmers an die Bausparkasse*

Konten	4070 Sonstige tarifliche Aufwendungen bzw. 4050 Freiwillige Aufwendungen (Aufwandskonten)	Der Arbeitgeberanteil der VL kann entweder auf diesen Konten (je nachdem, ob es sich um eine freiwillige oder tarifliche Zahlung handelt) oder direkt über das Konto 4020 Gehälter gebucht werden.
	1950 Verbindlichkeiten aus vermögenswirksamen Leistungen Abkürzung: VL-Verbindl. (Passives Bestandskonto)	Der Arbeitgeber behält die vermögenswirksamen Leistungen vom Nettogehalt des Arbeitnehmers ein und überweist sie später an die entsprechende Stelle (z. B. Kreditinstitut). In dieser Zeit stellen sie Verbindlichkeiten dar.

Grundbuch	Nr.		Soll		an		Haben	
	1	4020 4070	Gehälter VL AG-Anteil	2 500,00 20,00	1310 1910 1920 1930	Bank Verb. aus Steuern Verb. soz. Sicherheit Verb. aus Vermögensbildung	1 400,00 580,00 500,00 40,00
		4040	Gesetzl. soz. Aufw.	500,00	1920	Verb. soz. Sicherheit	500,00
	2	1950	Verb. aus Vermögensbildung	40,00	1310	Bank	40,00

Wie werden Gehalts- oder Lohnvorschüsse gebucht?

Geschäftsfälle	1. *Am 15.09. erhält der Arbeitnehmer H. Fendt einen Gehaltsvorschuss in bar, 650,00 €.* 2. *Gehaltsabrechnung des Monats September für den Arbeitnehmer Fendt und Banküberweisung des Auszahlungsbetrages am 30.09.:*

	Bruttogehalt	*3 000,00 €*
	− Lohn- u. Kirchensteuer/SolZ	*700,00 €*
	− AN-Anteil SV	*600,00 €*
	= Nettogehalt	*1 700,00 €*
	− Gehaltsvorschuss	*650,00 €*
	= Auszahlungsbetrag	*1 050,00 €*

Konto	1160 Forderungen an Mitarbeiter Abkürzung: Forderungen MA (Aktives Bestandskonto)	Entgeltzahlungen des Unternehmens an den Arbeitnehmer vor der eigentlichen Auszahlung stellen als Vorschuss eine Forderung des Unternehmens an den Mitarbeiter dar. Diese Forderung wird bei Auszahlung des Gehaltes durch Verrechnung wieder ausgeglichen.

Grundbuch	Nr.		Soll		an		Haben	
	1	1160	Forderungen MA	650,00	1510	Kasse	650,00
	2	4020	Gehälter	3 000,00	1310 1910 1920 1160	Bank Verb. aus Steuern Verb. soz. Sicherheit Forderungen MA	1 050,00 700,00 600,00 650,00
		4040	Gesetzl. soz. Aufw.	600,00	1920	Verb. soz. Sicherheit	600,00

1 In welcher Kontenklasse des Großhandelskontenrahmens befinden sich die Konten, auf denen die folgenden Geschäftsfälle im Soll gebucht werden?

Tragen Sie jeweils die Kontenklasse in das entsprechende Kästchen ein.

a. Auszahlung eines Gehaltsvorschusses durch Bankscheck _____

b. Der Arbeitgeberanteil zu den vermögenswirksamen Leistungen wird gebucht. _____

c. Abschluss des Kontos Verbindlichkeiten aus vermögenswirksamen Leistungen _____

d. Die einbehaltenen vermögenswirksamen Leistungen werden überwiesen. _____

e. Verrechnung des Gehaltsvorschusses bei der Gehaltsabrechnung _____

2 Die Gehaltsabrechnung der Mitarbeiterin Jana Waldheim umfasst folgende Positionen:

Bruttogehalt	2 800,00 €
+ VL (AG-Anteil)	30,00 €
– Lohn- u. Kirchensteuer/Solidaritätszuschlag	500,00 €
– SV-Beiträge (AN-Anteil)	560,00 €
– VL des AN	40,00 €
= Auszahlungsbetrag	1 730,00 €

(Zahlung erfolgt per Banküberweisung)

a. In der folgenden Buchung dieser Gehaltsabrechnung sind zwei falsche Teilbuchungen enthalten. Welche sind es?

(1)	4020	Gehälter	2 800,00 €
(2)	4070	VL/AG-Anteil	30,00 €
an (3)	1310	Bank	1 730,00 €
an (4)	1910	Verb. aus Steuern	500,00 €
an (5)	1920	Verb. soziale Sicherheit	560,00 €
an (6)	1950	Verb. aus Verm.bildung	30,00 €
(7)	4040	Gesetzliche soziale Aufw.	560,00 €
an (8)	1950	Verb. aus Verm.bildung	560,00 €

b. „Der Arbeitgeberanteil zu den vermögenswirksamen Leistungen in Höhe von 30,00 € erhöht das sozialversicherungspflichtige und das zu versteuernde Entgelt."

Tragen Sie die Ziffer vor der zutreffenden Bewertung dieser Aussage in das Kästchen ein. _____

(1) Diese Aussage ist falsch, weil der Arbeitgeber-Anteil zu den vermögenswirksamen Leistungen nur das sozialversicherungspflichtige Entgelt erhöht.

(2) Diese Aussage ist falsch, weil der Arbeitgeber-Anteil zu den vermögenswirksamen Leistungen nur das zu versteuernde Entgelt erhöht.

(3) Diese Aussage ist falsch, weil der Arbeitgeber-Anteil zu den vermögenswirksamen Leistungen weder das sozialversicherungspflichtige Entgelt noch das zu versteuernde Entgelt erhöht.

(4) Diese Aussage ist richtig, weil auch der Arbeitnehmer-Anteil zu den vermögenswirksamen Leistungen das sozialversicherungspflichtige und das zu versteuernde Entgelt erhöht.

(5) Diese Aussage ist ohne Einschränkung richtig.

3 Buchen Sie unten stehende Geschäftsfälle unter Verwendung folgender Konten:

(1) Gehälter
(2) Kasse
(3) Bank
(4) Forderungen an Mitarbeiter
(5) Verb. aus Steuern
(6) Verb. soziale Sicherheit
(7) Verb. aus Vermögensbildung
(8) Gesetzl. soziale Aufwendungen

a. Am 15.03. erhält die Mitarbeiterin Elke Hofmann einen Gehaltsvorschuss in Höhe von 800,00 € bar. ☐ an ☐

b. Am 25.03. wird das Gehalt unter Abzug der Lohn- und Kirchensteuer, des Solidaritätszuschlags, der Sozialversicherung und der Verrechnung des Gehaltsvorschusses per Bank überwiesen. ☐ an ☐ ☐ ☐ ☐

c. Der Arbeitgeberanteil zur SV wird gebucht. ☐ an ☐

4 Der Kontenplan eines Betriebes beinhaltet u. a. folgende Konten:

(1160) Forderungen an Mitarbeiter
(1950) Verbindlichkeiten aus Vermögensbildung
(4010) Löhne
(4020) Gehälter
(4070) Vermögenswirksame Leistungen/AG-Anteil
(4040) Gesetzliche soziale Aufwendungen
(4080) Sonstige Personalaufwendungen

Auf welchen Konten werden die unten stehenden Sachverhalte im Soll gebucht?

Tragen Sie (0000) ein, wenn auf keinem der oben genannten Konten im Soll gebucht wird.

a. Ein Gehaltsvorschuss wird an einen Mitarbeiter bar ausgezahlt. _____

b. Die vermögenswirksamen Leistungen der Arbeitnehmer werden an die einzelnen Träger überwiesen. _____

c. Entgeltabrechnung eines Mitarbeiters (Akkordlohn) _____

d. Beitragszahlung für die gesetzliche Unfallversicherung per Banküberweisung _____

e. Der Arbeitgeber ist aufgrund eines Tarifvertrages verpflichtet, einen Zuschuss zu den vermögenswirksamen Leistungen der Angestellten zu leisten. _____

f. Der Arbeitgeber zahlt die Aufwendungen für einen Weiterbildungskurs einer Mitarbeiterin. _____

g. Überweisung der Sozialversicherungsbeiträge an die jeweiligen Krankenkassen. _____

Wie werden die Anschaffungskosten für Güter des Anlagevermögens ermittelt?

Aktivierungspflicht für Anschaffungs-nebenkosten	Zu den Anschaffungskosten gehören neben dem eigentlichen Kaufpreis alle Aufwendungen, die mit dem Erwerb des Gegenstandes verbunden sind. *Beispiele:* ▷ Grundstücke und Gebäude: Grunderwerbsteuer, Gerichts- und Notariatsgebühren, Schätzkosten ▷ Technische Anlagen und Maschinen: Transportkosten, Montagekosten, Einfuhrzölle ▷ Fahrzeuge: Überführungskosten, Zulassungsgebühren Die Anschaffungsnebenkosten erhöhen den Wert, mit dem das Anlagegut bilanziert wird (Aktivierungspflicht), und damit auch den Wert, von dem die AfA berechnet wird. Gleichzeitig sind Minderungen des Kaufpreises (Rabatte, Skonti) von den Anschaffungskosten abzuziehen. Die anteilige Umsatzsteuer gehört nicht zu den Anschaffungskosten.
Geschäftsfälle	1. Rechnung des Autohauses Bernd Schmitt für den Kauf eines Firmenfahrzeugs; Zahlungsbedingungen: 7 Tage 2 % Skonto, 30 Tage netto Kasse 1 Pkw Modell Murano 38 000,00 € → Listenpreis – 10 % Sonderrabatt 3 800,00 € → Sofortrabatt + Überführungskosten 700,00 € → Anschaffungsnebenkosten + Zulassung (Gebühren, Schilder) 150,00 € → Anschaffungsnebenkosten = Netto-Rechnungsbetrag 35 000,00 € → zu aktivierender Betrag + 16 % USt. 5 600,00 € = Brutto-Rechnungsbetrag 40 600,00 € 2. Wir zahlen die Rechnung aus Fall 1 per Banküberweisung unter Abzug von 2 % Skonto = 806,00 € (Vorsteuerberichtigung 106,00 €); Überweisungsbetrag 39 794,00 €.

Grundbuch	Nr.		Soll		an		Haben	
	1	0840 1410	Fuhrpark Vorsteuer	35 000,00 5 600,00		1710	Verbindlichkeiten	40 600,00
	2	1710	Verbindlichkeiten	40 600,00		1310 0340 1410	Bank Fuhrpark Vorsteuer	39 794,00 700,00 106,00

Wodurch entstehen Wertminderungen des Anlagevermögens?

Begriff	Güter des Anlagevermögens verlieren ihren ursprünglichen Wert im Laufe der Zeit durch ▷ Abnutzung, ▷ Überalterung, ▷ technischen Fortschritt (Wertminderung des alten Wirtschaftsgutes durch Neuentwicklungen, die kostengünstiger und wirtschaftlicher sind). Die Wertminderungen werden im Rechnungswesen als Aufwand erfasst und als Abschreibungen bezeichnet. Der steuerliche Fachbegriff hierfür ist **A**bsetzung **f**ür **A**bnutzung = **AfA**.

Wie wird der Abschreibungsbetrag ermittelt?

Lineare Abschreibung	Bei der linearen Abschreibung fallen die Abschreibungsbeträge in jedem Nutzungsjahr **in gleicher Höhe** an.	Beispiel: Die Anschaffungskosten eines Betriebsfahrzeugs betragen 40 000,00 €. Die betriebsgewöhnliche Nutzungsdauer wird mit 5 Jahren angegeben (Abschreibungsbetrag: 100 % : 5 = 20 %). Das Fahrzeug wird nach Ablauf der Nutzungsdauer weiterhin genutzt.
Ermittlung des Abschreibungssatzes (in %)	$$\frac{100\ \%}{\text{Nutzungsdauer}}$$	Anschaffungswert 40 000,00 € – AfA 1. Jahr 8 000,00 €
Ermittlung des Abschreibungsbetrages	Abschreibungsprozentsatz vom Anschaffungswert oder: $$\frac{\text{Anschaffungswert}}{\text{Nutzungsdauer}}$$	Restbuchwert 32 000,00 € – AfA 2. Jahr 8 000,00 € Restbuchwert 24 000,00 € – AfA 3. Jahr 8 000,00 €
Erinnerungswert	Wird das Anlagegut am Ende der Nutzungsdauer weiterhin genutzt, wird es mit einem Erinnerungswert von 1,00 € in den Büchern weiter geführt. Der Abschreibungsbetrag im letzten Jahr der Abschreibung vermindert sich demnach um 1,00 €.	Restbuchwert 16 000,00 € – AfA 4. Jahr 8 000,00 € Restbuchwert 8 000,00 € – AfA 5. Jahr 7 999,00 € Erinnerungswert 1,00 €

1 Welche der Kosten, die beim Kauf eines Betriebsgrundstückes zusätzlich anfallen, sind

(1) aktivierungspflichtige Anschaffungsnebenkoster ,
(2) keine aktivierungspflichtigen Anschaffungsnebenkosten?

a. Notariatskosten _____ ☐

b. Grundsteuer _____ ☐

c. Maklergebühr _____ ☐

d. Umsatzsteuer für die Notariatskosten _____ ☐

e. Eintragung in das Grundbuch beim Amtsgericht_____ ☐

f. Abbruchkosten für einen noch auf dem Grundstück befindlichen Altbau _____ ☐

2 Am 21.08. kaufte Hermann Wehmeyer e. K. Büromöbel für die Abteilung Rechnungswesen im Wert von netto 80 000,00 € + 16 % USt. = 12 800,00 € auf Ziel. Die Transportkosten hierfür betrugen 3 000,00 € netto + 16 % USt. 480,00 €.

a. Ermitteln Sie die Anschaffungskosten. __ [_____]

b. Welcher Buchungssatz trifft für den Kauf der Büromöbel zu? _____ ☐

(1) 0330 BGA   80 000,00
     3020 Warenbezugskosten   3 000,00
     an   1710 Verbindlichkeiten   83 000,00

(2) 0330 BGA   80 000,00
     3020 Warenbezugskosten   3 000,00
     1410 Vorsteuer   13 280,00
     an   1710 Verbindlichkeiten   96 280,00

(3) 0330 BGA   83 000,00
     1410 Vorsteuer   13 280,00
     an   1710 Verbindlichkeiten   96 280,00

(4) 0330 BGA   92 800,00
     1410 Vorsteuer   3 480,00
     an   1710 Verbindlichkeiten   96 280,00

(9) Keiner der vorgenannten Buchungssätze trifft zu.

Am 28.08. erhält der Einzelhändler Wehmeyer einen Preisnachlass von 10 % (ausschließlich der Transportkosten) wegen eines Mangels.

c. Wie hoch ist der Brutto-Preisnachlass? [_____]

d. Mit welchem Betrag werden die Anschaffungskosten auf dem Konto BGA nach diesem Preisnachlass angesetzt? _____ [_____]

e. Buchen Sie den Preisnachlass unter Verwendung folgender Konten: ☐ an ☐
                                                    ☐

(1) BGA
(2) Verbindlichkeiten
(3) Vorsteuer
(4) Umsatzsteuer
(5) Warenbezugskosten
(6) Forderungen
(7) Nachlässe von Lieferern

3 Welche der folgenden Aussagen zu den Abschreibungen sind richtig?_____ ☐ ☐

(1) Die Höhe der Abschreibungsbeträge richtet sich u. a. nach der betriebsüblichen Nutzungsdauer.

(2) Den Wertverlust, der durch den Verkauf von Anlagegütern entsteht, bezeichnet man als Abschreibung.

(3) Das Unternehmen kann für das Gebäude die lineare Abschreibungsmethode anwenden.

(4) Abschreibungen werden ausschließlich im Umlaufvermögen vorgenommen.

(5) Abschreibungen sind Wertminderungen, die als Ertrag in die Erfolgsrechnung eines Unternehmens eingehen.

4 Sie erwerben einen Aktenschrank im Wert von 4 210,00 € + 16 % USt. Aufgrund eines Farbfehlers erhalten Sie 5 % Nachlass. Sie zahlen die Rechnung unter Abzug von 2 % Skonto. Wie hoch ist die lineare AfA bei einer betriebsgewöhnlichen Nutzungsdauer von 10 Jahren?
(Beachten Sie: Abschreibungsbeträge immer auf volle € aufrunden!) _____ ☐

(1) 455,00 €
(2) 421,00 €
(3) 392,00 €
(4) Kein Betrag trifft zu.

5 Die Gerhard Schloder GmbH – Großhandel für Elektrotechnik – kauft eine Lagertransportanlage für netto 126 000,00 € netto + 16 % USt. Die Montage dieser Anlage wird in einer separaten Rechnung mit 6 000,00 € + 16 % USt. berechnet. Die betriebsgewöhnliche Nutzungsdauer wird mit 12 Jahren angesetzt.

a. Wie hoch sind die Anschaffungskosten der Lagertransportanlage? _____ [_____]

b. Ermitteln Sie den Abschreibungssatz in %. [_____]

c. Welcher Abschreibungsbetrag ergibt sich bei linearer Abschreibung im 1. Jahr?___ [_____]

d. Mit welchem Restbuchwert wird die Lagertransportanlage nach Ablauf des 1. Jahres geführt? _____ [_____]

e. Wie hoch ist der Restbuchwert nach Ablauf des 5. Jahres? _____ [_____]

Die Lagertransportanlage wird nach Ablauf der 12 Jahre weiterhin genutzt.

f. Wie hoch ist der Abschreibungsbetrag im 12. Jahr der Nutzung? _____ [_____]

g. Welcher Restbuchwert ergibt sich nach Ablauf des 12. Jahres? _____ [_____]

Wie werden die Abschreibungen buchhalterisch erfasst?

Geschäftsfälle	1. Kauf eines Betriebsfahrzeugs per Banküberweisung am 27.02.: Nettopreis 30 000,00 € + 16 % USt. 4 800,00 € 2. Erfassung der Wertminderung (Abschreibung) in Höhe von 6 000,00 € am Ende des Jahres 3. Abschluss des Kontos 4910 Abschreibungen auf Sachanlagen 4. Abschluss des Kontos 0340 Fuhrpark	
Konto	4910 Abschreibungen auf Sachanlagen (Aufwandskonto)	Das Konto erfasst die Abschreibungsbeträge für die Güter des Anlagevermögens, wie z. B. Betriebsgebäude, Technische Anlagen und Maschinen, Fuhrpark, Geschäftsausstattung.

Grundbuch	Nr.	Soll		an	Haben	
	1	0340 Fuhrpark 1410 Vorsteuer	30 000,00 4 800,00		1310 Bank	34 800,00
	2	4910 Abschreibungen	6 000,00		0340 Fuhrpark	6 000,00
	3	9300 GuV-Konto	6 000,00		4910 Abschreibungen	6 000,00
	4	9400 SBK	24 000,00		0840 Fuhrpark	24 000,00

Hauptbuch

S	0340 Fuhrpark	H
(1) Kauf 30 000,00	(2) Abschreibg. 6 000,00 (4) SB 24 000,00	

S	4910 Abschreibungen	H
(2) Abschreibg. 6 000,00	(3) Saldo 6 000,00	

S	9400 SBK	H
(4) Fuhrpark 24 000,00		

S	9300 GuV-Konto	H
(3) Abschreibg. 6 000,00		

Am Ende des Jahres ist auf den Konten Fuhrpark und SBK nur noch der verminderte Wert des Fahrzeugs als Bestand aufgeführt.

Die Abschreibungen mindern als Aufwand den Gewinn des Unternehmens und damit auch die gewinnabhängigen Betriebssteuern.

Wie wirkt sich der Anschaffungszeitpunkt auf die Höhe des Abschreibungsbetrages aus?

Zeitanteilige Abschreibungen	Beim Kauf eines Anlagegutes müssen für das erste Abschreibungsjahr die Monate der Nutzung anteilig abgeschrieben werden. Es wird nur der Teil des auf ein Jahr entfallenden AfA-Betrages angesetzt, der dem Zeitraum zwischen Anschaffung und Ende des Jahres entspricht. Die AfA wird für volle Monate berechnet und der Monat der Anschaffung wird in den Abrechnungszeitraum mit einbezogen.
	Beispiel: Kauf eines Schreibtisches für 3 600,00 € netto am 03.04., Abschreibungssatz 25 % **Berechnung des Abschreibungsbetrages:** – jährlicher AfA-Betrag 25 % von 3 600,00 € = 900,00 € – zeitanteiliger AfA-Betrag für 9 Monate (April – Dezember) $^{9}/_{12}$ von 900,00 € = 675,00 €

Erläutern Sie die betriebswirtschaftliche Bedeutung der Abschreibungen.

Finanzierungs-kreislauf	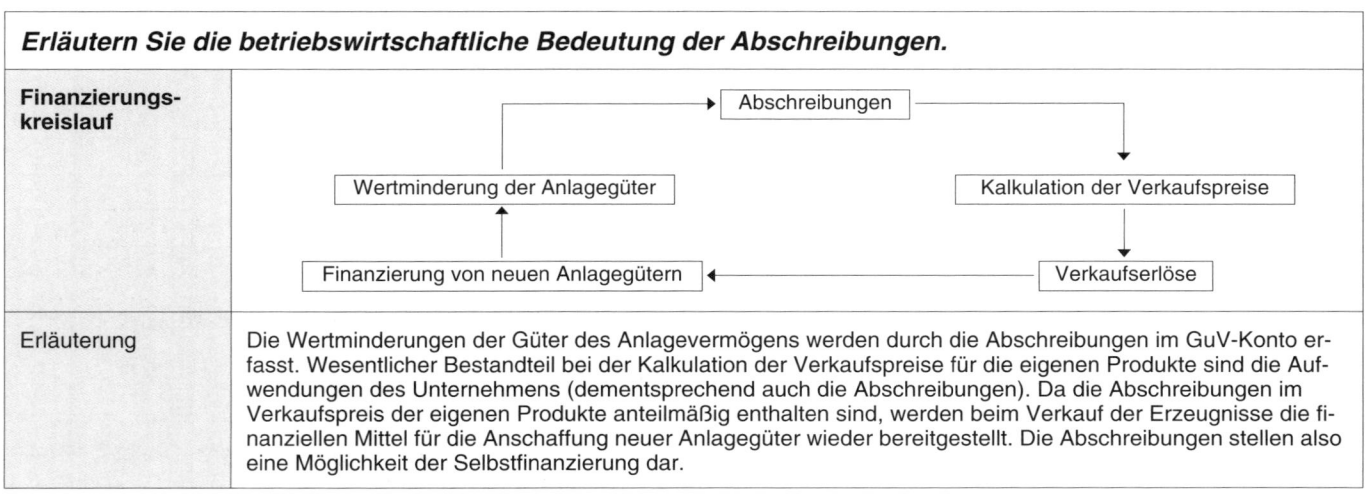
Erläuterung	Die Wertminderungen der Güter des Anlagevermögens werden durch die Abschreibungen im GuV-Konto erfasst. Wesentlicher Bestandteil bei der Kalkulation der Verkaufspreise für die eigenen Produkte sind die Aufwendungen des Unternehmens (dementsprechend auch die Abschreibungen). Da die Abschreibungen im Verkaufspreis der eigenen Produkte anteilmäßig enthalten sind, werden beim Verkauf der Erzeugnisse die finanziellen Mittel für die Anschaffung neuer Anlagegüter wieder bereitgestellt. Die Abschreibungen stellen also eine Möglichkeit der Selbstfinanzierung dar.

1 Welche der unten stehenden Aussagen ist richtig?

(1) Das Unternehmen kann die jährlichen Abschreibungen für die Anlagegüter nach eigenem Ermessen ansetzen.

(2) Ein Betriebsgrundstück wird jährlich mit einem bestimmten Prozentsatz abgeschrieben.

(3) Die Abschreibungsbeträge für die Sachanlagen werden im Soll des Kontos 4910 Abschreibungen gebucht.

(4) Die Abschreibungen mehren den Gewinn des Unternehmens.

(5) Die Abschreibungen erscheinen auf der Passivseite der Bilanz.

2 Im Hauptbuch eines Unternehmens sind u. a. folgende Buchungen vorgenommen worden:

(1) + (2)   Buchung der Abschreibung auf TA und Maschinen (30 000,00 €)
(3) + (4)   Abschluss des Kontos Abschreibungen
(5) + (6)   Abschluss des Kontos TA und Maschinen

S	0310 TA und Maschinen		H
AB	90 000,00	(2)	30 000.00
		(6)	60 000.00

S	4910 Abschreibungen		H
(1)	30 000,00	(4)	30 000,00

S	9400 SBK		H
(5)	30 000,00		

S	9300 GuV-Konto		H
(3)	30 000,00		

a. Welche der oben aufgeführten Buchungen auf den Konten ist falsch? _____

b. Wie wirkt sich diese Falschbuchung auf den Jahresabschluss aus? _____

(1) Die Abschreibungen werden zu hoch angesetzt.

(2) Der Bestand an TA und Maschinen im SBK ist zu hoch angesetzt.

(3) Der Gewinn des Unternehmens ist zu niedrig angesetzt.

(4) Die Abschreibungen sind zu niedrig angesetzt.

(9) Keine der vorgenannten Aussagen ist richtig.

3 Welche der folgenden Aussagen sind richtig? _____

(1) Die Abschreibungen werden der Fremdfinanzierung zugerechnet.

(2) Durch die Berücksichtigung der Abschreibungen in der Kalkulation der Verkaufspreise erhöht sich der Verkaufspreis der Erzeugnisse um den anteiligen Betrag.

(3) Durch Abschreibungen können Reinvestitionen vorgenommen werden.

(4) Abschreibungen sind Aufwendungen, die auf der Habenseite des GuV-Kontos dokumentiert werden.

(5) Die Abschreibungen werden in die Kalkulation der Verkaufspreise nicht mit einbezogen.

4 Ordnen Sie folgende Buchungssätze den unten stehenden Geschäftsfällen zu.

(1) 4910 Abschreibungen
    an   0330 BGA
(2) 0340 Fuhrpark
    an   4910 Abschreibungen
(3) 9400 SBK
    an   0330 BGA
(4) 4910 Abschreibungen
    an   9300 GuV
(5) 9300 GuV
    an   4910 Abschreibungen
(6) 9400 SBK
    an   4910 Abschreibungen
(7) 9400 SBK
    an   0340 Fuhrpark
(8) 0340 Fuhrpark
    an   9400 SBK
(9) Keiner der vorgenannten Buchungssätze trifft zu.

a. Buchung des Abschreibungsbetrages für ein betriebliches Fahrzeug _____

b. Das Konto Abschreibungen wird abgeschlossen. _____

c. Auf dem Konto 0330 BGA wird der Wertverlust des laufenden Jahres gebucht. _____

d. Der um die Abschreibung verminderte Wert auf dem Konto 0340 Fuhrpark wird am Jahresende aktiviert. _____

e. Die Abschreibungen mindern den Gewinn des Unternehmens. _____

5 Die Pilgrim GmbH erwirbt am 01.08. einen neuen Schreibtisch zu einem Preis von 3 000,00 € netto + 16 % USt. 480,00 €. Welcher Betrag darf im 1. Jahr bei einer linearen Abschreibung und einer Nutzungsdauer von 10 Jahren maximal abgeschrieben werden? _____

(1) 300,00 €

(2) 348,00 €

(3) 125,00 €

(4) 600,00 €

(9) Keiner der vorgenannten Beträge trifft zu.

6 Die Achim Schlüter KG kauft am 01.05. Einrichtungsgegenstände für die Ausstellungsräume für netto 52 000,00 € + 16 % USt. Die Transportkosten hierfür betrugen 2 000,00 € + 16 % USt. Die betriebsgewöhnliche Nutzungsdauer wird mit 5 Jahren angesetzt.

a. Wie hoch ist der maximale Abschreibungsbetrag im 1. Jahr der Anschaffung?

b. Welcher Abschreibungsbetrag ergibt sich im 2. Jahr der Nutzung? _____

Beschreiben Sie Art und Durchführung der zeitlichen Abgrenzung.

Begriff	Nach dem HGB ist es notwendig, den Erfolg eines Unternehmens exakt für ein Geschäftsjahr zu ermitteln. Das bedeutet unter anderem, dass alle Aufwendungen und Erträge wertmäßig in der Abrechnungsperiode erfasst sein müssen, in der sie entstanden sind und der sie damit wirtschaftlich zuzurechnen sind. Abzugrenzen sind demnach am Jahresende geldliche Vorgänge (Geldausgaben und Geldeinnahmen), deren dazugehörige Aufwendungen bzw. Erträge nicht dem gleichen Jahr zuzurechnen sind.

Arten

Geschäftsfälle

1. Überweisung (Geldausgabe) der Versicherungsprämie (Aufwand) in Höhe von 1 800,00 € am 01.12. für 1 Jahr im Voraus. Anteilige Höhe der Aufwendungen im alten Jahr 1/12 = 150,00 €.
2. Am 10.12. erhalten wir per Banküberweisung (Geldeinnahme) die Miete für einen Lagerraum (Ertrag) in Höhe von 2 400,00 € für die Monate Januar bis März des folgenden Jahres.

Am 31.12. sind folgende zeitliche Abgrenzungen vorzunehmen:
3. Die anteilige Versicherungsprämie aus Fall 1 für das neue Geschäftsjahr 1 650,00 €.
4. Die betriebsfremden Erträge aus Fall 2 für das neue Jahr.
5. Die Leasingrate für das Geschäftsfahrzeug für den Monat Dezember (Aufwand) in Höhe von 1 500,00 € ist erst im Januar (Geldausgabe) des nächsten Jahres fällig.
6. Unser Darlehensschuldner zahlt die Zinsen (Ertrag) in Höhe von 1 200,00 € erst am Ende der Laufzeit (Geldeinnahme), Laufzeit des Darlehens: 01.04.–31.03., anteilige Höhe der Erträge für das alte Jahr 9/12 = 900,00 €.

Konten

0910	Aktive Rechnungsabgrenzung (ARA) (Aktives Bestandskonto)	Das Konto übernimmt am Jahresende alle bereits erfolgten Geldausgaben im alten Jahr für Aufwendungen, die wirtschaftlich dem neuen Jahr zuzurechnen sind.
0930	Passive Rechnungsabgrenzung (PRA) (Passives Bestandskonto)	Das Konto übernimmt am Jahresende alle bereits erfolgten Geldeinnahmen im alten Jahr für Erträge, die wirtschaftlich dem neuen Jahr zuzurechnen sind.
1130	Sonstige Forderungen (Aktives Bestandskonto)	Das Konto erfasst alle noch nicht erfolgten Geldeinnahmen für Erträge des alten Jahres.
1940	Sonstige Verbindlichkeiten (Passives Bestandskonto)	Das Konto erfasst alle noch nicht erfolgten Geldausgaben für Aufwendungen des alten Jahres.

Grundbuch

Nr.		Soll		an		Haben	
1	4260	Versicherungen	1 800,00		1310	Bank	1 800,00
2	1310	Bank	2 400,00		2420	Betriebsfremde Erträge	2 400,00
3	0910	ARA	1 650,00		4260	Versicherungen	1 650,00
4	2420	Betriebsfremde Erträge	2 400,00		0930	PRA	2 400,00
5	4130	Leasing	1 500,00		1940	Sonst. Verbindl.	1 500,00
6	1130	Sonst. Ford.	900,00		2610	Zinserträge	900,00

1 Bilden Sie die Buchungssätze zum 31.12. unter Verwendung folgender Konten:

(1) Aktive Rechnungsabgrenzung
(2) Passive Rechnungsabgrenzung
(3) Sonstige Forderungen
(4) Sonstige Verbindlichkeiten
(5) Bank
(6) Zinsaufwendungen
(7) Gehälter
(8) Betriebsfremde Erträge
(9) Provisionserträge

a. Der Mieter Wägele bezahlt die Miete für die Monate Oktober bis Dezember erst am 15.01. des Folgejahres. ☐ an ☐

b. Wir erhalten am 31.12. die Garagenmiete für den Monat Dezember per Banküberweisung. ☐ an ☐

c. Die Zinsen eines Betriebsdarlehens für das 4. Quartal werden von uns nachträglich im Januar bezahlt. ☐ an ☐

d. Am 27.11. erhielten wir eine Provisionszahlung für 3 Monate im Voraus. ☐ an ☐

e. Die Gehaltszahlung für den Monat Januar erfolgte bereits am 28.12. ☐ an ☐

2 Welcher Betrag ist jeweils am 31.12. abzugrenzen?

a. Die Kfz-Steuer in Höhe von 450,00 € wird für den Zeitraum vom 01.11. – 31.10. für 1 Jahr im Voraus gezahlt. _____ ☐

b. Für ein ausgegebenes Darlehen in Höhe von 10 000,00 € erhalten wir die Zinsen (9 %) für ein halbes Jahr erst zum Ende des Zinszeitraumes. Die letzte Zahlung erfolgte am 31.08. _____ ☐

c. Der Beitrag für den Arbeitgeberverband für das letzte Kalenderquartal in Höhe von 1 500,00 € wird nachträglich am 31.01. überwiesen. ____ ☐

d. Eine Provisionszahlung in Höhe von 15 000,00 € für den Abrechnungszeitraum vom 01.12.–28.02. erhalten wir bereits am 15.12. _____ ☐

3 Um welche Arten der zeitlichen Abgrenzung handelt es sich in den Fällen der Aufgabe 2?

(1) Aktive Rechnungsabgrenzung
(2) Passive Rechnungsabgrenzung
(3) Sonstige Forderung
(4) Sonstige Verbindlichkeit
(9) Keine der vorgenannten Abgrenzungen trifft zu.

a. Fall A_____ ☐
b. Fall B_____ ☐
c. Fall C_____ ☐
d. Fall D_____ ☐

4 Kennzeichnen Sie

richtige Aussagen mit einer (1),
falsche Aussagen mit einer (9).

a. Aktive Rechnungsabgrenzungsposten werden gebildet, wenn Zahlungen im alten Jahr für Aufwendungen des neues Jahres getätigt wurden. _____ ☐

b. Sonstige Verbindlichkeiten liegen dann vor, wenn im neuen Geschäftsjahr Zahlungseingänge für Erträge des alten Jahres zu erwarten sind. _____ ☐

c. Auf dem Konto Sonstige Forderungen sind zum Jahresabschluss Buchungen für Aufwendungen durchzuführen, die im alten Jahr im Voraus bezahlt wurden, die jedoch wirtschaftlich ins neue Geschäftsjahr gehören._____ ☐

d. Erträge des alten Geschäftsjahres, deren Einnahmen erst im neuen Geschäftsjahr erfolgen werden, erfasst man auf dem Konto Sonstige Forderungen. _____ ☐

e. Grundsätzlich gilt: Zahlungsvorgänge im alten Jahr für Aufwendungen/Erträge, die wirtschaftlich ins neue Jahr gehören, sind aktive/passive Rechnungsabgrenzungsposten. _____ ☐

5 Wie ist am Bilanzstichtag zu buchen?
Auf dem Konto Zinserträge wurden im Dezember Einnahmen für die ersten drei Monate des neuen Geschäftsjahres verbucht. _____ ☐

(1) Zinserträge an Sonstige Verbindlichkeiten
(2) Sonstige Forderungen an Zinserträge
(3) Zinserträge an Passive Rechnungsabgrenzung
(4) Aktive Rechnungsabgrenzung an Zinserträge

6 Welcher Geschäftsfall liegt dem folgenden Buchungssatz zugrunde?
„Aktive Rechnungsabgrenzung an Mieten" _____ ☐

(1) Im alten Geschäftsjahr wurde die Miete für ein Lagerhaus für 1 Jahr im Voraus gezahlt.

(2) Unser Mieter zahlt die Garagenmiete für 6 Monate nachträglich im neuen Geschäftsjahr.

(3) Wir haben die Lagermiete im Dezember für 1 Jahr im Voraus erhalten.

(4) Die Lagermiete für 12 Monate wird erst nachträglich von uns im neuen Geschäftsjahr gezahlt.

7 Wie wirken sich „Aktive Rechnungsabgrenzungen" auf das Ergebnis des alten Geschäftsjahres aus?__ ☐

(1) Sie erhöhen den Ertrag.
(2) Sie mindern den Ertrag.
(3) Sie erhöhen den Aufwand.
(4) Sie mindern den Aufwand.

Wie werden die zeitlichen Abgrenzungen im neuen Geschäftsjahr behandelt?

Geschäftsfälle	Die folgenden Geschäftsfälle beziehen sich auf die vorige Seite. Hier die Buchungen am 01.01. des neuen Geschäftsjahres: 1. Eröffnung der Abgrenzungskonten 2. Auflösung der Aktiven und Passiven Rechnungsabgrenzung Buchungen im Laufe des neuen Geschäftsjahres: 3. Am 05.01. wird die Leasingrate für den Monat Dezember per Banküberweisung gezahlt, 1 500,00 €. 4. Am 31.03. zahlt unser Darlehensnehmer die Zinsen in Höhe von 1 200,00 € per Banküberweisung.

Grundbuch	Nr.		Soll		an		Haben	
	1	1130 0910	Sonst. Ford. ARA	960,00 1 650,00		9100	EBK	2 550,00
		9100	EBK	3 960,00 1 650,00		4930 1940	PRA Sonst. Verb.	2 400,00 1 500,00
	2	4260 4930	Versicherungen PRA	1 650,00 2 400,00		0910 2420	ARA Betriebsfr. Erträge	1 650,00 2 400,00
	3	1940	Sonst. Verbindl.	1 500,00		1310	Bank	1 500,00
	4	1310	Bank	1 200,00		2690 5710	Sonst. Ford. Zinserträge	960,00 300,00

Wofür werden Rückstellungen gebildet? Wie werden sie verbucht?

Begriff	Rückstellungen stellen Verbindlichkeiten dar, die dem Grunde nach zwar feststehen, deren Höhe und Fälligkeit jedoch noch ungewiss ist. Die Höhe der Beträge muss demnach geschätzt werden. Gründe für Rückstellungen sind: ▷ Pensionsverpflichtungen ▷ Steuernachzahlungen im folgenden Jahr für das laufende Jahr ▷ Gewährleistungsverpflichtungen ▷ Prozesskosten ▷ unterlassene Instandsetzungsaufwendungen, die im folgenden Geschäftsjahr innerhalb von 3 Monaten nachgeholt werden Ist der Grund für die Rückstellung eingetreten oder entfallen, müssen die Rückstellungen aufgelöst werden.

Geschäftsfälle	1. Wir bilden am Ende des Geschäftsjahres eine Rückstellung für eine unterlassene, jedoch durchzuführende Reparatur an unserem Geschäftsgebäude. Der Kostenvoranschlag beläuft sich auf 5 000,00 €. Die Umsatzsteuer wird bei Bildung der Rückstellung nicht berücksichtigt, sondern erst bei der Rechnungsstellung im folgenden Jahr.
	2. Abschluss der Konten Rückstellungen und Instandhaltung
	3. Eröffnung des Kontos Rückstellungen im neuen Jahr
	4. Auflösung der Rückstellung: Am 05.02. erhalten wir die Rechnung, die sofort durch Bankscheck beglichen wird:
	   a. Die Rechnung entspricht der Schätzung (5 000,00 € netto + 16 % USt. 800,00 €).
	   b. Die Rechnung beläuft sich auf 6 000,00 € netto + 16 % USt. 960,00 €.
	   c. Die Rechnung beläuft sich auf 3 500,00 € netto + 16 % USt. 560,00 €.

Konten	0720 Rückstellungen Das Konto ist ein passives Bestandskonto. Die Rückstellungen werden jeweils im Haben dieses Kontos gebucht, da sie Verbindlichkeiten darstellen, deren Höhe und Fälligkeit aber noch nicht feststehen.

Grundbuch	Nr.		Soll		an		Haben	
	1	4710	Instandhaltung	5 000,00		0720	Rückstellungen	5 000,00
	2	0720	Rückstellungen	5 000,00		9400	SBK	5 000,00
		9300	GuV-Konto	5 000,00		4710	Instandhaltung	5 000,00
	3	9100	EBK	5 000,00		0720	Rückstellungen	5 000,00
	4 a	0720	Rückstellungen	5 000,00				
		1410	Vorsteuer	800,00		1310	Bank	5 800,00
	4 b	0720	Rückstellungen	5 000,00				
		2030	Periodenfremde Aufwendungen	1 000,00				
		1410	Vorsteuer	960,00		1310	Bank	6 960,00
	4 c	0720 1410	Rückstellungen Vorsteuer	5 000,00 560,00		1310 2430	Bank Periodenfremde Erträge	4 060,00 1 500,00

1   Welche der folgenden Aussagen ist richtig? _____

Tragen Sie eine (9) ein, wenn alle Aussagen falsch sind.

(1) Rückstellungen werden für Verbindlichkeiten gebildet, deren Grund am Jahresende noch nicht feststeht.

(2) Für Verbindlichkeiten, deren Grund feststeht, das genaue Datum der Zahlung und die Höhe noch nicht, werden Rückstellungen gebildet.

(3) Rückstellungen werden am Bilanzstichtag für zweifelhafte Forderungen gebildet.

(4) Die Höhe der gesamten Rückstellungen ist in der Gewinn- und Verlustrechnung ersichtlich.

(5) Rückstellungen dürfen ausschließlich für erwartete Steuernachzahlungen gebildet werden.

2   Wir erhalten am 01.03. die Zinszahlung in Höhe von 18 000,00 € für ein ausgegebenes Darlehen für ein Jahr im Voraus.

Welche Buchung ist nach Eröffnung der Abgrenzungskosten im neuen Jahr erforderlich? _____

(1) 2610 Zinserträge   15 000,00
     an   0910 ARA   15 000,00

(2) 0930 PRA   15 000,00
     an   2610 Zinserträge   15 000,00

(3) 2610 Zinserträge   3 000,00
     an   0910 ARA   3 000,00

(4) 0930 PRA   3 000,00
     an   2610 Zinserträge   3 000,00

(5) 2610 Zinserträge   15 000,00
     an   1130 Sonstige Forderungen   15 000,00

(6) 1940 Sonstige Verbindlichkeiten   3 000,00
     an   2610 Zinserträge   3 000,00

(9) Keine der vorgenannten Buchungen ist richtig.

3   Am Geschäftsjahresende wurde eine Rückstellung gebildet, da das Unternehmen erwartete, einen Prozess zu verlieren.
Im neuen Jahr wird der Prozess gewonnen.

Wie ist zu buchen?_____

(1) Es ist keine Buchung nötig.

(2) 0720 Rückstellungen
     an   2430 Periodenfremde Erträge

(3) 2430 Periodenfremde Erträge
     an   0270 Rückstellungen

(4) 1310 Bank
     an   0720 Rückstellungen

4   Welchen Einfluss hat die Bildung einer Rückstellung auf den Gewinn eines Unternehmens? _____

(1) Sie hat keinen Einfluss auf den Gewinn.

(2) Sie erhöht den Gewinn.

(3) Der Gewinn vermindert sich durch die Bildung einer Rückstellung.

5   Zu welchem Zeitpunkt und aus welchem Grund erfolgt die Buchung:

0930 Passive Rechnungsabgrenzung
an   2420 Betriebsfremde Erträge? _____

(1) Am Bilanzstichtag wird ein Jahresabgrenzungsposten gebildet, da wir Mieterträge gebucht haben, die wirtschaftlich ins neue Geschäftsjahr gehören.

(2) Unser Mietertrag für Monat Januar wird im neuen Geschäftsjahr vom Konto Passive Rechnungsabgrenzung auf das Konto Betriebsfremde Erträge zurückgebucht.

(3) Am Bilanzstichtag berücksichtigen wir Mieterträge, die wirtschaftlich ins neue Geschäftsjahr gehören.

(4) Es handelt sich hierbei um eine Korrekturbuchung von zu viel eingenommenen Mieten.

6   Welcher Geschäftsfall trifft auf den folgenden Buchungssatz zu?

0720 Rückstellungen
2030 Periodenfremde Aufwendungen
an   1310 Bank _____

(1) Banküberweisung unsererseits für eine Instandhaltungsrechnung, für die eine Rückstellung gebildet wurde; Rechnungsbetrag höher als erwartet.

(2) Wir bilden eine Rückstellung, da wir im nächsten Jahr eine Banküberweisung für Reparaturkosten durchführen müssen.

(3) Durch eine Banküberweisung wird die Rückstellung im neuen Geschäftsjahr aufgelöst, Rückstellungsbetrag gleich Aufwand.

(9) Keiner der genannten Geschäftsfälle trifft zu.

7   Bilden Sie unter Verwendung folgender Konten die Buchungssätze zu unten stehenden Geschäftsfällen:

(1) Rückstellungen
(2) Kapitalrücklage
(3) Kasse
(4) Verbindlichkeiten
(5) Vorsteuer
(6) Umsatzsteuer
(7) Periodenfremde Aufwendungen
(8) Periodenfremde Erträge
(9) Instandhaltungen

a. Zum Ende des Geschäftsjahres wird festgestellt, dass im Januar des folgenden Jahres dringende Reparaturarbeiten am Dach des Geschäftshauses durchgeführt werden müssen. Der Kostenvoranschlag wird mit 20 000,00 € angesetzt.   ☐ an ☐

b. Nach Erledigung der Reparaturarbeiten erhalten wir Ende Januar eine Rechnung in Höhe von 18 000,00 € + 16 % USt., die sofort bar bezahlt wird.   ☐ an ☐
                             ☐ an ☐

Wie wird der Hauptbuchabschluss durchgeführt?

Hauptbuch-abschluss:	Sämtliche Konten des Hauptbuches sind am Jahresende in einer logischen Folge abzuschließen. Dabei muss folgende Reihenfolge eingehalten werden:
1. Vorbereitende Abschluss-buchungen	Buchung ▷ der Abschreibungen ▷ der Bestandsveränderungen von Waren ▷ des Saldos auf dem Konto Privatentnahmen auf das Eigenkapitalkonto ▷ der Salden von Unterkonten auf die Hauptkonten (z. B. Rücksendungen, Warenbezugskosten, Nachlässe) ▷ des Saldos auf dem Konto Vorsteuer auf das Konto Umsatzsteuer (zur Ermittlung und Passivierung der Zahllast) ▷ der zeitlichen Abgrenzungen (Aktive/Passive Rechnungsabgrenzung, Sonstige Forderungen/Verbindlichkeiten) ▷ der Rückstellungen ▷ der Korrekturen bei Differenzen zwischen Inventur- und Buchbestand

2. Abschluss der Erfolgskonten		Soll	an	Haben
	Abschluss der Ertragskonten	Ertragskonto	an	9300 GuV
	Abschluss der Aufwandskonten	9300 GuV	an	Aufwandskonto
3. Abschluss des Kontos GuV	bei Gewinn	9300 GuV	an	0610 Eigenkapital
	bei Verlust	0610 Eigenkapital	an	9300 GuV
4. Abschluss der Bestandskonten	Abschluss der Aktivkonten	9400 SBK	an	Aktivkonto
	Abschluss der Passivkonten	Passivkonto	an	9400 SBK

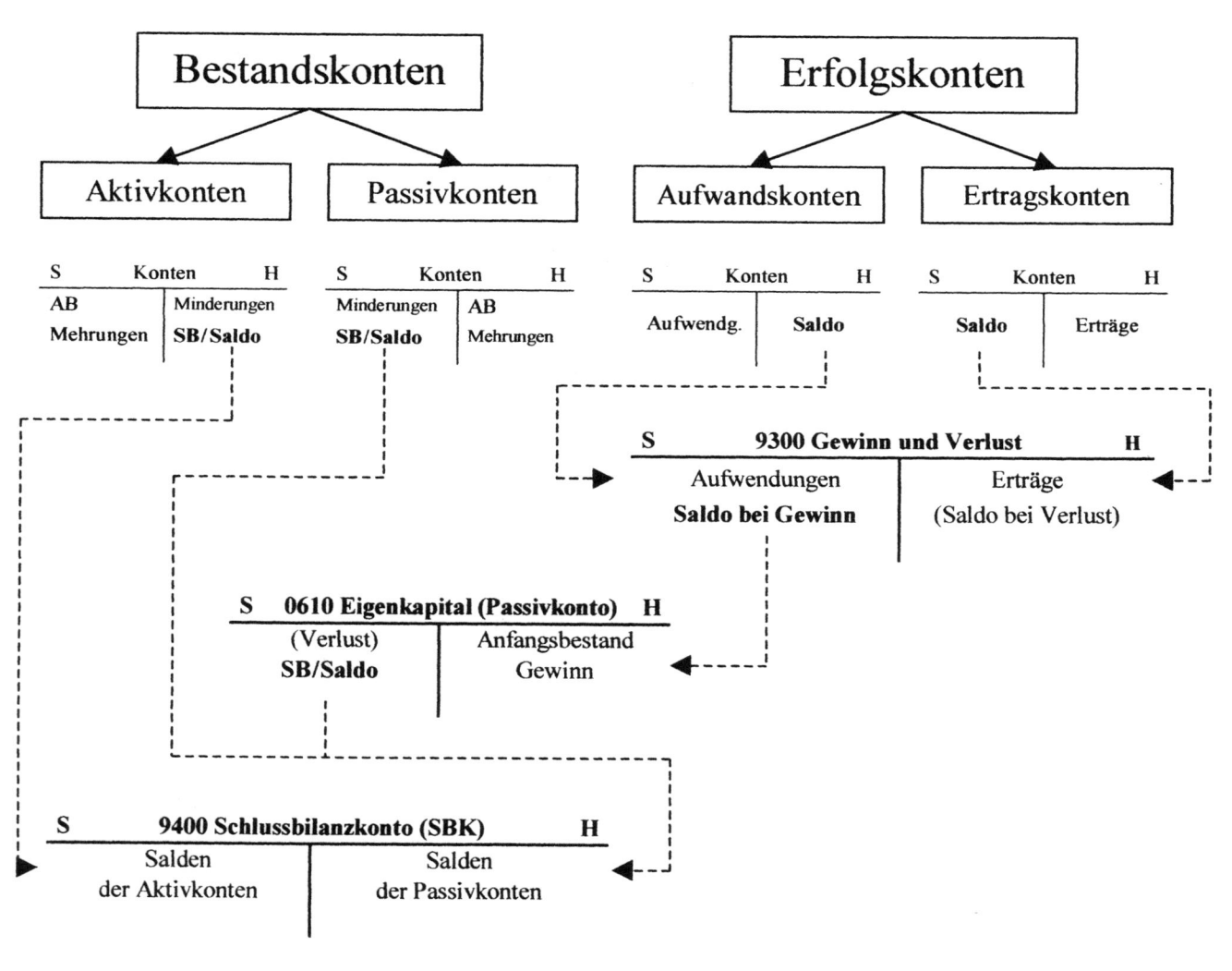

1 Sie haben folgenden Buchungssatz: „Warenverkauf an Nachlässe an Kunden". Welcher Geschäftsfall liegt zugrunde? _____

(1) Wir erhalten eine Gutschrift von einem Lieferer.

(2) Abschluss des Kontos Warenverkauf

(3) Unser Kunde erhält eine Gutschrift wegen Mängelrüge.

(4) Abschluss des Kontos Nachlässe an Kunden

(5) Keiner der vorgenannten Geschäftsfälle trifft zu.

2 Welche der unten stehenden Aussagen über den Hauptbuchabschluss sind richtig? _____

(1) Die Salden aller Erfolgskonten werden auf dem GuV-Konto im Haben gegengebucht.

(2) Die Salden der Aufwandskonten werden auf dem GuV-Konto im Soll gegengebucht.

(3) Erzielt ein Unternehmen im Laufe eines Jahres einen Verlust, erscheint der Saldo auf dem Konto GuV im Haben.

(4) Ein Verlust mehrt den Saldo auf dem Konto Eigenkapital.

(5) Bei einem Gewinn erscheint der Saldo des Kontos Eigenkapital auf der Soll-Seite des Schlussbilanzkontos.

3 Welche Buchungen gehören nicht zu den vorbereitenden Abschlussbuchungen? _____

Die Buchung

(1) des Schlussbestandes an Waren laut Inventur.

(2) des Gewinns bzw. des Verlustes.

(3) des Saldos auf dem Konto Warenbezugskosten.

(4) der Abschreibungen.

(5) der Korrekturen für die Differenz zwischen Inventur- und Buchbestand.

(6) der zeitlichen Abgrenzung.

4 Auf welchem der unten genannten Konten wird im Soll gebucht?

    (1) Aktivkonto
    (2) Passivkonto
    (3) Aufwandskonto
    (4) Ertragskonto
    (5) Gewinn und Verlust
    (6) Schlussbilanzkonto

a. Abschluss der Passivkonten _____

b. Abschluss des Kontos Eigenkapital bei Gewinn _____

c. Abschluss des Kontos Gewinn und Verlust bei einem Verlust _____

d. Abschluss der Aktivkonten _____

e. Abschluss der Aufwandskonten _____

f. Abschluss der Ertragskonten _____

5 In welcher Reihenfolge haben die Arbeiten zum Jahresabschluss zweckmäßigerweise zu erfolgen? Kennzeichnen Sie die Vorgänge mit den Zahlen 1 bis 4.

a. Abschluss der Bestandskonten _____

b. Abschluss des Kontos GuV _____

c. vorbereitende Abschlussbuchungen _____

d. Abschluss der Erfolgskonten _____

6 Bilden Sie die erforderlichen Buchungssätze zum Jahresabschluss bei den nachfolgenden Sachverhalten. Die Kontenbezeichnungen wählen Sie wie folgt:

(1) Eigenkapital

(2) Privatentnahmen

(3) GuV-Konto

(4) Schlussbilanzkonto

(5) Abschreibungen

(6) Geschäftsausstattung

(7) Vorsteuer

(8) Umsatzsteuer

a. Das Konto Privatentnahmen wird abgeschlossen. ☐ an ☐

b. Das Unternehmensergebnis ist positiv. ☐ an ☐

c. Es besteht ein Vorsteuerüberhang. ☐ an ☐

d. Die Abschreibung auf die Geschäftsausstattung ist noch zu buchen. ☐ an ☐

7 Wie wirken sich die folgenden Sachverhalte auf den Gewinn aus? Setzen Sie eine

    (1) ein, wenn sich der Gewinnsaldo erhöht,
    (2) ein, wenn sich der Gewinnsaldo verringert,
    (3) ein, wenn sich der Gewinnsaldo nicht verändert.

a. Die Rücksendungen von Kunden müssen noch gebucht werden. _____

b. Die Mieterträge für Dezember sind noch beim Jahresabschluss zu berücksichtigen. _____

c. Es wurden im November Versicherungsprämien für 6 Monate im Voraus bezahlt. Die Beträge müssen abgegrenzt werden. _____

d. Die private Nutzung des Firmen-Pkw ist noch buchhalterisch zu erfassen. _____

e. Die Kasse weist einen Fehlbestand von 250,00 € auf. _____

Was versteht man unter Bewertung? Was ist eine Handels-, was eine Steuerbilanz?

Bewertung	Am Geschäftsjahresende müssen alle Vermögensteile und Schulden bewertet werden. Der Gesetzgeber legt fest, auf welche Weise dies zu geschehen hat. Neben strengen Vorschriften werden den Unternehmen dabei häufig auch Bewertungswahlrechte eingeräumt.
Handelsbilanz	Die handelsrechtliche Bewertung richtet sich nach dem HGB (§§ 252–256). Diese Vorschriften gelten für alle Unternehmen. In der Handelsbilanz gilt vor allem das Prinzip des Gläubigerschutzes. Es ist also im Zweifel vorsichtig zu bewerten.
Steuerbilanz	Die steuerrechtliche Bewertung richtet sich nach dem EStG. Diese Vorschriften sollen eine einheitliche Gewinnermittlung aller Unternehmen sicherstellen (Prinzip der gerechten Besteuerung). Die in der Handelsbilanz ausgewiesenen Werte sind für die Steuerbilanz verbindlich, sofern das Steuerrecht keinen anderen Wertansatz verpflichtend vorschreibt **(Maßgeblichkeitsprinzip der Handelsbilanz für die Steuerbilanz).**

Welche Bewertungsmaßstäbe sieht das HGB für die Anschaffungskosten vor?

Die Anschaffungskosten für Vermögensgegenstände beinhalten den Preis des Wirtschaftsgutes abzüglich der Preisnachlässe (z. B. Rabatte und auch nachträglich gewährte Nachlässe wie Skonto) zuzüglich der Anschaffungsnebenkosten wie z. B. Bezugskosten, Transportversicherung, Verpackung und Montagekosten. Nicht berücksichtigt werden die auf der Eingangsrechnung ausgewiesene Umsatzsteuer und eventuell anfallende Finanzierungskosten (Zinsen).

Welche allgemeinen Bewertungsgrundsätze sieht das HGB vor?

Bilanzidentität	Die Wertansätze in der Eröffnungsbilanz des Geschäftsjahres müssen mit denen der Schlussbilanz des vorhergehenden Geschäftsjahres übereinstimmen.
Unternehmensfortführung (going concern)	Die Bewertung lässt unberücksichtigt, dass z. B. bei einer Auflösung oder Veräußerung eines Betriebes der Wert bestimmter Vermögensgegenstände durch diesen Tatbestand verändert wird. Es wird davon ausgegangen, dass das Unternehmen fortgeführt wird.
Einzelbewertung	Grundsätzlich sind alle Vermögensteile und Schulden einzeln zu bewerten. Ausnahmen davon bestehen bei der Bewertung der Warenbestände (z. B. gewogener Durchschnittswert der Waren) und der Forderungen (Pauschalwertberichtigung für zweifelhafte Forderungen).
Vorsichtsprinzip (Gläubigerschutz)	Alle vorhersehbaren Risiken und Verluste, die bis zum Jahresabschluss noch nicht eingetreten sind, sind zu berücksichtigen. Gewinne dürfen jedoch nur berücksichtigt werden, wenn sie bereits realisiert sind. Aus diesem Grund wird diese ungleiche Berücksichtigung auch als **Imparitätsprinzip** bezeichnet.
Periodenabgrenzung	Aufwendungen und Erträge des Geschäftsjahres sind unabhängig von den Zeitpunkten der entsprechenden Zahlungen im Jahresabschluss zu berücksichtigen (Aktive/Passive Rechnungsabgrenzung, Sonstige Forderungen/Verbindlichkeiten).
Bilanzkontinuität	Grundsätzlich sollen einmal gewählte Bewertungsmethoden beibehalten werden, damit die jeweiligen Jahresabschlüsse auch vergleichbar sind.

Welche besonderen Bewertungsgrundsätze werden angewendet?

Prinzip	Erläuterung	anzuwenden auf:	Beispiel
Anschaffungskostenprinzip	Die Höchstgrenze für die Bewertung von Vermögensgegenständen sind die Anschaffungskosten bzw. Herstellungskosten.	▷ Anlagevermögen ▷ Umlaufvermögen	Auch wenn der Marktpreis einer Ware gestiegen ist, dürfen höchstens die Anschaffungskosten bilanziert werden.
Strenges Niederstwertprinzip	Von zwei möglichen Wertansätzen am Bilanzstichtag (z. B. Anschaffungswert und Stichtagswert) *muss* stets der niedrigere Wert angesetzt werden.	▷ Umlaufvermögen (generell) ▷ Anlagevermögen (bei dauernder Wertminderung)	Noch nicht realisierte Verluste, die durch einen fallenden Marktpreis bedingt sind, müssen ausgewiesen werden.
Gemildertes Niederstwertprinzip	Der niedrigere Wert zwischen dem Anschaffungswert und dem Wert zum Bilanzstichtag *darf* auch bei *nur vorübergehender Wertminderung* angesetzt werden.	Anlagevermögen; bei Kapitalgesellschaften nur für das Finanzanlagevermögen	Obwohl abzusehen ist, dass die Wertminderung einer Beteiligung (Aktienpaket) nur von kurzer Dauer ist, darf der niedrigere Wert ausgewiesen werden.
Höchstwertprinzip	Von zwei möglichen Wertansätzen am Bilanzstichtag *muss* stets der höhere Wert angesetzt werden.	Schulden (Fremdkapital)	Der Kurs für eine Fremdwährungsverbindlichkeit ist zum Bilanzstichtag gestiegen.

1 Ordnen Sie den unten aufgeführten Beispielen denjenigen Bewertungsgrundsatz zu, der nach dem HGB berücksichtigt werden muss.

(1) Bilanzidentität
(2) Unternehmensfortführung
(3) Einzelbewertung
(4) Vorsichtsprinzip (Gläubigerschutz)
(5) Periodenabgrenzung
(6) Bilanzkontinuität

Tragen Sie die Nummer des zutreffenden Grundsatzes in das Kästchen ein.

a. Bei der Bewertung der Warenvorräte wird im darauf folgenden Geschäftsjahr von der summarischen Durchschnittsbewertung auf die permanente Durchschnittsbewertung gewechselt. _____

b. Wegen der Eröffnung des Insolvenzverfahrens sinkt der tatsächliche Wert einer Lagertransportanlage des in finanzielle Schwierigkeiten geratenen Unternehmens beträchtlich. _____

c. Am Jahresende sind die seit einem Monat fälligen Kreditzinsen noch nicht überwiesen worden. _____

d. Der Kurs der am 15.11. gekauften Aktien ist bis zum Bilanzstichtag um 140 % gestiegen. _____

e. Am 01. Januar wird die Eröffnungsbilanz mit den Werten der Schlussbilanz des vergangenen Jahres erstellt. _____

f. Der Wert der Forderungen wird am Jahresende pauschal um einen Prozentsatz berichtigt, um die geschätzten Forderungsausfälle zu berücksichtigen. _____

2 Wir verkauften am 15.11. Erzeugnisse an einen Kunden in den USA, Warenwert 25 000,00 $ (US-Dollar).

Vereinbarungsgemäß zahlt der Kunde in $. Die Forderungen wurden am 15.11. mit einem Kurs von 1,15 $ je € gebucht.

Mit welchem Betrag in € ist diese Forderung am 31.12. anzusetzen, ...

a. ... wenn der Kurs am 31.12.
1,25 $ je € beträgt? _____

b. ... wenn der Kurs am 31.12.
1,10 $ je € beträgt? _____

3 Ein Betrieb kauft am 03.12. Rohstoffe aus Manchester. Der Lieferer berechnet 35 000,00 GBP (englische Pfund). Der Kurs am Tag der Rechnungsstellung betrug 0,70 GBP je €.

Mit welchem Betrag ist die Verbindlichkeit am 31.12. anzusetzen ...

a. ... bei einem Kurs von 0,65? _____

b. ... bei einem Kurs von 0,75? _____

4 Bei der Bewertung von Vermögen und Schulden eines Unternehmens sieht das Handelsrecht wichtige Grundsätze vor.
Welche der unten stehenden Aussagen dazu ist falsch? _____

Tragen Sie eine (6) ein, wenn alle Aussagen richtig sind.

(1) Die Werte der Schlussbilanz müssen mit den Werten der Eröffnungsbilanz im neuen Jahr übereinstimmen.

(2) Die auf den vorhergehenden Jahresabschluss angewandten Bewertungsmethoden sollen im neuen Jahr beibehalten werden.

(3) Gewinne aus Aktienbeteiligungen dürfen nur berücksichtigt werden, wenn sie bereits realisiert sind.

(4) Verluste, die für das neue Jahr absehbar sind, müssen im alten Jahr berücksichtigt werden.

(5) Geldausgaben im alten Jahr für Aufwendungen, die das neue Jahr betreffen, müssen abgegrenzt werden.

5 Eine Maschine wurde am 15.12. zu einem Preis von 80 000,00 € (netto + 16 % USt.) gekauft. Die Transportkosten betrugen 2 000,00 €, die Montagekosten 4 500,00 € (jeweils netto + 16 % USt.).

Mit welchem Wert ist die Maschine am 31.12. anzusetzen, wenn der Lieferant im neuen Jahr eine Preiserhöhung für diese Maschine von 5 % ansetzt und von unveränderten Transport- und Montagekosten auszugehen ist? _____

(1) 80 000,00 €
(2) 92 800,00 €
(3) 86 500,00 €
(4) 100 345,00 €
(5) 80 400,00 €
(6) 90 825,00 €
(9) Keiner der vorgenannten Beträge ist richtig.

6 Die Rechnung eines Lieferanten wurde in CHF (Schweizer Franken) ausgestellt. Der Rechnungsbetrag in Höhe von 13 000,00 CHF wurde zu einem Kurs von 1,60 CHF je € gebucht. Am 31.12. gilt ein aktueller Kurs von 1,70 CHF je €.

a. Mit welchem Wert wird die Verbindlichkeit am 31.12. angesetzt? _____

b. Wie lautet der Buchungssatz am 31.12. für die Berücksichtigung der Kursänderung? ☐ an ☐

(1) Verbindlichkeiten

(2) Aufwendungen aus Kursdifferenzen

(3) Verluste aus dem Abgang von Umlaufvermögen

(4) Außerordentliche Erträge

(5) Erträge aus dem Abgang von Umlaufvermögen

Wie wird die Auswertung des Jahresabschlusses durchgeführt?

Die Jahresabschlussanalyse soll in erster Linie dazu dienen, die Vermögens- und Finanzlage und die Ertragslage zu beurteilen. Anhand bestimmter Kennzahlen sind folgende Analysen möglich:

▷ innerbetrieblicher Vergleich (Zeitvergleich)
   = Betrachtung der eigenen Kennzahlen unterschiedlicher Perioden zur Kontrolle der betrieblichen Entwicklung
▷ außerbetrieblicher Vergleich (Betriebsvergleich)
   = Betrachtung der Kennzahlen branchengleicher, größenähnlicher Unternehmen zum Zwecke der Beurteilung des eigenen Standards

Zunächst werden dabei die Werte aus der Bilanz aufbereitet, d. h. zu größeren sinnvollen Einheiten zusammengefasst.

Beispiel einer Gliederung der Bilanz einer „kleinen" Kapitalgesellschaft nach § 266 HGB:

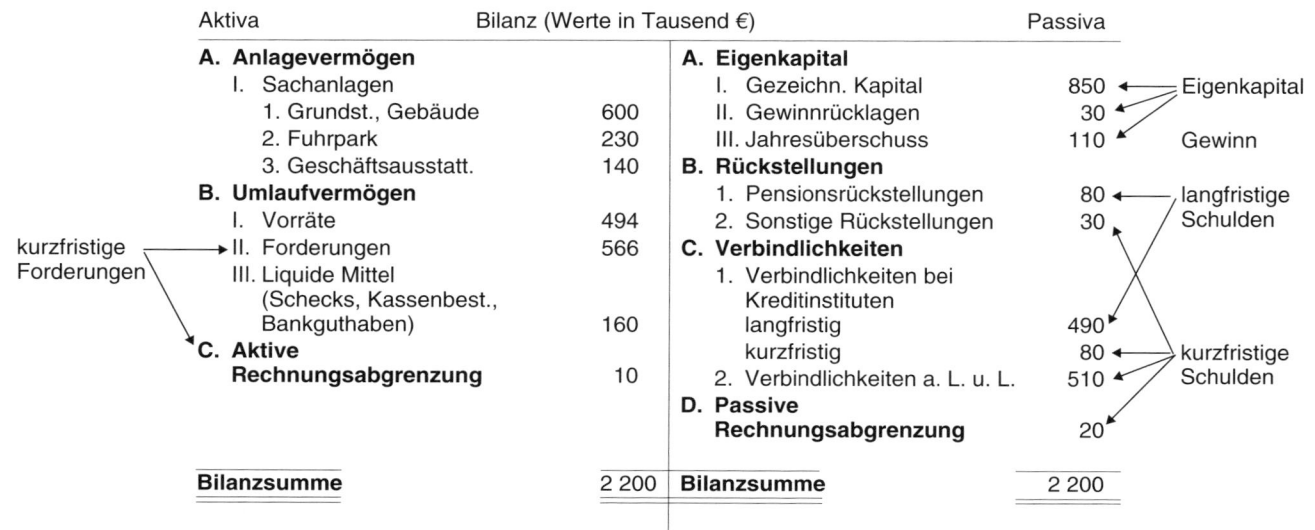

Aktiva   Bilanz (Werte in Tausend €)   Passiva

A. Anlagevermögen
  I. Sachanlagen
    1. Grundst., Gebäude 600
    2. Fuhrpark 230
    3. Geschäftsausstatt. 140
B. Umlaufvermögen
  I. Vorräte 494
  II. Forderungen 566
  III. Liquide Mittel
    (Schecks, Kassenbest.,
    Bankguthaben) 160
C. Aktive Rechnungsabgrenzung 10

kurzfristige Forderungen

A. Eigenkapital
  I. Gezeichn. Kapital 850 — Eigenkapital
  II. Gewinnrücklagen 30
  III. Jahresüberschuss 110 — Gewinn
B. Rückstellungen
  1. Pensionsrückstellungen 80 — langfristige Schulden
  2. Sonstige Rückstellungen 30
C. Verbindlichkeiten
  1. Verbindlichkeiten bei Kreditinstituten
    langfristig 490
    kurzfristig 80 — kurzfristige Schulden
  2. Verbindlichkeiten a. L. u. L. 510
D. Passive Rechnungsabgrenzung 20

Bilanzsumme 2 200   **Bilanzsumme** 2 200

Das Gesamtkapital am Jahresanfang betrug 2 000.
Über die Verwendung des Jahresüberschusses ist noch keine Entscheidung getroffen worden.
Aus der Gewinn- und Verlustrechnung wurden folgende Werte entnommen:
Umsatzerlöse 5 500; Fremdkapitalzinsen 170.

Kennzahlen	Berechnung	Beispielberechnung (mit den Werten aus o. a. Bilanz)
Eigenkapital-intensität (EK-Quote) in %	$\dfrac{\text{Eigenkapitel} \cdot 100}{\text{Gesamtkapital}}$	$\dfrac{880 \cdot 100}{2\ 200} = 45\ (\%)$
Fremdkapital-intensität (FK-Quote) in %	$\dfrac{\text{Fremdkapital} \cdot 100}{\text{Gesamtkapital}}$	$\dfrac{1\ 210 \cdot 100}{2\ 200} = 55\ (\%)$
Liquidität 1. Grades (Barliquidität) in %	$\dfrac{\text{Liquide Mittel} \cdot 100}{\text{kurzfristige Schulden}}$	$\dfrac{160 \cdot 100}{640} = 115\ (\%)$
Liquidität 2. Grades (Einzugsbedingte Liquidität) in %	$\dfrac{(\text{Liquide Mittel} + \text{kurzfr. Forder.}) \cdot 100}{\text{kurzfristige Schulden}}$	$\dfrac{(160 + 576) \cdot 100}{640} = 115\ (\%)$
Eigenkapital-rentabilität (Unternehmer-Rentabilität) in %	$\dfrac{\text{Jahresüberschuss (Gewinn)} \cdot 100}{\text{Eigenkapital am Jahresanfang}}$	$\dfrac{110 \cdot 100}{880} = 12,5\ (\%)$
Gesamtkapital-rentabilität (Unternehmungs-Rentabilität) in %	$\dfrac{(\text{Jahresüberschuss} + \text{Fremdk. zinsen}) \cdot 100}{\text{Gesamtkapital am Jahresanfang}}$	$\dfrac{(110 + 170) \cdot 100}{2\ 000} = 14\ (\%)$
Umsatzrentabilität in %	$\dfrac{\text{Jahresüberschuss} \cdot 100}{\text{Umsatzerlöse}}$	$\dfrac{110 \cdot 100}{5\ 500} = 2\ (\%)$

1 Für ein Großhandelsunternehmen liegen folgende Zahlen vor:

Eigenkapital (AB)	2 400 000,00 €
Fremdkapital (AB)	4 000 000,00 €
Jahresüberschuss	500 000,00 €
Umsatzerlöse	8 000 000,00 €
Fremdkapital-Zinsen	200 000,00 €

Berechnen Sie (jeweils auf eine Stelle nach dem Komma runden):

a. die Eigenkapitalintensität am Jahresanfang _____

b. die Fremdkapitalintensität am Jahresanfang _____

c. die Eigenkapitalrentabilität _____

d. die Gesamtkapitalrentabilität_____

e. die Umsatzrentabilität _____

2 Aus der Bilanz der Flachmann GmbH wurden u. a. folgende Werte entnommen:

Anlagevermögen	1 200 000,00 €
Warenvorräte	800 000,00 €
kurzfristige Forderungen	450 000,00 €
Kassenbestand	12 000,00 €
Bankguthaben	230 000,00 €
Eigenkapital	1 100 000,00 €
langfristige Schulden	700 000,00 €
kurzfristige Schulden	900 000,00 €

Ermitteln Sie aus den o. a. Zahlen (auf eine Stelle nach dem Komma runden):

a. die Barliquidität _____

b. die einzugsbedingte Liquidität_____

3 Welche der unten aufgeführten Bilanzposten gehören

(1) zu den kurzfristigen Forderungen,
(2) zum Eigenkapital,
(3) zu den langfristigen Schulden,
(4) zu den kurzfristigen Schulden,
(9) zu keinem der vorgenannten Bilanzposten?

a. Passive Rechnungsabgrenzung _____

b. Pensionsrückstellungen _____

c. Rücklagen _____

d. Stammkapital einer GmbH _____

e. Verbindlichkeiten aus Lieferungen und Leistungen _____

f. Kassenbestand _____

g. Verbindlichkeiten aus Steuern _____

4 Die Bilanz der MATIKO Spielwarengroßhandelsgesellschaft mbH weist folgende Bilanzpositionen (in Tausend €) auf:

langfristige Verbindlichk. bei Kreditinstituten	820
Fuhrpark	210
Gezeichnetes Kapital	2 400
Forderungen	300
Steuerrückstellungen	82
Verbindlichkeiten a. L. u. L.	234
Betriebs- u. Gesch.ausstatt.	138
Bankguthaben	75
Rücklagen	150
Kassenbestand	7
Grundstücke/Gebäude	1 500
Umsatzsteuer-Zahllast	9
Sonstige Forderungen	12
Warenvorräte	1 453

Ermitteln Sie (a.–d. in Tausend €, e.–h. auf jeweils eine Stelle nach dem Komma runden):

a. das Anlagevermögen _____

b. das Umlaufvermögen _____

c. das Eigenkapital _____

d. das Fremdkapital_____

e. die Eigenkapitalquote _____

f. die Fremdkapitalquote_____

g. die Liquidität 1. Grades _____

h. die Liquidität 2. Grades _____

5 Anhand der unten aufgeführten Zahlen wird ein Vergleich der Unternehmen A, B und C durchgeführt (Werte in Mio. €).

	A	B	C
Fremdkap./Anfangsb.	230	110	300
Eigenkap./Anfangsbest.	280	140	270
Aufwendungen	600	400	800
davon Fremdk./Zinsen	20	5	20
Erträge	610	410	820
davon Umsatzerlöse	300	400	700

a. Welches Unternehmen erzielte die beste Eigenkapitalrentabilität? _____

b. Wie hoch war diese Eigenkapitalrentabilität? _____

c. Welches Unternehmen erzielte die beste Gesamtkapitalrentabilität? _____

d. Wie lautet das Ergebnis dieser Gesamtkapitalrentabilität? _____

e. Welches Unternehmen erzielte den besten Wert für die Umsatzrentabilität? _____

f. Wie hoch war diese Umsatzrentabilität? _____

Nennen Sie die Aufgaben der Kosten- und Leistungsrechnung.

Begriff	Die Kosten- und Leistungsrechnung (KLR) ist ein wichtiges Teilgebiet des betrieblichen Rechnungswesens. Hier werden Kosten erfasst und gespeichert sowie den verschiedensten Bezugsgrößen (z. B. erzeugten Gütern oder Kostenstellen) zugeordnet und für spezielle Zwecke ausgewertet, verknüpft und verdichtet. Die Buchführung als vergangenheitsbezogene Zeitraumrechnung reicht in den meisten Fällen nicht aus, um Aussagen über die Wirtschaftlichkeit des Betriebes oder einzelner Betriebsteile zu machen.
Aufgaben	Die Aufgaben der Kostenrechnung bestehen darin: ▷ die **Kosten** und **Leistungen** einer Abrechnungsperiode zu ermitteln, ▷ die **Selbstkosten** der einzelnen Erzeugniseinheit zu ermitteln, ▷ die **Wirtschaftlichkeit** des Betriebsgebarens festzustellen, ▷ **Unterlagen** für Planungen und Entscheidungen zu liefern. Folgende Fragen stehen dabei zumeist im Mittelpunkt des Interesses: 1. Welche Kosten sind in welchem Umfang entstanden? 2. Wo, d. h. in welchen Betriebsteilen, sind diese Kosten entstanden? 3. Welche Produkte und Dienstleistungen haben die Kosten verursacht?

Aus welchen Teilgebieten setzt sich die KLR zusammen?

Kostenartenrechnung	Kostenstellenrechnung	Kostenträgerrechnung
Sie zeigt auf, welche Kosten entstanden sind. Sie gliedert die Kosten nach verschiedenen Gesichtspunkten. Dabei werden erste Einblicke in die Wirtschaftlichkeit möglich.	Sie ermittelt, in welchen Bereichen des Betriebes die Kosten entstanden sind. Sie stellt dabei die erbrachten Leistungen der Bereiche den verursachten Kosten gegenüber.	Sie ermittelt, welche Kostenträger (Produkte/Dienstleistungen) die Kosten verursacht haben, und stellt fest, welcher Gewinn nach Abzug dieser Kosten vom Marktpreis übrig bleibt.

Beschreiben Sie die wichtigsten Rechengrößen in einem Unternehmen und grenzen Sie diese voneinander ab.

Ausgabe	Einnahme
Eine Ausgabe ist jeder Zahlungsabfluss aus dem Betrieb. Ausgaben können entweder aufwandswirksam (z. B. Zahlung von Löhnen) oder erfolgsneutral sein (z. B. Kauf einer Maschine).	Mit der Einnahme wird jeder Zugang zum Geldvermögensbestand eines Unternehmens bezeichnet. Die Einnahme darf nicht mit dem Begriff Ertrag verwechselt werden.
Aufwand	**Ertrag**
Hierbei handelt es sich um jeglichen Verbrauch von Werten (z. B. Waren, Arbeitskraft) im Betrieb, sei es im betrieblichen Bereich oder sonst im Unternehmen. Zu unterscheiden sind ▷ **ordentlicher Aufwand:** regelmäßig anfallender Werteverbrauch im Betrieb zur Erreichung des betrieblichen Sachziels (z. B. Löhne, Material); ▷ **außerordentlicher Aufwand:** Werteverbrauch im Betrieb aufgrund einmaliger, außergewöhnlicher Vorfälle (z. B. Verlust eines Betriebsgebäudes durch Brand, Forderungsausfall eines Großkunden); ▷ **betriebsfremder Aufwand:** Werteverbrauch, der mit der eigentlichen Betriebsleistung nichts zu tun hat (z. B. Spende an das Rote Kreuz).	Jegliche Schaffung und jeder Zugang von Werten (z. B. Eigenerstellung einer Maschine) in einem Betrieb werden als Ertrag bezeichnet. Dabei ist zu unterscheiden zwischen: ▷ **ordentlichem Ertrag:** regelmäßig anfallender Wertzugang im Betrieb (insbesondere Umsatzerlöse für Waren oder Dienstleistungen); ▷ **außerordentlichem Ertrag:** Wertzugang im Betrieb aufgrund einmaliger, außergewöhnlicher Vorfälle (z. B. Erträge aus dem Abgang von Anlagegegenständen); ▷ **betriebsfremdem Ertrag:** Wertzugang, der mit dem eigentlichen betrieblichen Zweck nichts zu tun hat (z. B. der Gewinn aus Kurssteigerungen von Wertpapieren oder die Vermietung von Wohnungen).
Kosten	**Leistungen**
Jeglicher bewertete Werteverzehr in einer Periode, der zur Erstellung einer betrieblichen Leistung dient, wird als Kosten bezeichnet. Die Übereinstimmung mit dem Aufwand liegt dort, wo die Kosten den ordentlichen Aufwendungen entsprechen (z. B. Löhne).	Sie sind das Ergebnis der Kombination der Produktionsfaktoren. Unterschieden werden ▷ Absatzleistungen (→ Umsatzerlöse), ▷ Eigenleistungen (→ aktivierte Eigenleistungen).

1 Kennzeichnen Sie unten stehende Aussagen mit einer

(1), wenn diese richtig sind,
(9), wenn diese falsch sind.

a. Die KLR hat die Aufgabe, das Unternehmensergebnis zu ermitteln. _____

b. Die KLR ermittelt die Selbstkosten zum Zwecke der Angebotskalkulation. _____

c. Die KLR hat die Aufgabe, das Betriebsgebaren unter Gesichtspunkten der Liquidität zu kontrollieren. _____

d. Die KLR liefert Unterlagen für betriebliche Entscheidungen. _____

e. Die KLR stellt die Kosten und Leistungen des Betriebes gegenüber und ermittelt den Betriebserfolg. _____

2 Ordnen Sie den unten stehenden Teilaufgaben zu, ob es sich dabei um Aufgaben

(1) der Kostenartenrechnung,
(2) der Kostenstellenrechnung,
(3) der Kostenträgerrechnung

handelt.

Tragen Sie eine (9) ein, wenn es sich nicht um eine Teilaufgabe der KLR handelt.

a. Ermittlung der Gemeinkosten-Zuschlagssätze im Rahmen des BAB _____

b. Kalkulation eines Auftrages anhand von Maschinenstundensätzen _____

c. Ermittlung der kalkulatorischen Abschreibung _____

d. Nachverteilung der im Januar gezahlten Jahresprämien für die Kfz-Versicherung _____

e. Erstellung der Ergebnistabelle _____

f. Durchführung einer produktbezogenen Ermittlung der Selbstkosten des Umsatzes _____

g. Ermittlung der unternehmensbezogenen Kosten der Betriebsbereitschaft _____

3 Kennzeichnen Sie unten stehende Aussagen mit einer

(1), wenn diese richtig sind,
(9), wenn diese falsch sind.

a. Unter „Kosten" versteht man den Werteverzehr in einem Unternehmen, der zur Erfüllung des Betriebszweckes notwendig ist. _____

b. Negative Bestandsveränderungen an fertigen und/oder unfertigen Erzeugnissen werden in der KLR wie Kosten behandelt. _____

c. Zu den „Leistungen" des Betriebes gehören u. a. auch die Mieterträge eines Industriebetriebes. _____

d. In die Betriebsergebnisrechnung fließen nicht nur die Erlöse für abgesetzte Erzeugnisse ein, sondern auch der Gegenwert für selbst erstellte Anlagen und positive Bestandsveränderungen an fertigen und unfertigen Erzeugnissen. _____

e. Als „Erträge" bezeichnet man die Wertzugänge, die aus der eigentlichen betrieblichen Tätigkeit resultieren. _____

4 Ordnen Sie den unten stehenden Aufwendungen zu, ob es sich dabei um

(1) betrieblichen ordentlichen Aufwand,
(2) betrieblichen außerordentlichen Aufwand,
(3) betriebsfremden Aufwand

handelt.

Tragen Sie eine (9) in das Kästchen ein, wenn es sich nicht um einen Aufwand handelt.

a. Gehaltszahlungen in einer Elektrogroßhandlung _____

b. Verlust aus einem Wertpapiergeschäft in einer Lebensmittelgroßhandlung _____

c. Aufwendungen für Waren _____

d. Forderungsausfall durch Zahlungsunfähigkeit eines Kunden in einer Metallwarengroßhandlung _____

e. Verlust von nicht versicherten Warenbeständen durch Brandschaden in einer Großhandlung _____

f. Arbeitgeberanteil zur Sozialversicherung _____

g. Mieteinnahmen für vermietete Lagerräume in einer Baustoffgroßhandlung _____

h. Zahlung der Versicherungsprämie für die Gebäudeversicherung eines vermieteten Wohngebäudes in einer Fahrradgroßhandlung _____

i. Spende einer GmbH an das Rote Kreuz _____

j. Kauf eines Computers gegen Verrechnungsscheck durch eine Küchengroßhandlung _____

5 Kennzeichnen Sie die nachfolgenden Erträge mit einer

(1), wenn es sich um betriebliche Erträge handelt,
(2), wenn es sich um neutrale Erträge (außerordentliche oder betriebsfremde Erträge) handelt.

Tragen Sie eine (9) ein, wenn es sich nicht um einen Ertrag handelt.

a. Umsatzerlöse aus Warenverkäufen _____

b. Erträge aus dem Verkauf von Wertpapieren _____

c. Zinsgutschrift für Festgeld _____

d. Provisionserträge für verkaufte Gebrauchtwagen bei einer Kfz-Handlung _____

e. Mieteinnahme aus der Vermietung einer Lagerhalle _____

f. Steuerrückvergütung für das abgelaufene Geschäftsjahr _____

g. Verkauf eines Anlagegutes unter Buchwert _____

6 Bei welchem der nachfolgenden Sachverhalte trifft folgende Bedingung zu:

Ausgabe = Aufwand = Kosten? _____

(1) Abschreibungen
(2) Verlust aus Wertpapiergeschäft
(3) Bezahlung einer Eingangsrechnung
(4) Barkauf von Briefmarken
(5) Gewerbesteuernachzahlung für Vorjahr

Welche Aufgaben hat die Kostenartenrechnung? Was ist bei der Erfassung von Kosten zu beachten?

Begriff	Die Kostenartenrechnung ist ein Teilbereich der traditionellen Kostenrechnung, in der die Kosten erfasst und nach verschiedenen Gesichtspunkten gegliedert werden.
Aufgaben	Die Kostenartenrechnung dient als Lieferant von Daten für die nachgelagerten Teilrechnungen (Kostenstellenrechnung, Kostenträgerrechnung); sie kann Auskunft über die betragsmäßige Entwicklung einzelner Kostenarten im Zeitablauf und über die Kostenstruktur des Unternehmens geben.
Grundsätze der Kostenerfassung	▷ Eindeutigkeit: Sämtliche Kostenarten müssen klar definiert werden, damit über ihren Inhalt kein Zweifel aufkommen kann. ▷ Überschneidungsfreiheit: Es muss klar sein, welcher Kostenart ein Kostenbetrag zuzuordnen ist. ▷ Vollständigkeit: Jeder Kostenbetrag muss einer bestimmten Kostenart zuzuordnen sein.

Nach welchen Gesichtspunkten lassen sich Kosten unterscheiden? Nennen Sie Beispiele.

Charakter des Verzehrs	▷ Personalkosten (z. B. Gehälter, Löhne, Personalnebenkosten) ▷ Warenkosten ▷ Betriebsmittelkosten (z. B. Abschreibungen) ▷ Kapitalkosten (z. B. Zinsen) ▷ Kosten für Fremdleistungen (z. B. Miete, Beratung, Fremdinstandhaltung, Strom, Gas, Wasser) ▷ Abgaben an die öffentliche Hand (z. B. Steuern, Gebühren, Beiträge) ▷ Wagniskosten (z. B. Bestände- oder Finanzwagnisse)
Zurechenbarkeit	Nach der Zurechenbarkeit der Kosten auf die erstellten Leistungen (Kostenträger) werden Einzelkosten und Gemeinkosten unterschieden. ▷ **Einzelkosten** sind im Handelsbetrieb die Einstandspreise der bezogenen Waren, im Dienstleistungsbetrieb die einer Dienstleistung direkt zurechenbaren Personal- und Sachkosten. ▷ **Gemeinkosten** können einzelnen Kostenträgern nicht direkt zugerechnet werden, da sie von mehreren Kostenträgern gemeinsam verursacht werden. Dazu zählen z. B. Gehälter, Kosten der Datenverarbeitung, Mieten, Abschreibungen. Diese Aufwendungen müssen im Rahmen der Kostenstellenrechnung nach speziellen Schlüsseln verteilt werden und nach der prozentualen Inanspruchnahme durch die Kostenträger auf diese verrechnet werden.
Verhalten bei schwankender Beschäftigung	▷ **Fixe Kosten** sind unabhängig von der Beschäftigung und werden auch als Kosten der Betriebsbereitschaft bezeichnet. Dazu gehören z. B. Gehälter, Mieten, Anschlussgebühren für Energie (Grundpreis). ▷ **Variable Kosten** sind abhängig von der Beschäftigung und damit dem Umfang der erbrachten Leistungen. Dazu zählen z. B. Waren, Versandpackung. – Von **proportionalen Kosten** wird dann gesprochen, wenn die Kosten mit jeder zusätzlich erbrachten Einheit in gleichem Umfang steigen. – **Überproportionale Kosten** sind bei steigender Ausbringung auf die jeweils nächste Einheit höher als für die vorhergehende. – **Unterproportionale Kosten** sind für die jeweils nächste Einheit geringer als für die vorhergehende.

Was sind kalkulatorische Kosten? Nennen Sie Beispiele.

Begriff	Eine Reihe von Aufwendungen, die durch die Finanzbuchführung erfasst werden, können als Kosten in der Kostenrechnung nicht verwendet werden. Aus diesem Grund sind kostenrechnerische Korrekturen vorzunehmen, die den genauen Werteverzehr ohne Einflüsse außerhalb der Kostenrechnung deutlich machen.
Arten	▷ **Kalkulatorische Abschreibungen** werden vom Wiederbeschaffungswert der Anlagegegenstände berechnet. ▷ **Kalkulatorische Zinsen** werden vom betriebsnotwendigen Kapital berechnet. ▷ **Kalkulatorische Miete** ist dann anzusetzen, wenn das Unternehmen in eigenen Gebäuden arbeitet. ▷ Wagnisse sind im Allgemeinen über Versicherungen abgedeckt. Sofern keine Versicherungen abgeschlossen werden, sind **kalkulatorische Wagnisse** anzusetzen. ▷ **Kalkulatorischer Unternehmerlohn** ist anzusetzen, wenn in Personengesellschaften oder Einzelunternehmen aus steuerlichen Gründen keine Gehälter für die Inhaber abgerechnet werden können.

1 Ergänzen Sie unten stehende Aussagen um folgende Begriffe:

(1) fixe Kosten
(2) variable Kosten
(3) Einzelkosten
(4) Gemeinkosten

a. ... fallen an, unabhängig davon, ob der Umsatz hoch oder niedrig ist. _____

b. Es ist sachlich unmöglich oder aber unwirtschaftlich, ... den Kostenträgern direkt zuzurechnen. _____

c. ... sind unabhängig von dem Grad der Beschäftigung. ___

d. Für jeden Kostenträger sind die ... genau feststellbar. ___

2 Tragen Sie für die unten stehenden Kostenarten in der Spalte A eine

(1) ein, wenn es sich um Einzelkosten handelt,
(2) ein, wenn es sich um Gemeinkosten handelt.

Tragen Sie für die unten stehenden Kostenarten in der Spalte B eine

(3) ein, wenn es sich um fixe Kosten handelt,
(4) ein, wenn es sich um variable Kosten handelt.

	A	B
a. Mieten für Büroräume _____		
b. Spezialtransportverpackung für optische Geräte _		
c. Gehalt des Lagerleiters_____		
d. Kosten der Direktwerbung für ein neues Produkt _____		
e. Kosten für Waren _____		
f. Abschreibung eines Auslieferungsfahrzeuges ___		
g. Gewerbekapitalsteuer _____		
h. Energie für die Verwaltung _____		

3 Einem Kostenrechner in einer Großhandlung liegt die Stromverbrauchsrechnung des Elektrizitätswerkes für das letzte Quartal vor.

Kennzeichnen Sie die unten stehenden Aussagen zu dieser Rechnung mit einer

(1), wenn die Aussage richtig ist,
(9), wenn die Aussage falsch ist.

a. Bei dem in Rechnung gestellten Energieverbrauch handelt es sich um Grundkosten. _____

b. Die Anschlussgebühren zählen zu den fixen Kosten. _____

c. Unter der Voraussetzung, dass über Zähler der Verbrauch der einzelnen Abteilungen erfasst werden kann, ist eine Verteilung der Energiekosten auf Kostenstellen direkt möglich._____

d. Der berechnete Energieverbrauch der Verwaltung zählt zu den fixen Kosten. _____

e. Die Anschlussgebühren sind Einzelkosten. _____

4 Untersuchen Sie den folgenden Kostenverlauf für Verpackungsmaterial in einem Großhandelsbetrieb.

Anzahl Aufträge	Verpackungskosten
600	3 000,00 €
700	3 465,00 €
800	3 880,00 €
900	4 185,00 €

Welche der folgenden Aussagen zu dem dargestellten Kostenverlauf ist falsch? _____

(1) Die Verpackungskosten steigen mit zunehmender Ausbringung.

(2) Die Verpackungskosten je Auftrag sinken mit zunehmender Ausbringung.

(3) Bei einem Rückgang der Beschäftigung steigen die Verpackungskosten je Auftrag.

(4) Die Verpackungskosten je Auftrag sind bei einer Ausbringung von 800 Aufträgen geringer als bei einer Ausbringung von 700 Aufträgen.

(5) Die Verpackungskosten verhalten sich proportional.

5 Welche der folgenden Aussagen über die „kalkulatorischen Kosten" ist falsch? _____

(1) Sie wirken sich auf das Gesamtergebnis der Unternehmung aus.

(2) Sie führen zu einer besseren Vergleichbarkeit der Kosten- und Leistungsrechnung mit früheren Perioden.

(3) Sie wirken sich nur auf die Kosten- und Leistungsrechnung aus.

(4) Ein Beispiel dafür sind die Abschreibungen auf den Wiederbeschaffungswert von Anlagegegenständen.

(5) Sie bewirken, dass außerbetriebliche Aspekte, z. B. steuerliche Gesichtspunkte, aus der Kosten- und Leistungsrechnung herausgehalten werden.

6 Ein Großhandelsunternehmen will für seine Außendienstler Handys anschaffen. Vom günstigsten Anbieter werden zwei mögliche Tarife angeboten:

Tarif 1: Monatsgebühr 15,00 €, Gebühr je Minute 0,40 €
Tarif 2: Monatsgebühr 32,00 €, Gebühr je Minute 0,20 €

a. Wie viel Euro betragen die Gebühren je Handy und Monat bei einer Nutzung von

aa. 60 Minuten pro Monat bei Tarif 1? ___

ab. 60 Minuten pro Monat bei Tarif 2? ___

ac. 90 Minuten pro Monat bei Tarif 1? ___

ad. 90 Minuten pro Monat bei Tarif 2? ___

b. Bei welcher monatlichen Nutzung in Minuten sind die Kosten beider Tarife gleich groß?_____

Beschreiben Sie die Ergebnistabelle als Instrument für die sachliche Abgrenzung und Durchführung von kostenrechnerischen Korrekturen. Geben Sie Beispiele.

	Rechnungskreis I		Rechnungskreis II					
	Erfolgsbereich		Abgrenzungsbereich				KLR-Bereich	
	Zahlen der Finanzbuchhaltung		Unternehmensbezogene Abgrenzungen		Kostenrechnerische Korrekturen		Zahlen der Kosten- und Leistungsrechnung	
Kto.-Nr.	Aufwend.	Erträge	Neutrale Aufwend.	Neutrale Erträge	Aufwend. lt. FiBu	Verrechnete Kosten	Kosten	Leistungen
800		9 000 000,00						9 000 000,00
871		20 000,00						20 000,00
242		60 000,00		60 000,00				
271		15 000,00		15 000,00				
243		24 000,00		24 000,00				
261		120 000,00		120 000,00				
30	5 705 000,00				5 705 000,00	5 740 000,00	5 740 000,00	
471	206 000,00		26 000,00				180 000,00	
401	1 180 000,00						1 180 000,00	
404	235 000,00						235 000,00	
491	192 000,00				192 000,00	210 000,00	210 000,00	
480	325 000,00		15 000,00				310 000,00	
426	85 000,00		6 000,00				79 000,00	
492	34 000,00				34 000,00	25 000,00	25 000,00	
42	28 000,00		4 000,00				24 000,00	
211	72 000,00				72 000,00	90 000,00	90 000,00	
20	38 000,00		15 000,00		23 000,00	18 000,00	18 000,00	
1)						150 000,00	150 000,00	
	1 139 000,00		153 000,00		207 000,00		779 000,00	
	9 239 000,00	9 239 000,00	219 000,00	219 000,00	6 233 000,00	6 233 000,00	9 020 000,00	9 020 000,00

Konto	Anmerkungen:
800	Umsatzerlöse: betriebliche Leistungen
871	Eigenverbrauch von Waren
242	Nebenerlöse: Erträge aus der Vermietung eines Betriebsgebäudes
271	Erträge aus dem Abgang von Vermögensgegenständen: Verkauf eines Lkw über Buchwert
243	Periodenfremde Erträge: Rückerstattung von Gewerbesteuer für vergangene Geschäftsjahre
5710	Zinserträge: Zinserträge aus der Anlage festverzinslicher Wertpapiere
30	Aufwendungen für Roh-, Hilfs- und Betriebsstoffe: Bewertung des Materialverbrauchs erfolgte zu Verrechnungspreisen mit 5 740 000,00 €
471	Fremdinstandhaltung: enthalten sind 26 000,00 € für Reparaturen an dem vermieteten Betriebsgebäude, Rest: Zweckaufwand
401	Löhne/Gehälter: Zweckaufwand
404	Soziale Abgaben: Arbeitgeberanteile zur Sozialversicherung
491	Abschreibungen: es wurden kalkulatorische Abschreibungen von 210 000,00 € angesetzt
480	Aufwendungen für Kommunikation: enthalten eine Spende in Höhe von 15 000,00 € an ein Kinderhilfswerk, Rest: Zweckaufwand
426	Versicherungsbeiträge: enthalten die Gebäudeversicherung für vermietetes Gebäude in Höhe von 6 000,00 €, Rest: Zweckaufwand
492	Abschreibungen auf Forderungen: kalkulatorisch wurden 25 000,00 € angesetzt
42	Betriebliche Steuern: enthalten die Grundsteuer für das vermietete Gebäude in Höhe von 4 000,00 €, der Rest: Zweckaufwand
211	Zinsaufwendungen: es wurden kalkulatorische Zinsen in Höhe von 90 000,00 € angesetzt
20	Außerordentliche Aufwendungen: ▷ Schadensersatzforderungen eines Kunden in Höhe von 15 000,00 €; ▷ Diebstahl eines nicht versicherten Materialbestandes, für solche Risiken wurde ein kalkulatorisches Wagnis in Höhe von 18 000,00 € angesetzt.
1)	Kalkulatorischer Unternehmerlohn: ein geschäftsführender Gesellschafter 150 000,00 €

Wie werden die Ergebnisse aus der sachlichen Abgrenzung und der kostenrechnerischen Korrektur abgestimmt? Erläutern Sie dies an einem Beispiel.

	Betriebsergebnis (betriebliche Erträge – Kosten)	779 000,00	Betriebsgewinn verrechnete Kosten > Aufwendungen
+	Saldo aus der Differenz zwischen verrechneten kalkulatorischen Kosten und abgefilterten Aufwendungen laut FiBu (verrechnete Kosten – Aufwendungen)	207 000,00	
+	Saldo aus unternehmensbezogener Abgrenzung (neutrale Erträge – neutrale Aufwendungen)	153 000,00	neutrale Erträge > neutrale Aufwendungen
=	Unternehmensergebnis (Erträge – Aufwendungen)	1 139 000,00	Erträge > Aufwendungen

1 In einem Unternehmen wird eine Ergebnistabelle erstellt. Der Betriebsgewinn beträgt 520 410,00 €, der neutrale Verlust 50 600,00 €, das Ergebnis der kostenrechnerischen Korrektur beträgt 20 300,00 €. Wie hoch ist das Unternehmensergebnis? _____

(1) 591 310,00 €

(2) 490 110,00 €

(3) 449 510,00 €

(4) ein anderer Betrag

2 Kennzeichnen Sie durch die Vergabe der Ziffern 1 bis 5 die Reihenfolge der Arbeitsschritte bei der Erstellung einer Ergebnistabelle.

a. Zuordnen der neutralen Aufwendungen und Erträge in den Abgrenzungsbereich, der betrieblichen Aufwendungen und Erträge in den Kosten- und Leistungsbereich ____

b. Kontrolle der Ergebnisse durch Aufstellen der Gleichung: Gesamtergebnis = Betriebsergebnis + Ergebnis aus der unternehmensbezogenen Abgrenzung + Ergebnis aus der kostenrechnerischen Korrektur ____

c. Vornahme der kostenrechnerischen Korrekturen ____

d. Errechnen der Ergebnisse im Erfolgsbereich der Geschäftsbuchhaltung, im Abgrenzungsbereich, im Bereich kostenrechnerische Korrekturen und im Kosten- und Leistungsbereich ____

e. Übertragen der Salden der Erfolgskonten aus der FiBu in die Ergebnistabelle ____

3 Welche der folgenden Aussagen trifft als Begründung für die Durchführung einer Abgrenzungsrechnung/Ergebnistabelle nicht zu? ____

Tragen Sie eine (6) ein, wenn alle Aussagen zutreffen.

(1) Die Abgrenzungsrechnung weist u. a. die neutralen Erträge und Aufwendungen des Unternehmens aus.

(2) Die Abgrenzungsrechnung filtert die neutralen Aufwendungen und Erträge aus den gesamten Aufwendungen und Erträgen heraus.

(3) Die Ergebnistabelle ermöglicht eine genauere Aussage über die Kosten und Leistungen einer Periode als die Gewinn- und Verlustrechnung.

(4) Die Ergebnistabelle weist u. a. das Gesamtergebnis und das Betriebsergebnis aus.

(5) Die Zahlen der Finanzbuchhaltung spiegeln nur unzureichend die betriebliche Situation wider. Die Ergebnistabelle liefert dagegen genauere betriebliche Zahlen.

4 Der Finanzbuchhaltung einer Großhandlung werden für eine Rechnungsperiode folgende Zahlen entnommen (Werte in T €):

Umsatzerlöse:	1 420
Eigenverbrauch:	130
Mieterträge:	25
Erträge aus dem Abgang von Vermögensgegenständen:	95
Erträge aus Wertpapieren:	134
Zinserträge:	9
Aufwendungen für Waren:	410
Fremdinstandhaltung:	12
Löhne:	620
Gehälter:	180
Soziale Abgaben:	180
Abschreibungen Sachanlagen:	90
Reisekosten:	16
Gewerbesteuer:	45
Verluste aus Wertpapierverkäufen:	15

Von den Abschreibungen auf Sachanlagen entfallen 10 T € auf vermietete Gebäude; in der Position Gewerbesteuer ist eine Nachzahlung für die vergangene Periode in Höhe von 15 T € enthalten.

a. Wie viel T € beträgt das Gesamtergebnis der Unternehmung? ____

b. Wie viel T € betragen die betrieblichen Erträge? ____

c. Wie viel T € betragen die Kosten? ____

d. Wie viel T € beträgt das Betriebsergebnis? ____

e. Wie viel T € beträgt das neutrale Ergebnis? ____

f. Welche der folgenden Aussagen trifft auf die Ergebnissituation des Unternehmens zu? ____

(1) Das Unternehmen hat im betrieblichen Bereich mehr Gewinn erzielt als im neutralen Bereich.
(2) Das Unternehmen war im neutralen Bereich erfolgreicher als im betrieblichen Bereich.

5 In einem Betrieb wurde zwischen den Zahlen der Finanzbuchhaltung und der Kostenrechnung nur eine unternehmensbezogene Abgrenzung vorgenommen.
Das Unternehmungsergebnis beträgt 325 810,00 €, das neutrale Ergebnis 110 450,00 €.

Wie groß ist das Betriebsergebnis? ____

(1) 436 260,00 €

(2) 215 360,00 €

(3) 104 910,00 €

(4) ein anderer Betrag

Warum ist eine Kostenstellenrechnung notwendig?
Nach welchen Gesichtspunkten kann die Bildung von Kostenstellen erfolgen?

Gründe für die Bildung von Kostenstellen	Die einzelnen Waren oder Warengruppen können exakter kalkuliert werden. Dies erfolgt durch die ▷ Zuordnung der Gemeinkosten zu Kostenstellen nach dem Verursachungsprinzip; ▷ Ermittlung der Handlungskostensätze je Kostenstelle; ▷ Möglichkeit der Zurechnung von Handlungskosten und Waren oder Warengruppen in dem Verhältnis, wie sie die einzelnen Kostenstellen durchlaufen haben; ▷ Kenntnis über Kostenhöhe und -entwicklung am Entstehungsort, um gegebenenfalls Kosten sparende Maßnahmen zielgerichtet veranlassen zu können.
Prinzipien der Kostenstellen-bildung	Kostenstellen können gebildet werden ▷ nach Warenarten oder Warengruppen; *Beispiele: Kostenstelle Textilien, Lebensmittel, Elektroartikel, Schuhe usw.* ▷ nach Verantwortungsbereichen (Funktionsbereichen). *Beispiele: Kostenstelle Einkaufs-, Lager-, Verkaufs-, Verwaltungsbereich; Filiale A, B, C usw.* Bei ungünstiger Kostenentwicklung in diesen Bereichen können die Verantwortlichen zur Rechenschaft gezogen werden. Das ist besonders wichtig für die Kostenkontrolle.

Wie erfolgt die Verteilung der Gemeinkosten mithilfe des Betriebsabrechnungsbogens (BAB)?

Begriff	Der Betriebsabrechnungsbogen ist ein Hilfsmittel für die Verteilung der Gemeinkosten auf die Kostenstellen in Form einer Tabelle.
Möglichkeiten der Kostenerteilung	▷ Verteilung nach Belegen *Beispiele: Personalkosten nach Gehaltslisten, Stromverbrauch nach Stromzählerablesung, Muster nach Materialentnahmescheinen, Reparaturkosten nach Handwerkerrechnungen* ▷ Verteilung nach Verteilungsschlüsseln Umlagenschlüssel können sein: – Umsatzzahlen wie Steuern und Abgaben, Versicherungen, abzuschreibende Forderungen, Verkaufs-erlöse; – Raumgrößen wie Flächengröße für Reinigungs- und Mietkosten, Kubikmeter für Heizungs- und Belüftungskosten; – Zählgrößen wie Versandspesen nach Anzahl der versandten Pakete, Bezugsspesen nach Anzahl der angelieferten Artikel; – Bestandswerte wie Abschreibungen aufgrund der Anlagewerte, Lagerzinsen nach dem Wert der Waren-vorräte.
Arbeitsschritte zur Aufstellung eines BAB	1. Übernahme der Gemeinkosten aus dem Kosten- und Leistungsbereich der Ergebnistabelle 2. Festlegen der Verteilungsschlüssel 3. Umlage der Gemeinkosten auf die Kostenstellen (Umlageschlüssel, Belege) 4. Addition der Gemeinkosten je Kostenstelle 5. Errechnen der Handlungskostensätze Als 100-%-Basis für die Handlungskostensätze bei der Stellenbildung nach Warengruppen gilt die Summe der Einstandspreise je Warengruppe in dem Abrechnungszeitraum.
	Der im BAB ermittelte Handlungskostenzuschlagssatz wird bei der Verkaufskalkulation für die Zurechnung der Handlungskosten (Gemeinkosten) benötigt.

Monats-BAB eines Großhändlers				Kostenstellen	
Gemeinkostenarten (Handlungskosten)	**Zahlen der KR in €**	**Verteilungs-schlüssel**	Metall/ Kunststoff	Holz/ Farben/Lacke	Werkzeuge/ Kleinmasch.
Personalkosten	68 880	2 : 3 : 7	11 480	17 220	40 180
Raumkosten	32 400	2 : 2 : 4	8 100	8 100	16 200
Steuern/Abgaben/Beiträge	30 600	4 : 2 : 3	13 600	6 800	10 200
Kosten für Werbung	7 430	2 : 2 : 1	2 972	2 972	1 486
Kosten für Warenabgabe	5 184	3 : 4 : 1	1 944	2 592	648
Abschreibungen	10 458	3 : 2 : 1	5 229	3 486	1 743
Sonstige Kosten	4 950	4 : 4 : 3	1 800	1 800	1 350
Summe der Gemeinkosten	159 902		45 225	42 970	71 807
Einstandspreise Kostenträger (als Zuschlagsbasis)			270 750	214 850	287 228
Handlungskostenzuschlagssätze			16 %	20 %	25 %

1 Welche der folgenden Aussagen ist kein Grund dafür, eine Kostenstellenrechnung in einem Unternehmen einzuführen? _____

Tragen Sie eine (5) ein, wenn alle Gründe dafür sprechen.

(1) Die Gemeinkosten sollten möglichst verursachungsgerecht den Kostenstellen zugerechnet werden.

(2) Eine Kostenstellenrechnung ist eine wichtige Voraussetzung für eine wirksame Kostenkontrolle.

(3) Eine Kostenstellenrechnung bietet die Möglichkeit, Gemeinkosten auch den Kostenträgern zuzurechnen.

(4) Je größer das Unternehmen, desto notwendiger eine Kostenstellenrechnung.

2 Entscheiden Sie, ob es sich bei den folgenden Kostenarten um

(1) Einzelkosten,
(2) Gemeinkosten (Handlungskosten)

handelt.

a. Mieten _____

b. Spezialverpackung _____

c. Gehälter _____

d. Kosten für Werbung _____

e. Warenkosten _____

f. Abschreibungen _____

g. Steuern _____

h. Transportversicherung _____

i. Heizungskosten _____

3 Kennzeichnen Sie unten stehende Aussagen mit

(1), wenn diese richtig sind,
(9), wenn diese falsch sind.

a. Der Betriebsabrechnungsbogen (BAB) dient nur dazu, die Handlungskostenzuschlagssätze für die Kalkulation zu ermitteln. _____

b. Aufgabe der Kostenartenrechnung ist es, die Kosten den Stellen der Verursachung zuzurechnen. _____

c. Aufgabe des BAB ist die Kostenkontrolle und die Ermittlung der Handlungskostenzuschlagssätze für die Kalkulation. _____

d. Handlungskosten sind dem Kostenträger direkt zurechenbar. _____

e. Fixe Kosten fallen nur bei einem hohen Beschäftigungsgrad an. _____

f. Die Kosten für die Ware selbst sind immer Gemeinkosten. _____

g. Variable Kosten sind hauptsächlich Einzelkosten. _____

4 Welcher der folgenden Bruchsätze trifft auf die Errechnung des Handlungskostenzuschlagssatzes zu?

(1) $\dfrac{\text{Einstandspreise der Waren pro Kostenstelle} \cdot 100}{\text{Handlungskosten je Kostenstelle}}$

(2) $\dfrac{\text{Handlungskosten je Kostenstelle}}{\text{Einstandspreise der Waren pro Kostenstelle} \cdot 100}$

(3) $\dfrac{\text{Handlungskosten je Kostenstelle} \cdot 100}{\text{Einstandspreise aller Waren}}$

(4) $\dfrac{\text{Handlungskosten je Kostenstelle} \cdot 100}{\text{Einstandspreise der Waren pro Kostenstelle}}$

5 Auf der Kostenstelle Lager einer Großhandlung sind im Lauf einer Abrechnungsperiode 415 800 € Gemeinkosten entstanden. In diesem Zeitraum wurden Waren zu Einstandspreisen von 2,52 Mio. € durch das Lager geschleust.

Kennzeichnen Sie die folgenden Aussagen dazu mit einer

(1), wenn die Aussage richtig ist,
(9), wenn die Aussage falsch ist.

a. Der Handlungskostenzuschlag des Lagers beträgt 165 %. _____

b. Der Handlungskostenzuschlag wird benötigt, um die im Lager angefallenen Gemeinkosten im Rahmen der Kalkulation den Einstandspreisen zuzuschlagen. _____

c. Im Rahmen der Wirtschaftlichkeitskontrolle kann durch den Vergleich der Handlungskostenzuschläge ermittelt werden, ob das Lager effektiver oder weniger effektiv als in Vorperioden gewirtschaftet hat. _____

d. Der Handlungskostenzuschlag des Lagers beträgt 16,5 %. _____

6 In der Kostenrechnung eines Großhandels soll erstmals ein BAB aufgestellt werden. Es sollen folgende Gemeinkostenarten verteilt werden:

(1) Gehälter
(2) Stromkosten
(3) Heizungskosten
(4) Abschreibungen
(5) Fremdinstandhaltung
(6) Miete

Ordnen Sie diese Kostenarten den nachstehenden Verteilungskriterien zu.

a. Raumquadratmeter _____

b. Belege _____

c. Personalkostenstatistik _____

d. Raumkubikmeter _____

e. Anlagendatei _____

f. Zählerwerte _____

Geben Sie einen Überblick über die verschiedenen Kostenrechnungssysteme der KLR.

Kostenrechnungssysteme sind eine zur Erfüllung bestimmter Rechnungszwecke bzw. -bereiche entwickelte Gesamtheit von Regeln zur Erfassung, Speicherung und Auswertung von Kosten.

Kostenrechnungssysteme
werden unterschieden nach

dem Umfang der verrechneten Kosten   nach dem zeitlichen Bezug der Kostengrößen

Vollkostenrechnung	Teilkostenrechnung	Istkostenrechnung	Normalkosten-rechnung	Plankostenrechnung
In der Vollkostenrechnung werden alle Kosten eines Kostenträgers bis zu den Selbstkosten ermittelt.	Sie unterteilt die Kosten in fixe und variable Kosten. Den einzelnen Kostenträgern werden nur die variablen Kosten zugerechnet.	Die Istkostenrechnung ist eine vergangenheitsbezogene Kostenrechnung. Sie dient vor allem der Nachkalkulation von Kostenträgern.	Den Kostenträgern werden normierte Kosten zugerechnet, die zumeist aus Vergangenheitswerten abgeleitet sind.	Die Kosten werden auf der Basis der Planbeschäftigung geplant und erlauben gegenüber anderen Systemen eine gute Kostenkontrolle.

Stellen Sie die Deckungsbeitragsrechnung als System der Teilkostenrechnung dar.

Problematik der Vollkostenrechnung	▷ In der Vollkostenrechnung sind die Kosten die Grundlage für die Preisbildung. Der Verkaufspreis wird jedoch vom Markt bestimmt. Ein starres Festhalten an einem einmal kalkulierten Preis führt deshalb zu unternehmerischen Fehlentscheidungen. ▷ Bei Beschäftigungsschwankungen, insbesondere bei Unterbeschäftigung, werden über die Zuschlagssätze zu wenig Kosten verrechnet.
Deckungsbeitragsrechnung	Die Deckungsbeitragsrechnung gliedert die Kosten konsequent in fixe und variable Bestandteile. Sie ermittelt das Betriebsergebnis, indem sie von den Erlösen zunächst die variablen Kosten abzieht und dann erst die fixen Kosten.
Deckungsbeitrag	Der Deckungsbeitrag ist der Betrag, der nach Abzug der variablen Kosten vom Erlös übrig bleibt. Er dient dazu, die fixen Kosten und den Gewinn zu decken.

Anwendungsbereiche der Deckungsbeitragsrechnung	▷ Annahme von Zusatzaufträgen: Kurzfristig können Zusatzaufträge angenommen werden, wenn die Erlöse größer sind als die variablen Kosten. Dabei gilt:
	  – kurzfristige Preisuntergrenze = variable Kosten;
	  – langfristige Preisuntergrenze = Selbstkosten.
	▷ Optimale Sortimentsgestaltung: Es werden diejenigen Projekte vordringlich verkauft, die den höchsten Deckungsbeitrag erbringen.

Erläutern Sie an Beispielen die Einsatzmöglichkeiten der Deckungsbeitragsrechnung.

Anwendung	Annahme eines Zusatzauftrages	Aktionskalkulation
Problem:	Ein Elektrogerätegroßhändler erhält die Anfrage eines Installateurs, der ein neu gebautes Seniorenheim mit 40 Kleinküchen ausstatten soll. Einen Satz der erforderlichen Geräte kann der Großhändler für 600 € beschaffen. Seine variablen Handlungskosten betragen 20 % vom Einstandspreis. Die fixen Kosten des Auftrages würden sich auf 500 € belaufen. Der Installateur bietet einen Sonderpreis von 800 € je Einheit. Der Normalpreis beträgt 840 €. Soll der Großhändler den Auftrag annehmen?	Ein Elektrogerätegroßhändler will eine Espressomaschine, deren Verkaufspreis regulär 60 € beträgt, in einer Sonderaktion zu einem besonders niedrigen Preis verkaufen. Er rechnet mit fixen Kosten der Aktion (z. B. Werbung) von 2 180 €. Der Einstandspreis der Espressomaschine beträgt 41 €. Wie viele Geräte muss er mindestens absetzen, wenn er an der Aktion 1 600 € verdienen will und den Verkaufspreis auf 50 € festsetzt?
Lösung:	Umsatzerlöse (40 * 800) 32 000,00 € – Wareneinsatz (40 * 600) 24 000,00 € = Deckungsbeitrag I 8 000,00 € – var. Handlungskosten (20 % vom EK) 4 800,00 € = Deckungsbeitrag 2 3 200,00 € – Fixkosten des Auftrages 1 300,00 € = Gewinn des Auftrages 1 900,00 € Fazit: Durch die Annahme des Zusatzauftrages erlangt der Großhändler einen zusätzlichen Gewinn in Höhe von 1 900 €.	Verkaufspreis 50,00 € – Einstandspreis 41,00 € **= Deckungsbeitrag I** 9,00 € Fixkosten der Aktion 2 180 € + geforderter Gewinn 1 600 € **= durch DB abzudecken** 3 780 € Anzahl der zu verkaufenden Einheiten: 3 780 : 9 = 420 Stück Fazit: Bei einem Verkaufspreis von 50 € und einem Absatz von 420 Stück werden die Bedingungen erfüllt.

1 Ordnen Sie die folgenden Kostenrechnungssysteme den unten stehenden Aussagen zu, indem Sie die Ziffer vor dem zutreffenden System in das Kästchen hinter der entsprechenden Aussage eintragen.

(1) Istkostenrechnung
(2) Normalkostenrechnung
(3) Plankostenrechnung

Tragen Sie eine (9) ein, wenn die Aussage auf mehr als nur ein Kostenrechnungssystem zutrifft.

a. Es werden zukünftige Werte als Basis einer angenommenen Beschäftigung zugrunde gelegt. _____

b. Kostenüber- bzw. Kostenunterdeckungen können als Differenz zwischen verrechneten und tatsächlichen Gemeinkosten entstehen. _____

c. Es werden ausschließlich Vergangenheitswerte verarbeitet. _____

d. Es werden Verbrauchsabweichungen ermittelt, die eine verbesserte Kostenkontrolle ermöglichen. _____

e. Dieses System dient vor allem der Nachkalkulation von Aufträgen. _____

f. Dieses System dient der Vorkalkulation von Aufträgen oder Produkten. _____

g. Dieses System bedient sich durchschnittlicher Vergangenheitswerte. _____

2 Bei dem Absatz von 40 000 Stück eines Artikels betragen die Verkaufserlöse 6,00 € je Stück, die Fixkosten 120 000,00 € und die variablen Kosten 0,40 € je 1,00 € Umsatz.

Berechnen Sie ...

a. ... den Deckungsbeitrag insgesamt und je Stück. _____

b. ... den Absatz, bei dem das Unternehmen keinen Gewinn und keinen Verlust erzielt (Break-even-Point/Nutzenschwelle). _____

c. ... den erforderlichen Umsatz, wenn 1,50 € Gewinn je Stück erzielt werden sollen. _____

3 Ein Sportartikelimporteur will einen Tennisschläger, dessen Verkaufspreis regulär 30,00 € beträgt, in einer Sonderaktion zu einem besonders niedrigen Preis verkaufen. Er rechnet mit fixen Kosten der Aktion (z. B. Werbung) von 1 090,00 €. Der Einstandspreis eines Tennisschlägers beträgt 17,50 €, die sonstigen variablen Kosten betragen 3,00 € je verkaufte Einheit.

a. Wie viele Tennisschläger muss er mindestens absetzen, wenn er an der Aktion 800,00 € verdienen will und den Verkaufspreis auf 25,00 € festsetzt? _____

b. Ermitteln Sie unter sonst gleichen Bedingungen den Verkaufspreis, den der Importeur erzielen muss, wenn er 600 Stück verkaufen will. (Lösungshinweis: Es muss zunächst die Kostensumme aus den variablen Kosten von 600 Stück, den fixen Kosten und dem Gewinn ermittelt werden.) _____

4 Ein Importeur, der Campingstühle vertreibt, ist auf eine Kapazität von 20 000 Stück monatlich ausgelegt. Die Kostenrechnung lieferte für den vergangenen Abrechnungsmonat folgende Daten:
Absatz: 14 800 Stück
variable Gesamtkosten: 222 000,00 €
fixe Gesamtkosten: 169 000,00 €

Das Unternehmen rechnet zukünftig damit, dass bei gleich bleibender Kostensituation 15 000 Stück monatlich zum Preis von 32,00 € pro Stück abgesetzt werden können.

a. Wie viel Euro beträgt das Betriebsergebnis bei der zu erwartenden Absatzlage? _____

b. Zu welchem kostendeckenden Preis könnten die 15 000 Stück monatlich theoretisch abgesetzt werden? _____

c. Es liegt die Anfrage eines Händlers über die Abnahme von zusätzlich 5 000 Stück über eine Sonderaktion vor. Die Preisvorstellung des Händlers liegt jedoch bei 25,00 € netto.
Um wie viel Euro würde sich das Betriebsergebnis bei Annahme des Auftrages verändern? _____

d. Auf welchen Preis könnte der Importeur im Rahmen eines Zusatzauftrages absolut heruntergehen (kurzfristige Preisuntergrenze), ohne einen Verlust zu erzeugen? _____

5 Kennzeichnen Sie unten stehende Aussagen mit einer

(1), wenn die Aussage richtig ist,
(9), wenn die Aussage falsch ist.

a. Der Deckungsbeitrag dient ausschließlich zur Deckung des unternehmerischen Gewinns. _____

b. Bei der Deckungsbeitragsrechnung werden den Produkten nur die variablen Kosten zugerechnet. _____

c. Die Summe der Deckungsbeiträge aller Produkte eines Unternehmens dient zur Deckung der fixen Kosten und des unternehmerischen Gewinns. _____

d. Alle Teilkostenrechnungssysteme basieren auf einer konsequenten Trennung von Einzelkosten und Gemeinkosten. _____

e. Die Differenz zwischen Erlösen und variablen Kosten wird als Deckungsbeitrag bezeichnet. _____

f. In der Vollkostenrechnung werden aufgrund von Beschäftigungsschwankungen u. U. zu wenig oder zu viel Gemeinkosten verrechnet. _____

g. Die kurzfristige Preisuntergrenze liegt dort, wo die Erlöse gerade noch die fixen Kosten decken. _____

Erläutern Sie Begriff und Aufgaben des Controlling in einem Unternehmen.

Begriff	Controlling gehört in einem modernen Unternehmen heute zu den wichtigsten Funktionen. Der Begriff darf keineswegs mit dem deutschen Wort „Kontrolle" übersetzt werden. Vielmehr beinhaltet es vorwiegend die Merkmale der **Steuerung**. Aufgabe des Controllers ist es, das gesamte Entscheiden und Handeln durch eine entsprechende Aufbereitung von Informationen ergebnisorientiert auszurichten.
Planung und Kontrolle	▷ Die Ziele des Unternehmens müssen ausdrücklich und messbar formuliert werden. ▷ Für alle Bereiche des Unternehmens müssen anhand der angestrebten Ziele **Handlungsalternativen** entwickelt und ausgewählt sowie die daraufhin erwarteten Ergebnisse geplant werden. ▷ Die angestrebten Ziele werden nach Abteilungen in **Budgets** umgesetzt. Dies sind sowohl Planwerte für die Leistungen der einzelnen Abteilungen (z. B. Umsatz) als auch Vorgaben für die Kosten. ▷ Im laufenden Betrieb muss ständig überwacht werden, ob die Planwerte erreicht werden. Dies geschieht mit Hilfe des **Soll-Ist-Vergleichs**. ▷ Bei festgestellten negativen **Abweichungen** müssen Maßnahmen vorgeschlagen und ergriffen werden, um in der Durchführung gegenzusteuern oder um neue realistische Planwerte zu erhalten. Bei positiven Abweichungen müssen die auslösenden Effekte verstärkt werden.
Informationen	Die Unternehmensleitung und alle anderen Entscheidungsträger (z. B. Abteilungsleiter) benötigen für ihre Entscheidungen umfassende Informationen über die Ergebnisse früherer Entscheidungen (Kontrollinformationen) sowie Informationen, die für zukünftige Prozesse und Entscheidungen erforderlich sind (Planungsinformationen). In diesem Zusammenhang stellt der Controller erforderliche Daten, Methoden und Modelle sowie Handlungsalternativen in Berichten möglichst informativ dar (s. u.).

Geben Sie einen Überblick über die Instrumente, mit denen der Controller in einem Unternehmen in den verschiedenen Bereichen Steuerungsaufgaben erfüllen kann.

Absatzcontrolling	▷ **ABC-Analyse nach Kunden** Die Anteile der Umsätze der einzelnen Kunden am Gesamtumsatz einer Periode werden in Prozent ausgedrückt und nach der Höhe sortiert. Die größten Kunden, die 75 % des Gesamtumsatzes erbringen (es sind zumeist ca. 5 bis 10 % aller Kunden), gelten als A-Kunden, die B-Kunden machen etwa 20 % des Gesamtumsatzes aus, die C-Kunden dagegen nur noch ca. 5 %. Den A-Kunden ist eine besondere Aufmerksamkeit zu widmen, z. B. durch eine intensive Betreuung, durch gemeinsame Aktionen, durch zügige, möglicherweise Just-in-time-Belieferung. ▷ **ABC-Analyse nach Produkten** Hierbei werden die Anteile der Umsätze je Produkt in Prozent vom Gesamtumsatz in eine Rangreihe gebracht und nach A-Produkten (ca. 75 %), B-Produkten (ca. 20 %) und C-Produkten (ca. 5 %) gruppiert. Diese Analyse ist ein wichtiges Instrument zur Sortimentssteuerung. Produkte, die im C-Bereich angesiedelt sind, gelten häufig als Kandidaten für eine Sortimentsbereinigung, während Produkte im A-Bereich besonders zu fördern sind. ▷ **Deckungsbeitragsrechnung** Dieses Instrument aus dem Bereich der KLR kann für die Kalkulation von Zusatzaufträgen, für die Berechnung von Mindestabnahmemengen, für die Bestimmung von Preisuntergrenzen bei stark unter Konkurrenz stehenden Aufträgen eingesetzt werden. (Siehe hierzu auch Seite **262**.)
Beschaffungs-controlling	▷ **ABC-Analyse nach Lieferanten** Eine ABC-Analyse nach Lieferanten liefert Erkenntnisse darüber, wie stark der Einkauf sich an einzelne Lieferanten bindet. Sind es also nur wenige Lieferanten, mit denen das Unternehmen mehr als 70 % Umsatz macht, lohnt sich eine enge Zusammenarbeit mit diesen Unternehmen auf dem Gebiet der Konditionen, der Produktentwicklung und der Sortimentssteuerung. ▷ **Optimale Bestellmenge** Um die Kosten der Lagerhaltung und die Kosten der Beschaffung zu minimieren, wird ermittelt, wie häufig eine Warenposition mit welcher Menge pro Bestellung bestellt wird (siehe hierzu auch S. **132**). Allerdings ergeben sich in der Praxis vielfach Abweichungen von einer theoretisch optimalen Bestellmenge, weil Packungsgrößen, saisonale Schwankungen, Rabattstaffeln oder Mindestbestellmengen eine andere Menge sinnvoll erscheinen lassen.
Lager-controlling	▷ **Lagerhaltungskostenanalyse** (siehe hierzu S. **174**) ▷ **Lagerkennziffern** (siehe hierzu S. **176**) ▷ **Renner-/Penner-Listen** (siehe hierzu S. **124**)
Personal-controlling	▷ **Personalkostenanalyse** Im Rahmen dieser Analyse werden die wichtigsten Einflussfaktoren auf die Personalkosten dargestellt, insbesondere die Bruttolöhne und -gehälter sowie die Personalnebenkosten. ▷ **Personalstrukturanalyse** In dieser Analyse werden Kennzahlen wie Anteil der Angestellten oder Anteil der gewerblichen Arbeitnehmer in %, Leitungsspanne, Durchschnittsalter, Ausbildungsquote, Frauenquote und andere Kennzahlen ermittelt, um Informationen für die Personalentwicklung und für die Personaleinsatzplanung zu erhalten.

1 Im Rahmen einer ABC-Analyse sollen Sie die Einkaufsdaten der Artikelgruppe Verbindungselemente aus dem vergangenen Jahr analysieren. Vervollständigen Sie zu diesem Zweck die dargestellte Tabelle und kennzeichnen Sie dann die unten stehenden Behauptungen mit einer

(1), wenn die Aussage richtig ist,
(9), wenn die Aussage falsch ist.

a. Es ist unerheblich, ob eine Ware zu den A-, B- oder C-Artikeln gehört. Es müssen für alle Artikel die Möglichkeiten des beschaffungspolitischen Instrumentariums ausgeschöpft werden.

b. M01, M08 und M06 machen zusammen 73,3 % des Gesamtwertes aus, jedoch nur 16,1 % der gesamten Stückzahlen.

c. Zu den C-Artikeln zählen M13, M03, M10, M09 und M07, da sie nur 5,1 % des Gesamtwertes ausmachen, aber 44,2 % der gesamten Stückzahlen.

d. M06, M08 und M02 gehören zu den A-Artikeln.

e. Für die C-Artikel sollte bei jeder Bestellung ein Angebotsvergleich vorgenommen werden.

2 Die Verkaufsstatistik der vergangenen Abrechnungsperiode weist für einen Elektronikgroßhandel folgende Zahlen aus:

Gesamtumsatz:	7 673 400,00 €
Anzahl der ausgelieferten Aufträge:	5 292
Anzahl der Mitarbeiter im Lager:	25

Das Unternehmen beliefert 840 Kunden.

a. Wie viele Aufträge wurden in der vergangenen Periode je Kunde abgefertigt?

b. Wie viel Euro beträgt die Auftragsgröße.

c. Um wie viel Euro würde sich der Umsatz insgesamt erhöhen, wenn unter sonst gleichen Bedingungen 20 neue Kunden gewonnen würden?

d. Berechnen Sie die Produktivität der Mitarbeiter nach der Anzahl der bearbeiteten Aufträge.

3 Der Controller eines Großhandelsunternehmens erhält von der Buchhaltung folgende Zahlen über das vergangene Jahr zur Verfügung gestellt (Werte in T €):

Warenbestand am 01.01.	1 200
Warenbestand am 31.12.	1 280
Wareneingang	6 280
Umsatzerlöse	8 990

Ermitteln Sie aus den genannten Werten für das vergangene Jahr ...

a. ... den Wareneinsatz in T €.

b. ... den Jahresrohgewinn in T €.

c. ... den Kalkulationszuschlagssatz in %.

d. ... den durchschnittlichen Lagerbestand in T €.

e. ... die Umschlagshäufigkeit.

f. ... die durchschnittliche Lagerdauer in Tagen.

4 Die Personalabteilung stellt für das vergangene Jahr folgende Zahlen zur Verfügung:

Personalbestand am 01.01.	240 MA
Abgänge im gesamten Jahr	12 MA
Zugänge im gesamten Jahr	16 MA
Personalbestand am 31.12.	244 MA
Anzahl Angestellte am 31.12.	224 MA
Anzahl Auszubildende am 31.12.	36 MA
Anzahl der weiblichen MA am 31.12.	156 MA

Ermitteln Sie aus diesen Personalzahlen folgende Kennzahlen:

a. Frauenquote in %

b. Ausbildungsquote in %

c. Angestelltenquote in %

d. Fluktuationsquote in %

e. durchschnittlicher MA-Bestand

Material-Nr.	Stück	Stück in %	Wert/Stück	Wert	Wert in %	ABC
M01	6 000		4,00			
M02	1 000		220,00			
M03	500		20,00			
M04	2 000		10,00			
M05	3 000		5,00			
M06	1 000		100,00			
M07	200		5,00			
M08	3 000		50,00			
M09	1 000		2,00			
M10	8 000		1,00			
M11	400		40,00			
M12	600		30,00			
M13	4 000		3,00			
M14	300		150,00			
Gesamt	31 000	100,0			100,0	

Welchen Zweck erfüllt die Betriebsstatistik?

Aufgabe	Die Betriebsstatistik trägt Zahlenmaterial aus allen Bereichen des Betriebes zusammen, ordnet die Zahlen, stellt sie möglichst grafisch dar und bietet damit Möglichkeiten für ▷ den innerbetrieblichen Vergleich (Entstehung der Kosten, des Umsatzes usw.); ▷ den außerbetrieblichen Vergleich (eigene Kosten, Umsatzzahlen, Personalbestandsdaten im Verhältnis zu Daten ähnlicher Unternehmen. Die Daten der Statistik werden ausgewertet und bilden die Grundlage für Planungen und Entscheidungen.
Arten	Einkaufs-, Verkaufs-, Lager-, Personal-, Finanz-, Werbe-, Kunden-, Artikelgruppenstatistik usw.

Wie können Statistiken besonders anschaulich gemacht werden?

Darstellungsformen	▷ Tabellen: Zunächst wird das Zahlenmaterial in tabellarischer Form dargestellt und zusammengefasst. ▷ Grafische Darstellungen: Die Tabellen können in anschauliche grafische Darstellungen in Form von Diagrammen umgeformt werden.
Arten grafischer Darstellungen	▷ Linien- oder Kurvendiagramme dienen häufig zur Veranschaulichung von Trends. ▷ Balken- oder Säulendiagramme eignen sich zur Verdeutlichung absoluter Werte zu Vergleichszwecken. ▷ Kreis- oder Tortendiagramme werden gewählt, wenn die Struktur eines Gesamtwertes dargestellt werden soll. ▷ Flächendiagramme in Rechteck-, Dreieck- oder Quadratform werden verwendet, um einige wenige Zahlenwerte miteinander zu vergleichen.

Beispiel 1: *Die Personalkostenstatistik der letzten 6 Monate enthält folgende Werte:* *Monat Kosten in T €* *Januar 160* *Februar 135* *März 145* *April 147* *Mai 150* *Juni 165*	 Stabdiagramm/Blockdiagramm	 Kurvendiagramm
Beispiel 2: *Aus einer Umsatzstatistik sind folgende Werte entnommen:* *Warengruppe 1 = 60 %* *Warengruppe 2 = 30 %* *Warengruppe 3 = 10 %*	 Kreisdiagramm	 Flächendiagramm

1 Sie haben die Aufgabe, anhand der Umsatzzahlen der letzten 24 Monate die Umsatzentwicklung möglichst anschaulich darzustellen.

Welche Form wählen Sie? _____

(1) Flächendiagramm als Rechteckform

(2) Kreisdiagramm

(3) Kurvendiagramm

(4) Säulendiagramm

2 Es sind die prozentualen Anteile einiger Artikelgruppen am Gesamtumsatz als Kreisdiagramm zu verdeutlichen. Geben Sie mit Hilfe der Zahlen 1–4 die Reihenfolge der einzelnen Arbeitsschritte an.

a. Diagramm-Quelldaten bestätigen oder ändern _____

b. Tabelle im Excel-Arbeitsblatt markieren _____

c. Diagrammoptionen (Titel, Legende etc.) festlegen _____

d. Diagrammtyp „Kreisdiagramm" auswählen_____

e. Diagrammplatzierung wählen _____

3 Ordnen Sie die folgenden Begriffe den Lücken in den unten stehenden Beschreibungen zu.

(1) Balkendiagramm
(2) Kurvendiagramm
(3) Tortendiagramm

a. Das ... dient häufig zur Veranschaulichung von Trends.

b. Das ... wird eingesetzt, um die Struktur eines Gesamtwertes darzustellen. _____

c. Das ... dient häufig zum Vergleich einiger absoluter Werte. _____

4 Sie haben im Excel-Arbeitsblatt eine Statistik von 15 Filialen jeweils mit ihren gesamten Erträgen und Kosten angelegt.

Welcher der folgenden Standpunkte führt vermutlich zu der besten Information für den Vertriebsleiter?

(1) Ich wähle das Balkendiagramm, so habe ich die Filialen untereinander, das bietet eine bessere Vergleichbarkeit und mehr Platz für die Balken sowie die Namen der Filialen.

(2) Ich wähle ein Liniendiagramm mit Datenpunkten, so kann ich jede einzelne Filiale mit Ertrag und Kosten kenntlich machen und die Entwicklung zwischen den einzelnen Filialen erkennen.

(3) Ich wähle zwei Kreisdiagramme, eines für die Erträge und eines für die Kosten, so kann ich die Verteilung der Erträge und die Verteilung der Kosten besser erkennen.

5 Ein Textilgroßhändler stellt den Umsatz von 3 Produktgruppen für das erste Vierteljahr des Geschäftsjahres zusammen, dabei ergeben sich folgende Zahlenwerte in Euro:

Monate:	Januar	Februar	März
Herrenbekleidung:	10 500,00	25 300,00	12 700,00
Damenbekleidung:	14 800,00	30 200,00	17 000,00
Kinderbekleidung:	5 300,00	10 500,00	8 200,00

a. Wie hoch waren die Prozentanteile der einzelnen Produktgruppen am Gesamtumsatz?

aa. Herrenbekleidung_____

ab. Damenbekleidung _____

ac. Kinderbekleidung_____

b. Wie hoch waren die %-Anteile der einzelnen Monate am Gesamtumsatz des Quartals?

ba. Januar _____

bb. Februar _____

bc. März_____

6 Entscheiden Sie anhand der in Aufgabe 5 beschriebenen Zahlenwerte, wie die folgenden Aussagen ergänzt werden müssen. Setzen Sie für den fehlenden Begriff im Text die jeweilige Ziffer ein:

(1) Balkendiagramm
(2) Kreisdiagramm
(3) Flächendiagramm in Rechteckform
(4) Liniendiagramm

a. Der Großhändler wählt das ..., um die Anteile der einzelnen Abteilungen am Gesamtumsatz und die jeweiligen Monatsumsätze zu veranschaulichen. _____

b. Mit einem ... kann die Umsatzentwicklung der Abteilungen deutlich gemacht werden. _____

c. Das ... ist dazu geeignet, die prozentualen Umsatzanteile der Abteilungen am Gesamtumsatz, unabhängig von den schwankenden Monatswerten, darzustellen. _____

7 Nach dem Erstellen einer Grafik in Excel stellen Sie fest, dass Sie die Legende statt neben unter der Grafik platzieren wollen. Sie klicken die Grafik rechts an und finden im Kontextmenü einige Dialogfenster angeboten.

Welches Dialogfenster müssen Sie wählen, um die beschriebene Operation erfolgreich durchzuführen?

(1) Diagrammtyp _____

(2) Datenquelle_____

(3) Diagramm-Optionen _____

(4) Platzieren _____

Geben Sie Beispiele für die Barzahlung, die halbbare Zahlung und die bargeldlose Zahlung.

| Symbolbedeutung: | | Konto | ⊤ | Eine Kontobenutzung ist notwendig. | |
| | | Bargeld | ⊡-∞ | Bargeldfluss | |

Zahlungsart	Zahlungsmöglichkeit	Zahlungsträger	Zahler	Empfänger
bar	Postpaket, DHL Paket, von Hand zu Hand	Zahler/Empfänger/Bote	⊡-∞	⊡-∞
halbbar	Zahlschein	Kreditinstitut/Postbank	⊡-∞	⊤
	Barscheck	Kreditinstitut/Postbank	⊤	⊡-∞
	Zahlungsanweisung z. V.	Postbank		
bargeldlos	Überweisung	Kreditinstitut/Postbank		
	Verrechnungsscheck	Kreditinstitut/Postbank	⊤	⊤
	Zahlungsanweisung z. V.	Postbank		

Nennen Sie Besonderheiten bei der Barzahlung und der halbbaren Zahlung.

Postpaket DHL Paket	Die Deutsche Post transportiert Postpakete, die versichert bis zu einem Wert von 500,00 € sind. Es ist möglich, Postpakete oder DHL Pakete bis zu 2 500,00 € oder bis zu 25 000,00 € zu versichern.
Zahlschein	Es handelt sich hierbei um Formulare, die von den Geldinstituten angeboten werden. Der Empfänger muss ein Konto besitzen. Der einfache Zahlschein wird auch in Verbindung mit einer Überweisung angeboten. Dieses dient den Geldinstituten zur Vereinfachung ihres Geldverkehrs.
Zahlungs- anweisung z. V.	Die Höchstsumme beträgt 1 500,00 €. Diese Zahlungsart kann nur von größeren Postbankkunden wahrgenommen werden, auch im Rahmen von Sammelaufträgen. Der Empfänger erhält die Zahlungsanweisung und kann sie innerhalb einer Monatsfrist bei seiner Bank oder bei beliebigen Postfilialen zur Gutschrift einreichen oder nach Ausweis bar auszahlen lassen.

Nennen Sie Besonderheiten im bargeldlosen Zahlungsverkehr.

Überweisung	Sammel- überweisung	Für eine Vielzahl von Überweisungen in beliebiger Höhe an unterschiedliche Zahlungsempfänger genügt eine einzige Unterschrift auf einem Überweisungsauftrag mit der Gesamtsumme der Einzelüberweisungen.
	Sonstige Möglichkeiten	Überweisungen können vereinfacht getätigt werden durch ▷ Online-Banking (PIN/TAN) ▷ Datenträgeraustausch
Dauerauftrag		Für Zahlungen, die regelmäßig wiederkehren und in ihrer Höhe gleich sind, kann der Zahler dem Kreditinstitut oder der Postbank einmalig den Auftrag zur Überweisung an denselben Empfänger erteilen. Die Überweisungen werden dann zu Lasten seines Kontos bis zum Widerruf regelmäßig vorgenommen.
Lastschriftverkehr		Für Zahlungen, die in gleicher oder aber auch unterschiedlicher Höhe anfallen, sind zwei Verfahren zur Vereinfachung möglich:
	Einzugs- ermächtigung	Der Zahlungsempfänger wird ermächtigt, seinen jeweiligen Forderungsbetrag einziehen zu lassen. Eine Stornierung der Belastung ist möglich, wenn der Belastete die Lastschrift innerhalb von 6 Wochen zurückschickt.
	Abbuchungs- auftrag	Neben der Ermächtigung des Zahlungsempfängers wird zusätzlich das Geldinstitut beauftragt, die vorgelegten Lastschriften vom Zahlungsempfänger einzulösen. Eine Rückbelastung ist nicht möglich.
Kreditkarte		Diese Karten werden von Kreditkartenorganisationen an einen ausgewählten Kundenkreis herausgegeben. Der Kunde hat die Möglichkeit, bei Vertragsunternehmen, die diesem Kreditkarten-System angeschlossen sind, mit der Kreditkarte bargeldlos zu zahlen. Das Vertragsunternehmen und der Kunde rechnen jeweils mit dem Kreditkartenunternehmen ab. Der Kunde zahlt eine jährliche Gebühr. Das Vertragsunternehmen wird mit einer umsatzabhängigen Provision und Bearbeitungsgebühr belastet.

1 Ordnen Sie die folgenden Begriffe den unten stehenden Besonderheiten des bargeldlosen Zahlungsverkehrs zu.

(1) Dauerauftrag
(2) Einzugsermächtigung
(3) Abbuchungsauftrag

a. Der Zahler beauftragt/ermächtigt nur seine Bank, die bargeldlose Zahlung zu veranlassen. _____

b. Der Zahler beauftragt/ermächtigt sowohl den Zahlungsempfänger als auch seine Bank, die bargeldlose Zahlung zu veranlassen. _____

c. Der Zahler beauftragt/ermächtigt nur den Zahlungsempfänger, die bargeldlose Zahlung zu veranlassen. ___

d. Bei dieser Zahlungsart werden wiederkehrende gleich bleibende Beträge an denselben Empfänger gezahlt. ___

e. Bei dieser Zahlungsart können unterschiedliche Beträge dem Konto belastet werden. Eine Aufhebung der Belastung ist innerhalb von 6 Wochen möglich. _____

2 Kennzeichnen Sie unten stehende Aussagen zur Zahlung mit Kreditkarten.

Tragen Sie eine

(1) ein, wenn die Aussage richtig ist,
(9) ein, wenn die Aussage falsch ist.

a. Dem Inhaber einer Kreditkarte wird i. d. R. jährlich eine Gebühr in Rechnung gestellt. Danach fällt für den Kunden bei Zahlung mit der Kreditkarte keine Bearbeitungsgebühr an. Der Zahlungsempfänger (Vertragsunternehmen der Kreditkartenorganisation) wird mit einer umsatzabhängigen Provision und Gebühr belastet. _____

b. Bei Bezahlung mit einer Kreditkarte muss ein Unternehmen dies als Zahlungsmittel akzeptieren. _____

c. Kreditkarten werden bei Eröffnung eines Bankkontos kostenlos an den Kontoinhaber ausgegeben. _____

3 Überprüfen Sie folgende Aussagen zu den Möglichkeiten der Barzahlung. Entscheiden Sie, ob diese Aussagen

(1) richtig sind,
(9) falsch sind.

a. Die Deutsche Post transportiert Pakete bis zu 20 kg. Diese sind versichert bis zu einem Wert von 500,00 €. ___

b. Postpakete oder DHL-Expresspakete können bis zu 2 500,00 € versichert werden. Es ist möglich, eine Versicherung bis zu einem Wert von 25 000,00 € abzuschließen. _____

c. Der Höchstbetrag bei der Zahlungsanweisung z. V. beträgt 1 500,00 €. _____

4 Ordnen Sie zu, um welche Art von Zahlungsvereinfachung es sich in den genannten Fällen handelt.

(1) Kreditkarte
(2) Einzugsermächtigung
(3) Sammelüberweisung
(4) Abbuchungsauftrag
(5) Dauerauftrag

a. Der Makler beauftragt sein Kreditinstitut, vierteljährlich Pacht zu überweisen. _____

b. Der Händler erteilt seinem Kreditinstitut die Erlaubnis, alle Rechnungen eines bestimmten Lieferers, die bei dem Kreditinstitut eingereicht werden, zu begleichen. ___

c. Der Unternehmer muss nach der Zahlung durch den Kunden für getätigte Einkäufe mit der jeweiligen Organisation abrechnen. _____

5 Welche Aussage ist richtig? _____

(1) Der Zahlschein ist eine Barzahlung.
(2) Der Zahlschein ist eine halbbare Zahlung.
(3) Der Zahlschein ist eine bargeldlose Zahlung.

6 Welche der folgenden Aussagen zum Zahlungsverkehr ist falsch?

(1) Bei der Verwendung eines Zahlscheins wird der Betrag bar ausgezahlt. Es handelt sich um eine halbbare Zahlungsart. Zahlungsträger können Kreditinstitute oder Postbanken sein.

(2) Bei der bargeldlosen Zahlungsart benutzen sowohl der Zahler als auch der Zahlungsempfänger ein Konto.

(3) Die Zahlungsanweisung zählt zu der halbbaren bzw. bargeldlosen Zahlungsart. Je nach Art der Zahlungsanweisung bekommt der Empfänger die Geldsumme bar ausgezahlt oder er erhält die Summe zur Verrechnung.

(4) Bei Verwendung eines Zahlscheins wird der Betrag bar eingezahlt. Es handelt sich um eine halbbare Zahlungsart.

7 Bei den Zahlungsformen unterscheidet man bei Berücksichtigung der für die Zahlung verwendeten Zahlungsmittel die

(1) bare Zahlung,
(2) halbbare Zahlung,
(3) unbare oder bargeldlose Zahlung.

Ordnen Sie zu.

a. Zahlschein _____

b. Verrechnungsscheck _____

c. Banküberweisung _____

d. Zahlungsanweisung zur Verrechnung (Gutschrift) _____

e. Dauerauftrag _____

Was ist ein Scheck? Nennen Sie die Bestandteile eines Schecks.

Der Scheck ist eine Urkunde, in welcher der Aussteller den Bezogenen (= Kreditinstitut) anweist, eine bestimmte Geldsumme bei Sicht zu zahlen.

Gesetzliche Bestandteile	Kaufmännische Bestandteile
Sie sind zwingend erforderlich: 1. Die Bezeichnung als Scheck im Text der Urkunde, und zwar in der Sprache, in der sie ausgesellt ist; 2. die unbedingte Anweisung, eine bestimmte Geldsumme zu zahlen; 3. der Name dessen, der zahlen soll (Bezogener); 4. die Angaben des Zahlungsortes; 5. die Angabe des Tages und des Ortes der Ausstellung; 6. die Unterschrift des Ausstellers.	Sie erleichtern die betriebsinterne Verarbeitung und banktechnische Abwicklung: ▷ Guthabenklausel ▷ Wiederholung des Betrages in Ziffern ▷ Überbringerklausel ▷ Schecknummer ▷ Kontonummer ▷ Bankleitzahl ▷ Codierzeile

Nach welchen Gesichtspunkten können Schecks unterschieden werden?

nach der Art der Übertragung	Inhaberscheck	Dieser Scheck ist versehen mit dem Zusatz „oder Überbringer". Er gilt als zahlbar an den Inhaber, auch wenn eine bestimmte Person genannt wurde. Das Streichen der Überbringerklausel gilt als nicht erfolgt. Die Übertragung des Eigentums an dieser Urkunde erfolgt nur durch **Einigung und Übergabe**.
	Orderscheck	Der Scheck ist zahlbar gestellt an eine bestimmte Person und enthält nicht die Überbringerklausel. Dabei kann der ausdrückliche Vermerk „an Order" mit vermerkt sein, muss aber nicht, da der Scheck ein geborenes Orderpapier ist. Die Übertragung des Eigentums an dieser Urkunde erfolgt durch **Einigung, Indossament und Übergabe**.
nach dem Scheck-bezogenen	Bankscheck	Diese Schecks werden von Banken und Sparkassen ausgegeben.
	Postscheck	Nur Postbankkunden erhalten Postschecks.
nach der Möglichkeit der Einlösung	Barscheck	Der Bezogene ist berechtigt, die Schecksumme in bar an den Scheckinhaber zu leisten.
	Verrechnungsscheck	Das Geldinstitut löst den Verrechnungsscheck nicht in bar ein, wenn auf der Vorderseite ein Vermerk „Nur zur Verrechnung" angebracht wurde. Es erfolgt eine Gutschrift auf dem Konto des Scheckeinreichers. Im Falle eines Verlustes oder Diebstahls ist das Risiko geringer, da der Scheckeinlöser durch die Kontogutschrift jederzeit nachweisbar ist.

Welche Fristen müssen bei der Vorlegung von Schecks beachtet werden?

Fristen	▷ 8 Tage, wenn der Scheck innerhalb Deutschlands ausgestellt wurde ▷ 20 Tage, wenn der Scheck in einem anderen europäischen Land ausgestellt wurde ▷ 20 Tage, wenn der Scheck in einem an das Mittelmeer angrenzenden Land ausgestellt wurde ▷ 70 Tage, wenn der Scheck in einem anderen Erdteil ausgestellt wurde Wird ein Scheck vor dem auf dem Scheck notierten Ausstellungsdatum (vordatierter Scheck) vorgelegt, so kann das Geldinstitut diesen einlösen, da Schecks bei Sicht fällig sind.

Beschreiben Sie die Besonderheiten der EC-Karte.

Barauszahlungen	Mit der EC-Karte ist es möglich jederzeit Barbeträge abzuheben. Die EC-Karte wird in den Geldautomaten eingeführt. Nach Eintippen der Geheimzahl und des gewünschten Eurobetrages wird das Bargeld ausgezahlt.
Bareinzahlungen	Bargeldeinzahlungen sind in Verbindung mit der EC-Karte am Bareinzahlungsautomaten jederzeit möglich. Das Bargeld wird mit dem selbst ausgefüllten Einzahlungsbeleg in ein dafür bestimmtes Fach gelegt. Zur Identifikation wird die EC-Karte benötigt. Die Kontrolle der Höhe des Bargeldes erfolgt unter Aufsicht von Bankangestellten.
Kontoauszüge	Durch Einführen der EC-Karte ist der Druck von Kontoauszügen möglich.
Kassenterminals	Mit der EC-Karte ist es möglich bargeldlos am Verkaufsort zu bezahlen. ▷ Bei Online-Verbindung der Händlerbank wird der Geldbetrag bei Nutzung der EC-Karte und Angabe der Geheimzahl direkt vom Konto gebucht. Dadurch besteht eine Zahlungsgarantie für den Händler. ▷ Besteht keine Online-Verbindung, so ist die Zahlung mit EC-Karte im Rahmen des Lastschriftverkehrs möglich. Der Kunde unterschreibt eine Einzugsermächtigung, die den Zahlungsempfänger berechtigt, den Forderungsbetrag einziehen zu lassen. Hier besteht keine Zahlungsgarantie für den Händler, da der Kunde innerhalb von 6 Wochen widersprechen kann.
Geld-Karte	Die EC-Karte kann auch als so genannte Geld-Karte genutzt werden, wenn sie über eine Debit-Funktion verfügt und die technischen Voraussetzungen am Verkaufsort gegeben sind.

1 Ordnen Sie die gesetzlichen Vorlegefristen für folgende Schecks zu.
Tragen Sie die jeweilige Zahl der Tage ein.

a. Scheck über 330,00 €, ausgestellt in München _____

b. Scheck über 12,00 $, ausgestellt in Dallas _____

c. Scheck, ausgestellt in Salzburg (Österreich) _____

d. Scheck, ausgestellt in Hammamet (Tunesien) _____

2 Kennzeichnen Sie unten stehende Aussagen mit

(1), wenn diese richtig sind,
(9), wenn diese falsch sind.

a. Die kaufmännischen Bestandteile des Schecks sollen der Bank die Arbeit erleichtern. _____

b. Die Bankleitzahl ist immer achtstellig. _____

c. Bei der Einreichung eines Barschecks braucht sich der Einreichende grundsätzlich nicht auszuweisen. _____

d. Die Guthabenklausel ist ein gesetzlicher Bestandteil. _____

e. Die gesetzlichen Bestandteile des Schecks sind im HGB definiert. _____

f. Der Scheck ist eine Urkunde, in welcher der Aussteller verspricht, eine bestimmte Geldsumme zu zahlen. _____

g. Zu den gesetzlichen Bestandteilen zählen auch die Angabe des Tages und des Ortes der Ausstellung. _____

h. Der Scheck hat 6 gesetzliche Bestandteile. _____

3 Schecks können je nach Art übertragen werden durch

(1) Einigung und Übergabe,
(2) Einigung, Indossament und Übergabe.

Ordnen Sie diese Eigentumsübertragungsmöglichkeiten den genannten Schecks zu:

a. Inhaberscheck _____

b. Orderscheck _____

c. Überbringerscheck _____

d. Namensscheck _____

4 Welche der folgenden Antworten ist richtig? _____

(1) Ein Scheck, der auf das Datum 23. Mai ausgestellt ist, wird von der Bank bei Vorlage vor diesem Tag nicht eingelöst, sondern erst ab dem Ausstellungsdatum.
(2) Bei Abweichungen des Scheckbetrages in Ziffern und in Worten hat grundsätzlich nur die Angabe des niedrigeren Betrages Gültigkeit.
(3) Der Scheck ist ein geborenes Orderpapier.
(4) Ein Barscheck sagt aus, dass der Aussteller die Schecksumme in bar an den Scheckinhaber zu leisten hat.

5 Ordnen Sie die gesetzlichen Vorlegungsfristen beim Scheck zu:

(1) 8 Tage
(2) 20 Tage
(3) 70 Tage

a. Der Scheck wurde in einem anderen Erdteil ausgestellt. ___

b. Der Scheck wurde in einem anderen europäischen Land ausgestellt. _____

c. Der Scheck wurde in einem an das Mittelmeer angrenzenden Land ausgestellt. _____

d. Der Scheck wurde innerhalb Deutschlands ausgestellt. ___

6 Beantworten Sie folgende Fragen zur EC-Karte und zum Verrechnungsscheck:

Tragen Sie eine

(1) ein, wenn die Aussage richtig ist,
(9) ein, wenn die Aussage falsch ist.

a. Die EC-Karte ermöglicht es, Zahlungen ohne Bargeld zu tätigen. _____

b. Mit der EC-Karte sind Zahlungen nur mit Geheimzahl möglich. _____

c. Mit der EC-Karte und Eingabe der Geheimzahl können in den Ländern Europas an entsprechenden Stellen an den dafür aufgestellten Automaten Barbeträge ausgezahlt werden. _____

d. Verrechnungsschecks müssen von den Händlern als Zahlungsmittel angenommen werden. _____

e. Ein Verrechnungsscheck ist ein Namensscheck. _____

f. Bei Ausstellen von Verrechnungsschecks muss die Kontonummer des Empfängers eingetragen werden. ___

g. Verrechnungsschecks sind weitgehend vom Missbrauch ausgeschlossen, weil der Unberechtigte durch die Gutschrift auf seinem Konto festgestellt werden könnte. ___

7 Bei der abendlichen Überprüfung der eingereichten Schecks werden von einem Einzelhändler Probleme festgestellt. Tragen Sie eine

(1) ein, wenn der Scheck Gültigkeit hat,
(9) ein, wenn der Scheck keine Gültigkeit hat.

a. Bei dem ersten Scheck fehlt die Unterschrift des Ausstellers. _____

b. Bei dem zweiten Scheck ist die Angabe des Betrages in Euro höher als der Betrag in Ziffern. _____

c. Bei dem dritten Scheck fehlt die Empfängerangabe. ___

d. Bei dem vierten Scheck ist die Überbringerklausel gestrichen. _____

e. Bei dem fünften Scheck ist das Ausstellungsdatum mit dem Jahr 2020 angegeben. _____

f. Bei dem sechsten Scheck befindet sich an der rechten Seite ein roter Streifen mit dem Druck „Orderscheck". ___

Was ist ein Wechsel? Welche Bestandteile enthält der Wechsel?

Definition	Der gezogene Wechsel ist eine Urkunde, in welcher der Aussteller (Gläubiger) den Bezogenen (Schuldner) zur Zahlung einer bestimmten Geldsumme auffordert: ▷ an die eigene Person → Wechsel an eigene Order ▷ an eine andere Person → Wechsel an fremde Order
Gesetzliche Bestandteile	Gesetzliche Bestandteile des gezogenen Wechsels: 1. die Bezeichnung als Wechsel im Text der Urkunde; 2. die unbedingte Anweisung, eine bestimmte Geldsumme zu zahlen; 3. der Name dessen, der zahlen soll (Bezogener); 4. die Angabe der Verfallzeit; 5. die Angabe des Zahlungsortes; 6. der Name dessen, an den oder an dessen Order gezahlt werden soll; 7. die Angabe des Tages und des Ortes der Ausstellung; 8. die Unterschrift des Ausstellers.
Kaufmännische Bestandteile	Kaufmännische Bestandteile erleichtern und vereinfachen die Handhabung des Wechsels: ▷ Nummer des Zahlungsortes am oberen rechten Rand ▷ Wiederholung des Zahlungsortes am oberen rechten Rand ▷ Wiederholung des Verfalltags am oberen rechten Rand ▷ der Zusatz „erste Ausfertigung" ▷ Wiederholung der Wechselsumme in Ziffern ▷ Zahlstellenvermerk ▷ Adresse des Ausstellers

Welche Bedeutung hat das Wort „Akzept"? Welche Arten werden unterschieden?

Bedeutung	Das Wort „Akzept" hat zwei Bedeutungen: a. Annahmeerklärung des Bezogenen b. der akzeptierte Wechsel	**Das Akzept ist kein gesetzlicher Bestandteil des Wechsels.**
Akzeptarten	▷ **Kurzakzept:** Unterschrift des Bezogenen ▷ **Vollakzept:** Wiederholung aller wesentlichen Bestandteile und Unterschrift des Bezogenen ▷ **Teilakzept:** Akzeptierung des Wechsels über einen Teilbetrag ▷ **Blankoakzept:** Annahmeerklärung auf einem nicht oder nur teilweise ausgefüllten Wechselvordruck ▷ **Bürgschaftsakzept** (Aval): Bürge unterschreibt als zusätzliche Sicherheit (selbstschuldnerische Bürgschaft)	

Unterscheiden Sie die Wechsel nach der Fälligstellung (Verfalltag).

Arten der Fälligkeit	Textbeispiele: Gegen diesen Wechsel zahlen Sie ...	
	Tagwechsel: Zeitwechsel: Sichtwechsel: Zeitsichtwechsel:	*am 11. April 01* *heute in drei Monaten* *bei Sicht* (Wechsel ohne Verfallzeit gilt als Sichtwechsel) *60 Tage nach Sicht*

Nennen Sie Änderungen des Wechselkreditgeschäftes durch die Einführung des Euros.

Geldmarkt- nahe Zinssätze	Mit Einführung der dritten Stufe der europäischen Wirtschafts- und Währungsunion ging die geld- und währungs-politische Kompetenz von den Teilnehmerstaaten auf die Europäische Zentralbank über. Dies bedeutet, dass die Banken keine Wechsel mehr bei der Deutschen Bundesbank rediskontieren können und der Wechsel als relativ kostengünstiges kurzfristiges Finanzierungsinstrument an Bedeutung verliert. Die Banken berechnen geldmarktnahe Zinssätze für den Ankauf der Wechsel, die höher liegen als der bisherige Diskontsatz.
Verpfändung durch die Bundesbank	Als Ersatz für die Rediskontierung besteht die Möglichkeit, neben Wertpapieren und Kreditforderungen auch Handelswechsel gegenüber der Bundesbank zum Pfand einzureichen und dadurch Liquidität im Rahmen der Offenmarktgeschäfte zu beschaffen.

1 Folgende Personen sind im Rahmen eines Wechsel-geschäftes beteiligt:

Aussteller: Gerd Ganter
Bezogener: Romolo Lanfrancie
Wechselnehmer: Bernhard Bringer

Ordnen Sie zu:

(1) richtige Antwort
(9) falsche Antwort

a. Romolo Lanfrancie ist Gläubiger von Gerd Ganter. _____

b. Romolo Lanfrancie verschickt nach der Akzeptierung eine Tratte. _____

c. Gläubiger von Gerd Ganter ist Bernhard Bringer. _____

d. Gerd Ganter verschickt eine Tratte an Romolo Lanfrancie. _____

e. Das Akzept ist die Unterschrift des Schuldners. _____

f. Am Verfalltag muss Romolo Lanfrancie die Wechselsum-me an Bernhard Bringer zahlen, falls der Wechsel nicht weitergegeben wurde. _____

g. Wenn der Schuldner nicht akzeptiert, handelt es sich nicht um einen Wechsel, sondern um ein nicht vollstän-dig ausgefülltes Wechselformular. _____

2 Kennzeichnen Sie mit einer

(1) die gesetzlichen Bestandteile,
(2) die kaufmännischen Bestandteile

des Wechsels.

a. Adresse des Ausstellers _____

b. Angabe des Zahlungsortes _____

c. Angabe des Tages und des Ortes der Ausstellung_____

d. Zusatz „erste Ausfertigung" _____

e. Bezeichnung als Wechsel im Text der Urkunde _____

f. Wechselsumme in Ziffern _____

3 Die Angabe des Verfalltages beim Wechsel ist auf un-terschiedliche Art und Weise möglich. Ordnen Sie den genannten Textbeispielen den jeweils passenden Be-griff zu.

(1) Zeitsichtwechsel
(2) Sichtwechsel
(3) Tagwechsel
(4) Zeitwechsel

a. „Gegen diesen Wechsel zahlen Sie am 23. Mai 07 .." _____

b. „Gegen diesen Wechsel zahlen Sie 40 Tage nach Sicht ..." _____

c. „Gegen diesen Wechsel zahlen Sie heute in 2 Monaten ..." _____

d. „Gegen diesen Wechsel zahlen Sie bei Sicht ..." _____

4 Bei einem Wechsel wurde versehentlich die Angabe des Verfalldatums vergessen.

Kennzeichnen Sie unten stehende Aussagen mit

(1), wenn diese richtig sind,
(9), wenn diese falsch sind.

a. Der Wechsel ist gültig. _____

b. Ein Wechsel ohne Angabe der Verfallzeit gilt als Sicht-wechsel. So schreibt es das Wechselgesetz vor. _____

c. Durch das Nichteintragen der Verfallzeit verliert der Wechsel seine Kreditfunktion. _____

d. Fehlt die Angabe der Verfallzeit, so gilt grundsätzlich eine Laufzeit von drei Monaten, gerechnet vom Ausstellungs-datum. _____

5 Ordnen Sie den unten genannten Aussagen folgende Begriffe zu.

(1) Akzeptant/en
(2) Aussteller/s
(3) Wechselformular
(4) Akzept
(5) Tratte

a. Den Schuldner nennt man auch ... _____

b. Hat der Aussteller den Wechsel ausgefüllt, dann ver-schickt er an den Bezogenen ein/e ... _____

c. Die Unterschrift des ... ist kein gesetzlicher Bestandteil des Wechsels. _____

d. Durch die Unterschrift des Bezogenen wird die/das ... ein/e ... _____

e. Der Gläubiger des Wechselgeschäftes ist der ... _____

6 Irmgard Seger, Inhaberin der KG Irene Seger, Brandau, Bergstraße 61, will zum Ausgleich ihrer Verbindlichkeiten einen Wechsel akzeptieren. Der Wechsel lautet über 45 000,00 € und ist am 23. Mai 07 fällig. Es sind verschie-dene Akzeptierungen möglich.
Ordnen Sie dem jeweiligen Beispiel die Akzeptart zu.
Ist eine Zuordnung nicht möglich, tragen Sie eine (9) ein.

(1) Blankoakzept
(2) Vollakzept
(3) Avalakzept
(4) Teilakzept
(5) Kurzakzept

a. „Angenommen über 45 000,00 €, fällig am 23. Mai, Brandau, 20. März 07", Irmgard Seger (Unterschrift) _____

b. „Angenommen" Irmgard Seger (Unterschrift) _____

c. „Angenommen" Irmgard Seger (Unterschrift), Peter Seger (Unterschrift) als Bürge _____

d. „Angenommen über 43 000,00 €, fällig am 23. Mai 07, Brandau, 20. März 07", Irmgard Seger (Unterschrift) _____

e. Irmgard Seger (Unterschrift auf der Rückseite des Wechsels) _____

Welche Verwendungsmöglichkeiten hat der Inhaber eines Wechsels?

Diskontierung	Benötigt der Wechselinhaber vor dem Verfalltag liquide Mittel, so kann er den Wechsel bei einem Kreditinstitut einreichen und erhält dafür einen Kredit in der Höhe des Barwertes. Der Barwert errechnet sich aus der Wechselsumme abzüglich dem Diskont (Zinsen für die Zeit vom Einreichungstag bis zum Verfalltag).
Weitergabe	Der Wechselinhaber kann zum Ausgleich seiner Verbindlichkeiten den Wechsel zahlungshalber weitergeben. Die Weitergabe erfolgt durch eine schriftliche Erklärung auf der Rückseite des Wechsels. Diese Übertragungserklärung nennt man Indossament (in dosso, italienisch = auf dem Rücken) oder Giro (Giro, italienisch = Umlauf). Das Eigentum wird übertragen durch: Einigung, Übergabe und Indossament. Die daran beteiligten Personen heißen: Indossant (Girat) = Weitergebender, Indossatar (Girat) = Empfänger.
Aufbewahrung	Benötigt der Wechselberechtigte kein Bargeld, so kann er den Wechsel am Verfalltag selbst vorlegen oder durch einen Beauftragten (Bank, Geschäftsfreund) einziehen lassen. Wechsel mit Zahlstellenvermerk sind bei der angegebenen Zahlstelle vorzulegen, andere Wechsel im Geschäftslokal des Bezogenen, in Ermangelung eines Geschäftslokals in seiner Wohnung.
Verpfändung	Es ist möglich, den Wechsel einem Dritten als Pfand zur Absicherung eines Kredites (Lombardkredit) zu übergeben. Die Laufzeit des Kredites muss kürzer sein als die Laufzeit des Wechsels.

Welche Funktionen erfüllt ein Indossament?

Transportfunktion	Die Rechte aus dem Wechsel werden auf den Wechselempfänger übertragen. Diese Funktion wird auch Rechtsübertragungsfunktion genannt.
Legitimationsfunktion	Durch das Indossament kann sich der Wechselberechtigte als rechtmäßiger Inhaber ausweisen, sofern er sein Recht durch eine ununterbrochene Reihe von Indossamenten nachweist. Diese Funktion wird auch Ausweisfunktion genannt.
Garantiefunktion	Jeder Indossant haftet für die Annahme und Einlösung des Wechsels. Diese Funktion wird auch Haftungsfunktion genannt. „Wer indossiert, der garantiert!"

Welche Formen des Indossaments gibt es?

Vollindossament	Das Vollindossament enthält Namen und Ort des Empfängers und die Unterschrift des Weitergebenden mit Ort und Datum. Beispiel: Für mich an die Order der Gröne Ex- und Importgesellschaft mbH, Berlin. Saarbrücken, 09.09.07 Fruchtgroßhandel Ludwig Frische KG Saarbrücken Unterschrift
Blankoindossament	Das Kurzindossament enthält nur die Unterschrift des Indossanten. Durch das Blankoindossament wird der Wechsel zu einem Inhaberpapier. Verwendungsmöglichkeiten: 1. Der Inhaber kann den Wechsel ohne Änderung weitergeben. Dadurch erscheint er nicht auf dem Wechsel und haftet nicht wechselrechtlich. 2. Der Inhaber kann über die Unterschrift den Namen eines neuen Wechselberechtigten setzen. Damit entzieht er sich ebenfalls der wechselrechtlichen Haftung. Aus dem Blankoindossament wird ein Vollindossament. 3. Der Inhaber kann den Wechsel durch Voll- oder Blankoindossament übertragen. Durch seine Unterschrift wird er Haftender. 4. Der Inhaber schreibt über der Unterschrift seinen eigenen Namen. Damit haftet er.
Vollmachtsindossament	Dieses Indossament enthält z. B. den Vermerk „Wert zur Einziehung", „zum Inkasso", „in Prokura". Der Einzugsberechtigte wird Besitzer und nicht Eigentümer. Eine Haftungsfunktion besteht nicht. Eine Weitergabe ist nur mittels Vollmachtsindossament möglich.

Was ist bei der Vorlage zur Zahlung zu beachten?

Vorlegungsfristen	Der Wechselinhaber muss am Zahlungstag oder an einem der beiden folgenden Werktage den Wechsel zur Zahlung vorlegen. Ist der Verfalltag ein gesetzlicher Feiertag oder ein Sonnabend, so gilt der nächste Werktag als Zahlungstag.		
Beispiele	*Verfalltag*	*Zahlungstag*	*letzter Vorlegungstag*
	14. Mai = Sonntag *04. Juni = Dienstag*	*15. Mai = Montag* *04. Juni = Dienstag*	*17. Mai = Mittwoch* *06. Juni = Donnerstag*
Vorlegungsort	**Wechselschulden sind Holschulden**, d. h., der Wechselinhaber muss den Wechsel bei der angegebenen Zahlstelle oder – wenn diese fehlt – beim Bezogenen vorlegen.		

1   Kennzeichnen Sie unten stehende Aussagen mit

(1), wenn diese richtig sind,
(9), wenn diese falsch sind.

a. Vom Grundsatz her sind Geldschulden = Schickschulden; Wechselschulden sind jedoch Holschulden, weil der Bezogene nicht immer wissen kann, wer der letzte Wechselnehmer ist.

b. Die Deutsche Bundesbank ist für die Festsetzung des Basiszinssatzes zuständig.

c. Wechsel werden nur selten ausgestellt, weil die Geschäftspartner Zahlungsschwierigkeiten vermuten.

d. Die Vorschriften über das Wechselgeschäft befinden sich im HGB.

2   An einem Wechselgeschäft sind folgende Personen beteiligt: Aussteller: Hans-Georg Stawermann, Bezogener: Hubert Köster, Indossant: Bernadette Pille, letzter Wechselnehmer: Peter Seger. Der Wechsel ist ausgestellt am 12.12.06 und fällig am Montag, dem 10.04.07. Die Wechselsumme beträgt 12 300,00 €. Der Wechsel wurde bei der vom Bezogenen angegebenen Bank am 11.04.07 zur Zahlung vorgelegt. Es handelt sich um einen Handelswechsel mit mehreren guten Unterschriften.

Nehmen Sie zu unten stehenden Aussagen Stellung:

(1) Die Aussage ist richtig.
(9) Die Aussage ist falsch.

a. Es handelt sich um einen Sola-Wechsel.

b. Falls der Wechsel nicht eingelöst wird, kann Peter Seger vom Aussteller Hans-Georg Stawermann oder von Bernadette Pille die Zahlung verlangen.

c. Der Wechsel ist zu spät vorgelegt worden.

d. Der letzte Wechselinhaber kann nur vom Aussteller die Zahlung verlangen.

3   Nehmen Sie zu folgenden Gleichsetzungen zum Indossament Stellung und ordnen Sie eine

(1) zu für eine richtige Gleichstellung,
(9) zu für eine falsche Gleichstellung.

a. Legitimationsfunktion = Ausweisfunktion

b. Transportfunktion = Rechtsübertragungsfunktion

c. Garantiefunktion = Haftungsfunktion

d. Transportfunktion = Jeder Indossant überträgt die Haftung.

e. Blankoindossament = Kurzindossament

f. Vollmachtsindossament = Pfandindossament

g. Blankoindossament = nur die Unterschrift des Bezogenen

h. Indossament = gewillkürte Form beim Wechsel

4   Ein Wechsel wird am 14.09.06 fällig. Der Verfalltag ist ein Samstag.

An welchem Tag ist der letzte Vorlegungstag? _____

(1) 14.09.06   (4) 17.09.06
(2) 15.09.06   (5) 18.09.06
(3) 16.09.06

5   Der Wechsel ist ein

(1) Zahlungsmittel,
(2) Kreditmittel,
(3) Sicherungsmittel.

Welche Funktion wird in den Beispielen besonders beschrieben?

a. Durch das Ausstellen des Wechsels wird der Zahlungstermin hinausgeschoben.

b. Der Aussteller gibt den Wechsel zum Ausgleich seiner Verbindlichkeiten weiter.

c. Der Wechselinhaber kann den Wechsel an ein Kreditinstitut verkaufen und erhält den Barwert vor dem Verfalltag gutgeschrieben.

d. Ausstellen eines Solawechsels anstatt eines Schecks.

e. Für eine Wechselforderung besteht eine besondere Wechselstrenge im Gegensatz zu sonstigen Zivilprozessverfahren.

f. Zahlt der Bezogene am Verfalltag nicht, haften z. B. der Aussteller und die Indossanten für die Einlösung der Wechselsumme.

6   Ein Besitzwechsel (Fälligkeit in zwei Monaten) kann unterschiedlich verwendet werden.

(1) Diskontierung
(2) Weitergabe
(3) Aufbewahrung
(4) Verpfändung

Ordnen Sie die sinnvollste Verwendungsmöglichkeit zu.

a. Der Wechselinhaber benötigt dringend liquide Mittel zum Ausgleich seiner Verbindlichkeiten.

b. Ein Kredit, fällig in einem Monat, ist abgesichert durch Aktien. Der Kreditnehmer möchte die Aktien auf Grund des steigenden Kurses verkaufen.

7   Kennzeichnen Sie unten stehende Aussagen mit

(1), wenn diese richtig sind,
(9), wenn diese falsch sind.

a. Alle auf der Rückseite des Wechsels genannten Indossanten haften für die Einlösung des Wechsels.

b. Jeder Wechsel wird von der Europäischen Zentralbank überprüft.

Bestimmen Sie die Größen, die für die Zinsrechnung notwendig sind, und ermitteln Sie die Zinsen.

Begriffe in der Zinsrechnung	Die Zinsrechnung spielt bei der Kreditgewährung durch Kreditinstitute bzw. Lieferanten (Zahlungsziel) eine wichtige Rolle.
	Die Zinsrechnung ist eine besondere Anwendungsform der Prozentrechnung:
	Kapital (K) = eingesetztes Kapital, das verzinst werden soll (entspricht dem Grundwert der Prozentrechnung)
	Zinssatz (p) = Jahreszinsen, angegeben in % (entspricht dem Prozentsatz der Prozentrechnung)
	Zinsen (Z) = anteilige Zinsen, angegeben in € (entspricht dem Prozentwert der Prozentrechnung)
	Zeit (t) = Kreditzeitraum, angegeben in Tagen
Aufgabe	Ein Großhändler bezieht von einem Lieferanten Waren mit einem Rechnungsbetrag von 18 000,00 €. Da der Großhändler das Zahlungsziel nicht einhalten kann, bittet er den Lieferanten um Zahlungsaufschub. Dieser ist bereit, den Zahlungstermin um 14 Tage gegen Berechnung von 8 % Verzugszinsen zu verschieben. In welcher Höhe werden Verzugszinsen berechnet?

Lösungsweg:	Lösung:
Einsatz der Formel für die allgemeine kaufmännische Zinsrechnung. Das Jahr wird dabei mit 360 Tagen (12 Monate * 30 Tage) angesetzt. $$Z = \frac{K \cdot p \cdot t}{100 \cdot 360}$$	$$Z = \frac{18\,000 \cdot 8 \cdot 14}{100 \cdot 360}$$ Die Verzugszinsen betragen 56,00 €.

Berechnen Sie die jeweils fehlende Größe (Kapital, Zinssatz, Zeit) in der Zinsrechnung.

Aufgaben	1. Wie hoch ist ein Bankkredit, wenn für eine Zeit von 20 Tagen bei einem Zinssatz von 12 % 400,00 € Zinsen bezahlt werden?
	2. Ein Kapital in Höhe von 12 000,00 € wurde für eine Zeit von 60 Tagen mit 180,00 € verzinst. Zu welchem Zinssatz?
	3. Wie viele Tage muss ein Kapital von 40 000,00 € zu einem Zinssatz von 8 % angelegt werden, damit es Zinsen in Höhe von 800,00 € einbringt?

Lösungsweg:	Lösungen:
Durch Umformung der Formel für die allgemeine kaufmännische Zinsrechnung ergeben sich folgende Formeln: 1. $$K = \frac{Z \cdot 100 \cdot 360}{p \cdot t}$$ 2. $$p = \frac{Z \cdot 100 \cdot 360}{K \cdot t}$$ 3. $$t = \frac{Z \cdot 100 \cdot 360}{K \cdot p}$$ Die Zähler der Formeln sind immer identisch.	1. $$K = \frac{400 \cdot 100 \cdot 360}{12 \cdot 20} = 60\,000$$ Der Bankkredit beträgt 60 000,00 €. 2. $$p = \frac{180 \cdot 100 \cdot 360}{12\,000 \cdot 60} = 9$$ Der Zinssatz beträgt 9 %. 3. $$t = \frac{800 \cdot 100 \cdot 360}{40\,000 \cdot 8} = 90$$ Das Kapital muss 90 Tage angelegt werden.

Kennzeichnen Sie die Besonderheiten bei der Berechnung der Anzahl der Tage in der Zinsrechnung.

Aufgabe	Berechnen Sie die Anzahl der Zinstage vom 22. Mai bis zum 17. September.

Lösungsweg:	Lösung:
▷ 1 Zinsjahr = 12 Zinsmonate = 360 Zinstage, aber: ▷ Jeder Zinsmonat wird taggenau berechnet. ▷ Der erste Tag des Zinszeitraums ist **kein** Zinstag, der letzte wird als voller Zinstag berechnet.	<table><tr><th>Mai</th><th>Juni</th><th>Juli</th><th>Aug.</th><th>Sept.</th><th>Ges.</th></tr><tr><td>9</td><td>30</td><td>31</td><td>31</td><td>17</td><td>= 118 Tage</td></tr></table>

1   Eine Rechnung in Höhe von 11 700,00 €, fällig am 23.03., wird zum Zahlungstermin nur zu 2/3 beglichen. Es wird vereinbart, dass der Rest Ende Mai unter Berücksichtigung von 11 % Verzugszinsen bezahlt wird.

a. Wie hoch ist die Restschuld? _____

b. Berechnen Sie die Verzugszinsen (auf zwei Stellen nach dem Komma runden). _____

c. Welcher Betrag wird Ende Mai überwiesen? _____

2   Berechnen Sie die Anzahl der Zinstage für folgende Zinszeiträume:

a. 06.06.–09.12. _____

b. 12.04.–31.05. _____

c. 28.11. dieses Jahres bis 05.06. nächstes Jahres (kein Schaltjahr) _____

d. 12.02. bis Ende Februar (kein Schaltjahr) _____

e. 03.01. bis Ende Februar (Schaltjahr) _____

f. 22.07. bis Ende des Jahres _____

3   Ein Unternehmen erweitert seine Räumlichkeiten. Die Gesamtkosten für den Umbau und die neuen Einrichtungen betragen 520 000,00 €. Das Unternehmen kann 40 % der Kosten mit eigenen Mitteln finanzieren. Der Rest wird über die Hausbank zu folgenden Konditionen beschafft: Tilgung jährlich 12,5 %, Zinsen 10 %, Tilgungsrate und Zinsen sind vierteljährlich an die Hausbank zu überweisen.

Ermitteln Sie

a. ... den Betrag, der mit eigenen Mitteln finanziert wird. _____

b. ... den Betrag, der mit fremden Mitteln finanziert wird. _____

c. ... den Überweisungsbetrag am Ende des ersten Vierteljahres. _____

4   Ein Unternehmer wird für eine Rechnung über 6 800,00 €, fällig am 17.01., mit 79,90 € Verzugszinsen belastet, da er die Rechnung erst am 05.03. bezahlt (kein Schaltjahr).

a. Ermitteln Sie die Zinstage. _____

b. Ermitteln Sie den Zinssatz. _____

5   Aufgrund von Liquiditätsschwierigkeiten wird eine Rechnung über 12 500,00 €, fällig am 31.07., erst später einschließlich Zinsen mit einem Betrag von 12 625,00 € bei einem Zinssatz von 8 % zurückgezahlt.

a. Für wie viele Tage mussten Verzugszinsen bezahlt werden? _____

b. Wann wurde die Rechnung bezahlt? _____

6   Berechnen Sie die Zinsen für folgende Kredite:

a. 4 678,90 € zu 8,5 % Zinsen für 8 Monate _____

b. 35 800,00 € zu 9,2 % für 3 Jahre _____

c. 4 578,20 € zu 7,5 % für die Zeit vom 24.07. bis 29.12. _____

d. 340 050,00 € zu 8,75 % für die Zeit vom 13.06. diesen Jahres bis 01.03. nächsten Jahres (kein Schaltjahr) _____

7   Ein Unternehmer zahlt seiner Bank am 14.09. einen Kredit in Höhe von 15 000,00 € zurück. Der Rückzahlungsbetrag beläuft sich einschließlich Zinsen auf 15 985,00 €. Er hatte den Kredit am 01.03. aufgenommen.

Welcher Jahreszinssatz ist von der Bank zugrunde gelegt worden? _____

8   Es liegen folgende Angebote zweier Banken vor:

Bank 1: Darlehenssumme 18 000,00 € für 70 Tage, 288,75 € Zinsen

Bank 2: Darlehenssumme 21 000,00 € für 60 Tage, 332,50 € Zinsen

a. Welches Angebot ist günstiger? _____

b. Wie hoch ist die Differenz bei den Zinssätzen beider Angebote? _____

9   Ein Unternehmer nimmt kurzfristig einen Kredit für die Zeit vom 24.01. bis Ende Februar auf (kein Schaltjahr). Wie viele Zinstage werden der Zinsberechnung zugrunde gelegt? _____

(1) 36 Tage

(2) 60 Tage

(3) 34 Tage

(4) 35 Tage

(5) Keine Lösung ist richtig.

10   Der Anteil des Eigenkapitals in einem Unternehmen beträgt 560 000,00 €. Für diesen Betrag würde man bei einer Anlage auf dem Kapitalmarkt einen Zinssatz von 7,5 % erzielen.

Welchen Jahresgewinn muss das Unternehmen mindestens erzielen, wenn die Verzinsung des Eigenkapitals um 1/10 höher sein soll? _____

Berechnen Sie die Effektivverzinsung eines Kredites.

Effektivzinssatz	Bei der Angabe von Zinssätzen bei Kreditgeschäften wird unterschieden zwischen ▷ Nominalzinssatz (Verzinsung ohne Berücksichtigung von Nebenkosten) und ▷ Effektivzinssatz (Nebenkosten wie Disagio, Provision und Spesen werden in den Zinssatz mit einbezogen). Durch den Effektivzinssatz können die Kosten für Kredite mit unterschiedlichem Auszahlungsbetrag bzw. unterschiedlichen Konditionen schneller verglichen werden.
Aufgabe	Für ein Bankdarlehen in Höhe von 25 000,00 €, das nach 4 Jahren in einer Summe zurückgezahlt werden soll, wird ein Nominalzinssatz von 12 % berechnet. Außerdem gelten folgende Konditionen: Zahlung der Zinsen jährlich, Auszahlung 98 %, Bankprovision 80,00 € (wird vom Darlehensbetrag abgezogen). 1. Berechnen Sie den Auszahlungsbetrag. 2. Wie hoch sind die gesamten Kreditkosten? 3. Welcher Effektivzinssatz ergibt sich?

Lösungsweg:

① Vom Darlehensbetrag werden Disagio (98 % Auszahlung = 2 % Disagio) und Provision subtrahiert. Dieser Betrag ist der Nettokreditbetrag, auf den alle Kosten bezogen werden müssen.

② Zu den Zinsen werden Disagio und Provision addiert. Die Zinsen für die gesamte Laufzeit ergeben sich aus der Zinsformel für Kredite mit mehrjähriger Laufzeit (J = Laufzeit in Jahren):

$$Z = \frac{K \cdot p \cdot J}{100}$$

③ Wird diese Formel nach p umgestellt und werden für K der Auszahlungsbetrag und Z die gesamten Kreditkosten eingesetzt, ergibt sich:

$$\text{Effektivzins } p \text{ (eff.)} = \frac{\text{Kreditkosten} \cdot 100}{\text{Auszahlungsbetrag} \cdot \text{Jahre}}$$

Lösung:

①	Darlehensbetrag	25 000,00 €
	− Disagio	500,00 €
	− Provision	80,00 €
	= Auszahlungsbetrag	24 420,00 €
②	Zinsen für 4 Jahre	12 000,00 €
	+ Disagio	500,00 €
	+ Provision	80,00 €
	= Gesamtkreditkosten	12 580,00 €

$$Z = \frac{25\,000 \cdot 12 \cdot 4}{100} \quad (= 12\,000)$$

③
$$p \text{ (eff.)} = \frac{12\,000 \cdot 100}{24\,420 \cdot 4} = 12{,}88\,\%$$

Der Effektivzinssatz beträgt 12,88 %.

Ermitteln Sie den Effektivzinssatz bei der Gewährung von Skonto.

Finanzierungs-entscheidung	Häufig ist es für den Großhändler bei fehlender Liquidität günstiger, einen kurzfristigen Kredit aufzunehmen, um eine Lieferantenrechnung unter Abzug von Skonto bezahlen zu können.
Aufgabe	Eine Rechnung über 15 300,00 € beinhaltet folgende Zahlungsbedingungen: Zahlung innerhalb von 10 Tagen unter Abzug von 2 % Skonto oder 30 Tage netto. Für die Zahlung innerhalb der Skontofrist müsste ein Kredit aufgenommen werden, Zinssatz 14 %. 1. Welcher Effektivzinssatz liegt den Zahlungsbedingungen zugrunde (Überschlagsrechnung)? 2. Welcher Effektivzinssatz ergibt sich bei genauer Berechnung mit der Zinsformel? 3. Wie hoch ist der Finanzierungserfolg?

Lösungsweg:

① Bei Zahlung am 10. Tag können noch 2 % Skonto abgezogen werden. Kreditkosten in Höhe von 2 %, die meist im Verkaufspreis des Lieferers einkalkuliert sind, entstehen somit nur für den Kreditzeitraum von 20 Tagen. Der Jahreszinssatz wird mit Hilfe des Dreisatzes ermittelt.

② Die genaue Berechnung des Effektivzinssatzes wird mit Hilfe der umgeformten Zinsformel ermittelt:

$$p \text{ (eff.)} = \frac{\text{Skontobetrag} \cdot 100 \cdot 360}{\text{Überweisungsbetrag} \cdot \text{Kreditzeitraum}}$$

③ Skontoertrag (in €)
− Zinsen für den aufzunehmenden Kredit (in €/für 20 Tage)

= Finanzierungserfolg (in €)

Lösung:

①	Zahlungsziel	30 Tage
	− Skontofrist	10 Tage
	= Kreditzeitraum	20 Tage

Dreisatz: 20 Tage − 2 %
  360 Tage − x %   x = 36 %

②
$$p \text{ (eff.)} = \frac{306 \cdot 100 \cdot 360}{14\,994 \cdot 20} = 36{,}73\,\%$$

③	Skontoertrag (2 % von 15 300,00 €)	306,00 €
	− Zinsen (für Kredit über 14 994,00 €)	116,62 €
	= Finanzierungserfolg	189,38 €

1 Zur Erweiterung seines Großhandelsgeschäftes benötigt ein Großhändler 200 000,00 €. Ihm liegen unten stehende Darlehensangebote vor. In allen drei Fällen erfolgt die Rückzahlung des Darlehens in einer Summe am Ende der Kreditlaufzeit.

Berechnen Sie zu jedem Angebot den effektiven Zinssatz.

a. Angebot A: 8 1/2 % Zinsen, 3 % Disagio, 1 % Provision, 60,00 € Spesen, Laufzeit 10 Jahre_____

b. Angebot B: 9 % Zinsen, 100 % Auszahlung, 2 % Provision, 120,00 € Spesen, Laufzeit 10 Jahre_____

c. Angebot C: 8 % Zinsen, 5 % Disagio, 2 % Bearbeitungsgebühr, Laufzeit 15 Jahre_____

2 Das Möbelhaus Joachim Althoff vermittelt einem Kunden über die Konsumkredit-Bank für 3 Monate einen Kredit von 16 000,00 € zu folgenden Bedingungen: 0,75 % Zinsen je Monat und 2 % Bearbeitungsgebühr von der Kreditsumme, zahlbar mit dem Kreditbetrag am Ende des Kreditzeitraumes.

Ermitteln Sie ...

a. ... die Bearbeitungsgebühr._____

b. ... die Zinsen._____

c. ... die Rückzahlungssumme._____

d. ... die tatsächliche Belastung durch die Gesamtkreditkosten (Effektivverzinsung) in Prozent pro Jahr (auf 2 Stellen nach dem Komma runden). _____

3 Ein Darlehen von 24 000,00 € wird zu 98,5 % ausgezahlt. Es gelten folgende Bedingungen: 9 % Zinsen, Provision 1/4 % vom Darlehensbetrag, 50,00 € Spesen. Das Darlehen ist nach 8 Jahren in einer Summe zu tilgen.

a. Berechnen Sie den Auszahlungsbetrag.

b. Berechnen Sie die effektive Verzinsung.

4 Ein Großhändler erhält eine Rechnung über 45 000,00 €. Die Zahlungsbedingungen lauten: zahlbar mit 2 % Skonto bei sofortiger Zahlung oder 30 Tage netto Kasse. Für den sofortigen Rechnungsausgleich muss der Schuldner einen Kredit zu 14 % aufnehmen.

a. Wie viel Euro beträgt der Skontoabzug?_

b. Wie viel Euro betragen die Zinsen, wenn der Kredit nach 30 Tagen zurückgezahlt wird?_____

c. Welchem Jahreszinssatz entspricht die Skontobedingung (Überschlagsrechnung)? _____

d. Welchem Jahreszinssatz entspricht die Skontobedingung bei genauer Berechnung?_____

e. Wie viel Euro werden gespart, wenn der Skonto durch die Aufnahme des Kredites ausgenutzt wird?_____

5 Für eine Eingangsrechnung über 40 000,00 € gelten folgende Zahlungsbedingungen: zahlbar innerhalb von 10 Tagen abzüglich 2 % Skonto oder 60 Tage netto. Um den Skonto ausnutzen zu können, muss ein Kredit zu einem Zinssatz von 12 % aufgenommen werden.

a. Welchem Jahreszinssatz entspricht die Skontobedingung (Überschlagsrechnung)? _____

b. Welchem Jahreszinssatz entspricht die Skontobedingung bei genauer Berechnung?_____

c. Wie viel Euro beträgt der Skontoabzug?_

d. Wie viel Euro betragen die Kreditkosten (auf zwei Stellen nach dem Komma runden)? _____

6 Ein Kaufmann erhält eine Rechnung über 34 250,00 €. Die Zahlungsbedingungen hierzu lauten: Zahlbar innerhalb von 14 Tagen abzüglich 3 % Skonto oder innerhalb von 30 Tagen netto. Der Einzelhändler müsste für die Bezahlung dieser Rechnung sein Girokonto kurzfristig in entsprechender Höhe überziehen. Als Zinssatz hierfür berechnet die Bank derzeit 11,5 % Zinsen.

Beantworten Sie zu diesem Fall folgende Fragen:

a. Wie viel Euro beträgt der Kreditbedarf des Einzelhändlers, um die Rechnung unter Abzug von Skonto zu bezahlen?_____

b. Wie viel Euro Zinsen muss der Einzelhändler für den Kredit bezahlen? _____

c. Welchem effektiven Zinssatz entspricht die Skontobedingung (Überschlagsrechnung)? _____

d. Wie hoch ist der Finanzierungserfolg des Einzelhändlers in Euro? _____

7 Ermitteln Sie aus den folgenden Zahlungsbedingungen und Kreditkosten jeweils
in Spalte A den Finanzierungserfolg in Euro,
in Spalte B den Jahreszinssatz des Lieferantenkredits nach genauer Berechnung.
(Ergebnisse, sofern erforderlich, auf 2 Stellen nach dem Komma runden.)

Spalte	A	B

a. Rechnungsbetrag 7 000,00 €, Zahlungsbedingungen: 2 % Skonto in 8 Tagen oder 30 Tage netto, Kreditkosten 13 %

b. Rechnungsbetrag 10 500,00 €, Zahlungsbedingungen: 3 % Skonto in 15 Tagen oder 90 Tage netto Kasse, Kreditkosten 9 %

c. Rechnungsbetrag 36 400,00 €, Zahlungsbedingungen: 3 % Skonto in 15 Tagen oder 60 Tage netto Kasse, Kreditkosten 8,5 %

Was verstehen Sie unter Investition und Finanzierung?

Investition	Eine Investition ist das „Einkleiden" eines Unternehmens mit Vermögenswerten, die auf der Aktivseite der Bilanz ausgewiesen werden (Anlage- und Umlaufvermögen). Die Investition gibt die Mittelverwendung an und beantwortet die Frage: *„Wofür wurden die finanziellen Mittel verwendet?"*
Finanzierung	▷ Die **Finanzierung im engeren Sinne** bedeutet die Kapitalbeschaffung zum Zwecke der Investition im Unternehmen durch das auf der Passivseite ausgewiesene Eigen- oder Fremdkapital. Die Finanzierung gibt die Mittelherkunft an und beantwortet die Frage: *„Woher kommen die finanziellen Mittel?"* ▷ Die **Finanzierung im weiteren Sinne** beschäftigt sich mit allen Problemen, die mit der Kapitalbeschaffung zusammenhängen, z. B. Ausgabe von Aktien bei einer AG, Absicherung von Krediten.

Unterscheiden Sie die Finanzierungsarten nach der Herkunft des Kapitals und der Zuführung des Kapitals.

Kapitalherkunft	**Außenfinanzierung**		**Innenfinanzierung**	
	Kredite	Einlagen/ Beteiligungen	Selbstfinanzierung	Abschreibungen
			offene ┊ stille	
Kapitalzuführung	**Fremdfinanzierung**	**Eigenfinanzierung**		
		extern ┊ intern		

Zu der Außenfinanzierung zählt die Fremdfinanzierung und die externe Eigenfinanzierung. Nennen Sie Beispiele.

Fremdfinanzierung	Stellen Gläubiger das Kapital von außen zur Verfügung, so handelt es sich um Fremdfinanzierung (Zuführung in das Fremdkapital).	
	Darlehen	▷ **Abzahlungsdarlehen:** Die Tilgungsrate ist immer gleich hoch. Die Zinsen sinken. Die regelmäßig zu zahlende Gesamtsumme sinkt. ▷ **Annuitätendarlehen:** Die Tilgungsrate steigt um den Betrag, um den die Zinsen sinken. Die regelmäßig zu zahlende Summe ist immer gleich hoch. ▷ **Kündigungsdarlehen/Fälligkeitsdarlehen:** Die Tilgung erfolgt an einem vertraglich festgesetzten Termin. Die Zinsen sind immer gleich hoch.
	Kontokorrent-kredit	Der Kreditnehmer kann innerhalb einer vorher vereinbarten Periode bis zu einer festgelegten Kreditlinie Kredit in Anspruch nehmen. Das Kontokorrent (laufende Rechnung) vermindert eine Vielzahl gegenseitiger Ansprüche auf eine einzige Geldbetragsschuld.
	Liefererkredit	Bei der Verlängerung des Lieferziels handelt es sich um die Bereitstellung von kurzfristigem Kapital.
	Schuldwechsel	Der Bezogene erhält ein Zahlungsziel bis zum Verfalltag.
Eigenfinanzierung (extern)	Stellen bisherige oder neue Eigentümer der Unternehmung durch Einlagen oder Beteiligungen von außen das Kapital zur Verfügung, so handelt es sich um Eigenfinanzierung (Zuführung in das Eigenkapital). ▷ Einzelunternehmung: Einlagen des Unternehmers oder stillen Gesellschafters ▷ OHG/KG: Einlagen der bisherigen Gesellschafter, Aufnahme neuer Gesellschafter ▷ AG: Emission (Ausgabe) von Aktien ▷ GmbH: Stammeinlagen bisheriger Gesellschafter, Aufnahme neuer Gesellschafter ▷ Genossenschaft: Einzahlung auf die Geschäftsanteile, Aufnahme neuer Genossen	

Die Innenfinanzierung ist eine interne Eigenfinanzierung. Nennen Sie Beispiele.

Selbst-finanzierung	Die Kapitalzuführung erfolgt aus dem erwirtschafteten und nicht ausgeschütteten Gewinn der Unternehmung selbst. ▷ **Offene Selbstfinanzierung:** Bei Personengesellschaften sichtbar durch den Zuwachs der Eigenkapitalkonten durch nicht entnommenen Gewinn. Bei Kapitalgesellschaften sichtbar durch den Zuwachs der „Eigenkapitalersatzkonten" wie gesetzliche, satzungsmäßige oder andere Rücklagen. ▷ **Stille Selbstfinanzierung:** Diese Finanzierung ist nicht direkt aus der Bilanz ersichtlich. Sie entsteht durch Unterbewertung der Aktiva (z. B. zu hohe Abschreibungen) oder Überbewertungen der Passiva (z. B. zu hohe Rückstellungen).
Abschrei-bungsfinan-zierung	Die Abschreibungen werden als Kosten in die Verkaufspreise einkalkuliert. Die Kapitalfreisetzung erfolgt durch den Verkauf der Erzeugnisse.

1 Ordnen Sie bei den folgenden Beispielen

in Spalte A eine
(1) zu, wenn es sich um eine Außenfinanzierung handelt,
(2) zu, wenn es sich um eine Innenfinanzierung handelt;

in Spalte B eine
(3) zu, wenn es sich um eine Eigenfinanzierung handelt,
(4) zu, wenn es sich um eine Fremdfinanzierung handelt.

Spalte   A   B

a. Unterbewertung der Aktiva _____ ☐ ☐

b. Die Kommanditgesellschaft erhöht ihr Kapital durch die Aufnahme eines Komplementärs. ____ ☐ ☐

c. Die Kommanditgesellschaft erhöht ihr Kapital durch die Aufnahme eines Kommanditisten. ____ ☐ ☐

d. Die Aktiengesellschaft gibt Obligationen heraus. _____ ☐ ☐

e. Der stille Gesellschafter zahlt vereinbarungsgemäß seinen Anteil bar ein. _____ ☐ ☐

f. Der Unternehmer akzeptiert zur Begleichung seiner Verbindlichkeiten einen Wechsel. ____ ☐ ☐

g. Die Aktiengesellschaft führt den vorgeschriebenen Prozentsatz des Jahresüberschusses der gesetzlichen Rücklage zu. _____ ☐ ☐

h. Der OHG-Gesellschafter entnimmt seinen Gewinn nicht. _____ ☐ ☐

i. Die Genossenschaft nimmt neue Genossen auf. _____ ☐ ☐

2 Welche der unten stehenden Darlehensarten wird in der folgenden Aussage beschrieben? _____ ☐

„Die monatlich zu zahlende Gesamtsumme beträgt für Sie 2 100,00 €. Aufgrund der monatlichen Tilgung sinken die Zinsen. Um den dadurch gesparten Betrag wächst die Tilgungsrate."

(1) Annuitätendarlehen

(2) Kündigungsdarlehen

(3) Abzahlungsdarlehen

3 Die Eigenfinanzierung ist bei den Unternehmen oft unterschiedlich. Ordnen Sie eine

(1) zu, wenn die Aussage richtig ist,
(9) zu, wenn die Aussage falsch ist.

a. Die Aufnahme eines stillen Gesellschafters beim Einzelunternehmen erhöht das Eigenkapital des Unternehmers. _____ ☐

b. Einzahlungen von Vollhaftern und Teilhaftern bei der KG führen zur Eigenfinanzierung. _____ ☐

c. Entnimmt der Einzelunternehmer seinen Gewinn nicht, so erhöht sich das Eigenkapital. _____ ☐

4 Beurteilen Sie folgende Feststellungen zur Selbstfinanzierung. Ordnen Sie eine

(1) zu, wenn die Feststellung richtig ist,
(9) zu, wenn die Feststellung falsch ist.

a. Die Selbstfinanzierung ist eine interne Eigenfinanzierung. _____ ☐

b. Die Selbstfinanzierung ist eine Innenfinanzierung. _____ ☐

c. Bei Personengesellschaften wird die Selbstfinanzierung sichtbar durch den Zuwachs der Eigenkapitalkonten, falls eine Außenfinanzierung durch Einlagen/Beteiligungen nicht erfolgte. _____ ☐

d. Es handelt sich um Selbstfinanzierung, wenn die Aktivseite der Bilanz z. B. aufgrund von erhöhten Abschreibungen unterbewertet wurde. _____ ☐

e. Bei der Selbstfinanzierung erfolgt eine Kapitalzuführung aus den nicht ausgeschütteten Gewinnen. _____ ☐

5 Unterscheiden Sie die unten stehenden Aussagen und Begriffe in

(1) Investition,
(2) Finanzierung.

a. Sie gibt Antwort auf die Frage: Wofür wurden die finanziellen Mittel eingesetzt? _____ ☐

b. Sie gibt Antwort auf die Frage: Woher kommen die finanziellen Mittel? _____ ☐

c. Mittelherkunft _____ ☐

d. Mittelverwendung _____ ☐

6 In welchem der folgenden Fälle handelt es sich nicht um eine Außenfinanzierung? _____ ☐

(1) Die Kommanditgesellschaft erhöht ihr Kapital durch die Aufnahme eines Komplementärs.

(2) Der OHG-Gesellschafter entnimmt seinen Gewinn nicht.

(3) Der stille Gesellschafter zahlt vereinbarungsgemäß seinen Anteil bar ein.

(4) Die Kommanditgesellschaft erhöht ihr Kapital durch die Aufnahme eines Kommanditisten.

(5) Der Unternehmer akzeptiert zur Begleichung seiner Verbindlichkeiten einen Wechsel.

7 Bringen Sie die folgenden Punkte zum Thema Abschreibungsfinanzierung in eine zeitlich richtige Reihenfolge, indem Sie die Ziffern 1 bis 5 vergeben.

a. Ersatzinvestition _____ ☐

b. Umsatzerlöse _____ ☐

c. Festlegung der Nutzungsjahre laut AfA-Tabelle ____ ☐

d. Berücksichtigung in der Kalkulation _____ ☐

e. Ansammlung liquider Mittel _____ ☐

Welche Möglichkeiten der Kreditsicherung kennen Sie?

Neben dem Kreditnehmer als Hauptschuldner können
weitere Personen oder Sachen als Sicherheit dienen.

Verstärkte Personalkredite	Realkredite	
	Absicherung durch bewegliche Sachen	Absicherung durch unbewegliche Sachen
▷ Bürgschaftskredit ▷ Zessionskredit ▷ Wechseldiskontkredit	▷ Lombardkredit ▷ Sicherungsübereignungskredit	▷ Hypothek ▷ Grundschuld

---

Erläutern Sie die verstärkten Personalkredite.

Bürgschafts-kredit	Der Bürge verpflichtet sich gegenüber dem Kreditgeber, für die Erfüllung der Verbindlichkeiten des Kreditnehmers zu haften.	
	Ausfallbürgschaft	Der Bürge muss erst dann zahlen, wenn alle Maßnahmen gegenüber dem Haupt-schuldner erfolglos waren und der Gläubiger den „Ausfall" des Kreditnehmers nach-weisen kann durch Zwangsvollstreckung in das gesamte Vermögen des Schuldners. Der Bürge hat das „Recht zur Einrede der Vorausklage".
	Selbstschuldnerische Bürgschaft	Der Bürge muss sofort zahlen, wenn die Forderung gegenüber dem Kreditnehmer fällig geworden ist und dieser nicht zahlt. Der Bürge haftet hier so, als wenn er selbst Schuldner wäre. Kaufleute bürgen im Rahmen ihres Geschäftsbetriebes immer selbst-schuldnerisch. Banken verlangen auch von Privatpersonen eine selbstschuldnerische Bürgschaft. ▷ **Mitbürgschaft:** Mehrere Personen haften gesamtschuldnerisch für dieselbe Schuld. Der Kreditgeber kann von einem Bürgen die volle Bezahlung verlangen. Dieser hat dann einen Ausgleichsanspruch an die anderen Bürgen. ▷ **Höchstbetragsbürgschaft:** Die Haftung des Bürgen ist auf einen bestimmten Höchstbetrag beschränkt.
Zessions-kredit	Beim Zessionskredit werden Forderungen, die der Kreditnehmer (Zedent) gegenüber Dritten (Drittschuldnern) hat, vertraglich an den Kreditgeber (Zessionar) abgetreten.	
	Unterscheidung nach der Benachrichtigung des Drittschuldners	▷ **stille Zession:** Dem Drittschuldner ist die Forderungsabtretung nicht bekannt. Er zahlt mit befreiender Wirkung an den Kreditnehmer. ▷ **offene Zession:** Dem Drittschuldner ist die Forderungsabtretung bekannt. Der Drittschuldner zahlt mit befreiender Wirkung an den Kreditgeber.
	Unterscheidung nach der Entstehung der Forderungsabtretung	▷ **Mantelzession:** Bestehende Einzelforderungen in bestimmter Gesamthöhe werden abgetreten. Der Forderungsübergang erfolgt z. B. durch Übergabe von Rechnungs-kopien oder Debitorenlisten. Bezahlte Forderungen müssen durch neue ersetzt werden. ▷ **Globalzession:** Bestehende und zukünftige Forderungsgruppen werden abgetreten, z. B. alle Forderungen an die Kunden mit den Anfangsbuchstaben von K – Z, alle Forderungen an die Kunden in Niedersachsen.
Wechsel-diskontkredit	Der Kreditnehmer erhält aufgrund einer Diskontierung des Wechsels vor Fälligkeit den Barwert gutgeschrieben. Das Kreditinstitut legt den Wechsel am Verfalltag dem Bezogenen vor (Rückzahlung des Kredites). Zahlt der Bezogene nicht, haften der Aussteller und alle möglichen Indossanten für die Einlösung der Wechselsumme.	

1 In welchem der folgenden Fälle handelt es sich um einen verstärkten Personalkredit?

Tragen Sie die Ziffer vor der richtigen Antwort in das Kästchen ein. _____ □

(1) Absicherung durch die Übergabe von Wertpapieren

(2) Abtretung von Forderungen

(3) Eintragung einer Grundschuld in das Grundbuch

2 Ordnen Sie den unten stehenden Kreditarten zu:

(1) verstärkter Personalkredit
(2) Realkredit durch Absicherung von beweglichen Sachen
(3) Realkredit durch Absicherung von unbeweglichen Sachen

a. Zessionskredit _____ □

b. Sicherungsübereignung _____ □

c. Bürgschaftskredit _____ □

d. Lombardkredit _____ □

e. Wechseldiskontkredit _____ □

3 Ergänzen Sie unten stehende Texte um die folgenden Begriffe:

(1) Drittschuldner
(2) Zedent
(3) Zessionar

a. Beim Zessionskredit ist der Kreditnehmer der ..., der seine Forderung abtritt. _____ □

b. Der ... übernimmt die Forderungen nur als Sicherheit für den von ihm zur Verfügung gestellten Kredit. _____ □

c. Es ist möglich, dass der ... von der Abtretung erfährt. Deshalb unterscheidet man die stille und offene Zession. _____ □

4 Welche der folgenden Feststellungen zur Mantel- und Globalzession ist falsch? _____ □

(1) Die Mantelzession ist wie die Globalzession ein verstärkter Personalkredit.

(2) Bei der Globalzession werden bestehende und auch zukünftige Forderungsgruppen zur Sicherung eines Kredites abgetreten.

(3) Die Vereinbarung einer Mantelzession ist zeitaufwändiger für den Kreditnehmer, da er z. B. bezahlte Forderungen durch neue ersetzen muss.

(4) Bei der Mantel- und Globalzession handelt es sich immer um eine offene Zession, d. h., der Drittschuldner zahlt an den Kreditgeber.

5 Überprüfen Sie folgende Aussagen zum Wechseldiskontkredit. Tragen Sie eine

(1) ein, wenn die Aussage richtig ist,
(9) ein, wenn die Aussage falsch ist.

a. Der Wechseldiskontkredit ist ein verstärkter Personalkredit. _____ □

b. Die Europäische Zentralbank rediskontiert – wie bisher die Deutsche Bundesbank – die eingereichten Wechsel. _____ □

c. Beim Wechseldiskontkredit schreibt die Bank dem Wechseleinreicher die Wechselsumme gut, der Diskont wird dem Bezogenen bei Vorlage des Wechsels berechnet. _____ □

6 Nach der Art der zur Verfügung gestellten Sicherheit unterscheidet man bei Krediten u. a. den

(1) Zessionskredit,
(2) Wechseldiskontkredit.

Entscheiden Sie, bei welcher Kreditart die nachstehenden Sachen oder Rechte üblicherweise als Sicherung dienen können.

Trifft keine oben genannte Sicherung zu, tragen Sie eine (9) in das Kästchen ein.

a. Forderungen an Inlandskunden _____ □

b. Kundenakzepte _____ □

c. Aktien _____ □

d. Maschinen _____ □

7 Ordnen Sie den unten stehenden Aussagen die folgenden Begriffe zu:

(1) Ausfallbürgschaft
(2) selbstschuldnerische Bürgschaft
(3) stille Zession
(4) offene Zession

a. Der Kreditgeber fordert den Bürgen zur Zahlung der Kreditsumme auf, weil der Kreditnehmer nicht pünktlich gezahlt hat. Der Bürge hat kein Recht zur Einrede der Vorausklage. _____ □

b. Ein Kaufmann verbürgt sich mündlich für einen Geschäftsfreund. _____ □

c. Der Kreditnehmer hat Forderungen in Höhe von 10 800,00 € abgetreten, die der gegenüber seiner Kundin Silke Elbert hat. Die Kundin zahlt bei Fälligkeit mit befreiender Wirkung an den Kreditnehmer. _____ □

d. Aufgrund eines Zessionsvertrages wurden Forderungen in Höhe von 14 000,00 € abgetreten. Dem Drittschuldner ist die Forderungsabtretung nicht bekannt. _____ □

e. Diese Art der Bürgschaft verlangen grundsätzlich die Banken. _____ □

Erläutern Sie die Realkredite.

Lombard-kredit	Der Kreditnehmer hinterlegt zur Sicherung des Kredites bewegliche Sachen oder Wertpapiere, z. B. Edelmetalle, Aktien, Warenwertpapiere, Lebensversicherungen. Der Kreditnehmer bleibt Eigentümer der Sache. Der Kreditgeber wird Besitzer. ▷ Vorteil für den Kreditnehmer: Der Lombardkredit ermöglicht eine Kreditaufnahme durch die Beleihung von beweglichen Sachen oder Rechten, die der Kreditnehmer zzt. nicht benötigt, aber nicht veräußern möchte. ▷ Vorteil für den Kreditgeber: Der Kreditgeber kann im Falle der nicht ordnungsgemäßen Erfüllung der Zahlungsverpflichtungen des Kreditnehmers das Faustpfand verwerten.
Sicherungs-übereignung	Bei der Sicherungsübereignung wird das bedingte Eigentum einer beweglichen Sache auf den Kreditgeber durch Besitzkonstitut übertragen. Der Kreditnehmer bleibt Besitzer der Sache, z. B. Maschinen, Warenlager mit wechselndem Bestand. ▷ Vorteile für den Kreditnehmer: Die Benutzung ist weiterhin möglich, die Übereignung ist für Dritte nicht erkennbar. ▷ Vorteile für den Kreditgeber: Bei nicht ordnungsgemäßer Kreditrückzahlung Versteigerung ohne Vollstreckungstitel, Absonderungsrecht im Falle der Insolvenz, keine Aufbewahrung durch ihn selbst notwendig. ▷ Nachteile für den Kreditnehmer: Keine freie Verfügung über die Sache, zusätzliche Kosten durch Versicherungen. ▷ Nachteile für den Kreditgeber: Die Sache wird nochmals verpfändet oder verkauft, erlaubterweise verkauft, aber nicht wieder durch Gleiches ersetzt, beschädigt oder vernichtet, verarbeitet oder vermischt. Zudem ist die Sache möglicherweise nicht Eigentum des Kreditnehmers.

Hypothek	Die Hypothek ist ein Pfandrecht an einem Grundstück zur Sicherung einer Forderung.	
	Arten	▷ Nach der äußeren Gestaltung: – Die **Buchhypothek** erwirbt der Hypothekengläubiger durch Einigung und Eintragung ins Grundbuch. – Bei der **Briefhypothek** wird zusätzlich ein Hypothekenbrief ausgestellt. ▷ Nach dem Nachweis der Forderung: – Bei der **Verkehrshypothek** kann der Gläubiger sich zum Beweis seines Rechts auf die Eintragung im Grundbuch berufen oder auf den Hypothekenbrief. Der Schuldner trägt im Streitfall die Beweislast. – Bei der **Sicherungshypothek** muss der Gläubiger den Nachweis erbringen, dass seine Forderung besteht.
	Besonderheiten	Die Hypothek ist immer an eine Forderung gebunden. Neben der dinglichen Haftung haftet der Kreditnehmer auch mit seinem übrigen Vermögen (persönliche Haftung).
	Erlöschen	Wenn der Kredit fristgemäß zurückgezahlt wurde, so kann der Grundstückseigentümer ▷ die Hypothek löschen lassen (dazu notwendig ist die Löschungsbewilligung des bisherigen Hypothekengläubigers und ein Löschungsantrag des Grundeigentümers); ▷ die Hypothek in eine Eigentümergrundschuld umschreiben lassen; ▷ die Hypothek als unechte Eigentümergrundschuld stehen lassen. Die Hypothek wird kraft Gesetzes zur Eigentümergrundschuld, da ohne Forderung keine Hypothek bestehen kann.

Grundschuld	Die Grundschuld ist ein Pfandrecht an einem Grundstück.	
	Arten	▷ Nach der äußeren Gestaltung: Die Buch- und Briefgrundschuld entstehen wie bei der Hypothek. ▷ Nach der Person des Grundschuldbeauftragten: – Bei der **Fremdgrundschuld** wird der Kreditgeber als Berechtigter eingetragen. Damit dient die Grundschuld zur Sicherung eines Kredites. – Bei der **Eigentümergrundschuld** ist der Grundstückseigentümer selbst der Berechtigte. Damit ist es möglich, einen bevorzugten Rang freizuhalten. Bei notwendiger Kreditaufnahme kann der Grundstückseigentümer seine Eigentümergrundschuld als Sicherheit dem Kreditgeber übertragen.
	Besonderheiten	Die Grundschuld ist nicht an eine Forderung gebunden. Aus diesem Grund ist auch die Eintragung einer Eigentümergrundschuld möglich. Der Kreditnehmer haftet nur dinglich.

1 Ordnen Sie den unten stehenden Aussagen eine

(1) zu, wenn es sich um eine Aussage nur zur Hypothek handelt,
(2) zu, wenn es sich um eine Aussage nur zur Grundschuld handelt,
(3) zu, wenn die Aussage auf Hypothek und Grundschuld zutrifft,
(4) zu, wenn die Aussage weder auf Hypothek noch auf Grundschuld zutrifft.

a. Der Kreditnehmer haftet persönlich und dinglich. _____ ☐

b. Bei dieser Absicherung handelt es sich nur um eine persönliche Haftung. _____ ☐

c. Es erfolgt eine Eintragung ins Grundbuch. _____ ☐

d. Dieses Pfandrecht existiert nur, wenn eine Forderung besteht. _____ ☐

e. Es handelt sich um ein Grundpfandrecht an beweglichen Gegenständen. _____ ☐

2 Welche der im Folgenden aufgezählten Mobilien, Immobilien und Wertpapiere eignen sich für die genannte Absicherung eines Kredites?

(1) Lombardierung
(2) Sicherungsübereignung
(3) Hypothek, Grundschuld

Ordnen Sie zu.

a. Aktien _____ ☐

b. Maschine _____ ☐

c. Grundstück _____ ☐

d. Warenlager mit laufendem Bestand _____ ☐

e. Warenwertpapiere _____ ☐

f. Wechsel _____ ☐

3 Überprüfen Sie die unten stehenden Feststellungen zum Grundbuch.

Tragen Sie eine

(1) ein für eine richtige Aussage,
(9) ein für eine falsche Aussage.

a. Das Grundbuch genießt öffentlichen Glauben, d. h., die Eintragungen gelten grundsätzlich als richtig. _____ ☐

b. Einsicht in das Grundbuch ist jedem gestattet. _____ ☐

c. Löschungen im Grundbuch werden im Bundesanzeiger und in mindestens einem Tagesblatt bekannt gegeben. _____ ☐

d. Die Grundpfandrechte Hypothek und Grundschuld werden in das Grundbuch eingetragen. _____ ☐

e. Die Grundpfandrechte werden nach Rangfolgen eingetragen. _____ ☐

4 Ordnen Sie die Realkredite

(1) Sicherungsübereignung
(2) Lombardierung

den folgenden Sachverhalten zu.

Trifft eine Aussage nicht zu, tragen Sie eine (9) in das Kästchen ein.

a. Es handelt sich um eine Verpfändung von Grundstücken. _____ ☐

b. Der Kreditnehmer kann mit den übereigneten Gegenständen weiterarbeiten. _____ ☐

c. Der Kreditgeber wird bedingter Eigentümer des Gegenstandes. Der Kreditnehmer bleibt Besitzer des Sicherungsgutes. _____ ☐

d. Es besteht die Gefahr der Mehrfachübereignung. _____ ☐

5 Überprüfen Sie die im Folgenden genannten Vorteile und Nachteile der Sicherungsübereignung. Tragen Sie eine

(1) ein, wenn es sich um einen Vorteil des Kreditgebers handelt,
(2) ein, wenn es sich um einen Nachteil des Kreditgebers handelt,
(9) ein, wenn die Aussage falsch ist.

a. Der Gegenstand kann nochmals verpfändet werden. _____ ☐

b. Der Gegenstand wird erlaubterweise verkauft, aber nicht wieder durch Gleiches ersetzt. _____ ☐

c. Der Gegenstand kann verkauft werden, da er sich im Besitz des Veräußerers befindet. _____ ☐

d. Im Insolvenzfall besteht ein Absonderungsrecht. _____ ☐

e. Wird der Kredit nicht ordnungsgemäß zurückgezahlt, ist eine Versteigerung der Sache auch ohne Vollstreckungstitel möglich. _____ ☐

6 Überprüfen Sie folgende Aussagen zur Hypothek und zur Grundschuld.

Tragen Sie eine

(1) ein, wenn es sich um Gemeinsamkeiten handelt,
(9) ein, wenn Unterschiede vorhanden sind.

a. Eintragung in das Grundbuch ist erforderlich _____ ☐

b. Absicherung durch unbewegliche Sachen _____ ☐

c. Eignung für langfristige Fremdfinanzierung _____ ☐

d. Persönliche Haftung durch den Kreditnehmer _____ ☐

e. Dingliche Haftung ist vorhanden _____ ☐

f. Diese Sicherheit ist unabhängig vom Forderungsbestand _____ ☐

Erläutern Sie die besondere Finanzierungsform Leasing.
Nennen Sie Vorteile und Nachteile für den Leasingnehmer.

Begriff	Unter Leasing versteht man das Mieten bzw. Pachten von Nutzungsrechten an beweglichen oder unbeweglichen Gütern.	
Arten von Leasing	Unterscheidung nach dem geleasten Gegenstand	▷ Industrieanlagenvermietung, z. B. Fabrikgebäude, einschließlich der Ausrüstung ▷ Ausrüstungsvermietung, z. B. Maschinen, Bagger, Datenverarbeitungsanlagen ▷ Konsumgüterleasing, z. B. Autos, Waschmaschinen, Gefriertruhen
	Unterscheidung nach dem Leasinggeber	▷ **Direktes Leasing:** Der Hersteller ist auch der Leasinggeber. ▷ **Indirektes Leasing:** Der Leasinggeber ist eine dazwischengeschaltete Leasinggesellschaft.
	Unterscheidung nach der Ausgestaltung der Verträge	▷ **Financial Leasing:** Die Mietzeit ist fest vereinbart und richtet sich nach der voraussichtlichen Nutzungsdauer. Während der Grundmietzeit ist keine Kündigung möglich. Eine Sonderform ist das „Sale-and-lease-back-Verfahren": Der zukünftige Leasingnehmer verkauft seine Investitionsgüter an die Leasinggesellschaft und mietet sie dann wieder von dieser Gesellschaft. ▷ **Operating Leasing:** Der Leasingnehmer kann unter Einhaltung von vereinbarten kurzen Kündigungsfristen den Leasinggegenstand zurückgeben. Die Mietkosten sind dementsprechend hoch.
Vorteile	▷ Das Eigenkapital wird geschont. ▷ Leasingraten können als Betriebsausgaben steuerlich berücksichtigt werden. ▷ Frei gewordene Liquidität kann für vorzeitige Skontozahlungen genutzt werden. ▷ Vorhandene Kreditlinien bleiben erhalten. ▷ Anlagen können an den neuesten Stand der Technik angepasst werden.	
Nachteile	▷ Hohe monatliche Kostenbelastung durch die Leasingraten ▷ Keine freie Verfügung über den Leasinggegenstand	

Stellen Sie die besondere Finanzierungsform Factoring anhand einer Grafik dar.

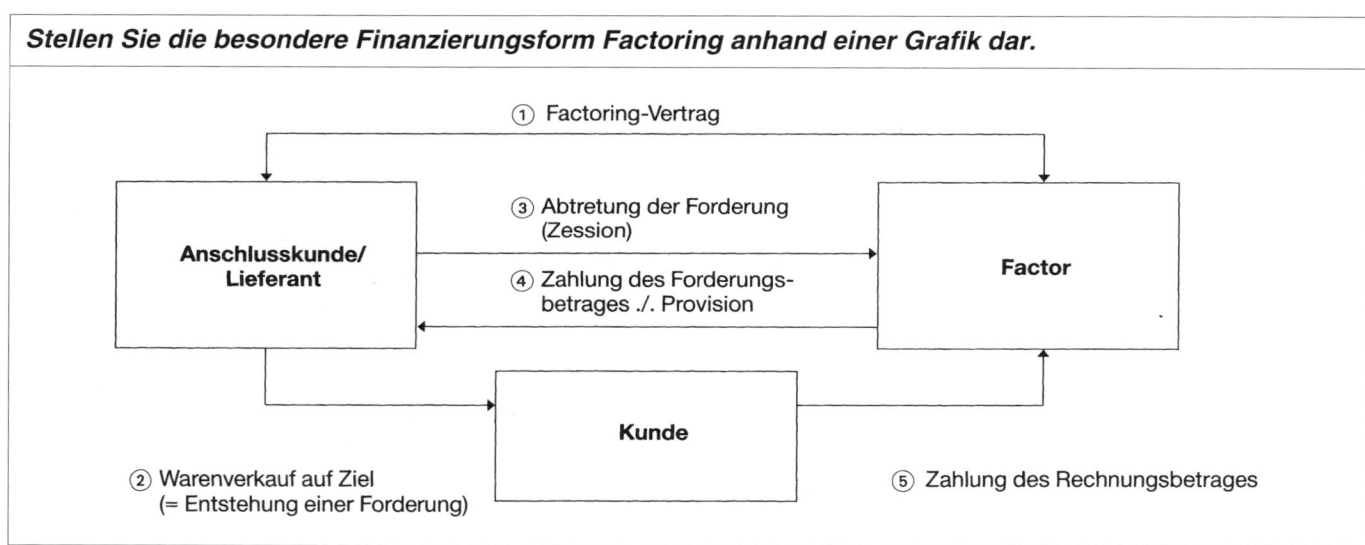

Erläutern Sie die grundsätzlichen Funktionen des Factors. Nennen Sie Vor- und Nachteile für den Anwender.

Finanzierungs-funktion	Die Factoring-Bank oder Factoringgesellschaft kauft die Forderung ihrer Kunden und finanziert (bevorschusst) sofort.
Delkrederefunktion	Beim „echten" Factoring übernimmt der Factor das Risiko des Forderungsausfalls, d. h., bei Nichtzahlung durch den Debitor des Anschlusskunden hat der Factor keinen Ersatzanspruch gegenüber dem Anschlusskunden.
Dienstleistungs-funktion	Der Faktor übernimmt die Debitorenbuchhaltung, das Mahnwesen, Inkasso der Forderung, die Rechtsverfolgung.
Vorteile	▷ Verbesserung der Liquidität durch sofortige Verflüssigung der Forderung, dadurch Nutzung von Skontozahlungen möglich ▷ voller Schutz vor Forderungsausfällen ▷ Einsparung von Verwaltungskosten
Nachteile	▷ Kosten für die vorzeitige Zahlung der Forderung (Zins, Provisionen) ▷ Verärgerung des Kunden aufgrund standardisierter Eintreibung der Forderung über den Factor

Überfällige oder ausgeklagte Forderungen werden nicht vom Factor gekauft, dafür sind Inkassobüros zuständig.

1 Welche der folgenden Aussagen zum Leasing ist falsch? _____

Tragen Sie eine (5) ein, wenn alle Aussagen richtig sind.

(1) Leasing ist eine aus den USA stammende Finanzierungsform.

(2) Leasinggegenstände können bewegliche und unbewegliche Sachen sein.

(3) Man spricht vom direkten Leasing, wenn der Hersteller gleichzeitig der Leasinggeber ist.

(4) Beim indirekten Leasing ist nicht der Hersteller Leasinggeber, sondern eine dazwischengeschaltete Leasinggesellschaft.

2 Bringen Sie die folgenden Angaben zum Factoring in eine richtige zeitliche Reihenfolge, indem Sie die Ziffern 1 bis 5 vergeben.

a. Bezahlung des Rechnungsbetrages _____

b. Abtretung der Forderung _____

c. Abschluss des Factoring-Vertrages _____

d. Zahlung des Forderungsbetrages abzüglich Provision _____

e. Warenverkauf auf Ziel _____

3 Ordnen Sie den unten stehenden Aussagen eine

(1) zu, wenn es sich um Financial Leasing handelt,
(2) zu, wenn es sich um Operating Leasing handelt.

a. Bei dieser Vertragsform kann der Vertragspartner den Vertrag kurzfristig unter Einhaltung einer vereinbarten Kündigungsfrist kündigen. _____

b. Der Leasingnehmer entscheidet sich für eine feste Grundmietzeit, die etwa 40 bis 90 % der gewöhnlichen Nutzungsdauer des Leasinggutes beträgt. _____

4 Entscheiden Sie, ob es sich bei den unten stehenden Aussagen im Rahmen der Finanzierungsform Leasing um

(1) einen Vorteil für den Leasingnehmer,
(2) einen Nachteil für den Leasingnehmer,
(9) eine falsche Aussage zur Finanzierungsform Leasing

handelt.

a. Der Investitionsspielraum wird größer, da ein geringerer Finanzmittelbedarf im Jahr der Anschaffung vorliegt. _____

b. Durch den Zessionsvertrag werden die Rechte auf den Leasinggeber übertragen. _____

c. Der Leasingnehmer erwirbt im Falle des Operating Leasing nur die tatsächliche Herrschaft über den Leasinggegenstand, nicht die rechtliche Herrschaft. _____

d. Es handelt sich um eine offene Selbstfinanzierung. _____

5 Überprüfen Sie die folgenden Aussagen zum Factor im Rahmen eines Factoring-Vertrages. Tragen Sie eine

(1) ein, wenn die Aussage richtig ist,
(9) ein, wenn die Aussage falsch ist.

a. Der Factor übernimmt beim „echten" Factoring das Risiko des Forderungsausfalls, wenn der Kunde des Anwenders nicht zahlt. _____

b. Der Factor erhält das Eigentum an den Forderungen des Anwenders durch Zession. _____

c. Der Factor bevorschusst die abgetretenen Forderungen und berechnet dafür u. a. Zinsen. _____

d. Der Factor wird i. d. R. mit einer stillen Zession einverstanden sein, damit die Kunden des Anwenders nicht von den Finanzierungsschwierigkeiten des Anwenders erfahren. _____

6 Ein Industrieunternehmen beabsichtigt, einen Factoringvertrag mit einem Factor abzuschließen. Überprüfen Sie, ob unten stehende Forderungen

(1) Inhalt eines Vertrages werden könnten oder
(9) vom Factor abgelehnt werden, da es sich um unrealistische Forderungen handelt.

a. „Wir wünschen die sofortige Finanzierung der gekauften Forderungen aus Lieferungen und Leistungen." _____

b. „Für den Kauf der ausgeklagten Forderungen denken wir an einen Abschlag von 70 %." _____

c. „Für die Debitorenbuchhaltung, das Mahnwesen und eine mögliche Rechtsverfolgung der Forderung möchten wir Sie verantwortlich machen." _____

d. „Die von Ihnen angebotene Delkrederegebühr in Höhe von 2 % des Forderungsbestandes akzeptieren wir, wenn Sie damit die volle Übernahme des Ausfallrisikos garantieren." _____

e. „Wir sind interessiert daran, dass unseren Kunden die Forderungsabtretung nicht angezeigt wird und sie mit befreiender Wirkung weiterhin an uns zahlen." _____

7 Durch die Factoring-Finanzierung erfolgt eine Veränderung der Bilanz- und Finanzstruktur. Überprüfen Sie die folgenden Aussagen dazu, und tragen Sie eine

(1) ein, wenn die Aussage richtig ist,
(9) ein, wenn die Aussage falsch ist.

a. Durch die Factoring-Finanzierung verändert sich die Kennzahl der Barliquidität (1. Grad) positiv. _____

b. Durch die Factoring-Finanzierung verändert sich die Kennzahl der Liquidität 3. Grades. _____

c. Werden die durch die Factoring-Finanzierung erhaltenen flüssigen Mittel zur Bezahlung kurzfristiger Verbindlichkeiten benutzt, so bewirkt dies eine Bilanzverkürzung. _____

d. Durch die Übernahme des Delkredererisikos durch den Factor entfällt die Bildung von Wertberichtigungen. _____

Was versteht man unter dem Begriff „Verjährung"?	
Verjährung	▷ Nach Ablauf eines gesetzlich definierten Zeitraumes verliert der Gläubiger die Möglichkeit, einen Anspruch gerichtlich durchzusetzen. ▷ Die Verjährung bewirkt nicht den Untergang des Anspruchs, jedoch ist der Schuldner berechtigt, die „Einrede der Verjährung" geltend zu machen (Leistungsverweigerungsrecht).

Unterscheiden Sie die verschiedenen Verjährungsfristen.

Allgemeines Verjährungsrecht	regelmäßige Verjährungsfrist	besondere Verjährungsfristen	
	3 Jahre	**10 Jahre**	**30 Jahre**
	Dazu zählen: ▷ alle Normalfälle Es handelt sich um die Regelverjährung.	Dazu zählen: ▷ Ansprüche auf Übertragung des Eigentums an einem Grundstück ▷ Ansprüche auf Begründung, Übertragung oder Aufhebung eines Rechts an einem Grundstück ▷ Ansprüche auf Änderung des Inhalts eines solchen Rechts ▷ Ansprüche auf die Gegenleistung bei einer 10-jährigen Verjährung	Dazu zählen: ▷ Herausgabeanspruch aus Eigentum und anderen dinglichen Rechten ▷ familien- und erbrechtliche Ansprüche Beginn: <u>mit Entstehung des Anspruchs</u> ▷ rechtskräftig festgestellte Ansprüche Beginn: <u>mit der Rechtskraft der Entscheidung</u> ▷ Ansprüche aus vollstreckbaren Vergleichen oder vollstreckbaren Urkunden Beginn: <u>mit Errichtung des vollstreckbaren Titels</u> ▷ Ansprüche, die durch die im Insolvenzverfahren erfolgte Feststellung vollstreckbar geworden sind Beginn: <u>mit Feststellung im Insolvenzverfahren</u>
Beginn	1. <u>mit Schluss des Jahres,</u> in dem der Anspruch entstanden ist <u>und</u> 2. der Gläubiger von den den Anspruch begründenden Umständen und der Person des Schuldners <u>Kenntnis erlangt</u> oder ohne grobe Fahrlässigkeit erlangen müsste	<u>mit Entstehung des Anspruchs</u>	unterschiedlich (s. o.)

Unterscheiden Sie Neubeginn und Hemmung der Verjährung.

Neubeginn der Verjährung	Die Verjährung beginnt von neuem zu laufen.	
	Gründe	▷ Anerkenntnishandlungen durch den Schuldner Teilzahlung, Zinszahlung, Sicherheitsleistung, Stundungsgesuch, Angebot anderweitiger Verrechnung, Anerkennung von Mangelansprüchen durch Nachbesserung ▷ Anerkenntnishandlungen durch den Gläubiger Antrag auf Vornahme einer gerichtlichen Vollstreckungshandlung
		Eine gewöhnliche Mahnung bewirkt nicht die Unterbrechung der Verjährung.
Hemmung der Verjährung	Die Verjährung wird um den Zeitraum der Hemmung verlängert.	
	Gründe	▷ schwebende Verhandlungen über den Anspruch (Die Verjährung tritt frühestens drei Monate nach Ende der Hemmung ein.) ▷ Rechtsverfolgung Erhebung der Klage Zustellung des Mahnbescheids Bekanntgabe des Güteantrags Geltendmachung der Aufrechnung des Anspruchs (Die Hemmung endet sechs Monate nach rechtskräftiger Entscheidung.) ▷ Leistungsverweigerungsrecht berechtigte Leistungsverweigerung ▷ höhere Gewalt ▷ familiäre Gründe Dauer der Ehe, wenn Ansprüche der Ehegatten untereinander bestehen

1 Ordnen Sie zu:

(1) Unterbrechung der Verjährung
(2) Hemmung der Verjährung

Sollte durch den angegebenen Sachverhalt weder eine Unterbrechung noch eine Hemmung der Verjährung erfolgen, tragen Sie eine (9) ein.

a. Der Gläubiger erhebt eine Klage wegen Nichtzahlung. ⬜

b. Der Mahnbescheid wird von Amts wegen zugestellt. ⬜

c. Der Schuldner leistet eine Teilzahlung. ⬜

d. Die Zinsen für die Restschuld werden vom Schuldner überwiesen. ⬜

e. Der Zahlungsschuldner erkennt eine Nachbesserung auf Grund von Mangelansprüchen an. ⬜

f. Der Verkäufer schickt eine Mahnung mit dem Hinweis, bei Nichtzahlung gerichtliche Maßnahmen einzuleiten. ⬜

2 Welche der folgenden Feststellungen zur Verjährung ist falsch? ⬜

(1) Die Regelverjährung beträgt 3 Jahre und beginnt mit dem Schluss des Jahres, in dem der Anspruch entstanden ist. Ferner ist zu berücksichtigen, dass der Gläubiger von den den Anspruch begründenden Umständen und der Person des Schuldners Kenntnis erlangt hat.

(2) Eine besondere Verjährungsfrist gilt für Forderungen an ein insolventes Unternehmen. Nach Feststellung im Insolvenzverfahren beträgt die Verjährungsfrist gerechnet ab dem Tag der Feststellung 30 Jahre.

(3) Die 10-jährige Verjährungsfrist beginnt mit Schluss des Jahres, in dem der Anspruch entstanden ist.

3 Beurteilen Sie folgende Aussagen des Angestellten der Oberkötter-Turbo-Spedition.

Ordnen Sie eine

(1) zu, wenn die Aussage richtig ist,
(9) zu, wenn die Aussage falsch ist.

a. Eine Forderung, die bereits verjährt ist, jedoch aus Versehen noch vom Zahlungsschuldner überwiesen wurde, muss auf jeden Fall wieder dem Zahlungsschuldner gutgeschrieben werden, da dieser einen einklagbaren Rechtsanspruch auf Erstattung hat. ⬜

b. Nach Ablauf des gesetzlich definierten Zeitraums verliert der Gläubiger einer Zahlung die Möglichkeit, einen Anspruch gerichtlich durchzusetzen, d. h., der Schuldner kann die „Einrede der Verjährung" geltend machen. ⬜

c. Die regelmäßige Verjährungsfrist beträgt 3 Jahre. ⬜

d. Bei vollstreckbaren Titeln beträgt die Verjährungsfrist 30 Jahre und beginnt mit der Errichtung des vollstreckbaren Titels. ⬜

4 Die B. B-Lau AG liefert vereinbarungsgemäß einen Spezialkran an die H. Denk-e-mal Spezial GmbH. Die Zahlung ist fällig am 15.01.06. Im Oktober desselben Jahres hat die H. Denk-e-mal GmbH noch nicht bezahlt. Der Zahlungsmodus wird am 10.01.07 verhandelt und der Schuldner überweist am 20.03.07 die Hälfte der Kaufpreisforderung. Gleichzeitig bittet er um einen Zahlungsaufschub von drei Monaten für die Restzahlung. Nach Ablauf dieser Frist ist noch kein Zahlungseingang zu verzeichnen. Durch unsachgemäße Buchführung gerät der Vorgang bei der B. B-Lau AG in Vergessenheit, und erst 4 Jahre nach Fälligkeit der Zahlung fordert die B. B-Lau AG die H. Denk-e-mal Spezial GmbH auf, die restliche Leistung zu erbringen.

Tragen Sie eine

(1) ein, wenn die Aussage richtig ist,
(9) ein, wenn die Aussage falsch ist.

a. Der Zahlungsschuldner kann die Einrede der Verjährung geltend machen. ⬜

b. Die Verjährungsfrist beträgt 3 Jahre. ⬜

c. Beginn der Verjährung ist der 31.12.06. ⬜

d. Beginn der Verjährung ist der 15.01.06. ⬜

e. Die Teilzahlung bewirkt einen Neubeginn der Verjährung. ⬜

f. Die Teilzahlung am 20.03.07 stellt eine Hemmung dar. ⬜

g. Der Zeitraum des Zahlungsaufschubes bewirkt eine Verlängerung der Verjährungsfrist. ⬜

h. Mit Ablauf des 20.06.10 ist die Forderung verjährt. ⬜

5 Unterscheiden Sie die verschiedenen Verjährungsfristen und ordnen Sie zu:

(1) 3 Jahre
(2) 10 Jahre
(3) 30 Jahre

a. Die Hartmann OHG hat ein nicht genutztes Grundstück an die Metall verarbeitende Verkehrsschilder GmbH zur Erweiterung des Firmengeländes verkauft. Die Grundbucheintragung ist erfolgt. Vereinbarungsgemäß ist die Zahlung fällig mit Eigentumsübertragung. ⬜

b. Der Privatmann U. Markert erwirbt für die nächste Urlaubsreise einen Taucheranzug. ⬜

c. Wegen drohender Zahlungsunfähigkeit hat das Einzelunternehmen M. Schulte e. K. den Insolvenzantrag gestellt. Im Insolvenzverfahren wird die Forderung des Autohauses Beier KG für vollstreckbar erklärt. ⬜

d. Die im Handelsregister eingetragene B. Ostendorf e. K. hat eine Forderung aus der Lieferung von Teigwaren anlässlich des 25-jährigen Jubiläums der Realschule. Eine Zahlung ist bisher noch nicht erfolgt. ⬜

e. Die Druckerei Nicole Müller GmbH hat eine Forderung an die Schriftstellerin E. Lanver. Fälligkeit der Forderung wurde mit Fertigstellung des gedruckten Werkes vereinbart. ⬜

f. Das Fitnessstudio hat eine Verbindlichkeit an die Trainerin Sonja. ⬜

A **Wareneinkauf/Warenverkauf**

B **Warenverkauf/Wareneinkauf/Kalkulation**

C **Lohn- und Gehaltsabrechnung**

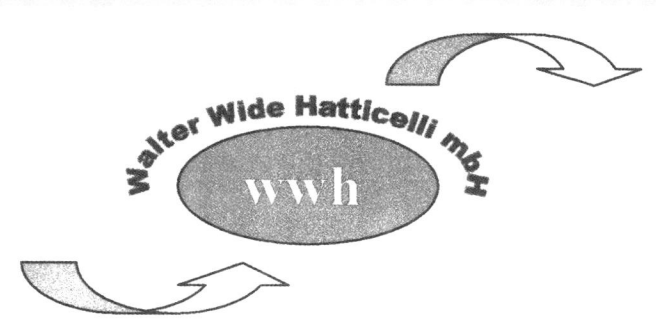

Elektrogroßhandel

Sie sind Mitarbeiterin/Mitarbeiter der

Walter Wide Hatticelli mbH
Helene-Weber-Weg 9
33607 Bielefeld

Das Unternehmen ist eingetragen im Handelsregister B beim Amtsgericht in Bielefeld.

Der Betriebszweck ist Großhandel mit Elektrogeräten und Zubehör.

Das Unternehmen hat folgende Abteilungen:

Geschäftsführung
Einkauf
Lager I: Großgeräte/Lager II: Zubehör und Kleingeräte
Vertrieb
Rechnungswesen
Personal
Organisation/EDV

In dem Unternehmen sind beschäftigt: 25 Angestellte
                                      8 Arbeiter
                                      2 Auszubildende

A Wareneinkauf/Warenverkauf

Situation	Die Walter Wie Hatticelli mbH hat die Möglichkeit, einen Neukunden ab dem kommenden Quartal für Sonderaufträge monatlich im Durchschnitt mit 100 Pressglasreflektorlampen mit einem Ausstrahlungswinkel von 30 Grad und einer Wattleistung von 120 zu beliefern. Um die laufenden Preisverhandlungen abzuschließen, hat die Walter Wide Hatticelli mbH auf Grund von Anfragen im April mehrere Angebote Anfang Mai erhalten.

Angebot A
Das Angebot A vom Hersteller aus Köln ist gültig bis Ende Mai:
Der Stückpreis beträgt 29,30 €, Rabatt 25 %, Skonto 2 % innerhalb von 14 Tagen, 30 Tage netto Kasse, Lieferung frei Haus.

Angebot B
Das Angebot B vom Hersteller aus Saarbrücken hat den Vermerk ohne Obligo:
Rabatt 20 %, Skonto kann nicht gewährt werden, bei Abnahme > 50 Stück = 28,00 €/je Stück, bei Abnahme > 150 Stück = 27,90 €/je Stück, bei Abnahme > 250 Stück = 27,80 €/je Stück, bei Abnahme > 350 Stück = 27,75 €/je Stück Lieferung unfrei.

Angebot C
Informationen zum Angebot C entnehmen Sie bitte den Unterlagen aus dem Elektro-Installations-Technik-Katalog (Preise ohne MwSt.). Der Hersteller hat seinen Sitz ebenfalls in Saarbrücken.

Die Mindestabnahmemenge beim Hersteller C beträgt 10 Stück, Skonto 3 % innerhalb von 14 Tagen, 30 Tage netto Kasse, Rabatt 30 %, Lieferung frachtfrei.

Informationen, die für alle Angebote Gültigkeit haben:

Rollgeld I = 10,00 € bis 100 Stück
Rollgeld II = 7,00 € bis 100 Stück
Frachtkosten = 20,00 € bis 100 Stück

Rollgeld I = 15,00 € bis 200 Stück
Rollgeld II = 10,00 € bis 200 Stück
Frachtkosten = 30,00 € bis 200 Stück

Katalogangebot des Herstellers C aus Saarbrücken

Artikel			Bestellnr.	Preis/€
Reflektorlampe DECOR COLOR SPOT				
Ausstrahlungswinkel	Leistung	Sockel		
35	40	E 14	55 667 13	27,20
35	40	E 14	55 667 14	28,30
35	40	E 14	55 667 15	28,50
30	120	E 27	55 667 16	29,00
80	120	E 27	55 667 17	29,20
Pressglasreflektorlampe CONCENTRA-PARLUX				
Ausstrahlungswinkel	Leistung	Sockel		
12	60	E 27	55 667 33	28,10
12	80	E 27	55 667 34	28,40
30	80	E 27	55 667 35	28,70
30	60	E 27	55 667 36	29,00
30	120	E 27	55 667 37	29,30

A Wareneinkauf/Warenverkauf

Situation	Katalogangebot

Katalogangebot

Artikel				Bestellnr.	Preis/€
Pressglasreflektorlampe SUPERLUX KRYP					
Ausstrahlungswinkel	Leistung	Sockel			
12	60	E 14		55 700 33	30,00
12	80	E 14		55 700 34	31,00
12	80	E 14		55 700 35	32,00
30	60	E 14		55 700 36	33,00
12	120	E 27		55 700 37	34,00
Reflektorlampe CONCENTRA SPOT					
Ausstrahlungswinkel	Leistung	Sockel			
40	30	E 14		12 667 13	19,50
30	80	E 14		12 667 14	21,50
80	80	E 14		12 667 15	23,50
35	60	E 14		12 667 16	25,50
35	120	E 27		12 667 17	27,50

1. Aufgabe	Überprüfen Sie die rechtliche Bedeutung aller Angebote und begründen Sie Ihre Meinung.
2. Aufgabe	Wie könnte bei Angebot A ein Kaufvertrag zu Stande kommen? Nennen Sie zwei unterschiedliche Möglichkeiten.
3. Aufgabe	Führen Sie auf Grund der Herstellerangaben A, B und C einen übersichtlichen Angebotsvergleich durch und ermitteln Sie den Einstandspreis für 200 Stück.
4. Aufgabe	Nennen Sie vier Gründe, die zu einer Entscheidung für den nicht preisgünstigeren Lieferer führen können.

Situation	Die Walter Wide Hatticelli mbH bestellt am 15. Mai bei dem Hersteller A in Saarbrücken 200 Stück per Telefon. Als Liefertermin wird der 6. Juni festgelegt. Nach Beendigung des Telefonates fragt der zu beliefernde Neukunde bei der Walter Wide Hatticelli mbH an, ob die Ware bereits Ende Mai geliefert werden kann.
5. Aufgabe	Kann die Walter Wide Hatticelli mbH die Bestellung bei dem Lieferanten A noch widerrufen, um bei einem anderen Hersteller, der schneller liefern kann, zu bestellen?

Situation	Die Walter Wide Hatticelli mbH erhält am 19. Mai eine Auftragsbestätigung des Herstellers A mit dem Liefertermin 6. Juni.
6. Aufgabe	Welche rechtliche Bedeutung hat die Vereinbarung des Lieferdatums? Begründen Sie Ihre Meinung.

Situation	Am 8. Juni fragt der Verkaufsleiter der Walter Wide Hatticelli mbH in der Einkaufsabteilung an, ob die bestellten Lampen nunmehr eingetroffen sind. Der Verkaufsleiter ist über die Nachricht der Nichtlieferung sehr aufgebracht, da er mit seinem Neukunden einen Liefertermin, 10. Juni, fix vereinbart hat. Der Verkaufsleiter schlägt vor, sofort bei einem anderen Lieferanten Ersatz zu besorgen, da sonst sein Kunde nicht pünktlich beliefert werden kann.
7. Aufgabe	Nennen Sie allgemein die Rechte im Falle einer Nicht-Rechtzeitig-Lieferung.
8. Aufgabe	Was schlagen Sie konkret in diesem Fall vor? Berücksichtigen Sie dabei, dass es möglich ist, die Ware kurzfristig zu beziehen, sodass der Neukunde noch rechtzeitig beliefert werden kann. Der Preis je Lampe beträgt jedoch 40,00 €.

A Wareneinkauf/Warenverkauf

Situation	Der Sachbearbeiter Herr Ferdinand Schön aus der Einkaufsabteilung soll für einen Bankumbau so schnell wie möglich Videokameras bestellen.

Belege zum Vorgang der Bestellung der Videokameras

Gesprächsnotiz

Gespräch geführt am: 16.05.01 / 10.30

Firma: Elektro L. Tuch AG

Gesprächspartner: Herr/Frau Meer

Inhalt: 4 Videokameras sind auf Lager.
Liefertermin fix: 23.05.
Preis 740 € je
14 Tg / 2% / 60 Tg
Fracht: frei Haus
Mengenrabatt: 10%

Walter Wide Hatticelli mbH

wwh

Elektrogroßhandel

Walter Wide Hatticelli mbH • Helene-Weber-Weg 9 • 33607 Bielefeld

Elektro L. Tuch AG
An der Lank 6
65183 Wiesbaden

Ihr Zeichen:
Ihre Nachricht vom: 16.05.01
Unser Zeichen: Kn/Sch
Unsere Nachricht vom:

Telefon: 0521 999998
Fax: 0521 999999

Bestellung

Sehr geehrte Frau Meer,

wie mit Ihnen heute Morgen telefonisch besprochen, bestelle ich folgende Artikel:

Anzahl	Bezeichnung der Ware	Einzelpreis/€	Gesamtpreis/€
4	Videokameras. der Serie 777 in weiß CCE-Bildaufnehmer CCIR-Standard Objektiv F 3,5/Brennweite 3,6 mm Lichtempfindlichkeit 1 Lux. 90 x 90 x 45 mm	740,00	2960,00

Der Rabatt beträgt 10 %. Die Rechnung ist zahlbar innerhalb von 14 Tagen unter Abzug von 2 % Skonto oder 60 Tage netto Kasse.

Liefertermin: 23.05.05, fest.

Mit freundlichen Grüßen
Walter Wide Hatticelli mbH

i.A.

Bankverbindungen
Sparkasse Bielefeld   BLZ 480 501 61   Kto.-Nr. 13 724 899
Commerzbank Bielefeld   BLZ 480 533 88   Kto.-Nr. 14 899 999

Geschäftsführerin: Uta Box
Sitz und Registergericht:
Bielefeld HR B 15 90

---

9. Aufgabe	Ermitteln Sie den Einstandspreis für die bestellten Videokameras.
10. Aufgabe	Ermitteln Sie den Überweisungsbetrag für die 4 Videokameras an den Lieferer unter Ausnutzung von Skonto und unter Berücksichtigung von 16 % Mehrwertsteuer.
11. Aufgabe	Ermitteln Sie den Jahreszinssatz, der der Skontobedingung des Lieferers entspricht. Sie können dabei wählen zwischen der kaufmännischen Überschlagsrechnung oder der mathematisch genauen Rechnung.

Situation	Die Überweisung an den Lieferer wurde versehentlich nicht erledigt. Am 15.01.01 mahnt der Lieferer den Rechnungsbetrag für die 4 Videokameras an und bittet um sofortige Überweisung der Summe.
12. Aufgabe	Befindet sich die Walter Wide Hatticelli mbH in Nicht-Rechtzeitig-Zahlung?
13. Aufgabe	Handelt es sich bei der Mahnung des Lieferanten um eine Unterbrechung der Verjährung?
14. Aufgabe	Wie kann der Verkäufer/Käufer die Verjährung unterbrechen? Nennen Sie je zwei Möglichkeiten.
15. Aufgabe	Mit welchem Datum ist die Forderung des Lieferanten an die Walter Wide Hatticelli mbH verjährt? Begründen Sie Ihre Berechnung.

B Warenverkauf/Wareneinkauf/Kalkulation

Situation	Sie sind Vertriebsmitarbeiter in der Walter Wide Hatticelli GmbH. Am 24.02. erhalten Sie das folgende Fax der Firma Elektro Schulze KG.

Elektro Meta Schulze KG – Rosenstr. 3 – 37170 Uslar

FAX

An: Walter Wide Hatticelli mbH
Tag: 24.02...
Zeit: 15:06 Uhr

Anfrage nach Toastern

Sehr geehrte Damen und Herren,

wir bitten Sie zu prüfen, ob Sie uns für unsere Frühjahrsaktion bis zum 10. März 20..
100 Stück Toaster, Farbe weiß, Ihre Art.-Nr. H 457, zum Listenpreis von 24,00 € frei Haus liefern können.
Wir bitten um schnelle Rückantwort.

Mit freundlichen Grüßen
Eva Schrader (Abt. Einkauf)

	Der Einstandspreis für einen Toaster beträgt nach Auskunft des Einkaufs 15,00 €. Das Unternehmen kalkuliert im Normalfall mit einem Handlungskostenzuschlag von insgesamt 20 %. Nach Auskunft der Kostenrechnung kann davon ausgegangen werden, dass 50 % der Handlungskosten variabel sind. Es wird ein Gewinnzuschlag von 5 % einkalkuliert und den angeschlossenen Einzelhändlern wird ein Rabatt von 25 % gewährt.
1. Aufgabe	Ermitteln Sie den regulären Listenpreis des Toasters, wenn dieser auf Vollkostenbasis kalkuliert wird, und vergleichen Sie das Ergebnis mit der Preisvorstellung des Kunden.
2. Aufgabe	Berechnen Sie den Erfolg (Gewinn oder Verlust) dieses Geschäftes, wenn dem Kunden der geforderte Listenpreis von 24,00 € gewährt wird und die Kosten des Unternehmens in voller Höhe verrechnet werden. Kommentieren Sie das Ergebnis.
3. Aufgabe	Da es sich um einen Zusatzauftrag handelt, bittet Ihr Chef Sie, zu ermitteln, was der Auftrag an zusätzlichem Deckungsbeitrag erbringt, wenn das Geschäft zu Teilkosten kalkuliert wird und die fixen Kosten des Auftrages 60,00 € betragen. Gehen Sie in diesem Zusammenhang auch auf den Begriff der kurzfristigen Preisuntergrenze ein.

Situation	Der Datensatz des Artikels H 457 weist am 25. Februar unter anderem folgende Daten aus:

Artikelnummer	H 457	Beschaffungszeit (Arbeitstage)	5
Artikelbezeichnung	Toaster, weiß	Mindestbestand	24
Absatz Vorjahr (Stück)	783	Höchstbestand	150
Einstandspreis	15,00 €	Istbestand 20..–02-25	134

4. Aufgabe	Das Jahr hat bei der Walter Wide Hatticelli mbH 261 Arbeitstage. Ermitteln Sie den durchschnittlichen Absatz pro Tag.
5. Aufgabe	Berechnen Sie aus den vorliegenden Informationen den Meldebestand, der bei dem Artikel H 457 berücksichtigt werden muss.
6. Aufgabe	Erläutern Sie, welche Situation durch die Lieferung an den Kunden entsteht und welche Aktion ausgelöst wird.

B Warenverkauf/Wareneinkauf/Kalkulation

7. Aufgabe	Für die Entscheidung, wie viel Stück nach Unterschreiten des Meldebestandes zu bestellen sind, steht dem Einkäufer das Instrument der optimalen Bestellmenge zur Verfügung. a. Erläutern Sie den Begriff der optimalen Bestellmenge. b. Welche optimale Bestellmenge ergibt sich unter Anwendung des Zahlenmaterials für den Artikel H 457? c. Welche Umstände können den Einkäufer der Walter Wide Hatticelli mbH veranlassen, von einer berechneten optimalen Bestellmenge abzuweichen?
8. Aufgabe	Der Mindestabstand ist mit 24 Stück angegeben. a. Erläutern Sie die Funktion des Mindestbestandes. b. Geben Sie an, welche Einflussfaktoren die Höhe des Mindestbestandes in der Walter Wide Hatticelli mbH bestimmt haben können.
9. Aufgabe	Welcher durchschnittliche Lagerbestand lässt sich aus den genannten Daten ermitteln, wenn im Normalfall bei jeder Anlieferung durch den eigenen Lieferanten der Höchstbestand erreicht wird und ein kontinuierlicher Lagerabfluss vorliegt?
10. Aufgabe	Ermitteln Sie bei einem unterstellten Marktzins von 7,2 % auf den Daten ferner ▷ die Umschlagshäufigkeit, ▷ die durchschnittliche Lagerdauer, ▷ die Zinsbelastung je Artikel in % und ▷ die Zinsbelastung insgesamt in € für die gesamte Lagerposition. Erläutern Sie die Ergebnisse kurz.

Situation	Der Auftrag wird am 10.03... zum Listenpreis von 24,00 € je Stück ausgeliefert.
11. Aufgabe	Berechnen Sie die wesentlichen Beträge der Ausgangsrechnung.
12. Aufgabe	Geben Sie den Buchungssatz für diesen Geschäftsfall an.

Situation	Am 15.03. erhalten wir folgendes Schreiben der Elektro Meta Schulze KG (Auszug):
	„Am 10.03. erhielten wir von Ihnen eine Lieferung von 100 Toastern. Nach Prüfung der Warensendung mussten wir folgende Mängel feststellen: 20 Toaster haben die Artikel-Nr. H 466 und nicht wie bestellt H 457, 12 Toaster weisen leichte Lackschäden auf, sind jedoch noch verkäuflich. Wir werden Ihnen die 20 Toaster mit der Art.-Nr. H 466 auf Ihre Kosten zurücksenden und bitten um Umtausch der Ware. Die 12 Toaster mit den Lackschäden werden wir im Rahmen der Aktion verkaufen können, müssen diese im Preis jedoch reduzieren und schlagen deshalb eine Preisminderung von 20 % vor."
13. Aufgabe	a. Prüfen Sie die Mängelrüge hinsichtlich der Rechtzeitigkeit der Rüge und in Bezug auf die gestellten Ansprüche. b. Um welche Mängel handelt es sich hier? c. Befindet sich der Käufer mit seinen Forderungen im Recht? Welche Überlegungen könnten hinsichtlich der 20 Stück falsch gelieferten Toaster angestellt werden?
14. Aufgabe	Stellen Sie die Beträge für die dem Kunden zu übermittelnde Gutschrift zusammen, wenn davon auszugehen ist, dass die Vertriebsleitung mit dem Preisnachlass einverstanden ist?
15. Aufgabe	Wie wird die Gutschrift bei der Walter Wide Hatticelli mbH gebucht?
16. Aufgabe	Unterstellen Sie, dass durch die Gutschrift und die Tauschaktion der Erfolg dieses Zusatzauftrages insgesamt negativ gewesen ist. Erläutern Sie Gründe, die dafür sprechen, dennoch gelegentlich Aufträge mit einem negativen Ergebnis abzuwickeln oder Warenpositionen zu einem Preis unter dem Einstandspreis zu verkaufen.

C Lohn- und Gehaltsabrechnung

Situation	In der Abteilung Einkauf der Walter Wide Hatticelli mbH teilt die Sachbearbeiterin Sandra Sonnabend ihrer Kollegin Edda Pahlke am 23. Februar des Jahres 01 im Vertrauen mit, dass sie eine besser dotierte Arbeitsstelle bekommen könnte. Sandra Sonnabend ist der Auffassung, dass sie ohne weiteres von heute auf morgen die neue Arbeitsstelle antreten könne. Ihre Kollegin erwidert daraufhin: „Du bist doch schon seit 10 Jahren hier im Betrieb. Ich bin der Meinung, dass du sogar verlängerte Kündigungsfristen einhalten musst!"
1. Aufgabe	Ist es möglich, dass Frau Sonnabend ihr Arbeitsverhältnis ohne Einhaltung einer Frist auflösen kann? Begründen Sie Ihre Entscheidung.
2. Aufgabe	Zu welchem Termin kann Frau Sonnabend ihr Arbeitsverhältnis frühestens beenden, wenn sie die gesetzliche Kündigungsfrist einhalten muss (siehe unten: Gesetzesauszug aus dem Bürgerlichen Gesetzbuch)?
3. Aufgabe	Beurteilen Sie die Aussage der Kollegin Edda Pahlke unter Berücksichtigung des unten aufgeführten Gesetzesauszuges aus dem Bürgerlichen Gesetzbuch (BGB).
4. Aufgabe	Zu welchem Termin würden folgende Arbeitsverhältnisse nach § 622 BGB beendet werden, wenn die Kündigung am 23. Februar des Jahres 01 durch den Arbeitgeber ausgesprochen würde? a. Mitarbeiter A, 25 Jahre alt, 6 Jahre Betriebszugehörigkeit b. Mitarbeiterin B, 31 Jahre alt, 6 Jahre Betriebszugehörigkeit c. Mitarbeiter C, 52 Jahre alt, 20 Jahre Betriebszugehörigkeit

Auszug aus dem Bürgerlichen Gesetzbuch (BGB):

§ 622
(1) Das Arbeitsverhältnis eines Arbeiters oder eines Angestellten (Arbeitnehmers) kann mit einer Frist von vier Wochen zum Fünfzehnten oder zum Ende eines Kalendermonats gekündigt werden.
(2) Für eine Kündigung durch den Arbeitgeber beträgt die Kündigungsfrist, wenn das Arbeitsverhältnis in dem Betrieb oder Unternehmen
1. zwei Jahre bestanden hat, einen Monat zum Ende eines Kalendermonats,
2. fünf Jahre bestanden hat, zwei Monate zum Ende eines Kalendermonats,
3. acht Jahre bestanden hat, drei Monate zum Ende eines Kalendermonats,
4. zehn Jahre bestanden hat, vier Monate zum Ende eines Kalendermonats,
5. zwölf Jahre bestanden hat, fünf Monate zum Ende eines Kalendermonats,
6. fünfzehn Jahre bestanden hat, sechs Monate zum Ende eines Kalendermonats,
7. zwanzig Jahre bestanden hat, sieben Monate zum Ende eines Kalendermonats.
Bei der Berechnung der Beschäftigungsdauer werden Zeiten, die vor der Vollendung des fünfundzwanzigsten Lebensjahres des Arbeitnehmers liegen, nicht berücksichtigt.
...

Situation	Nachdem Frau Sonnabend gekündigt hat, gibt die Abteilungsleiterin der Abteilung Personalwesen, Frau Prodlo, dem Sachbearbeiter Herrn Klein den Auftrag, die durch die Kündigung notwendigen Aufgaben zu erledigen.
5. Aufgabe	Welche Arbeiten sind in der Personalabteilung beim Ausscheiden eines Mitarbeiters/einer Mitarbeiterin durchzuführen?
6. Aufgabe	Nennen Sie 4 Unterlagen, die der Mitarbeiterin bei Beendigung des Arbeitsverhältnisses ausgehändigt werden müssen.
7. Aufgabe	Erläutern Sie den Unterschied zwischen einem einfachen und einem qualifizierten Zeugnis.

Situation	In Abstimmung mit der Geschäftsleitung soll für die ausscheidende Mitarbeiterin zum 01. April des Jahres 01 Ersatz beschafft werden. In diesem Zusammenhang beauftragt die Geschäftsleitung die Abteilungsleiterin Frau Prodlo eine Stellenbeschreibung für die zu besetzende Stelle anzufertigen, da es diese in der Wide Hatticelli mbH bisher noch nicht gab.
8. Aufgabe	Nennen Sie 6 wichtige Punkte, die eine Stellenbeschreibung beinhalten sollte.
9. Aufgabe	Führen Sie 5 Einzelaufgaben auf, die in der Stellenbeschreibung für eine/n Sachbearbeiter/in Einkauf festgelegt sein können.

C Lohn- und Gehaltsabrechnung	
10. Aufgabe	Nennen Sie jeweils 3 Vorteile einer internen bzw. externen Personalbeschaffung.
11. Aufgabe	Erläutern Sie den Unterschied zwischen Stellenbeschreibung und Stellenanzeige.

Situation	Aus den eingehenden Bewerbungen wird nach dem üblichen Verfahren Roland Godwin, 31 Jahre alt, verheiratet, 2 Kinder, insbesondere wegen seiner fachlichen Kompetenz (Abschluss einer kaufmännischen Ausbildung, 6-jährige Berufserfahrung als Sachbearbeiter Einkauf, davon 4 Jahre nach Gehaltsgruppe IV entlohnt) und seiner sozialen Kompetenz ausgewählt. Er untersteht dem Abteilungsleiter Einkauf und soll nach grundsätzlichen Anweisungen eigenständig die Arbeiten, die in der Stellenbeschreibung aufgeführt sind, erledigen. Zunächst soll er innerhalb der Probezeit nach Tarif bezahlt werden. Bei entsprechender Eignung erhält er anschließend einen Zuschlag von 20 % auf das Tarifgehalt. Roland Godwin unterschreibt den Arbeitsvertrag am 23. März und tritt die Stelle zum 01. April des Jahres 01 an.
12. Aufgabe	Welche Rechte und Pflichten ergeben sich aus dem Arbeitsvertrag?
13. Aufgabe	Klären Sie unter Berücksichtigung des unten aufgeführten Auszuges aus dem Gehalts- und Lohnrahmenabkommen folgende Fragen: a. In welche Gehaltsgruppe wird Roland Godwin eingruppiert? b. Wie hoch ist sein Gehalt während der Probezeit? c. Welches Gehalt erhält er nach der Probezeit?

Auszug aus dem Gehalts- und Lohnrahmenabkommen bzw. aus dem Gehaltsabkommen:

Gehaltsgruppe I: Ausführen von überwiegend schematischen oder mechanischen Tätigkeiten, für die keine Berufsausbildung erforderlich ist.

Gehaltsgruppe II: Ausführen von Tätigkeiten nach eingehenden Anweisungen, die Kenntnisse und Fertigkeiten erfordern, wie sie unter anderem durch eine zweijährige einschlägige Ausbildung vermittelt werden.

Gehaltsgruppe III: Ausführen von Tätigkeiten nach Anweisungen, die Kenntnisse und Fertigkeiten erfordern, wie sie durch eine abgeschlossene Ausbildung als Kaufmann im Groß- und Außenhandel oder eine gleichwertige Ausbildung erworben werden.

Gehaltsgruppe IV: Selbstständiges Ausführen von Tätigkeiten nach allgemeinen Anweisungen, die Kenntnisse und Berufserfahrung erfordern, wie sie durch mehrjährige einschlägige Tätigkeit nach erfolgter kaufmännischer Ausbildung erlangt werden.

Gehaltsgruppe V: Selbstständiges und verantwortliches Ausführen von Tätigkeiten nach allgemeinen Richtlinien, die gründliche Fachkenntnisse und umfangreiche einschlägige Erfahrungen erfordern sowie eine Übersicht über die Zusammenhänge mit angrenzenden Tätigkeitsbereichen voraussetzen.

Gehaltsgruppe VI: Selbstständige und verantwortliche Tätigkeit mit Dispositions-, Weisungs- oder Aufsichtsbefugnis.

Tarifliche Monatsmindestgehälter (in €)

	Gehaltsgr. I	Gehaltsgr. II	Gehaltsgr. III	Gehaltsgr. IV	Gehaltsgr. V	Gehaltsgr. VI
Stufe 1	1 249,00	1 324,00	1 362,00	1 712,00	2 070,00	2 645,00
Stufe 2	1 303,00	1 380,00	1 433,00	1 850,00	2 195,00	2 844,00
Stufe 3	1 353,00	1 437,00	1 541,00	2 049,00	2 320,00	3 045,00
Stufe 4	1 410,00	1 498,00	1 680,00	2 180,0	2 502,00	3 320,00

In den Gehaltsgruppen I und II gelten folgende Bedingungen: Stufe 1: bis zum Alter von 21 Jahren, Stufe 2: bis zum Alter von 23 Jahren, Stufe 3: bis zum Alter von 25 Jahren, Stufe 4: über 25 Jahre.

In den Gehaltsgruppen III bis VI gelten folgende Bedingungen: Stufe 1: im 1. und 2. Jahr der Tätigkeit in der Gehaltsgruppe, Stufe 2: im 3. und 4. Jahr der Tätigkeit in der Gruppe, Stufe 3: im 5. Jahr der Tätigkeit in der Gruppe, Stufe 4: ab dem 6. Jahr der Tätigkeit in der Gruppe.

Situation	Zum 30. April wird die Lohn- und Gehaltsabrechnung durchgeführt. Der neue Mitarbeiter Roland Godwin legt die auf der nächsten Seite abgebildete Lohnsteuerkarte vor. Zusätzlich sind die Informationen aus dem Personalstammblatt zu beachten. Weiterhin ist noch zu berücksichtigen: ▷ Pflegeversicherung: Beitragssatz 1,7 % ▷ Rentenversicherung: Beitragssatz 19,3 % ▷ Arbeitslosenversicherung: Beitragssatz 6,5 % Herr Godwin erhielt am 15. April einen Vorschuss auf sein Gehalt in Höhe von 500,00 €.

C Lohn- und Gehaltsabrechnung

Alle Eintragungen in der Lohnsteuerkarte genau prüfen!
Lesen Sie die Informationsschrift „Lohnsteuer 200x"

Ordnungsmerkmale des Arbeitgebers

Lohnsteuerkarte 200x

Gemeinde und AGS
STADT 32006 HERFORD

AGS 05 7 58 008

Finanzamt und Nr.
FINANZAMT 32006 HERFORD   NR. 5324

Geburtsdatum
08.04.xxxx

I. Allgemeine Besteuerungsmerkmale

Steuerklasse	Kinder unter 18 Jahren: Zahl d. Kinderfreibeträge:
VIER	1,0

ROLAND GODWIN
WERRESTR.14
32006 HERFORD

Kirchensteuerabzug
EV

(Datum)
25.09.200x

(Gemeindebehörde)
STADT HERFORD

II. Änderungen der Eintragungen im Abschnitt I

Steuerklasse	Zahl der Kinderfreibeträge	Kirchensteuerabzug	Diese Eintragung gilt, wenn sie nicht widerrufen wird:	Datum, Stempel und Unterschrift der Behörde
			vom 200x an bis zum 31.12.200x	i. A.
			vom 200x an bis zum 31.12.200x	i. A.
			vom 200x an bis zum 31.12.200x	i. A.

III. Für die Berechnung der Lohnsteuer sind vom Arbeitslohn als steuerfrei abzuziehen:

Jahresbetrag €	monatlich €	wöchentlich €	täglich €	Diese Eintragung gilt, wenn sie nicht widerrufen wird:	Datum, Stempel und Unterschrift der Behörde
2.400	200	---	---	vom 01.01. 200x an	24. NOV. 200x
in Buchstaben zwei -tausend	vier -hundert		Zehner und Einer wie oben	bis zum 31.12.200x	i. A.
				vom 200x an	
in Buchstaben -tausend			Zehner und Einer wie oben -hundert	bis zum 31.12.200x	i. A.
Ggf. zusätzl. z. o.a.Freibetrag	-hundert (Zehner u. Einer wie oben)			vom 200x an	
in Buchstaben	bei der Tätigkeit als				i. A.

Auszug aus dem Personalstammblatt:

Firma: Walter Wide Hatticelli mbH		Personalstammblatt	
Persönliche Angaben			
Personal-Nummer:	1703	Tel. privat:	
Name, Vorname:	Godwin, Roland	Geburtsdatum:	08.04.19xx
Straße:	Werrestr. 14	Geb.-Name:	
PLZ, Ort:	32006 Herford	Staatsangehörigk.:	dt.
Krankenversicherung			
SV-Schlüssel:	1-2-1		
KV-Kasse:	GKK Bielefeld		
Beitragssatz:	13,2 %		
Firma		**Bankverbindung**	
Eintritt:	01.04.200x	Kreditinstitut:	Sparkasse Herford
Austritt:		BLZ:	494 501 20
Abteilung:	Einkauf	Kto.-Nr.:	11 400 45732
Kostenstelle:			
Vermögenswirksame Leistungen			
Vertrag 1	Bausparvertrag		
Überweisung:	39,88 €	Bank:	WestLB Münster
Zuschuss AG:	26,59 €	BLZ:	400 500 00
Empfänger:	BLS	Kto.-Nr.:	6242
Vertrags-Nr.:	5 421 500 421		
Vertrag 2			
Überweisung:		Bank:	

14. Aufgabe	Erstellen Sie die Gehaltsabrechnung für den Mitarbeiter Roland Godwin für den Monat April auf dem Abrechnungsformular auf der nächsten Seite. Die Beträge für Lohn- und Kirchensteuer bzw. den Solidaritätszuschlag entnehmen Sie aus dem Auszug aus der Lohnsteuer-Tabelle (Monat, auf €-Basis).

Lohn €/ Gehalt € bis	Steuerkl.	Lohnsteuer	ohne Kinderfreibeträge			mit Zahl der Kinderfreibeträge												
						0,5			1,0			1,5			2,0			
				Kirchenst.			Kirchenst.			Kirchenst.			Kirchenst.			Kirchenst.		
			SolZ	8 %	9 %	SolZ	8 %	9 %	SolZ	8 %	9 %	SolZ	8 %	9 %	SolZ	8 %	9 %
1875,24	I	300,34	16,51	24,03	27,03	14,04	20,42	22,97	11,62	16,90	19,01	9,25	13,46	15,14	6,94	10,10	11,37
	II	227,65	12,52	18,21	20,49	10,13	14,74	16,58	7,81	11,36	12,77	4,48	8,05	9,05	-	4,83	5,43
	III	73,88	-	5,91	6,65	-	2,88	3,24	-	-	-	-	-	-	-	-	-
	IV	300,34	16,51	24,03	27,03	15,27	22,22	24,99	14,04	20,42	22,97	12,82	18,65	20,98	11,62	16,90	19,01
	V	567,70	31,22	45,41	51,09	-	-	-	-	-	-	-	-	-	-	-	-
	VI	602,30	33,13	38,18	54,21	-	-	-	-	-	-	-	-	-	-	-	-
1877,54	I	301,06	16,56	24,08	27,09	14,08	20,48	23,03	11,66	16,95	19,08	9,29	13,51	15,20	6,98	10,15	11,42
	II	228,37	12,56	18,27	20,55	10,17	14,80	16,64	7,84	11,41	12,83	4,61	8,10	9,11	-	4,88	5,49
	III	73,88	-	5,91	6,65	-	2,88	3,24	-	-	-	-	-	-	-	-	-
	IV	301,06	16,56	24,08	27,09	15,31	22,27	25,05	14,08	20,48	23,03	12,86	18,71	21,04	11,66	16,95	19,08
	V	568,56	31,27	45,48	51,17	-	-	-	-	-	-	-	-	-	-	-	-
	VI	603,24	33,18	48,26	54,29	-	-	-	-	-	-	-	-	-	-	-	-

C Lohn- und Gehaltsabrechnung

LOHN-/GEHALTSABRECHNUNG

Walter Wide Hatticelli mbH, Bielefeld

Frau/Herrn	Pers.-Nr.	Monat/Jahr

Steuer/Klasse	Kinder	St.-Freibetr. jährlich	St.-Freibetr. monatl.

Konfession	Krankenkasse		

BBG KV/PV jährl.	BBG KV/PV mtl.	BBG RV/AV jährl.	BBG RV/AV mtl.

Lohnarten

Lohn/Gehalt/Ausbildungsvergütung	
Überstunden	
Ü-Std.-Zuschlag 25 %	
Ü-Std.-Zuschlag 50 %	
Arbeitgeber-Zuschuss VL	
	Gesamt brutto

Steuer brutto	Lohnsteuer	Kirchensteuer	SolZ	Steuerrechtl. Abzüge
KV % (AN)	PV % (AN)	RV % (AN)	AV % (AN)	
KV-Beitrag (AN)	PV-Beitrag (AN)	RV-Beitrag (AN)	AV-Beitrag (AN)	SV-Abzüge
				Netto-Verdienst

Netto-Abzüge/Netto-Bezüge

Vermögenswirksame Leistungen	
Vorschuss	
	Auszahlungsbetrag

Bankverbindung

BLZ

Kto-Nr.

C Lohn- und Gehaltsabrechnung

Situation	Am Ende des Monats April wird mit Hilfe des Lohn- und Gehaltsbuchhaltungsprogramms ein Ausdruck der Summenliste erstellt (siehe unten). Die Tabelle beinhaltet bereits die Abrechnung für Roland Godwin. Alle Mitarbeiter sind bei der GKK Bielefeld krankenversichert.

Auszug aus dem Lohn- und Gehaltsbuchhaltungsprogramm der Walter Wide Hatticelli mbH

Summenliste für den Monat April:

Bruttogehälter und -löhne	66 000,00 €	**Sozialversicherungsbeiträge (AG + AN Gesamt):**	
Arbeitgeber-Zuschuss VL	540,00 €	Beiträge Krankenversicherung – allg. Beitrag –	8 600,00 €
Lohnsteuer	13 200,00 €	Beiträge Rentenversicherung Arbeiter	4 000,00 €
Kirchensteuer evangelisch	670,00 €	Beiträge Rentenversicherung Angestellte	10 000,00 €
Kirchensteuer römisch-katholisch	410,00 €	Beiträge zur Arbeitsförderung	4 640,00 €
Solidaritätszuschlag	720,00 €	Beiträge zur sozialen Pflegeversicherung	1 220,00 €
Sparbeiträge der Arbeitnehmer zu VL	810,00 €	**Sozialversicherungsbeiträge (nur AN-Anteil):**	14 230,00 €
Sonstige Abzüge (Vorschüsse)	500,00 €	Auszahlungsbetrag (Überweisungsbetrag)	36 000,00 €

15. Aufgabe	Sie sind Sachbearbeiter in der Finanzbuchhaltung der Walter Wide Hatticelli mbH. Bilden Sie den Buchungssatz für die Werte aus der Summenliste der Lohn- und Gehaltsabrechnung des Monats April.

16. Aufgabe	Füllen Sie die unten aufgeführten Formulare „Lohnsteuer-Anmeldung" und „Beitragsnachweis" für die Walter Wide Hatticelli mbH für den Monat April aus.

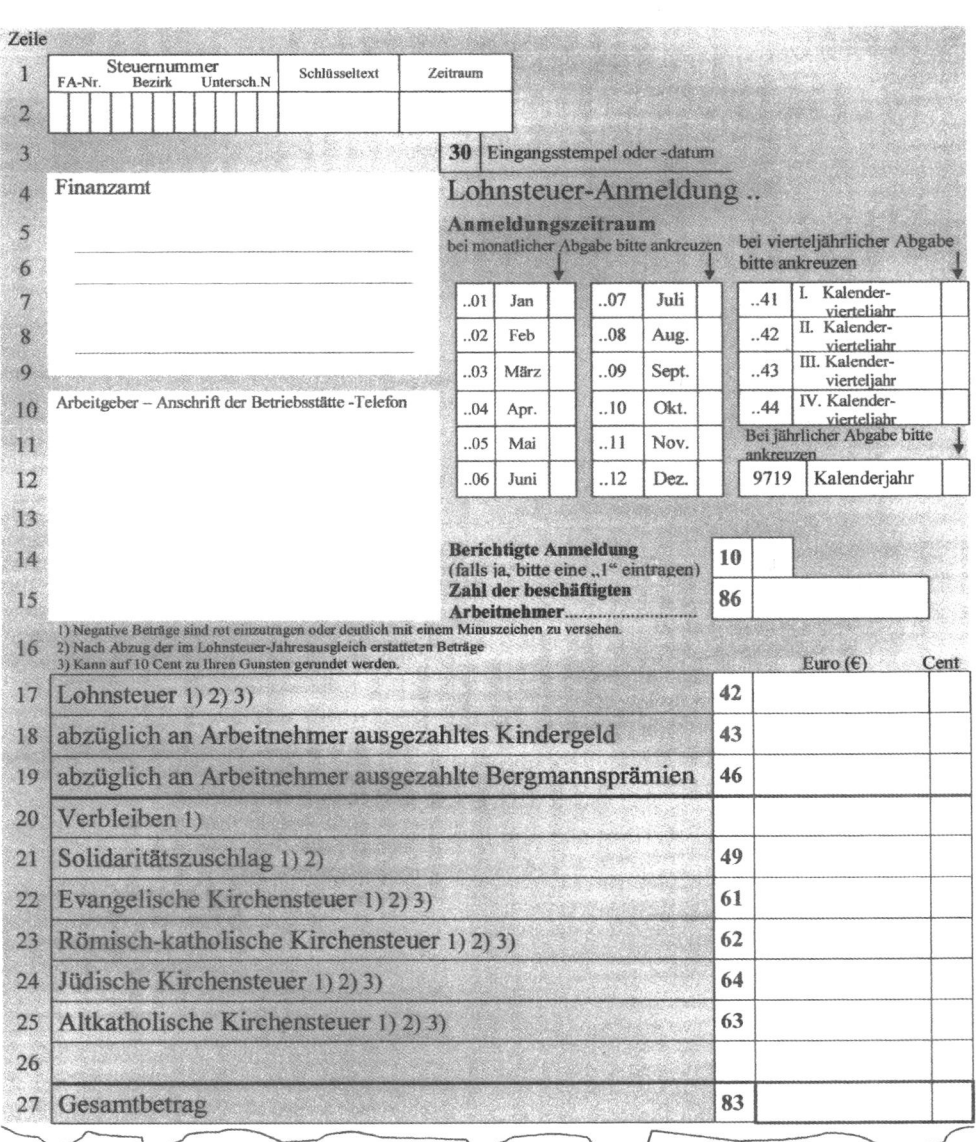

| Arbeitgeber | | Betriebs-/Beitragskonto-Nr. | | Arbeitgeber |

Zeitraum

| | von Tag | Monat | Jahr |
| | bis Tag | Monat | Jahr |

Dauer-Beitragsnachweis gilt *)

Bisheriger Dauer-Beitragsnachweis gilt
erneut ab nächsten Monat *)

Korrektur-Beitragsnachweis
für abgelaufene Kalenderjahre *)

GKK Bielefeld
Oelmühlenstraße 23
33604 Bielefeld

Beitragsnachweis	Beitrags-gruppe	Euro *)	Cent
Beiträge zur			
Krankenversicherung – allgemeiner Beitrag –	1000		
Krankenversicherung – erhöhter Beitrag –	2000		
Krankenversicherung – ermäßigter Beitrag –	3000		
Krankenversicherung für geringfügig Beschäftigte	6000		
Rentenversicherung der Arbeiter – voller Beitrag –	0100		
Rentenversicherung der Angestellten – voller Beitrag –	0200		
Rentenversicherung der Arbeiter – halber Beitrag –	0300		
Rentenversicherung der Angestellten – halber Beitrag –	0400		
Rentenversicherung der Arbeiter für geringf. Beschäft.	0500		
Rentenversicherung der Angestellt. f. geringf. Beschäft.	0600		
Beiträge zur Arbeitsförderung – voller Beitrag –	0010		
Beiträge zur Arbeitsförderung – halber Beitrag –	0020		
Beiträge zur sozialen Pflegeversicherung	0001		
Umlage nach dem Lohnfortzahlungsgesetz (Krankheit)	U1		
Umlage nach dem Lohnfortzahlungsgesetz (Mutterschaft)	U2		
Gesamtsumme			

Es wird bestätigt, dass die Angaben mit denen der
Lohn- und Gehaltsunterlagen übereinstimmen und in
diesen sämtliche Entgelte enthalten sind.

Beiträge für freiwillig Krankenver-sicherte **)	zur KV		
	zur PflV		
abzüglich Erstattung gemäß § 10 LFZG			
zu zahlender Betrag/Guthaben			

Datum, Unterschrift

*) Zutreffendes bitte ankreuzen
**) freiwillige Angabe des Arbeitgebers

Seite	Aufgabe	Ergebnisse
7	1	a. 9, b. 1, c. 1, d. 2
	2	4
	3	a. 2, b. 1, c. 1, d. 1, e. 2, f. 2, g. 1, h. 2
	4	2
	5	a. 20, b. 1,01 c. 90 000
	6	a. 1, b. 2, c. 9, d. 1, e. 9, f. 9
9	1	5
	2	4
	3	2
	4	4
	5	a. 1, b. 3, c. 3, d. 3, e. 3, f. 2
	6	3
	7	2
11	1	1/5
	2	4/5
	3	5
	4	1
	5	4
	6	a. 1, b. 4, c. 1, d. 3, e. 2
	7	a. 1, b. 1, c. 2, d. 1, e. 2, f. 1
	8	2
13	1	a. 3, b. 3, c. 2, d. 9, e. 3, f. 9
	2	a. 1, b. 1, c. 1, d. 9, e. 1
	3	4
	4	a. 3, b. 3, c. 1, d. 1, e. 1, f. 2, g. 3, h. 1, i. 2, j. 1
	5	a. 9, b. i, c. 9, d. 9, e. 9, f. 9, g. 9
15	1	a. 1, b. 1, c. 2
	2	4
	3	a. 3, b. 4, c. 1, d. 9
	4	1
	5	a. 9, b. 9, c. 1, d. 9, e. 1, f. 9
	6	a. 1, b. 1, c. 1, d. 9
	7	a. 2, b. 2, c. 9, d. 9, e. 1, f. 1, g. 9
17	1	a. 2, b. 2, c. 2, d. 1, e. 1, f. 2, g. 1
	2	a. 6, b. 1, c. 1, d. 1, e. 3, f. 5, g. 6
	3	a. 9, b. 9, c. 1, d. 1, e. 9
	4	a. 1, b. 2, c. 3, d. 3, e. 3, f. 3, g. 3, h. 1
	5	a. 2, b. 2, c. 2, d. 1, e. 1, f. 1, g. 1
	6	a. 1, b. 1, c. 2, d. 1
19	1	a. 3, b. 1, c. 4, d. 1, e. 4, f. 2, g. 1
	2	P1: a. 2, b. 3, c. 4, d. 4
		P2: a. 3, b. 2, c. 3, d. 1
	3	a. 1, b. 9, c. 1
	4	a. 1, b. 9, c. 1, d. 1, e. 1
	5	a. 2, b. 9, c. 1, d. 4, e. 4, f. 9, g. 9
	6	1
21	1	2
	2	a. 9, b. 1, c. 1, d. 1
	3	a. 9, b. 1, c. 9
	4	a. 1, b. 1, c. 1
	5	a. 3, b. 5, c. 7, d. 2
	6	a. 3, b. 6, c. 5, d. 5, e. 8, f. 9, g. 2, h. 4, i. 5, j. 8
23	1	1
	2	a. 9, b. 9, c. 9, d. 1, e. 9, f. 9, g. 9
	3	a. 4, b. 5, c. 2
	4	a. 9, b. 9, c. 1, d. 1
	5	a. 303,15, b. 299,70, c. 406,96
25	1	a. 1, b. 1, c. 2, d. 2
	2	a. 1, b. 9, c. 1
	3	a. 1, b. 9, c. 1, d. 1, e. 9, f. 9
	4	4
	5	a. 1, b. 9, c. 9, d. 1, e. 1, f. 1
	6	a. 1, b. 3, c. 2
	7	1

Seite	Aufgabe	Ergebnisse
27	1	A: a. 1, b. 1, c. 2, d. 9, e. 1, f. 9
		B: a. 5, b. 4, c. 6, d. 9, e. 1, f. 9
	2	a. 1, b. 1, c. 9
	3	a. 9, b. 1, c. 9, d. 9
	4	a. 9, b. 1, c. 1
	5	a. 9, b. 1, c. 1, d. 9
	6	a. 9, b. 9, c. 9, d. 1
29	1	a. 5, b. 2, c. 1, d. 3
	2	a. 1, b. 9, c. 9, d. 9
	3	a. 1, b. 1, c. 9, d. 1, e. 9
	4	a. 9, b. 9, c. 9, d. 1
	5	a. 2, b. 1, c. 1
	6	a. 1, b. 9, c. 9
31	1	a. 9, b. 1, c. 1, d. 9, e. 1
	2	a. 9, b. 1, c. 1, d. 1, e. 9
	3	a. 2, b. 1, c. 3
	4	a. 1, b. 9, c. 1
	5	a. 1, b. 1, c. 1, d. 9
33	1	a. 1, b. 1, c. 1, d. 9, e. 1, f. 9, g. 9, h. 9, i. 1, j. 1, k. 1
	2	a. 2, b. 3
	3	a. 1, b. 9, c. 1, d. 1, e. 1, f. 1
	4	a. 5, b. 2, c. 3, d. 1, e. 4
	5	a. 1, b. 9, c. 9, d. 9
35	1	a. 1, b. 1, c. 2, d. 3
	2	2
	3	a. 9, b. 1, c. 9, d. 1, e. 1
	4	a. 9, b. 1, c. 1, d. 1, e. 1
	5	a. 1, b. 9, c. 1, d. 1
	6	a. 1, b. 9, c. 9, d. 9, e. 1, f. 1, g. 1
37	1	a. 9, b. 1, c. 9, d. 9, e. 9
	2	a. 3, b. 1
	3	a. 1, b. 9, c. 1, d. 9, e. 1, f. 1, g. 9
	4	a. 1, b. 9, c. 1, d. 1, e. 1, f. 1, g. 1
39	1	2
	2	a. 9, b. 1, c. 1
	3	a. 1, b. 1, c. 9, d. 9, e. 1, f. 1, g. 1, h. 1
	4	a. 1, b. 1
	5	a. 1, b. 1, c. 2, d. 9, e. 9
	6	a. 117 000, b. 69 800, c. 717 000, d. 1 884 400
41	1	3
	2	a. 1, b. 1, c. 9, d. 1, e. 1
	3	a. 1, b. 2, c. 2, d. 3
	4	4
	5	a. 9, b. 1, c. 1, d. 9, e. 9
	6	a. 9, b. 9, c. 1, d. 1, e. 1, f. 1, g. 1
	7	a. 1 000, b. 1 500
43	1	a. 1, b. 9, c. 1, d. 9, e. 9, f. 1
	2	a. 9, b. 1, c. 1, d. 9, e. 1, f. 9
	3	3
	4	A = a. 3, b. 2, c. 3, d. 1, e. 3, f. 3
		B = a. 2, b. 2, c. 2, d. 1, e. 3, f. 3
	5	a. 2, b. 2, c. 2, d. 3
	6	a. 1, b. 2, c. 3, d. 3, e. 3, f. 2
45	1	a. 4, b. 1, c. 3, d. 9, e. 2
	2	a. 3/2, b. 3/4, c. 3/1, d. 9/9, e. 3/5, f. 1/2
		Jeweils vertauschte Zahlenpaare sind auch richtig!
	3	a. 1, b. 9, c. 1, d. 9, e. 9
	4	a. 2, b. 9, c. 1, d. 2, e. 2, f. 9, g. 1
	5	a. 1, b. 2, c. 2, d. 9, e. 1
	6	5

Seite	Aufgabe	Ergebnisse
47	1	a. 1, b. 1, c. 9, d. 1, e. 9, f. 1
	2	a. 1, b. 3, c. 2, d. 2, e. 9, f. 1
	3	2/5
	4	a. 1, b. 1, c. 9
	5	5
	6	2
	7	2
49	1	a. 9, b. 1, c. 1, d. 9, e. 9
	2	9
	3	1/2
	4	a. 2, b. 1, c. 2, d. 2, e. 1
	5	4
	6	3/4
	7	2/3
51	1	2/4
	2	3
	3	2
	4	a. 1, b. 3, c. 9, d. 1, e. 3, f. 3, g. 2, h. 9
	5	5
	6	5
	7	a. 1, b. 9, c. 9, d. 1, e. 1
	8	5
53	1	1
	2	2
	3	3
	4	2
	5	1
	6	2/4
	7	a. 3, b. 1
	8	3
55	1	3
	2	a. 4, b. 1, c. 2, d. 3, e. 4
	3	a. 9, b. 1, c. 9, d. 9, e. 1, f. 9
	4	3
	5	a. 9, b. 9, c. 1, d. 2, e. 1
	6	a. 8, b. 40, c. 6/20, d. 30, e. 12
57	1	1/5
	2	4
	3	1/2
	4	a. 9, b. 1, c. 1, d. 9
	5	2/5
	6	2/4
	7	6
	8	5
59	1	a. 9, b. 1, c. 9, d. 9
	2	a. 286,00, b. 443,30
	3	6
	4	2/5
	5	2/5
	6	a. 1, b. 4, c. 2, d. 4, e. 2
	7	3
61	1	2
	2	a. 1, b. 5, c. 4, d. 2, e. 9
	3	3/4
	4	1
	5	3
	6	4/5
	7	5
	8	4
	9	6
63	1	3
	2	5
	3	3
	4	a. 1, b. 3, c. 1, d. 3, e. 4
	5	4
	6	1
	7	5
	8	3

Seite	Aufgabe	Ergebnisse
65	1	a. 2, b. 1, c. 3, d. 9, e. 1, f. 9, g. 1
	2	4
	3	2
	4	1
	5	a. 2, b. 9, c. 3, d. 1
	6	1/4
	7	1
	8	4
67	1	a. 1, b. 9, c. 2, d. 3, e. 2, f. 9, g. 1, h. 9, i. 9
	2	a. 9, b. 9, c. 9, d. 1, e. 9, f. 1, g. 9
	3	a. 9, b. 1, c. 3
	4	a. 1, b. 1, c. 1, d. 9
	5	1
	6	6
69	1	a. 2, b. 1, c. 1, d. 1, e. 9, f. 2
	2	a. 3, b. 1, c. 2, d. 1
	3	23
	4	4
	5	a. 2, b. 1, c. 4, d. 3, e. 2, f. 2
	6	4
	7	7
71	1	a. 1, b. 1, c. 1
	2	a. 4, b. 1, c. 3, d. 3, e. 2, f. 2, g. 3
	3	3/4
	4	5
	5	4
	6	5
	7	a. 7, b. 2, c. 9, d. 4, e. 10, f. 1, g. 3, h. 6, i. 8, j. 5 (andere Lösungen können möglich sein, je nach dem Zeitpunkt der Information des Betriebs-rates)
	8	a. 3/5, b. 2/4, c. 1/4, d. 2/3, e. 1/4, f. 3/5
73	1	4
	2	3
	3	a. 3, b. 1, c. 1, d. 2, e. 1, f. 1, g. 3, h. 3, i. 2, j. 9, k. 3
	4	a. 1, b. 9, c. 9, d. 1
	5	a. 2, b. 3, c. 1, d. 2, e. 4, f. 1, g. 3, h. 1, i. 2, j. 9, k. 1
	6	a. 40,8, b. 45,7, c. 3 250,00, d. 25,3, e. 6 624, f. 84, g. 3,2 %
75	1	4
	2	3
	3	4
	4	5
	5	5
	6	2
	7	3
	8	3/5
77	1	4
	2	aa. 73,88, ab. 2,88, ac. 0, ba. 300,34, bb. 19,01, bc. 11,62, ca. 228,37, cb. 0, cc. 0
	3	1/3
	4	3
	5	3/4
	6	4
79	1	a. 3, b. 6, c. 4, d. 8, e. 1
	2	a. 1, b. 1, c. 9, d. 9, e. 9
	3	a. 9, b. 9, c. 1, d. 9
	4	a. 31.03., b. 15.02., c. 31.08., d. 31.05.
	5	2
	6	4
	7	4
	8	3

Seite	Aufgabe	Ergebnisse
81	1	1
	2	a. 1, b. 4, c. 2, d. 1, e. 1, f. 3
	3	a. 4, b. 3, c. 2, d. 2, e. 4, f. 1, g. 1
	4	1
	5	a. 3, b. 3, c. 2, d. 2, e. 1
	6	a. 2, b. 1, c. 1
	7	a. 3, b. 1, c. 3
	8	A: a. 1, b. 2, c. 3 B: a. 1, b. 2, c. 2 C: a. 3, b. 4, c. 2
83	1	a. 1, b. 2, c. 9
	2	a. 1, b. 2, c. 1, d. 2, e. 2, f. 1, g. 2, h. 1
	3	a. 1, b. 1, c. 1, d. 1, e. 9, f. 9
	4	a. 1, b. 3, c. 1, d. 2
	5	1
	6	a. 5, b. 1, c. 4, d. 2, e. 3
85	1	a. 1, b. 1, c. 3, d. 1, e. 1, f. 3
	2	a. 4, b. 1, c. 4, d. 3, e. 2, f. 1, g. 2
	3	a. 2, b. 1, c. 1, d. 4, e. 4, f. 4, g. 2, h. 2
	4	a. 2, b. 1, c. 3, d. 3, e. 1, f. 1
	5	a. 1 oder 2, b. 2, c. 1
	6	a. 1, b. 9, c. 9, d. 9
87	1	a. 1, b. 1, c. 9, d. 1, e. 1, f. 9
	2	a. 3, b. 1, c. 1, d. 2, e. 3, f. 1, g. 9
	3	4
	4	a. 1, b. 9, c. 1, d. 9
	5	a. 1, b. 9, c. 9, d. 1, e. 9
	6	2
	7	a. 9, b. 1, c. 1
89	1	a. 9, b. 1, c. 9, d. 1, e. 9, f. 9, g. 9
	2	a. 7, b. 5, c. 6, d. 4, e. 1, f. 4, g. 6
	3	0,5 (mit negativem Vorzeichen)
	4	2
	5	a. 1, b. 3, c. 9, d. 2
	6	a. 5, b. 6, c. 2, d. 1, e. 4, f. 3
91	1	a. 1, b. 2, c. 1, d. 2, e. 2
	2	a. 3, b. 1, c. 5, d. 6, e. 2, f. 7
	3	3
	4	a. 5, b. 5, c. 2, d. 4, e. 3, f. 1, g. 5, h. 2
	5	a. 9, b. 9, c. 1, d. 1, e. 9
93	1	3
	2	2/3
	3	1
	4	2
	5	6
	6	a. 1, b. 1, c. 9, d. 1, e. 1
	7	2
95	1	4
	2	3
	3	a. 1, b. 1, c. 1, d. 1, e. 9
	4	4
	5	a. 2, b. 1, c. 2, d. 1
	6	1
97	1	a. 2, b. 9, c. 1, d. 3, e. 4, f. 9
	2	a. 2, b. 1, c. 2, d. 4, e. 3, f. 3
	3	a. 1, b. 13, c. 4, d. 13, e. 14, f. 9, g. 8, h. 15, i. 7
	4	a. 4, b. 4
99	1	a. 9, b. 1, c. 1, d. 1, e. 1, f. 1
	2	3
	3	2
	4	2
	5	a. 9, b. 1, c. 1, d. 9
	6	a. 200, b. 5
	7	a. 1, b. 9, c. 1, d. 1, e. 1, f. 1
101	1	a. 1, b. 1, c. 1, d. 9, e. 1
	2	3/5
	3	2/5
	4	3/5
	5	a. 1, b. 9, c. 1, d. 2, e. 2, f. 9, g. 1, h. 2, i. 1
	6	4
	7	2
103	1	2
	2	a. 9, b. 1, c. 9, d. 9, e. 1
	3	a. 1, b. 1, c. 9, d. 9, e. 1, f. 1, g. 9, h. 1
	4	a. 1, b. 1, c. 1, d. 9, e. 1, f. 9, g. 1, h. 1, i. 9, j. 1
	5	4
	6	a. 4, b. 4, c. 2, d. 1, e. 3, f. 1, g. 2, h. 4, i. 4, j. 3
105	1	2
	2	4
	3	2
	4	5
	5	a. 4, b. 3, c. 2, d. 9, e. 2
	6	a. 1, b. 9, c. 1
	7	2
107	1	a. 1, b. 9, c. 1, d. 1, e. 9, f. 1
	2	3
	3	3/5
	4	a. 1, b. 1, c. 9, d. 1, e. 1
	5	2/4
	6	a. 1, b. 1, c. 2, d. 2, e. 1, f. 2
109	1	5
	2	a. 2, b. 1, c. 1, d. 2, e. 2, f. 2, g. 1, h. 1, i. 2
	3	a. 9, b. 1, c. 1, d. 9, e. 1, f. 9
	4	4
	5	4
111	1	a. 9, b. 1, c. 3, d. 2
	2	a. 3, b. 7, c. 5, d. 3, e. 1, f. 8, g. 4
	3	a. 1, b. 9, c. 1, d. 9, e. 1
	4	3
	5	4
113	1	a. 2, b. 9, c. 2, d. 2, e. 1, f. 1, g. 2, h. 9
	2	5
	3	a. 9, b. 1, c. 9, d. 2, e. 3, f. 1, g. 9
	4	a. 1, b. 9, c. 1, d. 1, e. 1
	5	4/0
	6	4
115	1	a. 2, b. 3, c. 3, d. 1, e. 2
	2	3
	3	a. 2, b. 1, c. 9, d. 9, e. 1, f. 2
	4	a. 1, b. 2, c. 1, d. 2
	5	a. 1, b. 1, c. 9
	6	2
	7	a. 9, b. 1, c. 1, d. 1
117	1	5
	2	1/5
	3	3
	4	a. 9, b. 9, c. 1, d. 1
	5	a. 1, b. 2, c. 3 (auch richtig ist 1), d. 3
	6	2/4
	7	1/3
	8	4/5
119	1	a. 1, b. 1, c. 2, d. 1, e. 2, f. 2, g. 2, h. 1
	2	a. 2, b. 1, c. 2, d. 2
	3	3/4
	4	a. 2, b. 3/4, c. 3, d. alle richtig, e. 5, f. 1
	5	2
121	1	a. 3, b. 1, c. 3, d. 2, e. 4
	2	1
	3	3
	4	4
	5	a. 2, b. 3, c. 1
	6	3
	7	3

Seite	Aufgabe	Ergebnisse
123	1	2
	2	5
	3	a. 1, b. 9, c. 2, d. 1, e. 1, f. 9, g. 2
	4	7
	5	a. 1, b. 9, c. 1, d. 1, e. 9, f. 1, g. 1, h. 9
	6	a. 1, b. 9, c. 9, d. 1, e. 1
125	1	3
	2	4
	3	4/7
	4	3/5
	5	a. 3, b. 6, c. 1, d. 3, e. 2, f. 4, g. 5, h. 2, i. 3
	6	5/8
127	1	6
	2	3
	3	1
	4	a. 1, b. 1, c. 1, d. 9, e. 9
	5	4
	6	1
	7	a. 4, b. 1/3, c. 1, d. 5, e. 2, f. 1
	8	2
129	1	3
	2	a. 1, b. 9, c. 9, d. 9, e. 9
	3	3
	4	4
	5	a. 2, b. 1, c. 2, d. 2, e. 2, f. 1, g. 2, h. 2
	6	a. 2, b. 1, c. 4, d. 3
131	1	4
	2	a. 9, b. 1, c. 1, d. 9, e. 9
	3	a. 3, b. 5, c. 6, d. 1, e. 4, f. 2
	4	4
	5	3
	6	5
	7	a. 4, b. 1, c. 2, d. 3
133	1	a. 2, b. 1, c. 2/3, d. 3, e. 2, f. 1, g. 2
	2	6
	3	2/4
	4	4
	5	3
	6	a. 1, b. 2, c. 1, d. 1, e. 1, f. 2, g. 2
	7	a. 9, b. 1, c. 9, d. 9
135	1	a. 2, b. 1, c. 1, d. 2, e. 1, f. 9
	2	a. 2, b. 3, c. 3, d. 2, e. 2
	3	a. 2, b. 3, c. 1
	4	a. 6, b. 3, c. 2, d. 1, e. 7, f. 5, g. 4
	5	a. 1, b. 1, c. 1
	6	1
137	1	a. 4, b. 2, c. 5, d. 3
	2	a. 1, b. 2, c. 2, d. 2, e. 1, f. 2, g. 2
	3	a. 1, b. 2, c. 2, d. 2, e. 1
	4	a. 1, b. 9, c. 1, d. 9, e. 1
	5	a. 2, b. 2, c. 1, d. 1
	6	a. 1, b. 9, c. 1, d. 1, e. 1, f. 1, g. 9, h. 1
139	1	a. 9, b. 9, c. 9, d. 1, e. 1
	2	a. 9, b. 1, c. 1
	3	a. 9, b. 9, c. 9, d. 9, e. 9, f. 9
	4	a. 1, b. 9, c. 2
	5	a. 9, b. 1, c. 1, d. 9
	6	4
141	1	a. 3, b. 2, c. 4, d. 1
	2	a. 1, b. 2
	3	a. 1, b. 2, c. 2, d. 1
	4	a. 2, b. 3. c. 4, d. 1
	5	a. 1, b. 2, c. 1, d. 2
	6	a. 2, b. 3, c. 1
	7	3

Seite	Aufgabe	Ergebnisse
143	1	a. 3, b. 4, c. 4, d. 2, e. 1
	2	a. 9, b. 1, c. 9
	3	a. 3, b. 1, c. 5, d. 4, e. 2
	4	a. 1, b. 1, c. 1, d. 9
	5	a. 1, b. 2
	6	a. 3, b. 1, c. 4, d. 2
	7	9
145	1	a. 9, b. 1, c. 1
	2	a. 2, b. 3, c. 1, d. 2, e. 1
	3	4
	4	4
	5	3
	6	3
	7	1/4
	8	5
	9	a. 2, b. 1, c. 2, d. 3, e. 2
147	1	a. 1, b. 1, c. 9, d. 9, e. 9
	2	3/4
	3	a. 2, b. 1, c. 2, d. 1/2, e. 2, f. 1, g. 2, h. 2
	4	3/5
	5	a. 1, b. 2, c. 2, d. 2, e. 1, f. 2
	6	a. 4, b. 2, c. 3, d. 9. e. 4
149	1	a. 1, b. 1, c. 1, d. 9, e. 1, f. 1
	2	a. 2, b. 6, c. 3, d. 5, e. 4, f. 1
	3	a. 1, b. 9, c. 1
	4	2
	5	a. 5, b. 1, c. 3, d. 2, e. 6, f. 4
	6	a. 81 000,00, b. 85 200,00, c. 80 000,00
	7	3
151	1	a. 3, b. 1, c. 3, d. 2
	2	a. 1, b. 2, c. 2
	3	a. 9, b. 1, c. 9
	4	a. 1, b. 9, c. 1, d. 1, e. 9
	5	a. 1, b. 1, c. 9, d. 1, e. 1, f. 9
	6	1
153	1	a. 9, b. 1, c. 1, d. 9
	2	a. 9, b. 1, c. 1, d. 1
	3	2
	4	a. 1, b. 3
	5	a. 1, b. 1, c. 1, d. 1
	6	2
155	1	9
	2	1
	3	a. 1, b. 9, c. 9
	4	1
	5	a. 9, b. 9, c. 1, d. 1
	6	a. 4, b. 2, c. 3, d. 3
	7	3
157	1	a. 1, b. 9, c. 1
	2	a. 1, b. 1, c. 9, d. 1, e. 1, f. 1
	3	a. 1, b. 3
	4	a. 2, b. 3, c. 1, d. 3, e. 1, f. 2
	5	a. 2, b. 1, c. 1, d. 2, e. 2
	6	3
159	1	a. 2, b. 2, c. 1, d. 3, e. 2, f. 1, g. 3
	2	a. 3, b. 2, c. 1, d. 4, e. 9, f. 3
	3	3
	4	a. 2, b. 1, c. 1, d. 2, e. 2, f. 2
	5	4
161	1	a. 6, b. 5, c. 1, d. 4, e. 7, f. 3, g. 2
	2	a. 4 316, b. 33,37
	3	a. 8, b. 6, c. 1, d. 2, e. 9, f. 4, g. 5, h. 7, i. 3
	4	a. 2, b. 1, c. 1
	5	a. 1, b. 1, c. 9
	6	a. 4, b. 6, c. 5, d. 1
	7	a. 300, b. 1 660,90, c. 16 239,10

Seite	Aufgabe	Ergebnisse
163	1	a. 28,571428, b. 20,63492, c. 1,26
	2	a. 104,12, b. 2,0412
	3	15,43
	4	27,57
	5	123,59
	6	a. 1, b. 3, c. 2, d. 1
	7	93,6225
	8	a. 1, b. 9, c. 1
165	1	a. 441,60, b. 521,09, c. 588,00, d. 66,91, e. 12,8
	2	a. 4, b. 2, c. 3, d. 1
	3	a. 1 105,80, b. 930,81, c. 1 010,11
	4	a. 1, b. 1, c. 1, d. 9, e. 1, f. 1, g. 9, h. 1
	5	70,07
	6	a. 120,96, b. 84,60, c. 10,259
167	1	3
	2	a. 3, b. 2 (u. u. auch 3), c. 1, d. 1
	3	2
	4	a. 9, b. 2, c. 7, d. 3, e. 1, f. 8, g. 4, h. 10, i. 6, j. 11, k. 5
	5	1/4
169	1	3
	2	3
	3	a. 1, b. 2, c. 1, d. 2, e. 1
	4	6
	5	a. 1, b. 9, c. 1, d. 1, e. 1
	6	a. 3/1, b. 2, c. 3, d. 2, e. 1
	7	A: a. 2, b. 1, c. 2, d. 2, e. 1, f. 2
		B: a. 5, b. 3, c. 4, d. 5, e. 3, f. 4
171	1	3/5
	2	2/4
	3	a. 2, b. 1, c. 2, d. 9, e. 1, f. 2, g. 1
	4	a. 4, b. 3, c. 1, d. 2, e. 3, f. 1
	5	1
	6	2
	7	2
173	1	2
	2	2
	3	2
	4	a. 8, b. 2, c. 6, d. 10, e. 3, f. 9, g. 5, h. 1, i. 4, j. 7
	5	a. 2, b. 1, c. 1, d. 1, e. 1
175	1	a. 2, b. 1, c. 9, d. 2, e. 1, f. 9, g. 1
	2	a. 9, b. 9, c. 9, d. 1
	3	a. 1, b. 1, c. 9, d. 1, e. 9, f. 1, g. 9, h. 1, i. 1
	4	a. 1, b. 1, c. 1, d. 9, e. 9, f. 1, g. 9
	5	a. 2, b. 9, c. 2, d. 2, e. 9, f. 9, g. 1
	6	a. 4, b. 1, c. 2, d. 3
177	1	a. 40, . 120, c. 360, d. 480
	2	8
	3	40
	4	1 300
	5	1
	6	120 Tage
	7	3
	8	a. 30, b. 36, c. 1,25
	9	a. 3, b. 33,3 %, c. 500 000 €
	10	1
179	1	1
	2	2/3
	3	2
	4	2/4
	5	2/4
	6	a. 3, b. 1, c. 3, d. 2, e. 3, f. 2/3, g. 3, h. 3, i. 1, j. 3
	7	4

Seite	Aufgabe	Ergebnisse
181	1	a. 1, b. 1, c. 1, d. 9, e. 1, f. 1
	2	a. 1, b. 3, c. 9, d. 2, e. 1, f. 2
	3	2
	4	a. 3, b. 4, c. 2, d. 5, e. 9, f. 1
	5	6
	6	2
183	1	4
	2	3
	3	a. 1, b. 9
	4	2
	5	4
	6	a. 1, b. 9, c. 9
	7	a. 9, b. 1, c. 9, d. 9
185	1	2
	2	3
	3	a. 1, b. 9, c. 1
	4	a. 1, b. 1, c. 1, d. 1
	5	3
	6	a. 9, b. 9, c. 1, d. 9
	7	A: a. 1, b. 9, c. 1
		B: a. 1, b. 9, c. 1
		C: a. 1, b. 9, c. 1
	8	1
187	1	a. 1, b. 9, c. 1, d. 1, e. 1, f. 1
	2	a. 3, b. 2, c. 1, d. 4
	3	a. 1, b. 1, c. 1, d. 9
	4	a. 9, b. 2, c. 1, d. 1, e. 9, f. 1, g. 9, h. 2
	5	a. 3, b. 6, c. 2, d. 1, e. 7, f. 4, g. 5
189	1	3
	2	a. 2, b. 60 000,00
	3	a. 33 352,99, b. 277,94
	4	a. 4 438,25, b. 133,56
	5	a. 58 072,01, b. 64,83
	6	5 601,43
	7	800,00
	8	a. 3, b. 550,00
191	1	a. 1, b. 9, c. 9, d. 9, e. 1, f. 9
	2	a. 1, b. 9, c. 1
	3	4
	4	3
	5	a. 3, b. 3, c. 1, d. 2, e. 1, f. 1
	6	a. 1, b. 1, c. 1
193	1	A = a. 3, b. 1, c. 3, d. 3, e. 1
		B = a. 5, b. 5, c. 5, d. 5, e. 4
		C = a. 6, b. 6, c. 7, d. 8, e. 8
	2	3
	3	a. 2, b. 1, c. 2, d. 3, e. 3, f. 2
	4	a. 3, b. 1, c. 9, d. 1, e. 2, f. 3, g. 1, h. 3, i. 2
	5	3
	6	3
195	1	4
	2	1
	3	a. 1, b. 3, c. 1, d. 2, e. 1, f. 4, g. 2
	4	3
	5	6
	6	a. 3 (auch richtig ist 4), b. 4, c. 2, d. 4, e. 3, f. 9, g. 2, h. 2, i. 1
	7	5
	8	4
197	1	a. 9, b. 9, c. 1, d. 1
	2	a. 1, b. 1, c. 9, d. 1, e. 9, f. 1, g. 9, h. 1, i. 1
	3	a. 1, b. 2, c. 9, d. 1, e. 9, f. 2, g. 2
	4	2
	5	4
	6	a. 1, b. 1, c. 9, d. 1, e. 9
	7	a. 2, b. 3, c. 9, d. 2, e. 9, f. 3, g. 1

Seite	Aufgabe	Ergebnisse
199	1	a. 5, b. 1, c. 4, d. 3, e. 2
	2	5
	3	4
	4	2
	5	1
	6	3
	7	a. 2, b. 4, c. 5, d. 1, e. 3
	8	2
201	1	4
	2	a. 1, b. 1, c. 9, d. 1, e. 1, f. 9
	3	a. 3, b. 2, c. 1
	4	6
	5	3
	6	a. 10, b. 2, c. 6, d. 7, e. 4, f. 8, g. 5, h. 9, i. 11, j. 1, k. 3
203	1	a. 1, b. 2, c. 2, d. 1, e. 3, f. 3, g. 2, h. 2
	2	2
	3	2/4
	4	4
	5	1/2
	6	a. 3, b. 5, c. 2, d. 1, e. 4
	7	6
	8	4
205	1	a. 2, b. 1, c. 2, d. 2, e. 1, f. 2
	2	a. 1, b. 2, c. 1/3, d. 2, e. 1, f. 9, g. 1, h. 1, i. 2, j. 1
	3	3
	4	a. 2, b. 1, c. 3, d. 2, e. 1, f. 1, g. 2, h. 2, i. 3
	5	5
207	1	a. 1, b. 9, c. 1, d. 9, e. 1, f. 9
	2	a. 2, b. 2, c. 2, d. 1, e. 1
	3	a. 2, b. 1, c. 2, d. 1
	4	1
	5	3/5
	6	1
	7	3
	8	2
	9	5
209	1	2
	2	a. 2, b. 9, c. 3, d. 1, e. 9, f. 4, g. 9
	3	a. 2, b. 9, c. 2, d. 9, e. 1, f. 1
	4	9
	5	a. 4, b. 5, c. 3, d. 2, e. 1, f. 6
	6	2
211	1	3
	2	1/4
	3	30 000,00 (Verlust)
	4	a. 2, b. 1, c. 4, d. 9, e. 3
	5	a. 390 000,00, b. 10 000,00, c. 110 000,00, d. 140 000,00, e. 360 000,00, f. 500 000,00
	6	20 000,00 (Gewinn)
	7	a. 330 000,00, b. 90 000,00, c. 150 000,00
213	1	4
	2	a. 9, b. 9, c. 1, d. 2, e. 9
	3	5
	4	a. 1, b. 4, c. 4, d. 1, e. 2
	5	a. 2, b. 1, c. 3
	6	a. 3, b. 2, c. 1, d. 4
	7	a. 1, b. 2, c. 3, d. 3, e. 9, f. 3, g. 3, h. 9
215	1	a. 1, b. 9, c. 2, d. 4, e. 3, f. 9
	2	a. 1, b. 9, c. 1, d. 9, e. 1
	3	a. 1, b. 2, c. 2, d. 1, e. 3, f. 2, g. 2, h. 3, i. 1, j. 3
	4	a. 3, b. 9, c. 4, d. 1, e. 5
	5	a. 2, b. 4, c. 9, d. 1, e. 3
	6	a. 1, b. 1, c. 3, d. 4, e. 2, f. 3, g. 3, h. 1, i. 1, j. 1

Seite	Aufgabe	Ergebnisse
217	1	3
	2	2
	3	a. 9, b. 9, c. 1, d. 1, e. 9, f. 1
	4	4
	5	a. 3/1, b. 4/2, c. 1/4, d. 2/3
	6	2/4
	7	a. −60 000,00, b. 2, c. 300 000,00
	8	3
219	1	1
	2	9
	3	a. 9, b. 1, c. 9, d. 9
	4	a. 2, b. 0, c. 9, d. 4, e. 1
	5	a. 9, b. 1, c. 1, d. 9
	6	3
	7	a. 3, b. 9, c. 2, d. 3, e. 2, f. 2, g. 3, h. 3
	8	2
221	1	a. 9, b. 1, c. 1, d. 1, e. 9, f. 1
	2	4
	3	3
	4	3/4
	5	1
	6	a. 800,00, b. 64, c. 4
223	1	a. 21/13 an 15, b. 14 an 18/17, c. 20/13 an 14, d. 16 an 19/17, e. 15 an 10/17, f. 17/13, g. 17/14
	2	3
	3	2
	4	a. 2, b. 5, c. 7
	5	a. 150 000,00, b. 120 000,00, c. 1
225	1	a. 2 an 1, b. 5/3 an 7, c. 9 an 2, d. 5 an 2, e. 2 an 5, f. 8 an 5
	2	a. 228 000,00, b. 279 000,00
	3	a. 9, b. 220 000,00, c. 118 000,00
	4	1/3
	5	a. 2, b. 3, c. 1, d. 3
	6	2
	7	a. 1, b. 3
227	1	2
	2	a. 5, b. 2, c. 1, d. 7
	3	a. 580 000,00, b. 1, c. 89 000,00
	4	4
	5	a. 9, b. 3, c. 1, d. 9, e. 1
229	1	a. 6 an 8/4, b. 1/2/3 an 7, c. 7 an 10/3
	2	1/3
	3	6
231	1	a. 11, b. 2, c. 3, d. 1, e. 8, f. 9, g. 10, h. 12, i. 84 400,00, j. 160 000,00
	2	a. 1/7 an 9, b. 9 an 5/7, c. 9 an 3/7, d. 9 an 11/6/7, e. 12 an 2
	3	a. 6 an 9/4/7, b. 98 832,00, c. 2 964,96, d. 408,96
233	1	a. 1 an 5/4, b. 7/3 an 2
	2	4
	3	4/5
	4	a. 6/4 an 1, b. 9/3 an 2, c. 9/3 an 2, d. 11/3 an 2
235	1	a. 8010 an 8050, b. 8010 an 8060, c. 8010 an 8070, d. 8010 an 8080, e. 8010 an 9300, f. 3900 an 3010, g. 9300 an 3010, h. 94 700,00, i. 256 500,00, j. 161 800,00, k. 70 300,00, l. 170 %
	2	a. 1, b. 9, c. 9, d. 9, e. 1
	3	a. 9, b. 1, c. 2, d. 9, e. 9
	4	3

Seite	Aufgabe	Ergebnisse
237	1	a. 315,00, b. 28,35, c. 23,63, d. 420,00, e. 1 313,02, f. 2 an 6/3/4, g. 5 an 3
	2	a. 5 an 4, b. 3 an 2, c. 4 an 7, d. 6 an 5, e. 4 an 1
	3	2/3
	4	a. 9, b. 9, c. 1, d. 9, e. 1
	5	4
239	1	a. 1, b. 4, c. 1, d. 1, e. 4
	2	a. 6/8, b. 5
	3	a. 4 an 2, b. 1 an 3/5/6/4, c. 8 an 6
	4	a. 1 160, b. 1 950, c. 4 010, d. 4 040, e. 4 070, f. 4 080, g. 0000
241	1	a. 1, b. 2, c. 1, d. 2, e. 1, f. 1
	2	a. 83 000,00, b. 3, c. 9 280,00, d. 75 000,00, e. 2 an 1/3
	3	1/3
	4	3
	5	a. 132 000,00, b. 8 $^1/_3$ %, c. 11 000,00, d. 121 000,00, e. 77 000,00, f. 10 999,00, g. 1,00
243	1	3
	2	a. 5, b. 9
	3	2/3
	4	a. 9, b. 5, c. 1, d. 7, e. 5
	5	3
	6	a. 7 200,00, b. 10 800,00
245	1	1. 3 an 8, b. 5 an 8, c. 6 an 4, d. 9 an 2, e. 1 an 7
	2	a. 375,00, b. 300,00, c. 1 500,00, d. 10 000,00
	3	a. 1, b. 3, c. 4, d. 2
	4	a. 1, b. 9, c. 9, d. 1, e. 1
	5	3
	6	1
	7	4
247	1	2
	2	4
	3	2
	4	3
	5	2
	6	1
	7	a. 9 an 1, b. 1/5 an 3/8
249	1	4
	2	2/3
	3	1/2
	4	a. 2, b. 2, c. 2, d. 6, e. 5, f. 4
	5	a. 4, b. 3, c. 1, d. 2
	6	a. 1 an 2, b. 3 an 1, c. 4 an 7, d. 5 an 6
	7	a. 2, b. 1, c. 1, d. 1, e. 2
251	1	a. 6, b. 2, c. 5, d. 4, e. 1, f. 3
	2	a. 20 000,00, b. 21 739,13
	3	a. 53 846,15, b. 50 000,00
	4	6
	5	3
	6	a. 8 125,00, b. 2 an 1
253	1	a. 37,5 %, b. 62,5 %, c. 20,8 %, d. 10,9 %, e. 6,3 %
	2	a. 26,9 5, b. 76,9 %
	3	a. 4, b. 3, c. 2, d. 2, e. 4, f. 9, g. 4
	4	a. 1 848, b. 1 847, c. 2 550, d. 1 145, e. 69,0 %, f. 31,0 %, g. 25,2 %, h. 121,2 %
	5	a. B, b. 9,1 %, c. C, d. 7,0 %, e. A, f. 3,3 %
255	1	a. 9, b. 1, c. 9, d. 1, e. 1
	2	a. 2, b. 3, c. 2, d. 1, e. 1, f. 3, g. 1
	3	a. 1, b. 1, c. 9, d. 1, e. 9
	4	a. 1, b. 3, c. 1, d. 2, e. 2, f. 1, g. 9, h. 3, i. 3, j. 9
	5	a. 1, b. 2, c. 2, d. 1, e. 2, f. 2, g. 9
	6	4

Seite	Aufgabe	Ergebnisse
257	1	a. 1, b. 4, c. 1, d. 3
	2	A = a. 2, b. 1, c. 2, d. 1, e. 1, f. 2, g. 2, h. 2 B = a. 3, b. 4, c. 3, d. 3, e. 4, f. 3, g. 3, h. 3
	3	a. 1, b. 1, c. 1, d. 1, e. 9
	4	5
	5	1
	6	aa. 39,00, ab. 44,00, ac. 51,00, ad. 50,00, b. 85
259	1	2
	2	a. 2, b. 5, c. 3, d. 4, e. 1
	3	6
	4	a. 245, b. 1 550, c. 1 528, d. 22, e. 223, f. 2
	5	2
261	1	5
	2	a. 2, b. 1, c. 2, d. 2, e. 1, f. 2, g. 2, h. 1, i. 2
	3	a. 9, b. 9, c. 1, d. 9, e. 9, f. 9, g. 1
	4	4
	5	a. 9, b. 1, c. 1, d. 1
	6	a. 6, b. 5, c. 1, d. 3, e. 4, f. 2
263	1	a. 3, b. 2, c. 1, d. 3, e. 1, f. 9, g. 2
	2	a. 144 000,00/3,60, b. 33 333, c. 342 858,00
	3	a. 420, b. 23,65
	4	a. 86 000,00, b. 26,27, c. 50 000,00, d. 15,00
	5	a. 9, b. 1, c. 1, d. 9, e. 1, f. 1, g. 9
265	1	a. 9, b. 1, c. 1, d. 1, e. 9
	2	a. 6,3, b. 1,450, c. 182,7 T €, d. 211,68
	3	a. 6 200, b. 2 790, c. 45, d. 1 240, e. 5, f. 72
	4	a. 63,9, b. 14,8, c. 91,8, d. 5, e. 242
267	1	3
	2	a. 3, b. 1, c. 4, d. 2, e. 5
	3	a. 2, b. 3, c. 1
	4	1
	5	aa. 36,06, ab. 46,10, ac. 17,84, ba. 22,75, bb. 49,07, bc. 28,18
	6	a. 3, b. 4, c. 2
	7	3
269	1	a. 1, b. 3, c. 2, d. 1, e. 2
	2	a. 1, b. 9, c. 1
	3	a. 1, b. 1, c. 1
	4	a. 5, b. 4, c. 1
	5	2
	6	1
	7	a. 2, b. 3, c. 3, d. 3, e. 3
271	1	a. 8, b. 70, c. 20, d. 20
	2	a. 1, b. 1, c. 1, d. 9, e. 9, f. 9, g. 1, h. 1
	3	a. 1, b. 2, c. 1, d. 2
	4	3
	5	a. 3, b. 2, c. 2, d. 1
	6	a. 1, b. 9, c. 1, d. 9, e. 9, f. 9, g. 1
	7	a. 9, b. 1, c. 1, d. 1, e. 1, f. 1
273	1	a. 9, b. 9, c. 1, d. 1, e. 1, f. 1, g. 9
	2	a. 2, b. 1, c. 1, d. 2, e. 1, f. 2
	3	a. 3, b. 1, c. 4, d. 2
	4	a. 1, b. 1, c. 1, d. 9
	5	a. 1, b. 5, c. 1, d. 5/4, e. 2
	6	a. 2, b. 5, c. 3, d. 4, e. 9
275	1	a. 1, b. 9, c. 9, d. 9
	2	a. 9, b. 1, c. 9, d. 9
	3	a. 1, b. 1, c. 1, d. 9, e. 1, f. 9, g. 9, h. 9
	4	5
	5	a. 2, b. 1, c. 2, d. 3, e. 3, f. 3
	6	a. 1, b. 4
	7	a. 1, b. 9

Seite	Aufgabe	Ergebnisse
277	1	a. 3 900,00, b. 82,23, c. 3 982,23
	2	a. 186, b. 49, c. 189, d. 16, e. 57, f. 162
	3	a. 208 000,00, b. 312 000,00, c. 17 500,00
	4	a. 47, b. 9
	5	a. 45, b. 14.09.
	6	a. 265,14, b. 9 880,80, c. 150,70, d. 21 571,92
	7	12
	8	a. 1, b. 1,25
	9	4
	10	46 200,00
279	1	a. 9,28 %, b. 9,40 %, c. 9,10 %
	2	a. 320,00, b. 360,00, c. 16 680,00, d. 17,35 %
	3	a. 235,30, b. 9,43 %
	4	a. 900,00, b. 514,50, c. 24 %, d. 24,49 %, e. 385,50
	5	a. 14,4 %, b. 14,69 %, c. 800,00, d. 653,33
	6	a. 33 222,50, b. 169,80, c. 67,5 %, d. 857,70
	7	A = a. 85,50, b. 124,03, c. 716,85 B = a. 33,40 %, b. 14,85 %, c. 24,74 %
281	1	A: a. 2, b. 1, c. 1, d. 1, e. 1, f. 1, g. 2, h. 2, i. 1 B: a. 3, b. 3, c. 3, d. 4, e. 3, f. 4, g. 3, h. 3, i. 3
	2	1
	3	a. 1, b. 1, c. 1
	4	a. 1, b. 1, c. 1, d. 1, e. 1
	5	a. 1, b. 2, c. 2, d. 1
	6	2
	7	a. 5, b. 3, c. 1, d. 2, e. 4
283	1	2
	2	a. 1, b. 2, c. 1, d. 2, e. 1
	3	a. 2, b. 3, c. 1
	4	4
	5	a. 1, b. 9, c. 9
	6	a. 1, b. 2, c. 9, d. 9
	7	a. 2, b. 2, c. 3, d. 3, e. 2
285	1	a. 1, b. 9, c. 3, d. 1, e. 9
	2	a. 1, b. 2, c. 3, d. 2, e. 1, f. 1
	3	a. 1, b. 9, c. 9, d. 1, e. 1
	4	a. 9, b. 1, c. 1, d. 1
	5	a. 2, b. 2, c. 2, d. 1, e. 1
	6	a. 1, b. 1, c. 1, d. 9, e. 1, f. 9
287	1	5
	2	a. 5, b. 3, c. 1, d. 4, e. 2
	3	a. 2, b. 1
	4	a. 1, b. 9, c. 1, d. 9
	5	a. 1, b. 1, c. 1, d. 9
	6	a. 1, b. 9, c. 1, d. 1, e. 9
	7	a. 1, b. 9, c. 1, d. 1
289	1	a. 2, b. 2, c. 1, d. 1, e. 1, f. 9
	2	3
	3	a. 9, b. 1, c. 1, d. 1
	4	a. 9, b. 1, c. 1, d. 9, e. 1, f. 9, g. 1, h. 1
	5	a. 2, b. 1, c. 3, d. 1, e. 1, f. 1

Teil A: Wareneinkauf/Warenverkauf	
1. Aufgabe	Angebot A Das Angebot A vom Hersteller aus Köln ist eine rechtsverbindliche Willenserklärung und stellt einen gültigen Antrag dar. An dieses Angebot ist der Hersteller bis zum angegebenen zeitlichen Termin gebunden. Angebot B An das Angebot B ist der Hersteller aus Saarbrücken nicht gebunden, da er eine Freizeichnungsklausel benutzte. „Ohne Obligo" bedeutet „ohne Verpflichtung". Angebot C An das Katalogangebot C ist der Hersteller aus Saarbrücken ebenfalls nicht gebunden. Bei Katalogen handelt es sich um eine Aufforderung zur Abgabe einer Willenserklärung.

2. Aufgabe

Möglichkeiten	1. Willenserklärung (= Antrag)	2. übereinstimmende Willenserklärung (= Annahme)
Der Käufer bestellt innerhalb der Frist.	zeitlich begrenztes Angebot	Bestellung bis Ende Mai
Der Käufer bestellt nach der Frist.	Bestellung	Auftragsbestätigung des Herstellers
Der Käufer bestellt nach der Frist.	Bestellung	Warenlieferung (konkludentes Handeln)
Der Käufer bestellt nach der Frist. Der Verkäufer macht ein neues Angebot und Käufer bestellt gemäß neuem Angebot.	Bestellung, auf die jedoch keine 2. übereinstimmende Willenserklärung folgt. Somit ist das neue Angebot der Antrag.	Bestellung

Die Angabe von 2 Beispielen reicht zur richtigen Beantwortung der Frage.

3. Aufgabe

	Angebot A/€	Angebot B/€	Angebot C/€
Listeneinkaufspreis	5 860,00	5 580,00	5 860,00
– Rabatt	1 465,00	1 116,00	1 758,00
= Zieleinkaufspreis	4 395,00	4 464,00	4 102,00
– Skonto	87,90	0,00	123,06
= Bareinkaufspreis	4 307,10	4 464,00	3 978,94
+ Bezugskosten	0,00	40,00	10,00
= Bezugspreis (Einstandspreis)	4 307,10	4 504,00	3 988,94

4. Aufgabe	– Bessere Qualität – Zuverlässigkeit in der Lieferzeit – Anpassung an besondere Wünsche – Langjährige Geschäftsbeziehung – Positive Zukunftserwartungen – Örtliche Nähe Die Angabe von 4 Beispielen reicht zur richtigen Beantwortung der Frage
5. Aufgabe	Eine Willenserklärung wird nicht wirksam, wenn dem Empfänger vorher oder gleichzeitig ein Widerruf zugeht. Dies ist bei einem Telefongespräch, das bereits beendet wurde, nicht möglich.
6. Aufgabe	Bei der Vereinbarung „Liefertermin 6. Juni" handelt es sich um ein kalendermäßig genau festgelegtes Datum. Bei diesem Terminkauf (nicht Fixhandelskauf) kommt der Lieferer im Falle des Lieferungsverzuges ohne Mahnung in Verzug.
7. Aufgabe	Die Rechte bei der Nicht-Rechtzeitig-Lieferung ▷ ohne Nachfristsetzung: Erfüllung des Vertrages oder Erfüllung des Vertrages und die Berechnung eines Verzugsschadens. ▷ mit Nachfristsetzung: Ablehnung der Lieferung und Rücktritt vom Kaufvertrag oder/und Ablehnung der Lieferung und Schadensersatz wegen Nichterfüllung.
8. Aufgabe	Anruf (8. Juni) beim Lieferer und nachfragen, ob die Ware bereits unterwegs ist. Wenn ja, kann der Neukunde noch zum Fixtermin (10. Juni) beliefert werden. Ist die Ware nicht unterwegs, sollte auf Erfüllung des Vertrages bestanden werden, da im kommenden Monat mit einer erneuten Nachfrage gerechnet werden kann. Ein Rücktritt vom Kaufvertrag ist nur mit einer angemessenen Nachfristsetzung für die Lieferung möglich. Um den Neukunden nicht zu verärgern, sollte kurzfristig Ersatz besorgt werden. Die Differenz zwischen dem Bezugspreis des Lieferanten A (4 307,10 € : 200 Stück = 21,54 €/Stück) und den 40,00 € kann jedoch nicht dem Lieferanten A in Rechnung gestellt werden. Dies wäre erst möglich nach einer angemessenen Nachfrist mit Androhung des Rücktritts und Schadenersatzes wegen Nichterfüllung.

Teil A: Wareneinkauf/Warenverkauf

9. Aufgabe	Listeneinkaufspreis	2 960,00 €
	– Rabatt	296,00 €
	= Zieleinkaufspreis	2 664,00 €
	– Skonto	53,28 €
	= Bareinkaufspreis	2 610,72 €
	+ Bezugskosten	0,00 €
	= Bezugspreis (Einstandspreis)	2 610,72 €

10. Aufgabe	Listeneinkaufspreis	2 960,00 €
	– 10 % Rabatt	296,00 €
	= Zieleinkaufspreis	2 644,00 €
	+ 16 % Mehrwertsteuer	426,24 €
	= Rechnungspreis	3 090,24 €
	– 2 % Skonto	61,80 €
	= Überweisungsbetrag	3 028,44 €

11. Aufgabe

Die 2 % Skonto beziehen sich auf den kostenpflichtigen Zielzeitraum von 46 Tagen (60 Tage – 14 Tage).

Kaufmännische Überschlagsrechnung:

$$x\,\% \, \widehat{=} \, 360 \text{ Tage}$$
$$46 \text{ Tage} \, \widehat{=} \, 2\,\%$$

$$x \, \widehat{=} \, \frac{360 \cdot 2}{46}$$

$$x \, \widehat{=} \, 15,54\,\%$$

Diese Überschlagsrechnung wird als schnelle Entscheidungshilfe in der kaufmännischen Praxis benutzt.

Mathematisch genaue Rechnung:

Der Skontobetrag in Höhe von 61,80 € (2 %) wird auf die tatsächliche Zahlung in Höhe von 3 028,44 € (98 %) bezogen.

Zinsformel

$$Z = \frac{K \cdot p \cdot t}{360 \cdot 100}$$

Umformung Jahreszinssatz

$$p = \frac{360 \cdot 100 \cdot z}{K \cdot t} = \frac{360 \cdot 100 \cdot 61,80}{3028,44 \cdot 46} = 15,97\,\% \text{ oder: } p = \frac{360 \cdot 100 \cdot 2}{98 \cdot 46} = 15,97\,\%$$

Der Skontoabzug lohnt sich, wenn die Fremdkapitalzinsen nicht höher als 15,97 % sind.

12. Aufgabe

Die Walter Wide Hatticelli mbH befindet sich aufgrund der Mahnung in Zahlungsverzug.

13. Aufgabe

Eine Mahnung führt nicht zur Unterbrechung der Verjährung.

14. Aufgabe

Der Verkäufer hat folgende Möglichkeiten, die Verjährung zu unterbrechen:
– Erhebung der Klage
– Zustellung eines Mahnbescheides
– Antragsstellung auf Zwangsvollstreckung

Schuldanerkenntnishandlungen des Käufers, die die Verjährung unterbrechen:
– Abschlagszahlung
– Zinszahlung
– Sicherheitsleistung
– Stundungsgesuch

Es reichen je zwei Antworten für die richtige Beantwortung der Frage.

15. Aufgabe

Die Forderung ist verjährt mit Ablauf des 31.12.04.

Begründung:
Es handelt sich um zwei Kaufleute (Walter Wide Hatticelli mbH und E. Tuch AG), für die die verkürzte Verjährungsfrist von drei Jahren Gültigkeit hat.

Die verkürzten Verjährungsfristen beginnen zu laufen mit Ablauf des Jahres, in dem die Forderung entstanden ist. In diesem Fall mit dem 31.12.02.

31.12.02 + 3 Jahre Verjährungsdauer = 31.12.05.

Teil B: Warenverkauf/Wareneinkauf/Kalkulation

Aufgabe 1		
	Einstandspreis	15,00 €
	+ Handlungskostenzuschlag 20 % (vom Hundert)	3,00 €
	= Selbstkosten	18,00 €
	+ Gewinnzuschlag 5 % (vom Hundert)	0,90 €
	= Barverkaufspreis	18,90 €
	+ Kundenrabatt 25 % (im Hundert)	6,30 €
	= Listenverkaufspreis	**25,20 €**

Der zu Vollkosten kalkulierte Listenverkaufspreis liegt um 1,20 € über dem vom Kunden geforderten Preis. Im Normalfall kommt aufgrund dieser Tatsache kein Kaufvertrag zustande, weil die Preisvorstellungen zu stark voneinander abweichen.

Aufgabe 2		
	Listenverkaufspreis 24,00 € × 100 Stück	2 400,00 €
	– Kundenrabatt 25 %	600,00 €
	= Umsatzerlöse netto	1 800,00 €
	– Selbstkosten 18,00 € × 100 Stück	1 800,00 €
	= Gewinn	**0,00 €**

Unter Vollkostengesichtspunkten handelt es sich hier um ein „Non-profit-Geschäft", d. h. einen Auftrag, bei dem das Unternehmen keinen Gewinn macht. Im Normalfall ist solch ein Geschäft abzulehnen.

Aufgabe 3		
	Umsatzerlöse netto	1 800,00 €
	– variable Kosten (WE + var. Handlungskosten)	1 650,00 €
	= Deckungsbeitrag I	150,00 €
	– fixe Kosten des Auftrages	60,00 €
	= Deckungsbeitrag II	**90,00 €**

Der Auftrag bringt nach Abzug der variablen Kosten einen Deckungsbeitrag von 150,00 €, d. h. einen Beitrag zur Deckung der fixen Kosten. Da die unternehmensbezogenen Kosten jedoch schon gedeckt sind – es handelt sich ja hier um einen Zusatzauftrag –, muss der Auftrag nur noch die auftragsfixen Kosten decken. Dies erfolgt, sodass der Auftrag einen Beitrag zum Gewinn von 90,00 € leistet und folglich angenommen werden kann.

Aufgabe 4	Bei einem Jahresabsatz von 783 Stück an 261 Arbeitstagen ergibt sich ein Tagesabsatz von 3 Stück.

Aufgabe 5	Meldebestand = Mindestbestand + (∅ Tagesbedarf · Beschaffungszeit in Tagen) = 24 + (3 · 5) = 39 Der Meldebestand beträgt 40 Stück.

Aufgabe 6	Wenn von dem aktuellen Warenbestand 100 Stück abverfügt bzw. entnommen werden, so ist nur noch ein Bestand von 34 Stück verfügbar. Der Meldebestand von 40 Stück wird somit unterschritten und es muss eine Bestellung ausgelöst werden.

Aufgabe 7	a. Die optimale Bestellmenge ist die Bestellmenge, bei der – auf das gesamte Jahr betrachtet – die Summe der Lagerkosten gleich der Summe der Bestellkosten ist. b. Für diesen Fall ist anzunehmen, dass die optimale Bestellmenge 126 Stück beträgt, das ist die Differenz zwischen Höchst- und Mindestbestand. Denn immer, wenn neue Ware angeliefert wird, ist theoretisch der Mindestbestand erreicht und das Lager wird bis zum Höchstbestand aufgefüllt. Dieser Artikel wird damit ca. 6,2-mal im Jahr bestellt, wenn als Jahresbedarf der Wert des Vorjahres (783 Stück) vorausgesetzt wird. c. Eine Abweichung nach unten könnte sich ergeben bei zu geringen Lagerkapazitäten, zu geringen finanziellen Mitteln oder einem absehbaren Absatzrückgang. Eine Abweichung nach oben könnte sich ergeben, wenn der Lieferant bestimmte Mindestabnahmemengen verlangt, wenn eine Rabattstaffel für größere Mengenabnahmen gewährt wird oder bei einer absehbaren Absatzsteigerung.

Aufgabe 8	a. Der Mindestbestand hat die Aufgabe Lieferschwierigkeiten, z. B. durch Streik, Maschinenschaden beim Lieferanten oder aber zusätzlich oder außerplanmäßig auftretenden Bedarf beim Kunden abzudecken. b. Der Mindestbestand lässt sich nicht direkt berechnen, aber seine Höhe ist vor allem abhängig von der Verfügbarkeit der Ware am Markt, der Lieferzeit, der Lagerkapazität und den Lagerkosten sowie der Risikobereitschaft des Unternehmers.

Aufgabe 9	Im Normalfall ergibt sich der ∅ Lagerbestand aus Anfangs- und Endbeständen. Aber aus der Tatsache, dass zwischen Höchstbestand und Mindestbestand ein kontinuierlicher Lagerabfluss stattfindet, lässt sich auch folgende Lösung konstruieren: ∅ Lagerbestand (LB) = (Mindestbestand + Höchstbestand) : 2 = (24 + 150) : 2 = 87 Stück

Teil B: Warenverkauf/Wareneinkauf/Kalkulation	

Aufgabe 10	**Umschlagshäufigkeit** = Jahresverbrauchsmenge : ⌀ Lagerbestand = 783 : 87 = 9 Der Lagerbestand wird im Jahr neun Mal umgeschlagen. **Durchschnittliche Lagerdauer** = 360 : 9 = 40 Jeder Toaster verbleibt 40 Tage im Unternehmen, bevor er verkauft wird. **Zinsbelastung je Artikel in %** = Marktzins : Umschlagshäufigkeit = 7,2 : 9 = 0,8 % Jeder Artikel muss über die Kalkulation mit einem Zins von 0,8 % belastet werden. **Zinsbelastung insgesamt** = ⌀ LB * E-Preis * Zinssatz : 100 = 87 * 15,00 * 7,2 : 100 = 93,96 Die Zinsbelastung für Artikelposition H 457 beträgt insgesamt pro Jahr 93,96 €.
Aufgabe 11	Listenpreis 24,00 € * 200 Stück 4 800,00 € – Wiederverkäuferrabatt 25 % 1 200,00 € —————————————————————————— = Warenwert netto 3 600,00 € + Umsatzsteuer 16 % 576,00 € —————————————————————————— = Rechnungsbetrag 4 176,00 €
Aufgabe 12	1010 Forderungen aus Warenlieferungen 4 176,00 an 8011 Warenverkauf 3 600,00 an 1811 Umsatzsteuer 576,00
Aufgabe 13	a. Überprüfung und Rüge haben ohne schuldhaftes Zögern zu erfolgen. Eine Zeitspanne von insgesamt fünf Tagen ist deshalb als angemessen anzusehen. b. Die 20 falschen Toaster stellen einen Mangel in der Art (Gattungsmangel) dar, die Lackschäden an den 12 Toastern sind ein Qualitätsmangel (Mangel in der Güte). c. Generell kann der Käufer in diesem Fall vorrangig Nacherfüllung verlangen. In Bezug auf die falsch gelieferten Toaster bedeutet dies Neulieferung – also Umtausch –, wie auch im Brief der Fa. Schulze erwähnt. Gleiches gilt grundsätzlich auch in Bezug auf die mit kleinen Lackschäden gelieferten Toaster. Hier müsste sogar die Frage gestellt werden, ob nicht theoretisch Nachbesserung verlangt werden kann. Diese Frage wäre aber sicher zu verneinen, denn das Hin-und-her-Schicken der mangelhaften Toaster zuzüglich der Beseitigung der Lackschäden dürfte wohl zu unverhältnismäßig hohen Kosten für den Verkäufer führen. Insofern ist der Vorschlag der Firma Meta Schulze sicherlich vernünftig und führt auch bei rein rechtlicher Klärung des Falles zum gleichen Ergebnis. Selbst hinsichtlich der falsch gelieferten Toaster sollte von der Hatticelli mbH geprüft werden, ob es nicht sinnvoll wäre, auch hier eine Preisminderung anzubieten, damit der kostspielige Umtauschvorgang entfällt.
Aufgabe 14	12 Toaster * Nettopreis 18,00 € * 20 % Preisminderung 43,20 € + Umsatzsteuer 16 % 6,91 € = Gutschriftbetrag gesamt 50,11 €
Aufgabe 15	8060 Nachlässe an Kunden 43,20 1811 Umsatzsteuer 6,91 an 1010 Forderungen aus Warenlieferungen 50,11
Aufgabe 16	Selbst wenn die ursprünglich kalkulierten 90,00 € als Deckungsbeitrag aus diesem Geschäft durch die nachträglich aufgetretenen Kosten für Umtausch und/oder Gutschrift aufgrund von Minderung aufgezehrt werden sollten und es damit ein „Non-profit-Geschäft" wird, kann die Ausführung für die Walter Wide Hatticelli mbH von Nutzen sein: Der Kunde erwartet heute im tertiären Bereich eine starke Dienstleistung und vorbildliche Kundenorientierung. Im Zeitalter von E-Commerce, d. h. der zunehmenden Abwicklung von Aufträgen online im Internet, werden Unternehmen, die sich in kritischen Situationen auf den Kunden und seine Bedürfnisse einstellen, Marktnischen und damit eine Daseinsberechtigung finden. Die Bindung des Kunden an das Unternehmen durch derartige Aktionen kann den entgangenen Gewinn später mehrfach hereinholen.

Teil C: Lohn- und Gehaltsabrechnung	
1. Aufgabe	Sandra Sonnabend kann im Einvernehmen mit dem Arbeitgeber einen Aufhebungsvertrag unterzeichnen. Dieser Aufhebungsvertrag beinhaltet dann die Regelung, dass die Arbeitnehmerin mit sofortiger Wirkung aus dem Arbeitsverhältnis ausscheiden kann.
2. Aufgabe	Kündigungsfrist: 4 Wochen zum 15. oder zum Ende eines Kalendermonats Termin: 15. März
3. Aufgabe	Die verlängerten Kündigungsfristen nach § 622 BGB gelten nur für Kündigungen, die durch den Arbeitgeber ausgesprochen werden. Bei Kündigung durch den Arbeitnehmer gilt immer die Kündigungsfrist 4 Wochen zum 15. oder zum Ende des Kalendermonats.
4. Aufgabe	a. Für eine verlängerte Kündigungsfrist ist kein Jahr der Betriebszugehörigkeit anrechenbar (erst ab dem vollendeten 25. Lebensjahr); deshalb Frist: 4 Wochen zum 15. oder zum Ende des Kalendermonats, Termin: 15. März b. Anrechenbar: 6 Jahre → Frist: 2 Monate zum Ende des Kalendermonats, Termin: 30. April c. Anrechenbar: 20 Jahre → Frist: 7 Monate zum Ende des Kalendermonats, Termin: 30. September
5. Aufgabe	– Abmeldung bei der zuständigen Krankenkasse – Erstellen der letzten Gehaltsabrechnung – Ermittlung der Angaben für die Lohnsteuerkarte (Bruttoentgelt, Sozialversicherungsbeiträge, Lohnsteuer, Kirchensteuer etc.) – Erstellen eines Arbeitszeugnisses – Erstellen der Urlaubsbescheinigung, Arbeitsbescheinigung und Ausgleichsquittung
6. Aufgabe	– Lohnsteuerkarte – Sozialversicherungsausweis – Arbeitszeugnis – Urlaubsbescheinigung – Arbeitsbescheinigung nach § 133 Arbeitsförderungsgesetz – Ausgleichsquittung
7. Aufgabe	– Einfaches Zeugnis: enthält nur Angaben über Art und Dauer der Beschäftigung – Qualifiziertes Zeugnis: enthält darüber hinaus noch Angaben über Führung und Leistung
8. Aufgabe	– Aufgaben des Stelleninhabers – Stellenziele – Anforderungen an die Qualifikation des Stelleninhabers – Übergeordnete Stellen – Weisungsbefugnis – Vertretungsregelungen – Zeichnungsberechtigung (Vollmacht, Prokura)
9. Aufgabe	– Bezugsquellen ermitteln – Kontakte zu Lieferanten knüpfen – Angebotsvergleiche durchführen – Schreiben von Anfragen und Bestellungen – Überwachen der Bestellung – Rechnerische und inhaltliche Überprüfung der Eingangsrechnungen – etc.
10. Aufgabe	Vorteile der internen Personalbeschaffung: – Mitarbeiter ist bekannt – Motivation der eigenen Mitarbeiter durch evtl. Höhergruppierung – Einarbeitungszeit ist geringer Vorteile der externen Personalbeschaffung: – Umfangreichere Auswahlmöglichkeit – Neue Impulse und Anregungen für den Betrieb – Ausschalten innerbetrieblicher Konflikte

11. Aufgabe	– Stellenbeschreibung: internes Organisationsinstrument, das wichtige Merkmale einer Stelle beinhaltet (siehe Lösung 8. Aufgabe)
	  – dient als Grundlage für die Erstellung einer Stellenanzeige
	  – ermöglicht neuen Mitarbeitern, sich sofort einen Überblick über die Tätigkeit zu verschaffen
	  – kann bei Differenzen über das Aufgabengebiet des Mitarbeiters herangezogen werden
	– Stellenanzeige: Anzeige in einer Tageszeitung bzw. in einer Fachzeitschrift, in der das Unternehmen externen Arbeitskräften eine neu zu besetzende Stelle anbietet.
	  Inhalte:
	  – Kurzvorstellung des Unternehmens
	  – Art der angebotenen Stelle
	  – Anforderungen an den Bewerber
	  – Bewerbungsunterlagen
	  – Ansprechpartner

Teil C: Lohn- und Gehaltsabrechnung

12. Aufgabe	Pflichten des Arbeitnehmers: – Dienstleistungspflicht (Erfüllung der Leistungen aus dem Arbeitsvertrag) – Treuepflicht (Wahrung von Betriebs- und Geschäftsgeheimnissen, Unterstützung der Unternehmungsziele) – Handels- und Wettbewerbsverbot (kein eigenes Gewerbe im Geschäftszweig des Arbeitgebers) Pflichten des Arbeitgebers: – Fürsorgepflicht (Erhaltung der Gesundheit des Arbeitnehmers, Anmeldung zur Sozialversicherung) – Entgeltzahlung (pünktliche Zahlung des Lohns bzw. des Gehalts) – Gewährung von Urlaub (lt. Arbeits- bzw. Tarifvertrag) – Pflicht zur Ausstellung eines Zeugnisses
13. Aufgabe	a. Gehaltsgruppe IV, Stufe 3 b. 2 049,00 € c. 2 458,80 €
14. Aufgabe	

LOHN-/GEHALTSABRECHNUNG   Walter Wide Hatticelli mbH, Bielefeld

Frau/Herrn	Pers.-Nr.		Monat/Jahr	
	1703		April 200x	
	Steuerklasse	Kinderfreibetrag	St.-Freibetr. jährlich	St.-Freibetr. monatl.
Roland Godwin	VIER	1,0	2 400,00	200,00
Werrestr. 14	Konfession		Krankenkasse	
32006 Herford	EV		GKK Bielefeld	
	BBG KV/PV jährl.	BBG KV/PV mtl.	BBG RV/AV jährl.	BBG RV/AV mtl.
	39 573,99	3 297,83	52 765,32	4 397,11

Lohnarten

Lohn/Gehalt/Ausbildungsvergütung	2 049,00
Überstunden	
Ü-Std.-Zuschlag 25 %	
Ü-Std.-Zuschlag 50 %	
Arbeitgeber-Zuschuss VL	26,59

	Gesamt brutto
	2 075,59

Steuer brutto	Lohnsteuer	Kirchensteuer	SolZ	Steuerrechtl. Abzüge
1 875,59	301,06	23,03	14,08	338,17
KV % (AN)	PV % (AN)	RV % (AN)	AV % (AN)	
6,60	0,85	9,65	3,25	
KV-Beitrag (AN)	PV-Beitrag (AN)	RV-Beitrag (AN)	AV-Beitrag (AN)	SV-Abzüge
136,99	17,64	200,29	67,46	422,38

	Netto-Verdienst
	1 315,04

Netto-Abzüge / Netto-Bezüge

Vermögenswirksame Leistungen	39,88
Vorschuss	500,00

	Auszahlungsbetrag
	775,16

Bankverbindung   Sparkasse Herford

BLZ   494 501 20

Kto.-Nr.   11 400 45732

Teil C: Lohn- und Gehaltsabrechnung

15. Aufgabe

		Soll	Haben
4010/4020	Löhne/Gehälter	66 000,00	
4070	Vermögenswirksame Leistungen Arbeitgeberanteil	540,00	
an	1310 Bank		36 000,00
an	1910 Verbindlichkeiten aus Steuern		15 000,00
an	1920 Verbindlichkeiten im Rahmen der sozialen Sicherheit		14 230,00
an	1950 Verbindlichkeiten aus Vermögensbildung		810,00
an	1160 Forderungen an Mitarbeiter		500,00
4040	Gesetzliche soziale Aufwendungen	14 230,00	
an	1920 Verbindlichkeiten im Rahmen der sozialen Sicherheit		14 230,00

16. Aufgabe

Lohnsteuer-Anmeldung ..

Finanzamt

Herford

32006 Herford

Arbeitgeber – Anschrift der Betriebsstätte –Telefon

Walter Wide Hatticelli mbH
Helene-Weber-Weg 9
33607 Bielefeld

Tel. 0521 239866

Anmeldungszeitraum
bei monatlicher Abgabe bitte ankreuzen / bei vierteljährlicher Abgabe bitte ankreuzen

.04 Apr. X

Zeile		42	Euro (€)	Cent
17	Lohnsteuer 1) 2) 3)	42	13 200	00
18	abzüglich an Arbeitnehmer ausgezahltes Kindergeld	43	-	-
19	abzüglich an Arbeitnehmer ausgezahlte Bergmannsprämien	46	-	-
20	Verbleiben 1)		13 200	00
21	Solidaritätszuschlag 1) 2)	49	720	00
22	Evangelische Kirchensteuer 1) 2) 3)	61	670	00
23	Römisch-katholische Kirchensteuer 1) 2) 3)	62	410	00
24	Jüdische Kirchensteuer 1) 2) 3)	64	-	-
25	Altkatholische Kirchensteuer 1) 2) 3)	63	-	-
27	Gesamtbetrag	83	15 000	00

Berichtigte Anmeldung (falls ja, bitte eine „1" eintragen) 10
Zahl der beschäftigten Arbeitnehmer 36 33

Arbeitgeber

Walter Wide Hatticelli mbH
Helene-Weber-Weg 9
33607 Bielefeld

GKK Bielefeld
Oelmühlenstraße 23

33604 Bielefeld

Betriebs-/Beitragskonto-Nr. des Arbeitgebers

Zeitraum

von Tag	Monat	Jahr
0 1	0 4	2 0 0 x

bis Tag	Monat	Jahr
3 0	0 4	2 0 0 x

Dauer-Beitragsnachweis *) [X]

Bisheriger Dauer-Beitragsnachweis gilt erneut ab nächstem Monat *) [ ]

Korrektur-Beitragsnachweis für abgelaufene Kalenderjahre *) [ ]

Beitragsnachweis

Beiträge zur	Beitragsgruppe	[X] Euro *)	Cent
Krankenversicherung – allgemeiner Beitrag –	1000	8 600	00
Krankenversicherung – erhöhter Beitrag –	2000		
Krankenversicherung – ermäßigter Beitrag –	3000		
Krankenversicherung für geringfügig Beschäftigte	6000		
Rentenversicherung der Arbeiter – voller Beitrag –	0100	4 000	00
Rentenversicherung der Angestellten – voller Beitrag –	0200	10 000	00
Rentenversicherung der Arbeiter – halber Beitrag –	0300		
Rentenversicherung der Angestellten – halber Beitrag –	0400		
Rentenversicherung der Arbeiter für geringf. Beschäft.	0500		
Rentenversicherung der Angestellt. f. geringf. Beschäft.	0600		
Beiträge zur Arbeitsförderung – voller Beitrag –	0010	4 640	00
Beiträge zur Arbeitsförderung – halber Beitrag –	0020		
Beiträge zur sozialen Pflegeversicherung	0001	1 220	00
Umlage nach dem Lohnfortzahlungsgesetz (Krankheit)	U1		
Umlage nach dem Lohnfortzahlungsgesetz (Mutterschaft)	U2		
Gesamtsumme			

Es wird bestätigt, dass die Angaben mit denen der Lohn- und Gehaltsunterlagen übereinstimmen und in diesen sämtliche Entgelte enthalten sind.

Beiträge für freiwillig Krankenversicherte**)	zur KV		
	zur PflV		
abzüglich Erstattung gemäß § 10 LFZG			
zu zahlender Betrag/Guthaben		28 460	00

Datum, Unterschrift

*) Zutreffendes bitte ankreuzen
**) freiwillige Angabe des Arbeitgebers